NEAPOLITAN

FIFTH EDITION

# 알고리즘 기초

# FOUNDATIONS OF ALGORITHMS

도경구 역

홍릉과학출판사

Foundations of

# ALGORITHMS, Fifth Edition

ORIGINAL ENGLISH LANGUAGE EDITION PUBLISHED BY

Jones and Bartlett Publishers, Inc.
5 Wall Street
Burlington, MA 01803



Translated Edition ISBN : 979-11-5600-503-2

Translated by HongReung Publishing Co.
Printed in Korea

# 저자 머리말

“Foundations of Algorithms”의 5판은 4판의 장점은 그대로 두었다. 4판과 마찬가지로 실제 코드가 아닌 의사코드로 알고리즘을 기술한다. 복잡한 알고리즘을 프로그래밍언어로 표현하면 핵심을 흐려놓아 이해하는데 방해만 될 뿐이다. 사람에 따라 친숙한 프로그래밍언어가 다르므로, 누구나 자신이 알고 있는 프로그래밍 언어와는 상관없이 의사코드를 이해할 수 있어야 한다. 따라서 특정 언어에만 종속된 부분은 의사코드에서 배제한다. 대부분의 학생들에게 친숙한 C와 완전히 다른 부분은 교재의 앞부분에서 언급한다. 이 책은 알고리즘의 설계, 알고리즘의 복잡도 분석, 계산복잡도 (문제의 분석)에 대하여 다룬다. 단, 정확도 분석과 같은 다른 종류의 분석은 다루지 않는다. 이 책을 집필한 동기는 알고리즘의 복잡도 분석을 엄밀하게 설명하면서 동북일리노이대학과 같은 4년제 대학에서 컴퓨터과학을 전공하는 학생들이 쉽게 접근할 수 있는 교재를 저자가 찾지 못했기 때문이다. 동북일리노이대학의 학생 대부분이 미적분학을 배우지 않아서, 추상 수학과 수학용어에 익숙하지 않았다. 기존 교재에서 사용하는 용어들은 수학을 잘하는 학생들에게는 별로 문제가 없지만, 우리 학생들에게는 좀 어렵다는 사실을 알게 되었다.

이 교재를 학생들이 좀 더 쉽게 느끼게 하기 위해서 다음 사항들을 고려하였다.

- 학생의 수학에 대한 기초 지식은 대수학과 이산구조뿐이라고 가정한다.
- 수학적 개념을 되도록 말로 설명한다.
- 정형 증명은 좀 더 자세히 기술한다.
- 예제를 많이 제공한다.

이 교재는 알고리즘 설계와 분석을 다루는 학부 고학년 또는 대학원 강의 수준에 맞추어 한 학기용으로 기획하였다. 이 교재는 학생들에게 알고리즘 작성 및 분석 방법을 이해하기 위한 기초 지식을 제공하고, 알고리즘 설계 표준 전략을 사용하여 알고리즘을 작성하는데 필요한 기술을 알려주는데 목적을 두고 있다. 전에는 분할정복, 동적계획, 탐욕알고리즘, 되추적, 분기한정법에 국한되어 있었다. 그런데 최근 들어 컴퓨터과학자에게 유전 알고리즘의 사용이 점차 중요하게 부각되고 있다. 그러나 인공지능 관련된 강좌를 수강하는 학생들만 유전 알고리즘을 접할 수 있을 뿐이었다. 인공지능 분야에만 유전 알고리즘이 쓰이는 건 아니므로, 유용한 최신 기술에 대한 기본적인 레파토리를 제공해주기 위하여 유전 알고리즘과 유전 프로그래밍을 다루는 장을 하나 추가하게 되었다.

복잡도 분석은 대수학과 이산구조에 대한 기초지식만 있으면 거의 대부분 이해 가능하다고 할 수 있다. 즉, 미적분학의 개념은 거의 사용할 필요가 없다. 미적분학을 공부해본 적이 없는 학생은 수학 용어만 나오면 겁부터 먹는다. 따라서 "큰 $O$"와 같은 수학 개념을 소개하면서 가능한 수학 용어 사용을 자제하고 자연어로 설명하려고 노력하였다. 사실 설명을 명료하게 하기 위해서 어느 정도의 수학 용어가 필요하지만, 너무 많이 사용하면 학생들에게 겁부터 줄 수 있어서, 적절한 중도를 지키는 일이 결코 쉬운 일은 아니다. 그동안 학생들의 반응을 보도 판단하면, 어느 한쪽으로 치우치지 않고 적절한 선을 잘 지켰다고 자부한다.

수학적인 엄밀함을 아주 포기한다는 말은 아니다. 이 책에서 공부하는 모든 결과에 대하여 정식으로 증명을 한다. 그러나 기존의 전공 도서에 비해서 더 친절하고 자세히 증명 절차를 설명하고, 예제를 많이 보여주려고 노력했다. 실례를 보여주면 학생들이 이론적인 개념을 더 쉽게 파악할 수 있다. 따라서 수학 기초지식이 약간 부족한 학생들도 충분한 노력을 쏟아 부을 각오가 되어 있으면, 수학적 논조를 따라갈 수 있고 그 주제에 대하여 더 깊이 이해할 수 있을 것이다. 더구나, (차수를 결정하는데 사용하는 극한이라든지, 일부 정리의 증명에 사용하는 것 같이) 미적분학의 지식이 필요한 경우도 있다. 그러나 이 교재의 나머지 내용을 이해하기 위해서 학생들이 그 지식에 정통할 필요는 없다. 미적분학의 지식을 요하는 내용은 목차와 본문에 ⊕ 심볼로 표시해 놓았다. 추가적인 수학기초 지식은 필요하지 않지만, 교재의 내용 중에서 본질적으로 난해한 부분은 ◈로 표시해 놓았다.

## 선수과목

앞에서 언급했듯이, 학생들은 대수학과 유한수학의 기초지식만 있으면 충분히 이 책의 내용을 소화할 수 있다. 실제 필요한 수학은 부록 A에서 복습한다. 컴퓨터학 기초지식으로는 데이터구조 강의를 수강했다고 가정한다. 따라서 자료구조 교재에 전형적으로 나오는 내용은 여기서 다루지 않는다.

## 각 장의 내용

전체적으로 응용분야별보다는 문제를 해결하는데 사용한 기술별로 이 교재를 구성하였다. 이렇게 구성하면 알고리즘 설계와 분석 분야를 더 일관성 있게 볼 수 있을 것이다. 아울러, 새로운 문제를 해결하는 방법들을 탐구할 수 있는 기술의 레퍼토리를 학생들이 더 쉽게 습득할 수 있다. 책의 내용을 장 별로 요약해보면 다음과 같다.

- 1장은 알고리즘의 설계와 분석에 대하여 소개한다. 차수의 개념에 대하여 직관적인 면과 정형적인 면을 함께 살펴본다.
- 2장은 분할정복법으로 알고리즘을 설계하는 방법을 다룬다.
- 3장은 동적계획 설계기법을 제시한다. 어떤 경우 분할정복법 대신 동적계획법을 사

용해야 하는지 설명한다.

- 4장은 탐욕적 방법을 논의하고, 최적화문제를 푸는데 동적계획법과 탐욕적 방법 중 어느 방법이 좋은지 비교한다.
- 5장과 6장은 되추적과 분기한정 알고리즘을 각각 다룬다.
- 7장에서는 알고리즘의 분석에서 (문제의 분석을 다루는) 계산복잡도로 주제를 바꾼다. 여기서는 정렬문제를 분석하여 계산복잡도를 소개한다. 정렬문제를 선택한 이유는 그 문제가 중요하기도 하고, 정렬 알고리즘의 종류가 매우 다양할 뿐 아니라, 가장 중요한 이유로서 (키의 비교만으로 정렬하는 알고리즘인 경우) 정렬문제의 하한만큼의 시간에 수행하는 정렬알고리즘이 존재하기 때문이다. 정렬 알고리즘을 비교한 후, 키를 비교하여 정렬하는 문제를 분석한다. 마지막으로, 키를 비교하지 않고 정렬하는 정렬 알고리즘인 기수정렬을 공부한다.
- 8장에서는 검색문제를 분석하여 계산복잡도를 계속 설명한다. 리스트에서 하나의 키를 검색하는 문제와 리스트에서 $k$번째로 작은 키를 검색하는 문제인 선택문제를 모두 분석한다.
- 9장은 다루기 힘든 정도와 $NP$ 이론을 알아본다. 이 책을 접하기 쉽고 엄밀함도 유지하는 교재로 만들기 위해서 시중에 나와 있는 알고리즘 교재보다 더 자세히 이 내용을 다룬다. 다항식 시간 알고리즘을 찾은 문제, 다루기 힘들다고 증명된 문제, 그리고 다루기 힘들다고 증명되지도 않았고 다항식 시간 알고리즘도 아직 찾지 못한 문제의 차이점을 먼저 설명한다. 그리고 집합 $P$와 $NP$, $NP$-완전 문제, $NP$-동등 문제를 논의한다. 이와 같은 여러 문제 분류들 사이의 관계를 분명히 이해하지 못하면 혼돈하기 쉽기 때문에 유의해야 한다. 이 장의 마지막으로 근사 알고리즘을 설명하고 맺는다.
- 10장은 유전 알고리즘과 유전 프로그래밍을 다룬다. 이론뿐만 아니라 금융 거래 알고리즘과 같은 실제 응용 사례도 공부한다.
- 11장은 유클리드 알고리즘, 어떤 수가 소수인지 결정하는 새로운 다항식 알고리즘과 같은 정수론 알고리즘을 다룬다.
- 12장은 병렬 아키텍처와 PRAM 모델을 다루는 병렬 알고리즘을 소개한다.
- 부록 A는 이 교재에 나오는 내용을 이해하는데 필요한 수학을 복습한다.
- 부록 B는 재현식을 푸는 기술을 다룬다. 부록 B에 나오는 결과는 2장에서 분할정복 알고리즘을 분석하는데 사용한다.
- 부록 C는 4장에서 공부하는 알고리즘을 구현하는데 필요한 서로소 집합 데이터구조를 설명한다.

## 교수법

학생들에게 동기부여를 하기 위해서 각 장은 그 장의 내용과 관련된 이야기로 시작한다. 가능한 많은 예제를 사용하고, 각 장의 뒷부분에서 절별로 묶여있는 연습문제를 제공한다. 절별 연습문제 뒤에는 도전할 만한 가치가 있는 연습문제를 추가적으로 제공한다.

한 문제를 공략하는데 두 가지 이상의 방법이 있다는 걸 보여주기 위해서 어떤 문제들은 두 가지 이상의 방법을 사용해서 푼다. 예를 들면, 외판원 문제를 동적계획법, 분기한정법, 근사알고리즘으로 풀고, 0-1 배낭 채우기 문제는 동적계획법, 되추적기법, 분기한정법으로 푼다. 내용을 전체적으로 잘 엮기 위해서 자신의 최적 판매경로를 찾는 낸시라는 외판원과 관련된 주제를 여러 장에 걸쳐서 보여준다.

## 교재로서의 사용

앞에서 언급했듯이 이 교재는 알고리즘을 다루는 학부 고학년 또는 대학원 강의 수준에 맞추어 기획하였다.

한 학기 강의 교재로 사용하는 경우, 다음과 같은 순서로 강의를 진행하기를 권한다.

1장 : 전체
부록 B : B.1, B.2
2장 : 2.1–2.5, 2.8
3장 : 3.1–3.4, 3.6
4장 : 4.1, 4.2, 4.4
5장 : 5.1, 5.2, 5.4, 5.6, 5.7
6장 : 6.1, 6,2
7장 : 7.1–7.5, 7.7, 7.8.1, 7.8.2, 7.9
8장 : 8.1.1, 8.5.1, 8.5.2
9장 : 9.1–9.4
10장 : 10.1–10.3.2

2–6장에서는 장별로 다양한 설계 방법을 적용하여 다양한 문제를 푸는 알고리즘을 소개하고 있다. 나름대로 몇 개만 선택하여 제시했지만, 실제로 어떤 절을 선택하여 강의할 지는 강사의 자유의지에 맡겨둔다.

11장과 12장까지 한 학기에 모두 다루기는 불가능할지 모르겠다. 하지만 12장의 내용은 첫 10개의 장 내용을 모두 소화한 학생들에게는 별로 어렵게 느껴지지 않을 것이다. 그리고 미적분학을 수강하여 수학적 기초가 단단한 학생이라면 11장은 관심 있다면 혼자 읽고 따라 갈 수 있다.

## 강사용 강의보조자료

강사용 연습문제 풀이집과 파워포인트 강의슬라이드를 증빙을 득한 강사에게 제공한다.

## 감사의 글

이 원고를 읽고 유용한 제안을 많이 해주신 모든 분들께 감사를 표한다. 특히 요청할 때마다 원고를 빠르고 철저히 검토해 주신 William Bultman, Jack Hade, Mary Kenevan, Jim Kenevan, Stuart Kurtz, Don La Budde, Miguel Vian 등 동료들에게 감사를 표한다. 또한 통찰력있는 비판을 통하여 이 책의 질을 향상시켜주신 전문가 심사위원들께도 감사를 표한다. 그 중 많은 사람들이 우리가 기대했던 것보다 훨씬 자세히 검토해 주셨다. 그들의 이름은 David D. Berry (Xavier University), David W. Boyd (Valdosta State University), Vlaminir Drobot (San Jose State Univetrsity), Dan Hirshberg (University of California at Irvine), Xia Jiang (Northeastern Illinois University), Raghu Karinthi (Western Virginia University), Peter Kimmel (Northeastern Illinois University), C. Donald La Budde (Northeastern Ilinois University), Y. Daniel Liang (Indiana Purdue University at Fort Wayne), David Magagnosc (Drexel University), Robert J. McGlinn (Southern Illinois University at Carbondale), Laurie C. Murphy (University of Mississippi), Paul D. Phillips (Mount Mercy College), H. Norton Riley (California State Polytechnic University, Pomona), Majid Sarrafzadeh (Northwestern University), Cliff Shaffer (Virginia Polytechnical Institute and State University), Nancy Van Cleave (Texas Tech University), William L. Ziegler (State University of New York, Binghamton). 끝으로 Taylor와 Francis에게 감사하며, 특별히 2012년에 출판한 나의 교재 Contemporary Artificial Intelligence의 내용을 이 교재의 새로운 10장인 유전 알고리즘과 유전 프로그래밍에 쓸 수 있도록 허락해준 Randi Cohen에게 감사를 표한다.

## 오류

이 정도의 대형 책을 만드는데 오류가 있는 건 어쩌면 당연하다고 할 수 있다. 오류를 찾았거나 개선에 대한 제안사항이 있다면, 언제든지 들어줄 용의가 있다. 제안사항은 다음 주소로 보내주시기 부탁드린다. Email: RE-Neapolitan@neiu.edu

감사합니다.

R.N.

K.N.

# 역자 머리말

"알고리즘의 설계와 분석"은 컴퓨터과학의 핵심을 이루고 있으며, 컴퓨터과학 모든 분야를 이해하는 기초가 되는 아주 중요한 분야라고 할 수 있다. 컴퓨터로 특정 문제를 해결하는데 있어서, 그 문제를 과연 컴퓨터로 풀 수 있는지, 만약 그렇다면 어떻게 푸는지, 또한 얼마나 효율적으로 풀 수 있는지, 그리고 여기서 효율적이라는 것은 어느 정도를 이야기하는지 등을 이해하는 것은 매우 중요하다. 왜냐하면, 본문에서 계속 반복하여 강조하고 있지만, 특정 문제를 풀 때 그 문제의 본질을 이해하고 접근하는 경우와 그렇지 않은 경우는 큰 차이가 있기 때문이다.

알고리즘의 설계와 분석의 원리를 설명하는 책이 시중에 많이 나와 있지만, 알고리즘의 설계방법과 분석방법을 체계적으로 이해하기 쉽게 쓴 책은 의외로 드물다. 특히 외국어 책은 국내 학생들에게 그 내용이 제대로 전달되지 못하는 경우가 있음을 알고 아쉬워해 왔다. 그러던 와중에 이 책을 접하게 되었고, 이 책이 다른 책에 비해 수학적이나 이론적인 지식이 부족한 학생에게도 알고리즘의 설계와 분석에 대한 이론을 쉽게 이해할 수 있도록 자세히 설명해주고 있음을 발견하였다. 따라서 학부 3학년 또는 4학년에 개설되어 있는 "알고리즘 설계 및 분석" 과목에 적합한 교재라고 생각한다.

이 책을 번역하면서 원서의 내용에 충실하면서 정확한 의미를 전달하도록 최대한 노력하였으며, 빠진 내용이 하나도 없이 모두 번역하였다. 혹시라도 책에 오역이나 내용이 불분명하게 기재된 부분이 있으면 망설이지말고 doh@hanyang.ac.kr로 연락해주길 바란다. 마지막으로, 개정판이 나올 때마다 출판할 수 있도록 관심과 수고를 아끼지 않은 홍릉출판사의 관계자 여러분께 감사를 드린다.

2017년 1월

도 경 구

# 차례

Chapter 1

# 알고리즘 : 효율, 분석, 차수

이 책은 컴퓨터로 문제 푸는 기법을 배우는 책이다. 여기서 "기법"이란 프로그램을 작성하는 언어나 스타일이 아니라 문제의 해답을 찾는 해결법이나 방법론을 뜻한다. 예를 들어, 바니(Barney Beagle, 위 그림의 만화 주인공)가 "홍길동"이란 이름을 전화번호부에서 찾으려 한다고 하자. "홍길동"이란 이름을 찾을 때까지 첫 쪽부터 시작하여 한 장씩 넘겨가며 이름을 찾지는 않을 것이다. 사실 이런 식으로 전화번호부에서 이름을 찾는 사람은 아무도 없다. 똘똘한 바니는 전화번호부에 이름이 가나다순으로 정렬되어 있다는 점을 이용하여, 'ㅎ'이 있을 만한 곳을 어림잡아 바로 전화번호부를 편다. 너무 뒤로 갔으면 조금 앞으로 간다. 너무 앞으로 갔으면 조금 뒤로 간다. 이런 식으로 "홍길동"이라는 이름이 있는 쪽에 도달할 때까지 계속 반복해서 앞뒤로 뒤적인다. 이 두 번째 방법을 개선된 이분검색(modified binary search)이라 하고, 첫 번째 방법을 순차검색(sequential search)이라 한다. 이러한 검색 방법을 1.2절에서 자세히 공부할 텐데, 미리 언급하는 건 주어진 문제를 푸는 방법이 여러 가지가 있는 이유가 표현 언어나 표현 스타일이 달라서가 아니라고 알려주기 위해서이다. 컴퓨터 프로그램은 여러 방법 중에서 그저 한 가지 방법을 선택하여 구현한 것일 뿐이다.

2장에서 6장까지는 문제를 푸는 다양한 기법을 제시하고, 각 기법을 여러 가지 문제를 푸는데 적용시켜 볼 것이다. 기법에 따라서 문제를 푸는 독특한 단계별 절차가 있는데 이를 **알고리즘(algorithm)**이라고 한다. 문제를 푸는 기법과 적용방법을 익혀두면, 어떤 새로운 문제가 주어졌을 때 그 문제를 해결할 수 있는 다양한 레퍼토리를 준비해 놓음과 다름없다. 문제를 푸는 기법은 다양하지만, 기법에 따라서 알고리즘의 성능은 차이 날 수 있다. 전화번호부에서 이름을 찾는 경우 개선된 이분검색 방법이 순차검색보다 이름을 훨씬 빨리 찾는다. 그러므로 어떤 문제를 어떤 기법으로 풀 것인지, 뿐만 아니라 만든 알고리즘이 시간(time)과 공간(space)의 사용량을 기준으로 얼마나 효율적인지를 분석하는데 관심을 가져야 한다. 여기서 시간은 알고리즘을 컴퓨터로 실행할 때 걸리는 시간의 길이를 말하고, 공간은 필요한 메모리의 크기를 말한다. 컴퓨터의 처리속도는 계속 빨라지고 메모리의 가격은 점점 싸지고 있는데, 왜 여기서 효율성이 관심거리가 되어야 하는지 의아해하는 독자도 있을지 모르겠다. 이 장에서는 이 책의 나머지 부분을 이해하는데 필요한 기초 개념을 공부한다. 이 과정에서 컴퓨터의 처리속도가 빨라지고 메모리의 가격이 싸지는 것과는 무관하게 효율성이 왜 항상 중요한 관심거리가 되는지도 알아본다.

## 1.1 알고리즘

지금까지 "문제", "해답", "알고리즘"이라는 단어를 언급하였다. 이 단어들의 의미가 무엇인지 대충 짐작이 가겠지만, 기반을 확실히 다지는 뜻에서 이 용어들을 자세히 정의해보자.

컴퓨터 프로그램은 정렬하기(sorting)와 같은 특정 작업을 수행하는 개별 모듈(module)을 모아서 구성한다. 이 책은 프로그램 전체 설계보다 특정 과제를 수행하는 개별 모듈의 설계에 중점을 둔다. 특정 과제를 **문제(problem)**라고 한다. 다시 말하면, 문제는 해답을 찾으려고 물어보는 질문이다. 문제의 실례를 몇 개만 살펴보자.

• **예제 1.1** $n$개의 수로 구성된 리스트 $S$를 비내림차순(nondecreasing order)으로 정렬(sort)하시오. 해답은 $S$를 비내림차순으로 정렬한 리스트이다.

**리스트(list)**란 어떤 원소를 특정 순서로 나열해 놓은 것이다. 예를 들면, 다음은 수의 리스트이다.

$$S = [10, 7, 11, 5, 13, 8]$$

첫 번째 수가 10이고, 두 번째가 7이고, 등등 총 6개의 수를 나열한 리스트이다. 위의 예제 1.1에서 오름차순(increasing order)이라 하지 않고 비내림차순이라 한 이유는 리스트에 같은 수가 한 번 이상 나오는 경우도 허용한다는 뜻이다.

• 예제 1.2 어떤 수 $x$가 $n$개 수의 리스트 $S$에 있는지 알아보시오. 해답은 만약 $x$가 $S$에 있으면 "예"이고, 그렇지 않으면 "아니오"이다.

문제에서 값이 지정되어 있지 않은 변수를 그 문제의 **파라미터**(parameter)라고 한다. 예제 1.1에는 $S$(리스트)와 $n$($S$에 있는 원소의 개수)이 파라미터이고, 예제 1.2에는 $S$, $n$, $x$가 파라미터이다. 이 두 예제에서 $n$ 값은 $S$를 검사하여 알아낼 수 있기 때문에 굳이 파라미터로 만들 필요는 없지만, $n$을 파라미터로 두면 문제를 표현하기 간편해진다.

파라미터가 달려있는 문제를 일종의 "문제 패턴"으로 볼 수 있고, 그 파라미터에 특정 값을 지정하면 "개별 문제"가 된다. 이렇게 파라미터에 지정할 값을 문제의 **입력사례**(instance)라고 한다. 즉, 특정 입력사례에 대한 **해답**(solution)이란 그 파라미터를 그 입력사례로 지정하여 질문한 문제의 해답이다.

• 예제 1.3 예제 1.1에 다음의 입력사례를 지정하면,

$$S=[10,7,11,5,13,8],\quad n=6$$

이 입력사례에 대한 해답은 [5,7,8,10,11,13]이다.

• 예제 1.4 예제 1.2에 다음의 입력사례를 지정하면,

$$S=[10,7,11,5,13,8],\quad n=6,\quad x=5$$

이 입력사례에 대한 해답은 "예"이다.

예제 1.3의 입력사례에 대한 해답은 눈으로 $S$를 훑어보면서 바로 구할 수 있다. $S$가 짧기 때문이다(너무 빨리 해답을 찾다보니 찾는 절차를 따져볼 여유도 없다). 그러나 $n$의 입력사례 값이 1000이면 눈으로 훑어보면서 정렬하긴 귀찮아지고, 그렇다고 눈으로 찾는 방식을 컴퓨터 프로그램으로 옮기는 것도 불가능하다. 어떤 입력사례가 주어지더라도 해답을 찾아주는 컴퓨터 프로그램을 작성하기 위해서는 모든 인수에 대해서 해답을 찾아주는 일반적인 단계별 절차를 명시해야 한다. 이러한 단계별 절차가 바로 **알고리즘**(algorithm)이고, "문제는 알고리즘으로 **푼다**(solve)"라고 한다.

• 예제 1.5 예제 1.2의 문제를 푸는 알고리즘은 다음과 같다. $S$의 첫째 원소에서 시작하여 $x$를 찾을 때까지($x$가 없는 경우 끝까지) 각 원소를 차례로 $x$와 비교한다. 만약 $x$를 찾으면 "예"라고 답하고, $x$를 찾지 못하면 "아니오"라고 답한다.

예제 1.5에서와 같이 우리말(자연어)로 알고리즘을 표현할 수 있다. 그러나 이런 식으로 알고리즘을 작성하면 두 가지 단점이 있다. 첫째, 복잡한 알고리즘을 말로 설명하기 쉽지 않다. 말로 설명할 수 있다고 하더라도 이해하기가 어려울 수 있다. 둘째, 일단 말로

표현한 알고리즘에서 컴퓨터 프로그램을 어떻게 만들어낼지가 불투명할 수 있다.

C++ 언어에 익숙한 학생이 많으므로 C++와 비슷하게 생긴 의사코드(pseudocode)를 써서 알고리즘을 표현하기로 한다. C 또는 Java 같은 Algol 계열의 명령중심 언어로 프로그램을 짜본 경험이 있다면, 이 의사코드를 이해하기가 별로 어렵지 않을 것이다. 예제 1.2의 문제를 푸는 알고리즘을 가지고 의사코드를 만들어보자. 예제 1.1과 1.2는 수에 국한되어 있다. 그러나 일반적으로 순서집합(ordered set)에 속하여 순서를 매길 수 있는 원소라면 종류에 관계없이 검색하고 정렬할 수 있어야 한다. 레코드(record) 또는 사전(dictionary) 구조에서 그러한 원소를 키(key)로 사용하기 때문에 정렬은 키를 대상으로 하면 좋다. 예를 들어, 개인의 신상 정보 레코드(사전)가 있다면, 개인의 주민등록번호를 키로 정할 수 있다. 키로 사용할 수 있는 데이터타입을 `keytype`이라 하고 검색과 정렬 알고리즘을 만들어보자. 즉, 원소를 순서집합으로 정의할 수만 있다면 키로 사용할 수 있다는 뜻이다.

다음 알고리즘은 리스트 $S$를 배열(array)로 표현하고, “예” 또는 “아니오”의 대답 대신 $x$가 $S$에 있는 경우에는 배열 내 $x$의 인덱스(index)를 내주고, 그렇지 않은 경우에는 0을 내준다. 이 특정 검색 알고리즘은 순서집합의 원소만 다루도록 제한하지 않지만, 여기서 채택한 표준 데이터타입 `keytype`을 사용해도 별 문제는 없다.

▸ 알고리즘 1.1

### 순차검색

**문제** : 원소가 $n$개인 배열 $S$에 원소 $x$가 있는가?

**입력**(파라미터) : 정수 $n(>0)$, 배열 $S$(인덱스 범위는 1부터 $n$까지), 원소 $x$

**출력** : 원소 $x$가 위치한 인덱스를 location에 저장($S$ 안에 $x$가 없으면 0을 저장)

```
void seqsearch (int n,
                const keytype S[],
                keytype x,
                index& location)
{
   location = 1;
   while (location <= n && S[location] != x)
      location++;
   if (location > n)
      location = 0;
}
```

의사코드는 C++와 비슷해 보이지만 완전히 같지는 않다. 눈에 바로 드러나는 차이점은 배열의 사용 방법이다. C++는 배열의 인덱스를 0 이상의 정수만 허용하지만, 경우에 따라서 정수 범위를 배열의 인덱스로 사용하거나, 정수가 아닌 인덱스를 사용하여 알고리즘을 더 명확하게 설명할 수 있다. 따라서 의사코드에서는 배열의 인덱스를 임의의 집합에서 쓸 수 있도록 허용한다. 알고리즘의 입력과 출력 명세에 항상 인덱스의 범위를 표시한다. 예를 들면, 알고리즘 1.1에서 $S$의 인덱스 범위가 1부터 $n$까지라고 명시하였다. 보통 리스트의 원소를 셀 때 1부터 시작하는 게 습관화 되어 있기 때문에 리스트에 사용하기는 좋은 인덱스 범위이다. 물론 이 알고리즘을 C++로 직접 구현할 때는 다음과 같이 선언하고,

```
keytype S[n + 1];
```

$S[0]$자리는 사용하지 않으면 된다. 앞으로 어떤 프로그래밍언어로 알고리즘을 구현할 것인지는 고민하지 않을 것이다. 우리의 목적은 단순히 알고리즘을 명확하게 표현하여 바로 이해하고 분석하는데 있다.

의사코드와 C++가 다른 점이 두 가지 더 있는데, 첫째는 배열을 프로시저의 파라미터로 사용할 때 2차원 배열의 길이를 미리 고정할 필요가 없다(예: 알고리즘 1.4). 둘째는 지역 배열의 길이도 고정할 필요가 없다. 예를 들면, 만약 $n$이 example 프로시저의 파라미터이고, 인덱스가 2부터 $n$까지인 지역 배열이라면 다음과 같이 선언한다.

```
void example (int n)
{
   keytype S[2..n];
      ⋮
}
```

$S[2..n]$은 인덱스가 2부터 $n$까지인 배열 $S$를 나타내는데, 의사코드이지 C++ 프로그램이 아니다.

절차를 더 간단하고 명확하게 표현할 수 있다면 실제 C++ 명령문 대신에 수학적 표현식 또는 말로 알고리즘의 절차를 기술하기도 한다. 예를 들어, 변수 $x$가 *low*와 *high*값 사이에 있을 때만 명령을 수행하고 싶으면,

```
if (low <= x && x <= high) {
          ⋮
      }
```

대신 다음과 같이 쓴다.

```
if (low ≤ x ≤ high) {
      ⋮
}
```

가령 변수 $x$와 변수 $y$에 저장된 값을 서로 맞바꾸고 싶으면

```
temp = x;
x = y;
y = temp;
```

대신 다음과 같이 쓴다.

exchange $x$ and $y$;

데이터타입 `keytype` 이외에도 다음과 같이 C++에서 쓰지 않는 타입을 의사코드에는 사용할 수 있다.

| 데이터타입 | 의미 |
|---|---|
| `index` | 인덱스로 사용하는 정수 변수 |
| `number` | 정수(`int`)나 실수(`float`)로 정의할 수 있는 변수 |
| `bool` | "true"나 "false" 값을 가지는 변수 |

실수나 정수 중에 무엇 하나로 제한할 필요가 없을 때 `number` 데이터타입을 사용한다.

때로는 다음과 같은 표준이 아닌 제어 구조를 사용하기도 한다.

```
repeat (n times) {
    ⋮
}
```

이 구조는 루프 내부의 코드를 $n$번 실행하라는 의미이다. C++로 작성하려면 추가적인 제어 변수를 사용하여 `for` 루프(loop)로 작성해야 할 것이다. 루프 내부에서 제어 변수를 실제로 표시할 필요가 있는 경우에만 `for` 루프를 사용한다.

알고리즘의 이름으로 보아 값을 내주어야 하는 경우에는 알고리즘을 함수로 작성한다. 그렇지 않은 경우에는 알고리즘을 프로시저(C++의 `void` 함수)로 작성하고, 값을 내주기 위해서 주소전달 파라미터(reference parameter)를 사용한다. 배열이 아닌 파라미터는 선언할 때 데이터타입의 이름 끝에 앰퍼샌드(ampersand) 기호 &를 붙인다. 이 경우 파라미터 변수에는 알고리즘이 내주는 값을 저장한다. C++에서 배열은 특별한 언급이 없어도 주소를 전달하므로 굳이 앰퍼샌드 기호를 붙일 필요가 없다. C++에서 예약어 `const`는 전달하는 배열 값의 수정을 막는 역할을 하므로, 알고리즘이 내주는 값이 배열이 아님을 표시하려면(즉, 수정한 배열을 알고리즘 실행 후 무시하려면) `const`를 붙인다.

다른 언어를 주로 써서 C++가 익숙하지 않은 독자도 이해할 수 있도록 C++에만 독특하게 사용하는 구조는 되도록 피한다. 그러나 $i$에 저장되어 있는 값을 1 증가시키라는 의미인 $i$++ 같은 명령문은 간편하므로 사용한다.

C++를 모른다면, 논리 연산자와 일부 관계 연산자 표기법이 생소하게 보일 수도 있다. 그 표기법은 다음과 같다.

| 연산자 | C++ 심벌 |
|---|---|
| and | && |
| or | \|\| |
| not | ! |

| 비교 | C++ 코드 |
|---|---|
| $x = y$ | $(x == y)$ |
| $x \neq y$ | $(x != y)$ |
| $(x \leq y)$ | $(x <= y)$ |
| $x \geq y$ | $(x >= y)$ |

이제 알고리즘의 실례를 좀 더 공부해보자. 첫째 알고리즘은 함수를 사용하는 예이다. 프로시저는 그 이름 앞에 `void`라는 지정어(keyword)를 쓰고, 함수는 내주는 값의 데이터타입을 쓴다. 함수가 내주는 값은 `return`문으로 표현한다.

**▸ 알고리즘 1.2** **배열의 수 더하기**

문제 : 수가 $n$개인 배열 $S$에 있는 수를 모두 더하시오.

입력 : 정수 $n(>0)$, 수의 배열 $S$(인덱스의 범위는 1부터 $n$까지)

출력 : $S$에 있는 모든 수의 합

```
number sum (int n, const number S[])
{
   index i;
   number result;

   result = 0;
   for (i = 1; i <= n; i++)
      result = result + S[i];
   return result;
}
```

이 책에서 여러 가지 정렬 알고리즘을 공부한다. 다음은 그 중 제일 간단한 정렬 알고리즘이다.

**▸ 알고리즘 1.3** **교환정렬(Exchange Sort)**

문제 : 비내림차순(nondecreasing order)으로 $n$개의 키를 정렬하시오.

입력 : 자연수 $n(>0)$, 키의 배열 $S$(인덱스의 범위는 1부터 $n$까지)

출력 : 키가 비내림차순으로 정렬된 배열 $S$

```
void exchange (int n, keytype S[])
{
   index i, j;
   for (i = 1; i <= n-1; i++)
      for (j = i + 1; j <= n; j++)
         if (S[j] < S[i])
            exchange S[i] and S[j];
}
```

다음 명령문은 $S[i]$는 $S[j]$의 값을 서로 바꾸라는 뜻이다.

exchange $S[i]$ and $S[j]$

이 명령문은 전혀 C++ 문장 같아 보이지 않는다. C++의 문법을 지키지 않더라도 더 간결하게 어떤 것을 표현할 수 있으면 그렇게 한다. 교환정렬은 $i$째 자리에 있는 수와 $(i+1)$째 자리부터 $n$째 자리에 있는 수들을 차례로 비교함으로써 작동한다. 주어진 자리의 수가 $i$째 자리에 있는 것보다 작은 경우 그 두 수를 교환한다. 이런 식으로 하면 for-$i$ 루프를 한 번 수행한 후 가장 작은 수가 첫째자리에 들어가고, 둘째 루프 이후에는 둘째 자리에 둘째로 작은 수가 들어가고, 등등 이런 식으로 계속 반복한다.

다음 알고리즘은 행렬(matrix)곱셈을 한다. 다음과 같은 두 개의 $2\times 2$ 행렬이 있을 때,

$$A=\begin{bmatrix}a_{11} & a_{12}\\ a_{21} & a_{22}\end{bmatrix} \text{와 } B=\begin{bmatrix}b_{11} & b_{12}\\ b_{21} & b_{22}\end{bmatrix}$$

그 곱(product) $C=A\times B$는 다음과 같이 계산한다.

$$c_{ij}=a_{i1}b_{1j}+a_{i2}b_{2j}$$

예를 들면,

$$\begin{bmatrix}2 & 3\\ 4 & 1\end{bmatrix}\times\begin{bmatrix}5 & 7\\ 6 & 8\end{bmatrix}=\begin{bmatrix}2\times 5+3\times 6 & 2\times 7+3\times 8\\ 4\times 5+1\times 6 & 4\times 7+1\times 8\end{bmatrix}=\begin{bmatrix}28 & 38\\ 26 & 36\end{bmatrix}$$

일반적으로 2개의 $n\times n$ 행렬 $A$와 $B$가 있으면, 그 곱 $C$는 다음과 같이 구한다.

$$1\le i,j\le n\text{인 모든 } i,\ j\text{에 대해서 } c_{ij}=\sum_{k=1}^{n}a_{ik}b_{kj}$$

이 정의를 그대로 사용하여 행렬곱셈 알고리즘을 표현할 수 있다.

**▸ 알고리즘 1.4** **행렬곱셈**

**문제** : 두 $n\times n$ 행렬의 곱을 구하시오.

**입력** : 정수 $n(>0)$, 수의 2차원 배열 $A$와 $B$. 여기서 이 행렬의 행과 열은 모두 1부터 $n$까지 인덱스를 붙인다.

**출력** : $A$와 $B$ 행렬의 곱이 표현된 2차원 배열 $C$. 여기서 이 행렬의 행과 열은 모두 1부터 $n$까지 인덱스를 붙인다.

```
void matrixmult (int n,
                 const number A[][],
                 const number B[][],
                       number C[][])
{
  index i, j, k;

  for (i = 1; i <= n; i++)
```

```
    for (j = 1; j <= n; j++) {
        C[i][j] = 0;
        for (k = 1; k <= n; k++)
            C[i][j] = C[i][j] + A[i][k] * B[k][j];
    }
}
```

## 1.2 효율적인 알고리즘 개발의 중요성

앞에서 언급했듯이 컴퓨터의 실행 속도가 빨라지고 메모리의 가격이 싸지더라도 이에 상관없이 알고리즘의 효율성은 언제나 중요하게 고려해야 한다. 같은 문제를 푸는 두 개의 알고리즘을 비교하여 그 이유를 탐구해보자.

### 1.2.1 순차검색 대 이분검색

순차검색보다 개선된 이분검색 방법을 사용하면 전화번호부에서 이름을 훨씬 빨리 찾을 수 있다. 이제 이 두 가지 방법을 비교하여 이분검색(binary search)이 얼마나 더 빠른지 측정해보자.

이미 알고리즘 1.1에서 순차검색을 하는 알고리즘을 공부한 바 있다. 비내림차순으로 정렬된 배열을 이분검색하는 알고리즘은 전화번호부를 앞뒤로 뒤적이는 것과 비슷하다. 즉, $x$를 찾고 싶은 경우 먼저 $x$를 배열의 정중앙에 위치한 원소와 비교한다. 만약 같으면, 찾았으므로 알고리즘을 끝낸다. 만약 $x$가 그 원소보다 작으면($x$가 배열에 있는 경우) $x$는 반드시 배열 전반부에 있을 것이므로, 배열 전반부에서 이분검색 절차를 되풀이한다(즉, $x$를 배열 전반부의 정중앙에 위치한 원소와 비교한다. 만약 같으면, 찾았으므로 알고리즘을 끝내고, 등등 이런 식으로 되풀이한다). 만약 $x$가 배열의 중앙 원소보다 크면, 배열의 후반부에서 이분검색 절차를 되풀이한다. 이 절차를 $x$를 찾거나, 또는 $x$가 배열에 없음이 확실할 때까지 되풀이한다. 이 방법에 대한 알고리즘은 다음과 같다.

▸ 알고리즘 1.5 **이분검색**

**문제** : 원소가 $n$개인 정렬된 배열 $S$에서 원소 $x$를 찾으시오.

**입력** : 자연수 $n$, (비내림차순으로) 정렬된 배열 $S$(인덱스의 범위는 1부터 $n$까지), 원소 $x$

**출력** : location, $S$에서 $x$가 있는 위치(만약 $x$가 $S$에 없으면 0)

```
void binsearch (int n,
                const keytype S[],
                keytype x,
                index& location)
```

```
{
  index low, high, mid;

  low = 1; high = n;
  location = 0;
  while (low <= high && location == 0) {
    mid = ⌊(low + high)/2⌋;
    if (x == S[mid])
      location = mid;
    else if (x < S[mid])
      high = mid - 1;
    else
      low = mid + 1;
  }
}
```

순차검색과 이분검색 알고리즘이 실행한 작업의 양을 비교해보자. 각 알고리즘이 실행한 비교 횟수를 세어보자. 만약 배열 $S$에 32개의 원소가 있고 $x$가 배열에 없다면 알고리즘 1.1(순차검색)은 32개의 원소를 모두 비교한 뒤에야 $x$가 배열에 없다고 확신할 수 있다. 일반적으로 서술하면 순차검색은 크기가 $n$인 배열에서 비교를 $n$번 해야만 $x$가 없음을 확신할 수 있다. 순차검색으로 크기가 $n$인 배열을 검색할 때 이보다 많이 비교해야 하는 경우는 절대 없다. 즉, $x$가 배열에 있는 경우에는 비교 횟수가 $n$보다 클 수 없다.

이제 알고리즘 1.5(이분검색)를 살펴보자. `while` 루프를 한 번 실행할 때마다 $x$와 $S[mid]$를 두 번씩 비교한다($x$를 찾은 경우는 한 번 비교). 이 알고리즘을 어셈블리언어로 구현하면 각 루프마다 $x$를 $S[mid]$와 한 번만 비교하고, 그 비교의 결과로 비교 코드를 설정하여 그 조건 코드의 값을 기준으로 하여 적절히 분기가 일어나도록 할 수 있다. 다시 말하면, `while` 루프 한 번 실행에 $x$와 $S$[mid]는 한 번만 비교해도 된다는 것이다. 따라서 루프 한 번 실행할 때마다 비교를 한 번한다고 가정한다. 이런 가정 하에서 크기가 32인 배열에 있는 모든 원소보다 $x$가 크면 이 알고리즘은 비교를 6번 한다(그림 1.1 참조). 여기서 $6 = \lg 32 + 1$임을 주목하자. 여기서 "lg"는 $\log_2$를 의미한다. $\log_2$는 알고리즘 분석에 꽤 자주 나오기 때문에 특수 심벌 lg로 표시한다. 이 횟수는 이분검색 알고리즘의 최대 비교 횟수이다. 즉, $x$가 배열에 있든지, $x$가 배열의 모든 원소보다 작든지, 어떤 상황에도 이보다 더 많이 비교하지 않는다.

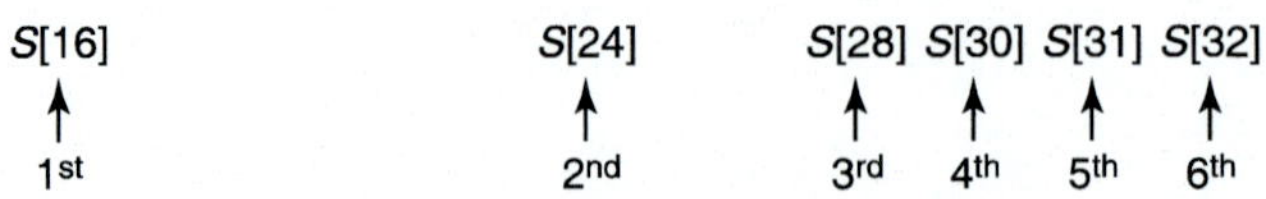


**그림 1.1** $x$가 크기 32인 배열의 모든 원소보다 클 때, 이분검색에서 $x$와 비교하는 원소들

**표 1.1** $x$가 배열의 모든 원소보다 클 때 순차검색과 이분검색에서의 비교 횟수

| 배열의 크기 | 순차검색 비교 횟수 | 이분검색 비교 횟수 |
|---:|---:|---:|
| 128 | 128 | 8 |
| 1,024 | 1,024 | 11 |
| 1,048,576 | 1,048,576 | 21 |
| 4,294,967,296 | 4,294,967,296 | 33 |

가령 배열의 크기를 두 배로 늘여 64가 되어도, 이분검색은 추가적으로 한 번 더 비교할 뿐이다. 왜냐하면 처음 한 번 비교하고 배열을 반으로 자르므로, 검색할 배열의 크기가 32가 되기 때문이다. 그러므로 $x$가 크기 64인 배열의 모든 원소보다 클 때 이분검색은 비교를 7번 한다. 여기서 $7 = \lg 64 + 1$임을 주목하자. 일반적으로 배열의 크기를 두 배로 늘릴 때마다 한 번의 비교만 더하면 된다. 그러므로 $n$이 2의 거듭제곱이고 $x$가 크기 $n$인 배열의 모든 원소보다 크면, 이분검색에 의한 비교 횟수는 $\lg n + 1$이다.

표 1.1에서 $x$가 배열의 모든 원소보다 클 때, 여러 $n$값에 대해서 순차검색과 이분검색에서 수행한 비교 횟수를 비교해 놓았다. 배열에 40억 개의 원소가 있으면(이 수는 전 세계의 총인구와 비슷하다), 이분검색은 비교를 기껏해야 33번하는데 비해서 순차검색은 40억 개의 모든 원소와 비교해야 한다. 비록 컴퓨터가 `while` 루프를 한 번 수행하는데 40억분의 1초밖에 걸리지 않는다고 해도 순차검색은 $x$가 배열에 없다는 걸 아는데 4초가 걸리는 반면, 이분검색으로는 바로 알 수 있다. 이 차이는 온라인 앱이라든지 대량의 데이터를 검색해야 하는 경우 아주 치명적일 수 있다.

지금까지 이분검색을 다루면서 편의상 크기가 2의 거듭제곱인 배열만 고려하였다. 2장에서 분할정복법을 공부할 때 다시 이분검색을 다루게 된다. 거기서 이 제한을 풀고 모든 크기의 배열에 대해서 생각해 보기로 한다.

검색하는 문제의 예로만 봐서는 향상된 알고리즘을 설계한다는 일에 대한 중요성이 크게 부각되지 않을지도 모르겠다. 왜냐하면 순차검색을 사용하더라도 우리가 기다릴 수 있을 만한 시간 안에 임무를 완수하기 때문이다. 다음에는 우리가 기다릴 수 있을 만한 시간 안에 임무를 마치지 못하는 좋지 않은 알고리즘에 대해서 살펴보기로 하자.

### 1.2.2 피보나치 수열

피보나치 수열을 계산하는 알고리즘을 공부해보자. 피보나치 수열의 $n$번째 수는 다음과 같이 재귀로(recursively: 자신을 되부르는 꼴로) 정의한다.

$$f_0 = 0$$
$$f_1 = 1$$
$$f_n = f_{n-1} + f_{n-2} \ (n \geq 2\text{인 경우})$$

처음 몇 개를 계산하면 다음과 같다.

$$f_2 = f_1 + f_0 = 1 + 0 = 1$$
$$f_3 = f_2 + f_1 = 1 + 1 = 2$$
$$f_4 = f_3 + f_2 = 2 + 1 = 3$$
$$f_5 = f_4 + f_3 = 3 + 2 = 5 \text{ 등등}$$

컴퓨터과학과 수학에서 피보나치 수열은 널리 쓴다. 이 피보나치 수열은 재귀로 정의하기 때문에 정의를 그대로 재귀 알고리즘으로 바꿀 수 있다.

▸ 알고리즘 1.6 **$n$번째 피보나치 수 구하기(재귀)**

**문제** : 피보나치 수열에서 $n$번째 수를 구하시오.

**입력** : 양수 $n$(0 포함)

**출력** : $fib$, 피보나찌 수열에서 $n$번째 항

```
int fib (int n)
{
    if (n <= 1)
        return n;
    else
        return fib(n-1) + fib(n-2);
}
```

알고리즘의 입력을 "0을 포함한 양수"로 명시하여 이 알고리즘이 음수를 취할 수 없음을 분명히 한다. 그러나 알고리즘이 불필요하게 복잡해지는 걸 피하기 위해서 알고리즘 내부에서는 $n$을 그냥 정수로 표시하였으니 주의하기 바란다. 앞으로 이 책에서는 계속 이 관례를 따르기로 한다.

이 알고리즘은 간단하여 작성하기도 이해하기도 쉽지만, 불행하게도 아주 비효율적이다(느리다). 알고리즘으로 $fib(5)$를 계산하는 과정은 그림 1.2의 재귀나무구조(recursion tree)를 보고 이해할 수 있다. 이 나무구조를 보면 모든 자식마디에서 재귀 호출을 한다. 예를 들면, 맨 위에서 $fib(5)$를 얻기 위해서 $fib(4)$와 $fib(3)$을 호출하고, $fib(3)$을 얻기 위해서 $fib(2)$와 $fib(1)$을 호출하고 등등 이런 식이다. 이 트리에서 본대로 이 함수는 같은 계산을 중복하여 호출하기 때문에 비효율적이다(느리다). 예제에서 $fib(2)$를 3번 중복 계산한다.

그러면 이 알고리즘이 얼마나 느릴까? 그림 1.2의 나무구조를 보면, 이 알고리즘은 $0 \le n \le 6$일 때 $fib(n)$을 얻기 위해서 계산하는 항의 개수가 다음과 같다.

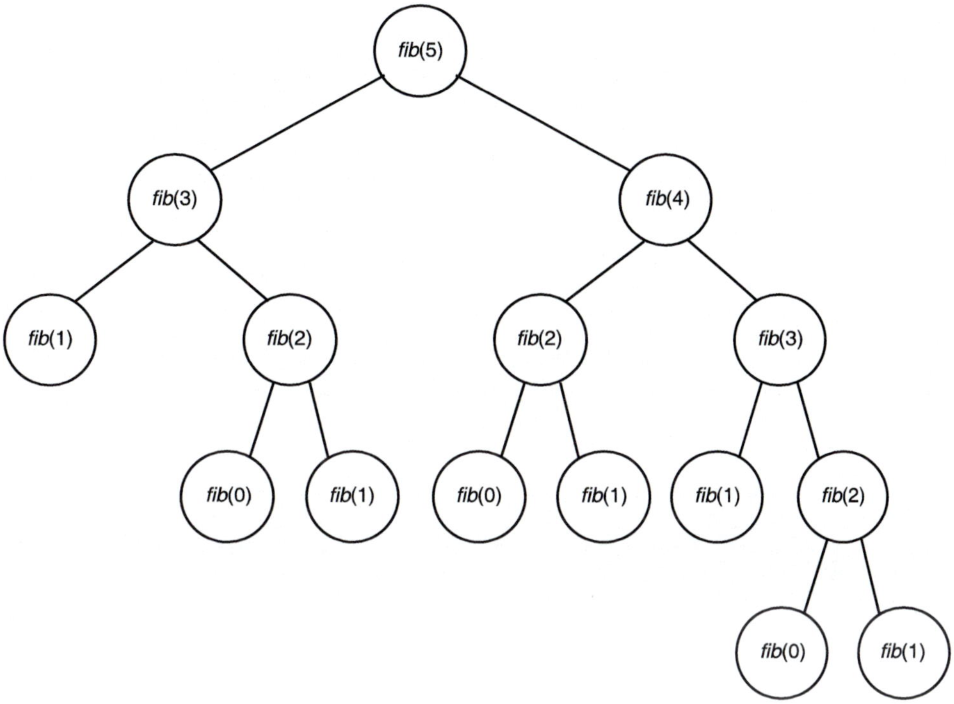


**그림 1.2** 5째 피보나찌 항을 계산하는 알고리즘 1.6의 재귀 호출을 보여주는 나무구조

| $n$ | 계산하는 항의 개수 |
|---|---|
| 0 | 1 |
| 1 | 1 |
| 2 | 3 |
| 3 | 5 |
| 4 | 9 |
| 5 | 15 |
| 6 | 25 |

처음 6개의 값은 $1 \leq n \leq 5$인 각 $n$에 대해서 $fib(n)$을 뿌리로 하는 하위 나무구조의 마디 개수를 세어서 구할 수 있다. 그리고 $fib(6)$을 계산하는데 필요한 항의 개수는 $fib(5)$와 $fib(4)$를 뿌리로 하는 하위 나무구조의 마디 개수의 합에다 하나를 더하면 된다. 이분검색의 경우와는 달리 바로 식을 얻기는 어려울지 모르지만, 위에서 구한 처음 7개의 값을 보면 $n$이 2 증가할 때 나무구조의 항의 개수는 배 이상으로 증가한다. 예를 들면, $n=4$이면 항의 개수는 9인데, $n=6$이면 25가 된다. $T(n)$을 $n$에 대한 재귀 나무구조의 항의 개수라고 하자. $n$이 2 증가할 때마다 항의 개수가 배로 늘어난다면, 다음과 같이 $n$에 대해서 2의 거듭제곱으로 나타나게 된다.

$$
\begin{aligned}
T(n) &> 2 \times T(n-2) \\
&> 2 \times 2 \times T(n-4) \\
&> 2 \times 2 \times 2 \times T(n-6) \\
&\ \vdots \\
&> \underbrace{2 \times 2 \times 2 \times \cdots \times 2}_{n/2\text{번}} \times T(0)
\end{aligned}
$$

$T(0) = 1$이므로, $T(n) > 2^{n/2}$가 된다. 귀납법(induction)을 사용하여 $n$이 2의 거듭제곱이 아니더라도 $n \geq 2$인 모든 $n$에 대해서 이가 사실임을 증명할 수 있다. 이 부등식은 $n$이 1일 때 성립하지 않는다. 왜냐하면 $T(1) = 1$인데 이는 $2^{1/2}$보다 작기 때문이다. 귀납법에 대해서 더 자세히 알고 싶으면 부록 A의 A.3을 참고하자.

### ▸ 정리 1.1

알고리즘 1.6의 재귀 나무구조에서 항의 개수를 $T(n)$이라고 하면, $n \geq 2$인 모든 $n$에 대해서 다음이 성립한다.

$$T(n) > 2^{n/2}$$

**증명** : $n$에 대한 귀납법으로 증명한다.

**귀납기초** : 귀납절차 단계에서 2개의 이전 결과를 가정하므로 2개의 귀납기초가 필요하다. $n = 2$이고 $n = 3$일 때 그림 1.2의 재귀나무구조를 보면 다음과 같은 결론을 얻을 수 있다.

$$
\begin{aligned}
T(2) &= 3 > 2 = 2^{2/2} \\
T(3) &= 5 > 2.8323 \approx 2^{3/2}
\end{aligned}
$$

**귀납가정** : $n$보다 작은 모든 $m$에 대해서 이 정리가 사실이라고 가정하고, $n$에 대해서도 사실이라는 것을 귀납절차에서 보이면 된다. $2 \leq m < n$이 되는 모든 $m$에 대해서 다음을 사실이라고 가정한다.

$$T(m) > 2^{m/2}$$

**귀납절차** : $T(n) > 2^{n/2}$가 사실임을 보여야 한다. $T(n)$은 $T(n-1)$과 $T(n-2)$의 합에다 하나를 더한 값이 된다. 그러므로

$$
\begin{aligned}
T(n) &= T(n-1) + T(n-2) + 1 \\
&> 2^{(n-1)/2} + 2^{(n-2)/2} + 1 \qquad \text{(귀납가정에 의해서)} \\
&> 2^{(n-2)/2} + 2^{(n-2)/2} = 2 \times 2^{\left(\frac{n}{2}\right)-1} = 2^{n/2}
\end{aligned}
$$

$n$번째 피보나찌 수를 구하기 위해서 알고리즘 1.6으로 계산된 항의 개수는 $2^{n/2}$보다 크다는 사실을 입증하였다. 이 알고리즘이 얼마나 느린지는 잠시 뒤에 알아보고, 우선 $n$번째 피보나찌 수를 구하는 효율적인(빠른) 알고리즘부터 먼저 작성해보자. 재귀 알고

리즘의 문제점은 같은 값을 중복해서 계산하는 것임을 상기하자. 그림 1.2에서 볼 수 있듯이 $fib(5)$ 계산하기 위해 $fib(2)$를 3번 중복 계산하였다. 만일 값을 처음 계산하고 그 값을 배열에 저장해두고 나중에 필요할 때마다 쓰면 중복 계산을 피할 수 있다. 다음 반복 알고리즘은 이 전략을 사용한다.

▸ 알고리즘 1.7

**$n$번째 피보나찌 항 구하기(반복)**

**문제** : 피보나찌 수열에서 $n$번째 항을 구하시오.

**입력** : 양수 $n$(0포함)

**출력** : $fib2$, 피보나찌 수열에서 $n$번째 항

```
int fib2 (int n)
{
    index i;
    int f[0..n];

    f[0] = 0;
    if (n > 0) {
        f[1] = 1;
        for (i = 2; i <= n; i++)
            f[i] = f[i-1] + f[i-2];
    }
    return f[n];
}
```

사실 알고리즘 1.7은 배열 $f$를 사용하지 않고도 작성할 수 있다. 그 이유는 매번 맴돌때마다 가장 최근 2개의 항만 필요하기 때문이다. 그러나 배열을 사용하면 알고리즘을 더 명확히 표현할 수 있다.

$fib2(n)$을 구하기 위하여 처음 나오는 $n+1$개의 항을 각각 한 번씩 계산한다. 즉, $n$번째 피보나찌 항을 구하기 위해서 $n+1$개의 항을 계산한다. 알고리즘 1.6으로는 $n$번째 피보나찌 항을 구하는데 $2^{n/2}$개의 항 이상을 계산해야 했음을 주목하자. 표 1.2에는 여러 $n$ 값에 대해서 이 두 식을 비교해 보았다. 여기서 실행시간은 한 개의 항을 계산하는데 어림잡아 $10^{-9}$초가 걸린다고 가정하고 계산하였다. 이 표는 한 개의 항을 계산하는데 1억 분의 1초가 걸리는 가상 컴퓨터를 가지고 알고리즘 1.7로 $n$번째 항을 계산하는데 걸리는 시간을 보여주고, 알고리즘 1.6으로 실행하는데 걸리는 시간의 하한을 보여준다. $n$이 80이 되면 알고리즘 1.6으로는 최소한 18분이 걸린다. $n$이 120일 때는 36년 이상이 걸리는데, 그렇게 오래 기다릴 만큼 참을성이 있는 사람은 현실적으로 없다. 비록 10억배 빠른 컴퓨터를 개발한다 해도 알고리즘 1.6으로 200번째 항을 계산하는데 40,000년 이상이 걸린다. 이 결과는 200번째 항을 계산하는데 걸리는 시간을 10억으로 나누어서

● **표 1.2** 알고리즘 1.6과 1.7의 비교

| $n$ | $n+1$ | $2^{n/2}$ | 알고리즘 1.7을 사용하는 경우 실행시간 | 알고리즘 1.6을 사용하는 경우 실행시간의 하한 |
|---|---|---|---|---|
| 40 | 41 | 1,048,576 | 41 ns* | 1048 $\mu$s† |
| 60 | 61 | $1.1 \times 10^{9}$ | 61 ns | 1 s |
| 80 | 81 | $1.1 \times 10^{12}$ | 81 ns | 18 min |
| 100 | 101 | $1.1 \times 10^{15}$ | 101 ns | 13 days |
| 120 | 121 | $1.2 \times 10^{18}$ | 121 ns | 36 years |
| 160 | 161 | $1.2 \times 10^{24}$ | 161 ns | $3.8 \times 10^{7}$ years |
| 200 | 201 | $1.3 \times 10^{30}$ | 201 ns | $4 \times 10^{13}$ years |

*1ns = $10^{-9}$ second.
† 1$\mu$s = $10^{-6}$ second.

얻을 수 있다. 아무리 컴퓨터가 빨라진다 하더라도, 알고리즘 1.6으로는 $n$이 작은 경우를 제외하고 기다릴 수 없는 만큼의 시간이 걸린다는 사실을 알았다. 반면에 알고리즘 1.7은 $n$번째 피보나찌 항을 거의 즉석에서 계산한다. 컴퓨터의 계산속도가 빨라지는 것과는 무관하게 알고리즘의 효율성이 왜 중요한 고려사항인지를 이 비교를 통해서 명확히 알 수 있다.

알고리즘 1.6은 분할정복 알고리즘이다. 분할정복 해결방법으로 정렬된 배열을 검색하는 문제를 푸는 매우 빠른 알고리즘을 공부했다(알고리즘 1.5: 이분검색). 2장에서 공부하겠지만 분할정복 해결방법은 어떤 부류의 문제에 대해서는 매우 효율적인 알고리즘을 이끌어 내지만 매우 비효율적인 알고리즘이 만들어지는 경우도 있다. $n$번째 피보나찌 항을 계산하는 효율적인 알고리즘(알고리즘 1.7)은 동적계획법의 전형적인 사례로서 3장에서 다룬다. 그중 가장 좋은 방법을 선택하는 것은 매우 중요하다.

알고리즘 1.6은 지수적으로(exponentially) 많은 개수의 항을 계산한다. 그러나 이보다 더 나쁠 수 있을까? 답은 "아니오"다. 부록 B에 있는 기술을 가지고 계산에 필요한 항의 개수를 정확하게 나타내는 식을 유도할 수 있는데, 그 식은 $n$의 지수로 나타난다. 피보나찌 수열에 대해서 더 자세히 알고 싶으면 부록 B의 예제 B.5와 B.9를 공부하기 바란다.

## 1.3 알고리즘의 분석

설계한 알고리즘으로 문제를 얼마나 효율적으로 풀 수 있는지 알아보려면 알고리즘을 분석해야 한다. 앞절에서 알고리즘들을 비교하면서 알고리즘의 효율성 분석을 해보았지만 분석은 다소 약식으로 이루어졌다. 이 절에서는 알고리즘 분석에 사용하는 용어와 표준 분석방법에 대해서 제대로 공부해보자. 이 책 전체에서 사용하므로 반드시 이해하고 넘어가야 한다.

### 1.3.1 시간복잡도 분석

시간을 기준으로 알고리즘의 효율성을 분석할 때, CPU에서의 실제 작동시간을 재지 않는다. 왜냐하면 알고리즘을 수행하는 특정 컴퓨터에 따라서 결과가 달라질 수 있기 때문이다. 실행하는 명령문의 개수를 세지도 않는다. 왜냐하면 알고리즘을 구현하는 프로그래밍 언어에 따라서, 그리고 프로그래머가 프로그램을 작성하는 방식에 따라서 명령문의 개수가 달라질 수 있기 때문이다. 따라서 컴퓨터, 프로그래밍언어, 프로그래머뿐만 아니라 루프 색인의 증가, 포인터의 세팅 등과 같은 모든 알고리즘 상의 복잡한 세부사항과는 독립적인 측정법이 필요하다. 알고리즘 1.5가 알고리즘 1.1보다 훨씬 효율적이라는 사실은 $n$이 배열 원소의 개수일 때, 몇몇 $n$ 값을 선택하여 그 값으로 두 알고리즘을 실행할 때 비교 횟수의 차이를 보고 알았다. 알고리즘 분석은 거의 이런 방식으로 한다. 일반적으로 알고리즘의 실행시간은 입력의 크기가 커지면 증가하고, 총 실행시간은 (비교 같은) 단위연산이 몇 번 수행되는가에 거의 비례한다. 따라서 단위연산이 수행되는 횟수를 입력의 크기에 대한 함수로 구하여 알고리즘의 효율성을 분석한다.

보통 알고리즘의 **입력크기(input size)**를 재기는 쉽다. 예를 들면, 앞에서 공부한 알고리즘 1.1(순차검색), 1.2(배열의 수 더하기), 1.3(교환정렬), 1.5(이분검색)를 다시 살펴보자. 이들 알고리즘에서 배열 원소의 개수 $n$이 입력크기를 나타내는 간단한 척도가 된다. 그러므로 $n$을 입력크기라고 할 수 있다. 알고리즘 1.4 (행렬곱셈)에서는 행과 열의 개수 $n$이 입력크기를 나타내는 척도가 된다. 그러므로 이 경우도 $n$을 입력크기라고 할 수 있다. 알고리즘에 따라서 입력크기를 측정할 때 2개의 수를 사용하는 편이 더 적절한 경우도 있다. 예를 들어, 알고리즘의 입력이 그래프이면 마디(vertex)와 이음선(edge)의 개수 형식으로 입력을 잰다. 따라서 이 경우 두 파라미터(parameter)가 모두 입력크기이다.

파라미터를 무조건 입력크기로 볼 수 있는 것은 아니니 주의해야 한다. 예를 들면, 알고리즘 1.6($n$번째 피보나찌 항 구하기, 재귀)과 1.7($n$번째 피보나찌 항 구하기, 반복)에서 입력크기가 $n$이어야 한다고 생각할지도 모른다. 그러나 $n$은 입력이지, 입력크기는 아니다. 이 알고리즘에서 적절한 입력크기는 $n$을 부호화(encode)한 기호(symbol)의 개수로 잡는다. 이진표기법(binary representation)을 쓰는 경우, 입력크기는 $n$을 부호화하면 차지하는 비트(bit)의 개수 $\lfloor \lg n \rfloor + 1$이다. 예를 들어, 다음에서 $n = 13$을 이진수로 바꾸면 다음과 같이 4비트만큼 자리를 차지한다.

$$n = 13 = \underbrace{1101}_{4\text{bits}}{}_2$$

따라서 입력 $n = 13$의 크기는 4가 된다. 각 알고리즘이 계산하는 항의 개수를 $n$의 함수로 구하여 두 알고리즘의 효율성 차이를 알 수 있었지만, $n$이 항상 입력크기를 나타내주는 것은 아니다. 9장에서 공부할 내용에서는 입력크기가 중요하므로 그때 가서 입력크기에 대해서 더 자세히 공부할 것이다. 그때까지는 간단하게 구할 수 있는 수치, 즉 배열 안에 있는 원소의 개수를 입력크기로 사용해도 별 문제없다.

입력크기를 구한 후, 어떤 명령문이나 명령문 덩어리(군)를 선정하여 알고리즘이 실행한 총 작업의 양을 이 명령문이나 명령문 덩어리(군)를 실행한 횟수에 대략적으로 비례하도록 한다. 이 명령문이나 명령문 군을 알고리즘의 **단위연산(basic instruction)**이라고 한다. 예로 알고리즘 1.1과 1.5는 루프를 한 번 수행할 때마다 $x$를 $S$의 원소와 비교한다. 그러므로 비교문을 단위연산으로 정했다. 결국 각 $n$ 값에 대해서 알고리즘 1.1과 1.5가 이 단위연산을 몇 번 수행하는지 구하여 두 알고리즘의 효율성 차이를 알아냈다.

일반적으로 알고리즘의 **시간복잡도 분석(time complexity analysis)**은 입력크기를 기준으로 단위연산을 몇 번 수행하는지 구하는 것이다. 알고리즘 구현 방식의 세부사항은 고려하지 않지만 단위연산은 최대한 효율적으로 구현한다고 가정하고 분석해도 무방하다. 예를 들어, 알고리즘 1.5에서 비교를 한 번만 한다고 가정해도 분석 결과에 차이가 없다.

단위연산을 선택하는 전천후 규칙은 없다. 주로 경험에 의한 판단에 따르는 편이다. 앞에서도 언급했지만 제어구조를 구성하는 명령문은 보통 단위연산으로 취급하지 않는다. 예를 들어, 알고리즘 1.1에서 `while` 루프의 제어에 쓰는 인덱스 증가 명령문 및 비교문은 단위연산으로 취급하지 않는다. 때로는 루프의 한 번 실행을 단위연산의 한 번 실행으로 취급하면 충분한 경우도 있다. 또는 분석을 아주 세밀히 하기 위해서 기계적 명령문 각각의 실행을 하나의 단위연산으로 취급하는 극단적인 경우도 있다. 앞에서 말했듯이 컴퓨터와는 독립적으로 분석해야 하기 때문에 이 책에서는 그런 극단적인 방법은 쓰지 않는다.

때로는 두 개의 다른 단위연산을 고려해야 하는 경우도 있다. 예를 들어, 키를 비교하여 정렬하는 알고리즘에서 비교문과 지정문(assignment statement)을 개별 단위연산으로 취급해야 할 때도 있다. 이 두 가지 명령문을 합쳐서 하나의 단위연산으로 합한다는 뜻이 아니라, 두 가지의 개별 단위연산이 있다는 뜻이다. 그 중 하나는 비교문이고, 다른 하나는 지정문인 것이다. 이렇게 하는 이유는 정렬 알고리즘에서 비교하는 횟수와 지정하는 횟수가 같지 않기 때문이다. 그러므로 각 단위연산이 실행되는 횟수를 따로 알아봄으로써 알고리즘의 효율성을 더 세밀하게 파악할 수 있다.

알고리즘의 시간복잡도 분석은 입력크기를 기준으로 단위연산을 몇 번 실행하는지 구하는 것이다. 어떤 경우에는 실행 횟수가 입력크기에 좌우될 뿐 아니라 입력의 값에도 좌우된다. 알고리즘 1.1(순차검색)의 경우 $x$가 배열의 첫 번째 원소이면 단위연산은 한 번 실행하지만, $x$가 배열에 없다면 $n$번 실행한다. 그러나 알고리즘 1.2(배열의 수 더하기)의 경우 입력의 값에 상관없이 항상 단위연산의 실행 횟수가 일정하다. 실행 횟수가 일정한 경우 $T(n)$을 입력크기 $n$에 대해서 알고리즘이 단위연산을 실행하는 횟수로 정의한다. 여기서 $T(n)$을 알고리즘의 **일정 시간복잡도(every-case time complexity)**라고 하고, $T(n)$을 구하는 과정을 **일정 시간복잡도 분석**이라고 한다. 다음은 일정 시간복잡도 분석의 실례이다.

알고리즘 1.2의 분석

**▸(배열의 원소 모두 더하기)의 일정 시간복잡도 분석**

제어에 필요한 명령문을 제외하고 루프 안에 있는 유일한 명령문은 배열의 원소를 $sum$에 더하는 명령문이다. 따라서 이 명령문을 단위연산으로 정한다.

**단위연산** : 배열의 원소를 $sum$에 더함

**입력크기** : 배열 원소의 개수, $n$

배열에 있는 원소의 값에 상관없이 `for` 루프를 $n$번 실행한다. 그러므로 단위연산을 항상 $n$번 실행하여 시간복잡도는 다음과 같다.

$$T(n) = n$$

알고리즘 1.3의 분석

**▸(교환정렬)의 일정 시간복잡도 분석**

앞에서 설명했듯이 키를 비교하여 정렬하는 알고리즘의 경우, 비교문이나 지정문을 단위연산으로 정할 수 있다. 여기서는 비교 횟수를 단위연산으로 정하고 분석해보자.

**단위연산** : $S[j]$와 $S[i]$의 비교

**입력크기** : 정렬할 원소의 개수, $n$

`for`$-j$ 루프를 몇 번 실행하는지 세어야 한다. 주어진 $n$에 대해서 `for`$-i$ 루프를 실행하는 횟수는 항상 $n-1$이다. 첫째 `for`$-i$ 루프를 실행할 때 `for`$-j$ 루프를 실행하는 횟수는 $n-1$이고, 둘째 `for`$-i$ 루프를 실행할 때 `for`$-j$ 루프를 실행하는 횟수는 $n-2$이고, 세째 `for`$-i$ 루프를 실행할 때 `for`$-j$ 루프를 실행하는 횟수는 $n-3$이고, ..., 마지막 `for`$-i$ 루프를 실행할 때 `for`$-j$ 루프를 실행하는 횟수는 1이다. 따라서 `for`$-j$ 루프를 실행하는 총 횟수는 다음과 같이 계산한다.

$$T(n) = (n-1) + (n-2) + (n-3) + \cdots + 1 = \frac{(n-1)n}{2}$$

마지막 등식이 어떻게 성립하는지 이해가 가지 않으면 부록 A의 예제 A.1을 공부하자.

알고리즘 1.4의 분석

**▸(행렬곱셈)의 일정 시간복잡도 분석**

가장 안쪽 `for` 루프에 있는 유일한 명령문은 곱셈과 덧셈을 하는 명령문이다. 곱셈을 덧셈보다 더 많이 하도록 구현할 수 있으므로, 곱셈하는 명령문만을 단위연산으로 취급한다.

**단위연산** : 가장 안쪽 `for` 루프에 있는 곱셈

**입력크기** : 행과 열의 개수, $n$

`for`$-i$ 루프는 항상 $n$번 실행하고, `for`$-i$ 루프가 한 번 실행할 때마다 `for`$-j$ 루프는 항

상 $n$번 실행하고, for-$j$ 루프가 한 번 실행할 때마다 for-$k$ 루프는 항상 $n$번 실행한다. 단위연산은 for-$k$ 루프 안에 있으므로, 단위연산을 실행하는 횟수는 다음과 같다.

$$T(n) = n \times n \times n = n^3$$

---

앞에서 설명했듯이 알고리즘 1.1은 크기 $n$인 사례에 대해서 단위연산을 실행하는 횟수가 모두 같지 않다. 따라서 이 알고리즘의 경우 일정 시간복잡도로 분석결과를 측정할 수 없다. 그렇다고 분석을 포기할 수는 없다. 왜냐하면 사실 대부분의 알고리즘이 이런 경우에 해당하기 때문이다. 따라서 시도할 수 있는 다른 계측방식이 세 가지 더 있다. 첫 번째 방법은 단위연산을 수행하는 최대 횟수를 측정한다. $W(n)$을 입력크기 $n$에 대해서 알고리즘이 실행할 단위연산의 최대 횟수로 정의한다. 그러면 $W(n)$을 알고리즘의 **최악 시간복잡도(worst-case time complexity)**라 하고, $W(n)$을 구하는 과정을 **최악 시간복잡도 분석**이라고 한다. 만약 $T(n)$이 존재하면 당연히 $W(n) = T(n)$이 된다. 다음은 $T(n)$이 존재하지 않는 경우 $W(n)$을 분석하는 예이다.

알고리즘 1.1의 분석

▸ **(순차검색)의 최악 시간복잡도 분석**

---

**단위연산** : 배열 원소와 $x$와의 비교

**입력크기** : 배열 원소의 개수, $n$

$x$가 배열의 마지막 원소이거나 $x$가 배열에 없는 경우 단위연산을 $n$번 실행하고, 이 경우가 단위연산을 가장 많이 실행하는 경우이다. 따라서 시간복잡도는 다음과 같다.

$$W(n) = n$$

---

비록 최악의 경우 분석으로 사용한 최대 시간을 알 수 있지만, 어떤 경우에는 알고리즘이 평균적으로 얼마나 실행하는지 측정하면 더 일리가 있는 경우도 있다. 어떤 알고리즘에 대해서, $A(n)$을 입력크기 $n$에 대해서 그 알고리즘이 수행할 단위연산의 평균 횟수(기대치)로 정의한다(평균의 개념에 관해서는 부록 A의 A.8.2절을 참조하라). 그러면 $A(n)$을 알고리즘의 **평균 시간복잡도(average-case time complexity)**라 하고, $A(n)$을 구하는 과정을 **평균 시간복잡도 분석**이라고 한다. $W(n)$의 경우에서와 같이 만약 $T(n)$이 존재하면 $A(n) = T(n)$이 된다.

$A(n)$을 계산하려면 $n$개의 입력에 확률을 각각 부여해야 한다. 가용한 정보를 모두 동원하여 확률을 부여하는 것이 중요하다. 예를 들어, 알고리즘 1.1의 평균 시간복잡도 분석을 해보자. $x$가 배열 안에 있고, 이중 어디에 위치할 확률은 똑같다고 가정하자. $x$가 배열의 어딘가 있다는 사실만 안다고 하면, 배열의 어떤 특정 위치를 다른 위치에 비해서 차별을 둘 하등의 이유가 없다. 따라서 원소의 위치가 어디든 같은 확률을 부여하는

게 타당하다. 각 원소를 검색하는 횟수가 동일하면 평균을 구하면 된다는 뜻이다. 그러나 검색 횟수가 동일하지 않다면, 같은 확률을 부여하면 타당하지 않다. 예를 들어, 국민 모두의 이름을 저장한 배열에서 무작위로 선택한 이름을 찾는다면, "희국"과 같은 흔하지 않은 이름보다 "정선"과 같이 비교적 흔한 이름을 아마 더 자주 검색할 것이다(무작위의 개념에 관해서는 부록 A의 A.8.1절을 참조하라). 검색 빈도가 다른 경우를 절대 무시할 수는 없지만, 여기서 배열 원소의 검색 빈도는 모두 같다고 가정한다.

다음 분석에서 볼 수 있듯이 최악의 경우 분석보다 평균의 경우 분석이 보통 더 어렵다.

알고리즘 1.1의 분석

**(순차검색)의 평균 시간복잡도 분석**

**단위연산** : 배열 원소와 $x$와의 비교

**입력크기** : 배열 원소의 개수, $n$

$x$가 $S$에 있는지 아는 경우를 먼저 분석해보자. 여기서 $S$에 있는 원소는 모두 다르고, $x$가 어떤 특정위치에 있을 확률이 다른 위치에 있을 확률보다 높다고 믿을 이유가 전혀 없다고 가정한다. 이 정보에 의하면 $1 \le k \le n$인 모든 $k$에 대해서 $x$가 배열의 $k$번째에 위치할 확률은 $1/n$이다. 만약 $x$가 $k$번째에 위치한다면, $x$를 찾는데(즉, 루프를 빠져나가는데) 단위연산의 실행 횟수는 $k$이다. 따라서 평균 시간복잡도는 다음과 같이 구할 수 있다.

$$A(n) = \sum_{k=1}^{n}\left(k \times \frac{1}{n}\right) = \frac{1}{n} \times \sum_{k=1}^{n} k = \frac{1}{n} \times \frac{n(n+1)}{2} = \frac{n+1}{2}$$

세 번째 등식이 어떻게 성립하는 지 부록 A의 예제 A.1을 참조한다. 기대하던 대로 평균적으로 배열의 반 정도를 검색함을 알 수 있다.

다음으로 $x$가 배열에 없는 경우를 분석해보자. 이 경우를 분석하기 위해서 $x$가 배열에 있을 확률 $p$를 부여해야 한다. 미리 만약 $x$가 배열에 있다면 1부터 $n$사이의 어느 위치에 있을 확률도 같다고 가정한다. 그러면 $x$가 $k$번째에 위치할 확률은 $p/n$이고, $x$가 배열에 없을 확률은 $1-p$이다. $x$를 $k$번째 위치에서 찾는 경우 루프를 $n$번 실행하고, $x$가 배열에 없을 때 루프를 $n$번 실행한다. 따라서 평균 시간복잡도는 다음과 같이 구할 수 있다.

$$\begin{aligned} A(n) &= \sum_{k=1}^{n}\left(k \times \frac{p}{n}\right) + n(1-p) \\ &= \frac{p}{n} \times \frac{n(n+1)}{2} + n(1-p) = n\left(1 - \frac{p}{2}\right) + \frac{p}{2} \end{aligned}$$

위 식에서 마지막 등식은 대수학으로 간략화하면 얻을 수 있다. 만약 $p = 1$이면, 위에서와 같이 $A(n) = (n+1)/2$인 반면, $p = 1/2$이면 $A(n) = 3n/4 + 1/4$이다. 이는 평균적으로 배열의 3/4 가량이 검색된다는 뜻이다.

진도를 더 나가기 전에 평균에 대해서 주의할 점을 하나 이야기하도록 한다. 비록 평균이라는 말이 전형성을 나타내는 좋은 척도이긴 하지만, 평균이라는 말을 잘못 해석하지 않도록 주의해야 한다. 예를 들어, 기상학자는 지난 80년 동안 1월 15일 서울의 평균 최고기온이 영하 3도이기 때문에 1월 15일 서울의 최고기온이 일반적으로 영하 3도라고 말할 수 있다. 서울 강남의 가구 당 연간 평균 소득이 5,000만원이기 때문에 서울 강남의 가구 당 연간 소득이 일반적으로 5,000만원이라고 신문기사에 나올 수도 있다. 실제 값이 평균에 크게 벗어나지 않는 경우(즉, 표준편차가 작은 경우)만 평균을 "일반적이다"라고 말할 수 있다. 1월 15일 최고 기온의 경우 아마도 그렇게 말해도 통할 수 있을는지 모른다. 그러나 서울 강남의 경우 부유한 사함이 사는 동네와 가난한 사람이 사는 동네가 공존하고 있다. 따라서 연 평균소득이 2,000만원 또는 1억 원이라고 말하기가 연평균소득이 5,000만원이라고 말하기보다 더 일반적인 해답이 될 수 있다. $x$가 배열에 있다고 가정하고 $A(n) = (n+1)/2$라고 계산했지만, 이 결과는 일반적으로 받아들일 수 없다. 왜냐하면 일반적으로 1에서 $n$ 사이의 어떤 수를 검색할 지 확률적으로 동일하기 때문이다. 이 고려사항은 반응시간을 취급하는 알고리즘의 경우 중요하다. 예를 들어 핵발전소를 감시하는 시스템을 생각해보자. 비록 반응시간이 나쁜 사례가 한 번 있었다 하더라도 결과는 치명적이다. 따라서 모든 반응시간이 거의 3초 부근이기 때문에 평균 반응시간이 3초인지, 아니면 거의 대부분 반응시간이 1초이지만 몇몇 경우 60초이기 때문에 평균 반응시간이 3초인지 알아두는 건 중요하다.

마지막 형태의 시간복잡도 분석은 단위연산을 실행하는 최소 횟수를 구하는 것이다. 어떤 알고리즘에 대해서, $B(n)$을 입력크기 $n$에 대해서 그 알고리즘이 실행할 단위연산의 최소 횟수로 정의한다. 그러면 $B(n)$은 알고리즘의 **최선 시간복잡도(best-case time complexity analysis)**라 하고, $B(n)$을 구하는 과정을 **최선 시간복잡도 분석**이라고 한다. $W(n)$과 $A(n)$의 경우와 같이 만약 $T(n)$이 존재하면, $B(n) = T(n)$이 된다. 알고리즘 1.1에서 $B(n)$을 구해보자.

알고리즘 1.1의 분석

▸ **(순차검색)의 최선 시간복잡도 분석**

**단위연산** : 배열 원소와 $x$와의 비교

**입력크기** : 배열 원소의 개수, $n$

$n \ge 1$이기 때문에 루프를 최소한 한 번은 실행해야 한다. 만약 $x = S[1]$이면, $n$의 크기에 상관없이 루프를 실행하는 횟수는 1이다. 그러므로

$$B(n) = 1$$

일정 시간복잡도를 구할 수 없는 알고리즘에 대하여 최선의 경우 분석보다는 최악의 경우나 평균의 경우 분석을 훨씬 더 자주 채택한다. 평균의 경우 분석은 다른 입력을 여

러 번 사용할 때 알고리즘을 실행하는데 평균적으로 걸리는 시간을 알려주기 때문에 유용하게 많이 쓴다. 예를 들어, 가능한 모든 조합으로 만든 입력을 모두 정렬하는 경우 속도를 재는 좋은 척도가 될 수 있다. 속도가 느린 정렬 알고리즘이라도 평균적으로 시간이 좋게 나오는 경우 때로는 쓸 만하기도 하다. 2.4절에서 살펴볼 빠른정렬(quicksort)이라고 하는 알고리즘이 바로 그런데, 가장 널리 쓰여지고 있다. 앞에서 잠깐 이야기했듯이 평균의 경우 분석은 핵발전소 감시시스템 같은 경우 적합하지 않다. 이 경우에는 최악의 경우 분석이 더 유용한데, 그 이유는 알고리즘이 걸리는 시간의 상한 값을 알려주기 때문이다. 방금 살펴본 두 가지의 상황에 최선의 경우 분석은 해볼 가치가 전혀 없다.

지금까지 알고리즘의 시간복잡도의 분석에 대해서만 다루었다. 고려해보았던 사항들이 **메모리(공간)복잡도(memory complexity)**의 분석(알고리즘이 메모리 사용면으로는 얼마나 효율적인지를 분석)에도 모두 그대로 적용할 수 있다. 이 책에서는 거의 대부분 시간복잡도 분석에 치중하겠지만, 필요한 경우 메모리복잡도 분석도 다룰 것이다.

일반적으로, **복잡도 함수(complexity function)**는 양의 정수에서 양의 실수(0 포함)로 매핑하는 함수이다. 어떤 특정 알고리즘의 시간복잡도나 메모리복잡도를 가리키지 않을 때는 복잡도 함수를 보통 $f(n)$과 $g(n)$ 같은 표준 함수 표기법으로 표현한다.

• 예제 1.6

다음은 모두 복잡도 함수의 예이다.

$$f(n) = n$$
$$f(n) = n^2$$
$$f(n) = \lg n$$
$$f(n) = 3n^2 + 4n$$

위의 복잡도 함수는 모두 양의 정수에서 양의 실수(0 포함)로 매핑한다.

### 1.3.2 이론의 적용

알고리즘 분석 이론을 적용하면서 단위연산, 주변 명령문, 제어 명령문을 실행하는데 실제로 걸리는 시간들을 고려해야 할 수도 있다. "주변 명령문(overhead instructions)"이란 루프 이전에 실행되는 초기화 문 같은 명령문을 말한다. 이 명령문을 실행하는 횟수는 일반적으로 입력크기에 상관없이 항상 일정하다. "제어 명령문(control instructions)"이란 루프를 제어하기 위한 인덱스 증가 명령문 같은 명령문을 말한다. 이 명령문을 실행하는 횟수는 입력크기에 비례하여 증가한다. 단위연산, 주변 명령문, 제어 명령문은 모두 알고리즘이 독창적으로 가지고 있는 특성이지 문제의 특성은 아니다. 즉, 같은 문제라 할지라도 알고리즘이 다르면 이러한 명령문들이 실행되는 횟수는 달라진다.

같은 문제를 푸는 알고리즘이 둘 있는데, 첫째 알고리즘의 일정 시간복잡도는 $n$이고 둘째 알고리즘의 일정 시간복잡도는 $n^2$이라고 가정하자. 첫째 알고리즘이 궁극적으로는 더 빠를 것이라고 바로 알 수 있다. 그러나 둘째 알고리즘의 단위연산 실행시간보다 첫째 알고리즘의 단위연산 실행시간이 1,000배 느리다고 가정해보자. 여기서 실행시간에는 제어명령문을 실행하는 시간도 포함한다. 따라서 만약 둘째 알고리즘의 단위연산 실행시간을 $t$라고 하면, $1{,}000t$는 첫째 알고리즘의 단위연산 실행시간이다. 계산을 간단히 하기 위해서 주변 명령문 실행시간은 두 알고리즘 모두 충분히 작아서 무시할 수 있다고 가정하자. 크기 $n$인 입력에 대해서 실행시간은 첫째 알고리즘의 경우 $n \times 1{,}000t$이고, 둘째 알고리즘의 경우 $n^2 \times t$이다. 다음 부등식을 풀면 $n$이 어떤 값일 때 첫째 알고리즘이 빠른지 알 수 있다.

$$n^2 \times t > n \times 1{,}000t$$

양변을 $nt$로 나누면 다음과 같다.

$$n > 1{,}000$$

입력의 크기가 절대로 1,000보다 크지 않은 경우, 둘째 알고리즘이 더 빠르다. 여기서 어떤 알고리즘이 다른 알고리즘보다 어느 시점부터 빠른지 정확하게 결정하기가 쉽지 않다는 것을 반드시 알고 넘어가야 한다. 두 알고리즘을 비교하면서 얻은 부등식을 분석하는데 근사법을 사용해야 하는 경우도 있다.

주변 명령문을 실행하는데 걸리는 시간은 무시할 수 있다고 가정했다. 만약 그렇게 가정할 수 없는 상황이면, 주변 명령문도 고려해야 한다.

### 1.3.3 정확성 분석

이 책에서 "알고리즘 분석"이란 계산시간이나 사용메모리를 기준으로 효율성을 분석함을 뜻한다. 다른 종류의 분석도 있다. 알고리즘이 기대한 대로 실행되는지 증명하는 알고리즘의 정확성 분석이다. 이 책에서도 필요한 경우 알고리즘의 정확함을 약식으로 증명하지만 자세히 다루지는 않는다. 알고리즘의 정확성 분석방법을 제대로 공부하고 싶으면 Dijkstra(1976) 또는 Gries(1981) 또는 Kingston(1990)의 책을 읽어보기 바란다.

## 1.4 차수

$n$이 충분히 큰 경우, 시간복잡도가 $n$인 알고리즘이 $n^2$인 알고리즘에 비해서 단위연산 실행시간에 관계없이 더 빠르다는 사실을 방금 공부했다. 같은 문제를 푸는 알고리즘이 둘 있는데, 첫째 알고리즘의 일정 시간복잡도는 $100n$이고, 둘째 알고리즘의 일정 시간복잡도는 $0.01n^2$이라고 가정하자. 첫째 알고리즘이 둘째 알고리즘보다 궁극적으로 더 빠르다는 사실은 앞에서 공부한 논리로 증명할 수 있다. 예를 들어, 두 알고리즘에서 설정한 단위연산 1회 실행시간이 같고, 주변 명령문 실행시간도 거의 같은 경우 다음 부등식을 만족하는 $n$값에 대해서만 첫째 알고리즘이 더 빠르다고 할 수 있다.

$$0.01n^2 > 100n$$

양변을 $0.01n$으로 나누면 다음과 같다.

$$n > 10{,}000$$

둘째 알고리즘 보다 첫째 알고리즘의 단위연산 실행시간이 더 길다고 하면, 더 걸리는 시간만큼 $n$값이 더 커야 첫째 알고리즘이 빠르다고 할 수 있다.

시간복잡도가 $n$과 $100n$인 알고리즘은 **1차시간 알고리즘(linear-time algorithm)**이라고 한다. 왜냐하면, 그 알고리즘의 시간복잡도가 입력크기 $n$에 대해 1차함수이기 때문이다. 반면에 $n^2$과 $0.01n^2$ 같은 시간복잡도를 가진 알고리즘은 **2차시간 알고리즘(quadratic-time algorithm)**이라고 한다. 왜냐하면, 그 알고리즘의 시간복잡도가 입력크기 $n$에 대해 2차함수이기 때문이다. 여기서 근본적인 원리를 찾을 수 있다. 즉, *1차시간 알고리즘은 모두 2차시간 알고리즘보다 궁극적으로 더 빠르다.* 알고리즘의 분석에서는 이론적으로 궁극적인 증가상태만 따진다. 다음 절에서는 궁극적인 증가상태에 따라서 어떻게 알고리즘을 구분하는지 공부할 것이다. 궁극적인 증가상태를 보고 어떤 알고리즘이 더 빠른지 바로 결정할 수 있다.

### 1.4.1 차수의 직관적인 소개

$5n^2$과 $5n^2+100$같은 함수는 1차 항이 없기 때문에 **순수2차함수(pure quadratic function)**라 한다. 반면에 $0.1n^2+n+100$ 같은 함수는 1차 항이 있기 때문에 **완전2차함수(complete quadratic function)**라 한다. 표 1.3을 보면 궁극적으로 2차 항이 이 함수를 지배함을 알 수 있다. 즉, 다른 항들의 값은 2차 항의 값에 비하여 궁극적으로 대수롭지 않기 때문이다. 그러므로 비록 함수가 순수2차함수가 아니더라도 순수2차함수로 분류할 수 있다. 즉, 알고리즘의 시간복잡도가 2차함수이면 2차시간 알고리즘이라고 할 수 있다는 걸 뜻한다. 복잡도 함수를 분류할 때 낮은 차수의 항들은 항상 버릴 수 있다. 예를 들어, $0.1n^3+10n^2+5n+25$를 순수2차함수로 분류할 수 있다. 이래도 되는 이유를 알아보기 전에 복잡도 함수의 분류방식에 대한 직관적인 감을 먼저 잡아보자.

순수2차함수로 분류되는 복잡도 함수의 집합은 $\Theta(n^2)$으로 표시한다. 여기서 그리스 대

**표 1.3** 2차 항이 궁극적으로 지배한다.

| $n$ | $0.1n^2$ | $0.1n^2+n+100$ |
|---:|---:|---:|
| 10 | 10 | 120 |
| 20 | 40 | 160 |
| 50 | 250 | 400 |
| 100 | 1,000 | 1,200 |
| 1,000 | 100,000 | 101,100 |

문자 $\Theta$는 "쎄타(theta)"로 읽는다. 만약 어떤 함수가 $\Theta(n^2)$ 집합의 원소라면, "그 함수는 차수가 $n^2$"이라고 한다. 예를 들어, 낮은 차수의 항은 버릴 수 있으므로, 다음과 같다.

$$g(n) = 5n^2 + 100n + 20 \in \Theta(n^2)$$

즉, $g(n)$의 차수가 $n^2$이란 뜻이다. 더 자세한 예로 1.3.1절에서 공부한 알고리즘 1.3(교환정렬)의 시간복잡도는 $T(n) = n(n-1)/2$였다. 다음과 같이 전개한 후,

$$\frac{n(n-1)}{2} = \frac{n^2}{2} - \frac{n}{2}$$

낮은 차수의 항 $n/2$을 버리면 $T(n) \in \Theta(n^2)$이 된다.

어떤 알고리즘의 시간복잡도가 $\Theta(n^2)$에 속하면, 그 알고리즘을 **2차시간 알고리즘** 또는 **$\Theta(n^2)$ 알고리즘**이라고 한다. "그 알고리즘은 $\Theta(n^2)$이다"라고 하기도 한다. 교환정렬 알고리즘은 2차시간 알고리즘이다.

순수3차함수로 분류될 수 있는 복잡도 함수의 집합은 $\Theta(n^3)$이고, 이 집합에 속하는 함수는 차수가 $n^3$이라 하는 식으로 2차함수의 경우와 비슷하게 정의할 수 있다. 이런 집합을 **복잡도 카테고리(complexity categories)**라고 한다. 가장 흔히 나타나는 복잡도 카테고리를 몇 개 나열해 보면 다음과 같다.

$$\Theta(\lg n) \quad \Theta(n) \quad \Theta(n \lg n) \quad \Theta(n^2) \quad \Theta(n^3) \quad \Theta(2^n)$$

이 순서에서 만약 $f(n)$이 $g(n)$이 속하는 카테고리의 왼쪽에 있는 카테고리에 속한다면, $f(n)$은 그래프 상에서 궁극적으로 $g(n)$의 아래에 위치한다. 이 카테고리들에 속한 가장 간단한 함수들인 $n$, $\lg n$, $n \lg n$ 등을 그래프로 그려보면 그림 1.3과 같다. 시간복잡도가 이 함수인 알고리즘의 실행시간은 표 1.4와 같다. 각 알고리즘의 단위연산을 실행하는데 10억 분의 1초가 걸린다고 단순하게 가정하자. 이 표에 나타난 결과를 보고 아마도 놀랄지도 모른다. 알고리즘이 지수시간 알고리즘이 아닌 이상 쓸만하다고 생각할지도 모른다. 그러나 2차시간 알고리즘조차도 크기가 10억인 입력을 실행하는데 31.7년이 걸린다. 반면에 이면 $\Theta(n \lg n)$ 알고리즘은 같은 입력을 실행하는데 29.9초밖에 걸리지 않는다. 보통 상당히 큰 입력을 허용할 만한 시간에 실행할 수 있다고 가정할 수 있기 때문에 알고리즘이 $\Theta(n \lg n)$ 또는 더 빠른 카테고리에 속해야 한다. 시간복잡도가 높은 차수의 카테고리에 속하는 알고리즘이 유용하지 않다는 말은 아니다. 2차, 3차, 또는 더 큰 차수의 시간복잡도를 가진 알고리즘도 실제로 많이 쓴다.

단순히 차수만 아는 것보다 시간복잡도를 더 정확히 알면 더 많은 정보를 얻을 수 있다는 사실을 간과해서는 안 된다. 예를 들어, 앞에서 공부한 시간복잡도가 $100n$과 $0.01n^2$인의 알고리즘을 비교해보자. 두 알고리즘 모두 단위연산과 주변 명령문을 실행하는데 걸리는 시간이 같다고 하면, 입력크기가 10,000보다 작은 예에서는 2차시간 알고리즘이

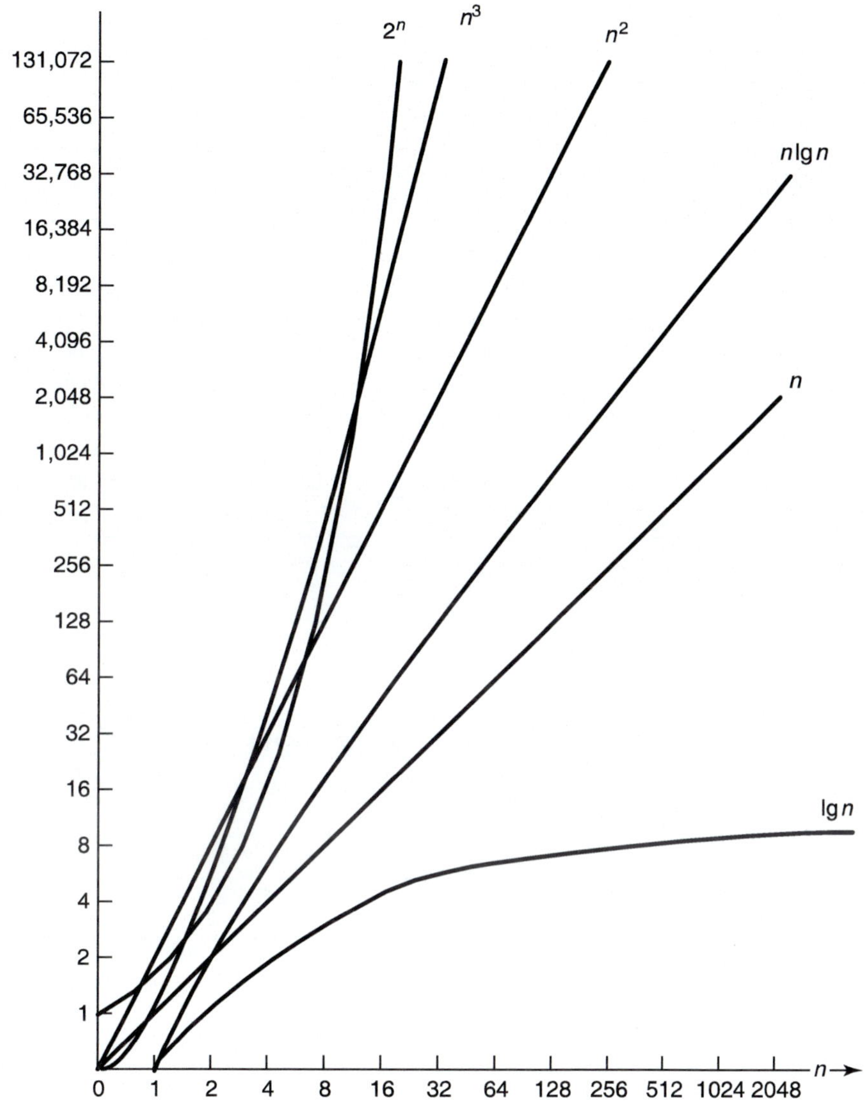


그림 1.3 흔히 나타나는 복잡도 함수의 증가율

더 효율적이었다. 만약 이보다 더 큰 크기의 입력을 전혀 사용하지 않는 경우라면, 2차시간 알고리즘을 사용하는 편이 나을 것이다. 반면 시간복잡도가 각각 $\Theta(n)$와 $\Theta(n^2)$라는 사실만 안다면, 이에 대한 정보는 전혀 알 수 없을 것이다. 하지만 실제로 이런 극단적인 사례는 흔치 않다. 더구나, 시간복잡도를 정확하게 구하기가 굉장히 어려운 경우도 있다. 따라서 차수만 구하고 만족하기도 한다.

● **표 1.4** 시간복잡도 별 알고리즘의 실행시간

| $n$ | $f(n)=\lg n$ | $f(n)=n$ | $f(n)=n\lg n$ | $f(n)=n^2$ | $f(n)=n^3$ | $f(n)=2^n$ |
|---|---|---|---|---|---|---|
| 10 | 0.003 $\mu$s* | 0.01 $\mu$s | 0.033 $\mu$s | 0.10 $\mu$s | 1.0 $\mu$s | 1 $\mu$s |
| 20 | 0.004 $\mu$s | 0.02 $\mu$s | 0.086 $\mu$s | 0.40 $\mu$s | 8.0 $\mu$s | 1 ms† |
| 30 | 0.005 $\mu$s | 0.03 $\mu$s | 0.147 $\mu$s | 0.90 $\mu$s | 27.0 $\mu$s | 1 s |
| 40 | 0.005 $\mu$s | 0.04 $\mu$s | 0.213 $\mu$s | 1.60 $\mu$s | 64.0 $\mu$s | 18.3 min |
| 50 | 0.006 $\mu$s | 0.05 $\mu$s | 0.282 $\mu$s | 2.50 $\mu$s | 125.0 $\mu$s | 13 days |
| $10^2$ | 0.007 $\mu$s | 0.10 $\mu$s | 0.664 $\mu$s | 10.00 $\mu$s | 1.0 ms | $4\times10^{13}$ years |
| $10^3$ | 0.010 $\mu$s | 1.00 $\mu$s | 9.966 $\mu$s | 1.00 ms | 1.0 s | |
| $10^4$ | 0.013 $\mu$s | 10.00 $\mu$s | 130.000 $\mu$s | 100.00 ms | 16.7 min | |
| $10^5$ | 0.017 $\mu$s | 0.10 ms | 1.670 ms | 10.00 s | 11.6 days | |
| $10^6$ | 0.020 $\mu$s | 1.00 ms | 19.930 ms | 16.70 min | 31.7 years | |
| $10^7$ | 0.023 $\mu$s | 0.01 s | 2.660 s | 1.16 days | 31,709 years | |
| $10^8$ | 0.027 $\mu$s | 0.10 s | 2.660 s | 115.70 days | $3.17\times10^7$ years | |
| $10^9$ | 0.030 $\mu$s | 1.00 s | 29.900 s | 31.70 years | | |

*1 $\mu$s = $10^{-6}$ second.
†1 ms = $10^{-3}$ second.

### 1.4.2 차수의 정식 소개

앞 절에서 차수($\Theta$)에 대한 직관적인 감을 잡았다. 이 절에서는 차수를 엄밀하게 정식으로 정의하기 위한 이론을 소개한다. 먼저 기본 개념 두 가지를 먼저 알아보자. 첫째로 살펴볼 개념은 "큰 $O$(big $O$)"이다.

> **정의**
> 주어진 복잡도 함수 $f(n)$에 대해서 $O(f(n))$은 정수 $N$ 이상의 모든 $n$에 대해서 다음 부등식이 성립하는 양의 실수 $c$와 음이 아닌 정수 $N$이 존재하는 복잡도 함수 $g(n)$의 집합이다.
>
> $$g(n) \le c \times f(n)$$

만약 $g(n) \in O(f(n))$이면, "$g(n)$은 $f(n)$의 큰 $O$이다"라고 한다. 그림 1.4(a)는 "큰 $O$"를 그림으로 나타내 준다. 이 그림을 보면 비록 $g(n)$이 처음에는 $cf(n)$의 위에서 시작하지만, 궁극에 가서는 밑으로 내려가며 계속 밑에 머문다. 그림 1.5에서 상세한 예를 보여준다. 이 그림을 보면 $n^2+10n$은 처음에는 비록 $2n^2$의 위에 있지만, $n \ge 10$에 대해서

$$n^2 + 10n \le 2n^2$$

따라서 "큰 $O$"의 정의에서 $c=2$와 $N=10$을 취할 수 있으므로, 다음과 같이 결론지을 수 있다.

$$n^2 + 10n \in O(n^2)$$

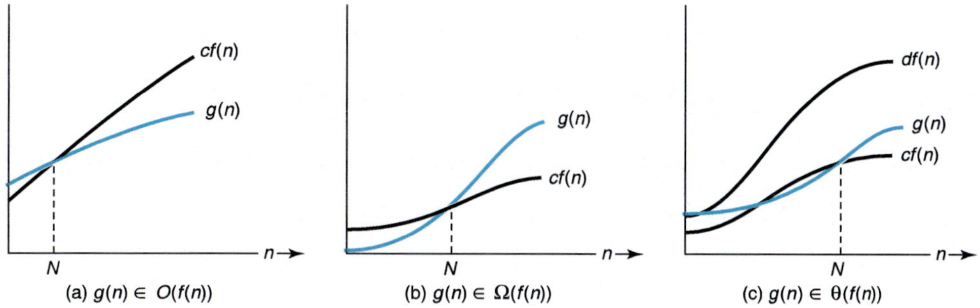


그림 1.4 "큰 $O$", $\Omega$, $\Theta$의 도해적 설명

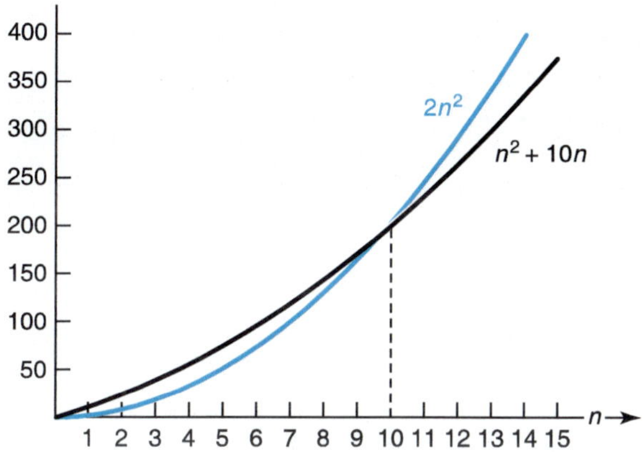


그림 1.5 함수 $n^2+10n$은 궁극에는 함수 $2n^2$의 아래에 위치한다.

예를 들어, 만약 $g(n)$이 $O(n^2)$이면, $g(n)$은 궁극적으로 그래프 상에서 어떤 순수2차함수 $cn^2$ 아래에 놓이게 된다. 이는 만약 $g(n)$이 어떤 알고리즘의 시간복잡도라면, 그 알고리즘의 실행시간은 궁극적으로 빠르기가 최소한 2차함수만큼은 된다는 뜻이다. 이를 분석에 사용할 때 $g(n)$은 궁극적으로 최소한 순수2차함수만큼 좋다라고 할 수 있다. "큰 $O$"(그리고 곧 소개하게 될 다른 개념도 포함)는 함수의 궁극적인 상태만 고려하기 때문에 함수의 **점근적인**(asymptotic) 상태를 나타낸다고 말한다. "큰 $O$"는 함수의 **점근적인 상한**(asymptotic upper bound)을 정한다라고 한다.

이해를 도울 예제를 몇 개 살펴보자.

---

• 예제 1.7 $5n^2 \in O(n^2)$임을 증명하자. $c=5$와 $N=0$을 선택하면 $n \geq 0$인 모든 $n$에 대해서 다음 부등식이 성립한다.

$$5n^2 \leq 5n^2$$

따라서 $5n^2 \in O(n^2)$이다.

---

• **예제 1.8** 알고리즘 1.3(교환정렬)의 시간복잡도는 다음과 같이 계산하였다.

$$T(n)=\frac{n(n-1)}{2}$$

$T(n)\in O(n^2)$ 임을 보이려면 정수 $N$ 이상의 모든 $n$에 대하여 다음 부등식이 성립하는 $c$와 $N$이 존재하는지 찾아야 한다. $c=\frac{1}{2}$과 $N=0$을 선택하면 0 이상의 모든 $n$에 대하여 다음 부등식이 성립한다.

$$\frac{n(n-1)}{2}\le\frac{n(n)}{2}=\frac{1}{2}n^2$$

따라서 $T(n)\in O(n^2)$ 이다.

"큰 $O$"가 학생들에게 종종 어렵게 느껴지는 이유는 어떤 함수가 다른 함수의 "큰 $O$"임을 보이기 위해서는 유일한 $c$와 $N$이 존재해야 한다고 잘못 생각하기 때문이다. 사실 그렇지 않다. 그림 1.5를 가지고 $n^2+10n\in O(n^2)$가 사실임을 $c=2$와 $N=10$을 사용하여 보여줄 수 있다. 다른 값으로도 다음 예제와 같이 이를 증명할 수 있다.

• **예제 1.9** $n^2+10n\in O(n^2)$ 임을 보이기 위해서 정수 $N$ 이상의 모든 $n$에 대하여 다음 부등식이 성립하는 $c$와 $N$이 존재하는지 찾아보자. $c=11$과 $N=1$을 선택하면 다음 부등식은 $n\ge 1$인 모든 $n$에 대하여 항상 성립한다.

$$n^2+10n\le n^2+10n^2=11n^2$$

따라서 $n^2+10n\in O(n^2)$ 이다.

일반적으로, "큰 $O$"를 증명하려면 부등식을 만족하는 가장 찾기 쉬운 값을 빨리 찾는 훈련을 해야 한다.

• **예제 1.10** $n^2\in O(n^2+10n)$ 임을 보이기 위해서 $N$ 이상의 모든 정수 $n$에 대하여 다음 부등식이 성립하는 $c$와 $N$이 존재하는지 찾아보자. $c=1$과 $N=0$을 선택하면 다음 부등식은 $n\ge 0$인 모든 $n$에 대하여 항상 성립한다.

$$n^2\le 1\times(n^2+10n)$$

따라서 $n^2\in O(n^2+10n)$ 이다.

다음 마지막 예제를 든 이유는 "큰 $O$"로 표시된 함수는 그림 1.3에 표시된 대로 간단한 함수 중 하나일 필요가 없다는 걸 보여주기 위함이다. 그러나 보통 그림 1.3에 있는 대로 간단한 함수를 쓴다.

• **예제 1.11** $n\in O(n^2)$을 증명하기 위해서 정수 $N$ 이상의 모든 $n$에 대하여 다음 부등식이 성립하는 $c$와 $N$

을 찾아야 한다. $c=1$과 $N=1$을 선택하면 $n \geq 1$인 모든 $n$에 대하여 다음 부등식이 성립한다.

$$n \leq 1 \times n^2$$

따라서 $n \in O(n^2)$이다.

---

이 마지막 예제는 "큰 $O$"에 관한 중요한 특성을 보여준다. 복잡도 함수가 $O(n^2)$에 속하기 위해서 굳이 2차함수일 필요가 없다. 그래프 상에서 궁극적으로 순수2차함수 아래에 놓이기만 하면 된다. 그러므로 어떤 대수(logarithm)함수나 1차함수도 $O(n^2)$에 속한다. 비슷한 논리로 대수함수나 1차함수나 2차함수도 $O(n^3)$에 속한다. 그림 1.6(a)에서 $O(n^2)$에 속하는 함수의 예를 보여준다.

"큰 $O$"가 복잡도 함수의 점근적인 상한을 나타내듯이, 다음 개념은 복잡도 함수의 **점근적인 하한**(asymptotic lower bound)을 나타낸다.

> **정의**
> 주어진 복잡도 함수 $f(n)$에 대해서 $\Omega(f(n))$은 $N$ 이상의 모든 $n$에 대해서 다음 부등식을 만족하는 양의 실수 $c$와 음이 아닌 정수 $N$이 존재하는 복잡도 함수 $g(n)$의 집합이다.
>
> $$g(n) \geq c \times f(n)$$

여기서 그리스 대문자 $\Omega$는 **"오메가(omega)"**로 읽는다. 만약 $g(n) \in \Omega(f(n))$이면, "$g(n)$은 $f(n)$의 오메가이다"라고 한다. 그림 1.4(b)는 "$\Omega$"를 그림으로 보여준다. 예를 몇 개 공부하자.

---

• **예제 1.12** $5n^2 \in \Omega(n^2)$임을 보이자. 정의에 의해서 $N$ 이상의 모든 정수 $n$에 대하여 다음 부등식이 성립하는 $c$와 $N$이 존재하는지 찾아보자. $c=1$와 $N=0$이면 다음 부등식은 0 이상의 모든 $n$에 대하여 항상 성립한다.

$$5n^2 \geq 1 \times n^2$$

따라서 $5n^2 \in \Omega(n^2)$이다.

---

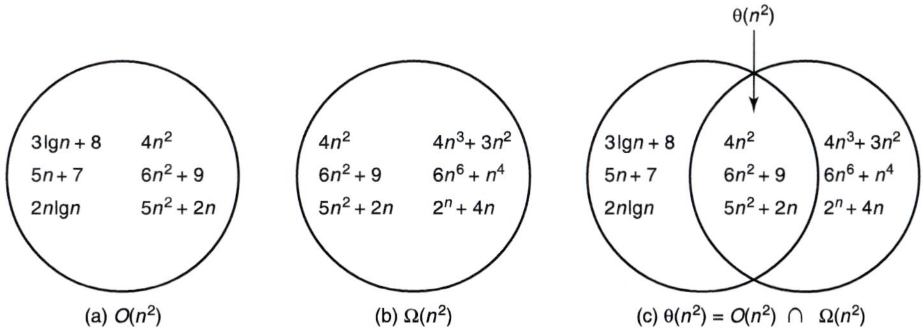


**그림 1.6** $O(n^2)$, $\Omega(n^2)$, $\Theta(n^2)$간의 관계

**• 예제 1.13** $n^2+10n \in \Omega(n^2)$ 임을 보이기 위해서 $N$ 이상의 모든 $n$에 대하여 다음 부등식이 성립하는 $c$와 $N$이 존재하는지 찾아보자. $c=1$과 $N=0$을 선택하면 다음 부등식은 1 이상의 모든 $n$에 대하여 항상 성립한다.

$$n^2+10n \geq n^2$$

따라서 $n^2+10n \in \Omega(n^2)$ 이다.

**• 예제 1.14** 알고리즘 1.3(교환정렬)의 시간복잡도는 다음과 같음을 증명해보자.

$$T(n)=\frac{n(n-1)}{2} \in \Omega(n^2)$$

$n \geq 2$인 모든 $n$에 대하여 다음 부등식이 성립한다.

$$n-1 \geq \frac{n}{2}$$

따라서 $n \geq 2$인 모든 $n$에 대해서 다음 식이 성립한다.

$$\frac{n(n-1)}{2} \geq \frac{n}{2} \times \frac{n}{2} = \frac{1}{4}n^2$$

즉 $c=\frac{1}{4}$과 $N=2$을 선택하면 $T(n) \in \Omega(n^2)$ 이다.

"큰 $O$"의 경우와 마찬가지로 $\Omega$의 정의 조건을 만족하는 상수 $c$와 $N$이 유일할 필요는 없다. 따라서 조건이 만족하는지 쉽게 알게 해주는 상수이면 뭐든지 선택해도 상관없다.

만약 $g(n)$이 $\Omega(n^2)$에 속하면 $g(n)$은 궁극적으로 그래프 상에서 어떤 순수2차함수 위에 놓이게 된다. 즉, $g(n)$은 "궁극적으로 최소한 순수2차함수만큼은 나쁘다"라고 할 수 있다. 그러나 다음 예제에서 보듯이 그 함수가 2차함수일 필요는 없다.

**• 예제 1.15** $n^3 \in \Omega(n^2)$ 임을 보이기 위해서 $N$ 이상의 모든 $n$에 대하여 다음 부등식이 성립하는 $c$와 $N$이 존재하는지 찾아보자. $c=1$과 $N=1$이면 다음 부등식은 1 이상의 모든 $n$에 대하여 항상 성립한다.

$$n^3 \geq 1 \times n^2$$

따라서 $n^3 \in \Omega(n^2)$ 으로 결론지을 수 있다.

그림 1.6(b)에서 $\Omega(n^2)$에 속하는 함수의 예를 보여준다.

만약 어떤 함수가 $O(n^2)$와 $\Omega(n^2)$에 모두 속한다면, 궁극적으로 이 함수는 그래프 상에서 어떤 순수2차함수 아래에 위치하게 됨과 동시에 또 다른 어떤 순수2차함수 위에 위치하게 된다. 즉, 궁극적으로 이 함수는 최소한 어떤 순수2차함수만큼 좋고, 또 다른 어떤 순수2차함수만큼 나쁘다. 따라서 이 결과가 우리가 찾던 차수의 엄밀하고 정확한 정의가 된다. 다음 정의를 보자.

> **정의**
> 주어진 복잡도 함수 $f(n)$에 대해서 다음과 같이 정의한다.
>
> $$\Theta(f(n)) = O(f(n)) \bigcap \Omega(f(n))$$
>
> $\Theta(f(n))$는 $N$ 이상의 모든 정수 $n$에 대해서 다음 부등식이 만족하는 양의 실수 $c$, $d$와 음이 아닌 정수 $N$이 존재하는 복잡도 함수 $g(n)$의 집합이다.
>
> $$c \times f(n) \le g(n) \le d \times f(n)$$

만약 $g(n) \in \Theta(f(n))$이면, "$g(n)$은 $f(n)$의 **차수(order)**이다"라고 한다.

---

• **예제 1.16** 또 다시 한 번 알고리즘 1.3(교환정렬)의 시간복잡도를 보자. 예제 1.8과 1.14에 의하여 다음과 같은 결론을 얻었다.

$T(n) = \frac{n(n-1)}{2}$은 $O(n^2)$에도 속하고 $\Omega(n^2)$에도 속한다.

즉,

$$T(n) \in O(n^2) \bigcap \Omega(n^2) = \Theta(n^2)$$

---

그림 1.6(c)은 $\Theta(n^2)$이 $O(n^2)$과 $\Omega(n^2)$의 교집합임을 보여주고, 그림 1.4(c)는 $\Theta$를 설명해 준다. 그림 1.6(c)를 잘 보면 함수 $5n+7$은 $\Omega(n^2)$에 속하지 않고, 함수 $4n^3+3n^2$은 $O(n^2)$에 속하지 않음을 알 수 있다. 그러므로 이 두 함수는 모두 $\Theta(n^2)$에 속하지 않는다. 직관적으로는 맞아 보이지만 아직 정식으로 증명하진 않았다. 이 증명을 어떻게 하는지 다음 예제를 통해서 살펴보자.

---

• **예제 1.17** $n$이 $\Omega(n^2)$에 속하지 않음을 **모순유도 증명법**(proof by contradiction)으로 증명해보자. 이 증명법은 증명하고 싶은 명제를 참이라고 가정하고 여기에서는 $n \in \Omega(n^2)$, 모순을 유도한다. 즉 유도한 결과는 가정과 모순이 되므로 애초에 가정했던 것이 참일 수 없다고 결론짓는다.

$n \in \Omega(n^2)$라 함은 정수 $N$ 이상의 모든 $n$에 대해서 다음 부등식을 만족하는 양의 상수 $c$와 음이 아닌 $N$이 존재한다라고 가정하자.

$$n \ge cn^2$$

만약 이 부등식의 양변을 $cn$으로 나누면, 정수 $N$ 이상의 모든 $n$에 대해서 다음과 같이 된다.

$$\frac{1}{c} \ge n$$

그러나 $n > 1/c$인 모든 $n$에 대해서 이 부등식은 성립하지 않는다. 이는 $n \ge N$인 모든 $n$에 대해서 성립하지 않는다는 뜻이 된다. 모순을 유도했으므로 $n$이 $\Omega(n^2)$에 속하지 않음을 증명하였다.

---

함수 $n$과 함수 $n^2$의 관계를 표현하는 차수에 관한 정의가 하나 더 있다.

**정의**

주어진 복잡도 함수 $f(n)$에 대해서 $o(f(n))$은 모든 양의 실수 $c$에 대해서 $n \geq N$을 만족하는 모든 $n$에 대해서 다음 부등식을 만족하는 음이 아닌 정수 $N$이 존재하는 모든 복잡도 함수 $g(n)$의 집합이다.

$$g(n) \leq c \times f(n)$$

만약 $g(n) \in o(f(n))$이면, $g(n)$은 $f(n)$의 작은 오(small o)라고 부른다. "큰 오(big O)"는 그 범위가 성립하는 "어떤" 양의 실수 $c$가 반드시 존재한다는 걸 의미한다. 바로 위의 정의는 "모든" 양의 실수 $c$에 대해서 그 범위가 성립해야 한다. 범위가 모든 양수 $c$에 대해서 성립하므로, 임의로 작은 $c$에 대해서 성립한다. 예를 들어, $g(n) \in o(f(n))$이면, $n \geq N$을 만족하는 모든 $n$에 대해서 다음 부등식을 만족하는 $N$이 존재한다.

$$g(n) \leq 0.00001 \times f(n)$$

$n$이 커지게 되면, $g(n)$은 $f(n)$에 비해서 하찮을 만큼 작아지게 된다. 분석의 관점에서 바라봐서 만약 $g(n)$이 $o(f(n))$이면, $g(n)$은 $f(n)$ 같은 함수보다는 궁극적으로 훨씬 좋다. 다음 예제들이 이를 보여준다.

---

**• 예제 1.18** 다음이 성립함을 증명해보자.

$$n \in o(n^2)$$

$c > 0$인 $c$가 주어졌다고 하자. $n \geq N$을 만족하는 모든 $n$에 대해서 다음 부등식을 만족하는 $N$을 찾을 필요가 있다.

$$n \leq cn^2$$

이 부등식의 양변을 $cn$으로 나누면, 다음을 얻는다.

$$\frac{1}{c} \leq n$$

그러므로 $N \geq \frac{1}{c}$을 만족하는 $N$을 하나 찾으면 충분하다.

$N$의 값은 상수 $c$에 의존한다는 사실을 주목하자. 예를 들어, 만약 $c = 0.00001$이면 최소한 100,000이 되는 $n$ 값을 취해야 한다. 즉, $n \geq 100,000$인 모든 $n$에 대해서 다음 부등식은 성립한다.

$$n \leq 0.00001n^2$$

---

**• 예제 1.19** $n$은 $o(5n)$에 속하지 않음을 증명해보자. 모순유도법을 사용하여 증명한다. $c = 1/6$이라 하자. 만약 $n \in o(5n)$이면, $n \geq N$을 만족하는 모든 $n$에 대해서 다음 부등식을 만족하는 $N$이 반드시 존재한다.

$$n \leq \frac{1}{6}5n = \frac{5}{6}n$$

이는 모순이므로 $n$은 $o(5n)$에 속하지 않는다. 증명이 완료되었다.

다음 정리는 "작은 오"와 점근적 표기법의 관계를 설명한다.

**▸ 정리 1.2**

만약 $g(n) \in o(f(n))$이면, 다음이 성립한다.

$$g(n) \in O(f(n)) - \Omega(f(n)).$$

즉, $g(n)$은 $O(f(n))$에 속하지만, $\Omega(f(n))$에 속하지 않는다.

**증명** : $g(n) \in o(f(n))$이므로, 모든 양의 실수 $c$에 대해서, $n \geq N$을 만족하는 모든 $n$에 대해서 다음 부등식을 만족하는 $N$이 존재한다.

$$g(n) \leq c \times f(n)$$

이는 이 범위가 어떤 $c$에 대해서는 확실히 성립한다는 뜻이다. 그러므로 다음이 성립한다.

$$g(n) \in O(f(n))$$

$g(n)$이 $\Omega(f(n))$에 속하지 않음을 모순유도법으로 증명해보자. 만약 $g(n) \in \Omega(f(n))$이면, $n \geq N_1$을 만족하는 모든 $n$에 대해서 다음 부등식을 만족하는 $c > 0$인 어떤 실수 $c$와 어떤 $N_1$이 존재한다.

$$g(n) \geq c \times f(n)$$

그러나 $g(n) \in o(f(n))$이므로, $n \geq N_2$을 만족하는 모든 $n$에 대해서 다음 부등식을 만족하는 어떤 $N_2$가 존재한다.

$$g(n) \leq \frac{c}{2} \times f(n)$$

$N_1$과 $N_2$보다 큰 모든 $n$에 대해서 이 두 부등식은 성립해야 한다. 이는 모순이므로 $g(n)$은 $\Omega(f(n))$에 속할 수 없다. 증명이 완료되었다.

$o(f(n))$과 $O(f(n)) - \Omega(f(n))$은 같은 집합이라고 생각할는지 모르겠다. 이는 사실이 아니다. $O(f(n)) - \Omega(f(n))$에 속하지만 $o(f(n))$에 속하지 않는 색다른 함수가 있다. 다음 예제를 보자.

• **예제 1.20** 다음 함수를 고찰해보자.

$$g(n) = \begin{cases} n & n\text{이 짝수인 경우} \\ 1 & n\text{이 홀수인 경우} \end{cases}$$

다음을 증명하는 건 연습문제로 남겨 둔다.
$g(n) \in O(n) - \Omega(n)$이지만 $g(n)$은 $o(n)$에 속하지 않는다.

예제 1.20은 물론 억지로 끼워 맞춘 것같이 자연스럽지 않다. 실제 알고리즘의 시간복잡도를 나타내는 복잡도 함수의 경우, 일반적으로 $O(f(n)) - \Omega(f(n))$에 속한 함수는 $o(f(n))$에도 보통 속한다.

$\Theta$를 좀 더 공부해보자. 연습문제에서 다음 두 식이 서로 필요충분조건인지 증명하도록 하였다.

$$g(n) \in \Theta(f(n)),\ f(n) \in \Theta(g(n))$$

예를 들면, 다음 두 식은 서로 필요충분조건이다.

$$n^2 + 10n \in \Theta(n^2),\ n^2 \in \Theta(n^2 + 10n)$$

이는 $\Theta$가 복잡도 함수를 서로소 집합(disjoint set)으로 나누어 구별할 수 있다는 뜻이다. 이러한 집합을 **복잡도 카테고리(complexity category)**라고 한다. 주어진 카테고리에 속한 어떤 함수도 그 카테고리를 대표할 수 있다. 카테고리를 표시할 때 보통 편의상 속한 함수 중에서 가장 간단한 함수를 쓴다. 위 복잡도 함수의 복잡도 카테고리는 $\Theta(n^2)$으로 표시한다.

어떤 알고리즘은 시간복잡도가 $n$에 비례하지 않는 경우도 있다. 예를 들어, 알고리즘 1.1의 최선 시간복잡도 $B(n)$은 모든 $n$ 값에 대해서 1이었다. 이러한 함수가 포함된 복잡도 카테고리는 어떤 상수로라도 표현할 수 있지만, 보통 가장 간단한 $\Theta(1)$로 표시한다.

이제 차수의 특성을 살펴보자. 차수의 특성을 이해하면 복잡도 함수의 차수를 쉽게 결정할 수 있다. 여기서 나열한 특성을 모두 증명하지는 않는다. 일부는 연습문제에서 증명하게 했으며, 일부는 다음 절에서 얻는 결과를 이용하면 쉽게 증명할 수 있다. 2번은 이미 앞에서 보았지만, 특성을 모두 한자리에 모아두면 좋으므로 여기에 포함하였다.

### 차수의 특성

1. $g(n) \in O(f(n))$은 $f(n) \in \Omega(g(n))$과 서로 필요충분조건이다.
2. $g(n) \in \Theta(f(n))$은 $f(n) \in \Theta(g(n))$과 서로 필요충분조건이다.
3. $b > 1$이고 $a > 1$이면, 다음이 성립한다.

   $$\log_a n \in \Theta(\log_b n)$$

   대수 복잡도 함수는 모두 같은 복잡도 카테고리에 속한다는 뜻이다. 이 카테고리는 $\Theta(\lg n)$으로 표시한다.
4. $b > a > 0$이면, 다음이 성립한다.

   $$a^n \in o(b^n)$$

   지수 복잡도함수는 밑수가 다르면 복잡도 카테고리도 다르다는 뜻이다.
5. $a > 0$인 모든 $a$에 대해서 다음이 성립한다.

$$a^n \in o(n!)$$

$n!$은 어떤 지수 복잡도 함수보다 더 나쁘다(느리다).

6. 복잡도 카테고리들을 순서대로 나열하였다.

$$\Theta(\lg n) \quad \Theta(n) \quad \Theta(n \lg n) \quad \Theta(n^2) \quad \Theta(n^j) \quad \Theta(n^k) \quad \Theta(a^n) \quad \Theta(b^n) \quad \Theta(n!)$$

여기서 $k > j > 2$이고 $b > a > 1$이다. 복잡도 함수 $g(n)$이 $f(n)$을 포함한 카테고리의 왼쪽에 위치한다고 하면, 다음이 성립한다.

$$g(n) \in o(f(n))$$

7. $c \geq 0$이고, $d > 0$이고, $g(n) \in O(f(n))$이고, $h(n) \in \Theta(f(n))$이면, 다음이 성립한다.

$$c \times g(n) + d \times h(n) \in \Theta(f(n))$$

---

• **예제 1.21** 특성 3에 따르면, 모든 대수 복잡도함수들은 같은 복잡도 카테고리에 속한다. 예를 들면,

$$\Theta(\log_4 n) = \Theta(\lg n)$$

이는 $\log_4 n$과 $\lg n$과의 관계는 $7n^2 + 5n$과 $n^2$과의 관계와 같다는 뜻이다.

---

• **예제 1.22** 특성 6에 따르면, 대수 함수는 모두 다항식보다 궁극적으로 좋고(빠르고), 다항식은 모두 지수함수보다 궁극적으로 좋고, 지수함수는 모두 계승(factorial)함수보다 궁극적으로 좋다. 예를 들면, $\lg n \in o(n)$이고, $n^{10} \in o(2^n)$이고, $2^n \in o(n!)$이다.

---

• **예제 1.23** 특성 6과 7은 반복하여 사용할 수 있다. 예를 들면, $5n + 3\lg n + 10n \lg n + 7n^2 \in \Theta(n^2)$임을 다음과 같이 증명할 수 있다. 특성 6과 7을 반복 적용하면 다음을 얻고,

$$7n^2 \in \Theta(n^2)$$

이는 다음을 의미하고,

$$10n \lg n + 7n^2 \in \Theta(n^2)$$

이는 다음을 의미하고,

$$3\lg n + 10n \lg n + 7n^2 \in \Theta(n^2)$$

이는 다음을 의미한다.

$$5n + 3\lg n + 10n \lg n + 7n^2 \in \Theta(n^2)$$

---

실제로는 특성을 반복 적용하는 대신, 낮은 차수를 가진 항을 그냥 버리면 된다고 단순히 생각하면 쉽다.

만약 알고리즘의 정확한 시간복잡도를 구할 수 있다면, 단순히 낮은 차수를 버려서 그 차수를 결정할 수 있다. 정확한 차수를 구할 수 없을 때는, "큰 오"나 "오메가"를 쓴다. 예를 들어, 어떤 알고리즘의 $T(n)[W(n)$ 또는 $A(n)$ 또는 $B(n)]$을 정확하게 결정할 수 없다고 가정하자. 만약 정의를 바로 적용하여 다음을 증명할 수 있으면,

$T(n) \in O(f(n))$은 $T(n) \in \Omega(f(n))$과 서로 필요충분조건이다.

$T(n) \in \Theta(f(n))$이라고 결론지을 수 있다.

$T(n) \in O(f(n))$임을 증명하기는 꽤 쉽지만, $T(n) \in \Omega(f(n))$인지를 결정하기는 어려운 경우가 때로 있다. 이런 경우 $T(n) \in O(f(n))$임만 증명한 걸로 만족할 수 있다. 왜냐하면 $T(n)$이 $f(n)$ 함수만큼은 최소한 좋음을 알았기 때문이다. 비슷한 논리로, $T(n) \in \Omega(f(n))$만 알고도 만족할 수도 있다. 왜냐하면 이는 $T(n)$이 $f(n)$ 같은 함수만큼은 나쁘다는 정보라도 최소한 주고 있기 때문이다.

마무리 짓기 전에 책이나 문서에 따라서 복잡도를 다른 형식으로 표시하기도 한다.

$$f(n) \in \Theta(n^2) \text{ 대신 } f(n) = \Theta(n^2)$$

$$f(n) \in O(n^2) \text{ 대신 } f(n) = O(n^2)$$

둘 다 같은 뜻이다. "차수"의 역사를 알아보려면 Knuth(1976)를 읽어보고, 여기 주어진 차수의 정의를 자세히 알고 싶으면 Brassard(1985)를 읽어보기 바란다. 여기서 배운 "큰 오", $\Omega$, $\Theta$의 정의는 대부분 표준이다. 그러나 "작은 오"는 달리 정의하는 경우가 있다. $\Theta(n)$, $\Theta(n^2)$ 등의 집합을 "복잡도 카테고리"라고 부르는 건 표준이 아니다. 어떤 사람은 9장에서 공부할 문제 집합을 가리키는데 더 많이 사용하므로 혼돈을 야기할 수 있음에도 불구하고 "복잡도 계층(complexity class)"이라고 하기도 한다. 어떤 사람은 이름없이 설명하기도 한다.

### 1.4.3 극한을 사용하여 차수를 결정하기

이제 차수를 결정하는데 극한(limit)을 사용하는 방법을 알아보자. 이 절을 이해하려면 일단 극한과 미분에 대해서 잘 알고 있어야 한다. 극한과 미적분에 관한 지식은 여기서만 쓰므로, 이 책의 다른 부분을 이해하는 데는 필요없다.

**▸ 정리 1.3**

다음이 성립한다.

$$\lim_{n\to\infty}\frac{g(n)}{f(n)} = \begin{cases} c \text{ 이면, } g(n) \in \Theta(f(n)) \ (c>0\text{인 경우 성립}) \\ 0 \text{ 이면, } g(n) \in o(f(n)) \\ \infty \text{ 이면, } f(n) \in o(g(n)) \end{cases}$$

**증명** : 증명은 연습문제로 남겨둔다.

• **예제 1.24** 정리 1.3에 의해서 다음이 성립한다.

$$\frac{n^2}{2} \in o(n^3)$$

왜냐하면 다음이 성립하기 때문이다.

$$\lim_{n\to\infty}\frac{n^2/2}{n^3} = \lim_{n\to\infty}\frac{1}{2n} = 0$$

예제 1.24의 경우 굳이 정리 1.3을 쓰지 않아도 바로 결과를 알 수도 있기 때문에 정리 1.3이 그리 중요해보이지 않을 수 있다. 다음 예제를 보면 왜 정리 1.3이 쓸모 있는지 알 수 있다.

• **예제 1.25** 정리 1.3에 의하면 $b > a > 0$이면, 다음이 성립한다.

$$a^n \in o(b^n)$$

왜냐하면 다음이 성립하기 때문이다.

$$\lim_{n\to\infty}\frac{a^n}{b^n} = \lim_{n\to\infty}\left(\frac{a}{b}\right)^n = 0$$

여기서 $0 < a/b < 1$이기 때문에 극한은 0이다.
이것은 차수의 특성(1.4.2절의 거의 끝부분) 중에서 특성 4에 해당한다.

• **예제 1.26** 정리 1.3에 의하면, $a > 0$이면 다음이 성립한다.

$$a^n \in o(n!)$$

만약 $a \leq 1$이면 결과는 사소하게 얻는다. $a > 1$이라고 가정해보자. 만약 $n$이 굉장히 커서 다음과 같다면,

$$\left\lceil \frac{n}{2} \right\rceil > a^4$$

다음이 성립한다.

$$\frac{a^n}{n!} < \frac{a^n}{\underbrace{a^4 a^4 \cdots a^4}_{\lceil n/2 \rceil \text{ times}}} \leq \frac{a^n}{(a^4)^{n/2}} = \frac{a^n}{a^{2n}} = \left(\frac{1}{a}\right)^n$$

$a > 1$이므로, 다음이 성립한다.

$$\lim_{n\to\infty}\frac{a^n}{n!} = 0$$

이것은 차수의 특성들 중에서 특성 5에 해당한다.

다음 정리는 정리 1.3과 더불어 유용하게 쓸 수 있다. 이 정리의 증명은 대부분의 미적

분학 책을 찾아보면 나와 있다.

**▸ 정리 1.4**

**로피탈의 규칙(L'Hopital's Rule)**

$f(x)$와 $g(x)$가 각각 비분계수 $f'(x)$와 $g'(x)$로 미분 가능하고, 다음이 성립하면,

$$\lim_{x\to\infty} f(x) = \lim_{x\to\infty} g(x) = \infty$$

다음 등식은 우변의 극한이 존재하면 항상 성립한다.

$$\lim_{x\to\infty}\frac{f(x)}{g(x)} = \lim_{x\to\infty}\frac{f'(x)}{g'(x)}$$

정리 1.4는 실수 변수의 함수에 대하여 성립하는데, 복잡도 함수는 정수 변수의 함수이다. 그러나 복잡도 함수(예: $\lg n$, $n$ 등)의 대부분은 실수 변수의 함수이기도 하다. 더구나, 함수 $f(x)$가 실수 변수 $x$의 함수라면, 다음 등식은 우변의 극한이 존재하면 항상 성립한다.

$$\lim_{n\to\infty} f(n) = \lim_{x\to\infty} f(x)$$

여기서 $n$은 정수이다. 그러므로 다음 예제에서 보듯이 정리 1.4를 복잡도 분석에 적용할 수 있다.

**• 예제 1.27** 정리 1.3과 1.4에 따르면 다음이 성립한다.

$$\lg n \in o(n)$$

왜냐하면 다음이 성립하기 때문이다.

$$\lim_{x\to\infty}\frac{\lg x}{x} = \lim_{x\to\infty}\frac{d(\lg x)/dx}{dx/dx} = \lim_{x\to\infty}\frac{1/(x \ln 2)}{1} = 0$$

**• 예제 1.28** 정리 1.3과 1.4에 따르면 $b > 1$이고 $a > 1$일 때 다음이 성립한다.

$$\log_a n \in \Theta(\log_b n)$$

왜냐하면 다음이 성립하기 때문이다.

$$\lim_{x\to\infty}\frac{\log_a x}{\log_b x} = \lim_{x\to\infty}\frac{d(\log_a x)/dx}{d(\log_b x)/dx} = \frac{1/(x \ln a)}{1/(x \ln b)} = \frac{\ln b}{\ln a} > 0$$

이것은 차수의 특성들 중에서 특성 3에 해당한다.

## 1.5 이 책의 개요

이제 복잡한 알고리즘을 개발하고 분석할 준비가 끝났다. 전체적으로 응용 분야보다 기법을 기준으로 구성하였다. 앞에서 언급했듯이 이렇게 구성한 목적은 문제를 푸는 다양한 기법의 레퍼토리를 숙지하기 위함이다. 2장에서는 "분할정복"이라는 기법을 공부한다. 3장에서는 동적계획법을 배운다. 4장에서는 "탐욕적인 접근방법" 제시한다. 5장에서는 되추적 기법을 소개한다. 6장에서는 되추적과 관련된 "한계치에 따라 가지치기"라는 기법을 알려준다. 7장과 8장에서는 알고리즘을 개발하고 분석하는 것에서 문제 자체를 분석하는 것으로 주제를 바꾼다. 문제의 분석을 계산복잡도 분석이라고 하는데, 계산복잡도 분석은 주어진 문제를 푸는 모든 알고리즘의 시간복잡도의 하한을 결정한다. 7장에서는 정렬 문제를 분석하고, 8장에서는 검색 문제를 분석한다. 9장에서는 문제를 계층별로 분류해본다. 문제의 계층 중에는 최악 시간복잡도가 지수보다 좋은(빠른) 알고리즘을 아무도 발견하지 못한 문제의 계층도 있다. 그렇다고 이런 알고리즘이 불가능하다고 누가 증명한 것도 아니다. 이런 문제가 수천 개나 있으며, 이들은 서로 밀접하게 관련이 있다. 그러다보니 이런 문제의 연구는 전산학에서 새롭고 도전할 만한 한 분야로 성장했다. 10장에 다시 알고리즘을 개발하는 문제를 다룬다. 하지만 2~6장 제시한 기법과는 달리 색다른 유형의 문제를 다룬다. 즉, 정수론적 알고리즘을 공부한다. 정수론적 알고리즘은 정수에 관한 문제를 푸는 알고리즘이다. 처음 10개 장에서 다루는 알고리즘은 모두 명령을 하나씩 차례로 실행하는 프로세서가 하나뿐인 컴퓨터를 위하여 개발된다. 컴퓨터 하드웨어의 가격이 급격히 내려감에 따라서 병렬 컴퓨터가 많이 등장하고 있다. 병렬 컴퓨터는 프로세서가 둘 이상 있고, 두 개의 다른 명령을 (동시에) 따로 실행할 수 있다. 병렬 컴퓨터에 쓰려고 작성한 알고리즘을 "병렬 알고리즘"이라 한다. 11장에서는 병렬 알고리즘을 소개한다.

## 연습문제

### 1.1절

1. $n$개의 수로 구성된 리스트(또는 배열)에서 가장 큰 수를 찾는 알고리즘을 작성하시오.
2. $n$개의 수로 구성된 리스트에서 $m$개의 가장 작은 수를 찾는 알고리즘을 작성하시오.
3. $n$개의 원소로 구성된 집합에서 3개의 원소를 가진 부분집합을 모두 인쇄하는 알고리즘을 작성하시오.
4. 삽입정렬(insertion sort) 알고리즘을 작성하시오. 다음에 삽입할 장소를 찾는데 이분검색 알고리즘을 사용하시오(7.2절 참조).
5. 정수 2개의 최대공약수(greatest common divisor)를 구하는 알고리즘을 작성하시오.

6. $n$개의 수로 구성된 리스트에서 가장 작은 수와 가장 큰 수 모두를 찾는 알고리즘을 작성하시오. 배열의 원소를 기껏해야 $1.5n$번 정도만 비교하는 방법을 찾도록 하시오.

7. 거의 완전한 이진트리(almost complete binary tree)가 힙(heap)인지를 알아내는 알고리즘을 작성하시오.

### 1.2절

8. 검색 작업을 하려 한다. 순차검색(알고리즘 1.1)이 적절함을 보여주는 상황을 설명하시오.

9. 정렬을 하는데 교환정렬(알고리즘 1.3)을 사용하지 말아야 할 실제 예를 드시오.

### 1.3절

10. 연습문제 1-7에서 작성한 알고리즘의 단위연산을 각각 정의하고, 각 알고리즘의 실행시간을 조사하시오. 가능하면 알고리즘의 일정 시간복잡도를 구하시오. 일정 시간복잡도를 구할 수 없으면, 최악 시간복잡도를 구하시오.

11. 일반 삽입정렬 알고리즘과 연습문제 4에서 작성한 이분검색을 사용한 삽입정렬 알고리즘의 최악, 평균, 최선 시간복잡도를 구하시오.

12. $k$를 양의 정수라고 하자. $n$개의 서로 다른 정수로 구성된 길이가 $kn$인 배열을 정렬하는 선형시간 알고리즘을 작성하시오.

13. 알고리즘 $A$는 $10n^2$번의 단위연산을 수행하고, 알고리즘 $B$는 $300\ln n$번의 단위연산을 수행한다. 어떤 $n$ 값부터 알고리즘 $B$의 성능이 좋아지는가?

14. 입력 크기가 $n$인 문제를 푸는 Alg1과 Alg2라는 두 개의 알고리즘이 있다. Alg1의 실행시간은 $n^2$마이크로세컨드(1백만 분의 1초)이고, Alg2의 실행시간은 $100n \log n$ 마이크로세컨드이다. Alg1을 프로그램으로 구현하는데 4시간이 걸리고, 프로그램을 돌리는데 2분의 CPU 시간이 걸린다. Alg2를 프로그램으로 구현하는데 15시간이 걸리고, 프로그램을 돌리는데 6분의 CPU 시간이 걸린다. 프로그래머의 임금이 시간당 20,000원이고, CPU 사용료는 분당 50,000원이라 하면, 입력 크기가 500인 문제를 몇 번 Alg2로 돌려야 개발을 정당화(개발비를 복구)할 수 있을까?

### 1.4절

15. $f(n) = n^2 + 3n^3 \in \Theta(n^3)$임을 직접 증명하시오. 즉 $O$와 $\Omega$의 정의를 사용하여 $f(n)$이 $O(n^3)$와 $\Omega(n^3)$에 모두 속함을 증명하시오.

16. $O$와 $\Omega$의 정의를 사용하여 다음을 증명하시오.

$$6n^2 + 20n \in O(n^3) \text{ 이지만 } 6n^2 + 20n \notin \Omega(n^3) \text{ 이다.}$$

17. 1.4.2절에 있는 차수의 특성을 사용하여 다음을 증명하시오.

$$5n^5 + 4n^4 + 6n^3 + 2n^2 + n + 7 \in \Theta(n^5)$$

18. $p(n) = a_k n^k + a_{k-1} n^{k-1} + \ldots + a_1 n + a_0$라고 하자. 여기서 $a_k > 0$이다. 1.4.2절에 있는 차수의 특성을 사용하여 $p(n) \in \Theta(n^k)$임을 증명하시오.

19. $f(n)=3n^2+10n\log n+1000n+4\log n+9999$ 함수는 다음 중 어느 복잡도 카테고리에 속하는지 고르시오.

(a) $\theta(\lg n)$ (b) $\theta(n^2\log n)$ (c) $\theta(n)$ (d) $\theta(n\lg n)$
(e) $\theta(n^2)$ (e) None of these

20. $f(n)=(\log n)^2+2n+4n+\log n+50$ 함수는 다음 중 어느 복잡도 카테고리에 속하는지 고르시오.

(a) $\theta(\lg n)$ (b) $\theta((\log n)^2)$ (c) $\theta(n)$ (d) $\theta(n\lg n)$
(e) $\theta(n(\lg n)^2)$ (e) None of these

21. $f(n)=n+n^2+2n+n^4$ 함수는 다음 중 어느 복잡도 카테고리에 속하는지 고르시오.

(a) $\theta(n)$ (b) $\theta(n^2)$ (c) $\theta(n^3)$ (d) $\theta(n\lg n)$
(e) $\theta(n^4)$ (e) None of these

22. 다음 함수를 복잡도 카테고리별로 묶으시오.

$n\ln n$ $(\lg n)^2$ $5n^2+7n$ $n^{5/2}$
$n!$ $2^{n!}$ $4^n$ $n^n$ $n^n+\ln n$
$5^{\lg n}$ $\lg(n!)$ $(\lg n)!$ $\sqrt{n}$ $e^n$ $8n+12$ $10^n+n^{20}$

23. 1.4.2절에 있는 차수의 특성 중에서 특성 1, 2, 6, 7을 확립(유도)하시오.

24. $O$, $\Omega$, $\Theta$, $o$를 점근적으로 비교할 때 반사적(reflexive), 대칭적(symmetric), 추이적(transitive) 성질을 설명하시오.

25. 입력 크기가 $n=1{,}000$인 문제를 푸는데 1분이 걸리는 컴퓨터를 가지고 있다고 가정하자. 지금 가지고 있는 컴퓨터보다 1,000배 빠른 새 컴퓨터를 산다면 1분 안에 실행할 수 있는 입력 크기는 알고리즘의 시간복잡도가 다음과 같을 때 각각 어떻게 될까?

(a) $T(n)=n$
(b) $T(n)=n^3$
(c) $T(n)=10^n$

26. 정리 1.3을 증명하시오.

27. 다음 각 항의 정확성을 증명하시오.

(a) $\lg n\in O(n)$
(b) $n\in O(n\lg n)$
(c) $n\lg n\in O(n^2)$
(d) $2^n\in \Omega(5^{\ln n})$
(e) $\lg^3 n\in o(n^{0.5})$

### 추가 문제

28. 시간복잡도가 $\Theta(2^n)$인 알고리즘 $A$를 사용하여 입력크기가 30인 문제를 1분 안에 풀 수 있

다. 그런데 이보다 두 배나 큰 입력을 1분 안에 풀어야 한다. 더 빠른 (그리고 더 비싼) 컴퓨터를 사면 이 문제를 해결할 수 있으리라 생각합니까?

29. 다음 알고리즘을 이해하고 아래 문제에 답하시오.

```
for (i = 1; i <= 1.5n; i ++)
    cout << i;
for (i = n ; i >= 1; i --)
    cout << i;
```

(a) $n=2$, $n=4$, $n=6$일 때 결과를 각각 예측하시오.
(b) 시간복잡도 $T(n)$을 구하시오. 입력 $n$은 2의 배수로 가정해도 좋다.

30. 다음 알고리즘을 이해하고 아래 문제에 답하시오.

```
j = 1;
while ( j <= n /2 ) {
  i = 1;
    while ( i <= j ) {
      cout << j << i ;
      i++;
    }
    j++;
  }
```

(a) $n=6$, $n=8$, $n=10$일 때 결과를 각각 예측하시오.
(b) 시간복잡도 $T(n)$을 구하시오. 입력 $n$은 2의 배수로 가정해도 좋다.

31. 다음 알고리즘을 이해하고 아래 문제에 답하시오.

```
for ( i = 2 ; i <= n; i++ ) {
   for ( j = 0 ; j <= n ) {
      cout << i << j
      j = j + [n/4]
   }
}
```

(a) $n=4$, $n=16$, $n=32$ 일 때 결과를 각각 예측하시오.
(b) 시간복잡도 $T(n)$을 구하시오. 입력 $n$은 4의 배수로 가정해도 좋다.

32. 아래 중첩루프(nested loop)의 시간복잡도 $T(n)$은? 모든 경우를 다 고려하면 너무 복잡해지므로 $n$이 2의 거듭제곱이라고 가정하고 풀어보자. 즉, 어떤 양의 정수 $k$에 대해서 $n=2^k$이다.

```
for ( i = 1; i <= n  i++) {
    j = n ;
    while ( j >= 1 ) {
        < while 루프 몸체 > //Θ(1) 소요
        j = ⌊j/2⌋;
    }
}
```

33. $n$개의 서로 다른 양의 정수 리스트가 주어질 때 그 리스트를 크기가 각각 $n/2$가 되게 두 개의 부분 리스트로 분할하되 두 부분 리스트의 정수의 합의 차이가 최대가 되도록 분할하는 알고리즘을 작성하고, 시간복잡도를 구하시오. $n$이 2의 배수라고 가정해도 좋다.

34. 아래 중첩루프(nested loop)의 시간복잡도 $T(n)$은? 모든 경우를 다 고려하면 너무 복잡해지므로, $n$이 2의 거듭제곱이라고 가정해도 좋다. 즉, 어떤 양의 정수 $k$에 대해서, $n=2^k$이다.

```
i = n ;
while ( i >= 1 ) {
    j = i ;
    while ( j <= n ) {
        < while 루프 몸체 > //Θ(1) 소요
        j = 2 * j ;
    }
    i = ⌊i/2⌋ ;
}
```

35. 다음 알고리즘을 이해하고 아래 물음에 답하시오.

```
int add_them ( int n , int A[] )
{
    index i, j, k
    j = 0 ;
    for ( i = 1 ; i <= n  i++ )
        j = j + A[ I ] ;
    k = 1 ;
    for ( i = 1 ; i <= n  i++ )
        k = k + k
    return j + k
}
```

36. 다음 알고리즘을 이해하고 아래 물음에 답하시오

```
int any_equal ( int n, int A[][] )
{
    index i, j, k, m
    for ( i = 1 ; i <= n ; i++ )
        for ( j = 1 ; j <= n ; j++ )
            for ( k = 1 ; k <= n ; k++ )
                for ( m = 1 ; m <= n ; m++ )
                    if (A[ i ] [ j ]==A[ k ] [ m ] && ! ( i==k && j==m))
                        return 1 ;
    return 0 ;
}
```

(a) ($n > 1$ 이라고 가정하고) 알고리즘의 최선 시간복잡도를 구하시오.
(b) 알고리즘의 최악 시간복잡도를 구하시오.
(c) 알고리즘의 효율을 향상시키시오.
(d) 알고리즘이 0을 내주는 경우 배열 A가 가지는 성질은 무엇인가?
(e) 알고리즘이 1을 내주는 경우 배열 A가 가지는 성질은 무엇인가?

37. $x^n$을 $p$로 나누어 나머지를 계산하는 $\Theta(\lg n)$ 알고리즘을 작성하시오. 모든 경우를 다 고려하면 너무 복잡해지므로, $n$이 2의 거듭제곱이라고 가정해도 좋다. 즉, 어떤 양의 정수 $k$에 대해서, $n = 2^k$이다.

38. 어떤 함수가 다음 집합에 속하는지 말(글)로 설명하시오.
(a) $n^{O(1)}$
(b) $O(n^{O(1)})$
(c) $O(O(n^{O(1)}))$

39. 함수 $f(n) = |n^2 \sin n|$은 $O(n)$도 $\Omega(n)$도 아님을 증명하시오.

40. $f(n)$과 $g(n)$은 점근적으로 양의 함수라고 가정하고 다음을 증명하시오.
(a) $f(n) + g(n) \in O(\max(f(n)), g(n))$
(b) $f^2(n) \in \Omega(f(n))$
(c) $f(n) + o(f(n)) \in \Theta(f(n))$, 여기서 $o(f(n))$란 $g(n) \in o(f(n))$을 만족하는 어떤 함수를 의미한다.

41. $n$개 서로 다른 양의 정수 리스트가 주어질 때, 그 리스트를 크기가 각각 $n/2$가 되게 두 개의 부분 리스트로 분할하되, 두 부분 리스트의 정수의 합의 차이가 최소가 되도록 분할하는 문제를 푸는 알고리즘을 작성하고, 시간복잡도를 구하시오. $n$이 2의 배수라고 가정해도 좋다.

42. 알고리즘 1.7($n$번째 피보나찌 항 구하기, 반복)은 $n$에 대해서 1차이다. 그러나 이 알고리즘이 1차시간 알고리즘일까? 1.3.1절에서 입력크기를 입력의 크기로 정의하였다. $n$번째 피보나찌 항의 경우, $n$이 입력이고, $n$을 부호화하는데 필요한 비트의 수를 입력크기로 사용할 수도 있다. 이렇게 재는 경우 64의 크기는 $\lg 64 = 6$이 되고, 1024의 크기는 $\lg 1024 = 10$이

다. 알고리즘 1.7이 입력크기에 관하여 지수시간임을 증명하시오. 또한 $n$번째 피보나찌 항을 계산하는 알고리즘은 출력크기가 입력크기에 대하여 지수이기 때문에 지수시간 알고리즘일 수밖에 없음을 증명하시오. 입력크기 관련 사항은 9.2절을 참고하시오.

43. 알고리즘 1.6($n$번째 피보나찌 항 구하기, 재귀)의 시간복잡도를 구하시오(연습문제 34 참조).

44. 연습문제 1~7에서 작성한 알고리즘의 정확성을 증명할 수 있을까?

# Chapter 2

# 분할정복

이 책에서 우리가 처음 배울 알고리즘 설계 기법은 **분할정복**(Divide-and-Conquer)이다. 1805년 12월 2일 아우스터리츠 전투에서 프랑스 황제 나폴레옹이 시도했던 탁월한 전략에서 따왔다. 오스트리아-러시아 연합군은 나폴레옹의 군대보다 15,000명 정도 많았다. 오-러 연합군은 프랑스군의 우측면에 대규모 공격을 감행해오고 있었다. 공격을 예상한 나폴레옹은 오-러 연합군의 중앙으로 쳐들어가서 병력을 둘로 갈라놓았다. 둘로 갈라진 병력은 개별적으로는 나폴레옹 군대에 비해서 규모가 작았기 때문에 참패를 당하고 퇴각하지 않을 수 없었다. 대규모 병력을 두 개의 소규모 병력으로 갈라놓고 두 소규모 병력을 각각 점령함으로써 나폴레옹은 대규모 연합군에 승리할 수 있었다.

분할정복 전략을 문제의 입력사례에 적용하여 문제를 풀 수 있다. 즉, 문제의 입력사례를 두 개 이상의 작은 입력사례로 분할한다. 분할한 입력사례의 답을 바로 얻을 수 있으면, 원래 문제의 답은 얻은 답들을 통합하여 구할 수 있다. 분할한 입력사례가 여전히 커서 바로 답을 구하지 못하면 그보다 더 작은 입력사례로 다시 분할한다. 바로 답을 구할 수 있을 만큼 충분히 작아질 때까지 입력사례를 계속 분할한다.

분할정복은 **하향식(top-down) 문제풀이 방식**이다. 즉, 문제의 상위 입력사례의 해답은 하위의 작은 입력사례(들)의 해답을 가지고 구한다. 재귀함수가 작동하는 원리가 바로 이렇다. 문제풀이 중심으로 재귀함수를 작성하고, 해답을 어떻게 얻는지에 대한 세부사항은 (스택 조작을 통해서) 시스템이 알아서 하도록 맡긴다. 분할정복 알고리즘을 설계할 때도 보통 이런 식으로 사고하고, 알고리즘을 재귀로 작성한다. 후에 재귀 알고리즘은 효율적인 반복 알고리즘으로 변형할 수 있다.

먼저 이분검색 알고리즘을 분할정복으로 설계해보자.

## 2.1 이분검색

1.2절에서 공부한 알고리즘 1.5는 반복(iteration)을 이용한 이분검색 알고리즘이다. 재귀함수의 재귀 호출은 분할정복의 하향식 문제풀이 방식과 원리가 같다. 이 절에서는 이분검색 알고리즘을 재귀(recursion)로 설계해보자. (비내림차순으로) 정렬된 배열을 분할정복으로 어떻게 이분검색을 할까? 먼저 배열의 정 가운데 원소와 키 $x$를 비교한다. 만약 같으면, 원소를 찾았으므로 알고리즘을 종료한다. 만약 다르면, 배열을 이미 비교한 원소를 기준으로 반으로 분할한다. 만약 $x$가 가운데 원소보다 작으면, 왼쪽 배열에서 찾아야 한다. 그렇지 않고 $x$가 가운데 원소보다 크면, 오른쪽 배열에서 찾아야 한다. 왼쪽 또는 오른쪽 중 원소가 있을 해당 반쪽 배열의 정 가운데 원소와 다시 비교한다. 만약 같으면 원소를 찾았으므로 알고리즘을 종료한다. 만약 다르면 그 반쪽 배열을 또 반으로 분할한다. $x$를 찾거나 $x$가 그 배열에 없다고 확신할 때까지 이 절차를 계속한다.

요약 정리하면 이분검색의 절차는 다음과 같다.

$x$와 정 가운데 원소가 같으면, 찾았으므로 종료한다. 다르면,

1. [분할] 배열을 정 가운데 원소를 기준으로 반으로 분할한다(divide). $x$가 가운데 원소보다 작으면 왼쪽 배열을 선택한다. $x$가 가운데 원소보다 크면 오른쪽 배열을 선택한다.
2. [정복] 선택한 반쪽 배열을 정복한다. 즉, 선택한 반쪽 배열에 $x$가 있는지 재귀적으로 이분검색한다.
3. [취합] 선택한 반쪽 배열에서 얻은 답이 최종 답이다.

이분검색은 분할정복 알고리즘 중에서 가장 간단한 부류에 속한다. 왜냐하면 입력사례를 분할하여 해답을 구하고, 결과를 취합할 필요가 없기 때문이다. 입력사례의 최종 답은 분할하여 선택한 작은 사례의 답과 같다. 예를 가지고 구체적으로 이분검색을 이해해보자.

● **예제 2.1** $x = 18$이고 다음과 같은 배열이 있다고 가정하자.

10 12 13 14 18 20 25 27 30 35 40 45 47

↑

가운데 아이템

1. [분할] 배열을 분할한다. $x < 25$이기 때문에 왼쪽 배열에서 검색한다.

   10 12 13 14 18 20

2. [정복] 왼쪽 배열에 $x$가 있는지 결정한다(왼쪽 배열을 재귀적으로 정복한다).

   예, $x$는 왼쪽 배열에 있습니다.

3. [취합] 왼쪽 배열에서 얻은 답으로 전체 배열에 대한 답을 구한다.

   예, $x$는 왼쪽 배열에 있습니다.

2번째 단계에서 반쪽 배열에 대한 해답은 재귀적으로 구해온다고 단순히 가정했다. 그 해답을 어떻게 구하는지 자세히 설명할 필요가 없는데, 여기에 재귀 알고리즘의 비밀이 숨어있다. 분할정복으로 재귀 알고리즘을 개발할 때 꼭 고려해야 할 사항은 다음과 같다.

- 분할한 작은 입력사례의 답으로부터 전체 입력사례의 답을 구하는 방법을 고안한다.
- 더 이상 분할이 불가능한 입력사례를 판단할 종료조건을 정한다.
- 종료조건을 만족하는 경우 답을 어떻게 구하는지 정한다.

해답을 어떻게 구하는지에 대한 세부사항은 염려할 필요가 없다(컴퓨터의 경우 스택 조작에 의해서 이루어짐). 이런 세부사항들을 고민하면 오히려 재귀 알고리즘의 설계를 방해한다. 그림 2.1을 잘 따라가 보면 이분검색 알고리즘이 어떻게 작동하는지 구체적으로 알 수 있다.

재귀로 작성한 이분검색 알고리즘을 보자.

▸ 알고리즘 2.1 **이분검색 재귀**

**문제** : 원소가 $n$개인 정렬된 배열 $S$에 검색키 $x$가 있는가?

**입력** : 양의 정수 $n$, 정렬된(비내림차순) 배열 $S$(첨자는 1부터 $n$까지), 검색키 $x$

**출력** : location, $S$에서 $x$의 위치(만약 $x$가 $s$에 없으면 0)

```
index location (index low, index high)
{
   index mid ;

   if (low > high)
      return 0 ;
   else {
```

```
        mid = ⌊(low + high)/2⌋;
        if (x == S[mid])
            return mid
        else if (x < S[mid])
            return location (low, mid − 1) ;
        else
            return location (mid + 1, high) ;
    }
}
```

$n$, $S$, $x$는 *location* 함수의 파라미터로 두지 않았다. 왜냐하면 알고리즘 실행 중 재귀 호출을 해도 이 값들은 변하지 않는 상수기 때문이다. 재귀 호출하면서 값이 변하는 변수만 재귀 알고리즘의 파라미터로 둔다. 그렇게 하면 재귀 알고리즘이 좀 더 말끔해져서 좋기도 하지만 저장공간을 절약할 수 있다는 점이 더 실질적인 이유이다. 재귀 알고리즘을 실제로 구현할 때 재귀 호출이 일어날 때마다 전달되는 변수들은 복사하여 저장해 두어야 하므로 그만큼 저장공간이 필요하다. 상수 값을 반복 저장하는 건 명백한 공간 낭비이다. 배열 상수인 경우 낭비가 특히 더 심할 수 있다. 배열의 주소를 전달하여 낭비를 줄일 수도 있다. 만약 C++로 구현하면 배열은 저절로 주소를 전달하고, 예약어 `const`를 앞 붙여두면 배열의 내용이 변하지 않음을 보장해준다. 그러나 이런 세부사항을 재귀 알고리즘의 의사코드에 적어두는 건 알고리즘이 어수선해지고 명확성도 떨어지므로 지양하도록 하자.

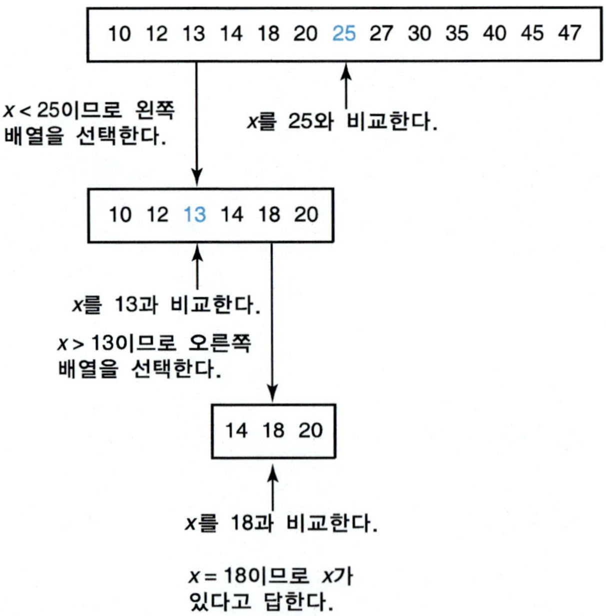


그림 2.1 이분검색 알고리즘의 수동 작동 사례 ($x = 18$)

재귀 알고리즘의 구현 방식은 언어에 따라서 다를 수 있다. 예를 들어, C++로 구현한다면 상수값을 모두 파라미터로 전달해도 문제없다. 사용 언어에 따라 클래스로 구현할 수도 있고 재귀 호출해도 변하지 않는 상수 변수를 전역변수(global variable)로 정의할 수도 있다. 이 책에서 알고리즘을 후자의 방식으로 표현하므로, 후자의 방식을 어떻게 구현하는지 공부해보자. $S$와 $x$는 전역변수로 정의한다. $S$ 배열의 원소 개수인 $n$은 $S$의 길이를 재서 항상 구할 수 있으므로 따로 변수로 정하지 않는다. 알고리즘 2.1의 *location* 함수는 맨 바깥에서 다음과 같이 호출한다.

$$locationout = location(1,\ n);$$

호출 이후에 더 이상 연산이 없는 재귀 호출을 **꼬리 재귀(tail-recursion)**라고 한다. 이분검색 재귀 알고리즘은 꼬리 재귀이기 때문에 1.2절에서 보았던 반복 알고리즘으로 변환하기 수월하다. 앞에서 언급한 대로, 이 알고리즘을 재귀로 작성한 이유는 입력사례를 더 작은 입력사례들로 분할하는 분할정복 절차를 명확하게 설명해주기 때문이다. 특히 꼬리 재귀는 재귀 호출 종료 후 해야 할 작업을 스택에 저장해 둘 필요가 없어서 저장 공간을 상당히 절약할 수 있다. 함수 $f$가 함수 $g$를 호출할 때 $f$의 중간계산(pending) 결과는 활성레코드(activation records) 스택에 저장해둔다. 만약 $g$가 다른 함수 $h$를 호출하면, $g$의 중간계산 결과도 마찬가지로 스택에 저장해둔다. $h$ 실행을 끝내고 호출한 $g$로 돌아오면, 활성레코드를 스택에서 꺼내어 남아있던 계산을 완결한다. 재귀 함수의 경우 스택에 넣어두는 활성레코드의 개수는 재귀 호출 횟수(재귀 호출에 의해서 도달된 깊이)와 같다. 이분검색의 경우 스택은 최악의 경우 약 $\lg n + 1$의 깊이까지 쌓인다.

꼬리 재귀를 반복형으로 변환하는 또 다른 이유는 스택을 쓸 필요가 없어서(단지 상수를 곱하는 정도지만) 실행속도가 빠르기 때문이다. LISP 부류의 언어는 대부분 꼬리 재귀 코드를 반복형으로 자동 변환하므로, 수작업으로 꼬리 재귀 코드를 반복형으로 교체할 이유가 없다.

이분검색 알고리즘은 일정 시간복잡도 분석이 맞지 않으므로 최악의 경우를 고려하여 분석한다. 1.2절에서 약식으로만 분석해 보았으므로, 여기서는 제대로 정밀하게 분석해 보자. 알고리즘 2.1을 분석하지만 알고리즘 1.5와도 관련이 있다. 재현식 푸는 방법을 잘 모르면 부록 B부터 먼저 공부해야 한다.

알고리즘 2.1의 분석

**▸ 최악 시간복잡도 분석(이분검색 재귀)**

배열을 검색하는 알고리즘에서 가장 비용이 많이 드는 연산은 보통 검색 키와 배열 원소를 비교하는 연산이다. 따라서 단위연산과 입력크기는 다음과 같다.

**단위연산** : $x$와 $S[mid]$의 비교

**입력크기** : 배열 원소의 개수, $n$

먼저 $n$이 2의 거듭제곱인 경우를 분석한다. $x$가 $S[mid]$와 다른 경우, *location* 함수를 호출하면 단위연산을 두 번 실행한다. 그러나 어셈블러 언어로 한 번만 비교하도록 효율적인 구현이 가능하므로, 한 번만 비교한다고 가정해도 무방하다. 1.2절에서 공부한 이분검색의 약식 분석에서도 같은 논리로 한 번만 비교하는 걸로 하고 계산했었다. 1.3절에서도 얘기했듯이 단위연산은 최대한 효율적으로 구현한다고 가정해도 무방하다.

최악의 경우가 $x$가 배열의 어떤 원소보다도 큰 경우이다. $n$이 2의 거듭제곱이고 $x$가 배열의 어떤 원소보다 크면, 재귀 호출을 할 때마다 입력사례의 크기가 반으로 줄어든다. 예를 들어, $n=16$이면, $mid=\lfloor(1+16)/2\rfloor=8$이다. $x$가 배열의 모든 원소보다 크므로 오른쪽 8개 원소가 재귀 호출의 입력이다. 비슷하게 오른쪽 끝 4개 원소가 두 번째 재귀 호출의 입력이고, 이런 식으로 계속된다. 결과적으로 재현식(recurrence)은 다음과 같다.

$$W(n)=\underbrace{W\left(\frac{n}{2}\right)}_{\substack{\text{재귀 호출에서}\\\text{비교 횟수}}}+\underbrace{1}_{\substack{\text{나머지 부분에서}\\\text{비교 횟수}}}$$

$n=1$이고 $x$가 배열원소보다 커서 재귀 호출을 하면 종료조건인 $low>high$이 참이다(즉, 더 이상 비교할 대상이 없다는 뜻이다). 그러므로 $W(1)$은 1이다. 따라서 재현식을 다음과 같이 완성할 수 있다.

$$W(n)=W\left(\frac{n}{2}\right)+1,\quad n>1\text{이고 }n\text{이 2의 거듭제곱인 경우}$$
$$W(1)=1$$

이 재현식은 부록 B의 예제 B.1에서 푼다. 해답은 다음과 같다.

$$W(n)=\lg n+1$$

$n$이 2의 거듭제곱이라는 제한을 없애면 다음과 같이 된다.

$$W(n)=\lfloor\lg n\rfloor+1\in\Theta(\lg n)$$

여기서 $\lfloor y\rfloor$는 $y$보다 작거나 같은 최대 정수를 의미한다. 이건 연습문제로 풀어보기 바란다.

## 2.2 합병정렬

**쌍방 합병(two-way merging)**이란 정렬된 배열 두 개를 정렬상태를 유지하면서 하나로 합치는 것이다. 합병(merge)을 이용하여 임의의 배열을 정렬할 수 있다. 예를 들어, 원소가 16개인 임의의 배열을 정렬해보자. 배열을 정확히 반으로 분할하여 각각 따로 정렬한 뒤 합병하여 정렬된 배열을 만들 수 있다. 반으로 분할하여 원소가 8개인 배열도 같은 방법으로 반으로 분할하고 각각 따로 정렬한 뒤 합병하여 정렬할 수 있다. 이런 식으로 계속 반으로 분할하다 보면 언젠간 원소가 하나인 배열이 될 텐데, 하나짜리 배열은 물어보나마나 정렬된 배열이다. 이 절차를 "합병정렬(Mergesort)"이라고 한다(편의상 $n$은 2의 거듭제곱으로 가정하고). 원소가 $n$개인 배열은 다음과 같은 절차로 합병정렬한다.

1. 분할 : 배열을 반으로 분할한다. 분할한 배열의 원소는 각각 $n/2$개이다.
2. 정복 : 분할한 배열을 각각 따로 정렬한다(배열에 원소가 2개 이상이면 합병정렬을 재귀 호출하여 정렬한다).
3. 취합 : 정렬한 두 배열을 합병하여 정렬한다.

실례를 가지고 합병정렬을 이해해보자.

---

• **예제 2.2** 다음 배열을 정렬해보자.

27 10 12 20 25 13 15 22

1. 배열의 분할:

27 10 12 20, 25 13 15 22

2. 분할한 배열을 따로 정렬:

10 12 20 27, 13 15 22 25

3. 정렬한 배열을 합병:

10 12 13 15 20 22 25 27

---

두 번째 단계에서는 문제해결 수준에서 사고하고 분할한 배열에 대한 답은 안다고 가정한다. 좀 더 자세히 살펴보면, 그림 2.2는 합병정렬 알고리즘의 수동 실행 절차를 보여준다. 종료조건은 배열의 크기가 1이 된 경우이고, 바로 그 시점에서 합병이 시작된다.

▸ 알고리즘 2.2 **합병정렬**

**문제** : $n$개 원소를 비내림차순으로 정렬

**입력** : 양의 정수 $n$, 배열 $S$(인덱스는 1부터 $n$까지)

**출력** : 원소를 비내림차순으로 정렬한 배열 $S$

```
void mergesort (int n, keytype S[ ])
{
   if ( n > 1) {
      const int h = ⌊n/2⌋, m = n − h;
      keytype U[1 .. h], V[1 .. m];
      copy S[1] through S[h] to U[1] through U[h];
      copy S[h+1] through S[n] to V[1] through V[m];
      mergesort(h, U);
      mergesort(m, V);
```

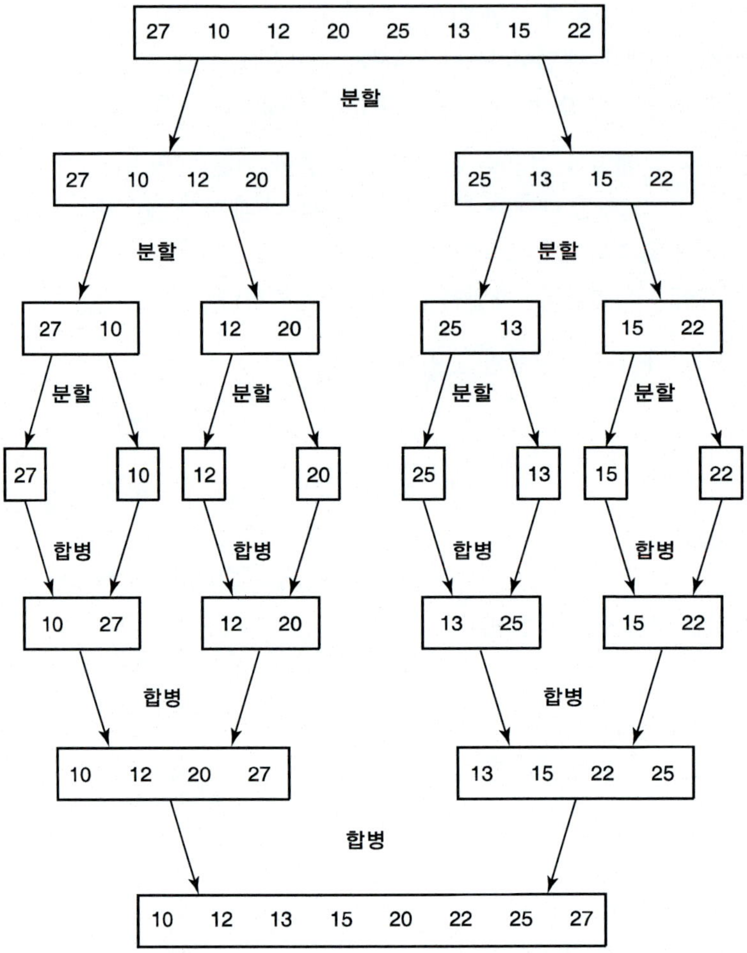


그림 2.2 합병정렬 알고리즘의 수동 실행 사례

```
        merge(h, m, U, V, S) ;
    }
}
```

합병정렬 알고리즘을 분석하기 전, 정렬된 배열 두개를 정렬상태를 유지하면서 합병하는 알고리즘을 먼저 작성하고 분석해야 한다.

▸ 알고리즘 2.3 **합병**

**문제** : 정렬된 배열 두개를 정렬상태를 유지하면서 하나로 합병

**입력** : 양의 정수 $h$와 $m$, 정렬된 배열 $U$(인덱스는 1부터 $h$까지), 정렬된 배열 $V$(인덱스는 1부터 $m$까지)

**출력** : $U$와 $V$의 원소를 모두 포함하여 정렬한 배열 $S$(첨자는 1부터 $h+m$까지)

```
void merge (int h, int m, const keytype U[],
                          const keytype V[],
                                keytype S[])
{
  index i, j, k

  i = 1; j = 1; k = 1;
  while ( i <= h && j <= m){
     if (U[i] < V[j] ) {
        S[k] = U[i] ;
        i++;
     }
     else {
        S[k] = V[j] ;
        j++;
     }
     k++;
     }
  if (i > h)
     copy V[j] through V[m] to S[k] through S[h+m] ;
  else
     copy U[i] through U[h] to S[k] through S[h+m] ;
}
```

표 2.1을 보면 크기가 4인 배열 두개를 합병할 때 *merge* 프로시저는 어떻게 작동하는지 알 수 있다.

● **표 2.1** 두 개의 배열 *U*와 *V*를 하나의 배열*로 합병하는 예

| *k* | *U* | *V* | *S*(결과) |
|---|---|---|---|
| 1 | **10** 12 20 27 | **13** 15 22 25 | 10 |
| 2 | 10 **12** 20 27 | **13** 15 22 25 | 10 12 |
| 3 | 10 12 **20** 27 | **13** 15 22 25 | 10 12 13 |
| 4 | 10 12 **20** 27 | 13 **15** 22 25 | 10 12 13 15 |
| 5 | 10 12 **20** 27 | 13 15 **22** 25 | 10 12 13 15 20 |
| 6 | 10 12 20 **27** | 13 15 **22** 25 | 10 12 13 15 20 22 |
| 7 | 10 12 20 **27** | 13 15 22 **25** | 10 12 13 15 20 22 25 |
| – | 10 12 20 27 | 13 15 22 25 | 10 12 13 15 20 22 25 27 ← 최종값 |

* 비교 원소는 굵은 글씨체

알고리즘 2.3의 분석

**▸ (합병)의 최악 시간복잡도 분석**

1.3절에서 언급했듯이 키를 비교하여 정렬하는 알고리즘의 경우, 비교연산 또는 대입명령(assignment instruction)을 단위연산으로 정할 수 있다. 여기서 비교연산을 단위연산으로 정하고 분석한다. 7장에서 합병정렬을 다시 공부할 때 대입명령을 단위연산으로 보고 분석할 기회가 있을 것이다. 이 알고리즘에서 비교 횟수는 $h$와 $m$에 좌우된다. 따라서 단위연산과 입력크기는 다음과 같다.

**단위연산** : $U[i]$와 $V[j]$의 비교
**입력크기** : 두 입력 배열의 원소 개수, $h$와 $m$

최악의 경우는 $i = h+1$이고 $j = m$인 상태에서 루프를 빠져나가는 경우이다. 예를 들면, $V$의 앞 $m-1$개 원소는 모두 $S$로 먼저 옮기고 $U$의 $h$개 원소를 모두 $S$로 옮긴 직후 이런 상황이 발생한다. 따라서

$$W(h,m) = h + m - 1$$

이제 합병정렬을 분석해보자.

알고리즘 2.2의 분석

**▸ (합병정렬)의 최악 시간복잡도 분석**

단위연산은 *merge*에서 일어나는 비교연산이다. 비교 횟수는 $h$와 $m$과 함께 증가하고, $h$와 $m$은 $n$과 함께 증가하므로, 단위연산과 입력크기는 다음과 같다.

**단위연산** : *merge*에서 일어나는 비교연산
**입력크기** : 배열 $S$의 아이템의 수, $n$

총 비교 횟수는 $U$를 입력으로 *mergesort*를 재귀 호출하는데 실행하는 비교연산의 횟수와 $V$를 입력으로 *mergesort*를 재귀 호출하는데 실행하는 비교연산의 횟수와 *merge*를 호출하여 실행하는 비교연산의 횟수의 합이다. 따라서 다음과 같다.

$$W(n) = \underbrace{W(h)}_{U\text{를 정렬하는데 걸리는 시간}} + \underbrace{W(m)}_{V\text{를 정렬하는데 걸리는 시간}} + \underbrace{h+m-1}_{\text{합병하는데 걸리는 시간}}$$

먼저 $n$이 2의 거듭제곱인 경우를 분석해보자. 이 경우에는 다음과 같은 등식이 성립한다.

$$h = \lfloor n/2 \rfloor = \frac{n}{2}$$

$$m = n - h = n - \frac{n}{2} = \frac{n}{2}$$

$$h + m = \frac{n}{2} + \frac{n}{2} = n$$

$W(n)$에 대한 재현식은 다음과 같다.

$$\begin{aligned} W(n) &= W\left(\frac{n}{2}\right) + W\left(\frac{n}{2}\right) + n - 1 \\ &= 2W\left(\frac{n}{2}\right) + n - 1 \end{aligned}$$

입력크기가 1이면, 종료조건이 만족하고 합병은 없다. 그러므로 $W(1)$은 0이다. 결과적으로 재현식은 다음과 같다.

$$W(n) = 2W\left(\frac{n}{2}\right) + n - 1, \; n > 1 \text{이며 } n\text{은 2의 거듭제곱}$$
$$W(1) = 0$$

이 재현식은 부록 B의 예제 B.19에서 푼다. 해는 다음과 같다.

$$W(n) = n \lg n - (n-1) \in \Theta(n \lg n)$$

$n$이 2의 거듭제곱이 아니면, 재현식은 다음과 같은데, 어떻게 이런 결과를 얻게 되는지는 연습문제로 풀어보자.

$$W(n) = W\left(\left\lfloor \frac{n}{2} \right\rfloor\right) + W\left(\left\lceil \frac{n}{2} \right\rceil\right) + n - 1$$

여기서 $\lceil y \rceil$와 $\lfloor y \rfloor$는 각각 올림수연산(ceiling, 크거나 같은 최소정수)과 내림수연산(floor, 작거나 같은 최대정수)이다. 올림수연산과 내림수연산 때문에 정확하게 계산하기는 어렵다. 그러나 부록 B의 예제 B.25와 같이 귀납법을 사용하면 $W(n)$이 $n$에 대해서 감소하지 않음을 증명할 수 있다. 그러므로 부록의 정리 B.4에 따라서 다음이 성립한다.

$$W(n) \in \Theta(n \lg n)$$

---

**제자리정렬(in-place sort)**은 입력을 저장하는데 필요한 장소 이외의 추가적인 저장장소를 사용하지 않는 정렬 알고리즘이다. 알고리즘 2.2는 제자리정렬이 아닌데, 그 이유는 입력 배열 $S$ 이외에 배열 $U$와 $V$를 추가적으로 사용하기 때문이다. 만약 *merge*에서 $U$와 $V$ 배열이 변수 파라미터(주소로 전달)라면, *merge*를 호출할 때 이 배열들의 복사본을 만들 필요가 없다. 그러나 *mergesort*를 호출할 때마다 배열 $U$와 $V$를 새로 만들어야 한다. 맨 처음 호출할 때 이 두 배열의 원소 개수 합은 대략 $n$이고, 다음에 재귀 호출할 때 두 배열의 원소 개수 합은 대략 $n/2$이고, 다음에 재귀 호출할 때 두 배열의 원소 개수 합은 대략 $n/4$이고, 일반적으로 각 재귀 호출 시 두 배열의 원소 개수 합은 바로 전 호출 시의 반 정도이다. 그러므로 추가적으로 만들어지는 배열 원소의 총 개수는 대략 $n(1 + 1/2 + 1/4 + \ldots) = 2n$ 정도이다.

알고리즘 2.2는 문제의 입력사례를 더 작은 입력사례들로 분할하는 과정을 명확하게 보여준다. 실제로 분할한 두 개의 배열(작은 사례)은 입력배열(원래 사례)을 가지고 만들기 때문에 합병정렬을 소개하고, 분할정복을 설명하기에는 적절하다. 그러나 $n$개 원소를 가진 배열 하나만 추가적으로 있어도 합병정렬이 작동하도록 하여 알고리즘을 개선하여 저장장소를 절약할 수 있다. 이는 입력 배열 $S$를 특정 형태로 조작하면 가능하다. 개선한 다음 합병정렬 알고리즘은 알고리즘 2.1(재귀적 이분검색)과 유사한 방법을 사용한다.

▸ 알고리즘 2.4 **합병정렬 2**

**문제** : $n$개 원소를 비내림차순으로 정렬

**입력** : 양의 정수 $n$, 배열 $S$(인덱스는 1부터 $n$까지)

**출력** : 원소를 비내림차순으로 정렬한 배열 $S$

```
void mergesort2 (index low, index high)
{
    index mid ;

    if (low < high) {
        mid = ⌊(low + high)/2⌋ ;
        mergesort2 (low, mid) ;
        mergesort2 (mid +1 , high ) ;
        merge2 (low, mid, high ) ;
    }
}
```

값이 변하는 변수만 파라미터로 사용하는 관례에 따라서 $n$과 $S$는 *mergesort2* 프로시저의 파라미터로 두지 않는다. 만약 배열 $S$를 전역적으로 정의하고 원소의 개수가 $n$이면, 그 알고리즘에서 *mergesort2*의 최초 호출은 다음과 같다.

*mergesort2*(1, $n$);

*mergesort2*와 함께 작동하는 합병 알고리즘은 다음과 같다.

▸ 알고리즘 2.5 **합병 2**

**문제** : 합병정렬 2에서 분할하여 정렬한 배열을 합병

**입력** : 인덱스 $low$, $mid$, $high$, 그리고 $S$의 부분배열(인덱스는 $low$부터 $high$까지). $low$에서 $mid$까지 배열의 원소는 이미 정렬되어 있고, $mid$+1부터 $high$까지의 배열에 있는 원소도 마찬가지이다.

**출력** : 원소가 비내림차순으로 정렬되어 있는 $S$의 부분배열(인덱스는 $low$부터 $high$까지)

```
void merge2 (index low, index mid, index high)
{
   index i, j, k
   keytype U[low .. high]      // 합병에 필요한 지역 배열
   i = low ; j = mid + 1 ; k = low ;
   while (i ≤ mid && j ≤ high ) {
      if (S[i] < S[j]) {
         U[k] = S[i] ;
         i++;
      }
      else {
         U[k] = S[j] ;
         j++;
      }
         k++;
   }
   if  (i > mid)
      move S[j] through S[high] to U[k] through U[high] ;
   else
      move S[i] through S[mid] to U[k] through U[high] ;
   move  U[low] through U[high] to S[low] through S[high] ;
}
```

## 2.3 분할정복 설계방법

두 가지 분할정복 알고리즘을 자세하게 공부했으므로, 이제 분할정복 설계전략을 정리해 보자.

**분할정복(Divide-and-conquer)** 설계전략은 다음과 같은 절차로 이루어진다.

1. 문제의 입력사례를 하나 이상의 작은 입력사례로 분할한다.
2. 작은 입력사례들을 각각 정복한다(푼다). 작은 입력사례가 충분히 작지 않으면 재귀호출한다.
3. 필요하다면, 작은 입력사례의 해답을 통합(combine)하여 원래 입력사례의 해답을 구한다.

3번째 단계에서 "필요하다면"이라는 단서를 붙인 이유는 이분검색(알고리즘 2.1)과 같은 알고리즘에서는 분할한 입력사례를 하나만 쓰므로 해답을 통합할 필요가 없기 때문이다.

이제부터 분할정복 설계방법을 적용하는 사례들을 더 살펴보기로 한다. 앞으로는 이 설계전략(절차)을 따로 명시하지는 않을 것이다. 알고리즘을 따라가다 보면 절차는 명백해지기 때문이다.

## 2.4 빠른정렬(분할교환정렬)

호아(Hoare, 1962)가 고안한 "빠른정렬(Quicksort)"이라는 정렬 알고리즘을 공부해보자. 빠른정렬은 배열을 둘로 분할하고, 분할한 배열을 각각 재귀 호출로(recursively) 정렬하여 합병하므로 합병정렬과 비슷하다. 그러나 빠른정렬은 배열을 분할하는 방식이 다르다. 기준원소(pivot)를 선정하여 기준원소보다 작은 원소는 모두 왼쪽 배열로, 기준원소보다 크거나 같은 원소는 모두 오른쪽 배열로 가도록 분할한다. 기준원소 선정은 중요하지만, 편의상 일단 배열의 첫 원소를 기준원소로 잡자. 빠른정렬이 어떻게 작동하는지 예제 2.3을 공부하면서 이해해보자.

---

• **예제 2.3** 다음 배열을 정렬해보자.

```
기준원소
 ↓
15  22  13  27  12  10  20  25
```

1. 기준원소보다 작은 원소는 모두 왼쪽 배열로, 큰 원소는 모두 오른쪽 배열로 가도록 배열을 분할한다.

```
              기준원소
                 ↓
10  13  12  15  22  27  20  25
 작은 수는          큰 수는
 이쪽으로           이쪽으로
```

2. 배열을 각각 따로 정렬한다.

```
              기준원소
                 ↓
10  12  13  15  20  22  25  27
 정렬완료           정렬완료
```

---

분할한 배열의 원소들을 어떤 순서로 나열하는지는 별로 중요하지 않다. 알고리즘의 핵심이 아닐 뿐 아니라 결과에도 영향을 주지 않기 때문이다. 위의 예제에서는 잠시 후 공부할 분할 알고리즘에 따라 원소를 나열하였다. 중요한 점은 기준원소보다 작은 원소는 모두 왼쪽에 두고, 큰 원소는 모두 오른쪽에 둔다는 사실이다. 빠른정렬은 분할한 두 배열을 각각 재귀 호출하여 정렬한다. 원소가 하나뿐인 배열로 분할될 때까지 재귀 호출을 계속한다. 원소가 하나밖에 없는 배열은 정렬할 필요가 없다. 예제 2.3은 빠른정렬 알고리즘의 작동 사례를 보여준다. 그림 2.3은 빠른정렬을 수동으로 실행 추적할 때 취할 절차를 설명한다. 다음은 알고리즘이다.

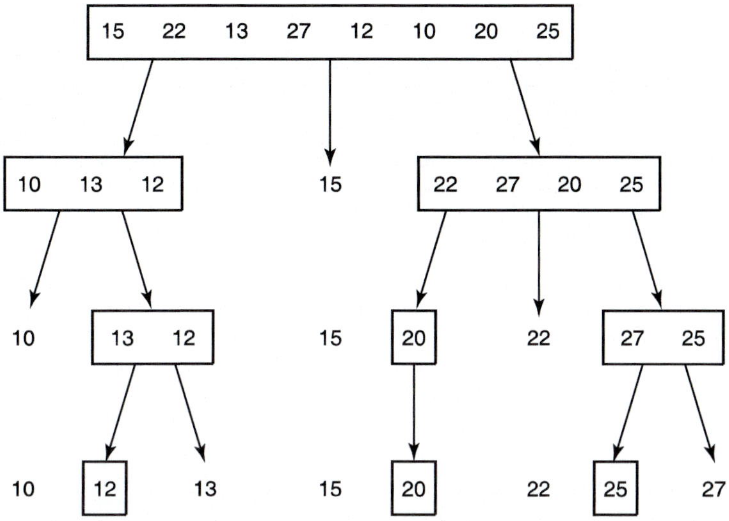


**그림 2.3** 빠른정렬 알고리즘의 작동 사례. 분할된 배열은 네모로 둘러 싸여 있음

▸ 알고리즘 2.6 **빠른정렬**

**문제** : 비내림차순으로 원소가 $n$개인 배열을 정렬

**입력** : 양의 정수 $n$, 배열 $S$(인덱스는 1부터 $n$까지)

**출력** : 비내림차순으로 정렬된 배열 $S$

```
void quicksort (index low, index high)
{
   index pivotpoint ;

   if (high > low ){
       partition (low, high, pivotpoint ) ;
       quicksort (low, pivotpoint - 1) ;
       quicksort (pivotpoint + 1, high) ;
   }
}
```

앞에서부터 해온 대로 $n$과 $S$는 *quicksort* 프로시저의 파라미터가 아니다. 알고리즘이 $S$를 전역적으로 정의하도록 구현하고 $n$이 $S$ 원소의 개수라면, *quicksort*의 최초 호출은 다음과 같다.

*quicksort*(1, $n$);

배열을 분할하는 알고리즘은 *partition*이다.

▸ 알고리즘 2.7 **분할**

**문제** : 빠른정렬에서 쓸 수 있도록 배열 $S$를 분할

**입력** : 인덱스 *low*와 *high*, 배열 $S$에서 *low*부터 *high*까지의 부분배열

**출력** : *low*부터 *high*까지 인덱스로 된 $S$의 부분배열의 기준점, *pivotpoint*

```
void partition (index low , index high,
                index& pivotpoint)
{
   index i , j
   keytype pivotitem ;

   pivotitem = S[low] ;                    // pivotitem으로 첫 원소 선택
   j = low ;
   for (i = low + 1 ; i <= high ; i++)
      if (S[ i] < pivotitem){
         j++;
         exchange S[ i] and S[ j] ;
      }
   pivotpoint = j ;
   exchange S[low] and S[pivotpoint] ; // pivotitem 값을 pivotpoint에 저장
}
```

*partition* 알고리즘은 배열의 원소를 하나씩 차례로 점검한다. 기준원소보다 작은 원소는 배열의 왼쪽으로 옮긴다. 표 2.2는 예제 2.3의 배열에 *partition*을 적용한 사례를 보여준다.

이제 분할과 빠른정렬 알고리즘을 분석해보자.

● **표 2.2** partition 알고리즘 실행사례*

| $i$ | $j$ | $S[1]$ | $S[2]$ | $S[3]$ | $S[4]$ | $S[5]$ | $S[6]$ | $S[7]$ | $S[8]$ | |
|---|---|---|---|---|---|---|---|---|---|---|
| — | — | 15 | 22 | 13 | 27 | 12 | 10 | 20 | 25 | ← 첫 값 |
| 2 | 1 | **15** | **22** | 13 | 27 | 12 | 10 | 20 | 25 | |
| 3 | 2 | **15** | 22 | **13** | 27 | 12 | 10 | 20 | 25 | |
| 4 | 2 | **15** | [13] | [22] | **27** | 12 | 10 | 20 | 25 | |
| 5 | 3 | **15** | 13 | 22 | 27 | **12** | 10 | 20 | 25 | |
| 6 | 4 | **15** | 13 | [12] | 27 | [22] | **10** | 20 | 25 | |
| 7 | 4 | **15** | 13 | 12 | [10] | 22 | [27] | **20** | 25 | |
| 8 | 4 | **15** | 13 | 12 | 10 | 22 | 27 | 20 | **25** | |
| — | 4 | [10] | 13 | 12 | [15] | 22 | 27 | 20 | 25 | ← 끝 값 |

* 비교하는 원소는 진하게 표시했다. 바로 교환된 원소는 상자로 둘러싸여 있다.

알고리즘 2.7의 분석

▸ **(분할)의 일정 시간복잡도 분석**

단위연산 : $S[i]$와 *pivotitem*의 비교

입력크기 : $n = high - low + 1$ (부분배열 원소의 개수)

첫째 원소를 제외한 원소를 모두 비교하므로,

$$T(n) = n - 1$$

여기서 $n$은 전체배열 $S$의 크기가 아니라 부분배열의 크기를 나타낸다. *partition*을 처음 호출할 때만 $n$은 $S$의 크기와 같다.

빠른정렬 알고리즘은 일정 복잡도 계산이 불가능하다. 따라서 최악의 경우와 평균의 경우만 분석해보자.

알고리즘 2.6의 분석

▸ **(빠른정렬)의 최악 시간복잡도 분석**

단위연산 : *partition*에서 $S[i]$와 *pivotitem*의 비교

입력크기 : $n$(배열 $S$ 원소의 개수)

기이하게도 완전히 정렬된 배열을 정렬하는 경우가 최악의 경우이다. 이유는 명백하다. 완전히 정렬되어 있으면, 첫째(기준) 원소보다 작은 아이템은 없다. 따라서 *partition*을 처음 호출할 때 기준원소 왼쪽으로 보낼 원소는 하나도 없고, *pivotpoint*의 값은 1이 된다. 재귀 호출할 때 마다 *pivotpoint*는 *low* 값을 받는다. 그러므로 배열은 왼쪽은 빈 배열 오른쪽은 길이가 1만큼 짧은 부분배열로 분할한다. 이미 정렬된 사례들로 재현식을 세우면 다음과 같다.

$$T(n) = \underbrace{T(0)}_{\text{왼쪽 배열을 정렬하는데 걸리는 시간}} + \underbrace{T(n-1)}_{\text{오른쪽 배열을 정렬하는데 걸리는 시간}} + \underbrace{n-1}_{\text{분할하는데 걸리는 시간}}$$

여기서 $T(n)$으로 표시하는 이유는 이미 정렬된 경우 일정 시간복잡도를 따져야 타당하다. $T(0) = 0$이므로 다음과 같은 재현식을 얻는다.

$$\begin{aligned} &T(n) = T(n-1) + n - 1, \quad n > 0 \\ &T(0) = 0 \end{aligned}$$

이 재현식은 부록 B의 예제 B.16에서 푼다. 해는

$$T(n) = \frac{n(n-1)}{2}$$

최악의 경우 최소한 $n(n-1)/2$이 됨을 알았다. 비록 직관적으로는 이게 우리가 얻을 수 있는 최악의 상태인 것처럼 보일는지 모르지만, 그래도 증명해야 한다. 모든 정수 $n$에 대

해서 다음 부등식이 성립함을 귀납법(induction)을 사용하여 보임으로써 이를 증명한다.

$$W(n) \leq \frac{n(n-1)}{2}$$

귀납출발 : $n=0$일 때

$$W(0) = 0 \leq \frac{0(0-1)}{2}$$

귀납가정 : $0 \leqq k < n$이 성립하는 모든 $k$에 대해서 다음 부등식이 성립한다고 가정한다.

$$W(k) \leq \frac{k(k-1)}{2}$$

귀납단계 : 다음 부등식이 성립함을 보이면 된다.

$$W(n) \leq \frac{n(n-1)}{2}$$

어떤 $n$이 주어질 때 처리시간이 $W(n)$이 되는 크기 $n$의 사례가 존재한다. 이 사례를 처리할 때 최초로 *partition*이 넘겨준 *pivotpoint*의 값을 $p$라고 하자. 크기가 $p-1$이고 $n-p$인 사례들을 처리하는데 걸리는 시간이 각각 $W(p-1)$과 $W(n-p)$이므로, 다음과 같은 결과를 얻는다.

$$\begin{aligned} W(n) &\leq W(p-1) + W(n-p) + n - 1 \\ &\leq \frac{(p-1)(p-2)}{2} + \frac{(n-p)(n-p-1)}{2} + n - 1 \end{aligned}$$

마지막 부등식은 귀납가정에 의해서 성립한다. 대수적(algebraic)으로 식을 풀면 $1 \leq p \leq n$인 모든 $p$에 대해서 마지막 식은 다음과 같다.

$$\leq \frac{n(n-1)}{2}$$

따라서 귀납법 증명이 완료되었다.
최악의 경우 시간복잡도는 다음과 같이 됨을 증명하였다.

$$W(n) = \frac{n(n-1)}{2} \in \Theta(n^2)$$

---

정렬된 배열을 정렬하는 경우가 최악인데, 이유는 기준원소로 항상 첫째 원소를 선택하기 때문이다. 따라서 거의 정렬된 배열을 정렬하는 경우, 첫째 원소를 기준원소로 주는 건 현명한 선택이 아니다. 7장에서 빠른정렬 알고리즘을 다시 공부할 텐데, 기준원소를 잘 선택하는 방법은 그 때 배우기로 하자. 그 방법을 사용하면, 정렬된 배열을 정렬하더라도 최악의 경우가 아니다. 그러나 최악 시간복잡도는 여전히 $n(n-1)/2$이다.

최악의 경우로 따지면 알고리즘 2.6은 교환정렬(알고리즘 1.3)보다도 빠르지 않다. 그러면서 왜 빠른정렬이라 했을까? 평균의 경우를 따져보면 왜 빠른정렬이라고 했는지 이해할 수 있다.

◈ 알고리즘 2.6의 분석

**▸(빠른정렬)의 평균 시간복잡도 분석**

**단위연산** : *partition*에서 $S[i]$와 *pivotitem*의 비교

**입력크기** : $n$(배열 $S$에서 원소의 개수)

배열의 원소가 순서없이 무작위로 흩어져 있다고 가정하자. 그러면 *partition*이 내주는 *pivotpoint* 값은 1부터 $n$사이의 임의의 수일 테고, 어떤 수가 되든지 확률은 모두 같다. 이 가정을 믿을 수 없으면, 이 분석결과를 신용할 수 없다. 따라서 평균 정렬시간은 가능한 모든 순서조합을 정렬하는데 걸리는 시간의 평균을 구한다. 이 경우 평균 시간복잡도를 나타내는 재현식은 다음과 같다.

$$A(n) = \sum_{p=1}^{n} \overset{\substack{pivotpoint\text{가} \\ p\text{일 확률} \\ \downarrow}}{\frac{1}{n}} \underbrace{[A(p-1) + A(n-p)]}_{\substack{pivotpoint\text{가 } p\text{일 때 부분} \\ \text{배열들을 정렬하는데 걸리는} \\ \text{평균시간}}} + \underbrace{n-1}_{\substack{\text{분할하는데} \\ \text{걸리는 시간}}} \tag{2.1}$$

다음 등식의 성립여부 증명은 연습문제로 남긴다.

$$\sum_{p=1}^{n} [A(p-1) + A(n-p)] = 2\sum_{p=1}^{n} A(p-1)$$

이 식을 등식 (2.1)에 적용하면 다음과 같다.

$$A(n) = \frac{2}{n}\sum_{p=1}^{n} A(p-1) + n - 1$$

양변을 $n$으로 곱하면 다음과 같다.

$$nA(n) = 2\sum_{p=1}^{n} A(p-1) + n(n-1) \tag{2.2}$$

등식 (2.2)를 $n-1$로 대치하면 다음과 같다.

$$(n-1)A(n-1) = 2\sum_{p=1}^{n-1} A(p-1) + (n-1)(n-2) \tag{2.3}$$

등식 (2.2)에서 등식 (2.3)을 빼면 다음과 같다.

$$nA(n) - (n-1)A(n-1) = 2A(n-1) + 2(n-1)$$

위 식을 다음과 같이 정리할 수 있다.

$$\frac{A(n)}{n+1}=\frac{A(n-1)}{n}+\frac{2(n-1)}{n(n+1)}$$

다음과 같이 놓으면,

$$a_n=\frac{A(n)}{n+1}$$

다음과 같은 재현식을 얻는다.

$$a_n=a_{n-1}+\frac{2(n-1)}{n(n+1)},\ n>0$$
$$a_0=0$$

부록 B의 예제 B.22의 재현식과 같이 이 재현식의 근사해는 다음과 같다.

$$a_n \approx 2\ln\ n$$

결론적으로 평균 시간복잡도는 다음과 같다.

$$\begin{aligned} A(n) &\approx (n+1)2\ln n=(n+1)2(\ln 2)(\lg n) \\ &\approx 1.38(n+1)\lg n \in \Theta(n\lg n) \end{aligned}$$

---

빠른정렬의 평균 시간복잡도는 합병정렬의 시간복잡도와 차수가 같다. 합병정렬과 빠른정렬은 7장과 카누스(Knuth)의 책(1973)을 보면 더 상세히 공부할 수 있다.

## 2.5 쉬트라쎈의 행렬곱셈 알고리즘

알고리즘 1.4(행렬곱셈)는 행렬곱셈의 정의를 그대로 따라 두 행렬을 곱하였다. 곱셈 횟수를 기준으로 구한 시간복잡도는 $n$이 행렬에서 열과 행의 개수일 때 $T(n)=n^3$임을 증명하였다. 덧셈 횟수를 기준으로 분석할 수도 있다. 알고리즘을 약간 변형시켜 덧셈 횟수를 기준으로 분석하면 시간복잡도는 $T(n)=n^3-n^2$인데, 연습문제로 증명해보기 바란다. 모두 시간복잡도가 $\Theta(n^3)$이므로 $n$이 조금만 커져도 실용적으로 쓰기 힘들만큼 느려진다. 1969년에 쉬트라쎈(Strassen)은 곱셈을 기준으로 하든지 덧셈/뺄셈을 기준으로 하든지 상관없이 시간복잡도가 3차보다 좋은 알고리즘을 발표하였다. 쉬트라쎈 알고리즘을 공부해보자.

---

• **예제 2.4** 두 개의 $2\times 2$ 행렬 $A$와 $B$의 곱(product)인 $C$를 구한다고 가정하자. 즉,

$$\begin{bmatrix} c_{11} & c_{12} \\ c_{21} & c_{22} \end{bmatrix}=\begin{bmatrix} a_{11} & a_{12} \\ a_{21} & a_{22} \end{bmatrix}\times\begin{bmatrix} b_{11} & b_{12} \\ b_{21} & b_{22} \end{bmatrix}$$

쉬트라쎈의 방법은 다음과 같이 놓았을 때,

$$m_1 = (a_{11} + a_{22})(b_{11} + b_{22})$$
$$m_2 = (a_{21} + a_{22})b_{11}$$
$$m_3 = a_{11}(b_{12} - b_{22})$$
$$m_4 = a_{22}(b_{21} - b_{11})$$
$$m_5 = (a_{11} + a_{12})b_{22}$$
$$m_6 = (a_{21} - a_{11})(b_{11} + b_{12})$$
$$m_7 = (a_{12} - a_{22})(b_{21} + b_{22})$$

곱 $C$는 다음과 같다.

$$C = \begin{bmatrix} m_1 + m_4 - m_5 + m_7 & m_3 + m_5 \\ m_2 + m_4 & m_1 + m_3 - m_2 + m_6 \end{bmatrix}$$

이 결과가 맞는지 연습문제로 증명해보자.

직관적인 방법으로 두 개의 $2 \times 2$ 행렬을 곱하려면 곱셈 8번과 덧셈/뺄셈 4번이 필요한 반면, 쉬트라쎈의 방법으로는 곱셈 7번과 덧셈/뺄셈 18번이 필요하다. 덧셈을 14번 더 하는 대신 곱셈 1번을 절약하였다. 별로 좋아진 것 같아 보이지 않는데, 사실 $2 \times 2$ 행렬곱셈에는 별로 성능향상의 효과가 없다. 곱셈의 교환법칙(commutativity)을 쉬트라쎈의 방법에서는 사용하지 않았기 때문에 이 식은 4개의 부분행렬로 나눌 수 있는 큰 행렬에도 적용할 수 있다. 그림 2.4에서와 같이 행렬 $A$와 $B$를 먼저 분할한다. $n$이 2의 거듭제곱이라고 가정하면 행렬 $A_{11}$은 다음과 같은 $A$의 부분행렬을 나타낸다.

$$A_{11} = \begin{bmatrix} a_{11} & a_{12} \cdots & a_{1,n/2} \\ a_{21} & a_{22} \cdots & a_{2,n/2} \\ & & \vdots \\ a_{n/2,1} & \cdots & a_{n/2,n/2} \end{bmatrix}$$

쉬트라쎈의 방법을 사용하여 다음을 우선 계산한다.

$$M_1 = (A_{11} + A_{22})(B_{11} + B_{22})$$

여기서 연산은 이제 행렬 덧셈과 곱셈이 된다. 같은 방식으로 $M_2$에서 $M_7$까지 계산한다. 다음에는 $C_{11}$을 다음 식으로 계산하고,

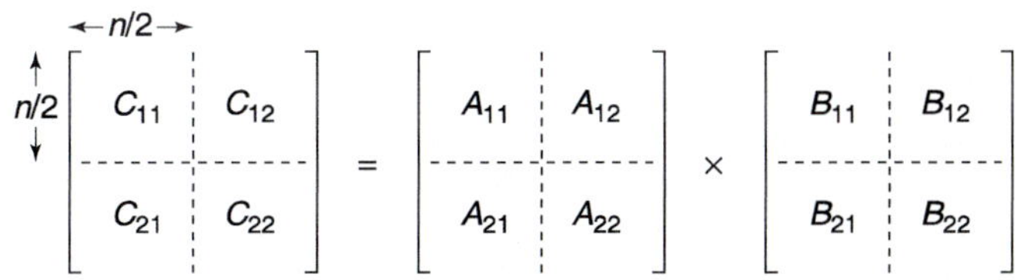

**그림 2.4** 쉬트라쎈 알고리즘에서 부분행렬로의 분할 방식

$$C_{11} = M_1 + M_4 - M_5 + M_7$$

$C_{12}$, $C_{21}$, $C_{22}$도 비슷하게 계산한다. 마지막으로, $A$와 $B$의 곱인 $C$는 네 개의 부분행렬 $C_{ij}$를 통합하여 구한다. 이 절차는 다음 예제에서 설명한다.

---

**• 예제 2.5** 행렬 $A$와 $B$가 있다.

$$A = \begin{bmatrix} 1&2&3&4 \\ 5&6&7&8 \\ 9&1&2&3 \\ 4&5&6&7 \end{bmatrix} \qquad B = \begin{bmatrix} 8&9&1&2 \\ 3&4&5&6 \\ 7&8&9&1 \\ 2&3&4&5 \end{bmatrix}$$

그림 2.5를 보면 쉬트라쎈의 방법으로 어떻게 분할하는지 알 수 있다. 계산은 다음과 같이 진행된다.

$$\begin{aligned} M_1 &= (A_{11} + A_{22}) \times (B_{11} + B_{22}) \\ &= \left( \begin{bmatrix} 1&2 \\ 5&6 \end{bmatrix} + \begin{bmatrix} 2&3 \\ 6&7 \end{bmatrix} \right) \times \left( \begin{bmatrix} 8&9 \\ 3&4 \end{bmatrix} + \begin{bmatrix} 9&1 \\ 4&5 \end{bmatrix} \right) \\ &= \begin{bmatrix} 3&5 \\ 11&13 \end{bmatrix} \times \begin{bmatrix} 17&10 \\ 7&9 \end{bmatrix} \end{aligned}$$

행렬이 충분히 작아지면, 표준 행렬곱셈 방법으로 곱한다. 이 예제에서는 $n=2$일 때 표준 행렬곱셈 방법으로 곱한다. 따라서 $M_1$은 다음과 같다.

$$\begin{aligned} M_1 &= \begin{bmatrix} 3&5 \\ 11&13 \end{bmatrix} \times \begin{bmatrix} 17&10 \\ 7&9 \end{bmatrix} \\ &= \begin{bmatrix} 3 \times 17 + 5 \times 7 & 3 \times 10 + 5 \times 9 \\ 11 \times 17 + 13 \times 7 & 11 \times 10 + 13 \times 9 \end{bmatrix} = \begin{bmatrix} 86&75 \\ 278&227 \end{bmatrix} \end{aligned}$$

$M_2$에서 $M_7$까지도 같은 방법으로 계산하고, 그 다음에 $C_{11}$, $C_{12}$, $C_{21}$, $C_{22}$를 계산한다. 이 네 개의 부분행렬을 합하면 $C$가 된다.

---

이제 $n$이 2의 거듭제곱일 때 쉬트라쎈의 방법을 이용한 알고리즘을 공부하자.

**▸ 알고리즘 2.8** **쉬트라쎈(Strassen)**

**문제** : $n$이 2의 거듭제곱일 때 2개의 $n \times n$ 행렬의 곱을 구하시오.

**입력** : 2의 거듭제곱인 정수 $n$, 2개의 $n \times n$ 행렬 $A$와 $B$

$$\begin{bmatrix} C_{11} & C_{12} \\ C_{21} & C_{22} \end{bmatrix} = \begin{bmatrix} 1&2&3&4 \\ 5&6&7&8 \\ 9&1&2&3 \\ 4&5&6&7 \end{bmatrix} \times \begin{bmatrix} 8&9&1&2 \\ 3&4&5&6 \\ 7&8&9&1 \\ 2&3&4&5 \end{bmatrix}$$

**그림 2.5** $n=4$일 때 쉬트라쎈 알고리즘에서의 분할과 결과 행렬의 값

**출력** : $A$와 $B$의 곱 $C$

```
void strassen (int n
               n × n_matrix A,
               n × n_matrix B,
               n × n_matrix& C)
{
   if (n <= threshold)
       표준 알고리즘으로 C = A × B를 계산한다;
   else {
       A를 A11, A12, A21, A22로 분할한다;
       B를 B11, B12, B21, B22로 분할한다;
       쉬트라센의 방법으로 C = A × B를 계산한다;
       // 재귀 호출의 예제
       // strassen (n/2, A11 + A22, B11 + B22, M1) ;
   }
}
```

임계점(threshold)은 *strassen* 프로시저를 재귀 호출하는 것보다 표준 알고리즘을 사용하는 게 더 효율적인 지점이다. 2.7절에서 한계치를 구하는 방법에 대해서 알아본다.

알고리즘 2.8의 분석

**▸ (쉬트라센)에서 곱셈의 수의 일정 시간복잡도 분석**

**단위연산** : 곱셈 1회

**입력크기** : $n$ (행렬에서 행과 열의 수)

분석절차를 간단하게 하기 위해서 2개의 $1 \times 1$ 행렬이 될 때까지(이 시점에는 각 행렬의 수를 곱하면 된다) 계속 나누는 경우를 분석한다. 실제로 사용된 임계점은 차수에 영향을 미치지 않는다. $n = 1$일 때 정확하게 곱셈을 한 번 실행한다. $n > 1$인 두 개의 $n \times n$ 행렬이 있을 때, $(n/2) \times (n/2)$ 행렬로 7번의 재귀 호출을 하고, 맨 바깥에서는 곱셈을 실행하지 않는다. 따라서 다음과 같은 재현식을 세울 수 있다.

$$T(n) = 7T\left(\frac{n}{2}\right) \quad n > 1\text{이며, } n\text{은 2의 거듭제곱}$$
$$T(1) = 1$$

이 재현식은 부록 B의 예제 B.2에서 푼다. 그 해답은 다음과 같다.

$$T(n) = n^{\lg 7} \approx n^{2.81} \in \Theta(n^{2.81})$$

알고리즘 2.8의 분석

**▸ (쉬트라센)에서 덧셈/뺄셈의 수의 일정 시간복잡도 분석**

**단위연산** : 덧셈이나 뺄셈 1회

입력크기 : $n$(행렬에서 행과 열의 수)

앞에서와 마찬가지로 2개의 $1 \times 1$ 행렬이 될 때까지 계속 나눈다고 가정한다. $n=1$일 때 덧셈이나 뺄셈을 실행하지 않는다. $n>1$인 두 개의 $n \times n$ 행렬이 있을 때 $(n/2)\times(n/2)$ 행렬로 재귀 호출을 7번하고, $(n/2)\times(n/2)$ 행렬에서 덧셈과 뺄셈을 18번한다. 2개의 $(n/2)\times(n/2)$ 행렬을 더하거나 뺄 때 행렬 내부 원소들의 덧셈이나 뺄셈을 $(n/2)^2$번 실행한다. 따라서 다음과 같은 재현식을 세울 수 있다.

$$T(n) = 7T\left(\frac{n}{2}\right) + 18\left(\frac{n}{2}\right)^2 \quad n>1\text{이며 } n\text{은 2의 거듭제곱}$$
$$T(1) = 0$$

이 재현식은 부록 B의 예제 B.20에서 푼다. 그 해답은 다음과 같다.

$$T(n) = 6n^{\lg 7} - 6n^2 \approx 6n^{2.81} - 6n^2 \in \Theta(n^{2.81})$$

---

$n$이 2의 거듭제곱이 아닐 때 앞의 알고리즘을 수정해야 한다. 간단한 수정방법 중 하나는 원래 행렬의 행과 열에 0을 충분히 추가하여 행렬의 크기가 2의 거듭제곱이 되도록 하면 된다. 다른 방법으로는 재귀 호출마다 행과 열의 수가 홀수가 되면 0으로 된 행과 열을 하나 추가시킨다. 쉬트라쎈(1969)은 다음과 같은 더 복잡한 수정방법을 제시하였다. $2^k m$개의 행과 열을 가진 더 큰 행렬에 원래 행렬을 끼워 넣는다. 여기서 $k=\lfloor \lg n - 4 \rfloor$이고, $m = \lfloor n/2^k \rfloor + 1$이다. 임계점인 $m$까지만 쉬트라쎈의 방법을 사용하고, 임계점에 도달한 후에는 표준 알고리즘을 사용한다. 산술 연산(곱셈, 덧셈, 뺄셈)의 총 횟수는 $4.7n^{2.81}$보다 작음을 증명할 수 있다.

표 2.3에 $n$이 2의 거듭제곱일 때 표준 알고리즘과 쉬트라쎈 알고리즘의 시간복잡도를 비교하였다. 재귀 호출로 발생하는 추가비용을 우선 무시하고, 곱셈 횟수로 따지면 쉬트라쎈 알고리즘이 언제나 더 효율적이고, 덧셈과 뺄셈 횟수로 따지면 $n$이 클 때 쉬트라쎈 알고리즘이 더 효율적이다. 재귀 호출로 추가로 발생하는 시간을 계산하는 분석 기술은 2.7절에서 공부할 것이다.

쉬뮤엘 위노그라드(Shmuel Winograd)는 덧셈과 뺄셈을 15회만 수행하는 쉬트라쎈 알고리즘의 변형을 개발했다. 자세한 내용은 Brassard와 Bratley(1988)의 책에 나와 있다. 이 알고리즘을 사용하면 덧셈/뺄셈을 단위연산으로 하여 시간복잡도는 다음과 같다.

● **표 2.3** $n \times n$ 행렬을 곱하는 두 알고리즘의 비교

| | 표준 알고리즘 | 쉬트라쎈 알고리즘 |
|---|---|---|
| 곱셈 | $n^3$ | $n^{2.81}$ |
| 덧셈/뺄셈 | $n^3 - n^2$ | $6n^{2.81} - 6n^2$ |

$$T(n) \approx 5n^{2.81} - 5n^2$$

Coppersmith와 Winograd(1987)는 곱셈을 단위연산으로 하여 시간복잡도가 $O(n^{2.38})$인 행렬곱셈 알고리즘을 개발했다. 그러나 상수가 너무 커서 쉬트라쎈 알고리즘보다 더 효율적이라고 보기 어렵다.

행렬곱셈을 하기 위한 알고리즘은 그 시간복잡도가 최소한 2차시간은 되어야 함은 증명이 가능하다. 그러나 행렬곱셈을 2차시간에 할 수 있는지는 아직 모른다. 왜냐하면, 행렬곱셈을 하기 위한 2차시간 알고리즘을 개발한 사람은 아직 없고, 그러한 알고리즘을 개발하기는 불가능하다고 증명한 사람도 없기 때문이다.

행렬의 역을 구한다거나 행렬식(determinant)을 찾는다거나 하는 다른 행렬관련 연산은 행렬곱셈과 직접 관련이 있다. 따라서 쉬트라쎈의 행렬곱셈 알고리즘만큼 효율적인 행렬연산 관련 알고리즘들은 손쉽게 개발할 수 있다.

## 2.6 큰 정수 계산법

정수를 표현하는 저장공간의 용량을 초과하는 정수 연산을 해야 한다고 하자. 만약 유효숫자를 모두 보존해야 한다면, 부동소수점으로 표현을 바꾸어 연산을 해도 소용이 없다. 이 경우 유일한 대안은 소프트웨어로 정수를 표현하고 처리해야 한다. 분할정복의 도움을 받아서 이를 성사할 수 있다. 이 책에서는 10진수 정수를 중점적으로 다룬다. 그러나 고안한 방법은 다른 진수에도 사용할 수 있도록 손쉽게 변경할 수 있다.

### 2.6.1 큰 정수 표현 : 덧셈과 기타 1차시간 연산

큰 정수를 표현하는 직관적인 방법은 숫자(digit) 배열을 사용하는 것이다. 예를 들면, 정수 153,127은 다음과 같이 배열 $S$로 표현할 수 있다.

| 5 | 4 | 3 | 1 | 2 | 7 |
|---|---|---|---|---|---|
| $S[6]$ | $S[5]$ | $S[4]$ | $S[3]$ | $S[2]$ | $S[1]$ |

양수와 음수를 모두 표현하기 위해서는 부호(sign)를 저장하는 배열 슬롯하나만 추가로 준비하면 된다. 0으로 양수를 표현하고, 1로 음수를 표현할 수 있다. 그리고 데이터타입 `large_integer`는 큰 정수를 표현하기에 충분히 큰 배열이라고 가정하자.

$n$을 큰 정수의 숫자 개수라고 하면, 덧셈과 뺄셈을 하는 1차시간 알고리즘을 작성하는 건 그리 어려운 작업이 아니다. 단위 연산은 십진수(decimal digit) 조작연산으로 정한다. 이 알고리즘을 설계하고 분석하는 작업은 연습문제로 남겨둔다. 추가로 다음 연산을 하는 1차시간 알고리즘도 손쉽게 작성할 수 있다.

$u \times 10^m$ $u$ `divide` $10^m$ $u$ `rem` $10^m$

여기서 $u$ 큰 정수, $m$은 음이 아닌 정수를 각각 나타내고, `divide`는 정수 나눗셈의 몫을 계산해주고, `rem`은 정수 나눗셈의 나머지를 계산해준다. 이것도 역시 연습문제로 해보기 바란다.

### 2.6.2 큰 정수 곱셈

큰 정수를 곱하는 간단한 2차시간 알고리즘은 초등학교에서 배운 방법을 그대로 쓰면 된다. 그러면 2차시간보다 빠른 알고리즘을 개발해보자. 분할정복을 사용하여 $n$개의 숫자로 된 수를 약 $n/2$개의 숫자로 된 두 개의 정수로 분할한다. 다음 두 예를 보면 어떻게 분할하는지 바로 이해할 수 있다.

$$\underbrace{567{,}832}_{6\text{개}} = \underbrace{567}_{3\text{개}} \times 10^3 + \underbrace{832}_{3\text{개}}$$
$$\underbrace{9{,}423{,}723}_{7\text{개}} = \underbrace{9423}_{4\text{개}} \times 10^3 + \underbrace{723}_{3\text{개}}$$

일반적으로 $n$을 정수 $u$에 있는 숫자의 개수라고 하면, 그 정수 $u$를 다음과 같이 하나는 크기가 $\lceil n/2 \rceil$이고 다른 하나는 $\lfloor n/2 \rfloor$인 두 개의 정수로 분할한다.

$$\underbrace{u}_{n\text{개}} = \underbrace{x}_{\lceil n/2 \rceil\text{개}} \times 10^m + \underbrace{y}_{\lfloor n/2 \rfloor\text{개}}$$

이렇게 표현하면, 위 식에서 $m$은 다음과 같다.

$$m = \left\lfloor \frac{n}{2} \right\rfloor$$

$n$개의 숫자로 된 다음과 같은 두 개의 정수가 있다면,

$$u = x \times 10^m + y$$
$$v = w \times 10^m + z$$

그 곱은 다음과 같이 된다.

$$\begin{aligned} uv &= (x \times 10^m + y)(w \times 10^m + z) \\ &= xw \times 10^{2m} + (xz + wy) \times 10^m + yz \end{aligned}$$

길이가 반 정도인 정수를 네 번 곱하고, 1차시간 연산을 실행하여 $u$와 $v$를 곱한다. 다음 예제는 이 방법으로 어떻게 계산을 실행하는지 보여준다.

---

• **예제 2.6** 다음 연산 과정을 따라가 보자.

$$\begin{aligned} 567{,}832 \times 9{,}423{,}723 &= (567 \times 10^3 + 832)(9423 \times 10^3 + 723) \\ &= 567 \times 9423 \times 10^6 + (567 \times 723 + 9423 \times 832) \times 10^3 + 832 \times 723 \end{aligned}$$

더 작은 정수들은 그보다 더 작은 정수로 분할되어 재귀로 곱해진다. 이 분할 과정은 임계점에 도달할 때까지 계속된다. 언젠가 표준방식으로 곱셈을 실행할 때가 온다.

숫자의 개수가 거의 같은 정수를 곱하는 경우로 이 방법을 설명했지만, 숫자의 개수 차이가 많이 나는 경우에도 같은 방법을 적용할 수 있다. 단순히 $m = \lfloor n/2 \rfloor$를 사용하여 두 수를 각각 분할하는데, 여기서 $n$은 둘 중에 큰 정수의 숫자 개수이다. 알고리즘은 다음과 같다. 둘 중 하나가 0이 되거나 정해놓은 임계점에 도달할 때까지 계속 분할한다. 곱셈은 하드웨어로 한다.

▸ 알고리즘 2.9

### 큰 정수 곱셈

**문제** : 2개의 큰 정수 $u$와 $v$를 곱함

**입력** : 큰 정수 $u$와 $v$

**출력** : prod ($u$와 $v$의 곱)

```
large_integer prod (large_integer u, large_integer v)
{
   large integer x, y, w, z
   int n, m

   n= maximum(u의 숫자 개수, v의 숫자 개수)
   if ( u == 0 || v == 0)
      return 0;
   else if ( n <= threshold)
      return 일반적인 방법으로 구한 u × v ;
   else {
      m = ⌊ n/2 ⌋ ;
      x = u divide 10^m   y = u rem 10^m ;
      w = v divide 10^m   z = v rem 10^m ;
      return prod (x, w) × 10^2m + (prod (w, y)) × 10^m + prod (y, z) ;
   }
}
```

$n$은 두 정수 중에서 큰 정수의 숫자 개수이기 때문에 따로 입력으로 주지 않아도 알 수 있다. 그리고 divide, rem, x는 작성할 1차 방정식 시간 알고리즘들이다.

알고리즘 2.9의 분석

### ▸(큰 정수 곱셈)의 최악 시간복잡도 분석

숫자 개수가 $n$인 두 개의 정수를 곱하는데 시간이 얼마나 걸리는지 분석한다.

**단위연산** : 더할 때, 뺄 때, 또는 divide $10^m$이나, rem $10^m$이나, × $10^m$을 계산할 때(뒤의 3가지 연산은 각각 단위연산의 실행 횟수가 $m$이다), 큰 정수에서 한자리 십진수 곱셈.

입력크기 : $n$(두 정수 각각의 숫자 개수)

최악의 경우는 두 정수 모두 0과 같은 숫자가 없는 경우이다. 왜냐하면, 임계점을 지나야만 재귀 호출이 끝나기 때문이다. 이 경우를 분석해보자.

$n$을 2의 거듭제곱이라고 가정하자. 그러면 $x$, $y$, $w$, $z$는 모두 정확하게 숫자의 개수가 $n/2$이다. 그러면 4개의 재귀 호출 각각에 주어지는 입력의 크기는 $n/2$이다. $m = n/2$이기 때문에 덧셈, 뺄셈, divide $10^m$이나, rem $10^m$이나, × $10^m$의 연산은 시간복잡도가 모두 $n$에 대해서 1차시간이다. 이 1차시간 연산에 대한 최대 입력크기는 모두 같지 않으므로, 정확한 시간복잡도의 산정은 쉽지 않다. 1차시간 연산을 모두 하나의 항 $cn$으로(여기서 $c$는 양의 상수) 묶는 편이 훨씬 더 간단하다. 그래서 얻은 재현식은 다음과 같다.

$$W(n) = 4W\left(\frac{n}{2}\right) + cn, \quad n > s \text{이며, } n\text{은 2의 거듭제곱}$$
$$W(s) = 0$$

더 이상 입력사례를 분할하지 않는 지점의 실제 값 $s$는 임계점 값보다 작거나 같고, 2의 거듭제곱이다. 왜냐하면, 여기서 입력은 모두 2의 거듭제곱이라고 가정했기 때문이다.

2의 거듭제곱이 아닌 $n$에 대해서는 앞의 방정식과 비슷하지만 내림수연산과 올림수연산을 포함한 재현식으로 작성 가능하다. 부록 B의 예제 B.25에서와 같이 귀납 논법을 사용하여 $W(n)$이 결국은 감소하지 않는다는 사실을 증명할 수 있다. 그러므로 부록 B의 정리 B.6을 이용하여 다음을 유도할 수 있다.

$$W(n) \in \Theta(n^{\lg 4}) = \Theta(n^2)$$

---

지금까지 공부한 큰 정수 곱셈 알고리즘은 시간복잡도가 아직 2차시간이다. 문제는 알고리즘이 원래의 정수보다 숫자의 개수가 반인 정수를 가지고 곱셈을 4번 수행한다는 사실이다. 이 곱셈의 횟수를 줄일 수 있다면, 2차시간보다 좋은 알고리즘을 얻을 수 있다. 다음과 같은 방법을 적용해본다. 함수 *prod*가 다음을 구해야 하고,

$$xw, \qquad xz + yw, \qquad yz \tag{2.4}$$

그러기 위해서는 함수 *prod*를 재귀로 4번 호출하여 다음을 계산하여 위의 값들을 구했었다.

$$xw, \qquad xz, \qquad yw, \qquad yz$$

대신 다음과 같이 놓으면,

$$r = (x+y)(w+z) = xw + (xz + yw) + yz$$

다음 등식을 얻는다.

$$xz + yw = r - xw - yz$$

이는 다음 세 값을 구하여 식 (2.4)에 있는 세 값을 얻을 수 있음을 의미한다.

$$r=(x+y)(w+z), \qquad xw, \qquad yz$$

이 세 값을 얻기 위해서 약간의 1차시간 덧셈과 뺄셈을 추가로 실행하는 반면, 곱셈을 3번만 하면 된다. 다음 알고리즘은 이 방법을 기반으로 작성하였다.

**▸ 알고리즘 2.10** **큰 정수 곱셈 2**

**문제** : 2개의 큰 정수 $u$와 $v$를 곱함

**입력** : 큰 정수 $u$와 $v$

**출력** : *prod2* ($u$와 $v$의 곱)

```
large_integer prod2 (large_integer u, large_integer v)
{
   large_integer x, y, w, z, r, p, q;
   int n, m;

   n = maximum(u의 숫자 개수, v의 숫자 개수);
   if ( u == 0 || v == 0)
      return 0;
   else if ( n <= threshold)
      return 일반적인 방법으로 구한 u × v;
   else {
      m = ⌊n/2⌋;
      x = u divide 10^m   y = u rem 10^m;
      w = v divide 10^m   z = v rem 10^m;
      r = prod2 (x + y, w + z);
      p = prod2 (x, w);
      q = prod2 (y, z);
      return p × 10^(2m) + (r−p−q) × 10^m + q;
   }
}
```

**◈ 알고리즘 2.10 의 분석** **▸(큰 정수 곱셈 2)의 최악 시간복잡도 분석**

숫자 개수가 $n$인 두 개의 정수를 곱하는데 시간이 얼마나 걸리는지 분석한다.

**단위연산** : 더할 때, 뺄 때, 또는 **divide** $10^m$이나, **rem** $10^m$이나, $\times\ 10^m$을 계산할 때(뒤의 3가지 연산은 각각 단위연산의 실행 횟수는 $m$이다), 큰 정수에서 한자리 십진수 곱셈.

**입력크기** : $n$ (두 정수 각각의 숫자 개수)

최악의 경우는 두 정수 모두 0이 없는 경우이다. 왜냐하면, 임계점을 지나야만 재귀 호출이 끝나기 때문이다. 이 경우를 분석해보자.

**표 2.4** 알고리즘 2.10의 $x+y$에서 숫자개수의 예

| $n$ | $x$ | $y$ | $x+y$ | $x+y$에서 숫자의 개수 |
|---|---|---|---|---|
| 4 | 10 | 10 | 20 | $2=\frac{n}{2}$ |
| 4 | 99 | 99 | 198 | $3=\frac{n}{2}+1$ |
| 8 | 1000 | 1000 | 2000 | $4=\frac{n}{2}$ |
| 8 | 9999 | 9999 | 19,998 | $5=\frac{n}{2}+1$ |

$n$이 2의 거듭제곱이라면, $x$, $y$, $w$, $z$는 모두 숫자의 개수가 $n/2$이다. 그러므로 표 2.4에서 보듯이 다음과 같은 부등식을 얻을 수 있다.

$$\frac{n}{2} \le x+y\text{에서 숫자의 개수} \le \frac{n}{2}+1$$

$$\frac{n}{2} \le w+z\text{에서 숫자의 개수} \le \frac{n}{2}+1$$

이는 각 함수 호출에 대해서 입력크기가 다음과 같이 된다는 것을 의미한다.

| | 입력크기 |
|---|---|
| $prod2(x+y,\ w+z)$ | $\frac{n}{2} \le$ 입력크기 $\le \frac{n}{2}+1$ |
| $prod2(x,\ w)$ | $\frac{n}{2}$ |
| $prod2(y,\ z)$ | $\frac{n}{2}$ |

$m=n/2$이기 때문에 덧셈, 뺄셈, `divide` $10^m$, `rem` $10^m$, × $10^m$과 같은 1차시간 연산은 모두 $n$에 대해서 시간 복잡도가 1차시간이다. 그러므로 $W(n)$은 다음을 만족한다.

$$3W\left(\frac{n}{2}\right)+cn \le W(n) \le 3W\left(\frac{n}{2}+1\right)+cn,\ n>s\text{이며 }n\text{이 2의 거듭제곱}$$
$$W(s)=0$$

여기서 $s$는 임계점 값보다 작거나 같고, 2의 거듭제곱이다. 왜냐하면, 이 경우의 입력은 모두 2의 거듭제곱이기 때문이다. 2의 거듭제곱이 아닌 $n$에 대해서는 앞의 방정식과 비슷하지만 내림수연산과 올림수연산을 포함한 재현식의 작성이 가능하다. 부록 B의 예제 B.25에서와 같이 귀납 논법을 사용하여 $W(n)$이 결국은 감소하지 않는다는 사실을 증명할 수 있다. 그러므로 이 재현식의 왼쪽 부등식과 정리 B.6에 의해서 다음이 사실임을 알 수 있다.

$$W(n) \in \Omega(n^{\lg_2 3})$$

이제 다음이 사실임을 증명해보자.

$$W(n) \in O(n^{\lg_2 3})$$

그러기 위해서 다음과 같이 놓는다.

$$W'(n) = W(n+2)$$

재현식의 오른쪽 부등식을 사용하여 다음과 같이 전개할 수 있다.

$$\begin{aligned} W'(n) = W(n+2) &\le 3W\left(\frac{n+2}{2}+1\right) + c[n+2] \\ &\le 3W\left(\frac{n}{2}+2\right) + cn + 2c \\ &\le 3W'\left(\frac{n}{2}\right) + cn + 2c \end{aligned}$$

$W(n)$은 감소하지 않기 때문에 $W'(n)$도 마찬가지이다. 따라서 부록 B의 정리 B.6에 의해서 다음은 사실이다.

$$W'(n) \in O(n^{\log_2 3})$$

따라서

$$W'(n) = W'(n-2) \in O(n^{\log_2 3})$$

이 두 결과를 합하면, 다음과 같이 결론지을 수 있다.

$$W'(n) \in \Theta(n^{\log_2 3}) \approx \Theta(n^{1.58})$$

---

Borodin과 Munro(1975)는 빠른 뿌리에 변환(Fast Fourier Transforms)을 사용하여 큰 정수 곱셈을 하는 $\Theta\left(n(\lg n)^2\right)$ 알고리즘을 개발하였다. Brassard와 Monet와 Zuffelatto는 1986년 조사 논문에서 아주 큰 정수 곱셈에 대하여 다루기도 하였다.

큰 정수에 대해서 나눗셈이나 제곱근을 구하는 등의 다른 연산에 대한 알고리즘도 곱셈 알고리즘과 시간복잡도의 차수가 같도록 작성 가능하다.

## 2.7 임계값의 결정

2.1절에서 논의했듯이 재귀(recursion)는 계산 시간 면에서 보면 꽤 많은 양의 추가비용이 든다. 예를 들어, 8개 키만 가지고 정렬하는 경우, $\Theta(n^2)$ 알고리즘 대신 $\Theta(n\lg n)$ 알고리즘을 사용하는데 드는 이 추가비용이 정말 가치가 있는 것일까? 또는 작은 $n$에 대해서는 교환정렬(알고리즘 1.3)이 재귀 합병정렬보다 아마도 빠르지 않을까? 사례를 더 이상 분할하는 것보다 다른 대체 알고리즘을 호출하는 것이 최소한 더 빠르게 되는

$n$의 값을 결정하는 방법을 공부해보자. 이 값들은 분할정복 알고리즘, 대체 알고리즘, 그리고 구현하려고 하는 컴퓨터에 따라 달라진다. 이상적으로는 $n$의 최적 임계점이 되는 값(optimal threshold value)을 찾고 싶은 것이다. 이 값보다 더 작은 입력사례에 대해서는 계속 분할하는 것보다 다른 알고리즘을 호출하여 사용하는 편이 최소한 빠르고, 더 큰 사례에 대해서는 계속 분할하는 편이 더 빠르게 되는 사례크기가 바로 이 임계값이 된다. 그러나 앞으로 보게 되듯이 최적 임계값을 항상 구할 수 있는 것은 아니다. 분석을 하여 최적 임계값을 얻지 못한다 할지라도, 그 분석의 결과를 사용하여 임계값을 선택할 수 있다. 그리고 분할정복 알고리즘을 수정하여 일단 $n$이 임계값에 도달하게 되면 분할을 중지하고 대체 알고리즘을 호출한다. 임계값을 어떻게 사용하는지는 알고리즘 2.8, 2.9, 2.10에서 이미 보았다.

임계값을 정하기 위하여 알고리즘을 구현하는 컴퓨터의 사양(실행속도)을 반드시 고려사항에 넣어야 한다. 합병정렬과 교환정렬로 이 기술을 설명해보자. 이 분석에서 합병정렬의 최악의 경우 시간복잡도를 사용한다. 그래서 실제로 최악의 경우 벌어지는 상황을 최적화 해보도록 한다. 합병정렬을 분석할 때 최악의 경우 다음과 같은 재현식을 얻었다.

$$W(n) = W\left(\left\lfloor \frac{n}{2} \right\rfloor\right) + W\left(\left\lceil \frac{n}{2} \right\rceil\right) + n - 1$$

합병정렬 2(알고리즘 2.4)를 구현한다고 가정해보자. 그리고 분석해 보려고 하는 컴퓨터에서 합병정렬 2가 크기가 $n$인 입력사례를 분할하고 재합병하는데 걸리는 시간은 $32n$ $\mu s$이라고 가정해보자. 여기서 $\mu s$는 100만분의 1초(microsecond)를 나타낸다. 입력사례를 분할하고 재합병하는데 걸리는 시간은 *mid* 값을 계산하는데 걸리는 시간, 두 번의 재귀 호출을 위한 스택연산을 하는데 걸리는 시간, 두 부분배열을 재합병하는데 걸리는 시간을 모두 포함한다. 분할 재합병 시간은 여러 부분이 있으므로, 총 시간이 단순히 상수시간 곱하기 $n$이 될 가능성은 별로 없다. 그러나 분석과정의 단순화를 위하여 그렇게 가정하기로 한다. $W(n)$의 재현식에서 항 $n-1$은 재합병 시간이므로, $32n\mu s$ 시간에 포함되어 있다. 그러므로 이 컴퓨터에서 합병정렬 2에 대한 재현식은 다음과 같다.

$$W(n) = W\left(\left\lfloor \frac{n}{2} \right\rfloor\right) + W\left(\left\lceil \frac{n}{2} \right\rceil\right) + 32n\,\mu s$$

입력크기가 1이면 마지막 조건검사(terminal condition check)만 실행하므로, $W(1)$은 본질적으로 0이라고 가정한다. 편의상 처음에는 $n$을 2의 거듭제곱으로만 제한한다. 이 경우 다음과 같은 재현식을 얻는다.

| $W(n) = 2\,W(n/2) + 32n\ \mu s$, $n > 1$이며, $n$은 2의 거듭제곱 |
|---|
| $W(1) = 0\mu s$ |

부록 B에 나와 있는 기술로 이 재현식을 풀 수 있다. 해는 다음과 같다.

$$W(n) = 32n \lg n \ \mu s$$

같은 컴퓨터로 크기 $n$인 사례를 교환정렬로 정렬하는데 정확히 다음 시간이 걸린다고 가정해보자.

$$\frac{n(n-1)}{2} \mu s$$

이 경우 합병정렬 2에서 교환정렬을 호출해야 하는 최적 임계점은 다음 부등식을 풀면 찾을 수 있으리라 생각할 수 있는데 이는 오해이다.

$$\frac{n(n-1)}{2} \mu s < 32n \lg n \ \mu s$$

이를 풀면 다음과 같은 부등식을 얻는다.

$$n < 591$$

$n < 591$이면 교환정렬을 호출하고, 그렇지 않으면 합병정렬 2를 호출하는 것이 최적이라고 결론을 내리면 안 된다. 방금 한 분석은 분석 자체가 틀렸다. 합병정렬 2로 $n = 1$일 때까지 계속 분할하게 되면 $n < 591$인 경우 교환정렬이 우월하다는 의미일 뿐이다. 우리가 알고 싶은 건 합병정렬 2로 분할하다가, 더 이상 분할하는 대신 교환정렬을 호출하는 편이 더 좋을 임계점이다. $n = 1$일 때까지 계속 분할하는 것과는 분명히 다르므로, 실제로 교환정렬을 호출하는 임계점은 591보다 작을 것이다. 왜 591보다 작아지는지 바로 이해하기는 어려울 수 있으니 구체적인 예를 가지고 살펴보도록 하자. 지금부터는 $n$이 2의 거듭제곱이어야 한다는 제약은 두지 않는다.

---

**• 예제 2.7** 알고리즘 2.4(합병정렬2)에서 알고리즘 1.3(교환정렬)을 호출하는 최적 임계값을 구해보자. 어떤 임계값 $t$에 대하여 $n \le t$이면 교환정렬을 호출하도록 합병정렬 2를 수정한다고 가정하자. 쓰던 컴퓨터를 그대로 쓴다고 하면, 새로 수정된 합병정렬 2에 대한 재현식은 다음과 같다.

$$W(n) = \begin{cases} \dfrac{n(n-1)}{2} \mu s & (n \le t) \\ W\left(\left\lfloor \dfrac{n}{2} \right\rfloor\right) + W\left(\left\lceil \dfrac{n}{2} \right\rceil\right) + 32n \ \mu s & (n > t) \end{cases} \tag{2.5}$$

$t$의 최적값을 구하려고 한다. 그 값은 등식 (2.5)의 위와 아래 표현식이 같게 되는 값이다. 왜냐하면 교환정렬을 호출하면 입력사례를 더 분할하는 것만큼 효율적이 되는 지점이 바로 이 값이 되기 때문이다. 따라서 $t$의 최적값을 구하려면, 다음 등식을 풀어야 한다.

$$W\left(\left\lfloor \frac{t}{2} \right\rfloor\right) + W\left(\left\lceil \frac{t}{2} \right\rceil\right) + 32t = \frac{t(t-1)}{2} \tag{2.6}$$

$\lfloor t/2 \rfloor$와 $\lceil t/2 \rceil$이 모두 $t$보다 작거나 같기 때문에 입력사례의 크기가 그 둘 중 하나라면 실행시간

은 등식 (2.5)의 위 표현식에서 나온다. 그러므로 다음과 같은 등식을 얻는다.

$$W\left(\left\lfloor \frac{t}{2} \right\rfloor\right)=\frac{\lfloor t/2 \rfloor (\lfloor t/2 \rfloor -1)}{2},\quad W\left(\left\lceil \frac{t}{2} \right\rceil\right)=\frac{\lceil t/2 \rceil (\lceil t/2 \rceil -1)}{2}$$

등식 (2.6)을 이 등식으로 치환하면 다음과 같다.

$$\frac{\lfloor t/2 \rfloor (\lfloor t/2 \rfloor -1)}{2}+\frac{\lceil t/2 \rceil (\lceil t/2 \rceil -1)}{2}+32t=\frac{t(t-1)}{2} \tag{2.7}$$

일반적으로 내림수연산과 올림수연산이 있는 등식에서 $t$에 짝수를 대입하는지 홀수를 대입하는지에 따라서 다른 해답이 나올 수 있다. 바로 이것이 최적의 임계값을 항상 얻을 수 없는 이유이다. 그러한 경우를 이제 조사해보자. 그러나 이 경우 $t$에 짝수를 대입하고($\lfloor t/2 \rfloor$와 $\lceil t/2 \rceil$는 모두 $t/2$로 놓을 수 있음), 등식 (2.7)을 풀면, 다음 해를 얻는다.

$$t=128$$

$t$에 홀수를 대입하고($\lfloor t/2 \rfloor$는 $(t-1)/2$와 같고, $\lceil t/2 \rceil$는 $(t+1)/2$과 같음), 등식 (2.7)을 풀면 다음 해를 얻는다.

$$t=128.008$$

그러므로 최적 임계값은 128이 된다.

---

이제 최적 임계값이 없는 예를 보자.

---

**• 예제 2.8** 어떤 특정 컴퓨터에서 실행되는 분할 정복 알고리즘에 대한 재현식이 다음과 같다고 하자.

$$T(n)=3T\left(\left\lceil \frac{n}{2} \right\rceil\right)+16n\ \mu s$$

여기서 $16n\ \mu s$는 크기 $n$인 사례를 분할하고 재결합하는데 필요한 시간이다. 같은 컴퓨터로 어떤 반복 알고리즘이 크기 $n$인 사례를 처리하는데 $n^2\ \mu s$이 걸린다고 하자. 반복 알고리즘을 호출해야 하는 값 $t$를 구하기 위하여 다음 식을 풀면 된다.

$$3T\left(\left\lceil \frac{t}{2} \right\rceil\right)+16t=t^2$$

$\lceil t/2 \rceil \le t$이므로, 입력이 이 크기가 되면 반복 알고리즘을 부르는데, 이는 다음과 같이 됨을 뜻한다.

$$T\left(\left\lceil \frac{t}{2} \right\rceil\right)=\left\lceil \frac{t}{2} \right\rceil^2$$

그러므로 다음 등식을 풀면 된다.

$$3\left\lceil \frac{t}{2} \right\rceil^2+16t=t^2$$

$t$를 짝수로 치환하고($\lceil t/2 \rceil = t/2$가 됨) 풀면, 다음 해를 얻는다.

$$t=64$$

$t$를 홀수로 치환하고($\lceil t/2 \rceil = (t+1)/2$가 됨) 풀면, 다음 해를 얻는다.

**표 2.5** 예제 2.8에서 $n$이 짝수이면 임계값이 64이고 홀수이면 70임을 보여주는 사례

| $n$ | $n^2$ | $3\left\lceil \frac{n}{2} \right\rceil^2 + 16n$ |
|---|---|---|
| 62 | 3844 | 3875 |
| 63 | 3969 | 4080 |
| 64 | 4096 | 4096 |
| 65 | 4225 | 4307 |
| 68 | 4624 | 4556 |
| 69 | 4761 | 4779 |
| 70 | 4900 | 4795 |
| 71 | 5041 | 5024 |

$$t = 70.04$$

여기서 구한 두 $t$ 값은 같지 않으므로, 최적 임계값은 없다. 이는 사례의 크기가 64~70사이의 짝수이면 사례를 한 번 더 분할하는 편이 더 효율적이고, 64~70사이의 홀수이면 반복 알고리즘을 호출하는 편이 더 효율적이라는 뜻이다. 크기가 64보다 작으면, 반복 알고리즘을 호출하는 편이 항상 더 효율적이다. 크기가 70보다 크면, 사례를 다시 한 번 더 분할하는 편이 항상 더 효율적이다. 표 2.5를 보면 이게 사실임을 알 수 있다.

## 2.8 분할정복법을 사용할 수 없는 경우

가능하다면, 다음 두 경우에는 분할정복법을 피해야 한다.

1. 크기 $n$인 사례가 거의 $n$에 가까운 크기의 두 개 이상의 사례로 분할된다.
2. 크기 $n$인 사례가 $n/c$ 크기의 거의 $n$개 사례로 분할된다.

첫 번째와 같이 분할하면 지수시간 알고리즘이 나오고, 두 번째와 같이 분할하면 $n^{\Theta(\lg n)}$ 알고리즘이 나온다. 이중 어떤 것도 $n$값이 크면 받아들일 수 없다. 왜 그렇게 분할하면 성능이 나빠지게 되는지 직관적으로 봐도 알 수 있다. 예를 들어, 첫 번째 경우는 (이게 정말 가능한지는 모르지만) 나폴레옹이 30,000명의 적군 부대를 29,999명의 적군 두 개 부대로 나누는 경우와 마찬가지일 것이다. 적군의 수를 나누는 대신 그 수를 거의 두 배로 늘린 셈이 되었다. 나폴레옹이 정말 이런 식으로 분할정복을 이용했다면 워터루 전쟁에서와 같은 참패는 훨씬 먼저 왔을 것이다.

알고리즘 1.6(재귀적인 방법으로 $n$번째 피보나찌 항 구하기)이 $n$번째 항을 계산하는 사례를 $(n-1)$번째 항과 $(n-2)$번째 항을 각각 계산하는 두 개의 사례로 분할하는 분할정복 알고리즘이라는 사실은 이제 쉽게 알아차릴 수 있을 것이다. 비록 그 알고리즘의 입력크기가 $n$은 아니지만, 상황은 입력크기에 관하여 방금 설명한 그대로이다. 즉, 알고

리즘 1.6으로 계산한 항의 개수는 $n$에 대하여 지수인 반면, 알고리즘 1.7(반복적인 방법으로 $n$번째 피보나찌 항 구하기)로 계산한 항의 개수는 $n$에 대하여 1차식이다.

반면 때로는 문제를 지수 시간으로 풀어도 괜찮은 경우가 있는데, 그 경우 간단한 분할정복을 피할 이유가 없다. 연습문제 17에 있는 하노이탑 문제를 공부해보자. 간단히 설명하면, 이 문제는 $n$개의 디스크를 한 말뚝에서 다른 말뚝으로 옮기는데, 디스크를 옮기는 방식에 제한이 주어진다. 이 문제를 푸는 표준적인 분할정복 알고리즘으로 구한 디스크를 순서대로 옮기는 횟수는 $n$에 대하여 지수로 되고, 이야말로 주어진 제한을 지키면서 디스크를 옮기는 가장 효율적인 방법임을 증명하는 작업은 연습문제로 해보자. 결론적으로 이 문제를 풀기 위해서 디스크를 옮기는 횟수는 $n$의 지수에 비례한다.

## 연습문제

### 2.1절

1. 이분검색(알고리즘 2.1) 알고리즘을 사용하여 다음 정수 배열에서 120을 검색하시오, 알고리즘 실행과정을 단계별로 보이시오.

   12  34  37  45  57  82  99  120  134

2. 좀 비현실적이기는 하지만 이분검색(알고리즘 2.1) 알고리즘을 사용하여 원소가 7억 개인 배열을 검색한다고 가정해보자. 특정 원소를 찾기 위해서 비교를 최대로 몇 번해야 할까? 특정 원소가 배열에 있을 수도 있고 없을 수도 있다.

3. 검색이 항상 성공한다고 가정해보자. 즉, 알고리즘 2.1에서 원소 $x$를 배열 $S$에서 항상 찾는 경우만 따지면 된다. 불필요한 부분을 제거하여 알고리즘 2.1을 날씬하게 다듬어보시오.

4. $n$이 2의 거듭제곱이어야 한다는 제한을 풀면, 이분검색(알고리즘 2.1) 알고리즘의 최악 시간복잡도가 다음과 같음을 증명하시오.

   $$W(n) = \lfloor \lg n \rfloor + 1$$

   귀띔: $W(n)$에 대한 재현식 다음과 같이 됨을 먼저 증명한다.

   $$W(n) = 1 + W\left(\left\lfloor \frac{n}{2} \right\rfloor\right), \quad n > 1$$
   $$W(n) = 1$$

   이 증명을 하려면 $n$이 짝수인 경우와 홀수인 경우를 따로 고려하고 귀납법으로 재현식을 풀어야 한다.

5. 알고리즘 2.1(4번째 줄)에서 분할 함수를 $mid = low$로 바꾸었다고 하자. 새 검색전략을 제시하시오. 그리고 이 전략의 성능을 분석하고, 분석결과를 차수 표기법으로 답하시오.

6. 원소가 $n$개인 정렬된 배열을 원소가 $n/3$개인 배열 3개로 분할(즉, 거의 같은 크기로 분할)하여 검색하는 알고리즘을 작성하시오. 이 알고리즘은 분할한 세 배열 중에서 찾을 원소가 있을만한 배열에서 원소를 검색하는데, 이 배열을 다시 거의 같은 크기의 배열 3개로 분할

한다. 원소를 찾거나, 원소가 배열에 없음이 확실할 때까지 이 과정을 되풀이한다. 이 알고리즘을 분석하고, 분석결과를 차수 표기법으로 답하시오.

7. 분할정복을 사용하여 원소가 $n$개인 배열에서 가장 큰 원소를 찾는 알고리즘을 작성하시오. 이 알고리즘을 분석하고, 분석결과를 차수 표기법으로 답하시오.

## 2.2절

8. 합병정렬 알고리즘 2.2와 2.4를 사용하여 다음 배열을 정렬하시오, 알고리즘 실행과정을 단계별로 보이시오.

123 34 189 56 150 12 9 240

9. 연습문제 8에서 재귀 호출을 나무구조로 그리시오.

10. 다음 문제를 푸는 최악 시간복잡도가 $\Theta(n \ln n)$보다 나쁘지 않은 재귀 알고리즘을 작성하시오. 정수가 $n$개인 배열에서 수의 합의 차이가 최대가 되도록 이 배열을 두 개로 분할하시오. 배열에는 중복된 수가 없고, $n$은 2의 배수라고 가정해도 좋다.

11. 재귀 호출이 없는 합병정렬(알고리즘 2.2와 2.4) 알고리즘을 작성하시오.

12. 합병정렬(알고리즘 2.2와 2.4) 알고리즘의 최악 시간복잡도를 나타내는 재현식은 다음과 같음을 증명하시오.

$$W(n) = W\left(\left\lfloor \frac{n}{2} \right\rfloor\right) + W\left(\left\lceil \frac{n}{2} \right\rceil\right) + n - 1$$

여기서 $n$은 2의 거듭제곱으로 제한하지 않는다.

13. 원소가 $n$개인 배열을 3등분하고, 분할한 배열을 각각 따로 정렬한 후, 다시 합병하는 정렬 알고리즘을 작성하시오. 작성한 알고리즘을 분석하고, 분석결과를 차수 표기법으로 답하시오.

## 2.3절

14. 다음 재현관계식으로 T(625)의 값을 구하시오.

$$T(n) = 7T\left(\frac{n}{5}\right), \quad n > 1$$
$$T(1) = 1$$

15. 아래 *solve* (알고리즘)을 살펴보자. 이 알고리즘은 어떤 입력 $I$에 대응하는 출력(해답) $O$를 찾아서 문제 $P$를 푼다.

```
void solve ( input I, output& O )
{
   if ( size (I) == 1)
      해답 O를 바로 찾는다 ;
   else {
      I를 다섯 개의 입력 I1, I2, I3, I4, I5로 분할한다.
      여기서 j = 1, ..., 5에 대하여 size(Ij) := size(I)/3 ;
```

```
        for ( j = 1; j <= 5 ; j++)
            solve ( I_j, O_j );
        입력 I로 P를 푼 해답 O를 구하기 위하여 O_1, O_2, O_3, O_4, O_5를 합병한다.
    }
}
```

$g(n)$을 분할하고 합병하는 단위연산이라 하고, 크기가 1인 입력사례의 단위연산 시간은 0이라고 가정하자.

(a) 입력크기가 $n$인 경우 $P$를 푸는데 필요한 단위연산의 횟수를 표시하는 재현식 $T(n)$을 작성하시오.

(b) $g(n) \in \Theta(n)$이면 이 재현식의 해는 무엇인가? (증명은 생략해도 좋음)

(c) $g(n) = n^2$이라고 가정하고, 정확히 $n = 27$인 경우 재현식을 푸시오.

(d) $n$이 3의 거듭제곱인 경우 일반해를 구하시오.

16. 분할정복 알고리즘에서 크기가 $n$인 문제의 입력사례를 $n/3$ 크기의 10개의 입력사례로 항상 분할하고, 분할하고 합병하는 과정은 $\Theta(n^2)$의 시간이 걸린다고 가정하자. 실행시간 $T(n)$을 나타내는 재현식을 작성하고, 그 식의 해를 구하시오.

17. 하노이탑(Towers of Hanoi) 문제를 푸는 분할정복 알고리즘을 작성하시오. 하노이탑은 말뚝 3개와 크기가 모두 다른 구멍난 디스크 $n$개로 구성되어 있다. 문제는 한 말뚝에 쌓여있는 $n$개의 디스크를 모두 지정한 말뚝으로 옮기는 것이다. 문제를 풀 때 다음 규칙을 반드시 준수해야 한다.

(1) 세 개의 말뚝 이외에는 디스크를 놓을 수 없다.

(2) 한 번에 하나의 디스크만 옮길 수 있고, 말뚝의 맨 위에 있는 디스크만 옮길 수 있다.

(3) 큰 디스크를 작은 디스크 위에 올려놓을 수 없다.

(a) 작성한 알고리즘의 복잡도가 $S(n) = 2^n - 1$임을 증명하시오(여기서 $n$이 디스크의 개수이면 $S(n)$은 옮기는 횟수이다).

(b) 아무리 알고리즘을 다르게 만들어도 최소한 (a)에서 주어진 횟수만큼은 옮겨야 함을 증명하시오.

18. 분할정복 알고리즘이 크기가 $n$인 문제의 입력사례를 $n/c$ 크기로 분할할 때, 재현식의 형태는 보통 다음과 같다.

$$T(n) = aT\left(\frac{n}{c}\right) + g(n), \quad n > 1$$
$$T(1) = d$$

여기서 $g(n)$은 분할하고 합병하는 비용이고, $d$는 상수이다. $n = c^k$라고 하자.

(a) 다음을 증명하시오.

$$T(c^k) = d \times a^k + \sum_{j=1}^{k} [a^{k-j} \times g(c^j)]$$

(b) $g(n) \in \Theta(n)$일 때 재현식을 푸시오.

## 2.4절

19. 빠른정렬(알고리즘 2.6) 알고리즘을 사용하여 다음 배열을 정렬하시오. 알고리즘의 실행과정을 단계별로 보이시오.

123 34 189 56 150 12 9 240

20. 연습문제 19의 실행과정에서 재귀 호출 나무구조를 그리시오.

21. 다음 부등식이 성립한다고 가정하고,

$$W(n) \le \frac{(p-1)(p-2)}{2} + \frac{(n-p)(n-p-1)}{2} + n - 1$$

다음 부등식이 성립함을 증명하시오.

$$W(n) \le \frac{n(n-1)}{2}, \quad 1 \le p \le n$$

이 결과는 알고리즘 2.6(빠른정렬)의 최악 시간복잡도 분석에 사용하였다.

22. 다음 등식이 성립함을 증명하시오.

$$\sum_{p=1}^{n}[A(p-1) + A(n-p)] = 2\sum_{p=1}^{n}A(p-1)$$

이 결과는 알고리즘 2.6 (빠른정렬)의 평균 시간복잡도 분석에 사용하였다.

23. 재귀 호출 없는 빠른정렬 알고리즘(알고리즘 2.6)을 작성하시오. 알고리즘을 분석하고 분석 결과를 차수 표기법으로 답하시오.

24. 빠른정렬에서 배열의 첫째 원소를 기준원소(pivot)로 사용한다고 가정하고 다음에 답하시오.
    (a) 최악의 경우를 보여주는 원소가 10개인 배열을 예로 드시오.
    (b) 최선의 경우를 보여주는 원소가 10개인 배열을 예로 드시오.

## 2.5절

25. 알고리즘 1.4(행렬곱셈)가 실행하는 덧셈의 횟수는 이 알고리즘을 약간 수정하면 $n^3 - n^2$으로 줄일 수 있음을 보이시오.

26. 예제 2.4에서 두 개의 $2 \times 2$ 행렬의 쉬트라쎈 곱을 보여주었다. 이 곱이 정확한지 밝히시오.

27. 표준 알고리즘을 사용하여 두 개의 $64 \times 64$ 행렬의 곱을 구하는데 실행하는 곱셈의 횟수는?

28. 쉬트라쎈의 방법(알고리즘 2.8)을 사용하여 두 개의 $64 \times 64$ 행렬의 곱을 구하는데 실행하는 곱셈의 횟수는?

29. 곱셈과 뺄셈을 18번 대신 15번 실행하는 쉬뮤엘 위노그래드가 개발한 수정된 쉬트라쎈 알고리즘의 재현식을 작성하시오. 이 재현식을 풀고, 구한 답이 2.5절의 마지막 부분에 나온 시간복잡도와 같은지 확인하시오.

## 2.6절

30. 알고리즘 2.10(큰 정수 곱셈 2)을 사용하여 1253과 23,103의 곱을 구하시오.

31. 연습문제 30번에서 두 정수를 곱하는데 필요한 곱셈의 횟수는?

32. 다음 연산을 실행하는 알고리즘을 작성하시오.

    $u$ × $10^m$;  $u$ `divide` $10^m$;  $u$ `rem` $10^m$;

    여기서 $u$는 큰 정수를 나타내고, $m$은 음이 아닌 정수, `divide`는 정수나눗셈의 몫을 넘겨주고, `rem`은 나머지를 넘겨준다. 작성한 알고리즘을 분석하고, 이 연산들이 1차시간 안에 수행될 수 있는지 보이시오.

33. $n$개의 숫자로 된 정수를 다음과 같이 분할할 수 있도록 알고리즘 2.9(큰 정수 곱셈)를 수정하시오.

    (a) 숫자 $n/3$개씩 3개의 정수로 분할($n = 3^k$으로 가정)

    (b) 숫자 $n/4$개씩 4개의 정수로 분할($n = 4^k$으로 가정)

    작성한 알고리즘을 분석하고, 분석결과를 차수 표기법으로 답하시오.

## 2.7절

34. 원소가 $n$개인 배열을 정렬하는 교환정렬과 빠른정렬 알고리즘을 구현하는 프로그램을 각각 작성하시오. 작성한 프로그램을 각각 돌려서 실행시간을 비교하여 빠른정렬 알고리즘을 사용하는 편이 더 유리해지기 시작하는 임계 하한 $n$을 찾으시오.

35. 두 개의 $n \times n$ 행렬($n = 2^k$)을 곱하는 표준 알고리즘과 쉬트라쎈 알고리즘을 구현하는 프로그램을 각각 작성하시오. 작성한 프로그램을 각각 돌려서 실행시간을 비교하여 쉬트라쎈 알고리즘을 사용하는 편이 더 유리해지기 시작하는 임계 하한 $n$을 찾으시오.

36. 알고리즘 2.8(쉬트라쎈)의 경우 크기가 $n$인 입력사례를 분할하고 재결합하는데 $12n^2\ \mu s$ 시간이 걸리는 컴퓨터가 있다고 가정하자. 여기서 구한 시간은 덧셈과 뺄셈을 하는데 걸리는 시간도 모두 포함하고 있다. 표준 알고리즘으로 두 개의 $n \times n$ 행렬을 곱하는데 $n^3\ \mu s$ 시간이 걸린다면, 입력사례를 더 이상 분할하는 대신 표준 알고리즘을 호출해야 하는 임계값을 구하시오. 유일한 최적 임계값이 존재하는가?

## 2.8절

37. 분할정복을 사용하여 $n!$을 계산하는 재귀 알고리즘을 작성하시오. 입력크기(1장의 예제 34 참조)를 정의하고 다음 물음에 답하시오. 작성한 알고리즘의 시간복잡도는 지수인가? 2.8절의 경우 1을 위배하는가?

38. 분할정복 알고리즘에서 크기가 $n$인 문제의 입력사례를 항상 3등분한다고 하고, 분할하고 합병하는 과정은 1차시간이 걸린다고 가정하자. 실행시간 $T(n)$을 나타내는 재현식을 작성하고, 그 방정식의 해를 구하시오. 해를 차수 표기법으로 답하시오.

## 추가 연습문제

39. 피보나찌 수열 알고리즘 1.6과 1.7을 모두 프로그램으로 구현해보자. 구현한 프로그램이 맞는지 시험입력으로 검증해보자. 재귀 프로그램으로 60초 이내에 답을 계산하는 가장 큰 수를 찾아보자. 같은 수로 반복 프로그램은 얼마나 시간이 걸리는지 재보자.

40. $n \times m$ 2차원 배열에서 원소를 검색하는 효율적인 알고리즘을 작성하시오. 이 배열은 행과

열을 따라서 정렬되어있다. 즉,

$$Table[i][j] \leq Table[i][j+1]$$
$$Table[i][j] \leq Table[i+1][j]$$

41. $n=2^k$ 팀이 참가하고, 1회전에서 $n/2$ 경기를 치르고, $n/2=2^{k-1}$ 승자가 2회전에 진출하는 방식으로 진행하는 (한 번 지면 탈락하는) 토너먼트가 있다고 가정해보자.
    (a) 이 토너먼트의 회전의 수를 나타내 주는 재현식을 작성하시오.
    (b) 64 팀이 참가한다면, 토너먼트에서 회전의 수는?
    (c) (a)번에서 구한 재현식의 해를 구하시오.

42. 정사각형이 3개 붙어있는 것을 트로미노(tromino)라고 한다. 가로와 세로로 $m$개의 정사각형이 연결되어 있는 바둑판이 있고, 1칸은 X 표시가 되어 있다. 여기서 $m$은 2의 거듭제곱이라고 가정한다. 다음 조건을 만족하도록 트로미노를 바둑판에 채우고 싶다.
    - 바둑판 전체를 트로미노로 채워야 한다.
    - X 표시가 되어 있는 칸은 트로미노로 덮을 수 없다.
    - 트로미노는 겹쳐 놓을 수 없다.
    - 트로미노는 바둑 바깥으로 삐져나올 수 없다.

    이 문제를 푸는 분할정복 알고리즘을 설계하시오.

43. 다음 문제를 풀어보자.
    (a) 1부터 10까지 번호를 매겨놓은 똑같이 생긴 동전 9개가 있다고 하자. 이 중에서 동전 하나만 다른 동전보다 무겁다. 양팔저울 하나로 두 번만 잴 수 있다고 하자. 무거운 동전 하나를 골라내는 알고리즘을 고안하시오.
    (b) 이제 동전이 $n$개 있다고 하고, 이 중 하나만 다른 동전보다 무겁다고 하자. $n$은 자연수의 3승으로 한정하고, 양팔저울 하나로 $\log_3 n$번만 잴 수 있다고 하자. 무거운 동전 하나를 골라내는 알고리즘을 작성하고, 알고리즘의 시간복잡도를 구하시오.

44. 세 개의 정수 $x$, $n$, $p$가 입력이고, $x^n$을 $p$로 나눌 때 나머지를 계산하는 $\Theta(n \lg n)$ 재귀 알고리즘을 작성하시오. 편의상 $n$은 2의 거듭제곱(즉, 어떤 양의 정수 $k$에 대하여 $n=2^k$)이라고 가정해도 좋다.

45. 실수 $n$개로 구성한 리스트에서 합이 최대가 되는 인접 부분리스트를 찾는 재귀 알고리즘을 분할정복으로 설계하시오. 작성한 알고리즘을 분석하고, 분석결과를 차수 표기법으로 답하시오.

# Chapter 3

# 동적계획

$n$번째 피보나찌 수 구하기(알고리즘 1.6)를 분할정복 알고리즘으로 풀면 재귀 호출의 횟수가 $n$에 대하여 지수($2^n$)로 증가한다. 왜 그럴까? 분할한 입력사례가 지수만큼 많기 때문이다. 2장에서 공부했듯이 분할정복은 하향식(top-down) 문제풀이 방식이다. 분할한 입력사례들끼리 서로 관련이 없는 정렬 문제를 푸는 경우 이 방식이 잘 통한다. 분할한 입력사례들은 각각 독립적으로 정렬할 배열들이라 서로 관련이 없고 중복도 없다. 그러나 $n$째 피보나찌 수 구하는 문제는 분할한 입력사례들이 여러 번 중복해서 나타난다. 예를 들면, 1.2절에서 본 대로 5째 피보나찌 수를 구하기 위해서 4째와 3째 피보나찌 수를 구해야 한다. 그러나 4째와 3째 피보나찌 수를 구하기 위해서 둘 다 2째 피보나찌 수가 필요하다. 분할정복 방식으로 이 문제를 풀면 이 두 수를 따로 구하기 때문에 2째 피보나찌 수는 두 번 이상 중복 계산한다. 분할한 입력사례들이 서로 관련이 있거나 두 번 이상 나타나는 문제를 분할정복 알고리즘으로 풀면 같은 입력사례를 중복 계산하게 되므로 매우 비효율적이다.

이 장에서 공부할 알고리즘 설계방법인 **동적계획**(dynamic programming)은 분할정복과 문제해결 방향이 거꾸로다. 동적계획은 문제의 입력사례를 분할하여 문제를 푼다는 점은 분할정복과 비슷하다. 그러나 동적계획은 분할한 입력사례를 재귀 호출하여 답을 얻는 대신, 가장 작은 입력사례의 답을 먼저 구하여 저장해놓고, 필요하면 꺼내 쓴다. "동적계획"이라는 용어는 제어이론(control theory)에서 왔는데, 여기서 계획(programming)이란 해답을 구하기 위해서 배열(테이블)을 구축함을 뜻한다. 1장에서 공부했듯이, $n$째 피보나찌 수를 구하는 효율적인 알고리즘(알고리즘 1.7)은 동적계획을 이용한 전형적인 사례이다. 인덱스가 0부터 $n$까지인 배열에서 앞부분의 $n+1$항을 순서대로 구축하여 $n$째 피보나찌 항을 구한다. 동적계획 알고리즘은 배열을 이용하여 상향식으로 해답을 구한다. 따라서 동적계획은 **상향식(bottom-up) 접근방법**이다. 알고리즘 1.7과 같이 배열을 사용하여 알고리즘을 개발하고, 알고리즘을 개선하여 배열 전체를 기억해둘 필요 없게 해보자.

동적계획 알고리즘의 개발절차는 다음과 같다.

1. 문제의 입력사례에 대해서 해답을 계산하는 재귀 관계식(recursive property)을 세운다.
2. 작은 입력사례부터 먼저 해결하는 상향식 방법으로 전체 입력사례에 대한 해답을 구한다.

동적계획을 적용하여 문제를 해결하는 방법을 이해하기 위해서 간단한 예제부터 복잡한 예제에 이르기까지 차례로 공부해보자.

## 3.1 이항계수 구하기

부록 A의 A.7절에서 정의한 **이항계수**(binomial coefficient)는 다음과 같다.

$$\binom{n}{k} = \frac{n!}{k!(n-k)!} \qquad \text{for} \quad 0 \le k \le n$$

값이 큰 $n$과 $k$에 대한 이항계수를 구하는 경우 이 식을 가지고 바로 구하기는 힘들다. 왜냐하면, 그리 크지 않은 $n$에 대해서도 $n!$은 꽤 크기 때문이다. 다음 재귀 관계식을 사용하면 $n!$이나 $k!$을 계산하지 않고 이항계수를 구할 수 있다.

$$\binom{n}{k} = \begin{cases} \binom{n-1}{k-1} + \binom{n-1}{k}, & 0 < k < n \\ 1, & k = 0 \text{ 또는 } k = n \end{cases} \tag{3.1}$$

이 식을 유도하는 과정은 연습문제로 남겨둔다. 이 재귀관계식으로 분할정복 알고리즘을 설계해보자.

▸ 알고리즘 3.1 **분할정복으로 이항계수 구하기**

**문제** : 이항계수를 계산하시오.

**입력** : $k \le n$을 만족하는 0 이상의 정수 $n$과 $k$

**출력** : $bin$, 이항계수 $\binom{n}{k}$

```
int bin (int n, int k)
{
    if (k == 0 || n == k)
        return 1;
    else
        return bin (n-1, k-1) + bin (n-1, k) ;
}
```

알고리즘 1.6($n$번째 피보나찌 수 구하기, 재귀)과 같이 알고리즘 3.1은 매우 비효율적이다. $\binom{n}{k}$를 구하기 위해서 이 알고리즘이 계산하는 항의 개수는 다음과 같은데, 증명은 연습문제로 남겨둔다.

$$2\binom{n}{k}-1$$

문제는 재귀 호출할 때마다 같은 사례를 중복 계산한다는 것이다. 예를 들어, $bin(n-1,\ k-1)$과 $bin(n-1,\ k)$는 둘 다 $bin(n-2,\ k-1)$의 계산결과가 필요하고, 이 결과는 각 재귀 호출 시 각각 따로 구한다. 2.8절에서 언급했지만, 분할정복에서 입력사례의 원래 크기와 별 차이 없는 크기로 분할하면 항상 비효율적일 수밖에 없다.

이제 효율적인 알고리즘을 동적계획으로 설계해보자. 재귀 관계식은 등식 (3.1)에서 이미 세워 놓았다. 이 식으로 $B[i][j]$에 $\binom{i}{j}$ 값을 차례로 저장하여 배열 $B$를 구축해 나간다. 이 문제를 푸는 동적계획 알고리즘을 작성하는 절차는 다음과 같다.

1. 재귀 관계식(등식 3.1)을 세운다. $B$의 형태로 다시 작성하면 다음과 같다.

$$B[i][j] = \begin{cases} B[i-1][j-1] + B[i-1][j] & 0 < j < i \\ 1 & j = 0 \text{ 또는 } j = i \end{cases}$$

2. 첫째 행부터 $B$의 행에 값들을 차례로 계산하여 저장하는 상향식(bottom-up) 방식으로 문제를 푼다.

절차 2는 그림 3.1에서 보여준다(이 그림에서 배열은 파스칼 삼각형임을 바로 알아챘을 것이다). 각 행의 값은 절차 1에서 정립한 재귀 관계식을 적용하여 바로 이전에 계산한 값을 가지고 계산한다. 계산한 최종값 $B[n][k]$은 $\binom{n}{k}$의 값이다. 예제 3.1에서 계산 절차를 자세히 추적해보자. 예제에서는 앞의 두 열만 계산하는데, $k=2$이기 때문이다. 일반

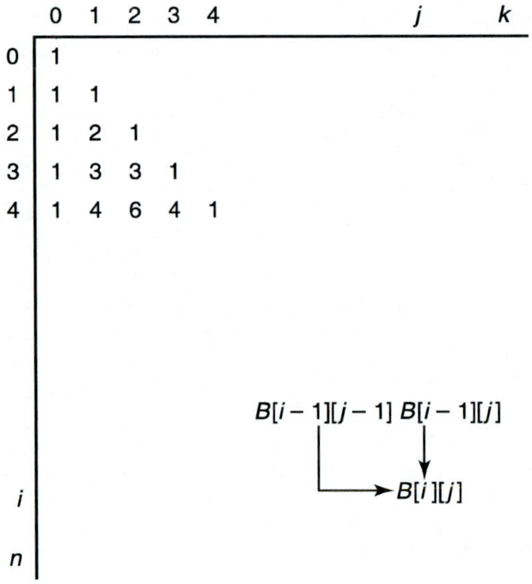


**그림 3.1** 이항계수를 구하는데 사용한 배열 B

화하면 각 행에서 $k$번째 열까지 값만 계산하면 된다. $n = k = 0$일 때 이항계수는 1이므로 예제 3.1에서 $B[0][0] = 1$이다. 사실 이 값은 다른 이항계수를 구하는데 쓰지 않지만 구색을 갖추기 위해서 포함시킨다.

---

**• 예제 3.1** $B[4][2] = \binom{4}{2}$를 계산해보자.

0번째 행의 계산 : {알고리즘의 구색을 갖추기 위해서 포함시키는 것뿐 B[0][0] 값은 실제로 쓰지 않는다. }

$$B[0][0] = 1$$

1번째 행의 계산 :

$$B[1][0] = 1$$
$$B[1][1] = 1$$

2번째 행의 계산 :

$$B[2][0] = 1$$
$$B[2][1] = B[1][0] + B[1][1] = 1 + 1 = 2$$
$$B[2][2] = 1$$

3번째 행의 계산 :

$$B[3][0] = 1$$
$$B[3][1] = B[2][0] + B[2][1] = 1 + 2 = 3$$
$$B[3][2] = B[2][1] + B[2][2] = 2 + 1 = 3$$

4번째 행의 계산 :

$$B[4][0] = 1$$
$$B[4][1] = B[3][0] + B[3][1] = 1 + 3 = 4$$

$$B[4][2] = B[3][1] + B[3][2] = 3 + 3 = 6$$

예제 3.1에서는 이항계수를 값이 증가하는 순으로 계산하였다. 반복 계산할 때마다 필요한 값들은 이미 계산해서 저장해두었다. 이러한 방식은 동적계획법에서 기본적으로 쓰이는 절차이다. 다음은 동적계획으로 이항계수를 구하는 알고리즘이다.

▸ 알고리즘 3.2 **동적계획으로 이항계수 구하기**

**문제** : 이항계수를 계산하시오.

**입력** : $k \le n$을 만족하는 0이상의 정수 $n$과 $k$

**출력** : $bin2$, 이항계수 $\binom{n}{k}$

```
int bin2 (int n, int k)
{
   index i, j
   int B[0..n] [0..k];

   for (i = 0; i <= n  i++)
      for (j = 0; j <= minimum(i, k); j++)
         if (j == 0 || j == i)
            B[i][j] = 1;
         else
            B[i][j] = B[i-1][j-1] + B[i-1][j];
   return B[n][k];
}
```

파라미터 $n$과 $k$는 이 알고리즘에서 입력의 크기가 아니다. 그들은 입력일 뿐이고, 입력크기는 $n$과 $k$를 코드화(encode)하는데 필요한 심벌의 개수이다. 1.3절의 $n$째 피보나찌 수 구하는 알고리즘과 비슷한 상황이다. 그러나 답을 구할 때까지 얼마나 작업을 했는지 $n$과 $k$의 함수로 표현하여 알고리즘의 효율성을 대략 알아볼 수는 있다. $n$과 $k$를 기준으로 for-$j$ 루프를 몇 번 실행하는지 계산해보자. 각 $i$ 값에 대하여 몇 번 실행하는지를 세보면 다음 표와 같다.

| $i$ | 0 1 2 3 ⋯ $k$ $k+1$ ⋯ $n$ |
|---|---|
| 루프 실행 횟수 | 0 1 2 3 ⋯ $k+1$ $k+1$ ⋯ $k+1$ |

따라서 총 실행 횟수는 다음과 같이 계산할 수 있다.

$$1 + 2 + 3 + 4 + \cdots + k + \underbrace{(k+1) + (k+1) \cdots + (k+1)}_{n-k+1\text{회}}$$

부록 A의 예제 A.1의 결과를 적용하면 다음 등식을 얻는다.

$$\frac{k(k+1)}{2} + (n-k+1)(k+1) = \frac{(2n-k+2)(k+1)}{2} \in \Theta(nk)$$

분할정복 대신 동적계획으로 훨씬 더 효율적인 알고리즘을 설계하였다. 앞에서 언급했듯이, 동적계획은 입력사례를 더 작은 입력사례로 분할하는 재귀 관계식을 찾는다는 점에서 분할정복과 비슷하다. 차이점은 동적계획은 맹목적으로 재귀를 적용하는 대신 재귀 관계식을 사용하여 작은 입력사례부터 시작하여 반복적으로 입력사례의 해답을 구해나간다는 것이다. 이런 식으로 하면 작은 입력사례의 해답은 한 번만 구하면 되므로 중복계산을 방지할 수 있다. 분할정복 알고리즘이 비효율적이면, 동적계획은 시도해볼 만한 기술이다.

알고리즘 3.2를 표현하는 가장 손쉬운 방법은 이차원 배열 B 전체를 만드는 것이다. 그러나 하나의 행의 계산이 끝나면, 전에 계산했던 값들은 더 이상 필요하지 않다. 따라서 인덱스가 0부터 $k$까지인 배열 하나만 가지고도 충분히 알고리즘을 표현할 수 있다. 어떻게 알고리즘을 수정할 것인지는 연습문제로 남겨둔다. $\binom{n}{k} = \binom{n}{n-k}$가 성립한다는 사실을 이용해도 이 알고리즘을 개선할 수 있다.

## 3.2 프로이드의 최단경로 알고리즘

비행기로 여행을 계획하면서 흔히 접하게 되는 문제는 직항로가 없을 때 어떤 도시를 경유하면 가장 빠른지 최단경로를 구하는 것이다. 최단경로를 구하는 알고리즘을 이제 설계해보자. 먼저, 그래프이론을 알아야 한다. 그림 3.2는 가중치포함 방향그래프의 예이다. 그래프를 그림으로 표현하는 경우 원(circle)은 **마디(vertex, vertices)**라 하고, 마디를 잇는 선은 **이음선(edge/arc)**이라고 한다. 이음선에 방향이 있는 그래프를 **방향그래프(directed graph/digraph)**라고 한다. 방향그래프는 화살표로 방향을 나타낸다. 방향그래프에서는 두 마디를 서로 다른 방향으로 잇는 이음선이 두 개 있을 수 있다. 예를 들어, 그림 3.2를 보면 $v_1$에서 $v_2$로 가는 이음선과 $v_2$에서 $v_1$으로 가는 이음선이 있음을 알 수 있다. 이음선과 관련된 값은 **가중치(weight)**라 하고, 이음선에 가중치가 있는 그래프를 **가중치포함 그래프(weighted graph)**이라고 한다. 가중치는 음이 아니라고 가정한다. 가중치는 보통 거리를 나타내는 경우가 많다. 따라서 한 마디에서 다른 마디로 가는 경로를 이야기 해보자. 방향그래프에서 다음 마디로 가는 이음선이 있는 마디의 나열을 **경로(path)**라고 한다. 예를 들면, 그림 3.2에서 $[v_1, v_4, v_3]$은 $v_1$에서 $v_4$로 가는 이음선이 있고, $v_4$에서 $v_3$으로 가는 이음선이 있으므로 경로이다. $[v_3, v_4, v_1]$은 $v_4$에서 $v_1$로 가는 이음선이 없으므로 경로가 아니다. 어떤 마디에서 그 마디 자신으로 가는 경로는 **순환**

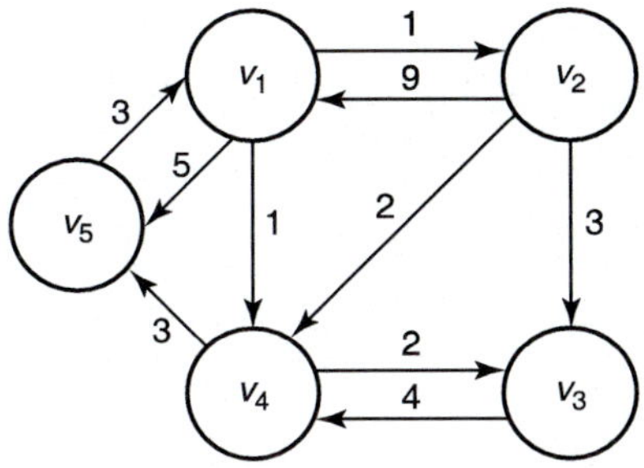


그림 3.2 가중치포함 방향그래프

**경로**(cycle)라고 한다. 그림 3.2에서 경로 $[v_1, v_4, v_5, v_1]$은 순환경로이다. 그래프에 순환경로가 있으면 **순환적**(cyclic)이라 하고, 그렇지 않으면 **비순환적**(acyclic)이라고 한다. 같은 마디를 두 번 거치지 않는 경로를 **단순경로**(simple path)라고 한다. 그림 3.2에서 경로 $[v_1, v_2, v_3]$은 단순경로이지만, 경로 $[v_1, v_4, v_5, v_1, v_2]$는 단순경로가 아니다. 단순경로는 순환이 있는 부분경로를 절대로 포함하지 않는다는 사실을 주의해야 한다. 가중치포함 그래프에서 **경로의 길이**(length)는 경로 상에 있는 가중치의 합이고, 가중치가 없는 그래프에서는 경로 상 이음선의 개수이다.

그래프 응용문제 중에서 가장 유명한 문제로 각 마디에서 다른 모든 마디로 가는 최단경로를 찾는 문제가 있다. 여기서 최단경로가 당연히 단순경로이어야 한다. 그림 3.2에서 $v_1$에서 $v_3$으로 가는 단순경로로는 $[v_1, v_2, v_3]$, $[v_1, v_4, v_3]$, $[v_1, v_2, v_4, v_3]$가 있다. 그 길이는 각각 다음과 같이 계산한다.

$$length[v_1, v_2, v_3] = 1 + 3 = 4$$
$$length[v_1, v_4, v_3] = 1 + 2 = 3$$
$$length[v_1, v_2, v_4, v_3] = 1 + 2 + 2 = 5$$

이 중에서 경로 $[v_1, v_4, v_3]$이 $v_1$에서 $v_3$으로 가는 최단경로이다. 앞에서 밝혔듯이 흔히 쓰는 최단경로 문제의 응용사례로서 도시 간의 최단경로를 구하는 문제가 있다.

최단경로(shortest paths) 문제는 **최적화 문제**(optimization problem)에 속한다. 최적화 문제는 하나 이상의 **해답후보**(candidate solution)가 있을 수 있다. 해답후보에는 그와 관련된 **값**(value)이 있고, 그 문제의 해답은 해답후보 중에서 **최적값**(optimal value)이 된다. 문제에 따라서 최적값은 최대값이 될 수도 있고 최소값이 될 수도 있다. 최단경로 문제에서 해답후보는 한 마디에서 다른 마디로 가는 경로이고, 그 값은 경로의 길이가 되고, 최적값은 경로 중에서 최소 길이가 된다.

한 마디에서 다른 마디로 가는 최단경로는 하나 이상 있을 수 있기 때문에, 여기서는 그 최단경로들 중에서 하나를 찾는다. 이 문제를 가장 쉽게 푸는 알고리즘은 각 마디에 대해서 그 마디에서 다른 각 마디로 가는 모든 경로의 길이를 구한 후, 그 길이 중에서 최소값을 찾는 것이다. 그러나 이 알고리즘은 지수시간(exponential)보다도 나쁘다. 예를 들어, 모든 마디가 이음선으로 서로 연결되어 있다고 가정하자. 그러면, 한 마디에서 시작하여 다른 마디에서 끝나며, 나머지 모든 마디를 한 번씩 거쳐 가는 모든 경로의 집합은 시작하는 마디에서 끝나는 마디로 가는 모든 경로의 부분집합이다. 그 경로에서 둘째 마디는 $n-2$개의 마디 중 하나이고, 셋째마디는 $n-3$개 마디 중 하나이고, 이런 식으로 계속 나가다가 그 경로에서 마지막 둘째마디는 마디가 하나 밖에 없으므로, 한 마디에서 다른 마디로 가면서 나머지 모든 마디를 거쳐서 가는 경로의 총 개수는 다음과 같다.

$$(n-2)(n-3)\cdots 1=(n-2)!$$

이 값은 지수보다 나쁘다. 이러한 상황은 최적화 문제에서 많이 나타난다. 즉, 모든 가능성을 다 따지는 알고리즘을 설계해보면 수행시간은 지수이거나 그보다 더 나쁘다. 따라서 우리의 목표는 더 효율적인 알고리즘을 찾는 것이다.

동적계획을 사용하면, 최단경로 문제를 푸는 3차시간(cubic-time) 알고리즘을 만들어 낼 수 있다. 우선 최단경로의 길이만 구하는 알고리즘을 설계해보자. 최단경로도 구하도록 나중에 알고리즘을 수정할 것이다. $n$개 마디로 된 가중치포함 그래프는 다음과 같이 배열 $W$로 표현한다.

$$W[i][j]=\begin{cases}\text{이음선 가중치} & v_i\text{에서 } v_j\text{로 가는 이음선이 있는 경우}\\ \infty & v_i\text{에서 } v_j\text{로 가는 이음선이 없는 경우}\\ 0 & i=j\text{인 경우}\end{cases}$$

$v_i$에서 $v_j$로 가는 이음선이 있는 경우 $v_j$는 $v_i$에 **인접하다(adjacent)**라고 하기 때문에 이 배열을 그래프의 **인접행렬(adjacent matrix)**이라고 한다. 그림 3.2의 그래프를 인접행렬로 표현하면 그림 3.3과 같다. 그림 3.3의 배열 D는 그래프 마디 사이의 최단경로의 길이를 나타낸다. 예를 들어, $D[3][5]$는 7인데, $v_3$에서 $v_5$로 가는 최단경로의 길이가 7이기 때문이다. $W$의 값에서 $D$의 값을 계산하는 방법이 바로 최단경로 문제를 푸는 알고리즘이다. 따라서 일련의 $n+1$개의 배열 $D^{(k)}$를 만든다. 여기서 $0\le k\le n$이고, $D^{(k)}$는 다음과 같이 정의한다.

$$D^{(k)}[i][j]=\text{집합 }\{v_1,\ v_2,\ \ldots,\ v_k\}\text{에 속하는 마디만을 거쳐서 } v_i\text{에서 } v_j\text{로 가는 최단경로의 길이}$$

왜 이 식을 가지고 $D$에서 $W$를 계산할 수 있는지 알아보기 전에 이 배열 원소의 의미를 살펴보자.

| | 1 | 2 | 3 | 4 | 5 |
|---|---|---|---|---|---|
| 1 | 0 | 1 | ∞ | 1 | 5 |
| 2 | 9 | 0 | 3 | 2 | ∞ |
| 3 | ∞ | ∞ | 0 | 4 | ∞ |
| 4 | ∞ | ∞ | 2 | 0 | 3 |
| 5 | 3 | ∞ | ∞ | ∞ | 0 |

*W*

| | 1 | 2 | 3 | 4 | 5 |
|---|---|---|---|---|---|
| 1 | 0 | 1 | 3 | 1 | 4 |
| 2 | 8 | 0 | 3 | 2 | 5 |
| 3 | 10 | 11 | 0 | 4 | 7 |
| 4 | 6 | 7 | 2 | 0 | 3 |
| 5 | 3 | 4 | 6 | 4 | 0 |

*D*

**그림 3.3** $W$는 그림 3.2의 그래프를 나타내고, $D$는 최단경로의 길이를 나타낸다. 최단경로를 푸는 알고리즘은 $W$에 있는 값을 가지고 $D$에 있는 값을 계산한다.

---

**• 예제 3.2** 그림 3.2의 그래프를 가지고 $D^{(k)}[i][j]$ 값을 몇 개만 계산해보자.

$D^{(0)}[2][5] = length[v_2][v_5] = \infty$

$D^{(1)}[2][5] = minimum(length[v_2,\ v_5],\ length[v_2,\ v_1,\ v_5])$
$\qquad = minimum(\infty,\ 14) = 14$

$D^{(2)}[2][5] = D^{(1)}[2][5] = 14$ {$v_2$를 출발하는 최단경로는 $v_2$를 거쳐 갈 수 없으므로 어떤 그래프에서도 이 두 값은 같다.}

$D^{(3)}[2][5] = D^{(2)}[2][5] = 14$ {$v_3$를 포함해도 $v_2$에서 $v_5$로 가는 새로운 경로가 추가되지 않으므로 이 그래프에서 이 두 값은 같다.}

$D^{(4)}[2][5] = minimum(\ length[v_2,\ v_1,\ v_5],\ length[v_2,\ v_4,\ v_5],$
$\qquad length[v_2,\ v_1,\ v_4,\ v_5],\ length[v_2,\ v_3,\ v_4,\ v_5])$
$\qquad = minimum(\ 14,\ 5,\ 13,\ 10) = 5$

$D^{(5)}[2][5] = D^{(4)}[2][5] = 5$ {$v_5$에서 끝나는 최단경로는 $v_5$를 거쳐 갈 수 없으므로 어떤 그래프에서도 이 두 값은 같다.}

계산된 마지막 값 $D^{(5)}[2][5]$는 다른 모든 마디를 거쳐 가도록 허용하고 구한 $v_2$에서 $v_5$로 가는 최단경로의 길이이다. 즉, $D^{(5)}[2][5]$가 최단경로의 길이다.

---

$D^{(n)}[i][j]$가 다른 모든 마디를 거쳐 가도록 허용하고 계산한 $v_i$에서 $v_j$로 가는 최단경로의 길이이므로, 그 값은 $v_i$에서 $v_j$로 가는 최단경로의 길이이다. $D^{(0)}[i][j]$는 다른 어떤 마디도 거쳐 가지 못하도록 하고 구한 최단경로의 길이이므로, $v_i$에서 $v_j$를 잇는 이음선의 가중치이다. 따라서 다음 등식이 성립한다.

$$D^{(0)} = W,\ D^{(n)} = D$$

따라서 $W$로부터 $D$를 구하기 위해서 $D^{(0)}$으로부터 $D^{(n)}$을 구하는 방법만 찾으면 된다. 이를 이루기 위해서 동적계획을 적용하는 절차는 다음과 같다.

1. $D^{(k-1)}$로부터 $D^{(k)}$를 계산하는 재귀 관계식(과정)을 정립한다.
2. $k=1$부터 $n$까지(절차 1에서 정립한) 과정을 상향식으로 반복하여 문제의 입력사례를 해결한다.

$$\begin{array}{ccccc} D^0, & D^1, & D^2, & \cdots, & D^n \\ \uparrow & & & & \uparrow \\ W & & & & D \end{array} \tag{3.2}$$

다음 두 가지 경우를 고려하여 절차 1을 수행한다.

**경우 1.** $\{v_1, v_2, \ldots, v_k\}$에 속한 마디만 중간마디로 거쳐서 $v_i$에서 $v_j$로 가는 최단경로 중에서 최소한 하나는 $v_k$를 거치지 않는 경우이다. 그러면 다음 등식이 성립한다.

$$D^{(k)}[i][j] = D^{(k-1)}[i][j] \tag{3.3}$$

다음은 그림 3.2에서 이 경우의 예이다.

$$D^{(5)}[1][3] = D^{(4)}[1][3] = 3$$

왜냐하면, $v_5$를 포함하더라도 $v_1$에서 $v_3$으로 가는 최단경로는 그대로 $[v_1, v_4, v_3]$이기 때문이다.

**경우 2.** $\{v_1, v_2, \ldots, v_k\}$에 속한 마디만 중간마디로 거쳐서 $v_i$에서 $v_j$로 가는 최단경로는 모두 $v_k$를 거치는 경우이다. 이 경우 어떤 최단경로라도 그림 3.4와 같이 된다. $v_k$는 $v_i$에서 $v_k$로 가는 부분경로 상에서 중간마디가 될 수 없기 때문에 그 부분경로는 $\{v_1, v_2, \ldots, v_{k-1}\}$에 속한 마디만 중간마디로 거치게 된다. 이는 다음과 같은 이유로 부분경로의 길이가 $D^{(k-1)}[i][k]$와 반드시 같게 된다는 것을 암시한다. 첫째로 부분경로의 길이는 더 짧을 수가 없는데 그 이유는 $D^{(k-1)}[i][k]$가 $\{v_1, v_2, \ldots, v_{k-1}\}$에 속한 마디만 중간경로로 거쳐서 $v_1$에서 $v_k$로 가는 최단경로의 길이이기 때문이다. 둘째로 부분경로의 길이는 더 길 수가 없는데, 왜냐하면 만약 더 긴 경우 그림 3.4에서 그 경로를 최단경로로 대체할 수가 있어야 하는데, 그것은 그림 3.4의 전체 경로가 최단경로라는 사실에 위배된다. 비슷한 논리로, 그림 3.4에서 $v_k$에서 $v_j$로 가는 부분경로의 길이는 반드시 $D^{(k-1)}[k][j]$와 같아야 함을 알 수 있다. 따라서 경우 2에서는 다음과 같은 등식이 성립한다.

$$D^{(k)}[i][j] = D^{(k-1)}[i][k] + D^{(k-1)}[k][j] \tag{3.4}$$

다음은 그림 3.2에서 이 경우의 예이다.

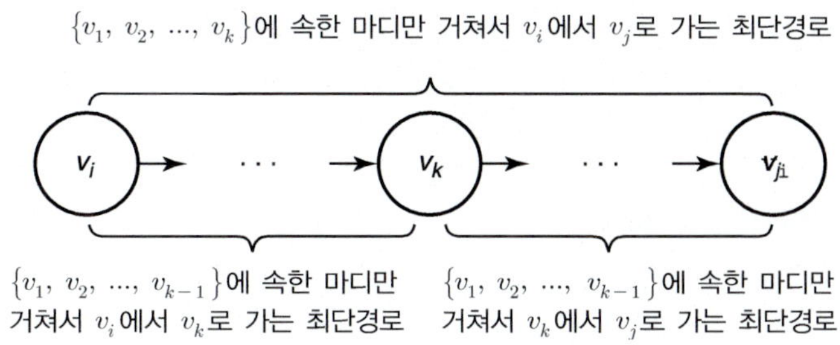


**그림 3.4** 최단경로가 $v_k$를 사용하는 경우

$$D^{(2)}[5][3] = 7 = 4 + 3 = D^{(1)}[5][2] + D^{(1)}[2][3]$$

경우 1이나 경우 2 중 하나는 반드시 성립해야 하므로, $D^{(k)}[i][j]$의 값은 등식 (3.3)과 (3.4)의 우변 값의 최소값이 된다. 이는 다음과 같이 $D^{(k-1)}$로부터 $D^{(k)}$를 구할 수 있다는 것을 의미한다.

$$D^{(k)}[i][j] = minimum(\underbrace{D^{(k-1)}[i][j]}_{\text{경우 1}},\ \underbrace{D^{k-1}[i][k] + D^{k-1}[k][j]}_{\text{경우 2}})$$

동적계획 알고리즘을 설계하면서 절차 1을 수행했다. 그리고 절차 2를 수행하기 위해서 절차 1에서 구한 재귀 관계식을 사용하여 표현식 3.2에서 보여준 일련의 배열들을 만든다. 그러면 어떻게 배열로부터 다음 배열을 계산하는지 예를 통해서 살펴보자.

**• 예제 3.3** 그림 3.3에서 인접행렬 $W$로 표현된 그림 3.2의 그래프를 가지고, 다음과 같이 계산을 일부 실행해보자($D^{(0)} = W$임을 기억하자)

$$\begin{aligned} D^{(1)}[2][4] &= minimum(D^{(0)}[2][4],\ D^{(0)}[2][1] + D^{(0)}[1][4]) \\ &= minimum(2,\ 9+1) = 2 \\ D^{(1)}[5][2] &= minimum(D^{(0)}[5][2],\ D^{(0)}[5][1] + D^{(0)}[1][2]) \\ &= minimum(\infty,\ 3+1) = 4 \\ D^{(1)}[5][4] &= minimum(D^{(0)}[5][4],\ D^{(0)}[5][1] + D^{(0)}[1][4] \\ &= minimum(\infty,\ 3+1) = 4 \end{aligned}$$

일단 $D^{(1)}$ 전체를 계산한 후, $D^{(2)}$를 계산한다. 계산 일부를 발췌하면 다음과 같다.

$$\begin{aligned} D^{(2)}[5][4] &= minimum(D^{(1)}[5][4],\ D^{(1)}[5][2] + D^{(1)}[2][4] \\ &= minimum(4,\ 4+2) = 4 \end{aligned}$$

$D^{(2)}$를 모두 계산한 후 계속해서 차례대로 $D^{(5)}$까지 계산한다. 이 최종 배열이 $D$이고, 최단경로의 길이이다. 이는 그림 3.3 오른쪽에 나타나 있다.

이제 플로이드(Floyd)가 개발하여(1962) "프로이드 알고리즘"으로 알려진 알고리즘을 살펴보자. 알고리즘을 먼저 살펴본 후 왜 입력 배열 $W$ 이외에 $D$ 배열 하나만 사용하는지를 설명하도록 한다.

▸ 알고리즘 3.3 **플로이드의 최단경로 알고리즘**

**문제** : 가중치포함 그래프의 각 마디에서 다른 모든 마디로 가는 최단경로를 모두 계산하시오. 여기서 가중치는 음이 아닌 수이다.

**입력** : 마디 개수가 $n$인 가중치포함 방향그래프. 그래프는 2차원 배열 $W$로 표현하는데, 행과 열의 인덱스 범위는 1부터 $n$까지이다. 즉, $W[i][j]$는 정점 $i$에서 정점 $j$로 가는 이음선의 가중치이다.

**출력** : 행과 열의 인덱스 범위가 1부터 $n$까지인 2차원 배열 $D$. 즉, $D[i][j]$는 정점 $i$에서 정점 $j$로 가는 최단경로의 길이가 된다.

```
void floyd (int n
            const number W[][],
            number D[][])
{
  index i, j, k ;
  D = W
  for (k = 1; k <= n ; k++)
    for (i = 1; i <= n ;  i++)
      for ( j = 1; j <= n ;  j++)
        D[ i][ j] = minimum(D[ i][ j], D[ i][ k] + D[ k][ j]) ;
}
```

배열 $D$ 하나만 가지고 계산할 수 있는 이유는 $k$째 행과 $k$째 열에 있는 값들은 루프의 $k$째 반복을 실행하는 동안 변하지 않기 때문이다. 즉, $k$째 반복에서 알고리즘은 다음과 같은 저장문을 실행하는데,

$$D[i][k] = minimum(D[i][k],\ D[i][k] + D[k][k])$$

여기서 $D[k][k]$는 항상 0이므로 우변의 값은 의심의 여지가 없이 $D[i][k]$가 된다. 그리고 다음 저장문에서도

$$D[k][j] = minimum(D[k][j],\ D[k][k] + D[k][j])$$

$D[k][k]$는 항상 0이므로 우변의 값은 의심의 여지가 없이 $D[k][j]$가 된다. $k$째 반복을 실행하는 동안 $D[i][j]$는 자신 값과 $k$째 행과 $k$째 열에 있는 값들만 가지고 계산한다. 이 값들은 $(k-1)$째 반복에서 구한 값들이기 때문에 필요한 값들이다. 앞에서 언급했듯이 동적계획 알고리즘을 설계할 때 저장장소를 절약할 수 있도록 알고리즘을 개선할 수 있는 경우가 종종 있다.

이제 플로이드 알고리즘을 분석해보자.

알고리즘 3.3의 분석

**▸ 일정 시간복잡도 분석**

**단위연산** : for-루프 안의 명령문(저장문)

**입력크기** : $n$(그래프에서 마디의 개수)

루프 안에 루프 안에 루프가 있다. 이 루프는 각각 $n$번씩 실행한다. 따라서

$$T(n) = n \times n \times n = n^3 \in \Theta(n^3)$$

알고리즘 3.3을 다음과 같이 수정하면 최단경로를 얻는다.

▸ 알고리즘 3.4

**플로이드의 최단경로 알고리즘 2**

**문제** : 최단경로도 찾는다는 사실을 제외하고는 알고리즘 3.3과 동일

**추가적인 출력** : 행과 열의 인덱스 범위가 모두 1부터 $n$까지인 배열 $P$. 여기서

$P[i][j] =$
- $v_i$에서 $v_j$까지 가는 최단경로의 중간에 놓여있는 마디가 최소한 하나는 있는 경우, 그 놓여있는 마디 중에서 가장 큰 인덱스
- 최단경로의 중간에 놓여있는 정점이 없는 경우, 0

```
void floyd2 (int n,
             const number W[][],
                   number D[][],
                   index P[][])
{
  index, i, j, k

  for (i = 1; i <= n i++)
    for (j = 1; j <= n j++)
      P[i][j] = 0;
  D = W;
  for (k = 1; k <= n; k++)
    for (i = 1; i <= n; i++)
      for (j = 1; j <= n; j++)
        if (D[i][k] + D[k][j] < D[i][j]) {
          P[i][j] = k;
          D[i][j] = D[i][k] + D[k][j];
        }
}
```

알고리즘을 그림 3.2의 그래프에 적용하면 만든 배열 $P$는 그림 3.5와 같다.
다음 알고리즘은 배열 $P$를 가지고 정점 $v_q$에서 $v_r$로 가는 최단경로를 출력한다.

| | 1 | 2 | 3 | 4 | 5 |
|---|---|---|---|---|---|
| 1 | 0 | 0 | 4 | 0 | 4 |
| 2 | 5 | 0 | 0 | 0 | 4 |
| 3 | 5 | 5 | 0 | 0 | 4 |
| 4 | 5 | 5 | 0 | 0 | 0 |
| 5 | 0 | 1 | 4 | 1 | 0 |

**그림 3.5** 알고리즘 3.4를 그림 3.2의 그래프에 적용하여 만든 배열 $P$

▸ 알고리즘 3.5 **최단경로 출력**

**문제** : 가중치포함 그래프에서 한 마디에서 다른 마디로 가는 최단경로 상에 있는 중간 마디들을 출력하시오.

**입력** : 알고리즘 3.4가 만든 배열 $P$와 알고리즘 3.4의 입력인 그래프 마디의 인덱스 $q$와 $r$

$$P[i][j] = \begin{cases} \bullet\ v_i\text{에서 } v_j\text{까지 가는 최단경로의 중간에 놓여있는 마디가 최소한} \\ \ \ \text{하나는 있는 경우, 그 놓여있는 마디 중에서 가장 큰 인덱스} \\ \bullet\ \text{최단경로의 중간에 놓여있는 정점이 없는 경우, 0} \end{cases}$$

**출력** : $v_q$에서 $v_r$로 가는 최단경로 상의 중간 마디

```
void path (index q, r)
{
    if (P[q][r] != 0){
        path (q, P[q][r]) ;
        cout << "v" << P[q][r] ;
        path (P[q][r], r) ;
    }
}
```

재귀 호출할 때 값이 변하는 변수만 재귀 함수의 입력 파라미터로 하기로 한 2장에서 공부한 관례를 기억해보자. 따라서 값이 변하지 않는 배열 $P$는 $path$의 입력으로 두지 않는다. $P$를 전역(global) 배열로 정의하고 $v_q$에서 $v_r$로 가는 최단경로를 구하는 $path$의 최상위 호출은 다음과 같다.

$path(q,r);$

그림 3.5의 $P$ 값을 가지고, $q$와 $r$의 값이 각각 5와 3이라면 출력 결과는 다음과 같다.

$v1 \quad v4$

이 마디들은 $v_5$에서 $v_3$으로 가는 최단경로 상의 중간마디들이다.

알고리즘 3.5의 시간복잡도가 $W(n) \in \Theta(n)$임의 증명은 연습문제로 남겨둔다.

## 3.3 동적계획과 최적화 문제

알고리즘 3.4는 최단경로의 길이를 구할 뿐만 아니라 최단경로도 구축한다. 최적 해답의 구축은 최적화 문제를 푸는 동적계획 알고리즘의 세 번째 단계이다. 따라서 동적계획 알고리즘의 개발절차는 다음과 같다.

1. 문제의 입력사례에 대해서 최적(optimal)의 해답을 주는 재귀 관계식(recursive property)을 세운다.
2. 상향식으로 최적의 해답을 계산한다.
3. 상향식으로 최적의 해답을 구축한다.

단계 2와 3은 보통 동시에 이루어진다. 알고리즘 3.2는 최적화 문제가 아니므로 세 번째 단계가 빠져있다.

최적화 문제를 모두 동적계획법으로 풀 수 있는 것은 아니다. 문제에 최적의 원칙이 반드시 성립해야 한다. 최적의 원칙은 다음과 같다.

> 정의
> 어떤 문제의 입력사례의 최적해가 그 입력사례를 분할한 부분사례에 대한 최적해를 항상 포함하고 있으면, 그 문제는 **최적의 원칙**(principle of optimality)이 성립한다고 한다.

최적의 원칙은 설명하기 어려워서, 예를 가지고 이해하는 편이 낫다. 최단경로 문제에서 $v_k$를 $v_i$에서 $v_j$로 가는 최적경로 상의 마디라고 하면, $v_i$에서 $v_k$로 가는 부분경로와 $v_k$에서 $v_j$로 가는 부분경로도 반드시 최적이어야 한다. 그런데 입력사례의 최적해는 모든 부분사례에 대한 최적 해를 포함하므로 최적의 원칙이 성립한다.

주어진 문제에 최적의 원칙이 성립하면, 부분사례의 최적해를 가지고 전체사례의 최적해를 구하는 재귀 관계식을 세울 수 있다. 최적해를 구하는 문제에 동적계획을 적용할 수 있는 이유는 부분사례들의 최적해를 가지고 전체의 최적해를 구할 수 있기 때문이다. 예를 들어, 최단경로 문제에서 부분경로들이 최단경로라면, 그것을 합한 경로는 최적이 된다. 그러므로 재귀 관계식을 가지고 상향식으로 점점 더 큰 사례에 대한 최적해를 구축해나갈 수 있다. 그 과정에서 구한 해는 모두 항상 최적이다.

최적의 원칙은 어떻게 보면 당연한 것 같지만 동적계획을 적용하여 최적해를 구할 수 있는지 단정하려면 이 원칙이 성립하는지 증명해야 한다. 다음 예는 이 원칙이 성립하지

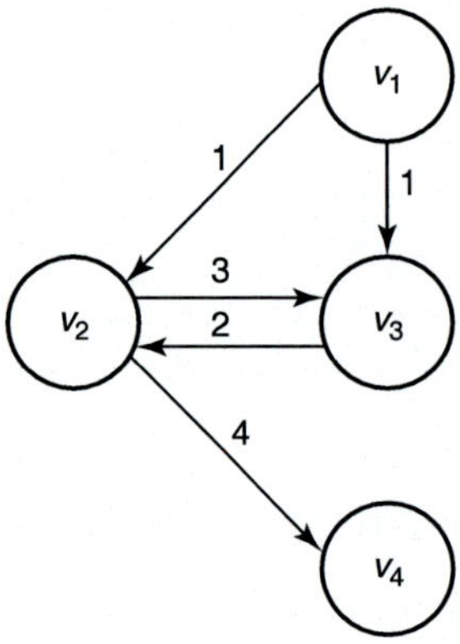


그림 3.6 순환이 있는 가중치포함, 방향그래프

않는 최적화 문제도 있음을 보여준다.

• 예제 3.4 각 마디에서 다른 모든 마디로 가는 가장 긴 단순경로를 구하는 최장경로 문제(longest paths problem)를 생각해보자. 최장경로 문제를 단순경로만으로 제한하는 이유는 순환이 있으면 그 순환을 통과하는 임의로 긴 경로를 항상 만들 수 있기 때문이다. 그림 3.6에서 $v_1$에서 $v_4$로 가는 최적(최장)단순경로는 $[v_1, v_3, v_2, v_4]$이다. 그러나 부분경로인 $[v_1, v_3]$이 $v_1$에서 $v_3$으로 가는 최적(최장)경로가 아니라, $[v_1, v_2, v_3]$이 최적(최장)경로이다.

$$length[v_1, v_3] = 1 \text{과 } length[v_1, v_2, v_3] = 4$$

그러므로 최장경로 문제는 최적의 원칙이 성립하지 않는다. 이유는 $v_1$에서 $v_3$으로 가는 최적경로와 $v_3$에서 $v_4$로 가는 최적경로를 묶어서 $v_1$에서 $v_4$로 가는 최적경로를 만들 수 없기 때문이다. 그러면 최적경로 대신 순환이 생기게 된다.

이 장의 끝까지 최적화 문제를 계속 다룬다. 알고리즘을 설계하는 과정을 설명하면서 동적계획 절차를 구체적으로 언급하지는 않을 것이다. 그렇게 하지 않아도 절차대로 진행됨을 쉽게 간파할 수 있으리라 보기 때문이다.

## 3.4 연쇄 행렬곱셈

$2 \times 3$ 행렬과 $3 \times 4$ 행렬을 곱하면 다음과 같이 계산한다.

$$\begin{bmatrix} 1 & 2 & 3 \\ 4 & 5 & 6 \end{bmatrix} \times \begin{bmatrix} 7 & 8 & 9 & 1 \\ 2 & 3 & 4 & 5 \\ 6 & 7 & 8 & 9 \end{bmatrix} = \begin{bmatrix} 29 & 35 & 41 & 38 \\ 74 & 89 & 104 & 83 \end{bmatrix}$$

계산 결과는 $2 \times 4$ 행렬이 된다. 행렬 곱셈의 정의에 따라 행렬 곱셈을 하면, 결과 행렬의 각 원소를 구하기 위해서 원소단위 곱셈을 3회씩 실행한다. 예를 들면, 첫째 열의 첫째 원소는 다음과 같이 구한다.

$$\underbrace{1\times 7+2\times 2+3\times 6}_{\text{원소단위 곱셈 3회}}$$

곱셈의 결과가 되는 행렬에 $2\times 4=8$개 원소가 있으므로, 원소단위 곱셈의 총 횟수는 다음과 같다.

$$2\times 4\times 3=24$$

일반적으로, $i\times j$ 행렬과 $j\times k$ 행렬을 곱하면 원소단위 곱셈의 실행 횟수는 다음과 같다.

$$i\times j\times k\text{번}$$

다음과 같이 4개의 행렬을 곱하는 문제를 생각해보자.

$$\begin{array}{ccccccc} A & \times & B & \times & C & \times & D \\ 20\times 2 & & 2\times 30 & & 30\times 12 & & 12\times 8 \end{array}$$

각 행렬의 크기는 행렬 이름 아래쪽에 표시되어 있다. 행렬곱셈은 결합법칙이 성립하므로, 곱셈을 적용하는 순서는 결과에 영향을 미치지 않는다. 예를 들어, $A(B(CD))$와 $(AB)(CD)$의 결과는 같다. 4개의 행렬을 곱할 때 5가지 서로 다른 순서로 곱할 수 있는데, 각 순서마다 원소단위 곱셈의 횟수는 다를 수 있다. 위 행렬 곱셈의 경우 각 순서별 원소단위 곱셈의 횟수는 다음과 같다.

$$\begin{array}{ll} A(B(CD)) & 30\times 12\times 8+2\times 30\times 8+20\times 2\times 8=3{,}680 \\ (AB)(CD) & 20\times 2\times 30+30\times 12\times 8+20\times 30\times 8=8{,}880 \\ A((BC)D) & 2\times 30\times 12+2\times 12\times 8+20\times 2\times 8=1{,}232 \\ ((AB)C)D & 20\times 2\times 30+20\times 30\times 12+20\times 12\times 8=10{,}320 \\ (A(BC))D & 2\times 30\times 12+20\times 2\times 12+20\times 12\times 8=3{,}120 \end{array}$$

이 중에서 셋째 순서가 이 4개의 행렬을 곱하는 최적의 순서가 된다.

그러면 $n$개의 행렬을 곱하는 최적의 순서를 구하는 알고리즘을 설계해보자. 최적의 순서는 행렬의 크기에만 의존한다. 따라서 $n$과 행렬의 크기가 입력이다. 무작정 알고리즘으로는 방금 해봤듯이 가능한 모든 순서를 고려해본 다음, 그 중에서 최소값을 주는 순서를 선택하면 된다. 무작정 알고리즘이 최소한 지수시간이 걸림을 증명해보자. $n$개의 행렬($A_1$, $A_2$, ..., $A_n$)을 곱하는 모든 순서의 가지 수를 $t_n$이라고 하자. $A_1$을 마지막으로 곱하는 순서의 집합은 모든 순서 집합의 부분집합이다. 아래에서 볼 수 있듯이 이 부분집합에 속한 서로 다른 순서의 가지수는 $t_{n-1}$인데, 그 이유는 $A_2$에서 $A_n$까지를 곱할 수 있는 서로 다른 순서의 가지수이기 때문이다.

$$\underbrace{A_1(A_2A_3 \cdots A_n)}_{t_{n-1}\text{개의 서로 다른 순서}}$$

또 다른 하나의 부분집합으로 $A_n$을 마지막으로 곱하는 순서의 집합을 생각해보자. 이 부분집합에 속한 서로 다른 순서의 가지수도 또한 $t_{n-1}$이다. 따라서 다음과 같은 부등식을 얻을 수 있다.

$$t_n \geq t_{n-1} + t_{n-1} = 2t_{n-1}$$

두 개의 행렬을 곱하는 방법은 하나밖에 없으므로, $t_2 = 1$이다. 부록 B에서 있는 기술을 사용하면, 이 재현식의 해는 다음과 같음을 알 수 있다.

$$t_n \geq 2^{n-2}$$

이 문제에서 최적의 원칙이 성립하는지를 알아보는 일은 어렵지 않다. 즉, $n$개 행렬을 곱하는 최적의 순서는 $n$개 행렬의 부분집합을 곱하는 최적의 순서를 포함한다. 예를 들어, 6개의 행렬을 곱하는 최적의 순서가 다음과 같다면,

$$A_1((((A_2A_3)A_4)A_5)A_6)$$

행렬 $A_2$에서 $A_4$까지 곱하는 최적의 순서는 반드시 다음과 같이 될 수밖에 없다.

$$(A_2A_3)A_4$$

이는 동적계획으로 해답을 구할 수 있다는 걸 의미한다.

$(k-1)$째 행렬 $A_{k-1}$과 $k$째 행렬 $A_k$를 곱하기 때문에 $A_{k-1}$의 열의 수는 $A_k$의 행의 수와 같아야 한다. 예를 들어, 앞에서 살펴본 행렬곱셈에서 첫째 행렬은 열의 수가 3이고, 둘째 행렬은 행의 수가 3이다. $d_0$을 $A_1$의 행의 수라 하고, $1 \leq k \leq n$인 모든 $k$에 대해서 $d_k$를 $A_k$ 열의 수라고 하면, $A_k$의 크기는 $d_{k-1} \times d_k$가 된다. 이는 그림 3.7을 보면 쉽게 알 수 있다.

앞 절에서 본대로 해답을 구축하기 위해서 일련의 배열을 사용한다. $1 \leq i \leq j \leq n$

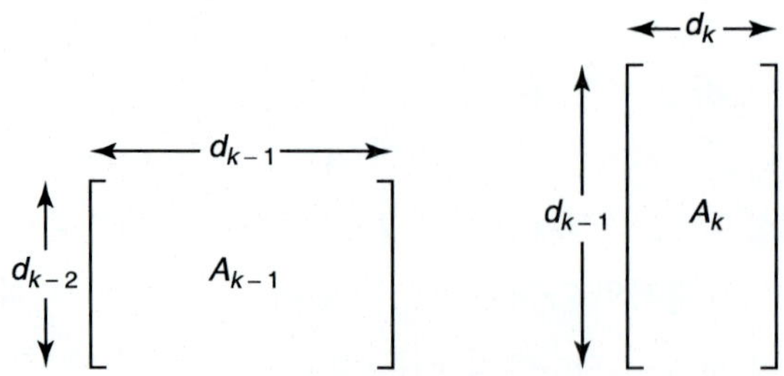


그림 3.7 $A_{k-1}$의 열의 수는 $A_k$의 행의 수와 같다.

인 모든 $i$와 $j$에 대하여 다음과 같이 재귀 관계식을 구축한다.

$M[i][j] = i < j$일 때 $A_i$부터 $A_j$까지 행렬을 곱하는데 필요한
원소단위 곱셈의 최소 횟수
$M[i][i] = 0$

이 배열을 어떻게 사용할 지를 알아보기 전에 이 배열 안에 있는 원소의 의미를 먼저 이해해보자.

---

**• 예제 3.5** 다음 6개의 행렬이 있다고 하자.

$$\begin{array}{cccccc} A_1 \times & A_2 \times & A_3 \times & A_4 \times & A_5 \times & A_6 \\ 5\times 2 & 2\times 3 & 3\times 4 & 4\times 6 & 6\times 7 & 7\times 8 \\ d_0 \ d_1 & d_1 \ d_2 & d_2 \ d_3 & d_3 \ d_4 & d_4 \ d_5 & d_5 \ d_6 \end{array}$$

$A_4$, $A_5$, $A_6$을 곱하는데, 두 가지 순서에 대해서 필요한 원소단위 곱셈의 횟수는 다음과 같다.

$$\begin{aligned} (A_4A_5)A_6 \text{ 원소단위 곱셈의 횟수} &= d_3 \times d_4 \times d_{5+d_3} \times d_5 \times d_6 \\ &= 4\times 6\times 7 + 4\times 7\times 8 = 392 \\ A_4(A_5A_6) \text{ 원소단위 곱셈의 횟수} &= d_4 \times d_5 \times d_{6+d_3} \times d_4 \times d_6 \\ &= 6\times 7\times 8 + 4\times 6\times 8 = 528 \end{aligned}$$

따라서, $M[4][6]$의 값은 다음과 같다.

$$M[4][6] = minimum(392,528) = 392$$

---

6개의 행렬을 곱하는 최적의 순서는 다음과 같은 인수분해 중 하나가 되어야 한다.

1. $A_1(A_2A_3A_4A_5A_6)$
2. $(A_1A_2)(A_3A_4A_5A_6)$
3. $(A_1A_2A_3)(A_4A_5A_6)$
4. $(A_1A_2A_3A_4)(A_5A_6)$
5. $(A_1A_2A_3A_4A_5)A_6$

여기서 각 괄호 안 행렬의 곱은 최적의 순서에 따라 구한 것이다. 이 인수분해 중에서 원소단위 곱셈의 횟수가 최소가 되는 것이 최적의 해가 됨이 틀림없다. $k$째 인수분해의 곱셈의 횟수는 각 인수를 구하는데 필요한 최소 원소단위 곱셈의 횟수 더하기 두 인수를 곱하는데 필요한 원소단위 곱셈의 횟수가 된다. 따라서 다음과 같이 식으로 표현할 수 있다.

$$M[1][k] + M[k+1][6] + d_0d_kd_6$$

따라서 $M[1][6]$을 구하는 식은 다음과 같다.

$$M[1][6] = \underset{1 \le k \le 5}{minimum}(M[1][k] + M[k+1][6] + d_0 d_k d_6)$$

지금까지 설명하면서 첫째 행렬은 $A_1$이고 마지막 행렬은 $A_6$이 되어야 한다고 제한을 두지는 않았다. 예를 들면, $A_2$부터 $A_6$을 곱해도 비슷한 결과를 얻을 수 있었을 것이다. 따라서 이 결과를 $n$개의 행렬을 곱하는 재귀 관계식으로 다음과 같이 일반화할 수 있다. $1 \le i \le j \le n$인 모든 $i$와 $j$에 대하여,

$$M[i][j] = \underset{i \le k \le j-1}{minimum}(M[i][k] + M[k+1][j] + d_{i-1} d_k d_j), \quad \text{if} \quad i < j \tag{3.5}$$

$$M[i][i] = 0$$

이 관계식에 기초한 분할정복 알고리즘은 지수시간이다. 동적계획법으로 $M[i][j]$의 값을 단계별로 구하는 효율적인 알고리즘을 설계해보자.

파스칼의 삼각형(3.1절)과 비슷한 형태의 격자를 사용한다. 3.1절의 계산보다는 좀 더 복잡하지만, 식 3.5의 다음 특성을 기초로 하여 계산을 수행한다. $M[i][j]$ 값은 $M[i][j]$와 같은 행에서 왼쪽에 있는 값 모두와 같은 열의 아래쪽에 있는 값 모두를 가지고 계산

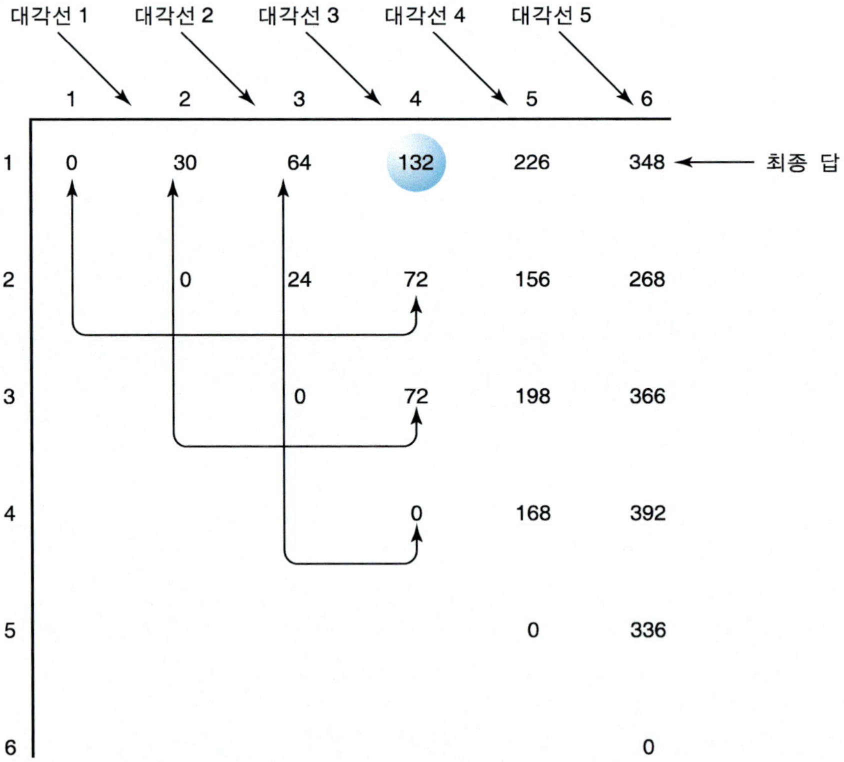


**그림 3.8** 예제 3.6에서 작성한 배열 $M$. 동그라미 쳐진 $M[1][4]$는 표시된 부분의 쌍으로부터 계산한다.

한다. 이 특성을 이용하면 $M$의 값을 모두 다음과 같이 계산할 수 있다. 먼저 대각선상에 위치한 값을 모두 0으로 놓고, 다음에 대각선 바로 위에 위치한 값(대각선 1이라고 부름)을 모두 계산하고, 다음에 대각선 2에 위치한 값을 모두 계산하고, 등등 이런 식으로 최종 답인 대각선 5에 위치한 유일한 값 $M[1][6]$을 계산할 때까지 계속한다. 예제 3.5의 행렬의 계산절차는 그림 3.8과 같다. 다음 예제에서 이 계산을 추적해본다.

---

**• 예제 3.6** 예제 3.5의 6개 행렬이 있다고 하자. 동적계획 알고리즘으로 계산하는 절차는 다음과 같다.

대각선 0의 계산 :

$$M[i][i]=0,\ 1 \le i \le 6$$

대각선 1의 계산 :

$$\begin{aligned} M[1][2] &= \underset{1 \le k \le 1}{minimum}(M[1][k]+M[k+1][2]+d_0 d_k d_2) \\ &= M[1][1]+M[2][2]+d_0 d_1 d)2 \\ &= 0+0+5\times2\times3=30 \end{aligned}$$

$M[2][3]$, $M[3][4]$, $M[4][5]$, $M[5][6]$의 값은 같은 방법으로 계산한다.

대각선 2의 계산 :

$$\begin{aligned} M[1][3] &= \underset{1 \le k \le 2}{minimum}(M[1][k]+M[k+1][3]+d_0 d_k d_3) \\ &= minimum(\ M[1][1]+M[2][3]+d_0 d_1 d_3, \\ &\qquad\qquad M[1][2]+M[3][3]+d_0 d_2 d_3) \\ &= minimum(0+24+5\times2\times4,\ 30+0+5\times3\times4)=64 \end{aligned}$$

$M[2][4]$, $M[3][5]$, $M[4][6]$의 값은 같은 방법으로 계산한다.

대각선 3의 계산 :

$$\begin{aligned} M[1][4] &= \underset{1 \le k \le 3}{minimum}(M[1][k]+M[k+1][4]+d_0 d_k d_4) \\ &= minimum(\ M[1][1]+M[2][4]+d_0 d_1 d_4, \\ &\qquad\qquad M[1][2]+M[3][4]+d_0 d_2 d_4, \\ &\qquad\qquad M[1][3]+M[4][4]+d_0 d_3 d_4) \\ &= minimum(\ 0+72+5\times2\times6,\ 30+72+5\times3\times6, \\ &\qquad\qquad 64+0+5\times4\times6)=132 \end{aligned}$$

$M[2][5]$, $M[3][6]$의 값은 같은 방법으로 계산한다.

대각선 4의 계산 :

대각선 4에 위치한 값은 같은 방법으로 계산한다.

대각선 5의 계산 :

마지막으로 대각선 5에 위치한 값은 같은 방법으로 계산한다. 이 값이 해답인데, 원소단위 곱셈의 최소 횟수이고, 그 값은 다음과 같다.

$$M[1][6]=348$$

---

이제 이 방법을 구현한 알고리즘을 살펴보자. 입력은 $n$개 행렬의 크기(즉, $d_0$부터 $d_n$까지)이다. 행렬 자체의 값은 필요 없기 때문에 입력으로 줄 필요가 없다. 알고리즘이 구축하는 배열 $P$는 최적의 순서를 출력하는데 사용한다. 어떻게 출력할지는 알고리즘 3.6을 분석한 후에 살펴보기로 하자.

▸ 알고리즘 3.6 **최소 곱셈**

**문제** : 행렬 $n$개를 곱하는데 필요한 원소단위 곱셈의 최소 횟수와 최소 횟수로 행렬 곱셈하는 순서를 구하시오.

**입력** : $n$(행렬의 개수), 인덱스의 범위가 0부터 $n$까지인 정수 배열 $d$, 여기서 $d[i-1] \times d[i]$는 $i$번째 행렬의 크기가 된다.

**출력** : $minmult$($n$개 행렬을 곱하는데 필요한 원소단위 곱셈의 최소 횟수). $P$(최적의 순서를 구할 수 있는 이차원 배열). 여기서 $P$의 행의 인덱스는 1부터 $n-1$까지이고, 열의 인덱스는 1부터 $n$까지이다. $P[i][j]$의 값은 $i$부터 $j$까지 행렬을 곱할 때 최적의 순서로 갈라지는 기점을 나타낸다.

```
int minmult (int n,
             const int d[],
             index P[][])
{
   index i, j, k, diagonal;
   int M[1..n] [1..n];

   for (i = 1; i <= n; i++)
      M[i][i] = 0;
   for (diagonal = 1; diagonal <= n-1; diagonal++)      // diagonal-1은 주 대각선의
      for (i = 1; i <= n-diagonal; i++){                 // 바로 위에 있는
         j = i + diagonal                                 // 대각선을 의미한다
         M[i][j] =
            minimum(M[i][k] + M[k + 1][j] + d[i-1] * d[k] * d[j]);
            i ≤ k ≤ j -1
            P[i][j] = 최소 횟수를 나타내는 k의 값;
      }
   return M[1][n];
}
```

이제 알고리즘 3.6을 분석해보자.

알고리즘 3.6의 분석 ▸ **(최소 곱셈)의 일정 시간복잡도 분석**

**단위연산** : $k$값을 구하기 위해 실행하는 명령문을 단위연산으로 볼 수 있다. 여기서 최소값인지를 알아보는 비교문도 포함한다.

**입력크기** : $n$(곱하려는 행렬의 개수)

루프 안에 루프가, 그리고 그 루프 안에 또 루프가 있다. 주어진 값 $diagonal$과 $i$에 대해서 $j = i + diagonal$이므로, $k$-루프에서 실행하는 횟수는 다음과 같다.

$$j - 1 - i + 1 = i + diagonal - 1 - i + 1 = diagonal$$

주어진 $diagonal$ 값에 대해서 for-$i$ 루프에서 실행하는 횟수는 $n - diagonal$이 된다. $diagonal$의 값은 1부터 $n-1$까지이므로, 단위연산을 실행하는 총 횟수는 다음과 같다.

$$\sum_{diagonal=1}^{n-1} [(n - diagonal) \times diagonal]$$

이 식을 풀면 다음과 같은데, 유도하는 과정은 연습문제로 남겨둔다.

$$\frac{n(n-1)(n+1)}{6} \in \Theta(n^3)$$

---

이제 배열 $P$에서 최적의 순서를 구하는 방법을 알아보자. 예제 3.5에 알고리즘을 적용하면, 배열 $P$는 그림 3.9와 같다. 예를 들어, $P[2][5] = 4$라는 사실은 $A_2$부터 $A_5$ 행렬을 곱하는데 최적의 순서가 다음과 같은 인수분해로 나타남을 뜻한다.

$$(A_2 A_3 A_4) A_5$$

여기서 괄호 안의 행렬은 최적의 순서이다. 즉 $P[2][5]$의 값은 4인데, 인수들을 얻기 위해서 행렬이 분해되는 기점을 나타낸다. 최적의 순서를 구하기 위해서는 먼저 최상위 인수분해를 구하는 $P[1][n]$을 방문해야 한다. $n = 6$이고 $P[1][6] = 1$이므로, 최적의 순서를 주는 최상위 인수분해는 다음과 같다.

$$A_1 (A_2 A_3 A_4 A_5 A_6)$$

다음 $A_2$부터 $A_6$까지 곱하는 최적의 순서를 구하는 인수분해는 $P[2][6]$을 방문하여

| | 1 | 2 | 3 | 4 | 5 | 6 |
|---|---|---|---|---|---|---|
| 1 | | 1 | 1 | 1 | 1 | 1 |
| 2 | | | 2 | 3 | 4 | 5 |
| 3 | | | | 3 | 4 | 5 |
| 4 | | | | | 4 | 5 |
| 5 | | | | | | 5 |

**그림 3.9** 예제 3.5의 크기로 알고리즘을 적용하여 나온 배열 $P$

구한다. $P[2][6]$의 값은 5이므로, 그 인수분해는 다음과 같다.

$$(A_2A_3A_4A_5)A_6$$

지금까지의 구한 최적의 순서인 인수분해는 다음과 같다.

$$A_1((A_2A_3A_4A_5)A_6)$$

여기서 $A_2$부터 $A_5$까지 곱하는 인수분해를 결정해야 한다. 다음에는 $P[2][5]$를 보고, 이런 식으로 모든 인수분해를 알 때까지 계속한다. 최종 답은 다음과 같다.

$$A_1((((A_2A_3)A_4)A_5)A_6)$$

다음 알고리즘은 방금 공부한 방법을 구현한 것이다.

**▸ 알고리즘 3.7** **최적의 순서 출력**

**문제** : $n$개 행렬을 곱하는 최적의 순서를 출력하시오.

**입력** : $n$(양의 정수), $P$(알고리즘 3.6에서 만든 배열). 여기서 $P[i][j]$의 값은 $i$부터 $j$까지 행렬을 곱할 때 최적의 순서로 갈라지는 기점을 나타낸다.

**출력** : 행렬을 곱하는 최적의 순서

```
void order (index i, index j)
{
    if (i == j)
        cout << "A" << i
    else {
        k = P[i][j] ;
        cout << "( " ;
        order (i, k) ;
        order (k + 1, j) ;
        cout << ") " ;
    }
}
```

재귀 루틴을 작성하는 관습을 따라서 $P$와 $n$이 *order* 함수의 입력은 아니지만, 알고리즘의 입력이긴 하다. $P$와 $n$을 전역으로 선언하면, *order*의 최상위 호출은 다음과 같다.

*order*(1, *n*) ;

예제 3.5의 경우, 이 알고리즘은 다음과 같이 출력한다.

$$(A1((((A2A3)A4)A5)A6))$$

전체 표현식을 둘러싸는 괄호가 있는 이유는 알고리즘이 복합 항은 무조건 괄호로 싸기 때문이다. 알고리즘 3.7의 분석결과가 어떻게 다음과 같이 되는지는 연습문제로 남겨둔다.

$$T(n) \in \Theta(n)$$

연쇄행렬곱셈에 대한 $\Theta(n^3)$ 알고리즘은 Godbole(1973)이 만들었다. 그 후 Yao(1982)는 동적계획 알고리즘으로 연쇄행렬곱셈을 푸는 $\Theta(n^2)$ 알고리즘을 만들었다. Hu와 Shing(1982, 1984)은 후에 연쇄행렬곱셈을 하는 $\Theta(n \lg n)$알고리즘을 찾았다.

## 3.5 최적 이분검색트리

이분검색트리(binary search tree)의 원소들을 최적으로 정리하는 알고리즘을 만들어 보자. 어떻게 트리(tree)를 정리하면 최적이 되는지 알아보기 전에 이분검색트리를 복습하자. 이진트리(binary tree)에서 어떤 마디(node)의 왼쪽 자식마디(child)를 뿌리(root)로 하는 하위트리를 그 마디의 **왼쪽하위트리(left subtree)**라고 한다. 트리에서 뿌리의 왼쪽 트리는 그 트리의 왼쪽하위트리라고 한다. **오른쪽하위트리(right subtree)**도 비슷하게 정의한다.

> 정의
>
> **이분검색트리**(binary search tree)는 순서가능집합(ordered set: 순서를 매길 수 있는 원소로 구성된 집합)에 속한 원소(키라고도 함)로 구성된 이진트리인데, 다음 조건을 만족한다.
>
> 1. 각 마디는 하나의 원소만 가지고 있다.
> 2. 마디의 왼쪽하위트리에 있는 원소들은 모두 그 마디의 원소보다 작거나 같다.
> 3. 마디의 오른쪽하위트리에 있는 원소들은 모두 그 마디의 원소보다 크거나 같다.

그림 3.10을 보면 각각 같은 원소를 가진 이분검색트리가 두 개 있다. 왼쪽 트리에서 "Ralph" 마디의 오른쪽 하위트리를 보자. 그 하위트리에는 "Tom", "Ursula", "Wally"가 있고, 알파벳 순서에 따르면 이 이름들은 모두 "Ralph" 뒤에 온다. 일반적으로 보면 같은 원소가 이진트리에 두 번 이상 나올 수 있지만, 여기서 편의상 원소는 모두 다르다고 가정한다.

트리에서 **마디의 깊이(depth)**는 뿌리에서 마디로 가는 유일한 경로 상에 있는 이음선의 개수이다. 이를 트리에서 **마디의 수준(level)**이라고도 한다. 보통 "마디는 깊이가 몇이다."라고 하든지, "마디는 수준이 몇이다"라고 한다. 예를 들어, 그림 3.10의 왼쪽 트리에서 "Ursula" 마디는 깊이가 2라고 하기도 하고, 그 마디는 수준이 2라고 하기도 한다. 뿌리는 깊이가 0이고, 수준도 0이다. **트리의 깊이**는 그 트리의 모든 마디의 깊이 중 최대값이다. 그림 3.10의 왼쪽 트리는 깊이가 3이고, 오른쪽 트리의 깊이는 2이다. 모든 마디의 두 하위트리의 깊이가 1 이상 차이나지 않는 트리를 **균형잡힌 트리(balanced tree)**라고 한다. 그림 3.10의 왼쪽 트리는 균형잡힌 트리가 아닌데, 그 이유는 뿌리의 왼쪽하위트리의 깊이는 0이고, 오른쪽하위트리의 깊이는 2이기 때문이다. 그림 3.10의 오른쪽 트리는

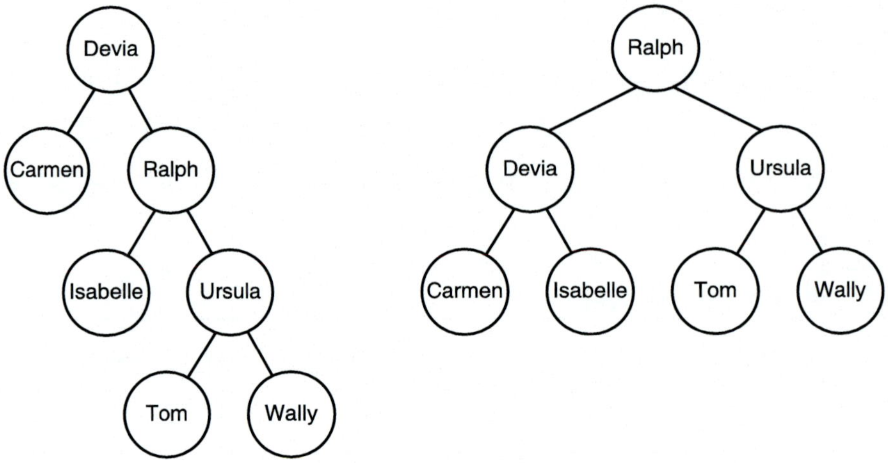


그림 3.10 두 이분검색트리의 예

균형잡힌 트리이다.

보통 이분검색트리는 검색키로 검색할 수 있는 레코드를 마디에 저장해두고 있다. 우리의 목표는 이분검색트리에서 검색키와 같은 원소를 찾는데 걸리는 평균시간이 최소가 되도록 원소를 잘 정리하는데 있다(평균의 의미에 관한 자세한 사항은 부록 A의 A.8.2절을 참조하기 바란다). 그렇게 정리한 트리를 **최적(optimal)**이라고 한다. 각 원소가 **검색키(search key)**일 확률이 모두 같다고 가정하면, 그림 3.10의 오른쪽 트리가 최적임을 바로 알 수 있다. 원소마다 검색키가 될 확률이 다르다고 가정하자. 예를 들어, 미국 사람의 이름을 무작위로 추출하여 그림 3.10의 나무 중 하나에서 검색하는 경우를 생각해보자. "Tom"이라는 이름은 "Ursula"라는 이름보다 더 흔하기 때문에 "Tom"에게 더 큰 확률을 할당할 수 있다(무작위에 대한 자세한 사항은 부록 A의 A.8.1절을 참조하기 바란다).

이제 검색키와 같은 원소가 트리에 있는지 알고 있는 경우를 생각해보자. 검색키가 트리에 없을지도 모르는 경우의 일반화에 대해서는 연습문제로 남겨둔다. 평균검색시간을 최소화하기 위해서 원소를 찾는 시간복잡도를 알아야 한다. 그러므로 더 진도 나가기 전에 이분검색트리에서 원소를 찾는 알고리즘을 작성하고 분석해보자. 알고리즘에서 다음과 같은 데이터구조를 사용한다.

```
struct nodetype
{
   keytype key ;
   nodetype* left ;
   nodetype* right ;
}

typedef nodetype* node_pointer ;
```

이 선언을 보면 `node_pointer` 변수는 `nodetype` 레코드를 가리키는 포인터임을 알

수 있다. 즉, 그 값은 그 레코드의 메모리 주소가 된다.

▸ 알고리즘 3.8 **이분검색트리의 검색**

**문제** : 이분검색트리에서 검색키와 같은 원소가 있는 마디를 찾으시오. 찾는 원소는 나무에 있다고 가정한다.

**입력** : 이분검색트리를 가리키는 포인터 $p$와 검색키 $keyin$

**출력** : 찾은 원소가 있는 마디를 가리키는 포인터 $p$

```
void search (node_pointer tree,
             keytype keyin,
             node_pointer& p)
{
  bool found ;

  p = tree ;
  found = false ;
  while (! found)
     if (p->key == keyin)
        found = true ;
     else if (keyin < p->key) ;
        p = p->left                    // 왼쪽 자식마디로 간다
      else
        p = p->right                   // 오른쪽 자식마디로 간다
}
```

원소를 찾는데 프로시저 *search*에서 수행한 비교의 횟수를 **검색시간(search time)**이라고 한다. 우리의 목표는 평균검색시간이 최소가 되는 트리를 찾아내는 것이다. 1.2절에서 살펴본 대로 비교는 효율적으로 구현한다고 가정한다. 이러한 가정 하에서 위 알고리즘에서 `while` 루프를 한 번 반복할 때마다 한 번씩 비교한다. 따라서 주어진 원소의 검색시간은 다음과 같다.

$$depth(key)+1$$

여기서 *depth(key)*는 검색키와 같은 원소가 들어있는 마디의 깊이이다. 예를 들어, 그림 3.10의 왼쪽에 있는 트리에서 "Ursula" 마디의 깊이는 2이기 때문에 "Ursula"의 검색시간은 다음과 같다.

$$depth(\text{Ursula})+1=2+1=3$$

$Key_1$, $Key_2$, ..., $Key_n$을 순서대로 나열한 $n$개의 원소라 하고, $p_i$를 $Key_i$가 검색키일 확률이라고 하자. 주어진 트리에서 원소 $Key_i$를 찾는데 필요한 비교 횟수를 $c_i$라고 하면 그 트리에 대한 평균검색시간은 다음과 같다.

$$\sum_{i=1}^{n} c_i p_i$$

이 값이 우리가 최소화하려는 값이다.

**• 예제 3.7** 그림 3.11을 보면 $n=3$인 경우 5개의 서로 다른 트리가 있다. 원소의 실제 값은 중요하지 않다. 여기서 요구사항은 원소가 순서대로 나열되어 있어야 한다는 것이다. 만약 각 원소에 할당된 확률이 다음과 같다면,

$$p_1 = 0.7, \quad p_2 = 0.2, \quad p_3 = 0.1$$

그림 3.11에 있는 트리의 평균검색시간은 다음과 같다.

1. 3 (0.7) + 2(0.2) + 1(0.1) = 2.6
2. 2 (0.7) + 3(0.2) + 1(0.1) = 2.1
3. 2 (0.7) + 1(0.2) + 2(0.1) = 1.8
4. 1 (0.7) + 3(0.2) + 2(0.1) = 1.5
5. 1 (0.7) + 2(0.2) + 3(0.1) = 1.4

다섯째 트리가 최적이다.

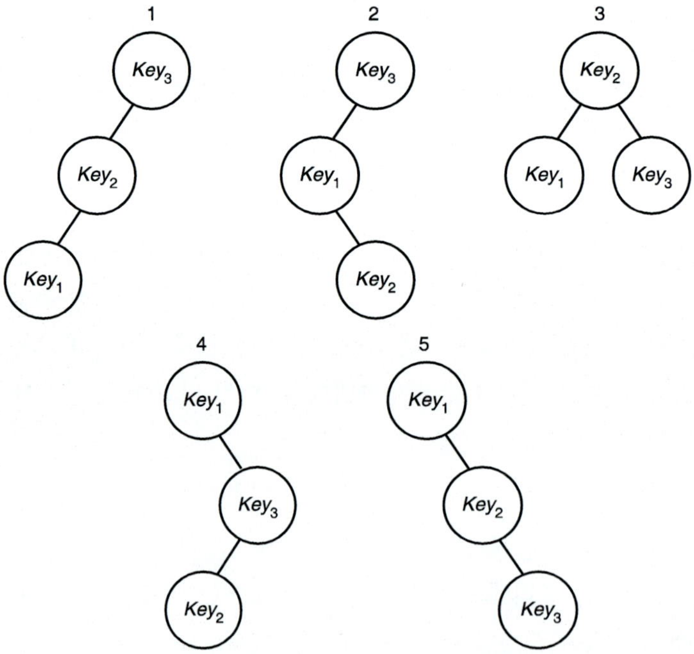


**그림 3.11** 원소가 3개 있을 때 이분검색트리의 종류

일반적으로 최적 이분검색트리를 찾기 위해서 가능한 종류의 이분검색트리를 모두 만들어보는 건 현실적이지 않다. 왜냐하면, 트리 마디의 개수가 $n$이면, 다른 모양의 이분검색트리의 개수는 최소한 지수(exponential)개이기 때문이다. 깊이가 $n-1$인 모든 이

분검색트리의 개수를 세어보면 지수가 된다는 사실을 보임으로서 이 사실을 증명해보자. 깊이가 $n-1$인 이분검색트리에서 뿌리를 제외하고 $n-1$개의 다른 수준에 있는 모든 단일마디(single node)는 그의 부모마디의 왼쪽 아니면 오른쪽에 위치할 수 있다. 이는 이 모든 수준에서 두 가지 가능성이 있다는 것을 뜻한다. 따라서 깊이가 $n-1$이 되는 다른 이분검색트리의 개수는 $2^{n-1}$개이다.

동적계획으로 더 효율적인 알고리즘을 만들 수 있다. $Key_i$에서 $Key_j$까지의 원소들을 다음 식의 값이 최소가 되도록 트리에 배치했다고 가정한다.

$$\sum_{m=i}^{j} c_m p_m$$

여기서 $c_m$은 그 트리에서 $Key_m$을 찾는데 필요한 비교 횟수이다. 이러한 트리를 그 원소들에 대한 **최적 트리(optimal tree)**라 하고, 최적값은 $A[i][j]$로 표시한다. 원소가 하나 있으면 트리에서 원소를 찾는데 비교를 한 번하므로, $A[i][i]=p_i$이다.

---

**• 예제 3.8** 예제 3.7을 다시 보자. 원소가 3개이고, 각 원소의 확률은 다음과 같다.

$$p_1 = 0.7, \quad p_2 = 0.2, \quad p_3 = 0.1$$

그림 3.12의 두 개의 트리를 가지고 $A[2][3]$을 구해보자. 각 트리에 대해서 다음과 같은 결과를 얻는다.

1. $1(p_2)+2(p_3)=1(0.2)+2(0.1)=0.4$
2. $2(p_2)+1(p_3)=2(0.2)+1(0.1)=0.5$

첫째 트리가 최적이므로, 다음과 같은 최종값을 얻는다.

$$A[2][3]=0.4$$

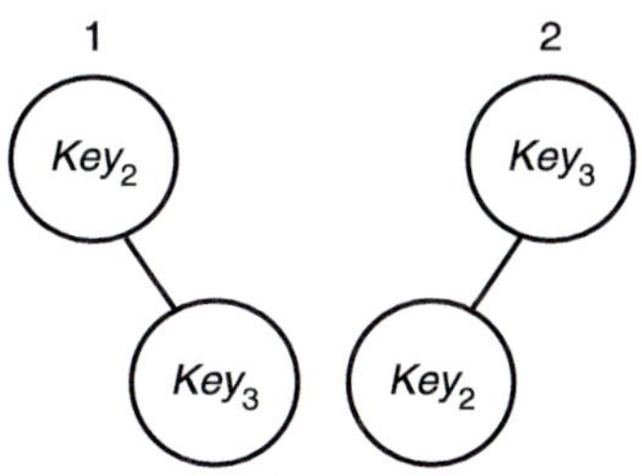


**그림 3.12** $Key_2$와 $Key_3$으로 구성된 이분검색트리

---

예제 3.8에서 구한 최적트리는 그림 3.7에서 구한 최적트리의 오른쪽하위트리이다. 비록 이 트리가 오른쪽하위트리와 정확히 같지는 않지만, 검색하는데 소비한 평균시간은 같아야 할 것이다. 그렇지 않으면 그 부분을 그 하위트리로 대체할 수도 있을 것이다. 일반적으로, 최적트리의 하위트리는 그 하위트리 안에 있는 원소들에 대해서 반드시 최적이어야 한다. 따라서 최적의 원칙이 성립한다.

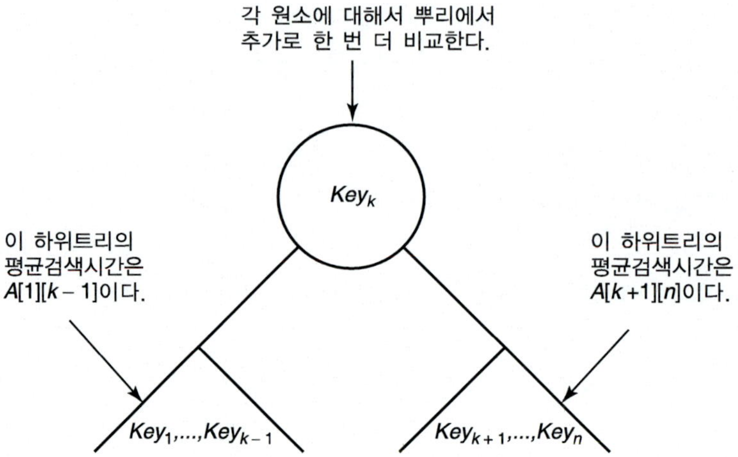


그림 3.13 $Key_k$가 뿌리인 경우 최적 이분검색트리

트리 1을 $Key_1$이 뿌리라야 한다는 제한을 가진 최적트리라 하고, 트리 2를 $Key_2$가 뿌리라야 한다는 제한을 가진 최적트리라고 하며, ..., 트리 $n$을 $Key_n$이 뿌리라야 한다는 제한을 가진 최적트리라고 하자. $1 \leq k \leq n$인 모든 $k$에 대해서 트리 $k$의 하위트리는 반드시 최적이어야 한다. 따라서 이 하위트리들의 평균검색시간은 그림 3.13에서 보여주고 있다. 이 그림을 보면 $m \neq k$인 모든 $m$에 대해서 트리 $k$에서 $Key_m$을 찾는데 수행하는 비교 횟수는 그 원소가 있는 하위트리에서 그 원소를 찾는데 수행하는 비교 횟수보다 정확히 하나 더 많다(여기에서 뿌리에서 추가적으로 한 번 더 비교한다). 이 한 번의 비교 때문에 트리 $k$에서 $Key_m$을 찾는 평균검색시간은 $1 \times p_m$만큼 늘어난다. 결과적으로 트리 $k$에 대한 평균검색시간은 다음과 같다.

$$\underbrace{A[1][k-1]}_{\text{왼쪽하위트리에서 평균시간}} + \underbrace{p_1 + \cdots + p_{k-1}}_{\text{뿌리에서 비교하는데 드는 추가시간}} + \underbrace{p_k}_{\text{뿌리를 검색하는 평균시간}} + \underbrace{A[k+1][n]}_{\text{오른쪽하위트리에서 평균시간}} \underbrace{+ p_{k+1} + \cdots + p_n}_{\text{뿌리에서 비교하는데 드는 추가시간}}$$

이 식을 정리하면 다음과 같다.

$$A[1][k-1] + A[k+1][n] + \sum_{m=1}^{n} p_m$$

$k$개의 트리 중 하나는 반드시 최적이기 때문에 최적트리의 평균검색시간은 다음과 같다.

$$A[1][n] = \underset{1 \leq k \leq n}{minimum}(A[1][k-1] + A[k+1][n]) + \sum_{m=1}^{n} p_m$$

여기서 $A[1][0]$과 $A[n+1][n]$은 0으로 정의한다. 이 마지막 식에서 확률의 합은 명백히 1이지만, 그 결과를 일반화하고 싶기 때문에 합이라고 썼다. 이전에 설명한대로 꼭 원소가 $Key_1$부터 $Key_n$까지일 필요는 없다. $i < j$일 때 $Key_i$부터 $Key_j$까지로 일반화하여 설명해도 상관없다. 따라서 최종적으로 다음의 일반식을 얻는다.

$$
\begin{aligned}
&A[i][j] = \underset{i \le k \le j}{minimum}(A[i][k-1] + A[k+1][j]) + \Sigma_{m=i}^{j} p_m, \; i < j \\
&A[i][i] = p_i \\
&A[i][i-1] = 0 \\
&A[j+1][j] = 0
\end{aligned}
\tag{3.6}
$$

등식 (3.6)을 사용하여 최적 이분검색트리를 구하는 알고리즘을 작성할 수 있다. $A[i][j]$의 값은 (알고리즘 3.6에서 하듯이) $A[i][j]$의 왼쪽 값을 제외한 $i$째 행에 위치한 값들과 $A[i][j]$의 아래 값을 제외한 $j$째 열의 값들을 가지고 계산하기 때문에 각 대각선에 있는 값들을 차례로 계산해 나간다. 알고리즘이 진행되는 절차는 알고리즘 3.6과 비슷하므로 이 절차를 보여주는 예는 들지 않기로 한다. 대신, 그냥 알고리즘을 보여주고, 알고리즘을 적용한 결과를 자세히 보여주기로 한다. 알고리즘이 만든 배열 $R$은 각 단계마다 뿌리에서 선택된 원소의 인덱스를 가지고 있다. 예를 들어, $R[1][2]$는 처음 두 원소를 가지고 있는 최적트리의 뿌리에 있는 원소의 인덱스이고, $R[2][4]$는 둘째, 셋째, 넷째 원소를 포함하는 최적트리의 뿌리에 있는 원소의 인덱스이다. 알고리즘을 분석한 후, 어떻게 $R$에서 최적트리를 구축하는지 알아보도록 한다.

▸ 알고리즘 3.9 **최적 이분검색트리**

**문제** : 주어진 원소의 집합을 가지고 최적 이분검색트리를 구축한다. 여기서 각 원소에 대해서 검색키가 될 확률이 주어진다.

**입력** : $n$(원소의 개수), $p$(인덱스의 범위가 1부터 $n$까지인 실수 배열). 여기서 $p[i]$는 $i$째 원소를 찾을 확률이다.

**출력** : 변수 *minarg*(이 값은 최적 이분검색트리에서 평균검색시간), 최적트리를 구축할 수 있는 이차원 배열 $R$. 여기서 $R$의 행의 인덱스 범위는 1부터 $n+1$까지이고, 열의 인덱스 범위는 0부터 $n$까지이다. $R[i][j]$는 $i$째부터 $j$째까지 원소를 포함한 최적트리의 뿌리에서 원소의 인덱스이다.

```
void optsearchtree (int n,
                    const float p[],
                    float& minavg,
                    index R[][])
{
  index i, j, k, diagonal;
  float A[1 .. n + 1] [0 .. n];
  for (i = 1; i < = n; i++){
     A[i] [i - 1] = 0;
```

```
        A[i][i] = p[i];
        R[i][i] = i;
        R[i][i − 1] = 0;
    }
    A[n + 1][n] = 0;
    R[n + 1][n] = 0;
    for (diagonal = 1; diagonal <= n−1; diagonal++)
        for (i = 1; i <= n − diagonal; i++){          // diagonal−1은 주 대각선 위에 있다.
            j = i + diagonal;
            A[i][j] = minimum(A[i][k−1] + A[k+1][j]) + Σ_{m=i}^{j} p_m
                      i≤k≤j
            R[i][j] = 최소값을 주는 k의 값;
        }
    minavg = A[1][n];
}
```

알고리즘 3.9의 분석

▸ **일정 시간복잡도 분석(최적 이분검색트리)**

**단위연산** : $k$의 각 값에 대해서 실행하는 명령문. 명령문에는 최소값인지 검사하는 비교도 포함되어 있다. $\sum_{m=i}^{j} p_m$의 값은 매번 처음부터 계산할 필요가 없다. 이 합을 계산하는 효율적인 방법을 찾는 것은 연습문제로 남긴다.

**입력크기** : $n$(원소의 개수)

이 알고리즘의 제어구조는 알고리즘 3.6과 거의 유사하다. 차이점이라면 $diagonal$과 $i$의 주어진 값에 대하여 단위연산을 $diagonal + 1$번 실행한다는 것이다. 알고리즘 3.6과 같이 분석을 실행하면 다음과 같은 분석 결과를 얻는다.

$$T(n) = \frac{n(n-1)(n+4)}{6} \in \Theta(n^3)$$

다음 알고리즘은 배열 $R$에서 이진트리를 구축한다. $R$은 각 단계마다 뿌리에서 선택된 원소의 인덱스를 포함하고 있음을 명심하자.

▸ 알고리즘 3.10

**최적 이분검색트리 구축**

**문제** : 최적 이분검색트리를 구축하시오.

**입력** : $n$(원소의 개수), $n$개 원소를 순서대로 나열한 배열 $Key$, 알고리즘 3.9에서 만든 배열 $R$. 여기서 $R[i][j]$는 $i$째부터 $j$째까지 원소를 포함한 최적 트리의 뿌리에서 원소의 인덱스이다.

**출력** : 원소가 $n$개 최적 이분검색트리를 가리키는 포인터 $tree$

```
node_pointer tree (index i, j)
{
   index k;
   node_pointer p;

   k = R[i][j];
   if (k == 0)
      return NULL;
   else {
      p = new_nodetype;
      p-> key = Key[k];
      p-> left = tree (i, k - 1);
      p-> right = tree (k + 1, j);
      return p;
   }
}
```

명령문 $p$ =new_nodetype은 새로운 마디를 만들어서 그 주소를 $p$에 저장한다. 재귀 알고리즘의 관습에 따라서 파라미터 $n$, *Key*, $R$은 *tree* 함수의 입력이 아니다. $n$, *Key*, $R$을 전역변수로 하고 알고리즘을 구현하면 최적 이분검색트리의 뿌리를 가리키는 포인터 *root*는 다음과 같이 *tree*를 호출하여 얻는다.

$$root = tree(1, n);$$

알고리즘 3.9의 실행절차는 알고리즘 3.6(최소곱셈)과 비슷하므로 자세히 설명하지 않는다. 알고리즘 3.10의 실행절차도 알고리즘 3.7(최적순서 출력)과 비슷하므로 자세히 설명하지 않는다. 대신 알고리즘 3.9와 3.10을 적용하여 얻은 결과만 자세히 보여주기로 한다.

• **예제 3.9** 배열 *Key*의 값이 다음과 같다고 하자.

| Don | Isabelle | Ralph | Wally |
|---|---|---|---|
| Key[1] | Key[2] | Key[3] | Key[4] |

그리고 각 원소의 확률이 다음과 같다고 하자.

$$p_1 = \frac{3}{8} \quad p_2 = \frac{3}{8} \quad p_3 = \frac{1}{8} \quad p_4 = \frac{1}{8}$$

알고리즘 3.9로 만든 배열 $A$와 $R$은 그림 3.14와 같고, 알고리즘 3.10으로 만든 트리는 그림 3.15과 같다. 최소 평균검색시간은 7/4이다.

$R[1][2]$는 1일수도 2일수도 있음을 주목하자. 그 이유는 이중 어떤 인덱스도 처음 두 원소를 포함하는 최적 트리에 있는 뿌리의 인덱스일 수 있기 때문이다. 따라서 이 두 인덱스 모두 알고리즘 3.9에서 $A[1][2]$의 최소값을 준다. 이는 둘 중 어떤 값도 $R[1][2]$의 값으로 선택할 수 있음을 의미한다.

| | 0 | 1 | 2 | 3 | 4 |
|---|---|---|---|---|---|
| 1 | 0 | $\frac{3}{8}$ | $\frac{9}{8}$ | $\frac{11}{8}$ | $\frac{7}{4}$ |
| 2 | | 0 | $\frac{3}{8}$ | $\frac{5}{8}$ | 1 |
| 3 | | | 0 | $\frac{1}{8}$ | $\frac{3}{8}$ |
| 4 | | | | 0 | $\frac{1}{8}$ |
| 5 | | | | | 0 |

*A*

| | 0 | 1 | 2 | 3 | 4 |
|---|---|---|---|---|---|
| 1 | 0 | 1 | 1 | 2 | 2 |
| 2 | | 0 | 2 | 2 | 2 |
| 3 | | | 0 | 3 | 3 |
| 4 | | | | 0 | 4 |
| 5 | | | | | 0 |

*R*

**그림 3.14** 알고리즘 3.9를 예제 3.9의 사례에 적용시켜서 만든 배열 $A$와 $R$

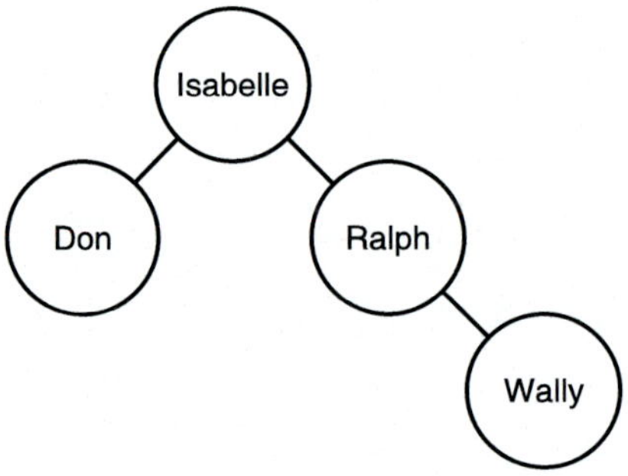


**그림 3.15** 알고리즘 3.9와 3.10을 예제 3.9의 사례에 적용시켜서 만든 트리

이장에서 공부한 최적 이분검색트리 구하는 알고리즘은 Gilbert와 Moore(1959)가 만든 것이다. 동적계획법 속도향상 방법을 사용하면 $\Theta(n^2)$ 알고리즘을 만들 수 있음을 Yao(1982)가 밝혀냈다.

## 3.6 외판원 문제

외판원이 20개 도시로 판매출장을 계획하고 있다고 가정하자. 각 도시는 다른 몇 개 도시와 도로로 연결되어 있다. 출장시간을 최소로 줄이기 위하여 외판원이 거주하고 있는 도시에서 출발하여 각 도시를 한 번씩 방문하고, 다시 출발한 도시로 돌아오는 가장 짧은 여행길을 찾고 싶다. 이런 최단 여행길을 구하는 문제를 외판원 문제(traveling sales-woman problem)라고 한다.

이 문제는 마디(vertex, node)를 도시로 하여 가중치포함 그래프로 표현할 수 있다. 3.2절에서와 마찬가지로, 한 방향으로 가는 가중치(거리)가 그 반대방향으로 가는 가중치와 다를 수 있도록 문제를 일반화한다. 여기서도 가중치는 음이 아닌 정수로 가정한다. 가중치포함 그래프의 예는 그림 3.2와 3.16에 있다. 방향그래프에서 **일주여행길(tour)**[해밀톤 회로(Hamiltonian circuits)라고도 함]은 한 도시에서 출발하여 다른 모든 도시를 한

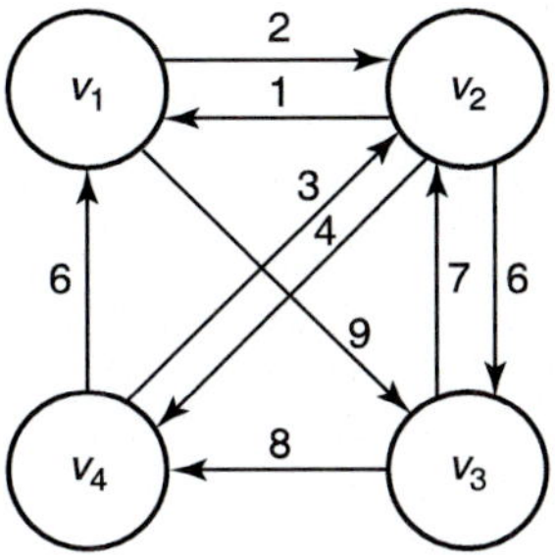


**그림 3.16** 최적 경로는 $[v_1, v_3, v_4, v_2, v_1]$이다.

번씩만 들리고 출발한 도시로 돌아오는 여행길이다. 가중치포함 방향그래프에서 **최적일주여행길(optimal tour)**은 그러한 여행길 중에서 최소거리 여행길이다. 외판원 문제는 최소한 하나의 일주여행길이 존재하는 경우 가중치포함 방향그래프에서 최적일주여행길을 찾는 문제이다. 출발하는 도시가 최적일주여행길의 길이와는 상관없으므로, $v_1$을 출발도시로 잡는다. 그림 3.16의 그래프에서 3개의 일주여행길과 그 길이를 알아보면 다음과 같다.

$$length[v_1, v_2, v_3, v_4, v_1] = 22$$
$$length[v_1, v_3, v_2, v_4, v_1] = 26$$
$$length[v_1, v_3, v_4, v_2, v_1] = 213$$

위에서 마지막 일주여행길이 최적이다. 가능한 일주여행길을 다 고려해 보고 이 사례의 해답을 찾았다. 일반적으로 보면, 각 도시에서 다른 모든 도시로의 이음선이 존재할 수 있다. 가능한 모든 일주여행길을 다 고려하면, 일주여행길에서 둘째 도시는 $n-1$개의 도시 중 하나일 수 있고, 일주여행길에서 셋째 도시는 $n-2$개의 도시 중 하나일 수 있고, …, 일주여행길에서 $n$번째 도시는 하나뿐이다. 따라서 일주여행길의 총 가지 수는 다음과 같으며,

$$(n-1)(n-2)\cdots 1 = (n-1)!$$

이는 지수개보다 많다.

동적계획을 이 문제에 적용할 수 있을까? $v_k$가 최적일주여행길 상에서 $v_1$ 다음에 오는 첫 번째 도시이면, $v_k$에서 $v_1$로 가는 일주여행길의 부분경로는 다른 도시를 각각 정확히 한 번씩만 거치며 $v_k$에서 $v_1$로 가는 최단경로이어야 한다. 이는 최적원칙이 성립하고, 동적계획을 적용할 수 있음을 의미한다. 3.2절에서 하던 대로, 그래프는 인접행렬로 표현한다. 그림 3.17에 그림 3.16의 그래프를 인접행렬로 표현해 놓았다. 몇몇 필요한 용어를 정의해보자.

$$V = \text{모든 도시의 집합}$$

| | 1 | 2 | 3 | 4 |
|---|---|---|---|---|
| 1 | 0 | 2 | 9 | ∞ |
| 2 | 1 | 0 | 6 | 4 |
| 3 | ∞ | 7 | 0 | 8 |
| 4 | 6 | 3 | ∞ | 0 |

**그림 3.17** 그림 3.16에 있는 그래프의 인접행렬식 표현 $W$

$A$ = $V$의 부분집합
$D[v_i][A]$ = $A$에 속한 도시를 각각 한 번씩만 거쳐서 $v_i$에서 $v_1$로 가는 최단경로의 길이

• **예제 3.10** 그림 3.16에 있는 그래프에 대해서,

$$V=\{v_1,\ v_2,\ v_3,\ v_4\}$$

집합은 중괄호를 사용하여 $\{v_1,\ v_2,\ v_3,\ v_4\}$와 같이 표현하는 반면, 경로는 대괄호를 사용하여 $[v_1,\ v_2,\ v_3,\ v_4]$와 같이 표현한다. $A=\{v_3\}$이면, $D[v_2][A]$는 다음과 같이 계산한다.

$$\begin{aligned} D[v_{2]}[A] &= length[v_2,\ v_3,\ v_1] \\ &= \infty \end{aligned}$$

$A=\{v_3,\ v_4\}$이면, $D[v_2][A]$는 다음과 같이 계산한다.

$$\begin{aligned} D[v_2] &= minimum(length[v_2,\ v_3,\ v_4,\ v_1],\ length[v_2,\ v_4,\ v_3,\ v_1]) \\ &= minimum(20, \infty) = 20 \end{aligned}$$

집합 $V-\{v_1,\ v_j\}$는 $v_1$과 $v_j$를 제외한 모든 도시를 포함하고 있고, 최적원칙이 성립하므로 다음과 같은 식을 얻는다.

$$\text{최적일주여행길의 길이} = \underset{2 \le j \le n}{minimum}(W[1][j] + D[v_j][V-\{v_1,\ v_j\}])$$

그리고 일반적으로 $i \ne 1$이고 $i$가 $A$에 속하지 않으면, 다음과 같은 관계식을 얻는다.

$$\begin{aligned} D[v_i][A] &= \underset{j:\, v_j \in A}{minimum}(W[i][j] + D[v_j][A-\{vj\}]),\ A \ne \varnothing \\ D[v_i][\varnothing] &= W[i][1] \end{aligned} \tag{3.7}$$

식 (3.7)을 이용하여 외판원 문제를 푸는 동적계획 알고리즘을 작성할 수 있다. 그러나 먼저 어떻게 알고리즘이 작동하는지 살펴보자.

• **예제 3.11** 그림 3.17에 있는 그래프에서 최적일주여행길을 구해보자.

$$D[v_2][\varnothing] = 1$$
$$D[v_3][\varnothing] = \infty$$
$$D[v_4][\varnothing] = 6$$

먼저 공집합인 경우를 알아보자.

$$\begin{aligned} D[v_3][\{v_2\}] &= \underset{j:vj\in\{v_2\}}{minimum}(W[3][j] + D[v_j][\{v_2\} - \{v_j\}]) \\ &= W[3][2] + D[v_2][\varnothing] = 7+1 = 8 \end{aligned}$$

다음으로 하나의 원소만 있는 집합의 경우를 알아보자.

$$D[v_4][\{v_2\}] = 3+1 = 4$$
$$D[v_2][\{v_3\}] = 6+\infty = \infty$$
$$D[v_4][\{v_3\}] = \infty + \infty + \infty$$
$$D[v_2][\{v_4\}] = 4+6 = 10$$
$$D[v_3][\{v_4\}] = 8+6 = 14$$

나머지는 비슷한 방법으로 다음과 같이 구한다.

$$\begin{aligned} D[v_4][\{v_2, v_3\}] &= \underset{j:v_j\in\{v_2, v_3\}}{minimum}(W[4][j] + D[v_j][\{v_2, v_3\} - \{v_j\}]) \\ &= minimum(W[4][2] + D[v_2][\{v_3\}],\ W[4][3] + D[v_3][\{v_2\}]) \\ &= minimum(3+\infty,\ \infty+8) = \infty \end{aligned}$$

다음, 두 개의 원소를 가진 집합의 경우를 알아보자.

$$D[v_3][\{v_2, v_4\}] = minimum(7+10,\ 8+4) = 12$$
$$D[v_2][\{v_3, v_4\}] = minimum(6+14,\ 4+\infty) = 20$$

나머지는 비슷한 방법으로 다음과 같이 구한다.
마지막으로 최적일주여행길의 길이를 계산해보자.

$$\begin{aligned} D[v_1][\{v_2, v_3, v_4\}] &= \underset{j:v_j\in\{v_2, v_3, v_4\}}{minimum}(W[1][j] + D[v_j][\{v_2, v_3, v_4\} - \{v_j\}]) \\ &= minimum(W[1][2] + D[v_2][\{v_3, v_4\}], \\ &\qquad W[1][3] + D[v_3][\{v_2, v_4\}], \\ &\qquad W[1][4] + D[v_4][\{v_2, v_3\}]) \\ &= minimum(2+20,\ 9+12,\ \infty+\infty) = 21 \end{aligned}$$

---

다음은 외판원 문제를 푸는 동적계획 알고리즘이다.

▸ 알고리즘 3.11 **외판원 문제를 푸는 동적계획 알고리즘**

문제 : 가중치포함 방향그래프에서 최적일주여행길을 결정하시오. 가중치는 음이 아닌 정수이다.

입력 : 가중치포함 방향그래프, $n$(그래프에서 도시(마디)의 개수). 그래프는 행과 열의 인

덱스의 범위가 모두 1부터 $n$까지인 2차원 배열 $W$로 표현한다. 여기서 $W[i][j]$는 $i$번째 도시에서 $j$번째 도시를 연결하는 이음선의 가중치이다.

**출력** : 변수 $minlength$(이 변수의 값이 최적일주여행길의 길이가 된다), 2차원 배열 $P$(이 배열을 가지고 최적일주여행길의 경로를 구축할 수 있다). $P$의 행은 인덱스 범위가 1부터 $n$까지이고, 열은 인덱스 범위가 $V-\{v_1\}$의 모든 부분집합이 된다. $P[i][A]$는 $A$에 속한 모든 도시를 정확히 한 번만 거쳐서 $v_i$에서 $v_1$로 가는 최단경로에서 $v_i$ 다음에 오는 첫 번째 도시의 인덱스이다.

```
void travel (int n,
             const number W[][],
             index P[][],
             number& minlength)
{
  index i, j, k ;
  number D[1 .. n] [subset of V −{v1} ] ;

  for (i = 2; i <= n ; i++)
    D[ i] [∅] = W[ i][ 1 ] ;
  for (k = 1; k <= n − 2 ; k++)
    for (A ⊆ V − {v1}를 만족하며 마리가 k개인 모든 부분집합 A)
      for (i ≠ 1와 vi ∉ A를 만족하는 모든 i){
        D[i][A] = minimum  (W[i][j] + D[j][A − {vj}]);
                 j : vj ∈ A
        P[i][A] = 최소가 되는 j값 ;
      }
  D[1][V− {v1}] = minimum  (W[1][j] + D[j][V− {v1, vj}]);
                 2 ≤ j ≤ n
  P[1][V− {v1}]=최소가 되는 j값 ;
  minlength = D[1][V− {v1}] ;
}
```

배열 $P$에서 최적일주여행길을 어떻게 얻는지 알아보기 전에 알고리즘을 먼저 분석해 보자. 먼저 정리(theorem)가 필요하다.

### ▸ 정리 3.1

$n \ge 1$인 모든 $n$에 대해서 다음 등식이 성립한다.

$$\sum_{k=1}^{n} k\binom{n}{k} = n2^{n-1}$$

**증명** : 다음 등식이 성립함을 보이는 것은 연습문제로 남긴다.

$$k\binom{n}{k}=n\binom{n-1}{k-1}$$

따라서 다음과 같이 유도할 수 있다.

$$\begin{aligned}\sum_{k=1}^{n} k\binom{n}{k} &= \sum_{k=1}^{n} n\binom{n-1}{k-1}\\ &= n\sum_{k=0}^{n-1}\binom{n-1}{k}\\ &= n2^{n-1}\end{aligned}$$

마지막 등식은 부록 A의 예제 A.10에 있는 결과를 적용하여 얻는다.

알고리즘 3.11은 다음과 같이 분석한다.

알고리즘 3.11의 분석

▸ **일정 시간/공간 복잡도분석(외판원 문제를 푸는 동적계획 알고리즘)**

**단위연산** : 처음과 마지막 루프를 실행하는데 걸리는 시간은 중간루프와 비교하면 극히 작다. 왜냐하면, 중간루프는 여러 겹으로 중첩되어 있기 때문이다. 따라서 $v_j$의 각 값을 실행하는 명령문을 단위연산으로 하도록 한다. 단위연산은 덧셈 연산도 포함한다.

**입력크기** : $n$(그래프에서 도시의 개수)

$k$개 도시를 포함하고 있는 각 집합 $A$에 대해서 $n-1-k$개의 도시를 고려해야 하고, 이 도시들에 대해서 각각 단위연산을 $k$번 실행한다. $k$개 도시를 포함하고 있는 $V-\{v_1\}$의 부분집합 $A$의 개수는 $\binom{n-1}{k}$개이므로, 단위연산을 실행하는 총 횟수는 다음과 같다.

$$T(n)=\sum_{k=1}^{n-2}(n-1-k)k\binom{n-1}{k} \tag{3.8}$$

다음 등식이 성립하는지 증명하기는 별로 어렵지 않다.

$$(n-1-k)\binom{n-1}{k}=(n-1)\binom{n-2}{k}$$

이 등식을 식 (3.8)에 치환하면 다음과 같다.

$$T(n)=(n-1)\sum_{k=1}^{n-2}k\binom{n-2}{k}$$

마지막으로, 정리 3.1을 적용하면 다음을 얻는다.

$$T(n)=(n-1)(n-2)2^{n-3}\in\Theta(n^2 2^n)$$

이 알고리즘이 사용한 메모리도 양이 방대하므로, 메모리(공간)복잡도 $M(n)$을 분석해보자. 배열 $D[v_i][A]$와 $P[v_i][A]$를 저장하는데 사용한 메모리는 명백히 전체의 거의 대부분을 차지한다. 따라서 이 배열의 크기가 얼마인지 알아본다. $V-\{v_1\}$은 $n-1$개의 도시를 포함하고 있으므로, 부록 A에서 예제 A.10의 결과를 적용하여 부분집합 $A$의 개수가 $2^{n-1}$개라고 결론지을 수 있다. 배열 $D$와 $P$의 처음 인덱스의 범위는 1과 $n$사이이다. 따라서

$$M(n)=2\times n2^{n-1}=n2^n\in\Theta(n2^n)$$

---

이 시점에서 우리가 얻은 게 무엇인지 의아해할 지 모르겠다. 왜냐하면 새로 개발한 알고리즘도 아직 $\Theta(n^2 2^n)$이기 때문이다. 다음 예제를 보면 별로 효율적인 것 같아 보이지 않는 시간복잡도를 가진 알고리즘도 때로 유용할 수 있음을 알 수 있다.

---

• **예제 3.12** 갑돌이와 갑순이는 둘 다 같은 외판원 자리를 놓고 경합 중이다. 상관이 금요일 둘에게 말하기를 다음 월요일부터 시작하여 20개 도시 전체를 더 빨리 다녀올 수 있는 사람이 외판원 자리를 차지할 것이라고 선언했다. 사무실에서 출발하여 일이 끝난 후에는 반드시 사무실로 되돌아 와야 한다. 모든 도시 사이에는 도로가 깔려있다. 갑돌이는 자신이 다녀야 할 노선을 알아내는데 긴 주말이 있다는 걸 간파하고, 무작정 알고리즘을 자신의 컴퓨터로 수행하여 $(20-1)!$개가 되는 일주여행길을 모두 조사해보기로 했다. 갑순이는 알고리즘 강의에서 동적계획을 배웠다는 사실을 기억했다. 가능한 모든 수단을 동원하기로 한 그녀는 그녀의 컴퓨터로 그 알고리즘을 실행하였다. 갑순이의 알고리즘에서 단위연산을 처리하는데 걸리는 시간이 1 microsecond라 하고, 갑돌이의 알고리즘에서 각 여행경로의 길이를 계산하는데 걸리는 시간을 1 microsecond라고 가정해서, 각 알고리즘을 수행하는데 걸리는 시간은 대략 다음과 같다.

$$\text{무작정 알고리즘 : } 19!\ \mu s=3857\text{년}$$

$$\text{동적계획 알고리즘 : } (20-1)(20-2)2^{20-3}\ \mu s=45\text{초}$$

계승시간(fatorial-time) 알고리즘의 대안으로, $\Theta(n^2 2^n)$ 알고리즘조차도 쓸모가 있다는 얘기이다. 이 예제에서 동적계획 알고리즘이 사용한 메모리의 크기는 다음과 같다.

$$20\times 2^{20}=20{,}971{,}520\ \text{배열 슬롯}$$

꽤 많은 양이기는 하지만, 오늘날 기준으로 보면 가능하다.

$\Theta(n^2 2^n)$ 알고리즘을 사용하여 최적일주여행길을 찾는 일은 $n$이 작은 경우만 실현 가능하다. 예를 들어, 60개 도시가 있는 경우 이 알고리즘도 수년이 걸리기 때문이다.

---

배열 $P$에서 어떻게 최적일주여행길을 찾아내는지를 알아보자. 알고리즘을 설명하는 대신, 알고리즘이 어떻게 진행되는지만 간단히 살펴보기로 한다. 그래프에서 최적일주여행길을 구하는데 필요한 배열 $P$의 멤버는 다음과 같다.

| 3 | 4 | 2 |
|---|---|---|
| $P[1, \{v_2, v_3, v_4\}]$ | $P[3, \{v_2, v_4\}]$ | $P[4, \{v_2\}]$ |

여기서 최적일주여행길은 다음과 같이 구한다.

$$\text{첫째 정점의 인덱스} = P[1][\{v_2, v_3, v_4\}] = 3$$

$$\text{둘째 정점의 인덱스} = P[3][\{v_2, v_4\}] = 4$$

$$\text{셋째 정점의 인덱스} = P[4][\{v_2\}] = 2$$

최적일주여행길은 따라서 다음과 같다.

$$[v_1, v_3, v_4, v_2, v_1]$$

최악 시간복잡도가 지수보다 좋은 외판원 문제를 푸는 알고리즘을 찾은 사람은 아직 아무도 없다. 그런 알고리즘이 없다고 증명한 사람도 아직 아무도 없다. 이러한 특성을 공유하고 있는 여러 문제 중 하나이며, 뒤에 9장에서 상세히 공부한다.

## 3.7 DNA 서열 정렬

동적계획법을 분자유전학 분야인 동족 DNA 서열 정렬(homologous DNA sequence alignment) 문제에 응용해보자. 먼저 유전학 개념부터 알아보자.

**염색체**(chromosome)는 **복합 DNA**(deoxyribonucleic acid)로 구성된 실같이 긴 거대분자이다. 염색체는 생물학적으로 표현된 유전적 형질을 지니고 있다. DNA는 두 개의 상반된 타래로 구성되는데, 각 타래는 뉴클레오티드 서열로 이루어진다. **뉴클레오티드**(nucleotide)는 오탄당(deoxyribose)과 인산염(phosphate)과 **퓨린**(purine) 또는 **피리미딘**(pyrimidine)을 포함하고 있다. 퓨린인 아데닌(A)과 구아닌(G)은 구조적으로 피리미딘인 시토신(C)과 티민(T)과 유사하다. 타래는 뉴클레오티드 쌍의 수소결합으로 연결된다. 아데닌은 티민과 쌍을 이루고, 구아닌은 시토닌과 쌍을 이룬다. 각 쌍을 **표준 염기쌍**(base pair, bp)이라 하고, A, G, C, T를 **염기**(base)라고 한다.

DNA의 섹션(section)은 그림 3.18과 같은 모양으로 구성된다. 타래는 오른쪽 방향으로 이중나선형으로 꼬인 형태이다. 그러나 편의상 그림과 같이 문자열로만 생각하기로 한다. 염색체는 DNA 분자가 길게 뻗어있는 걸로 보면 된다.

**DNA 서열**(sequence)는 DNA의 섹션이고, **사이트**(site)는 서열에서 염기쌍이 위치한 장소를 나타낸다. DNA 서열은 뉴클레오티드가 서로 바뀌는 **교환 돌연변이**(substitution

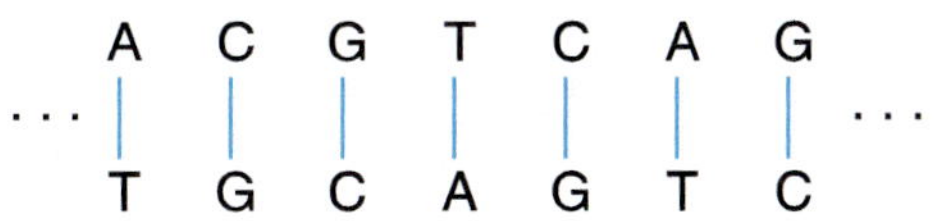


그림 3.18 DNA의 섹션

mutation)와 염기쌍이 서열에 끼어들어가는 **삽입 돌연변이**(insertion mutation)와 염기쌍이 서열에서 사라지는 **제거 돌연변이**(deletion mutation)를 겪는다.

특정 집단(종)에서 같은 DNA 서열을 가진 개체가 있다고 하자. 다음 세대의 개체를 만들어내는 각 배우자가 서열의 각 사이트에서 겪을 돌연변이의 확률이 세대별로 각각 다르다. 집단 전체 또는 대부분에서 특정 사이트의 염기쌍이 교환될 수 있다. 경우에 따라서 새로운 종이 형성될 수도 있는데, 하나의 종이 둘로 분리되는 현상이다. 이 경우 분리된 각 종에서 염기쌍의 교환 패턴은 상당히 달라질 수 있다. 두 개의 종에서 꺼낸 개별 서열이 많이 다를 수 있다는 뜻이다. 이를 서열이 분기되었다고 하고, 분기된 각각의 서열을 **동족서열**(homologuous sequence)이라고 한다. 서로 다른 종끼리 동족서열을 비교하여 진화 측면에서 종족 간의 거리가 얼마나 되는지 추정할 수 있다.

다른 종의 두 개체의 동족서열을 비교할 때 서열을 먼저 나열해봐야 한다. 왜냐하면, 분리된 이후 서열 중 하나만 또는 모두 삽입/제거 돌연변이를 겪었을 수 있기 때문이다. 예를 들어, 인간과 올빼미원숭이 인슐린 유전자의 첫 번째 인트론 서열을 살펴보면 196개의 뉴클레오티드 중에서 163개 사이트가 같게 나온다.

---

• **예제 3.13** 동족서열이 다음과 같다고 하자.

A A C A G T T A C C

T A A G G T C A

정렬하는 방식은 다양하다. 그 중 두 가지만 살펴보자.

\- A A C A G T T A C C

T A A - G G T - - C A

A A C A G T T A C C

T A - A G G T - C A

서열에 대시(-)를 끼워 넣어 틈(gap)을 삽입한다고 한다. 서열에 틈이 있다는 것은 그 서열에서 제거가 일어났거나 상대 서열에서 삽입이 일어났음을 뜻한다.

---

위의 예제에서 어떤 서열이 더 좋은가? 둘 다 5개의 염기쌍이 일치한다. 첫째 정렬 방식으로 4개의 틈을 삽입하여 일치하지 않는 염기쌍이 2개 생겼다. 둘째 정렬 방식으로는 틈을 2개 삽입하여 일치하지 않는 염기쌍이 3개 생겼다. 불일치로 생기는 손해와 틈으로 생기는 손해를 먼저 재보지 않고 어떤 정렬이 더 좋은지 측정하는 건 일반적으로 불가능하다. 예를 들어, 틈으로 생기는 손해가 1이고 불일치로 생기는 손해가 3이라고 하자. 정렬에서 생기는 손해의 합을 정렬에 드는 **비용(cost)**이라고 하자. 그러면 예제 3.13의 첫째 정렬의 비용은 10이고 둘째 정렬의 비용은 11이다. 따라서 첫째 정렬이 더 좋다. 그러나 틈으로 생기는 손해가 2이고 불일치로 생기는 손해가 1이라고 한다면, 둘째 정렬이 더

좋아진다.

틈과 불일치로 생기는 손해가 정해지면, 최적 정렬을 알아낼 수 있다. 그러나 아쉽게도 가능한 모든 조합을 다 검사하여 최적 정렬을 찾는 무작정 방식은 계산양이 많아서 계산하기 어려운 문제로 분류된다. 이제 서열 정렬 문제를 푸는 효율적인 동적계획법 알고리즘을 공부해보자.

구체적으로 손해는 다음과 같이 미리 정하고 시작하자.

- 불일치로 생기는 손해는 1
- 틈으로 생기는 손해는 2

서열은 다음과 같이 배열로 표현한다.

| A | A | C | A | G | T | T | A | C | C |
|---|---|---|---|---|---|---|---|---|---|
| $x[0]$ | $x[1]$ | $x[2]$ | $x[3]$ | $x[4]$ | $x[5]$ | $x[6]$ | $x[7]$ | $x[8]$ | $x[9]$ |

| T | A | A | G | G | T | C | A |
|---|---|---|---|---|---|---|---|
| $y[0]$ | $y[1]$ | $y[2]$ | $y[3]$ | $y[4]$ | $y[5]$ | $y[6]$ | $y[7]$ |

$opt(i, j)$를 부분 서열 $x[i..9]$와 $y[j..7]$의 최적 정렬 비용이라고 하자. 그러면 $opt(0, 0)$은 $x[0..9]$와 $y[0..7]$의 최적 정렬 비용이 되어 우리가 최종 구하려는 비용이다. 최적 정렬을 구하는 계산은 다음 중 하나로 시작해야 한다.

1. $x[0]$은 $y[0]$과 정렬한다. 만약 $x[0]=y[0]$이면 첫 정렬 사이트에서는 손해가 없고, $x[0] \neq y[0]$이면 손해가 1이다.
2. $x[0]$은 틈과 정렬하고, 첫 정렬 사이트에서 손해가 2이다.
3. $y[0]$은 틈과 정렬하고, 첫 정렬 사이트에서 손해가 2이다.

$x[0..9]$와 $y[0..7]$의 최적 정렬 $A_{opt}$에 $x[0]$과 $y[0]$이 정렬되어 있다고 가정하자. 그러면 이 정렬의 내부에는 $x[1..9]$와 $y[1..7]$의 정렬 $B$가 포함되어 있다. 만약 $B$가 이 두 부분 서열의 최적 정렬이 아니라고 하자. 그러면 비용이 더 싼 다른 정렬 $C$가 있을 것이다. 그렇다면 정렬 $C$에 $x[0]$과 $y[0]$을 맞추어 연결하면 $A_{opt}$보다 비용이 싸게 $x[0..9]$와 $y[0..7]$을 정렬할 수 있다는 의미이다. 따라서 $B$가 $x[1..9]$와 $y[1..7]$의 최적 정렬임에 틀림없다. 같은 이치로, $x[0..9]$와 $y[0..7]$의 최적 정렬에서 $x[0]$과 틈이 정렬되어 있다면, 그 정렬의 내부에는 $x[1..9]$와 $y[0..7]$의 최적 정렬이 포함되어 있고, $x[0..9]$와 $y[0..7]$의 최적 정렬에서 $y[0]$과 틈이 정렬되어 있다면, 그 정렬의 내부에는 $x[0..9]$와 $y[1..7]$의 최적 정렬이 포함되어 있다.

---

• **예제 3.14** $x[0..9]$와 $y[0..7]$의 최적 정렬이 다음과 같다고 가정하자.

| $x[0]$ | $x[1]$ | $x[2]$ | $x[3]$ | $x[4]$ | $x[5]$ | $x[6]$ | $x[7]$ | $x[8]$ | $x[9]$ |
|---|---|---|---|---|---|---|---|---|---|
| A | A | C | A | G | T | T | A | C | C |

| T | A | – | A | G | G | T | – | C | A |
|---|---|---|---|---|---|---|---|---|---|
| $y[0]$ | $y[1]$ | | $y[2]$ | $y[3]$ | $y[4]$ | $y[5]$ | | $y[6]$ | $y[7]$ |

그러면 $x[1..9]$와 $y[1..7]$의 최적 정렬은 다음과 같다.

| $x[1]$ | $x[2]$ | $x[3]$ | $x[4]$ | $x[5]$ | $x[6]$ | $x[7]$ | $x[8]$ | $x[9]$ |
|---|---|---|---|---|---|---|---|---|
| A | C | A | G | T | T | A | C | C |

| A | – | A | G | G | T | – | C | A |
|---|---|---|---|---|---|---|---|---|
| $y[1]$ | | $y[2]$ | $y[3]$ | $y[4]$ | $y[5]$ | | $y[6]$ | $y[7]$ |

---

만약 $x[0]=y[0]$이면 손해 $penalty=0$이고, 그렇지 않으면 손해가 1이라고 하면, 다음과 같은 재귀 관계식을 세울 수 있다.

$$opt(0,\ 0)=\min(opt(1,\ 1)+penalty,\ \ opt(1,\ 0)+2,\ \ opt(0,\ 1)+2)$$

비록 각 서열의 0번째 지점에서 시작하여 재귀 관계식을 세웠지만 임의의 지점에서 시작에도 문제없다. 따라서 일반식은 다음과 같다.

$$opt(i,\ j)=\min(opt(i+1,\ j+1)+penalty,\ \ opt(i+1,\ j)+2,\ \ opt(i,\ j+1)+2)$$

재귀 알고리즘을 만들기 위해서 종료조건을 구해야 한다. 서열 $x$의 길이를 $m$이라 하고, 서열 $y$의 길이를 $n$이라 하자. 서열 $x$의 끝 지점($i=m$)을 지났고 서열 $y$의 $j$ 지점($j<n$)에 있다면, 틈을 $n-j$개 삽입해야 한다. 따라서 종료 조건은 다음과 같다.

$$opt(m,\ j)=2(n-j)$$

비슷한 이치로 서열 $y$의 끝 지점($j=n$)을 지났고 서열 $x$의 $i$ 지점($i<m$)에 있다면, 틈을 $m-i$개 삽입해야 한다. 따라서 또 하나의 종료 조건은 다음과 같다.

$$opt(i,\ n)=2(m-i)$$

이제 다음과 같은 분할정복 알고리즘은 만들 수 있다.

### ▸ 알고리즘 3.12 분할정복을 이용한 서열 정렬

**문제** : 두 개의 동족 DNA 서열의 최적 정렬을 구하시오.

**입력** : 길이가 $m$인 DNA 서열 $x$와 길이가 $n$인 DNA 서열 $y$. 서열은 배열로 표현한다.

**출력** : 두 서열의 최적 정렬의 비용

```
void opt ( int i, int j)
{
   if (i == m)
      opt =2 (n - j) ;
   else if (j == n)
      opt =2 (m - i) ;
```

```
    else {
        if (x[i] == x[j])
            penalty = 0;
        else
            penalty = 1;
        opt = min(opt (i + 1, j + 1) + penalty, opt (i + 1, j) + 2, opt (i, j + 1) + 2);
    }
}
```

알고리즘 호출은 다음과 같이 한다.

$$optimal\_cost = opt(0, 0);$$

이 알고리즘은 최적 정렬 비용만 계산하고 최적 정렬을 만들어 주지는 않는다. 최적 정렬을 만들어내도록 알고리즘을 수정할 수 있다. 그러나 그 알고리즘은 아주 비효율적이어서 현장에서 쓸 수 없으므로 시도조차 할 가치가 없다. 그 알고리즘의 복잡도가 지수시간임을 알아보는 건 연습문제로 남겨둔다.

문제는 부분 서열의 최적 정렬을 여러 번 중복해서 계산하는데 있다. 예를 들어, $opt(0, 0)$을 계산하려면, $opt(1, 1)$, $opt(1, 0)$, $opt(0, 1)$을 계산해야 한다. 첫 재귀 호출에서 $opt(1, 0)$을 계산하려면, $opt(2, 1)$, $opt(2, 0)$, $opt(1, 1)$을 모두 계산해야 한다. $opt(1, 1)$을 두 번이나 따로 계산하는 건 낭비이다.

동적계획으로 이 문제를 풀려면 그림 3.19와 같이 $m+1$, $n+1$ 크기의 2차원 배열을 만들어야 한다. 서열에서 틈을 표현하는 문자를 하나 더 추가하였음을 배열에서 확인해 보자. 틈의 행과 열에서 출발하여 위쪽으로 배열을 채워나가며 반복 계산한다. $opt(i, j)$ 값은 이 배열의 $i$, $j$칸에 계산하여 저장한다. 이 값은 다음 등식을 사용하여 계산한다.

$$opt(i, j) = \min(opt(i+1, j+1) + penalty, \ opt(i+1, j)+2, opt(i, j+1)+2) \quad (1)$$

$$opt(10, j) = 2(8-j) \quad (2)$$

$$opt(i, 8) = 2(10-i) \quad (3)$$

배열의 맨 아래 행의 $opt(i, j)$ 값을 계산하려면 (2)식을 쓰고, 배열의 맨 오른쪽 열의 $opt(i, j)$ 값을 계산하려면 (3)식을 쓰고, 나머지 경우에는 (1)식을 쓴다. (1)식을 쓰는 경우 구하려는 칸의 바로 아래 칸의 값과 바로 오른쪽 칸의 값, 대각선으로 바로 아래 칸의 값을 가지고 계산한다. 예를 들면, $opt(6, 5)$는 $opt(6, 6)$과 $opt(7, 5)$, $opt(7, 6)$을 가지고 계산한다.

따라서 대각선 1번 값을 계산하고, 다음에 대각선 2번 값을 계산하고, 다음에 대각선 3번 값을 계산하고, 이런 순서로 그림 3.19의 모든 값을 계산하여 배열을 채운다. 대각선 3까지의 계산과정을 살펴보자.

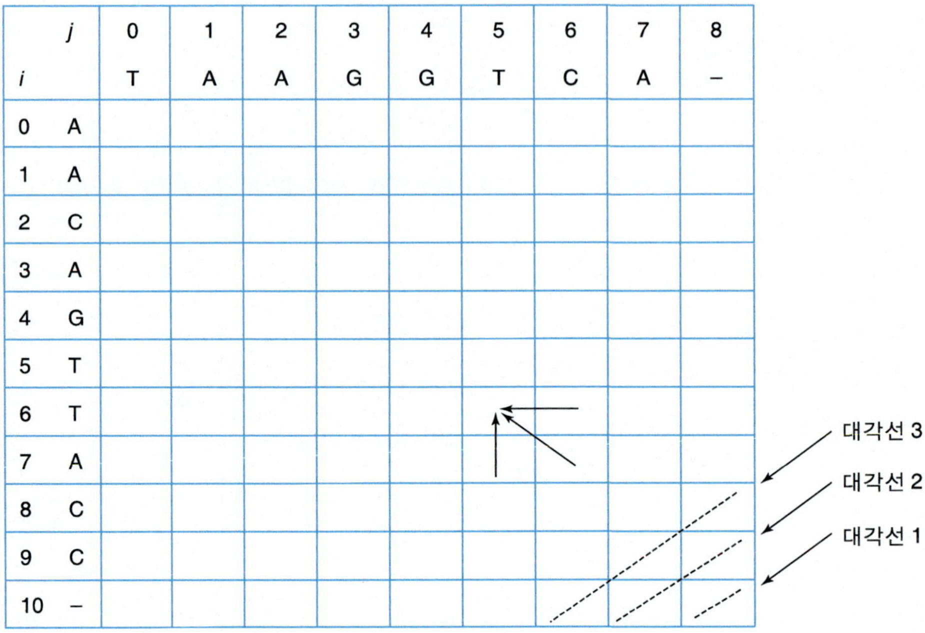


**그림 3.19** 최적 정렬을 찾는데 사용하는 배열

- 대각선 1 :

$$opt(10,\ 8) = 2(10-10) = 0$$

- 대각선 2 :

$$opt(9,\ 8) = 2(10-9) = 2$$

$$opt(10,\ 7) = 2(8-7) = 2$$

- 대각선 3 :

$$opt(8,\ 8) = 2(10-8) = 4$$

$$opt(9,\ 7)$$

$$= \min(opt(9+1,\ 7+1) + penalty,\ \ opt(9+1,\ 7)+2,\ \ opt(9,\ 7+1)+2)$$

$$= \min(0+1,\ 3+2,\ 2+2) = 1$$

$$opt(10,\ 6) = 2(8-6) = 4$$

그림 3.20은 계산을 완료하여 배열을 채운 결과를 보여준다. 최적 정렬을 위한 비용인 $opt(0,\ 0)$은 7이다.

다음 최적 정렬을 완성된 배열에서 어떻게 추출하는지 알아보자. 먼저 $opt(0,\ 0)$의 값을 구하게 된 경로를 찾아야 한다. 왼쪽 맨 위 구석에서 시작하여 역추적한다. $opt(0,\ 0)$의 값을 될 수 있었던 3칸을 조사하여 선택한 값을 선택한다. 그리고 그 선택한 값을 가지고 같은 과정을 되풀이한다. 동점이 생기는 경우 임의로 선택한다. 맨 아래 구석에 도달

| j | | 0 | 1 | 2 | 3 | 4 | 5 | 6 | 7 | 8 |
|---|---|---|---|---|---|---|---|---|---|---|
| i | | T | A | A | G | G | T | C | A | – |
| 0 | A | **7** | 8 | 10 | 12 | 13 | 15 | 16 | 18 | 20 |
| 1 | A | 6 | **6** | 8 | 10 | 11 | 13 | 14 | 16 | 18 |
| 2 | C | 6 | 5 | **6** | 8 | 9 | 11 | 12 | 14 | 16 |
| 3 | A | 7 | 5 | **4** | 6 | 7 | 9 | 11 | 12 | 14 |
| 4 | G | 9 | 7 | 5 | **4** | 5 | 7 | 9 | 10 | 12 |
| 5 | T | 8 | 8 | 6 | 4 | **4** | 5 | 7 | 8 | 10 |
| 6 | T | 9 | 8 | 7 | 5 | 3 | **3** | 5 | 6 | 8 |
| 7 | A | 11 | 9 | 7 | 6 | 4 | 2 | **3** | 4 | 6 |
| 8 | C | 13 | 11 | 9 | 7 | 5 | 3 | **1** | 3 | 4 |
| 9 | C | 14 | 12 | 10 | 8 | 6 | 4 | 2 | **1** | 2 |
| 10 | – | 16 | 14 | 12 | 10 | 8 | 6 | 4 | 2 | **0** |

그림 3.20 최적 정렬을 찾는데 사용할 배열의 완성된 모습

할 때까지 이 과정을 되풀이한다. 찾은 경로는 그림 3.20에 진하게 표시되어 있다. 어떻게 경로를 찾게 되는지 처음 몇 개의 값만 따라가 보자. $i$째 행과 $j$째 열에 해당하는 배열의 칸을 $[i][j]$로 표시하자. 그리고 다음과 같이 진행한다.

1. [0][0]을 선택한다.
2. 경로에 넣을 둘째 항목을 찾는다.
   (a) [0][1]을 검사한다. [0][0]에 도달하기 위해서 여기서 왼쪽으로 이동하므로, 틈이 삽입되었고 비용 2가 추가되었을 텐데, 그렇다면 다음과 같이 되므로 아니다.

   $$opt(0,\ 1)+2=8+2=10=7$$

   (b) [1][0]을 검사한다. [0][0]에 도달하기 위해서 여기서 위쪽으로 이동하므로, 틈이 삽입되었고 비용 2가 추가되었을 텐데, 그렇다면 다음과 같이 되므로 아니다.

   $$opt(1,\ 0)+2=6+2=8\neq 7$$

   (c) [1][1]을 검사한다. [0][0]에 도달하기 위해서 여기서 대각선 위쪽으로 이동하므로, 틈이 삽입되었고 비용 *penalty* 값이 추가되었을 텐데, $x[0]=A$이고 $y[0]=T$이므로, $penalty=1$이다. 그렇다면 다음과 같이 된다.

   $$opt(1,\ 1)+1=6+1=7$$

   따라서 경로에서 둘째 배열 칸은 [1][1]이다.

배열 값을 계산하면서 경로를 동시에 찾을 수도 있다. 즉, 배열 값을 저장할 때마다 해당 배열 칸을 기록해두면 된다.

일단 경로를 찾으면 정렬된 서열은 다음과 같이 추출할 수 있다(정렬된 서열은 역순으로 만들어진다).

1. 배열의 오른쪽 맨 아래 구성에서 시작하여 표시해둔 경로를 따라간다.
2. 배열의 $[i][j]$ 칸에 도달하기 위해서 대각선으로 이동할 때마다, $i$째 행에 해당하는 문자를 $x$ 서열에 넣고, $j$째 열에 해당하는 문자를 $y$ 서열에 넣는다.
3. 배열의 $[i][j]$ 칸에 도달하기 위해서 위로 이동할 때마다, $i$째 행에 해당하는 문자를 $x$ 서열에 넣고, 틈 문자를 $y$ 서열에 넣는다.
4. 배열의 $[i][j]$ 칸에 도달하기 위해서 왼쪽으로 이동할 때마다, $j$째 행에 해당하는 문자를 $y$ 서열에 넣고, 틈 문자를 $x$ 서열에 넣는다.

그림 3.20의 배열에 이 과정을 그대로 따라가면 다음과 같은 최적 정렬 서열을 얻는다.

$$\begin{array}{cccccccccc} A & A & C & A & G & T & T & A & C & C \\ T & A & - & A & G & G & T & - & C & A \end{array}$$

손해 값을 다르게 잡으면 최적 정렬 서열이 다르게 나올 것이다. Li(1997) 논문을 보면 손해 값을 어떻게 정할지 나와 있다.

서열 정렬 문제를 푸는 동적계획 알고리즘의 작성은 연습문제로 남긴다. Waterman(1984)의 논문에 자세히 기술되어 있는 서열 정렬 알고리즘은 가장 널리 쓰고 있는 서열 정렬 방법 중 하나이다. 이 알고리즘은 BLAST(Bedell, 2003)과 DASH(Gardner-Stephen and Knowles, 2004)와 같은 정교한 서열 정렬 시스템에 사용되었다. 이 절은 Neapolitan(2009)의 교재를 기반으로 작성되었으며, 분자 진화유전학을 자세히 알아보려면 그 교재를 참고하기 바란다.

## 연습문제

### 3.1절

1. 등식 (3.1)을 유도하시오.
2. 등식 (3.1)을 기초로 하여 이항계수문제(알고리즘 3.1)를 푸는 분할정복 알고리즘은 $\binom{n}{k}$를 구하는데 $2\binom{n}{k}-1$개의 항을 계산함을 $n$에 관한 귀납법으로 증명하시오.
3. 이항계수문제를 푸는 두 알고리즘(알고리즘 3.1과 3.2)을 모두 구현하는 프로그램을 작성하고, 다양한 문제 사례를 가지고 성능을 비교하시오.
4. 알고리즘 3.2(동적계획법으로 이항계수 구하기)를 인덱스가 0부터 $k$까지인 배열 하나만 사

용하도록 수정하시오.

## 3.2절

5. 최단경로 문제를 푸는 플로이드 알고리즘 2(알고리즘 3.4)를 사용하여 다음 그래프에 대해서 행렬 $D$(최단경로의 길이를 포함함)와 행렬 $P$(최단경로의 중간정점 가운데 가장 높은 인덱스를 포함함)를 구축하시오. 그리고 수행되는 절차를 단계별로 보이시오.

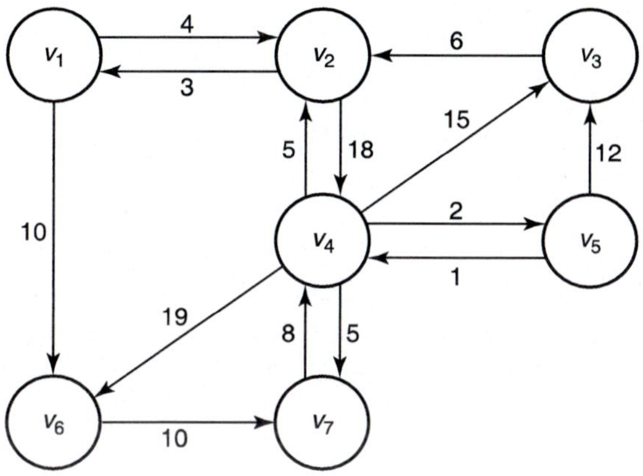


6. 최단경로출력 알고리즘(알고리즘 3.5)을 사용하여 연습문제 5의 그래프에서 정점 $v_7$에서 $v_3$로 가는 최단경로를 구하시오. 여기서 그 연습문제에서 구한 행렬 $P$를 사용하시오. 그리고 수행되는 절차를 단계별로 보이시오.

7. 최단경로출력 알고리즘(알고리즘 3.5)을 분석하고, 1차 시간복잡도를 가짐을 보이시오.

8. 최단경로 문제를 푸는 플로이드 알고리즘 2(알고리즘 3.4)를 구현하는 프로그램을 작성하고, 여러 가지 다른 그래프를 가지고 성능을 비교해 보시오.

9. 최단경로 문제를 푸는 플로이드 알고리즘 2(알고리즘 3.4)를 어떤 주어진 정점에서 다른 명시된 정점으로 가는 최단경로만 주는 알고리즘으로 수정가능한가? 그리고 왜 그런 답이 나오는지를 밝히시오.

10. 최단경로 문제를 푸는 플로이드 알고리즘 2(알고리즘 3.4)가 음의 가중치를 가진 그래프에서 최단경로를 구하는 알고리즘으로 사용될 수 있을까? 그리고 왜 그런 답이 나오는지를 밝히시오.

## 3.3절

11. 최적의 원칙이 성립하지 않고, 따라서 동적계획법으로 최적의 해를 구할 수 없는 최적화 문제를 찾아보시오. 그리고 왜 그런 답이 나오는지를 밝히시오.

## 3.4절

12. 다섯 개 행렬을 곱하는 순서의 조합을 모두 나열하시오.

13. 다음 행렬들의 곱인 $A_1 \times A_2 \times A_3 \times A_4 \times A_5$를 계산하는 최적 순서와 그 비용을 구하시오.

$$A_1\text{의 크기는 } (10 \times 4)$$

$A_2$의 크기는 $(4\times5)$
$A_3$의 크기는 $(5\times20)$
$A_4$의 크기는 $(20\times2)$
$A_5$의 크기는 $(2\times50)$

알고리즘 3.6이 만드는 $M$과 $P$를 구하시오.

14. 최소곱셈 알고리즘(알고리즘 3.6)과 최적순서출력 알고리즘(알고리즘 3.7)을 구현하는 프로그램을 작성하고, 여러 가지 다른 문제 사례를 가지고 그들의 성능을 비교하시오.

15. 본문의 식 (3.5)를 기초로 작성한 분할정복 알고리즘은 지수 시간복잡도를 가짐을 증명하시오.

16. $n$개의 행렬을 곱하는 다른 순서의 경우의 수가 몇인지 계산하는 문제가 있다고 하자.
 (a) 정수 $n$을 입력받아 이 문제를 푸는 재귀 알고리즘을 작성하시오.
 (b) 작성한 알고리즘을 구현하여 각 $n=2, 3, 4, 5, 6, 7, 8, 9, 10$에 대한 알고리즘 출력을 내보시오.

17. 다음 등식이 성립하도록 유도하시오.

$$\sum_{diagonal=1}^{n-1}[(n-diagonal)\times diagonal]=\frac{n(n-1)(n+1)}{6}$$

이 등식은 알고리즘 3.6의 모든 경우 시간복잡도 분석에 사용된다.

18. $n$개 행렬로 된 표현식 전체를 괄호로 둘러싸기 위해서는 괄호가 $n-1$쌍이 필요함을 증명하시오.

19. 알고리즘 3.7을 분석하고, 이 알고리즘이 1차 시간복잡도를 가짐을 증명하시오.

20. 임의 양의 정수 $d$에 대해서 각 행렬의 크기가 $1\times1$ 또는 $1\times d$ 또는 $d\times1$ 또는 $d\times d$인 $n$개 행렬 $A_1\times A_2\times\ldots\times A_n$을 곱하는 최적 순서를 찾는 효율적인 알고리즘을 작성하시오. 작성한 알고리즘을 분석하고, 그 결과를 차수표기법을 사용하여 표시하시오.

### 3.5절

21. 6개 서로 다른 원소를 가지고 몇 개의 다른 이분검색트리를 만들 수 있는가?

22. 다음 아이템에 대해서 최적 이분검색트리를 구축하시오. CASE(.05), ELSE(.15), END(.05), IF(.35), OF(.05), THEN(.35). 여기서 괄호 안의 수는 각 단어가 나올 확률을 나타낸다.

23. 최적 이분검색트리 알고리즘(알고리즘 3.9)에 사용된 $\sum_{m=i}^{j}p_m$을 계산하는 효율적인 방법을 찾으시오.

24. 최적 이분검색트리 알고리즘(알고리즘 3.9)과 최적 이분검색트리 구축 알고리즘(알고리즘 3.10)을 구현하는 프로그램을 작성하고, 여러 가지 다른 문제 사례를 가지고 그들의 성능을 비교하시오.

25. 알고리즘 3.10을 분석하고, 그 시간복잡도를 차수표기법을 사용하여 표시하시오.

26. 검색키가 트리에 없을 수도 있는 경우도 포함하도록 최적 이분검색트리 알고리즘(알고리즘 3.9)을 일반화하시오. 즉, 없는 검색키가 $Key_i$와 $Key_{i+1}$에 올 수 있을 확률을 $q_i$로 하도록 한다. 여기서 $i=0, 1, 2, ..., n$이다. 이 일반화한 알고리즘을 분석하고, 그 결과를 차수표기법을 사용하여 표시하시오.

27. 본문의 식 (3.6)을 기초로 작성한 분할-정복 알고리즘은 지수의 시간복잡도를 가짐을 증명하시오.

### 3.6절

28. 다음과 같이 행렬 $W$로 표현되어 있는 가중치포함 방향그래프에서 최적회로(최적일주여행길)를 구하시오. 수행되는 절차를 단계별로 보이시오.

$$W=\begin{bmatrix} 0 & 8 & 13 & 18 & 20 \\ 3 & 0 & 7 & 8 & 10 \\ 4 & 11 & 0 & 10 & 7 \\ 6 & 6 & 7 & 0 & 11 \\ 10 & 6 & 2 & 1 & 0 \end{bmatrix}$$

29. 외판원 문제(알고리즘 3.11)를 푸는 동적계획 알고리즘을 본문보다 더 세부적으로 작성하시오.

30. 연습문제 27에서 세부적으로 작성한 알고리즘 3.11을 구현하는 프로그램을 작성하고, 그 성능을 여러 가지 사례를 가지고 평가하시오.

### 3.7절

31. 3.7절에 있는 알고리즘 $opt$의 시간복잡도를 분석하시오.

32. 서열 정렬 문제의 동적계획 알고리즘을 작성하시오.

33. 불일치를 손해 1점, 틈을 손해 2점으로 하고, 다음 서열의 최적 정렬을 찾는 동적계획 알고리즘을 작성하시오.

C C G G G T T A C C A

G G A G T T C A

### 추가적인 연습문제

34. $n$번째 피보나찌 항 구하기 알고리즘(1장의 연습문제 34 참조)같이 알고리즘 3.2(동적계획법을 사용하여 이항계수 구하기)의 입력크기는 숫자 $n$과 $k$를 코드화하는데 필요한 심벌의 개수이다. 이 입력크기를 기준으로 알고리즘을 분석하시오.

35. $n$개 행렬 $A_1, A_2, ..., A_n$을 곱하는 가능한 순서의 개수를 구하시오.

36. $n$개 원소로 구성된 이분검색트리의 개수는 다음과 같은 식으로 주어짐을 증명하시오.

$$\frac{1}{(n+1)}\binom{2n}{n}$$

37. 최적 이분검색트리 문제(알고리즘 3.9)를 푸는 2차시간 알고리즘을 개발할 수 있는가?

38. 동적계획법을 사용하여 주어진 $n$개 실수 값의 리스트(list)에서 인접하는 부분리스트(sub-

list)에 속한 값의 합이 최대가 되는 부분리스트를 찾는 알고리즘을 작성하시오. 작성한 알고리즘을 분석하고, 그 결과를 차수표기법을 사용하여 표시하시오.

39. 문자의 수열(sequence) $S_1$과 $S_2$을 생각해보자. 예로써, $S_1$ = A$CMA*MN이고, $S_2$ = AXMC4ANB를 들 수 있다. 수열의 부분수열(subsequence)은 어떤 지점에서라도 문자를 임의로 지워서 구축할 수 있다고 가정하면, 동적계획법을 사용하여 $S_1$과 $S_2$의 최장 공동부분수열(longest common subsequence)을 찾는 알고리즘을 작성하시오. 이 알고리즘은 각 수열의 최대길이 공동부분수열(maximum-length common subsequence)을 넘겨준다.

# Chapter 4
# 탐욕 알고리즘

찰스 디킨스(Charles Dickens)의 고전 소설에 나오는 스크루지(Scrooge)는 탐욕적인 인물을 거론할 때 언제나 등장한다. 스크루지는 지나온 과거나 다가올 미래는 별로 중요하게 생각하지 않는다. 언제나 탐욕스럽게 가능한 한 많은 금을 모으는 일에만 몰두하였다. 과거천사가 과거를 상기시켜 주고, 미래천사가 미래를 경고하자, 비로소 탐욕스런 행태를 바꾸었다.

**탐욕 알고리즘(greedy algorithm)**은 스크루지의 금모으기와 같은 방식으로 작동한다. 즉, 답을 하나씩 고르는데, 미리 정한 기준에 따라서 매번 '가장 좋아 보이는' 답을 선택한다. '스크루지'나 '탐욕'이라는 부정적인 느낌의 단어 때문에 탐욕 알고리즘이 좋지 않을 것이라는 선입견은 버려야 한다. 매우 효율적이고 간단한 탐욕 알고리즘이 많이 있다.

탐욕 알고리즘은 동적계획과 마찬가지로 최적화 문제를 푸는데 주로 사용한다. 상대적으로 탐욕 알고리즘이 설계하기 훨씬 더 쉽다. 동적계획은 재귀관계식을 세워서 입력사례를 더 작은 입력사례로 분할한다. 반면, 탐욕 알고리즘은 입력사례를 분할하지 않는다. 탐욕 알고리즘은 순서대로 답을 하나씩 모아서 최종 답을 구축하는데, 가장 좋아 보이는 답을 선택하여 모은다. 즉, 어떤 선택이든지 선택할 당시(locally)는 최적이다. 전체적으로(globally) 최적인 해를 구하고 싶지만, 항상 최적인 해를 얻는다는 보장은 없다. 따라서 탐욕 알고리즘은 최적인 해답을 얻는지 확인하는 절차를 반드시 거쳐야 한다.

거스름돈 문제를 푸는 탐욕 알고리즘을 공부해보자. 편의점의 계산대에서 일하는 은수는 현금을 내는 손님에게 잔돈을 정확히 거슬러 주어야 한다. 서비스 차원에서 동전의 개수가 최소가 되도록 거스름돈을 주는 게 좋다. 예를 들어, 거스름돈이 870원인 경우 10원짜리 동전을 87개 주면 받는 손님은 분명히 짜증을 낼 것이므로 지양해야 한다. 따라서 거스름돈을 정확히 세어 주는 작업 외에도 동전의 개수가 최소가 되도록 거스름 동전을 선택해야 한다. 은수의 거스름돈 문제에 대한 해답은 거슬러 줄 총액에 해당하는 동전의 집합이고, 최적의 해답은 동전의 개수가 최소가 되는 집합이다. 이 문제를 푸는 탐욕 알고리즘은 다음과 같이 작동한다. 처음에는 빈손으로 시작한다. 그리고 액면가가 가장 높은 동전을 집어 손에 올려놓는다. 즉, 어느 동전이 가장 좋은지(지역적으로 최적)를 결정하는 기준은 동전의 액면가이다. 이를 탐욕 알고리즘에서 **선택과정(selection procedure)**이라고 한다. 손에 있는 거스름돈의 총액이 거슬러주어야 할 액수를 초과하는지 본다. 이를 탐욕 알고리즘에서 **적절성검사(feasibility check)**라고 한다. 만약 거스름돈의 총액이 거슬러주어야 할 액수를 초과하지 않으면, 방금 올려놓은 동전은 거스름돈에 포함된다. 만약 거스름돈의 총액이 거슬러주어야 할 액수와 같은지 검사한다. 이를 탐욕 알고리즘에서 **해답점검(solution check)**이라고 한다. 만약 같지 않다면 다시 선택과정으로 돌아가서 다른 동전을 찾고 같은 과정을 되풀이한다. 거스름돈의 총액이 거슬러주어야 할 액수와 같든지, 아니면 동전이 떨어질 때까지 이 과정을 되풀이한다. 후자의 경우 거스름돈을 다 거슬러줄 수 없게 된다. 이 절차를 알고리즘으로 정리하면 다음과 같다.

```
while (동전이 남아있고 문제 미해결) {
    가장 가치가 높은 동전을 집는다;                              // 선택과정
    if (동전을 더하여 거스름돈의 총액이 거슬러주어야 할 액수를 초과)    // 적절성검사
        동전을 도로 집어넣는다;
    else
        거스름돈에 동전을 포함시킨다;
    if (거스름돈의 총액이 거슬러주어야 할 액수와 같다)                 // 해답점검
        문제 해결;
}
```

적절성검사에서 동전을 집었다가 거스름돈의 총액이 거슬러주어야 할 액수를 초과하면, 해답이 될 수 없다. 따라서 집은 동전은 다시 내려놓아야 한다. 이 알고리즘이 어떻게 작동하는지 그림 4.1을 보자. 다시 말해서, 이 알고리즘을 "탐욕"이라고 하는 이유는 선택의 잠재적인 결점을 선택과정에서 전혀 고려하지 않고, 가장 비싼 동전을 무작정 선택하기 때문이다. 그 선택을 다시 물릴 기회는 없다. 일단 어떤 동전을 선택하기로 하면 그 동전은 영원히 거스름돈에 포함되고, 일단 어떤 동전을 포기하기로 하면 그 동전은 영원

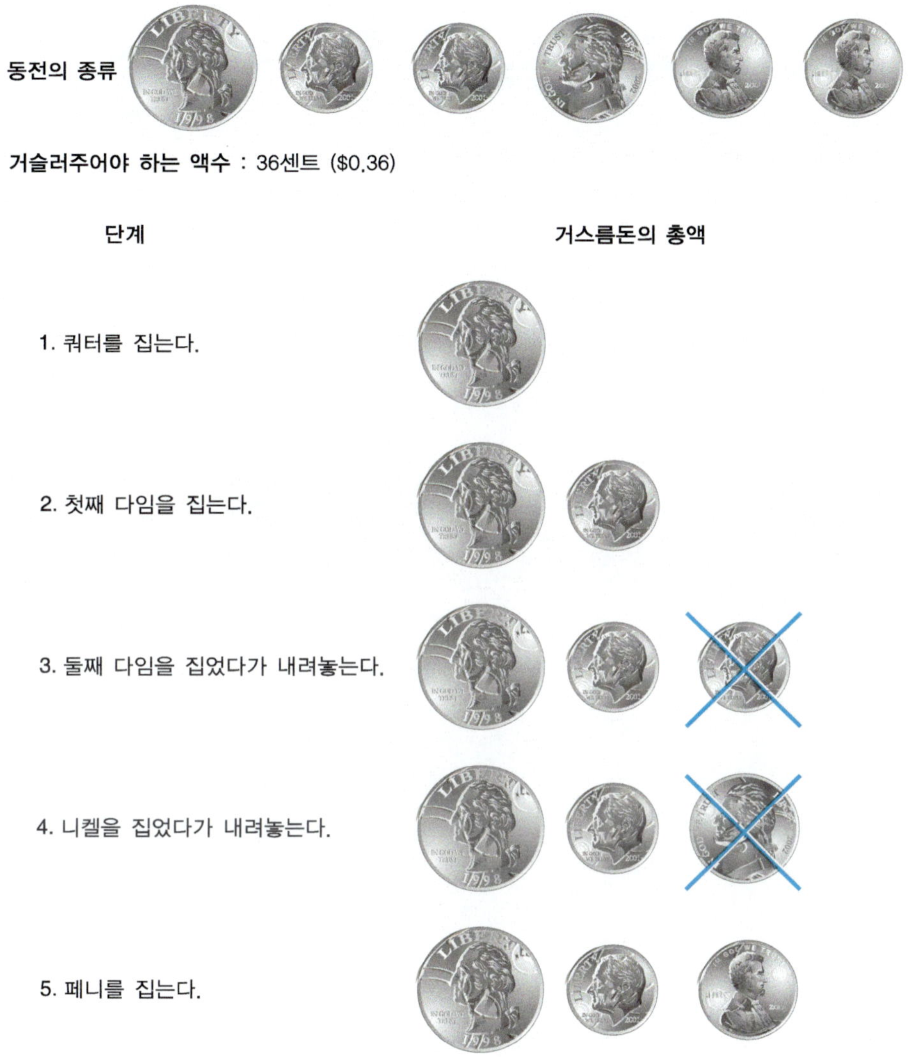


**그림 4.1** 거스름돈을 고르는 탐욕 알고리즘

히 거스름돈에서 제외된다. 이 과정은 아주 간단하지만, 과연 이렇게 얻은 답이 최적일까? 즉, 거스름돈 문제에서 해답이 있을 때 탐욕 알고리즘으로 구한 거스름돈의 동전 개수가 최소일까? 미국에서 통용되는 동전인 페니(penny, $0.01), 니켈(nickel, $0.05), 다임(dime,$0.10), 쿼터(quarter,$0.25), 반달러(half dollar, $0.50)를 사용하고, 최소한 종류별로 하나씩은 있다고 하면 거스름돈을 만드는 경우 탐욕 알고리즘으로 항상 동전 개수가 최소인 거스름돈을 만들 수 있다. 이에 대한 증명은 연습문제로 남긴다. 우리나라 동전으로 해봐도 탐욕 알고리즘이 항상 최적인 거스름돈을 만들어 준다. 이것도 연습문제로 살펴본다. 그러나 만약 미국 동전에 12센트(cent, 1 cent = $0.01)짜리 동전을 추가한다면 탐욕 알고리즘으로 최적해를 항상 준다는 보장이 사라진다. 그림 4.2에서 왜 그런

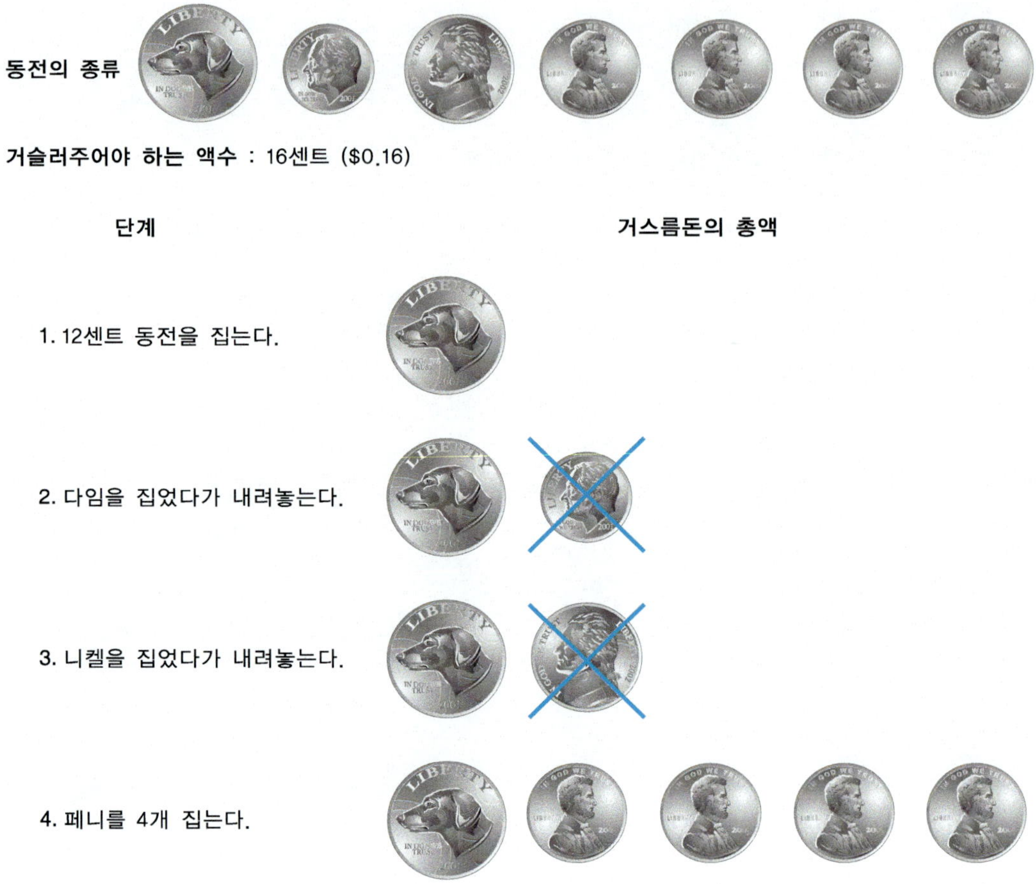


그림 4.2 12센트짜리 동전을 추가한 동전시스템에서 탐욕 알고리즘은 최적이 아니다.

지 설명하고 있다. 그림 4.2에서 탐욕 알고리즘의 해답은 거스름돈 동전의 개수가 5개인 반면, 최적의 해답은 다임과 니켈과 페니로 구성한 3개이다.

거스름돈 문제에서 보듯이 탐욕 알고리즘은 최적의 해를 보장하지 않는다. 따라서 탐욕 알고리즘을 설계했다면 최적의 해를 주는지를 항상 점검해야 한다. 4.1, 4.2, 4.3, 4.4절에서 탐욕 알고리즘이 항상 최적의 해를 주는 문제를 공부한다. 4.5절에서 그렇지 않은 문제를 살펴볼 텐데 탐욕 알고리즘과 동적계획 알고리즘을 비교하고, 각 알고리즘이 어떤 경우에 더 좋은지를 탐구한다. 탐욕 알고리즘을 정리하면서 이 절을 마치자. 탐욕 알고리즘은 공집합에서 시작하여 그 집합이 문제의 해답이 될 때까지 원소를 그 집합에 차례로 추가한다. 이 과정은 다음의 세 절차를 차례로 반복한다.

- **선택과정**은 집합에 추가할 다음 원소를 고른다. 그 당시 최적을 선택하는 탐욕 기준에 따라 선택한다.
- **적절성검사**는 새로운 집합이 해답이 되기 적절한지 검사한다.
- **해답점검**은 새로운 집합이 문제의 해답인지 결정한다.

## 4.1 최소비용 신장트리

도시계획사가 모든 도시사이를 연결하는 자동차 도로 건설사업을 계획하고 있다고 하자. 건설자금을 아끼기 위해서 건설하는 도로의 총길이를 최소로 하여 도로를 건설하고 싶을 것이다. 이러한 유형의 문제를 해결하는 알고리즘을 설계해보자. 먼저, 그래프이론 용어를 간단히 복습하고 시작하자. 그림 4.3(a)에 연결된 가중치포함(weighted), **비방향**(undirected)그래프 $G$가 있다. 여기서 가중치(weight)는 음이 아닌 수로 가정한다. 그래프의 이음선(edge)에 방향이 없으면 비방향(undirected)이라고 한다. 그림으로는 이음선에 화살표가 없으면 비방향이다. 이음선에 방향이 없기 때문에 "이음선이 두 마디 사이에 있다"라고 말한다. 비방향그래프에서 **경로**(path)는 이음선으로 연결된 마디의 나열(sequence)이다. 이음선에 방향이 없기 때문에 마디 $u$에서 $v$로 가는 경로가 있다는 사실

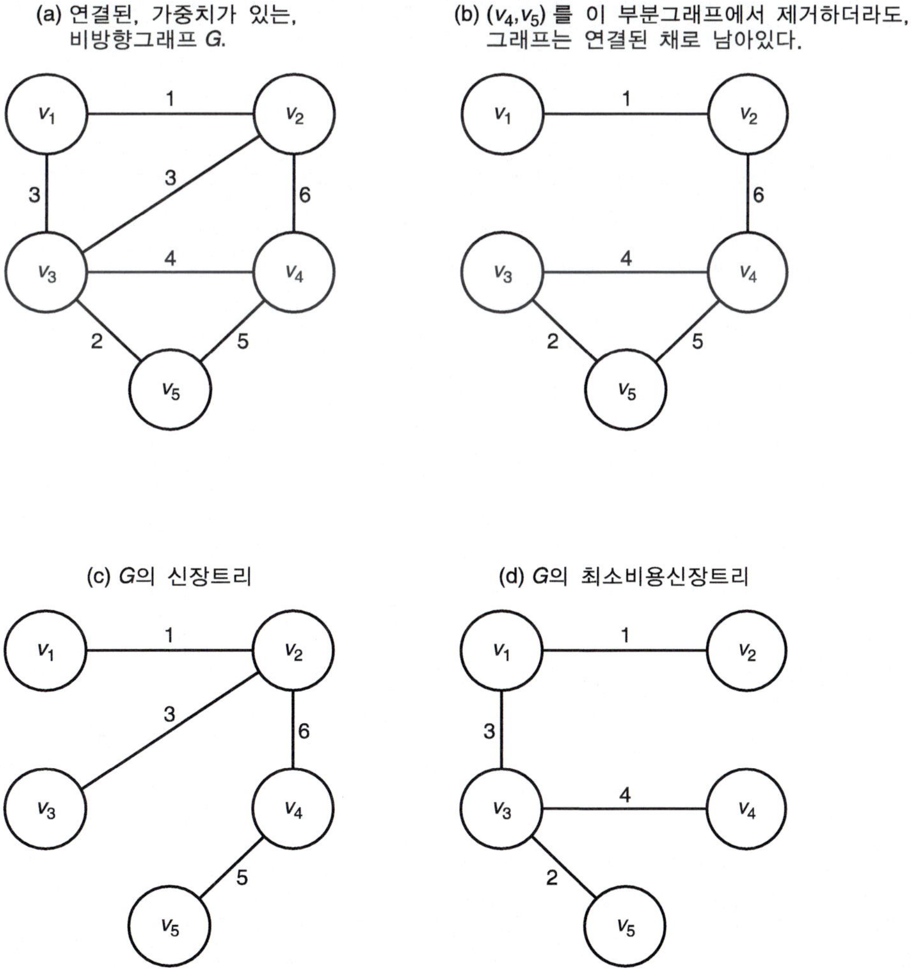


그림 4.3 가중치그래프와 3개의 부분그래프

은 마디 $v$에서 $u$로 가는 경로가 있다는 사실과 같다. 따라서 비방향그래프에서는 "두 마디 사이에 경로가 있다"라고만 단순히 말한다. 비방향그래프에서 모든 마디의 쌍에 대해서 경로가 있으면 **"연결되어**(connected) 있다"라고 부른다. 그림 4.3에 있는 그래프는 모두 연결되어 있다. 그림 4.3(b)에서 $v_2$와 $v_4$ 사이의 이음선을 제거하면, 이 그래프는 더 이상 연결되어 있다고 할 수 없다.

비방향그래프에서 마디에서 자신으로 다시 돌아가는 경로에 최소한 서로 다른 3개의 마디가 있으면 **단순순환경로**(simple cycle)라 하고, 단순순환경로가 없는 비방향그래프를 **비순환적**(acyclic)이라 한다. 그림 4.3(c)와 (d)는 비순환적인 반면, (a)와 (b)는 비순환적이 아니다. **트리**(tree)는 비순환적이며 연결되어 있는 비방향그래프이다(트리를 기술용어로 자유트리(free tree)라고도 한다). 지금 정의한 트리는 특정 마디를 뿌리로 지정하지 않았다. 따라서 **뿌리 있는 트리**(rooted tree)는 마디 하나를 뿌리로 지정한 트리이다. 그러므로 (3.5절에서 공부한) 트리가 여기서는 뿌리 있는 트리이다.

연결된, 가중치포함, 비방향그래프 $G$에서 마디들은 최소한 모두 연결된 상태로 유지한 채 이음선의 가중치의 합은 가능한 한 최소가 되도록 이음선을 제거하여 부분그래프를 만드는 문제를 풀어보자. 이 문제는 응용 분야가 다양하다. 앞에서 언급했듯이 도로건설에서 도로의 길이가 최소가 되도록 도시를 모두 연결하고 싶은 경우가 있다. 비슷하게 전화통신망에서는 케이블의 길이가 최소가 되어야 할 것이고, 하수도 배관공사에서는 배관의 길이가 최소가 되어야 할 것이다. 가중치의 합이 최소인 부분그래프는 꼭 트리가 된다. 왜냐하면, 부분그래프가 트리가 아니면 순환경로가 존재하게 되고 순환경로 상의 이음선 하나를 제거하여 가중치의 합이 더 작은 연결된 그래프를 만들 수 있기 때문이다. 그림 4.3을 보고 이를 설명해보자. 그림 4.3(a)의 부분그래프 (b)는 최소 가중치를 가질 수 없다. 왜냐하면, 순환경로 $[v_3, v_4, v_5, v_3]$상의 어떤 이음선을 제거하더라도 그 부분그래프는 연결된 채로 남아있다. 예를 들어, $v_4$와 $v_5$를 연결하는 이음선을 제거할 수 있으며, 그 결과로 더 작은 가중치를 가진 연결된 그래프를 얻는다.

$G$에 대한 **신장트리**(spanning tree)는 $G$의 마디를 모두 포함하면서 트리인 연결된 그래프이다. 그림 4.3(c)와 (d)는 $G$에 대한 신장트리이다. 가중치가 최소가 되는 연결된 부분그래프는 신장트리가 틀림없지만 신장트리라고 해서 모두 가중치가 최소라는 보장은 없다. 예를 들면, 그림 4.3에서 신장트리 (c)는 가중치가 최소가 아닌데, 왜냐하면 신장트리 (d)의 가중치가 더 작기 때문이다. 앞에서 언급한 문제를 푸는 알고리즘은 반드시 가중치가 최소가 되는 신장트리를 구해야 한다. 이러한 트리를 **최소비용 신장트리**(minimum spanning tree)라고 한다. 그림 4.3에서 트리 (d)는 $G$에 대한 최소비용 신장트리이다. 하나의 그래프에 하나 이상의 최소비용 신장트리가 존재할 수 있다. $G$에는 최소비용 신장트리가 하나 더 있는데 찾아보기 바란다.

존재하는 신장트리를 모두 찾아보는 무작정 방법으로 최소비용 신장트리 찾으면, 최악의 경우 지수시간보다 나쁘다. 탐욕적 방법을 사용하면 더 효율적으로 문제를 풀 수 있다. 먼저 비방향그래프부터 정식으로 정의해보자.

> **정의**
>
> **비방향그래프**(undirected graph) $G$는 마디의 유한집합 $V$와 $V$에 속한 마디의 쌍의 집합 $E$로 구성된다. 이 쌍들을 $G$의 이음선이라고 한다. $G$는 다음과 같이 표시한다.
>
> $$G = (V,\ E)$$

$V$의 멤버는 $v_i$로 표시하고, $v_i$와 $v_j$를 연결하는 이음선은 다음과 같이 표시한다.

$$(v_i,\ v_j)$$

• **예제 4.1** 그림 4.3(a)에 대하여,

$$V = \{v_1,\ v_2,\ v_3,\ v_4,\ v_5\}$$
$$E = \{(v_1,\ v_2),\ (v_1,\ v_3),\ (v_2,\ v_3),\ (v_2,\ v_4),\ (v_3, v_4)\ (v_3,\ v_5),\ (v_4,\ v_5)\}$$

이음선을 표시하면서 마디를 나열하는 순서는 비방향그래프에서는 중요하지 않다. 예를 들어, $(v_1,\ v_2)$와 $(v_2,\ v_1)$은 같은 이음선을 나타낸다. 우리는 인덱스가 낮은 마디를 앞에 두도록 하자.

$G$에 대한 신장트리 $T$는 $G$와 같은 마디 $V$를 가지지만, $T$의 이음선의 집합은 $E$의 부분집합 $F$이다. 신장트리는 $T = (V,\ F)$로 표시한다. 문제는 $T = (V,\ F)$가 $G$에 대한 최소비용 신장트리가 되도록 $E$의 부분집합 $F$를 찾는 것이다. 이 문제를 푸는 탐욕 알고리즘을 고수준으로 표현하면 다음과 같다.

```
F = ∅                                                    // 이음선의 집합을 공집합으로
                                                         // 초기화
while (사례 미해결) {
    부분적으로 최적인 고려사항에 따라 이음선을 선택;           // 선택절차
    if (그 이음선을 F에 추가하면 순환경로가 생기지 않음)       // 적절성 점검
      그 이음선을 F에 추가;
    if (T = (V, F)가 신장트리)                              // 해답점검
      사례해결;
}
```

이 알고리즘은 "부분적으로 최적인 고려사항에 따라 이음선을 선택한다"라고 단순히 말한다. 주어진 문제에 대하여 부분적으로 최적이 되는 성질이 하나만 존재하는 것은 아니다. 이 문제를 푸는 두 개의 다른 탐욕 알고리즘인 프림 알고리즘과 크루스칼 알고리즘을 공부해보자. 각 알고리즘은 부분적으로 최적인 서로 다른 특징을 사용한다. 탐욕 알고

리즘이 항상 최적의 해를 준다는 보장이 없다는 것을 상기해보자. 이 경우에 대해서 과연 그런지 또는 그렇지 않은지 증명할 필요가 있다. 프림 알고리즘과 크루스칼 알고리즘 모두 항상 최소비용 신장트리를 만든다는 사실을 증명한다.

### 4.1.1 프림 알고리즘

프림 알고리즘(Prim's Algorithm)은 이음선의 $F$의 부분집합인 공집합과 임의의 마디를 포함하도록 초기화된 마디의 부분집합에서 시작한다. $Y$는 $\{v_1\}$로 초기화한다. $Y$에서 가장 가까운(nearest) 마디는 최소가중치를 가진 이음선으로 $Y$에 속한 마디를 연결하는 $V-Y$에 속한 마디이다(3장에서 그랬듯이 가중치그래프에서 가중치와 거리는 서로 더불어 사용할 수 있다). 그림 4.3(a)에서 $Y=\{v_1\}$ 일 때, $v_2$는 $Y$에서 가장 가깝다. $Y$에서 가장 가까운 마디는 $Y$에 추가하고, 그 이음선은 $F$에 추가한다. 같은 가중치가 두 개 이상 있으면, 임의로 선택한다. 이 예에서 $v_2$는 $Y$에 추가하고, $(v_1, v_2)$는 $F$에 추가한다. 가장 가까운 마디를 추가하는 이 과정은 $Y=V$가 될 때까지 계속한다. 이 절차를 고수준으로 표현한 알고리즘은 다음과 같다.

```
F = ∅;                                        // 이음선의 집합을 공집합으로 초기화
Y = {v1};                                     // 마디의 집합을 첫째마디만
                                              // 포함하도록 초기화

while (사례 미해결) {
   Y에서 가장 가까운 V-Y에 속한 이음선을 선택;    // 선택절차와 적절성 점검
   그 마디를 Y에 추가;

   그 이음선을 F에 추가;
   if (Y == V)                                // 해답점검
      사례해결;
}
```

$V-Y$에서 새로운 마디를 취해도 순환경로가 생기지 않는다고 보장할 수 있기 때문에 선택절차와 적절성 점검은 같이 이루어진다. 그림 4.4는 프림 알고리즘이 어떻게 실행되는지를 보여준다. 그림 4.4에서의 실행 단계마다 음영 처리된 마디는 $Y$를 나타내고, 두껍게 표시된 이음선은 $F$를 나타낸다.

앞에서 공부한 고수준 알고리즘은 그림으로 표시된 작은 그래프를 가지고 수동으로 최소비용 신장트리를 만드는데 문제없이 사용할 수 있다. 그래프를 검사하여 $Y$에 가장 가까이 있는 마디를 찾기만 하면 되기 때문이다. 그러나 컴퓨터언어로 구현할 수 있는 알고리즘을 작성할 목적이라면, 단계별 절차를 더 세부적으로 묘사해야 할 필요가 있다. 그러기 위해서 가중치그래프를 인접행렬로 표현한다. 즉, 수의 $n \times n$ 행렬 $W$로 표현하는데, 여기서 $W[i][j]$는 다음과 같이 정의한다.

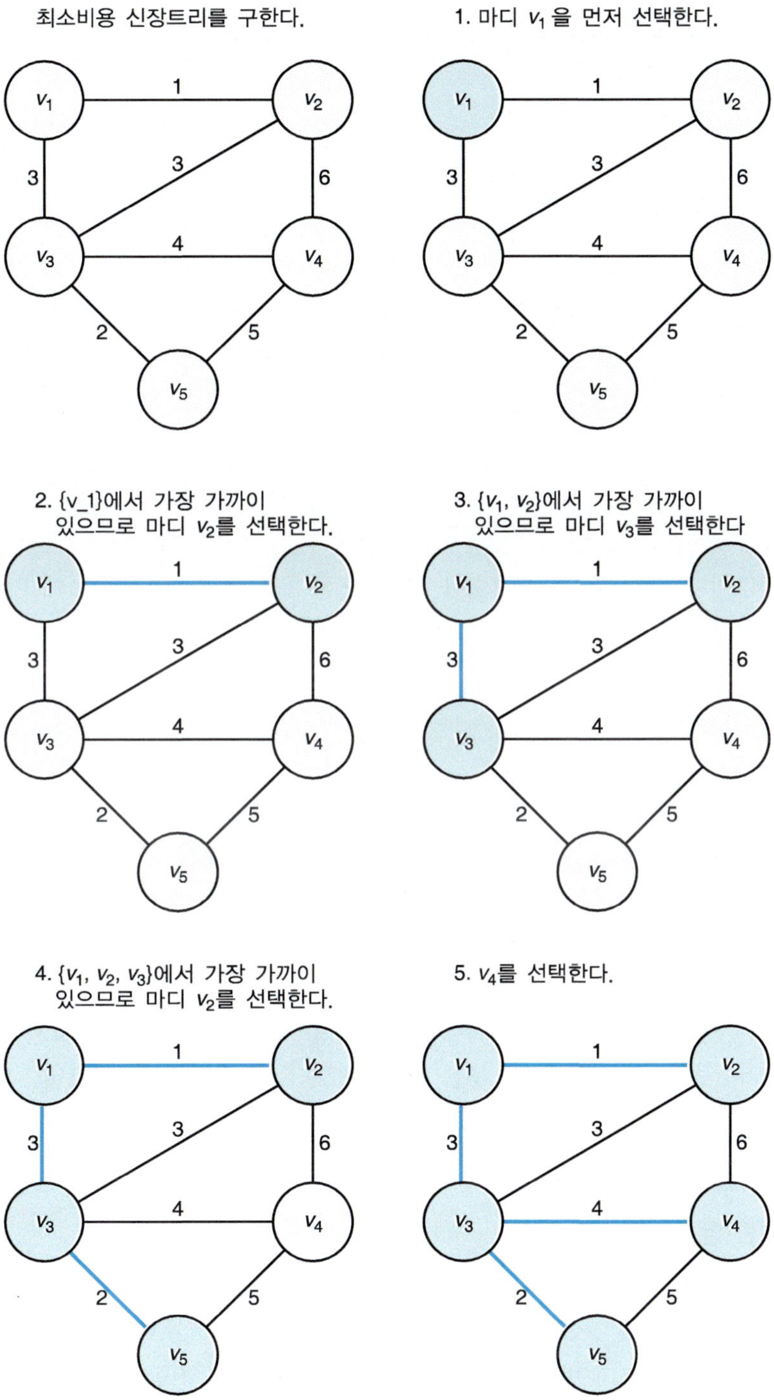


**그림 4.4** (왼쪽 위에 있는) 가중치그래프와 그 그래프에서 프림 알고리즘의 실행절차. $Y$에 속한 마디와 $F$에 속한 이음선은 진하게 표시되어 있다.

| | 1 | 2 | 3 | 4 | 5 |
|---|---|---|---|---|---|
| 1 | 0 | 1 | 3 | ∞ | ∞ |
| 2 | 1 | 0 | 3 | 6 | ∞ |
| 3 | 3 | 3 | 0 | 4 | 2 |
| 4 | ∞ | 6 | 4 | 0 | 5 |
| 5 | ∞ | ∞ | 2 | 5 | 0 |

**그림 4.5** 그림 4.3(a)에 있는 그래프의 배열식 표현 $W$

$$W[i][j] = \begin{cases} \text{이음선 가중치} & v_i\text{와 } v_j\text{를 연결하는 이음선이 존재하는 경우} \\ \infty & v_i\text{와 } v_j\text{를 연결하는 이음선이 존재하지 않는 경우} \\ 0 & i = j\text{인 경우} \end{cases}$$

그림 4.3(a) 그래프는 그림 4.5에 표현되어 있다. $i = 2, \ldots, n$에 대하여 다음과 같이 정의되는 두 개의 배열 *nearest*와 *distance*를 유지한다.

$nearest[i] = v_i$에 가장 가까운 $Y$에 속한 마디의 인덱스

$distance[i] = v_i$와 $nearest[i]$가 인덱스인 두 마디를 연결하는 이음선의 가중치

시작할 때 $Y = \{v_1\}$이므로, $nearest[i]$는 1로 초기화하고 $distance[i]$는 $v_1$과 $v_i$를 연결하는 이음선의 가중치로 초기화한다. 마디들을 $Y$에 추가하면, 이 두 배열은 $Y$ 바깥에 있는 각 마디에서 가장 가까운 $Y$ 안에 있는 새로운 마디를 참조하도록 갱신된다. 어느 마디를 $Y$에 추가시킬지 결정하기 위해 매번 반복할 때마다 $distance[i]$ 값이 최소가 되는 인덱스를 계산한다. 이 인덱스를 $vnear$라고 부른다. $vnear$가 인덱스인 마디는 $distance[vnear]$를 −1로 놓음으로서 $Y$에 추가된다. 다음 알고리즘은 이 절차를 구현한다.

▸ 알고리즘 4.1

### 프림 알고리즘

**문제** : 최소비용 신장트리를 구하시오.

**입력** : 정수 $n \geq 2$와 마디의 개수가 $n$인 연결된 가중치포함 비방향그래프. 그래프는 행과 열 모두 인덱스의 범위가 1부터 $n$까지인 2차원 배열 $W$로 표현한다. 여기서 $W[i][j]$는 $i$째 마디와 $j$째 마디를 연결하는 이음선의 가중치이다.

**출력** : 그래프에 대한 최소비용 신장트리 안에 있는 이음선의 집합 $F$

```
void prim (int n,
           const number W[][],
```

```
        set_of_edges& F)
{
  index i, vnear;
  number min;
  edge e;
  index nearest [2 .. n];
  number distance [2 .. n];

  F = ∅
  for ( i = 2; i <= n; i++){
    nearest[i] = 1;                     // 모든 마디에 대하여 Y에 속한 가장 가까운 마디
    distance[i] = W[1][i];              // (nearest[i])는 v1로 초기화하고,
  }                                     // Y로부터 거리(distance[i])는 vi와 v1을
                                        // 연결하는 이음선의 가중치로 초기화한다.
  repeat (n - 1 times){
                                        // n-1개의 마디를 Y에 추가한다.
    min = ∞
    for (i = 2; i <= n; i++)            // 각 마디에 대하여 distance[i]를 검사하여 Y에
      if (0 ≤ distance[i] < min ) {     // 가장 가까이 있는 마디(vnear)를 찾는다.
        min = distance[i];
        vnear = i;
      }
    e = evnear가 인덱스인 마디를 Y에 추가한다.
    add e to F
    distance[vnear] = -1;               // Y에 속하지 않은
    for (i = 2; i <= n; i++)            // 각 마디에 대하여
      if (W[i][vnear] < distance[i]) {  // Y로부터의 거리(distance[i])를
        distance[i] = W[i][vnear];      // 갱신한다.
        nearest[i] = vnear
      }
  }
}
```

알고리즘 4.1의 분석

▸ **(프림 알고리즘)의 일정 시간복잡도 분석**

**단위연산** : repeat-루프 안에 있는 두 개의 for-루프가 있는데, 각각 $n-1$회 반복한다. 그 안에 명령문들의 한 번 실행을 단위연산으로 한다.

**입력크기** : $n$(마디의 개수)

repeat-루프를 $n-1$번 반복하므로 시간복잡도는 다음과 같다.

$$T(n) = 2(n-1)(n-1) \in \Theta(n^2)$$

프림 알고리즘이 신장트리를 구축하는 것은 확실하다. 그러나 필연적으로 최소비용이

될까? 각 단계에서 $Y$에 가장 가까운 마디를 선택하므로, 직관적으로 보면 트리는 최소비용이 되어야 한다. 그러나 정말 그렇게 되는지 증명할 필요가 있다. 비록 탐욕 알고리즘이 동적계획 알고리즘보다 만들기는 쉽지만, 항상 최적해를 주는지 결정하는 작업은 탐욕 알고리즘이 더 어려운 게 보통이다. 동적계획 알고리즘의 경우에는 최적의 원칙이 성립하는지만 보이면 되었다. 탐욕 알고리즘의 경우에는 보통 정식으로 증명해야 한다. 이제 프림 알고리즘이 항상 최적해를 주는지 증명해보자.

비방향그래프 $G=(V, E)$가 있다고 하자. $E$의 부분집합 $F$에다 최소비용 신장트리가 되도록 이음선을 추가할 수 있으면 $F$는 **유망하다(promising)**라고 한다. 그림 4.3(a)에서 부분집합 $\{(v_1, v_2), (v_1, v_3)\}$은 유망하고, 부분집합 $\{(v_2, v_4)\}$는 유망하지 않다.

### 보조정리 4.1

$G=(V, E)$를 연결된 가중치포함, 비방향그래프라 하며, $F$를 $E$의 유망한 부분집합이라 하고, $Y$를 $F$에 속한 이음선으로 연결된 마디의 집합이라 하자. 만약 $Y$에 속한 마디를 $V-Y$에 속한 마디로 연결하는 이음선 중에 가중치가 최소인 이음선을 $e$라 하면, $F\cup\{e\}$는 유망하다.

증명 : $F$는 유망하므로, 다음 관계가 성립하는 이음선의 집합 $F'$가 반드시 존재하고,

$$F \subseteq F'$$

$(V, F')$는 최소비용 신장트리가 된다. 만약 $e\in F'$라면, 다음 관계가 성립한다.

$$F' \cup \{e\} \subseteq F'$$

이는 $F\cup\{e\}$가 유망하다는 것을 의미하고, 따라서 증명이 완료되었다. 그렇지 않으면($e\in F'$이 아니면) $(V, F')$가 신장트리이므로 $F' \cup\{e\}$는 정확하게 하나의 순환경로를 포함하게 되고, $e$는 반드시 그 순환경로 상에 한 이음선이 되어야 한다. 그림 4.6에서 이를 설명해 주는데, 여기서 순환경로는 $[v_1, v_2, v_4, v_3]$이다. 그림 4.6에서 볼 수 있듯이 $Y$에 속한 마디에서 $V-Y$에 속한 마디를 연결하는 어떤 다른 이음선 $e'\in F'$도 그 순환경로 상에 반드시 속해 있게 된다. $F' \cup\{e\}$에서 $e'$을 제거하면 순환경로는 없어지게 되며, 다시 신장트리가 된다. 그런데 $e$는 $Y$에 속한 한 마디에서 $V-Y$에 속한 마디를 연결하는 이음선 중에 가중치가 최소인 이음선이기 때문에 $e$의 가중치는 $e'$의 가중치보다 반드시 작거나 같아야 한다(실제로는 반드시 같게 된다). 그래서 다음은 최소비용 신장트리가 된다.

$$F' \cup \{e\} - \{e'\}$$

결론적으로 $e'$는 $F$에 절대로 속할 수 없으므로($F$에 속한 이음선들은 $Y$에 속한 마디들만을 연결함을 기억하시오), 다음 관계식을 얻을 수 있다.

$$F \cup \{e\} \subseteq F' \cup \{e\} - \{e'\}$$

따라서 $F \cup \{e\}$는 유망하고, 그래서 증명이 완료되었다.

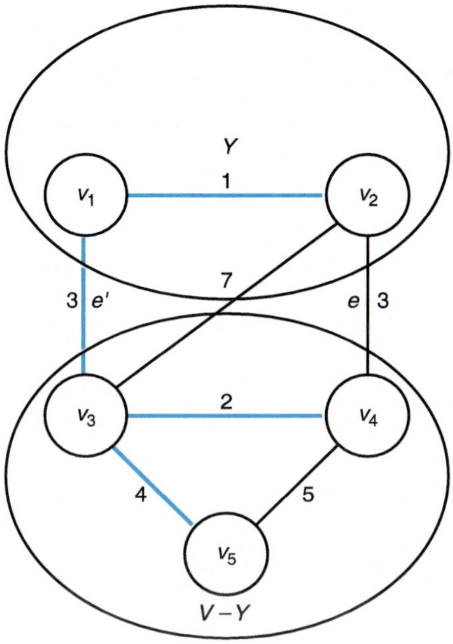


그림 4.6 보조정리 4.1의 증명과정을 설명하는 그래프. $F'$에 속한 이음선은 진하게 표시되어 있다.

**▸ 정리 4.1**

프림 알고리즘은 항상 최소비용 신장트리를 만들어 낸다.

**증명** : 귀납법(induction)을 사용하여 `repeat`-루프가 매번 수행 후에 집합 $F$가 유망하다는 것을 증명하면 된다.

**귀납기초** : 공집합은 당연히 유망하다.

**귀납가정** : `repeat`-루프에서 어떤 주어진 반복이 이루어진 후 그때까지 선택한 이음선의 집합인 $F$는 유망하다고 가정한다.

**귀납절차** : 집합 $F \cup \{e\}$가 유망하다는 것을 보이면 된다. 여기서 $e$는 다음 반복을 실행할 때 선택한 이음선이다. 그런데 이음선 $e$는 $Y$에 속한 어떤 마디를 $V-Y$에 속한 어떤 마디로 연결하는 이음선 중에서 최소의 가중치를 가지고 있기 때문에 보조정리 4.1에 의하여 $F \cup \{e\}$는 유망하다. 귀납 증명이 완료되었다.

귀납증명에 의하여 이음선의 최종 집합은 유망하다. 이 집합은 신장트리의 이음선으로 구성되므로, 그 트리는 최소비용 신장트리임에 틀림없다.

### 4.1.2 크루스칼 알고리즘

최소비용 신장트리 문제를 풀기 위한 크루스칼 알고리즘(Kruskal's Algorithm)은 각 마디마다 자신만 포함하는 $V$의 서로소 부분집합들을 만드는 걸로 시작한다. 그리고 가중치가 작은 것부터 차례로 이음선을 검사한다(가중치가 같으면 임의로 선택한다). 만약 어떤 이음선이 서로소 부분집합들에 있는 두 마디를 연결하면 그 이음선을 추가하고, 두 부분집합을 하나로 합친다. 다음은 이 절차를 고수준으로 표현한 알고리즘이다.

```
F = ∅;                                              // 이음선의 집합을 공집합으로 초기화
V의 서로소 부분집합 구축(각 마디마다 하나씩, 그 마디만 포함하도록 한다);

E에 속한 이음선을 가중치가 작은 것부터 차례로 정렬;
while (답을 구할지 못했음) {

   다음 이음선을 선택;                               // 선택절차

   if (이음선이 서로소 부분집합의 두 마디를 연결한다) {   // 적절성 점검
      부분집합을 합침;
      그 이음선을 F에 추가;
   }
   if (모든 부분집합이 하나로 합쳐졌음)                  // 해답점검
      답을 구했음;
}
```

그림 4.7을 보면 크루스칼 알고리즘이 어떻게 진행되는지 알 수 있다.

크루스칼 알고리즘을 정식으로 작성하기 위해서는 서로소 집합 추상데이터타입이 필요하다. 이 데이터타입은 부록 C에 구현되어 있다. 그 부록에서는 인덱스의 서로소부분집합에 대하여 구현되어 있으므로, 그 구현을 사용하기 위해서는 마디를 인덱스로 표시하기만 하면 된다. 서로소 집합 추상데이터타입은 `index`와 `set_pointer` 데이터타입과 $initial$, $find$, $merge$, $equal$과 같은 연산으로 구성한다. 다음과 같이 선언하고,

```
index i;
set_pointer p, q;
```

연산은 아래와 같이 정의한다.

- $initial(n)$는 $n$개의 서로소부분집합을 초기화하는데, 각 서로소부분집합은 1부터 $n$사이의 인덱스 중에서 정확하게 하나만 포함한다.
- $p = find(i)$는 $p$가 인덱스 $i$를 포함하고 있는 집합을 가리키게 한다.
- $merge(p,q)$는 $p$와 $q$가 가리키고 있는 두 개의 집합을 하나로 합친다.
- $equal(p,q)$는 $p$와 $q$가 같은 집합을 가리키면 true를 넘겨준다.

▸ 알고리즘 4.2 **크루스칼 알고리즘**

문제 : 최소비용 신장트리를 구하시오.

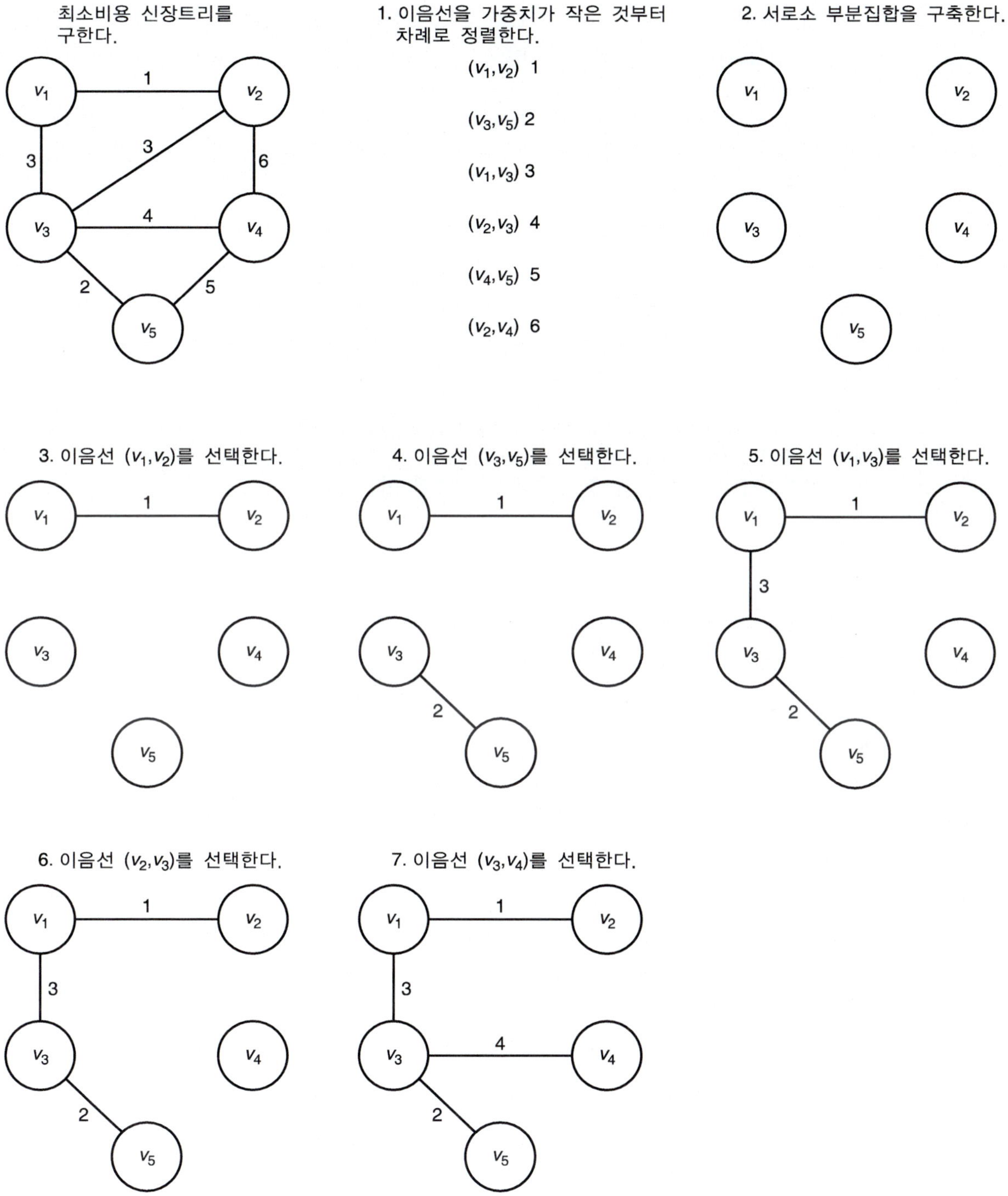


**그림 4.7** 가중치 그래프(왼쪽 위 끝부분에 위치)와 그 그래프에 대한 크루스칼 알고리즘의 진행절차

입력 : 정수 $n(\geq 2)$, 양의 정수 $m$, $n$개의 마디와 $m$개의 이음선을 가진 연결된 가중치포함 비방향그래프. 이 그래프는 가중치와 함께 이음선이 포함된 집합 $E$로 표현한다.

출력 : 최소비용 신장트리에서 이음선의 집합 $F$

```
void kruskal (int n, int m,
              set_of_edges E,
              set_of_edges& F)
{
   index i, j ;
   set_pointer p, q ;
   edge e ;

   E에 속한 m개의 이음선을 가중치가 작은 것부터 차례로 정렬한다;
   F = ∅ ;
   initial(n) ;                        // n개의 소로소부분집합을 초기화
   while (F에서 이음선의 수는 n - 1보다 작다) {
      e = 이직 고려하지 않은 이음선 중 가중치가 최소인 이음선;
      i, j = e로 연결된 마디의 인덱스;
      p = find(i) ;
      q = find(j) ;
      if (! equal(p, q)) {
         merge(p, q) ;
         e를 F에 추가;
      }
   }
}
```

신장트리에 이음선이 $n-1$개 있으므로, $F$에 $n-1$개의 이음선이 있을 때 `while` 루프를 빠져나간다.

알고리즘 4.2의 분석

▸ **(크루스칼 알고리즘)의 최악의 경우 시간복잡도 분석**

단위연산 : 비교 명령문

입력크기 : $n$(마디의 개수), $m$(이음선의 개수)

이 알고리즘에서 고려사항이 세 가지 있다.

1. 이음선을 정렬하는데 걸리는 시간. 2장에서 최악의 경우 시간이 $\Theta(m \lg m)$가 걸리는 정렬 알고리즘(합병정렬)을 구했다. 7장에서 키를 비교하여 정렬하는 알고리즘은 더 이상 성능 향상이 불가능하다는 사실을 공부하게 될 것이다. 따라서 이음선을 정렬하는 시간복잡도는 다음과 같다.

$$W(n) \in \Theta(m \lg m)$$

2. `while` 루프에서 걸리는 시간. 서로소 집합을 조작하는데 걸리는 시간이 이 루프에서

의 시간복잡도를 좌우한다(왜냐하면, 나머지는 모두 상수이기 때문이다). 최악의 경우, `while` 루프를 빠져나가기 전에 이음선을 모두 고려하는데, 이는 루프를 $m$번 반복한다는 뜻이 된다. 부록 C의 서로소 집합 데이터구조 II라고 하는 구현방법을 쓰면, $find$, $equal$, $merge$와 같은 루틴을 호출하는 횟수가 상수가 되는 루프를 $m$번 반복하는 시간복잡도는 다음과 같다.

$$W(m) \in \Theta(m \lg m)$$

여기서 단위연산은 비교명령문이다.

3. $n$개의 서로소 집합을 초기화하는데 걸리는 시간. 앞에서 언급한 서로소 집합 데이터 구조의 구현방법을 사용하면, 초기화하는 시간복잡도는 다음과 같다.

$$T(n) \in \Theta(n)$$

$m \geq n-1$이므로, 서로소 집합을 정렬하고 조작하는 시간이 초기화시간을 지배한다. 따라서 다음과 같다.

$$W(m,\ n) \in \Theta(m \lg m)$$

최악의 경우가 $n$의 값과는 상관이 없는 것처럼 보일지도 모른다. 그러나 최악의 경우 모든 마디는 다른 모든 마디와 연결되기 때문에 다음과 같다.

$$m = \frac{n(n-1)}{2} \in \Theta(n^2)$$

그러므로 최악의 경우에 다음과 같이 쓸 수도 있다.

$$w(m,\ n) \in \Theta(n^2 \lg n^2) = \Theta(n^2\ 2\lg n) = \Theta(n^2 \lg n)$$

크루스칼 알고리즘을 프림 알고리즘과 비교할 때 최악의 경우에 대해서 위의 두 가지 표현을 모두 사용하는 게 좋다.

---

크루스칼 알고리즘이 항상 최적의 해답을 준다고 증명하기 위해서 다음 보조정리가 필요하다.

### 보조정리 4.2

$G(V,\ E)$는 연결된 가중치포함 비방향그래프, $F$는 $E$의 유망한 부분집합, $e$는 $F \cup \{e\}$하여 순환이 생기지 않도록 하여 $E-F$에 속한 최소 가중치 이음선이라 하자. 그러면 $F \cup \{e\}$는 유망하다.

증명 : 이 증명은 보조증명 4.1의 증명과 비슷하다. $F$가 유망하기 때문에 다음 식을 만족하는 이음선의 집합 $F'$가 존재해야 하고

$$F \subseteq F'$$

$(V, F')$는 최소비용 신장트리이어야 한다. 만약 $e \in F'$인 경우,

$$F \cup \{e\} \subseteq F'$$

이는 $F \cup \{e\}$임을 의미하고, 따라서 증명을 완료했다. 그렇지 않은 경우 $(V, F')$가 신장트리이므로 $F' \cup \{e\}$는 정확하게 순환을 하나 포함하고 있어야 하며, $e$가 바로 그 순환이어야 한다. 그런데 $F \cup \{e\}$에는 순환이 없으므로 그 순환에 속한 어떤 이음선 $e' \in F'$가 존재해야 하고, 그 이음선은 $F$에 속하지 않는다. 즉, $e' \in E-F$가 된다. 집합 $F \cup \{e'\}$에는 $F'$의 부분집합이므로 순환이 존재하지 않는다. 그러므로 $e$의 가중치는 $e'$의 가중치보다 크지 않다($e$를 $F \cup \{e\}$하여 순환이 생기지 않도록 하여 $E-F$에 속한 최소 가중치 이음선이라고 가정하였음을 상기하라). $F' \cup \{e\}$에서 $e'$를 제거하면 이 집합에서 순환은 없어지며, 이는 신장트리가 됨을 뜻한다. 실제로 다음 집합은 최소비용 신장트리가 된다.

$$F' \cup \{e\} \subseteq \{e'\}$$

왜냐하면, 위에서 보여준 대로 $e$의 가중치는 $e'$의 가중치보다 크지 않다. $e'$가 $F$에 속하지 않으므로 다음과 같다.

$$F \cup \{e\} \subseteq F' \cup \{e\} - \{e'\}$$

따라서 $F \cup \{e\}$는 유망하고, 따라서 증명이 완료되었다.

---

**▸ 정리 4.2**

크루스칼 알고리즘은 항상 최소비용 신장트리를 만들어 낸다.

**증명** : 이음선의 공집합에서 시작하여 귀납법으로 증명한다. 보조정리 4.2를 이용하여 증명을 완료할 수 있는데 연습문제로 남겨 둔다.

---

### 4.1.3 프림과 크루스칼 알고리즘의 비교

시간복잡도가 다음과 같다.

프림 알고리즘 : $T(n) \in \Theta(n^2)$

크루스칼 알고리즘 : $W(m, n) \in \Theta(m \lg m)$과 $W(m, n) \in \Theta(n^2 \lg n)$

연결된 그래프에서 다음 부등식이 성립함을 또한 증명하였다.

$$n-1 \leq m \leq \frac{n(n-1)}{2}$$

이음선의 개수 $m$이 이 범위의 하한과 가까운 그래프에 대하여(저밀도 그래프-sparse graph), 크루스칼 알고리즘은 $\Theta(n \lg n)$이므로 크루스칼 알고리즘이 더 빠르다. 그러나 이음선의 개수가 이 범위의 상한과 가까운 그래프에 대하여(고밀도 그래프-dense graph), 크루스칼의 알고리즘은 $\Theta(n^2 \lg n)$이므로 프림 알고리즘이 더 빠르다.

### 4.1.4 마무리 토론

위에서 언급했듯이 어떤 알고리즘의 시간복잡도는 구현하는데 사용한 데이터구조에 좌우되는 경우가 종종 있다. 1977년 Johnson이 힙(heap) 데이터구조를 사용하여 $\Theta(m \lg n)$ 프림 알고리즘을 구현하였다. 저밀도 그래프에서는 $\Theta(n \lg n)$으로 이 교재의 알고리즘에 비해서 빠르지만, 고밀도 그래프에서는 $\Theta(n^2 \lg n)$으로 더 느리다. 1987년 Fredman과 Tarjan(1987)은 피보나찌힙 데이터구조를 사용하여 가장 빠른 프림 알고리즘을 개발하였는데, 시간복잡도는 $\Theta(m + n \lg n)$으로 저밀도 그래프에서는 $\Theta(n \lg n)$이고 고밀도 그래프에서는 $\Theta(n^2)$이다.

프림 알고리즘은 1930년 Jarnik이 처음 발표하였고, 이름은 Prim이 1957년에 발표한 논문에서 유래한다. 크루스칼 알고리즘은 Kruskal이 1956년에 발표한 논문에서 유래한다. 최소비용 신장트리 문제의 역사는 Graham과 Hell이 1985년 발표한 논문에 정리되어 있다. 이 문제의 다른 알고리즘으로는 1975년 발표한 Yao의 알고리즘과 1983년 발표한 Tarjan의 알고리즘을 들 수 있다.

## 4.2 단일출발점 최단경로 문제를 푸는 다익스트라 알고리즘

3.2절에서 가중치포함 비방향그래프에서 각 마디에서 다른 모든 마디로 가는 최단경로를 모두 구하는 $\Theta(n^3)$ 알고리즘을 개발하였다. 하나의 특정 마디에서 다른 모든 마디로 가는 최단경로들만 알고 싶다면, 그 알고리즘은 쓸데없이 과다하다. 이제 탐욕적인 방법을 사용하여 단일출발점 최단경로 문제(single-source shortest paths problem)라고 부르는 문제를 푸는 $\Theta(n^2)$ 알고리즘을 개발해보자. 이 알고리즘은 1959년 다익스트라(Dijkstra)가 고안해 내었다. 관심 있는 마디에서 다른 각 마디로 가는 최단경로가 존재한다고 가정하고 이 알고리즘을 설명한다. 그렇지 않은 경우를 처리하기 위해서는 조금만 수정을 가하면 된다.

이 알고리즘은 최소비용 신장트리 문제를 푸는 알고리즘과 비슷하다. 최단경로를 구하려고 하는 마디만 포함하도록 집합 $Y$를 초기화한다. 편의상 이 마디를 $v_1$이라고 하자. 이음선의 집합 $F$는 공집합으로 초기화한다. 먼저 $v_1$에서 가장 가까운 마디 $v$를 선택하여 $Y$에 추가하고, 이음선 $\langle v_1, v \rangle$를 $F$에 추가한다(여기서 $\langle v_1, v \rangle$는 $v_1$에서 $v$로 가는 방향성 이음선을 의미한다). 이 이음선은 명백하게 $v_1$에서 $v$로 가는 최단경로이다. 다음 $v_1$에서 $V - Y$에 속한 마디로 가는 경로 중에서 $Y$에 속한 마디만을 중간에 거쳐 가는 경로를 검사한다. 이 경로들 중에서 가장 짧은 경로가 최단경로이다(이는 증명이 필요하다). 그 경로의 끝에 위치한 마디를 $Y$에 추가하고, 그 경로 상에서 그 마디로 가는 이음선을 $F$에 추가한다. $Y$가 모든 마디의 집합인 $V$와 같아질 때까지 이 과정을 되풀이한다. 이 시점에서 $F$는 최단경로에 속한 이음선을 포함하게 된다. 다음은 이 방법을 추상적으로 표현한 알고리즘이다.

```
Y = {v_1};
F = ∅;

while (답을 구하지 못했음) {

    Y에 속한 마디만 중간에 거쳐 가는 마디로 하여          // 선택절차와
    v_1에서의 최단경로를 가진 마디 v를                    // 적절성 점검
    V − Y에서 선택한다;

   새로운 마디 v를 Y에 추가한다;
   (최단경로 상에서) v로 가는 이음선을 F에 추가한다;

   if (Y == V)
     답을 구했음;                                         // 해답점검
}
```

그림 4.8에 다익스트라 알고리즘의 실행절차를 예로 설명한다. 프림 알고리즘과 마찬가지로 이렇게 고수준으로 표현한 알고리즘은 소규모 그래프를 보면서 사람이 답을 찾는 경우에만 쓸 만하다. 이제 세부적인 알고리즘을 살펴보자. 이 알고리즘에서 가중치 그래프는 3.2절에서와 같이 이차원 배열로 표현한다. 이 알고리즘은 알고리즘 4.1(프림)과 매우 유사하다. *nearest*와 *distance* 배열 대신 다음과 같은 *touch*와 *length* 배열을 사용하는 것이 다르다. 여기서 $i = 2, \ldots, n$

$touch[i]$ = $Y$에 속한 마디들만 중간에 거치도록 하여 $v_1$에서 $v_i$로 가는 현재 최단경로 상의 마지막 이음선을 $\langle v, v_i \rangle$라고 할 때, $Y$에 속한 마디 $v$의 인덱스

$length[i]$ = $Y$에 속한 마디들만 중간에 거치도록 하여 $v_1$에서 $v_i$로 가는 현재 최단경로의 길이

이 알고리즘은 다음과 같다.

▸ 알고리즘 4.3 **다익스트라 알고리즘**

**문제** : 가중치포함 방향그래프에서 $v_1$에서 다른 모든 마디로 가는 최단경로를 구하시오.

**입력** : 정수 $n(\geq 2)$와 마디가 $n$개 있는 연결된 가중치포함 방향그래프. 이 그래프는 이차원 배열 $W$로 표현되며, 행과 열의 인덱스는 각각 1부터 $n$까지이다. 여기서 $W[i][j]$는 $i$번째 마디에서 $j$번째 마디를 잇는 이음선 상의 가중치가 된다.

**출력** : 최단경로 상에 놓여있는 이음선의 집합 $F$

```
void dijkstra(int n, const number W[][], set_of_edges& F)
{
```

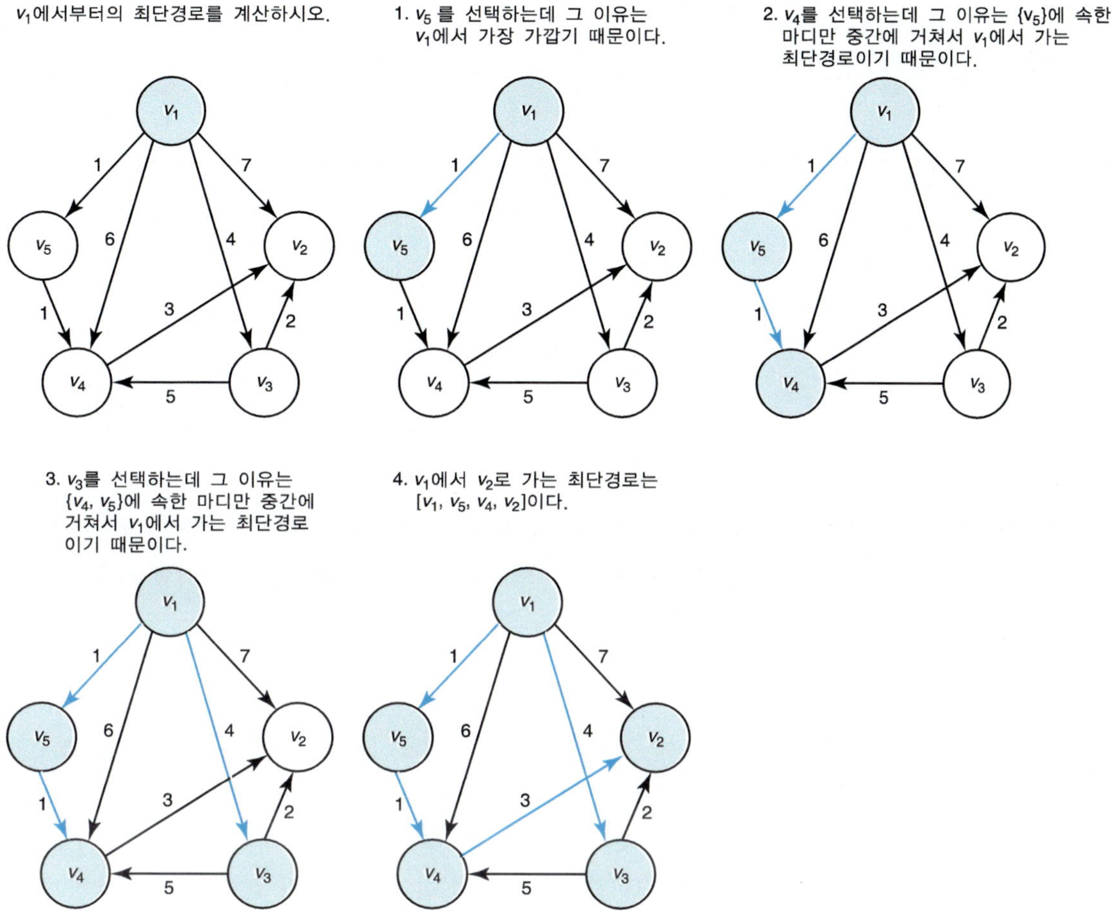


**그림 4.8** (상단의 왼쪽 구석에 위치한) 가중치가 있는 방향그래프와 그 그래프로 다익스트라 알고리즘을 단계별로 실행한 결과. $Y$에 속한 마디들과 $F$에 속한 이음선들은 각 단계에서 진하게 칠해져 있다.

```
index i, vnear;
edge e;
index touch[2..n];
number length[2..n];

F = ∅;
for (i = 2; i <= n; i++) {          // 각 마디에 대해서,
   touch[i] = 1;                    // v1 에서 출발하는 현재 최단경로의 마지막 마디를
   length[i] = W[1][i];             // v1 으로 초기화한다.
}                                   // 그 경로의 길이는 v1 에서의 이음선 상의 가중치로
                                    // 초기화한다.
repeat (n-1번) {
   min = ∞;
   for (i = 2; i <= n; i++) {       // 최단경로를 가지는지 각 마디를 점검한다.
```

```
            if (0 ≤ length[i] < min) {
                min = length[i];
                vnear = i;
            }
        e = touch[vnear]가 인덱스인 마디에서 vnear가 인덱스인 마디로 가는 이음선;
        e를 F에 추가;
        for (i = 2; i <= n; i++) {
            if (length[vnear] + W[vnear][i] < length[i]) {
                length[i] = length[vnear] + W[vnear][i];
                touch[i] = vnear;             // Y에 속하지 않는 각 마디에 대해서,
            }                                 // 최단경로를 바꾼다.
        length[vnear] = -1;                   // vnear가 인덱스인 마디를 Y에 추가한다.
    }
}
```

$v_1$에서 다른 모든 마디로 가는 경로가 존재한다고 가정하기 때문에 변수 *vnear*는 *repeat* 루프의 각 반복 단계에서 새로운 값을 가지게 된다. 만약 이런 가정이 없다면 이 알고리즘에 쓰여진 대로 `repeat` 루프의 $n-1$번 반복이 끝날 때까지 마지막 이음선을 계속해서 추가하게 될 것이다.

알고리즘 4.3은 최단경로 상의 이음선만 찾는다. 이 경로의 총 길이는 계산하지 않는다. 그 길이는 이음선을 가지고 계산할 수 있다. 대안으로 알고리즘을 조금 수정하면 그 길이를 구하여 배열에 저장하게 할 수 있다.

알고리즘 4.3의 제어구조는 알고리즘 4.1과 똑같다. 따라서 알고리즘의 4.1의 분석을 그대로 가져다 쓰면 알고리즘 4.3의 분석 결과도 다음과 같음을 알 수 있다.

$$T(n) = 2(n-1)^2 \in \Theta(n^2)$$

비록 여기서는 다루지 않지만, 알고리즘 4.3이 항상 최단경로를 만들어 냄을 증명할 수 있다. 프림 알고리즘(알고리즘 4.1)이 항상 최소비용 신장트리를 만들어 낸다는 걸 증명하는데 사용한 방법과 유사하게 귀납법을 사용하여 증명한다.

프림 알고리즘의 경우와 같이 다익스트라 알고리즘도 힙이나 피보나찌힙 데이터구조를 사용하여 구현할 수 있다. 힙으로 구현하면 $\Theta(m \lg n)$이고, 피보나찌힙으로 구현하면 $\Theta(m + n \lg n)$이다. 여기서 $m$은 이음선의 개수이다. 피보나찌힙으로 구현으로 구현하는 세부적인 사항은 1987년 발표한 Fredman과 Tarjan의 논문에 나와 있다.

## 4.3 스케줄 짜기

어떤 미용사에게 여러 가지 다른 미용서비스를 받으려고 (예를 들어, 커트, 커트/샴푸, 파마, 염색) 기다리고 있는 손님이 있다고 하자. 이와 같이 머리하는 종류별로 걸리는 시

간이 서로 같지 않고, 미용사는 각각 얼마나 걸릴지 알고 있다. 기다리고 머리하는데 걸리는 시간이 최소가 되도록 손님을 서비스하는 스케줄 짜기(scheduling)는 투자해볼 만한 가치가 있는 일이다. 손님이 기다리고 머리하는데 걸리는 시간을 최소로 하는 스케줄을 최적 스케줄이라고 한다. 기다리고 머리하는데 걸리는 시간을 시스템 내부 시간(time in the system)이라고 한다. 실제로 시스템 내부의 총 시간을 최소가 되도록 하는 문제는 주위에서 많이 찾아볼 수 있다. 예를 들어, 디스크드라이브 사용자들이 기다리고 서비스 받는데 소요되는 총 시간이 최소가 되도록 디스크 사용 스케줄을 짜는 문제도 마찬가지이다.

또 다른 스케줄 짜기 문제는 각 작업(또는 손님에 대한 서비스)을 끝내는데 같은 시간이 걸리지만 각 작업과 관련된 보상을 얻기 위해서 시작해야 하는 마감시간이 있는 경우이다. 목표는 총 보상을 최대가 되도록 작업의 스케줄을 짜야 한다는 것이다. 시스템 내부의 총 시간이 최소가 되도록 하는 간단한 스케줄 짜는 문제를 먼저 알아본 후에 마감시간이 있는 스케줄 짜기(scheduling with deadlines) 문제를 공부하기로 하자.

### 4.3.1 시스템 내부의 총 시간의 최소화

시스템 내부의 총 시간이 최소가 되는 간단한 해법은 가능한 모든 스케줄을 고려해 보고 그 중 최소를 취하는 것이다. 이 방법은 다음 예제로 설명한다.

**예제 4.2** 작업이 3개 있고, 작업을 하는데 걸리는 시간은 각각 다음과 같다.

$$t_1 = 5, \qquad t_2 = 10, \qquad t_3 = 4$$

실제 시간의 단위는 이 문제와는 관련이 없다. 만약 1, 2, 3의 순서로 스케줄을 짠다면 이 작업 3개를 완료하는데 시스템 내부에서 걸리는 시간은 다음과 같다.

| 작업 | 시스템 내부 시간 |
|---|---|
| 1 | 5 (작업시간) |
| 2 | 5 (작업 1 대기시간) +10 (작업시간) |
| 3 | 5 (작업 1 대기시간) +10 (작업 2 대기시간) + 4 (작업시간) |

이 스케줄에서 시스템 내부에서 걸리는 총 시간은 다음과 같다.

$$\underbrace{5}_{\text{작업 1을 끝내는데 걸리는 시간}} + \underbrace{(5+10)}_{\text{작업 2를 끝내는데 걸리는 시간}} + \underbrace{(5+10+4)}_{\text{작업 3을 끝내는데 걸리는 시간}} = 39$$

같은 방법으로 다음과 같이 가능한 모든 스케줄과 시스템 내부에서 걸리는 총 시간을 만들어 낼 수 있다.

| 스케줄 | 시스템 내부의 총 시간 |
|---|---|
| [1, 2, 3] | 5 + (5 + 10) + (5 + 10 + 4) = 39 |
| [1, 3, 2] | 5 + (5 + 4) + (5 + 4 + 10) = 33 |

| | |
|---|---|
| [2, 1, 3] | 10 + (10 + 5) + (10 + 5 + 4) = 44 |
| [2, 3, 1] | 10 + (10 + 4) + (10 + 4 + 5) = 43 |
| [3, 1, 2] | 4 + (4 + 5) + (4 + 5 + 10) = 32 |
| [3, 2, 1] | 4 + (4 + 10) + (4 + 10 + 5) = 37 |

스케줄 [3,1,2]가 총 시간이 32로 최적이다.

가능한 모든 스케줄을 고려해 보는 알고리즘의 실행시간은 계승(factorial-time)이다. 앞의 예제에서 보았듯이 최적 스케줄은 작업시간이 가장 짧은 작업(작업시간이 4인 작업 3)을 먼저 하고, 다음에 작업시간이 두 번째로 짧은 작업(작업시간이 5인 작업 1)을 하고, 마지막으로 작업시간이 가장 긴 작업(작업시간이 10인 작업 2)을 하는 것이다. 직관적으로 보면, 작업시간이 가장 짧은 작업을 먼저 수행하므로 이러한 스케줄이 최적인 것처럼 보인다. 이 방법을 고수준으로 표현한 탐욕 알고리즘은 다음과 같다.

```
작업시간 별로 작업을 비내림차순으로 정렬한다;

while (답을 구하지 못했음) {
    다음 작업을 스케줄에 넣는다;                    // 선택절차와
                                                    // 적절성 점검
    if (작업이 더 이상 없다)
        답을 구했음;                                // 해답점검
}
```

이 알고리즘이 진짜 탐욕 알고리즘임을 보여주기 위해 탐욕 알고리즘의 일반 형태로 작성하였다. 그러나 알고리즘이 하는 일은 작업시간별로 작업을 정렬하는 일 뿐이다. 따라서 시간복잡도는 다음과 같다.

$$W(n) \in \Theta(n \lg n)$$

비록 직관적으로 이 알고리즘이 만들어 낸 스케줄이 최적인 것 같아 보이지만, 증명할 필요가 있다. 이 스케줄이야말로 최적 스케줄일 수밖에 없다는 더 강력한 결과를 다음 정리는 증명한다.

### ▸ 정리 4.3

시스템 내부의 총 시간이 최소가 되도록 하는 유일한 스케줄은 작업시간별로 작업을 비내림차순으로 짠 스케줄이다.

**증명** : $1 \leq i \leq n-1$의 범위를 가진 $i$에 대해서 $t_i$를 어떤 특정 최적 스케줄(시스템 내부의 총 시간을 최소가 되는 스케줄)에 포함되어 있는 $i$째 작업의 작업시간이라고 하자. 이 스케줄은 작업시간별로 작업을 비내림차순으로 스케줄 짠 작업들로 이루어짐을 증명할 필요가 있다.

모순유도 증명방법으로 이를 증명해보자. 만약 비내림차순으로 스케줄이 짜져 있지 않다면, $1 \le i \le n-1$의 범위 내에서 최소한 하나의 $i$에 대해서 다음 부등식이 성립할 것이다.

$$t_i > t_i + 1$$

원래 스케줄을 $i$째와 $(i+1)$째 작업을 바꿔서 재배치할 수 있다. 이렇게 바꾸면, (원래 스케줄에서) $(i+1)$째 작업이 시스템 내부에서 소모한 시간을 $t_i$만큼 빼낸 결과를 초래한다. 이유는 (원래 스케줄에서처럼) $i$째 작업을 하는 동안 기다릴 필요가 더 이상 없기 때문이다. 비슷하게 (원래 스케줄에서) $i$째 작업이 시스템 내부에서 소모한 시간을 $t_i+1$만큼 추가한 결과를 초래한다. 명백히, 어떤 다른 작업에 대해서는 스케줄을 변경하지 않았다. 따라서 원래 스케줄에서 시스템 내부의 총 시간을 $T$라 하고, 변경한 스케줄에서 총 시간을 $T'$라 하면, 다음과 같은 등식을 얻을 수 있다.

$$T' = T + t_i + 1 = t_i$$

그런데 $t_i > t_i + 1$이기 때문에 다음과 같은 식을 유추할 수 있고,

$$T' < T$$

이 부등식은 원래 스케줄이 최적이라는 사실과 상반된다.

---

이 알고리즘을 복수작업자 스케줄 짜기 문제(multiple-server scheduling problem)를 푸는 알고리즘으로 일반화하기는 쉽다. 작업자가 $m$명 있다고 가정해보자. 그 작업자의 순서는 무작위이다. 작업시간별로 작업을 비내림차순으로 정렬한다. 첫째 작업자는 첫째 작업을 하고, 둘째 작업자는 둘째 작업을 하고, ..., $m$째 작업자는 $m$째 작업을 한다. 첫째 작업자가 작업시간이 가장 짧은 작업을 하기 때문에 가장 먼저 끝날 것이다. 따라서 첫째 작업자는 $(m+1)$째 작업을 하게 된다. 비슷하게 둘째 작업자는 $(m+2)$째 작업을 하게 되고, 같은 식으로 계속된다. 이 방법은 다음과 같다.

작업자 1은 다음 작업들을 수행한다. $1, (1+m), (1+2m), (1+3m), \ldots$
작업자 2은 다음 작업들을 수행한다. $2, (2+m), (2+2m), (2+3m), \ldots$
$\vdots$
작업자 $i$은 다음 작업들을 수행한다. $i, (i+m), (i+2m), (i+3m), \ldots$
$\vdots$
작업자 $m$은 다음 작업들을 수행한다. $m, (m+m), (m+2m), (m+3m), \ldots$

명백하게, 작업은 결과적으로 다음 순서로 처리하게 된다.

$$1,\ 2,\ \ldots,\ m,\ 1+m,\ 2+m,\ \ldots,\ m+m,\ 1+2m,\ \ldots$$

즉, 서비스시간별로 비내림차순으로 처리된다.

### 4.3.2 마감시간 있는 스케줄 짜기

마감시간이 있는 스케줄 짜기 문제에서 각 작업을 끝내는데 1의 단위시간이 걸리고, 마감시간과 보상이 할당되어 있다. 작업을 마감시간 전이나 마감시간에 마친다면 보상을 받는다. 목표는 총 보상액이 최대가 되게 작업 스케줄을 짜는 것이다. 모든 작업을 스케줄에 포함시킬 필요는 없다. 마감시간 후의 작업은 보상이 없으므로 아예 작업을 하지 않는 것과 마찬가지이다. 그러한 스케줄을 불가능(impossible)한 스케줄이라고 한다. 다음 예제를 보고 이 문제를 잘 이해해보자.

---

**• 예제 4.3** 작업, 마감시간, 보상이 다음과 같다고 가정해보자.

| 작업 | 마감시간 | 보상 |
|---|---|---|
| 1 | 2 | 30 |
| 2 | 1 | 35 |
| 3 | 2 | 25 |
| 4 | 1 | 40 |

"작업 1은 마감시간이 2이다"의 의미는 "작업 1을 시점 1 또는 2에 시작할 수 있다"가 된다. 시점 0이라고는 존재하지 않는다. 작업 2는 마감시간이 1이므로 그 작업은 시점 1에서만 시작할 수 있다. 가능한 스케줄과 총 보상은 다음과 같다.

| 스케줄 | 총 보상 |
|---|---|
| [1, 3] | 30 + 25 = 55 |
| [2, 1] | 35 + 30 = 65 |
| [2, 3] | 35 + 25 = 60 |
| [3, 1] | 25 + 30 = 55 |
| [4, 1] | 40 + 30 = 70 |
| [4, 3] | 40 + 25 = 65 |

불가능한 스케줄은 나열하지 않았다. 예를 들어, 스케줄 [1, 2]는 가능하지 않고, 따라서 나열하지 않았다. 왜냐하면, 작업 1을 먼저 시점 1에서 시작하고, 끝나는데 1 단위시간이 걸리게 되어 작업 2를 시점 2에서 시작해야 하기 때문이다. 그러나 작업 2의 마감시간은 시점 1이다. 예를 들어, 스케줄 [1, 3]은 가능한데, 그 이유는 작업 1을 그 작업의 마감시간 전에 시작하고, 작업 3을 그 작업의 마감시간 전에 시작하기 때문이다. 스케줄 [4, 1]이 총 보상이 70이 되며 최적이라는 사실을 금방 알 수 있다.

---

예제 4.3에서 보았듯이 모든 스케줄을 다 따지면 계승시간이 걸린다. 보상이 가장 많은 작업(작업 4)이 최적 스케줄에 들어가지만, 둘째로 많은 작업(작업 2)은 그렇지 않다는 사실을 주목해보자. 두 작업 모두 마감시간이 1이므로 둘이 한꺼번에 스케줄에 들어갈 수 없다. 물론 보상을 가장 크게 내는 작업이 스케줄에 들어간다. 스케줄에 들어간 다른 작업은 작업 1인데, 그 이유는 그 보상이 작업 3보다 크기 때문이다. 이 문제를 푸는 웬만

한 탐욕 알고리즘은 보상이 큰 것부터 차례로 작업을 먼저 정렬하게 될 것임을 암시한다. 각 작업을 순서대로 검사하여 그 작업이 가능한 작업이면 스케줄에 포함시킨다. 이 방법으로 문제를 푸는 고수준 알고리즘을 만들기에 앞서서 몇 가지를 정의해보자. 작업 순서상의 모든 작업들을 마감시간 내에 시작하면, 그 순서를 **적절한 순서**(feasible sequence)라고 한다. 예를 들어, 예제 4.3에서 [4, 1]은 적절한 순서이고, [1, 4]는 적절한 순서가 아니다. 작업의 집합에서 최소한 하나의 작당한 순서가 존재하면 그 집합은 **적절한 집합**(feasible set)이라고 한다. 예제 4.3에서 {1, 4}는 스케줄 순서 [4, 1]이 적절하므로 적절한 반면 {2, 4}는 둘 중 어떤 작업도 마감시간 안에 작업을 시작하지 못하므로 적절한 집합이 아니다. 우리의 목표는 총 보상을 최대로 하는 적절한 순서를 찾는 것이다. 그러한 순서를 **최적 순서**(optimal sequence)라 하고, 그 순서에 속한 작업의 집합을 작업의 **최적 집합**(optimal set of jobs)이라고 한다. 이제 마감시간이 있는 스케줄 짜기 문제를 푸는 고수준 알고리즘을 소개한다.

```
작업을 보상이 큰 것부터 차례로 정렬한다;
S = ∅
while (답을 구하지 못했음) {
    다음 작업을 선택;                              // 선택 절차
    if (이 작업을 추가하면 S가 적절하다)            // 적절성 점검
        이 작업을 S에 추가;
    if (더 이상 작업이 없다)                        // 해답점검
        답을 구했음;
}
```

다음 예제는 이 알고리즘의 실행과정을 보여준다.

• **예제 4.4** 작업, 마감시간, 보상이 다음과 같다고 가정하자.

| 작업 | 마감시간 | 보상 |
|---|---|---|
| 1 | 3 | 40 |
| 2 | 1 | 35 |
| 3 | 1 | 30 |
| 4 | 3 | 25 |
| 5 | 1 | 20 |
| 6 | 3 | 15 |
| 7 | 2 | 10 |

라벨을 붙이기 전에 작업을 이미 정렬하였다. 앞에서 살펴본 탐욕적인 알고리즘은 다음과 같은 절차로 수행한다.

1. $S$를 $\varnothing$으로 놓는다.

2. 순서 [1]이 적절하므로 $S$를 {1}로 놓는다.
3. 순서 [2, 1]이 적절하므로 $S$를 {1, 2}로 놓는다.
4. {1, 2, 3}은 적절한 순서가 존재하지 않으므로 기각한다.
5. 순서 [2, 1, 4]가 적절하므로 $S$를 {1, 2, 4}로 놓는다.
6. {1, 2, 4, 5}는 적절한 순서가 존재하지 않으므로 기각한다.
7. {1, 2, 4, 6}은 적절한 순서가 존재하지 않으므로 기각한다.
8. {1, 2, 4, 7}은 적절한 순서가 존재하지 않으므로 기각한다.

$S$의 최종값은 {1, 2, 4}가 되고, 이 집합에 대한 적절한 순서는 [2, 1, 4]가 된다. 작업 1과 4는 모두 마감시간이 3이므로, 적절한 순서인 [2, 4, 1]을 대신 사용할 수 있다.

이 알고리즘이 항상 최적의 순서를 만들어 내는지를 증명하기 전에 이 알고리즘을 정식으로 작성해보자. 그렇게 하기 위해서는 집합이 적절한지를 효율적으로 결정하는 방법이 필요하다. 가능한 경우를 모두 고려해 보는 건 계승시간이 걸리므로 받아들일 수 없다. 다음 보조정리를 이용하면 집합이 적절한지 여부를 효율적으로 검사할 수 있다.

### 보조정리 4.3

$S$를 작업의 집합이라고 하자. 그러면 "$S$가 적절하다"는 "$S$에 속한 작업을 마감시간이 감소하지 않게 나열하여 얻은 순서가 적절하다"의 필요충분조건이다.

**증명** : (충분조건) $S$가 적절하다고 가정하자. 그러면, $S$에 속한 작업들에 대해서 최소한 하나의 적절한 순서가 존재한다. 이 순서에서 작업 $x$는 작업 $y$의 앞에 스케줄되어 있고, 작업 $y$가 작업 $x$보다 마감시간이 작다(빠르다)고 가정해보자. 만약 여기서 두 작업의 순서를 바꾼다고 해보자. 작업 $y$는 더 빨리 작업을 시작하므로 당연히 마감시간 안에 작업을 시작하게 된다. 작업 $x$는 마감시간이 작업 $y$보다 크고(늦고), 작업 $x$에 주어진 새로운 작업시간 슬롯이 작업 $y$에도 적당하므로, 작업 $x$도 또한 마감시간 안에 작업을 시작하게 된다. 따라서 새로 바꾼 순서도 적절하다. 어떤 적절한 순서에 교환정렬(알고리즘 1.3)을 실행하면서 이 사실을 반복 적용시켜서 순서대로 나열된 순서가 적절함을 증명할 수 있다.
(필요조건) 순서대로 나열된 순서가 적절하면 당연히 $S$도 적절하다.

**• 예제 4.5** 예제 4.4와 같은 작업이 있다고 가정하자. {1, 2, 4, 7}이 적절한 지를 결정해보자. 보조정리 4.3에 의하면 다음 순서의 적절성을 점검하기만 하면 된다.

$$\begin{matrix}[2, & 7, & 1, & 4]\\ \uparrow & \uparrow & \uparrow & \uparrow \\ 1 & 2 & 3 & 3\end{matrix}$$

각 작업의 마감시간을 그 작업 아래에 표시했다. 작업 4를 마감시간까지 스케줄할 수 없기 때문에 이 순서는 적절하지 않다. 따라서 보조정리 4.3에 의하여 이 집합은 적절하지 않다.

이제 알고리즘을 살펴보자. 작업들은 알고리즘에 전달되기 전에 이미 보상이 큰 것부터 차례로 정렬되어 있다고 가정한다. 보상은 작업을 정렬하기 위해서만 필요하므로, 알고리즘의 파라미터에는 빠져있다.

**▸ 알고리즘 4.4** **마감시간 있는 스케줄 짜기**

**문제** : 각 작업을 마감시간에 마칠 수 있도록 스케줄을 짠 경우에만 보상을 얻을 수 있을 때 총 보상이 최대가 되도록 스케줄을 짜시오.

**입력** : 작업의 수 $n$과 정수 배열 *deadline*(인덱스는 1부터 $n$), 여기서 *deadline*[$i$]는 $i$째 작업의 마감시간. 배열은 보상이 큰 것부터 차례로 정렬되어 있다.

**출력** : 작업의 최적 순서 $J$

```
void schedule(int n,
              const int deadline[ ],
              sequence_of_integer& J)
{
  index i;
  sequence_of_integer K;

  J = [1];
  for (i =2; i <= n, i++) {
    K = J에다가 deadline[ i ]의 값이 작은 것부터 차례로 i를 추가;
    if (K가 적절하다)
      J = K;
  }
}
```

이 알고리즘을 분석하기 전 이 알고리즘을 실행해보자.

**• 예제 4.6** 예제 4.4와 같은 작업이 있다고 가정하자. 이 작업들의 마감시간은 다음과 같다.

| 작업 | 마감시간 |
|---|---|
| 1 | 3 |
| 2 | 1 |
| 3 | 1 |
| 4 | 3 |
| 5 | 1 |
| 6 | 3 |
| 7 | 2 |

알고리즘 4.4는 다음과 같은 절차로 수행한다.

1. $J$는 [1]가 된다.

2. $K$는 [2, 1]이 되고, 적절하다고 결정한다.
   $J$는 $K$가 적절하므로 [2, 1]이다.
3. $K$는 [2, 3, 1]이 되고, 적절하지 않으므로 기각한다.
4. $K$는 [2, 1, 4]가 되고, 적절하다고 결정한다.
   $J$는 $K$가 적절하므로 [2, 1, 4]이다.
5. $K$는 [2, 5, 1, 4]가 되고, 적절하지 않으므로 기각한다.
6. $K$는 [2, 1, 6, 4]가 되고, 적절하지 않으므로 기각한다.
7. $K$는 [2, 7, 1, 4]가 되고, 적절하지 않으므로 기각한다.

$J$의 최종값은 [2, 1, 4]이다.

알고리즘 4.4의 분석

**▸(마감시간 있는 스케줄 짜기)의 최악 시간복잡도 분석**

단위연산 : 작업을 정렬하기 위해서 비교연산이 필요하고, $K$와 작업 $i$가 추가된 $J$를 같게 놓을 때 비교연산이 또 필요하고, $K$가 적절한지 검사하는데 비교연산이 또 필요하다. 따라서 비교연산이 단위연산이다.

입력크기 : 작업의 수 $n$

작업들을 프로시저로 전달하기 전에 작업들을 정렬하는데 $\Theta(n \lg n)$ 시간이 걸린다. for-$i$ 루프마다 $K$에 $i$째 작업을 추가하는데 최대한 $i-1$번의 비교연산이 필요하고, $K$가 적절한지를 검사하는데 최대한 $i-1$번의 비교연산이 필요하다. 따라서 최악의 경우 시간은 다음과 같다.

$$\sum_{i=2}^{n}[(i-1)+i] = n^2 - 1 \in \Theta(n^2)$$

첫째 등식은 부록 A의 예제 A.1에서 얻는다. 이 시간은 정렬하는데 걸리는 시간에 지배되므로 전체 시간복잡도는 다음과 같다.

$$W(n) \in \Theta(n^2)$$

마지막으로 이 알고리즘이 항상 최적의 해를 줌을 증명해보자.

**▸정리 4.4**

알고리즘 4.4는 항상 최적의 작업 집합을 만들어 낸다.

증명 : 작업의 수 $n$에 대하여 귀납법으로 증명한다.

귀납출발점 : 작업의 수가 1인 경우는 명백히 정리가 성립한다.

귀납가정 : 처음 $n$개 작업에 대해서 알고리즘으로 구한 작업의 집합은 처음 $n$개 작업에 대해서 최적이라고 가정한다.

귀납절차 : 처음 $n+1$개 작업에 대해서 알고리즘으로 구한 작업의 집합은 처음 $n+1$개 작업

에 대해서 최적임을 증명하면 된다. 집합 $A$를 처음 $n+1$개 작업에 대해서 알고리즘으로 구한 작업의 집합이라 하고, 집합 $B$를 처음 $n+1$개 작업에 대하여 최적인 작업의 집합이라고 하자. 그리고 job($k$)를 정렬된 작업 리스트에서 $k$번째 작업이라고 하자.
다음의 두 가지 경우가 있다.

**경우 1.** job($n+1$)이 $B$에 포함되지 않는 경우

이 경우 $B$는 처음 $n$개 작업에서 구한 작업의 집합이다. 그러나 귀납가정에 의하여 $A$는 처음 $n$개 작업에서 얻은 최적의 작업집합을 포함하고 있다. 따라서 $B$에 속한 작업들의 총 보상은 $A$에 속한 작업들의 총 보상보다 더 크지 않고, 결과적으로 $A$는 최적일 수밖에 없다.

**경우 2.** job($n+1$)이 $B$에 포함되는 경우

($n+1$)번째 작업이 $A$에 포함되어 있다고 가정하자. 그러면 다음과 같은 식을 구할 수 있다.

$$B = B' \cup \{job(n+1)\}, \quad A = A' \cup \{job(n+1)\}$$

여기서 $B'$는 처음 $n$개 작업에서 구한 집합이고, $A'$는 처음 $n$개 작업에서 알고리즘으로 구한 집합이다. 귀납가정에 의하여 $A'$는 처음 $n$개 작업에 대해서 최적이다. 그러므로

$$\begin{aligned} profit(B) &= profit(B') + profit(n+1) \\ &\le profit(A) + profit(n+1) = profit(A) \end{aligned}$$

여기서 $profit(n+1)$은 job($n+1$)의 보상이고, $profit(A)$는 $A$에 속한 작업들의 총 보상이다. $B$는 처음 $n+1$개 작업들에 대해서 최적이므로, $A$도 마찬가지라고 결론지을 수 있다.

job($n+1$)이 $A$에 포함되어 있지 않다고 가정하자. 이 시간 슬롯을 $B$에서 job($n+1$)이 차지하고 있다고 생각해보자. 만약 알고리즘이 job($n+1$)을 고려할 때 그 슬롯을 사용가능하다고 하면, 그 작업을 스케줄에 넣었을 것이다. 따라서 그 시간 슬롯은 $A$의 어떤 작업 job($i_1$)이 차지했을 것이다. 만약 job($i_1$)이 $B$에 속한다면, 그 작업이 $B$에서 차지하고 있는 어떤 슬롯이라도 $A$에서 어떤 작업 job($i_2$)가 차지하고 있음이 틀림없다. 왜냐하면 그렇지 않은 경우 알고리즘이 job($i_1$)을 그 슬롯에, job($n+1$)을 job($i_1$)의 슬롯에 배치했을 것이기 때문이다. job($i_2$)는 명백히 job($i_1$)이나 job($n+1$)과는 다르다. 만일 job($i_2$)가 $B$에 속해 있다면, 그 작업이 $B$에서 차지하고 있는 어떤 시간 슬롯이라도 $A$에서 어떤 작업 job($i_3$)가 차지하고 있음이 틀림없다. 왜냐하면, 그렇지 않은 경우 알고리즘이 job($i_2$)를 그 슬롯에, job($i_1$)을 job($i_2$)의 슬롯에 배치했을 것이기 때문이다. job($i_3$)는 명백히 job($i_2$)나 job($i_1$)이나 job($n+1$)과는 다르다. 이러한 형식의 논리는 끝없이 되풀이할 수 있다. 스케줄들은 유한하므로, $A$에는 속하지만 $B$에는 속하지 않고 어떤 작업 job($i_k$)에는 궁극적으로 언젠가는 반드시 도달하게 된다. 그렇지 않으면 $A \subseteq B$가 성립하게 되는데, 이는 알고리즘이 job($n+1$)을 $A$에 속해있는 작업으로 스케줄에 포함시킬 수 있음을 의미한다. job($i_1$)을 job($n+1$)의 슬롯에, job($i_2$)를 job($i_1$)의 슬롯에, …, job($i_k$)를 job($i_{k-1}$)의 슬롯에 배치하여 $B$를 수정할 수 있다. 효과적으로 $B$에서 job($n+1$)을 job($i_k$)로 대치하였다. 작업들은 감소하지 않는 순서로 정렬되어 있으므로, job($i_k$)의 보상은 최소한 job($n+1$)의 보상만큼 많다. 따라서 최소한 $B$에 속한 작업들의 총 보상만큼 많은 총

보상을 가진 작업들의 집합이 존재한다. 그러나 그 집합은 처음 $n$개의 작업에서 얻어진다. 따라서 귀납가정에 의하여 그 작업의 총 보상은 $A$에 속한 작업의 총 보상보다 많을 수 없다. 이는 $A$가 최적이라는 의미가 된다.

부록 C에 나와 있는 서로소 집합 데이터구조 III으로 **schedule**(알고리즘 4.4)의 $\Theta(n \lg m)$ 시간 프로시저를 만들 수 있다. 여기서 $m$은 $n$의 최소값이고, $n$개 작업들에 대한 마감시간의 최대값이다. 정렬하는데 걸리는 시간은 아직 $\Theta(n \lg n)$이므로, 전체 알고리즘은 $\Theta(n \lg n)$이다. 어떻게 수정하는지는 연습문제에서 다룬다.

## 4.4 허프만 코드

보조저장장치의 용량이 계속 커지고 가격이 계속 싸지고 있음에도 불구하고, 필요한 저장용량도 따라서 증가하기 때문에 저장장치의 공간은 계속 더 필요하다. 그러므로 파일을 가능한 한 효율적으로 저장하는 방법을 찾는 것이 바람직하다. **데이터 압축**(data compression) 문제는 데이터 파일을 코드화(encode)하는 효율적인 방법을 찾는 것이다. 이제 **허프만 코드**(Huffman code)라고 하는 코드화 방식과 주어진 파일을 허프만 코드화하는 탐욕 알고리즘을 공부해보자.

데이터 파일은 통상적으로 **이진코드**(binary code)로 표현한다. 각 문자는 **코드워드**(code word)라고 하는 유일한 이진 문자열로 표현한다. **길이가 고정된 이진 코드**(fixed-length binary code)는 각 문자를 표현하는 비트(bit)의 개수가 일정하다. 예를 들어, 문자의 집합이 $\{a, b, c\}$라고 하자. 이 경우 두 비트만으로 각 문자를 코드화 할 수 있다. 왜냐하면 두 비트로 네 가지 다른 코드워드를 만들 수 있는데, 사용하는 문자는 세 개뿐이기 때문이다. 예컨대 코드화를 다음과 같이 하기로 했다고 하자.

a : 00 b : 01 c : 11

이 코드화 공식을 다음 파일에 적용하면

$$\text{ababcbbbc} \tag{4.1}$$

결과 코드는

$$0001000111010101 11$$

가 된다. **길이가 변하는 이진코드**(variable-length binary code)를 사용하면 공간을 덜 사용하는 효율적인 코드화 방식을 만들어낼 수 있다. 이 코드화 방식은 각 문자마다 표현하는 비트의 개수가 다르다. 위의 예제에서는 문장 중 하나를 0으로 코드화할 수 있다. 'b'가 가장 빈번히 나오므로 'b'를 0으로 코드화하는 게 가장 효율적일 것이다. 그러나 이 경우 'a'를 '00'으로 코드화 할 수 없는데, 그렇게 하면 'a'와 'b' 두개를 구별할 수 없기 때문이다. 'a'를 '01'로 코드화 할 수도 없는데, 그렇게 하면 0이 나오는 경우 'b'인지 'a'의 시작인지 뒤 숫자를 더 보지 않고는 구별할 수 없기 때문이다. 그러므로 다음과 같은 방식으로 코드화할 수 있다.

$$a : 10 \qquad b : 0 \qquad c : 11 \tag{4.2}$$

이 코드화 공식을 파일 4.1에 적용하면 결과 코드는 다음과 같다.

1001001100011

이 코드화 방식을 사용하면 13개 비트만으로 위 파일을 표현할 수 있는 반면, 이전 방식으로는 18개 비트가 필요하다. 이진문자코드로 파일을 표현하는데 필요한 비트의 최소 개수라는 사실을 가지고, 이 코드화 방식이 최적이라고 밝히는 건 어렵지 않다.

최적 이진코드(optimal binary code) 문제는 주어진 파일에 있는 문자들을 이진코드로 표현하는데 필요한 비트의 개수가 최소가 되는 이진문자코드를 찾는 것이다. 먼저 전치코드를 살펴보고 나서, 이 문제를 푸는 허프만의 알고리즘을 공부하자.

### 4.4.1 전치코드

길이가 변하는 이진코드의 특수 형태의 하나로 **전치코드**(prefix code)가 있다. 전치코드에서는 한 문자의 코드워드가 다른 문자의 코드워드의 앞부분이 될 수 없다. 예를 들어, 01이 'a'의 코드워드라면 011은 'b'의 코드워드가 될 수 없다. 코드 4.2는 전치코드의 예이다. 길이가 고정된 코드도 역시 전치코드라고 할 수 있다. 전치코드는 잎이 코드문자로 구성된 이진트리로 표현 가능하다. 코드 4.2에 해당되는 이진트리는 그림 4.9와 같다. 전치코드의 장점은 파일을 파스(parse)할 때 현재 파스하고 있는 지점의 앞부분을 미리 볼 필요가 없다는 것이다. 이는 트리를 보면 바로 명백해진다. 파스를 시작하는 지점은 파일의 왼쪽 첫 번째 비트와 트리의 뿌리이다. 파일에서 한 비트씩 차례로 훑어가고, 0이 나오는지 1이 나오는지에 따라서 트리의 마디에서 왼쪽 또는 오른쪽으로 간다. 잎에 도달하면 그 잎에 있는 문자를 취한다. 그리고 다시 뿌리로 돌아가서 다음 비트로부터 시작하여 같은 절차를 되풀이한다.

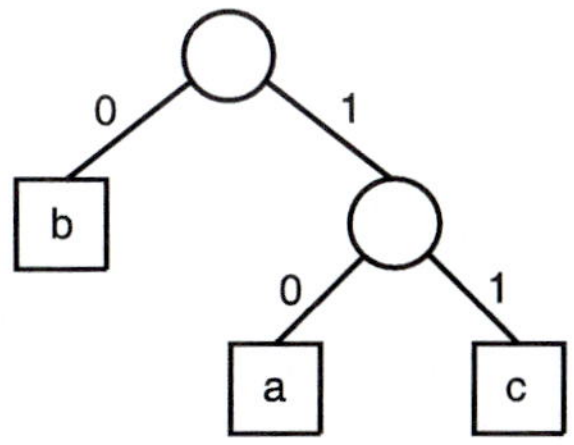


그림 4.9 코드 4.2에 해당되는 이진트리

• **예제 4.7** 문자의 집합은 $\{a, b, c, d, e, f\}$이고, 파일에 있는 문자의 빈도수는 표 4.1과 같다고 하자. 표 4.1에는 그 파일을 코드화하는데 사용 가능한 3가지 다른 코드도 나열하고 있다. 각 방법에 따라서 소요된 비트수를 계산해보면 다음과 같다.

$$Bits(C1) = 16(3) + 5(3) + 12(3) + 17(3) + 10(3) + 25(3) = 255$$
$$Bits(C2) = 16(2) + 5(5) + 12(4) + 17(3) + 10(5) + 25(1) = 231$$
$$Bits(C3) = 16(2) + 5(4) + 12(3) + 17(2) + 10(4) + 25(2) = 212$$

코드 $C2$는 길이가 고정된 코드 $C1$보다 좋지만, $C3$(허프만)은 $C2$보다도 더 좋음을 알 수 있다. 다음 절에서 보겠지만 $C3$가 최적이다. 코드 $C2$와 $C3$에 해당되는 이진트리는 각각 그림 4.10(a)와 (b)와 같다. 각 문자의 빈도수는 트리에 문자와 함께 표시되어 있다.

● **표 4.1** 동일한 파일에 대한 3종류 코드. *C3*가 최적

| 문자 | 빈도수 | $C1$(길이 고정) | $C2$ | $C3$(허프만) |
|---|---|---|---|---|
| $a$ | 16 | 000 | 10 | 00 |
| $b$ | 5 | 001 | 11110 | 1110 |
| $c$ | 12 | 010 | 1110 | 110 |
| $d$ | 17 | 011 | 110 | 01 |
| $e$ | 10 | 100 | 11111 | 1111 |
| $f$ | 25 | 101 | 0 | 10 |

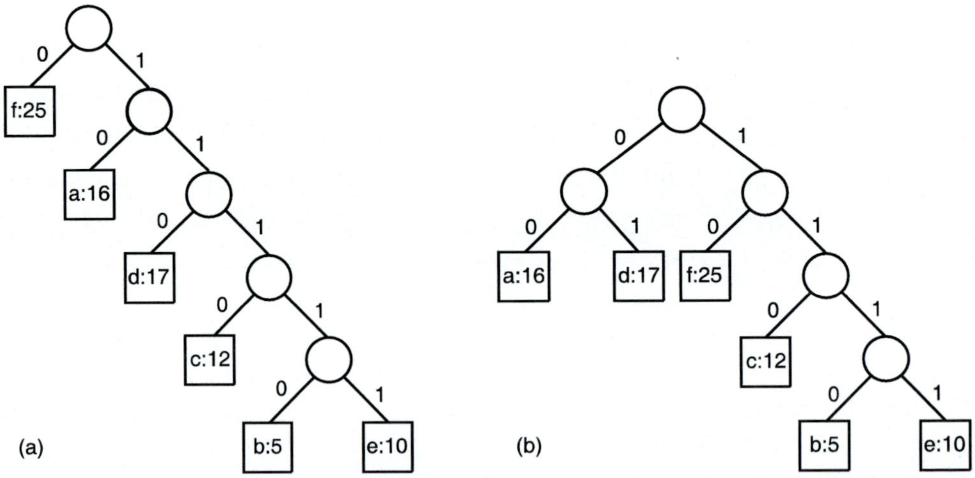


**그림 4.10** 예제 4.7의 코드 *C2*에 해당되는 이진문자코드는 (a)와 같은 반면, 코드 *C3*(허프만)는 (b)와 같다.

앞의 예제에서 볼 수 있듯이 임의의 코드에 해당하는 이진트리 $T$가 주어지고 파일을 코드화 하였을 때 차지하는 비트의 수는 다음과 같이 계산할 수 있다.

$$bits(T) = \sum_{i=1}^{n} frequency(v_i)depth(v_i) \tag{4.3}$$

여기서 $\{v_1, v_2, ..., v_n\}$는 파일에 있는 문자의 집합이고, $frequency(v_i)$는 $v_i$가 파일에 나타나는 횟수이고, $depth(v_i)$는 $T$에서 $v_i$의 깊이이다.

### 4.4.2 허프만 알고리즘

허프만은 최적 코드에 해당하는 이진트리를 구축하여 최적 이진문자코드를 만들어내는 탐욕 알고리즘을 개발하였다. 이 알고리즘이 만들어내는 코드를 **허프만 코드**라고 한다. 여기서는 허프만 알고리즘의 고수준 버전을 보여주겠지만, 트리를 구축하는 과정을 수반하기 때문에 다른 고수준 알고리즘보다는 더 자세히 표현한다. 먼저 타입 선언부터 공부해보자.

```
struct nodetype
{
    char symbol;              // 문자값
    int frequency;            // 파일에 있는 문자의 빈도수
    nodetype* left;
    nodetype* right;
};
```

여기서 **우선순위 대기열**(priority queue)을 사용한다. 우선순위 대기열에서는 우선순위가 가장 높은 요소가 항상 먼저 빠져나간다. 우선순위가 가장 높은 원소는 파일에서 빈도수가 가장 낮은 문자이다. 우선순위 대기열은 연결 리스트(linked list)로 구현할 수 있지만, 힙(heap)으로 구현하면 더 효율적이다(힙은 7.6절에서 설명한다). **허프만 알고리즘**은 다음과 같다.

```
n = 파일에서 문자의 개수 ;
```

우선순위 대기열 $PQ$에서 nodetype 레코드를 가리키는 포인터 $n$개를 다음과 같이 배열한다.

$PQ$의 각 포인터 $p$에 대해서,

```
p -> symbol = 문자 ;
p -> frequency = 문자의 빈도수 ;
p -> left = p -> right = NULL ;
```

우선순위는 빈도수에 좌우되는데, 낮은 빈도수가 높은 우선순위를 가진다.

```
for (i = 1; i <= n-1 ; i++)  {          // 해답 여부의 점검이 없다.
  remove(PQ, p);                         // 대신 i = n-1일 때 해답을 얻는다.
  remove(PQ, q);                         // 선택절차
```

```
    r = new nodetype ;                          // 적절성 점검은 없다.
    r -> left = p ;
    r -> right = q ;
    r -> frequency = p -> frequency + q -> frequency ;
    insert(PQ, r);
  }
  remove(PQ, r);
  return r ;
```

만약 우선순위 대기열을 힙으로 구현한다면, 초기화하는데 $\theta(n)$ 시간이 걸린다. 더구나 각 힙 연산은 $\theta(\lg n)$ 시간이 걸린다. for-$i$ 루프가 $n-1$번 반복되므로 이 알고리즘을 실행하는데 총 $\theta(n \lg n)$ 시간이 걸린다.

다음에는 이 알고리즘을 실행 예를 살펴보자.

**• 예제 4.8** 문자의 집합은 $\{a, b, c, d, e, f\}$ 이고, 파일에 있는 문자의 빈도수는 표 4.1과 같다고 하자. 그림 4.11에 있는 일련의 그림들은 알고리즘에서 for-$i$ 루프를 매번 반복실행하면서 구축된 트리 집합이 변화하는 모습을 보여주고 있다. 이 그림에서 첫째 집합은 루프에 들어가기 전의 상태를 보여준다. 각 마디에 저장되어 있는 값은 그 마디에서 frequency 필드의 값이다. 마지막 트리는 그림 4.10(b)의 트리와 같다.

다음에는 이 알고리즘이 항상 최적 이진문자코드를 만들어내는지 증명해보자. 다음 보조정리부터 시작하자.

### ▲ 보조정리 4.4

최적 이진전치코드에 해당되는 이진트리는 가득찬 트리(full tree)이다. 즉, 잎이 아닌 마디는 모두 자식마디가 둘이다.

증명 : 연습문제로 남겨둔다.

더 진도 나가기 전, 용어를 몇 개 알아두자. 트리에서 두 마디의 부모마디가 같으면, 그 두 마디는 **형제 마디**(siblings)라고 한다. 트리 $T$에서 **뿌리가 $v$인 가지**(branch)란 뿌리를 $v$로 하는 하위트리를 의미한다. 이제 허프만 알고리즘이 최적임을 증명해보자.

### ▸ 정리 4.5

허프만의 알고리즘은 최적 이진코드를 만들어낸다.

증명 : 귀납법으로 증명한다. 즉, $i$번째 단계에서 만들어진 트리집합은 최적 코드에 해당하는 이진트리에서의 가지들이라고 가정하고, $(i+1)$번째 단계에서 만들어진 트리집합도 최적 코드에 해당하는 이진트리에서의 가지들임을 증명한다. 그리고 $(i-1)$번째 단계에서 만들어진 이진트리는 최적 코드에 해당한다고 결론짓는다.

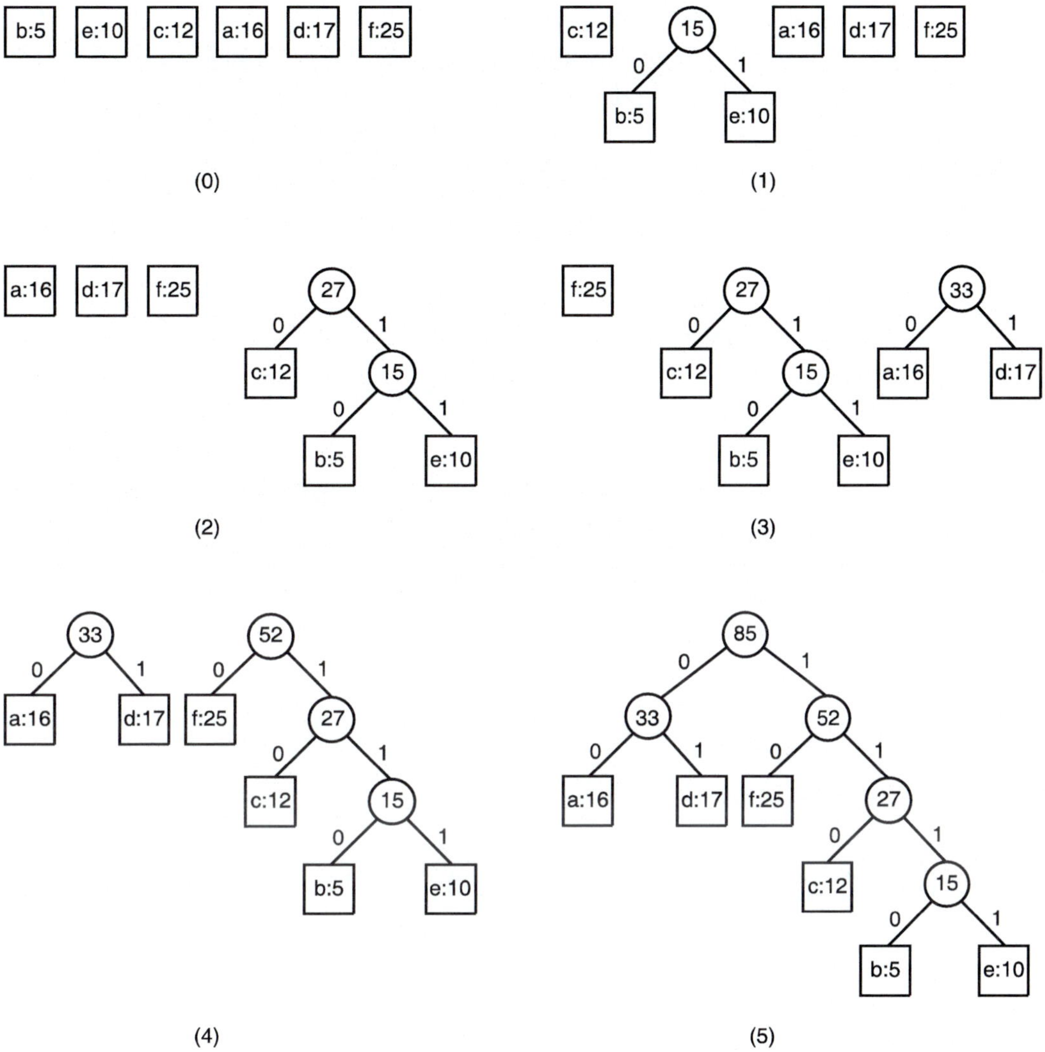


**그림 4.11** 반도수가 표 4.1과 같은 파일에 대해서 허프만의 알고리즘에서 for-$i$ 루프가 매번 반복되면서 구축된 부분트리의 상태를 보여준다. 첫 번째 트리는 루프에 들어가기 전을 나타내주고 있다.

**귀납기초** : 명백히 0번째 단계에서 만들어진 하나짜리 마디의 집합은 최적 코드에 해당하는 이진트리에서의 가지들이다.

**귀납가정** : $i$번째 단계에서 만들어진 트리집합은 최적 코드에 해당하는 이진트리에서의 가지들이라고 가정한다. 그리고 그 트리를 $T$라고 한다.

**귀납절차** : 허프만의 알고리즘의 $(i+1)$번째 단계에서 만들어진 트리들의 뿌리들을 $u$와 $v$라고 하자. 만약 $T$에서 $u$와 $v$가 형제 마디라면, 허프만의 알고리즘의 $(i+1)$번째 단계에서 만들어진 트리집합이 $T$에서 가지들이므로 증명이 완료된다.

그렇지 않으면, $u$는 $T$에서 최소한 $v$만큼 낮은 수준에 있다고 일반성을 잃지 않으면서 가정한다. 전과 마찬가지로 $frequency(v)$는 $v$를 뿌리로 하는 가지들의 잎에 저장되어 있는 문자들의 빈도수의 합이다. 보조정리 4.4에 따르면 $u$는 $T$에서 형제 마디 $w$가 있다고 할 수 있다. $S$를 허프만 알고리즘의 $i$번째 단계 이후에 존재하는 트리들의 집합이라고 하자. 명백히 뿌리가 $w$인 $T$에서 가지는 $S$에 있는 트리 중 하나이거나, 그러한 트리 중 하나를 하위트리로 포함하고 있다. 둘 중 어떤 경우가 되든지, 뿌리가 $v$인 트리는 이 단계에서 허프만 알고리즘이 선택하였기 때문에 다음 부등식이 성립한다.

$$frequency(w) \geq frequency(v)$$

더욱이 $T$에서 다음 부등식이 성립한다.

$$depth(w) \geq depth(v)$$

$T$에서 $v$와 $w$를 뿌리로 하는 가지의 위치를 서로 바꾸어 새로운 이진트리 $T'$을 만들 수 있다. 이 상황은 그림 4.12에 묘사되어 있다. 식 (4.3)과 바로 위의 두개의 부등식으로부터 다음 식이 나옴을 이해는 것은 어렵지 않다.

$$\begin{aligned} bits(T') &= bits(T) + [depth(w) - depth(v)][frequency(v) - frequency(w)] \\ &\leq bits(T) \end{aligned}$$

이는 $T'$에 해당하는 코드가 최적이라는 뜻이다. 명백히 허프만의 알고리즘의 $(i+1)$번째 단계에서 만들어진 트리들의 집합은 $T'$에 있는 가지이다.

## 4.5 탐욕 알고리즘과 동적계획 알고리즘의 비교 : 배낭 채우기 문제

탐욕적인 방법과 동적계획법은 최적화 문제를 푸는 두 가지 방법이다. 둘 중 어떤 방법을 사용해도 문제를 풀 수 있다. 예를 들어, 단일출발점 최단경로 문제는 동적계획법(알고리즘 3.3)으로도 풀었고 탐욕적인 방법(알고리즘 4.3)으로도 풀었다. 그러나 동적계획 알고리즘은 모든 마디를 출발점으로 하여 최단경로를 구하는 해법으로, 단일출발점 문제의 해법으로는 과잉이다. 단일출발점에 대한 최단경로만을 구하는 경우라도 전체 배열 $D$를 구축하기 때문에 낭비가 심하다. 동적계획법으로는 $\Theta(n^3)$ 시간에 문제를 푸는데 비해

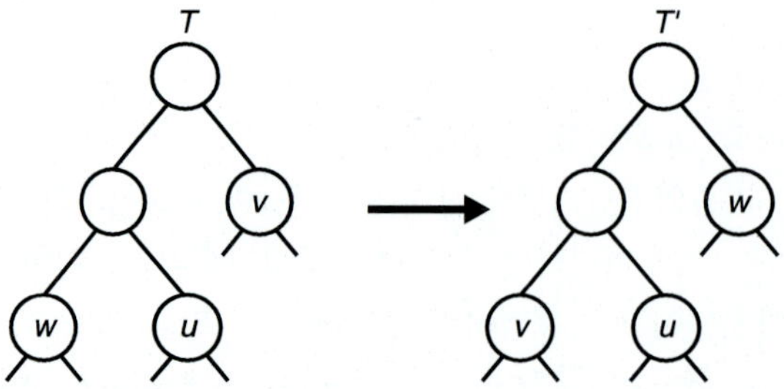

**그림 4.12** $v$와 $w$를 뿌리로 하는 가지를 서로 바꾼다.

서, 탐욕적인 방법으로는 $\Theta(n^2)$ 시간에 풀 수 있다. 일반적으로 탐욕 알고리즘이 동적계획법 알고리즘보다 더 간단하고 더 효율적이다.

반면에, 탐욕 알고리즘이 항상 최적의 해를 주는지를 증명하기는 보통 더 어렵다. 거스름돈 문제에서 보았듯이 탐욕적인 방법이 항상 최적의 해를 주지는 않는다. 임의의 탐욕 알고리즘이 항상 최적의 해를 주는지를 보여주기 위해서 증명이 필요한 반면, 그렇지 않음을 보여주기 위해서는 반례(counter example)가 필요하다. 동적계획법의 경우에는 최적의 원칙이 적용되는지만 확인하면 충분했다.

이 두 방법의 차이점을 더 확실히 이해하기 위해서 0-1 배낭 채우기와 배낭 빈틈없이 채우기라고 하는 두 가지 아주 비슷한 문제를 살펴보자. 배낭 빈틈없이 채우기 문제를 완벽하게 푸는 탐욕 알고리즘은 만들 수 있지만 0-1 배낭 채우기 문제는 풀 수가 없다. 반면, 0-1 배낭 채우기 문제는 동적계획법으로 완벽하게 풀 수 있다.

### 4.5.1 0-1 배낭 채우기 문제의 탐욕적인 해법

0-1 배낭 채우기 문제의 사례를 하나 살펴보자. 밤손님(도둑의 존칭!) 한 분이 보석가게에 배낭을 메고 침입했다고 하자. 훔친 아이템의 총 무게가 배낭의 용량 $W$를 초과하면 배낭이 찢어진다. 각 아이템의 값어치와 무게는 알고 있다. 이 밤손님의 딜레마는 총 무게가 $W$를 넘지 않으면서 아이템의 총 값어치가 최대가 되도록 아이템을 배낭에 담는 것이다. 이 문제를 0-1 배낭 채우기 문제(0-1 knapsack problem)라고 한다. 이 문제는 다음과 같이 정식으로 기술할 수 있다.

아이템이 $n$개 있다고 가정하자. 그리고

$$S = \{아이템_1,\ 아이템_2,\ \ldots,\ 아이템_n\}$$
$$w_i = 아이템_i의\ 무게$$
$$p_i = 아이템_i의\ 값어치$$
$$W = 배낭의\ 용량$$

여기서 $w_i$, $p_i$, $W$는 양의 정수이다.

$\sum_{아이템_i \in A} w_i \le W$를 만족하면서 $\sum_{아이템_i \in A} p_i$를 최대가 되는 $S$의 부분집합 $A$를 찾으시오.

무작정으로 해답을 구하는 방법은 다음과 같다. $n$개 아이템의 모든 부분집합들 중에서 총 무게가 $W$를 초과하는 것들을 버리고, 남은 것들 중에서 총 보상이 최대가 되는 것을 하나 선택하면 된다. 부록 A에 있는 예제 A.10에서 알 수 있듯이 아이템이 $n$개 있는 집합은 부분집합이 $2^n$개 존재한다. 따라서 무작정 해법으로는 지수시간이 걸린다.

가장 쉬운 탐욕적인 전략은 가장 값어치가 높은 아이템을 먼저 채우는 것이다. 즉, 값어치가 높은 순서로 채우는 것이다. 그러나 이 전략은 가장 값어치가 많이 나가는 아이템이 그 값어치에 비해서 무게가 많이 나가는 경우 좋지 않을 수 있다. 예를 들어, 아이템이 3개 있는데 첫째 아이템은 무게가 25kg, 값어치가 10만원이고, 둘째와 셋째 아이템은 각각 무게가 10kg, 값어치가 9만원이라고 하자. 만약 배낭의 용량 $W$가 30kg이면, 최적해가 18만원인데 비해서 이 탐욕적인 전략으로는 10만원어치 밖에 채우지 못할 것이다.

또 다른 탐욕적인 전략은 가장 가벼운 아이템부터 훔치는 것이다. 이 전략은 가벼운 아이템이 무게에 비해서 값어치가 별로 나가지 않는 경우 좋지 않다.

이 두 탐욕 알고리즘의 단점을 극복하기 위한 좀 더 복잡한 탐욕 알고리즘은 무게 당 값어치가 가장 높은 아이템을 우선 채우는 것이다. 즉, 무게 당 값어치가 큰 것부터 차례로 아이템을 총 용량 $W$를 초과하지 않으면 배낭에 채운다. 이 방법은 그림 4.10에 그림으로 설명한다. 그림을 보면 각 아이템의 무게와 값어치를 아이템별로 표시하고, $W$의 값은 30으로 배낭에 표시하였다. 무게 당 값어치를 계산하면 다음과 같다.

$$\text{아이템}_1 : 50\text{만원}/5 = 10\text{만원}$$
$$\text{아이템}_2 : 60\text{만원}/10 = 6\text{만원}$$
$$\text{아이템}_3 : 140\text{만원}/20 = 7\text{만원}$$

무게 당 값어치가 큰 것부터 차례로 나열하면 다음과 같다.

$$\text{아이템}_1, \text{아이템}_3, \text{아이템}_2$$

그림에서 볼 수 있듯이 이 탐욕적인 방법으로는 아이템$_1$과 아이템$_3$을 선택하게 되어 총 수익은 190만원이 되는 반면, 최적의 해답은 아이템$_2$와 아이템$_3$을 선택하여 총 수익이 200만원이 된다. 문제는 아이템$_1$과 아이템$_3$을 선택한 후 배낭에 5kg만큼의 빈 공간이 남아 있다는데, 아이템$_2$는 10kg이어서 배낭에 넣을 수 없으므로 그만큼 공간이 남게 된다. 사실 더 복잡한 탐욕 알고리즘을 쓰더라도 0-1 배낭 채우기 문제는 탐욕적으로는 풀 수 없다.

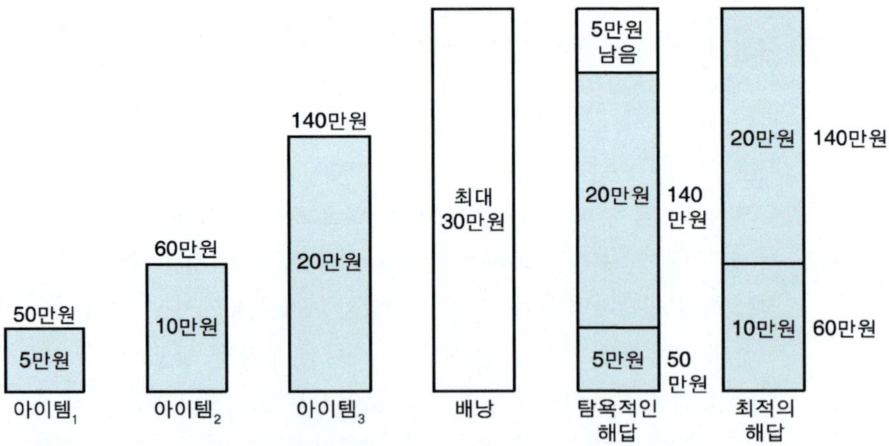


그림 4.13 0-1 배낭 채우기 문제의 탐욕적인 해답과 최적의 해답

### 4.5.2 배낭 빈틈없이 채우기 문제의 탐욕적인 접근방법

배낭 빈틈없이 채우기 문제(fractional knapsack problem)는 아이템을 조각내어 배낭의 남은 부분만큼 채울 수 있다고 가정한다. 0-1 배낭 채우기 문제에서 아이템은 금괴나 은괴로 생각하면 되고, 배낭 빈틈없이 채우기 문제에서 아이템은 금가루나 은가루가 든 자루로 생각하면 된다. 그림 4.10의 아이템들을 다시 생각해보자. 탐욕적인 방법으로 무게당 값어치가 많이 나가는 아이템을 순서대로 다시 선택하면 아이템$_1$과 아이템$_3$을 전과 마찬가지로 선택할 것이다. 그러나 5 kg만큼 남은 공간은 아이템$_2$의 10 kg 중 5 kg으로 채울 수 있다. 그러면 총 이익은 다음과 같이 계산할 수 있다.

$$50만원 + 140만원 + 5/10(60만원) = 220만원$$

0-1 배낭 채우기 문제와는 달리 이 탐욕적인 방법으로 배낭 빈틈없이 채우기 문제를 풀면 빈 공간이 절대 남지 않는다. 결과적으로 최적의 해답을 얻게 된다. 이를 증명하는 일은 연습문제로 남겨둔다.

### 4.5.3 0-1 배낭 채우기 문제를 푸는 동적계획법

최적의 원칙이 적용된다고 증명할 수 있다면 동적계획법으로 0-1 배낭 채우기 문제를 풀 수 있다. $A$를 $n$개 아이템들 중에서 최적을 이루는 부분집합이라고 하자. 이때 $A$가 아이템 $n$을 포함하는 경우와 포함하지 않는 경우의 두 가지로 나눌 수 있다. 만약 $A$가 아이템 $n$을 포함하고 있지 않다면 $A$는 처음 $n-1$개 아이템들 중에서 최적을 이루는 부분집합과 같다. 만약 $A$가 아이템 $n$을 포함하고 있다면 $A$에 속한 아이템들의 총 이익은 총 무게가 $W-w_n$을 초과할 수 없다는 제약조건 하에서 처음 $n-1$개 중에서 아이템들을 선택할 때 얻는 최적의 이익에다 $p_n$을 더한 것과 같다. 따라서 최적의 원칙이 적용된다.

방금 구한 결과는 다음과 같이 일반화할 수 있다. $i>0$과 $w>0$인 경우 총 무게가 $w$를 초과할 수 없다는 제약조건 하에서 처음 $i$개 아이템에서만 선택할 때 얻는 최적의 이익을 $P[i][w]$라고 하면, 다음과 같은 식을 얻는다.

$$P[i][w] = \begin{cases} maximum(P[i-1][w],\ p_i + P[i-1][w-w_i])\,, & w_i \le w \text{인 경우} \\ P[i-1][w] & .\ w_i > w \text{인 경우} \end{cases}$$

최대 이익은 $P[n][W]$와 같다. 이 값은 이차원 배열 $P$를 사용하여 구할 수 있다. 이 배열의 행의 인덱스는 0부터 $n$이고, 열의 인덱스는 0부터 $W$까지이다. $P[i][w]$의 식을 사용하여 순서대로 배열의 행 값을 계산한다. $P[0][w]$와 $P[i][0]$은 0으로 놓는다. 실제 알고리즘의 작성은 연습문제로 남겨둔다. 계산한 배열 엔트리의 개수가 다음과 같다는 사실은 쉽게 알 수 있다.

$$nW \in \Theta(nW)$$

### 4.5.4 0–1 배낭 채우기 문제를 푸는 동적계획법 알고리즘의 개선

계산한 배열 엔트리의 개수를 나타내는 식이 $n$에 대해서 일차라는 사실은 아이템의 개수가 $n$인 모든 예에 대해서 이 알고리즘이 효율적이라고 오해하게 할 수 있다. 그러나 이는 사실이 아니다. 그 식의 다른 항인 $W$가 있고, $n$과 $W$사이에 상관관계가 없다. 그러므로 주어진 $n$에 대해서 임의로 큰 $W$를 취하여 실행시간이 임의적으로 큰 예를 만들 수 있다. 예를 들어, $W$가 $n!$이면 계산한 엔트리의 개수가 $\Theta(n \times n!)$가 된다. 만약 $n = 20$이고 $W = 20!$이면 아무리 빠른 컴퓨터로 실행하더라도 수천 년 걸린다. $n$에 비해 $W$가 극도로 큰 경우 이 알고리즘은 부분집합을 모두 고려하는 무작정 알고리즘보다도 나쁘다.

이 알고리즘을 최악의 경우 계산한 엔트리의 개수가 $\Theta(2^n)$이 되도록 개선할 수 있다. 개선하면, 무작정 알고리즘보다 실행성능이 절대 뒤지지 않으면서 실행성능이 잘 나오는 경우가 종종 있다. 1과 $W$사이에 모든 $w$에 대해서 $i$째 행에 있는 엔트리는 계산할 필요가 없다는 사실을 기초로 개선을 시도한다. $n$째 행에서는 $P[n][W]$만 계산하면 된다. 따라서 $(n-1)$째 행에서는 $P[n][W]$를 계산하는데 필요한 엔트리만 계산하면 된다. $P[n][W]$는 다음과 같은 식으로 표현할 수 있다.

$$P[n][W] = \begin{cases} maximum(P[n-1][W],\ p_n + P[n-1][W-w_n]), & w_n \le W\text{인 경우} \\ P[n-1][W] & , w_n > W\text{인 경우} \end{cases}$$

따라서 $(n-1)$째 행에서는 다음 두 엔트리만 필요하다.

$$P[n-1][W],\ P[n-1][W-w_n]$$

$n$에서부터 뒤로 이 작업을 계속하면 계산할 필요가 있는 엔트리를 결정할 수 있다. 즉, $i$째 행에 어떤 엔트리가 필요한 지 결정한 후에, 다음 사실을 가지고 $(i-1)$째 행에 필요한 엔트리를 결정한다.

$$P[i][w]\text{는 } P[i-1][w]\text{와 } P[i-1][w-w_i]\text{를 가지고 계산한다}$$

$n = 1$이거나 $w \le 0$이면 멈춘다. 필요한 엔트리를 결정한 후에 첫째 행부터 계산을 시작한다. 이 방법을 예제를 가지고 자세히 숙지해보자.

---

• **예제 4.9** 그림 4.13과 같은 아이템들이 있고, $W = 30$이라고 가정하자. 먼저 각 행에 필요한 엔트리를 결정해보자.

행 3에 필요한 엔트리를 결정한다. 다음이 필요하다.

$$P[3][W] = P[3][30]$$

행 2에 필요한 엔트리를 결정한다.

$P[3][30]$을 계산하기 위해서 다음이 필요하다.

$$P[3-1][30] = P[2][30]\text{과 } P[3-1][30-w_3] = P[2][10]$$

행 1에 필요한 엔트리를 결정한다.

$P[2][30]$을 계산하기 위해서 다음이 필요하다.

$$P[2-1][30] = P[1][30] \text{과} P[2-1][30-w_{2]} = P[1][20]$$

$P[2][10]$을 계산하기 위해서 다음이 필요하다.

$$P[2-1][10] = P[1][10] \text{과} P[2-1][10-w_{2]} = P[1][10]$$

다음 이 계산을 수행한다.

행 1을 계산한다.

$$P[1][w] = \begin{cases} maximum(P[0][w],\ 50\text{만원} + P[0][w-5]), & w_1 = 5 \le w \text{ 인 경우} \\ P[0][w] & w_1 = 5 > w \text{ 인 경우} \end{cases}$$
$$= \begin{cases} 50\text{만원}, & w_1 = 5 \le w\text{인 경우} \\ 0\text{만원}, & w_1 = 5 > w\text{인 경우} \end{cases}$$

따라서,

$$\begin{aligned} P[1][0] &= 0\text{만원} \\ P[1][10] &= 50\text{만원} \\ P[1][20] &= 50\text{만원} \\ P[1][30] &= 50\text{만원} \end{aligned}$$

행 2를 계산한다.

$$P[2][10] = \begin{cases} maximum(P[1][10],\ 60\text{만원} + P[1][0]), & w_2 = 10 \le 10 \text{ 인 경우} \\ P[1][10] & w_2 = 10 > 10 \text{ 인 경우} \end{cases}$$
$$= 60\text{만원}$$

$$P[2][30] = \begin{cases} maximum(P[1][30],\ 60\text{만원} + P[1][20]), & w_2 = 10 \le 30 \text{ 인 경우} \\ P[1][30] & w_2 = 10 > 30 \text{ 인 경우} \end{cases}$$
$$= 60\text{만원} + 50\text{만원} = 110\text{만원}$$

행 3을 계산한다.

$$P[3][30] = \begin{cases} maximum(P[2][30],\ 140\text{만원} + P[2][10]), & w_3 = 20 \le 30 \text{ 인 경우} \\ P[2][30] & w_3 = 20 > 30 \text{ 인 경우} \end{cases}$$
$$= 140\text{만원} + 60\text{만원} = 200\text{만원}$$

---

원래 알고리즘으로는 (3)(30)=90 엔트리를 계산하는데 비해서 개선 알고리즘으로는 7개 엔트리만 계산한다.

최악의 경우 이 개선 알고리즘이 얼마나 효율적인지를 알아보자. $(n-1)$째 행에서 최대로 $2^i$개 엔트리를 계산함을 주목하자. 따라서 계산하는 엔트리의 최대 총 개수는 다음과 같다.

$$1 + 2 + 2^2 + \cdots + 2^{n-1} = 2^n - 1$$

이 등식은 부록 A의 예제 A.3의 의해서 얻는다. 다음의 경우 대략 $2^n$개의 엔트리를 계산한다(이익의 값은 상관없다)는 사실을 증명하는 일은 연습문제로 남겨둔다.

$$w_i = 2^{i-1}(1 \le i \le n), \quad W = 2^n - 2$$

이 두 결과를 합하면 최악의 경우 계산하는 엔트리의 개수는 다음과 같다고 결론지을 수 있다.

$$\Theta(2^n)$$

지금까지 구한 시간복잡도는 모두 $n$의 형식으로 표현하였다. $n$과 $W$를 합한 형식으로 시간복잡도를 표현할 수도 있다. 계산하는 엔트리의 개수가 $O(nW)$라는 것은 이미 알고 있지만 개선된 알고리즘은 아마도 이 한계에 결코 도달하지 않을 것처럼 보일지도 모른다. 그러나 그렇지 않다. $n = W+1$이고 모든 $i$에 대해서 $w_i = 1$이면, 계산하는 엔트리의 총 개수는 대략 다음과 같은데 증명은 연습문제로 남겨둔다.

$$1+2+3+ \cdots +n = \frac{n(n+1)}{2} = \frac{(W+1)(n+1)}{2}$$

첫째 등식은 부록 A의 예제 A.1로 구하고, 둘째 등식은 이 경우 $n = W+1$라는 사실에서 유추한다. 따라서 시간복잡도는 임의로 큰 $n$과 $W$값까지 도달하여 최악의 경우 엔트리의 개수는 다음과 같다.

$$\Theta(nW)$$

이 두 결과를 합하면, 최악의 경우 계산하는 엔트리의 총 개수는 다음과 같다.

$$O(minimum(2^n, nW))$$

이 알고리즘을 구현할 때 배열 전체를 쓸 필요는 없다. 대신, 필요한 엔트리만 저장하면 된다. 전체 배열은 묵시적으로만 존재한다. 만약 알고리즘이 이런 식으로 구현되면 최악의 경우 메모리 사용량도 복잡도가 같다.

동적계획법 알고리즘을 개발하는데 사용한 식 $P[i][w]$를 가지고 분할정복 알고리즘을 작성할 수 있다. 이 알고리즘은 최악의 경우 계산하는 엔트리의 개수는 역시 $\Theta(2^n)$이 된다. 동적계획법을 사용하여 얻는 주된 이점은 복잡도를 $nW$ 형태로 표현할 수 있다는 점이다. 분할정복법으로는 이런 식으로 복잡도를 표현할 수 없다. 복잡도의 표현의 차이가 동적계획법과 분할정복법의 근본적인 차이점을 보여준다. 즉, 동적계획법은 같은 계산을 두 번 이상 반복하지 않는다. $nW$ 형식의 복잡도는 $n$에 배해서 $W$가 별로 크지 않은 경우 매우 가치가 있다.

외판원 문제의 경우와 마찬가지로, 최악 시간복잡도가 지수보다 좋은 0-1 배낭 채우기 알고리즘을 찾은 사람이 아직 아무도 없을 뿐 아니라 그런 알고리즘이 불가능하다고 증명한 사람도 아무도 없다. 이러한 문제는 9장에서 집중적으로 다룬다.

## 연습문제

### 4.1절

1. 탐욕적인 방법을 이용하면 항상 거스름돈 문제의 최적해를 구할 수 있음을 보이시오. 동전의 액면금액은 $i>0$이고 $D>0$인 어떤 $i$와 $D$에 대해서 $D^0$, $D^1$, $D^2$, $\cdots$ $D^i$이 된다고 가정한다.

2. 프림 알고리즘(알고리즘 4.1)을 이용하여 다음 그래프의 최소비용 신장트리를 구하시오. 그리고 수행되는 절차를 단계별로 보이시오.

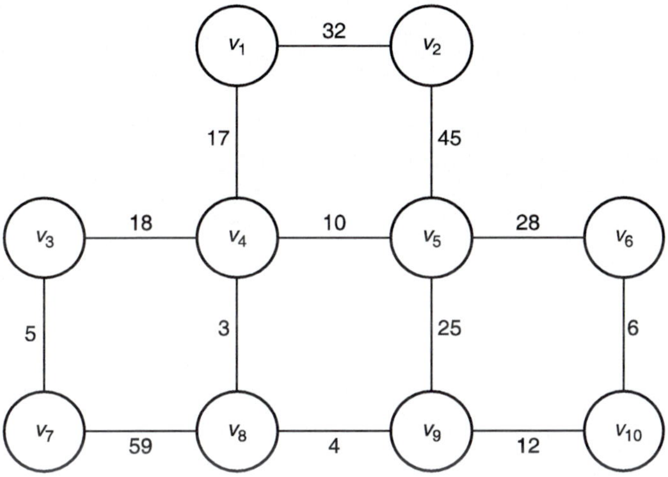


3. 다음 배열을 보고 아래 물음에 답하시오.

| | 1 | 2 | 3 | 4 | 5 | 6 |
|---|---|---|---|---|---|---|
| 1 | 0 | ∞ | 72 | 50 | 90 | 35 |
| 2 | ∞ | 71 | 71 | 70 | 73 | 75 |
| 3 | 72 | 70 | 0 | ∞ | 77 | 90 |
| 4 | 50 | 73 | ∞ | 0 | 60 | 40 |
| 5 | 90 | 75 | 77 | 60 | 0 | 80 |
| 6 | 35 | | 90 | 40 | 80 | 0 |

(a) 마디 $v_4$에서 시작하여 프림 알고리즘을 적용하여 위 배열이 표현하는 그래프의 최소비용 신장 트리를 찾으시오.
(b) 최소비용 신장 트리를 이루는 이음선의 집합을 보이시오.
(c) 최소비용 신장 트리의 비용은 얼마인가?

4. 하나 이상의 최소비용 신장트리를 가진 그래프를 하나 그리시오.

5. 프림 알고리즘(알고리즘 4.1)을 구현하는 프로그램을 작성하고, 여러 가지 다른 그래프를 가지고 성능을 측정해 보시오.

6. 가중치포함 비방향그래프가 연결되어 있는지를 검사하는 알고리즘을 프림 알고리즘(알고리

즘 4.1)을 수정하여 작성하시오. 수정한 알고리즘을 분석하고, 그 결과를 차수표기법을 사용하여 표시하시오.

7. 크루스칼 알고리즘(알고리즘 4.2)을 사용하여 연습문제 2의 그래프의 최소비용 신장트리를 구하시오. 그리고 수행되는 절차를 단계별로 보이시오.
8. 크루스칼 알고리즘(알고리즘 4.2)을 구현하는 프로그램을 작성하고, 여러 가지 다른 그래프를 가지고 성능을 측정해 보시오.
9. 최소비용 신장트리에 사이클이 존재할 수 있다고 생각합니까? 그리고 왜 그런 답이 나오는지를 설명하시오.
10. 컴퓨터 네트워크에서 어떤 두 컴퓨터도 서로 연결될 수 있다고 가정하자. 각 링크간의 추정비용이 주어진 상태에서 알고리즘 4.1(프림 알고리즘)을 사용할지, 아니면 알고리즘 4.2(크루스칼 알고리즘)를 사용할 지를 판정하시오. 그리고 왜 그런 답이 나오는지를 설명하시오.
11. 보조정리 4.2를 적용하여 정리 4.2의 증명을 완성하시오.

### 4.2절

12. 다익스트라 알고리즘(알고리즘 4.3)을 사용하여 연습문제 3의 배열이 나타내는 그래프에서 마디 $v_5$에서 다른 모든 마디로 가는 최단경로를 구하시오. 그리고 수행되는 절차를 단계별로 보이시오.
13. 다익스트라 알고리즘(알고리즘 4.3)을 사용하여 연습문제 2의 그래프에서 마디 $v_4$에서 다른 모든 마디로 가는 최단경로를 구하시오. 그리고 수행되는 절차를 단계별로 보이시오. 여기서 각 비방향 이음선은 같은 가중치를 가진 두 개의 쌍방향 이음선을 나타낸다고 가정하시오.
14. 다익스트라 알고리즘(알고리즘 4.3)을 구현하는 프로그램을 작성하고, 여러 가지 다른 그래프를 가지고 성능을 측정해 보시오.
15. 최단경로의 길이를 계산하도록 다익스트라 알고리즘(알고리즘 4.3)을 수정하시오. 수정한 알고리즘을 분석하고, 그 결과를 차수표기법을 사용하여 표시하시오.
16. 방향성 그래프에 사이클이 존재하는지 검사하는 알고리즘을 다익스트라 알고리즘(알고리즘 4.3)을 수정하여 작성하시오. 수정한 알고리즘을 분석하고, 그 결과를 차수표기법을 사용하여 표시하시오.
17. 다익스트라 알고리즘(알고리즘 4.3)을 음수의 가중치를 가진 그래프의 최단경로를 구하는데 사용할 수 있는가? 그리고 왜 그런 답이 나오는지를 설명하시오.
18. 귀납법을 사용하여 다익스트라 알고리즘(알고리즘 4.3)의 정확성을 증명하시오.

### 4.3절

19. 다음 작업과 작업시간을 가지고, 4.3.1절에 있는 알고리즘을 사용하여 시스템에서 소요된 총 시간을 최소화하시오.

| 작업 | 작업시간 |
|---|---|
| 1 | 7 |
| 2 | 3 |
| 3 | 10 |
| 4 | 5 |

20. 4.3.1절의 알고리즘을 구현하는 프로그램을 작성하고, 연습문제 19에 나오는 예를 가지고 프로그램을 실행시켜 보시오.

21. 단일작업 스케줄 짜기 문제를 4.3.1절의 다중작업 스케줄 짜기 문제로 일반화하여 알고리즘을 작성하시오. 작성한 알고리즘을 분석하고, 그 결과를 차수표기법을 사용하여 표시하시오.

22. 다음 작업, 마감시간, 보상을 가지고, 마감시간이 있는 스케줄 짜기 알고리즘(알고리즘 4.4)을 사용하여 총 보상을 최대화하시오.

| 작업 | 마감시간 | 보상 |
|---|---|---|
| 1 | 2 | 40 |
| 2 | 4 | 15 |
| 3 | 3 | 60 |
| 4 | 2 | 20 |
| 5 | 3 | 10 |
| 6 | 1 | 45 |
| 7 | 1 | 55 |

23. 마감시간이 있는 스케줄 짜기 알고리즘(알고리즘 4.4)의 schedule 프로시저를 생각해보자. $d$를 $n$개 작업의 마감시간 중 최대값이라고 하자. 마감시간을 넘기지는 않으면서 되도록 작업을 스케줄에 늦게 편성하도록 알고리즘을 수정하시오. 먼저 정수 0부터 $d$까지를 각각 포함하도록 $d+1$개의 서로소 집합을 초기화한다. 그리고 $small(S)$는 집합 $S$에서 가장 작은 멤버를 나타내도록 한다. 작업을 스케줄할 때 가장 작은 마감시간을 포함한 집합 $S$와 그 작업 $n$을 찾는다. 만약 $small(S)=0$이면, 그 작업은 제거한다. 그렇지 않으면 $small(S)$ 시간에 그 작업을 스케줄하고, $S$와 $small(S)-1$을 포함한 집합을 합친다. 부록 C의 서로소 집합 데이터구조 III을 사용한다고 가정하고, 이 알고리즘이 $\Theta(n \lg m)$임을 보이시오. 여기서 $m$은 $d$와 $n$ 중 최소값이다.

24. 연습문제 21에서 만든 알고리즘을 구현하는 프로그램을 작성하시오.

25. 길이가 각각 $l_1$, $l_2$, ..., $l_n$인 $n$개 파일을 테이프에 저장하는데 걸리는 평균시간을 최소화하려고 한다고 가정하자. 만약 파일 $k$를 요청할 확률이 $p_k$이면, $k_1$, $k_2$, ..., $k_n$의 순서로 이 파일들을 로드(load)하는 기대접근시간(expected access time)은 다음 식으로 표시한다.

$$Taverage = C\sum_{f=1}^{n}\left(p_{k_f}\sum_{i=1}^{f} l_{k_i}\right)$$

여기서 상수 $C$는 테입 드라이버의 속도와 기록밀도 같은 파라미터를 나타낸다.

(a) 기대접근시간이 최소가 되도록 보장하기 위해서 탐욕적인 방법으로 이 파일들을 어떤 순서로 저장해야 하는가?

(b) 파일을 저장하는 알고리즘을 작성하고, 작성한 알고리즘을 분석하고, 그 결과를 차수표기법을 사용하여 표시하시오.

### 4.4절

26. 허프만의 알고리즘을 사용하여 다음 표에 있는 글자들에 대한 최적 이진전치코드를 구축하시오.

| 글자 : | A | B | I | M | S | X | Z |
|---|---|---|---|---|---|---|---|
| 빈도수 : | 12 | 7 | 18 | 10 | 9 | 5 | 2 |

27. 허프만의 알고리즘을 사용하여 다음 표에 있는 글자들에 대한 최적 이진전치코드를 구축하시오.

| 글자 : | c | e | i | r | s | t | x |
|---|---|---|---|---|---|---|---|
| 빈도수 : | 0.11 | 0.22 | 0.16 | 0.12 | 0.15 | 0.10 | 0.14 |

28. 연습문제 26의 이진코드를 사용하여 각 비트 문자열을 복코드화하시오.
    (a) 01100010101010
    (b) 1000100001010
    (c) 11100100111101
    (d) 1000010011100

29. 연습문제 27의 이진코드를 사용하여 각 워드를 코드화하시오.
    (a) rise
    (b) exit
    (c) text
    (d) exercise

30. $a$, $b$, $c$, $d$, $e$에 대한 코드가 다음과 같이 주어졌다고 하자.

    $a:00$, $b:01$, $c:101$, $d:x10$, $e:yz1$

    여기서 $x$, $y$, $z$는 0 또는 1이다. 주어진 코드가 전치코드가 되도록 $x$, $y$, $z$를 결정하시오.

31. 허프만의 알고리즘을 구현하고, 연습문제 26과 27의 예제로 실행해보시오.

32. 최적 이진전치코드에 해당하는 이진트리가 가득 차야 함을 보여라. 가득 찬 이진트리(full binary tree)란 모든 마디가 잎이거나 자식마디를 두 개 가진 이진트리이다.

33. 최적 이진전치코드에서 문자가 빈도수가 증가하지 않는 순으로 정렬되어 있다면, 코드워드 길이는 감소하지 않는 순으로 되어 있음을 증명하시오.

34. 이진전치코드에 해당하는 이진트리가 있을 때 모든 문자들에 대한 코드워드를 결정하는 알고리즘을 작성하라. 작성한 알고리즘의 시간복잡도를 결정하시오.

### 4.5절

35. 0-1 배낭 채우기 문제를 푸는 동적계획 알고리즘을 작성하시오.

36. $n$개 키가 있을 때 나올 확률이 가장 높은 키를 $Key_k$를 뿌리(root)에 위치시키고, $Key_1$, $Key_2$, ..., $Key_{k-1}$과 $Key_{k+1}$, $Key_{k+2}$, ..., $Key_n$들은 각각 왼쪽과 오른쪽 부분트리에 같은 방법을 사용하여 재귀적으로 구축하는 최적이진검색트리(optimal binary search tree)를 탐욕적인 방법을 사용하여 구축하시오.
    (a) 키는 이미 정렬되어 있다고 가정하면, 이 방법의 최악의 경우 시간복잡도는? 그리고 왜 그런 답이 나오는지를 설명하시오.
    (b) 이 탐욕적인 방법이 항상 최적이진검색트리를 구축하지 못함을 예를 들어 보이시오.

37. $n$명의 작업자를 $n$개 작업에 배치했다고 가정하자. $C_{ij}$를 $i$째 작업자를 $j$째 작업에 배치하는 비용이라고 하자. 작업자 $n$명을 $n$개 작업에 모두 배치하는 총비용을 최소화하는 배치를 찾는 알고리즘을 탐욕적인 방법을 사용하여 작성하시오. 작성한 알고리즘을 분석하고, 그 결과를 차수표기법을 사용하여 표시하시오.

38. 연습문제 37을 푸는 알고리즘을 동적계획법를 사용하여 작성하시오. 작성한 알고리즘을 분석하고, 그 결과를 차수표기법을 사용하여 표시하시오.

39. $n$개 파일을 합병(merge)하는데 레코드 이동의 횟수를 최소화하는 알고리즘을 탐욕적인 방법을 사용하여 작성하시오. 쌍방합병패턴(two-way merge pattern: 한 번 합병하는 동안 두 파일이 합병됨)을 사용하시오. 작성한 알고리즘을 분석하고, 그 결과를 차수표기법을 사용하여 표시하시오.

40. 연습문제 39을 푸는 알고리즘을 동적계획법을 사용하여 작성하시오. 작성한 알고리즘을 분석하고, 그 결과를 차수표기법을 사용하여 표시하시오.

41. 배낭 빈틈없이 채우기 문제를 푸는 탐욕적인 방법이 최적의 해를 만들어 냄을 증명하시오.

42. 0-1 배낭 채우기 문제를 푸는 개선한 동적계획법 알고리즘으로 최악의 경우 계산하는 엔트리의 개수가 $\Omega(2^n)$임을 증명하시오. $W = 2^n - 2$와 $1 \le i \le n$의 범위에서 $w_i = 2^{i-1}$인 예를 고려하여 증명하시오.

43. 0-1 배낭 채우기 문제를 푸는 개선한 동적계획법 알고리즘에서 $n = W+1$이고 모든 $i$에 대해서 $w_i = 1$일 때 계산하는 엔트리의 총 개수는 대략 $(W+1) \times (n+1)/2$가 됨을 증명하시오.

### 추가적인 연습문제

44. 미국의 동전 시스템을 사용하고 각 동전 중 최소한 하나를 제외시킨 상태에서 거스름돈 문제를 탐욕적인 방법으로 풀면 항상 최적의 해가 나오지 않음을 반례를 통하여 보이시오.

45. 완전그래프(complete graph: 모든 마디 간에 이음선이 존재하는 그래프)가 $n^{n-2}$개의 신장트리를 가짐을 증명하시오. 여기서 $n$은 그래프에서 마디의 개수이다.

46. 외판원 문제를 푸는 알고리즘을 탐욕적인 방법을 사용하여 작성하시오. 작성한 알고리즘이 항상 최소길이 여행경로를 찾지 못함을 보이시오.

47. 연습문제 21의 다중작업 스케줄 짜기 문제를 푸는 알고리즘이 항상 최적의 스케줄을 찾지 못함을 증명하시오.

48. 허프만 트리를 구축하지 않고, 주어진 문자의 집합에 대한 허프만 코드를 생성하라.

49. 하프만의 알고리즘을 3진 코드(ternary code)로 일반화하고, 그 알고리즘이 최적의 3진 코드를 만들어 냄을 증명하라.

50. 문자가 빈도수로 정렬되어 있다면 허프만 트리가 1차시간에 구축될 수 있음을 보여라.

# Chapter 5
# 되추적

영국에 유명한 햄프튼 궁정(Hampton Court Palace)의 미로에서 출구를 찾아 나가려다보면 막힌 곳이 나올 때까지 무작정 찾아가 보는 수밖에 없을 것이다. 막힌 곳에 도달하면 갈래가 있는 곳까지 되돌아가서 다른 쪽으로 가봐야 한다. 미로 퍼즐을 해본 사람이면 누구나 막힌 곳에 도달하여 당황해본 경험이 있을 것이다. 막힌 곳으로 가는 경로가 표시되어 있다면 이 퍼즐은 엄청나게 쉬워질 것이다. 만약 갈림길이 나오는 곳마다 그 표시되어 있다면 출구를 찾는데 엄청나게 시간 절약을 할 수 있을 것이다. 왜냐하면 그 표시 뒤에 있는 경로는 무시해도 되기 때문이다. 즉, 막힌 곳을 따라가는 헛수고는 없다는 의미이다. 미로 퍼즐에는 대부분 그러한 표시가 없다. 그러나 이 장에서 배울 되추적 알고리즘은 그 표시를 이용한다.

되추적(backtracking)은 0-1 배낭 채우기 문제와 같은 부류의 문제를 푸는데 아주 유용하게 쓴다. 배낭의 용량이 그리 크지 않으면 효율적인 동적계획 알고리즘을 4.4.3절에서 공부하긴 했지만 이 알고리즘도 최악의 경우에는 역시 지수시간이다. 0-1 배낭 채우기 문제는 9장에서 공부하는 문제의 부류에 속한다. 이러한 부류의 문제들에 대해서 최악 시간복잡도가 지수보다 좋은 알고리즘을 찾은 사람이 아직 아무도 없을 뿐 아니라 그런 알고리즘이 불가능하다고 증명한 사람도 아무도 없다. 0-1 배낭 채우기 문제를 다루는 한 가지 방법은 실제 해답후보의 부분집합들을 모두 생성하면 되지만, 이는 마치 미로에서 모든 경로를 막힌 곳이 나올 때까지 무작정 따라가 보는 것과 마찬가지이다. 4.4.1절에서 공부했듯이 이 부분집합의 개수는 $2^n$이 되므로 $n$이 작은 경우에만 통한다. 그러나 부분집합을 생성하면서 생성할 필요가 없는 것들을 알 수 있다면 불필요한 노력을 절감할 수 있을 것이다. 이게 바로 되추적 알고리즘이 하는 일이다. 0-1 배낭 채우기 문제와 같은 부류의 문제를 푸는 되추적 알고리즘은 그래도 최악의 경우 지수시간이다(또는 그보다도 더 나쁘다). 그러나 되추적 알고리즘은 모든 경우 효율적이지는 않지만 많은 경우 효율적일 수 있기 때문에 유용하게 쓰인다. 5.7절에서 다시 0-1 배낭 채우기 문제를 되추적 방식으로 풀어볼 예정이다. 그 전에 5.1절에서 간단한 사례를 가지고 되추적을 소개하고, 그 후 몇 가지 문제를 되추적으로 푸는 방법을 알아본다.

## 5.1 되추적 기술

되추적은 임의의 **집합**(set)에서 주어진 **기준**(criterion)대로 원소의 **순서**(sequence)를 선택하는 문제를 푸는데 사용한다. 되추적의 전형적인 사례는 서양장기(chess)의 $n$-여왕말 문제($n$-Queens Problem)이다. 이 문제의 목표는 $n \times n$ 크기의 서양 장기판에 서로 잡아먹히지 않도록 $n$개의 여왕말을 위치시키는 것이다. 즉, 어떤 여왕말끼리도 같은 행이나 열이나, 대각선상에 위치할 수 없다. 이 문제에서 **순서**는 여왕말을 둘 $n$개의 각각 다른 위치이고, **집합**은 서양 장기판에서 말을 둘 수 있는 $n^2$개의 위치들이 되고, **기준**은 어떤 여왕말도 서로 잡아먹히지 말아야 한다는 것이다. $n$-여왕말 문제는 표준 서양 장기판의 크기인 $n = 8$인 경우를 일반화 한 것이다. 편의상 $n = 4$인 경우 사례를 가지고 되추적 방법을 설명한다.

되추적은 트리(여기서 트리는 뿌리가 있는 트리를 말한다)의 변형된 **깊이우선검색(depth-first search)**이다. 더 진도를 나가기 전에 깊이우선검색을 복습해보자. 깊이우선검색은 일반 그래프를 대상으로도 정의할 수 있지만, 여기서 되추적은 트리 검색에 국한하기 때문에 단순히 트리의 검색만 설명한다. **부모마디우선(preorder)** 트리검색은 트리의 깊이우선검색이다. 이는 뿌리마디(root)를 먼저 방문한 후, 그 뿌리마디(node)의 후손들을 모두 방문한다. 비록 일반적으로 깊이우선검색이 자식마디들을 어떤 특정 순서에 따라서 방문하도록 하는 것은 아니지만, 이 장 예제에서는 왼쪽에서 오른쪽의 순서로 마디의 자식들을 방문하도록 한다.

그림 5.1을 보면 이런 방식으로 트리의 깊이우선검색을 수행하는 예를 보여준다. 그림에서 마디들은 방문하는 순서대로 번호가 매겨져 있다. 깊이우선검색에서 방문경로는 더 이상 갈 수 없는 마디까지 깊이로 내려감을 명심하자. 마지막 마디에서 다시 방문하지

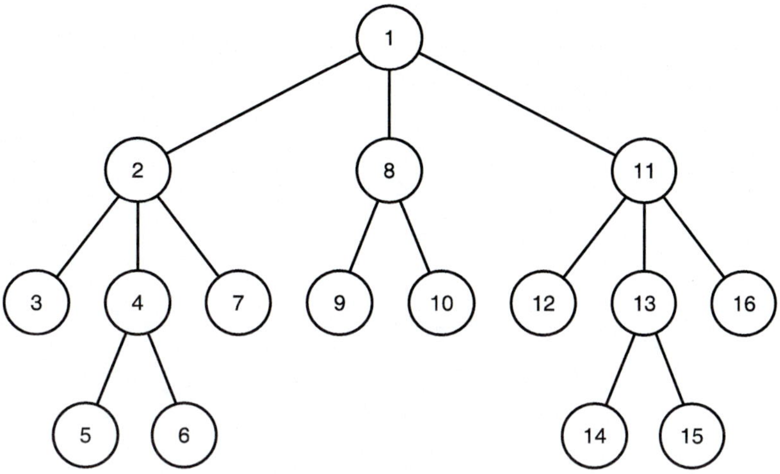

그림 5.1 깊이우선검색 순서에 따라 마디에 번호가 매겨진 트리

않은 자식마디가 있는 마디로 되돌아가고, 거기서 다시 내려갈 수 있는 깊이까지 내려간다.

깊이우선검색을 하는 간단한 재귀 알고리즘이 있다. 지금은 트리의 부모마디 우선횡단(preorder traversal)에만 관심이 있기 때문에 이것만 중점적으로 수행하도록 알고리즘을 작성하였다. 이 프로시저는 트리의 뿌리마디를 파라미터로 전달하여 호출한다.

```
void depth_first_tree_search (node v)
{
  node u;
  visit v;
  for (each child u of v)
    depth_first_tree_search (u);
}
```

이 범용 알고리즘은 자식마디를 방문하는 순서에 대해서는 언급하지 않았다. 그러나 앞에서 말했듯이 왼쪽에서 오른쪽으로 방문한다.

$n = 4$일 때 $n$-여왕말 문제를 되추적 기술로 푸는 방법을 설명해보자. $4 \times 4$ 서양 장기판에 4개의 여왕말을 서로 잡아먹히지 않게 두어야 한다. 같은 행에 두 말을 놓을 수 없다는 사실을 가지고 바로 문제를 간단하게 만들 수 있다. 이제 각 여왕말을 다른 행에 놓고 각 여왕말이 어떤 열에 놓이면 해답이 되는지 검사해 보면 된다. 각 여왕말은 4개의 열 중에서 한 곳에 놓을 수 있기 때문에 해답후보(candidate solution)는 $4 \times 4 \times 4 \times 4 = 256$개가 존재한다.

첫째 여왕말(행 1에 있는 여왕말)에 해당하는 열은 트리의 수준(level) 1에 있는 마디에 저장하고(뿌리는 수준 0임을 상기하라), 둘째 여왕말(행 2에 있는 여왕말)에 해당하는 열은 트리의 수준(level) 2에 있는 마디에 저장하고, 등등 이런 식으로 트리를 구축하여 해답후보를 만들 수 있다. 뿌리에서 **잎**(leaf)까지 경로는 해답후보가 된다(트리에서 잎은

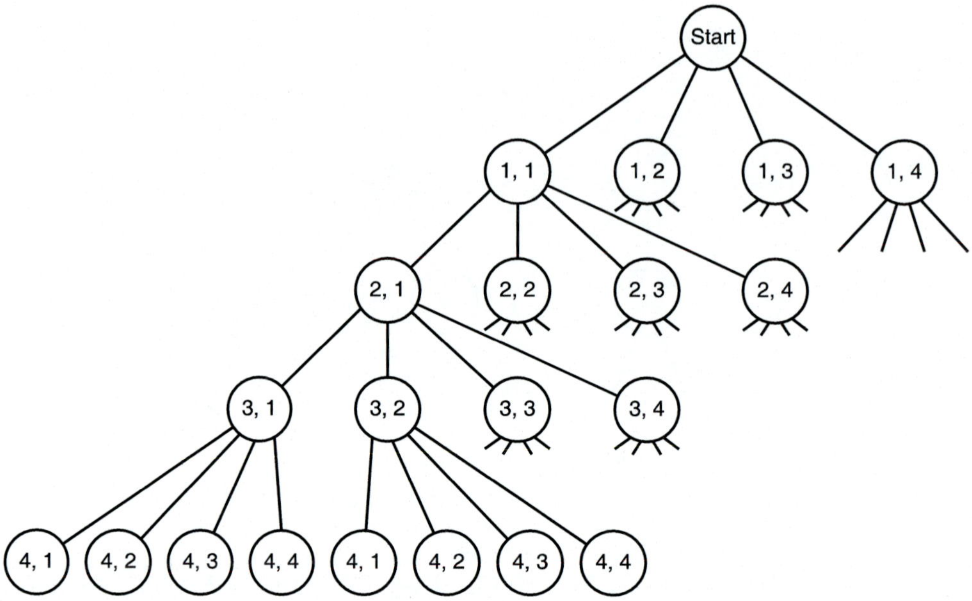


**그림 5.2** $n=4$일 때 $n$-여왕말 문제에 대한 상태공간트리의 일부분. 각 마디에서 튜플 $\langle i, j\rangle$는 $i$번째 행에 있는 여왕말이 $j$번째 열에 있음을 의미한다. 뿌리마디에서 잎까지의 각 경로가 해답후보가 된다.

자식이 없는 마디임을 상기하라). 이 트리를 **상태공간트리**(state space tree)라고 한다. 그림 5.2를 보면 상태공간트리의 일부를 보여준다. 전체 트리는 잎의 개수가 256개이고, 각 잎이 해답후보를 나타낸다. 순서쌍(ordered pair) $\langle i, j\rangle$가 각 마디에 저장되어 있음을 눈여겨보자. 이 순서쌍은 $i$번째 행에 있는 여왕말이 $j$번째 열에 있음을 의미한다.

해답을 구하기 위해서 각 해답후보(뿌리에서 잎까지의 각 경로)를 왼쪽 끝에 있는 경로부터 순서대로 검사한다. 처음 검사하는 몇몇 경로는 다음과 같다.

$$[\langle 1, 1\rangle, \langle 2, 1\rangle, \langle 3, 1\rangle, \langle 4, 1\rangle]$$
$$[\langle 1, 1\rangle, \langle 2, 1\rangle, \langle 3, 1\rangle, \langle 4, 2\rangle]$$
$$[\langle 1, 1\rangle, \langle 2, 1\rangle, \langle 3, 1\rangle, \langle 4, 3\rangle]$$
$$[\langle 1, 1\rangle, \langle 2, 1\rangle, \langle 3, 1\rangle, \langle 4, 4\rangle]$$
$$[\langle 1, 1\rangle, \langle 2, 1\rangle, \langle 3, 2\rangle, \langle 4, 1\rangle]$$

마디의 자식들을 왼쪽에서 오른쪽으로 방문하면서 깊이우선검색에 따라서 각 마디를 방문한다. 상태공간트리의 단순 깊이우선검색은 막힌 곳에 도달할 때까지 미로의 모든 경로를 모두 가보는 것과 같다. 중간에 아무런 정도도 이용하지 않는다. 도움이 될 만한 정보가 있으면 그 정보를 이용하여 검색을 더 효율적으로 수행할 수도 있다. 예를 들어, 그림 5.3(a)에서 설명한 대로, 어떤 두 여왕말도 같은 열에 놓을 수 없다. 그러므로 그림 5.2에서 $\langle 2, 1\rangle$가 들어있는 마디에서 뻗어나가는 전체가지를 포함하고 있는 경로는 구축

그림 5.3 첫째 여왕말을 열 1에 두면, 둘째 여왕말은 열 1(a)이나 열 2(b)에 둘 수 없음을 보여주는 그림

하고 검사할 필요가 없다(그 당시 이미 여왕말 1을 열 1에 놓았기 때문에 여왕말 2를 거기에 놓을 수 없다). 이 표시는 이 마디로부터 뻗어나가면 해답이 없다는 사실을 알려준다. 비슷하게, 그림 5.3(b)에서 설명한 대로 어떤 두 여왕말도 같은 대각선에 놓을 수 없다. 그러므로 그림 5.2에서 ⟨2, 2⟩가 들어있는 마디에서 뻗어나가는 전체가지를 포함하고 있는 경로는 구축하고 검사할 필요가 없다.

내려 가봐야 해답이 없는 마디를 만나는 순간, 그 마디의 검색을 중단하고 그 마디의 부모마디로 돌아가서 다른 자식마디의 검색을 계속하는 과정이 **되추적**이다. 해답이 될 가능성이 없는 마디를 **유망하지 않다**(nonpromising)고 한다. 그렇지 않으면 **유망하다**(promising)고 한다. 요약해 보면 되추적은 상태공간트리를 깊이우선검색하여 각 마디가 유망한지를 검사하고, 만약 유망하지 않으면 그 마디의 부모마디로 되추적한다. 이 절차를 상태공간트리를 **가지친다**(pruning)고 하고, 유망한 마디만으로 구성된 부분트리를 **가지친 상태공간트리**(pruned state space tree)라고 한다. 되추적 방법의 일반적인 알고리즘은 다음과 같다.

```
void checknode (node v)
{
   node u;

   if (promising(v))
     if (there is a solution at v)
       write the solution;
     else
       for (each child u of v)
         checknode(u);
}
```

상태공간트리의 뿌리마디는 호출할 때 파라미터로 *checknode*에 전달된다. 마디를 방문하면 일단 그 마디가 유망한지 먼저 점검한다. 만약 그 마디가 유망하고 그 마디에 해답이 있으면, 해답을 프린트한다. 유망한 마디에 해답이 아직 없으면, 그 마디의 자식마디를 방문한다. 유망함수(promising function)는 되추적의 응용에 따라 다르게 설계한다. 되추적 알고리즘은 마디가 유망하고 그 마디에 해답이 없는 경우에만 그 마디의 자식마디를 방문하는 것을 제외하고는 깊이우선검색과 같다($n$-여왕말 문제를 푸는 알고리즘과는 달리, 어떤 되추적 알고리즘에서는 해답을 상태공간트리의 잎에 도달하기 전에 찾을 수도 있다). 되추적 프로시저를 *backtrack* 대신 *checknode*라고 불렀는데, 그 이유는 프로시저를 호출할 때는 되추적이 일어나지 않기 때문이다. 대신 마디가 유망하지 않아서 그 부모마디의 다음 자식마디로 넘어갈 때 되추적이 일어난다. 재귀 알고리즘을 프로그램으로 구현하면 활성레코드(activation records) 스택에서 유망하지 않은 마디에 관련된 활성레코드를 뽑아내어 되추적을 달성한다.

다음 되추적을 사용하여 $n = 4$일 때 $n$-여왕말 문제의 해답을 구해보자.

---

• **예제 5.1** 유망함수 *promising*은 되추적의 응용에 따라 다르다. $n$-여왕말 문제에서 어떤 마디와 그 마디의 조상마디들이 여왕말을 같은 열이나 대각선에 두면, 유망함수는 false를 넘겨주어야 한다. 그림 5.4를 보면 되추적을 사용하여 $n = 4$인 문제를 풀 때 생성되는 가지친 상태공간트리의 한 부분이 나와 있다. 첫째 해답을 찾기 위해서 검사하는 마디만 보여주고 있다. 그림 5.5에는 실제 서양 장기판을 보여준다. 그림 5.4에서 ×로 표시된 마디는 유망하지 않은 마디를 나타낸다. 비슷하게 그림 5.5에도 유망하지 않은 위치는 ×로 표시되어 있다. 그림 5.4에서 음영 처리된 마디는 첫째 해답이 발견된 마디이다. 되추적에 의해서 이루어진 횡단을 추적해 보면 다음과 같다.

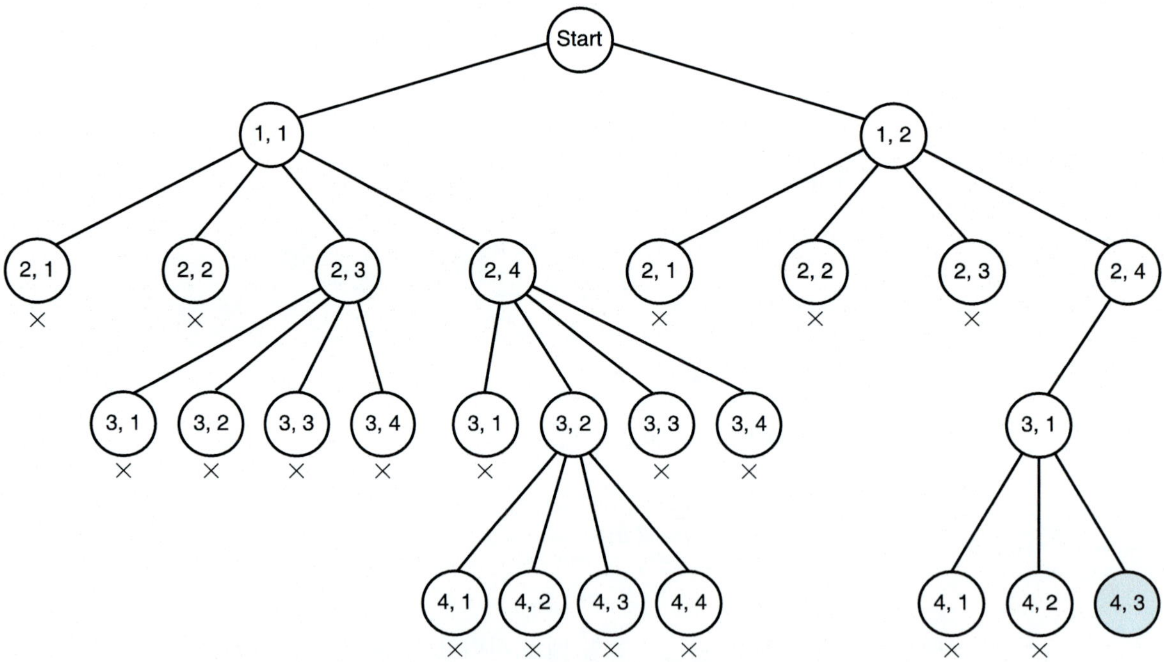


**그림 5.4** 되추적을 사용하여 $n$ =4인 문제를 풀 때 생성되는 가지친 상태공간트리의 한 부분. 첫째 해답을 찾기 위해서 검사하는 마디만 보여줌. 찾은 해답은 음영 처리된 마디에 있다. 유망하지 않은 마디는 X로 표시되어 있다.

마디는 그 마디에 저장되어 있는 순서쌍으로 표현한다. 같은 순서쌍을 가진 마디가 여러 개 있지만, 그림 5.4에 있는 트리의 횡단을 추적해 보면 어떤 마디를 의미하는지 금방 알 수 있다.

(a) 〈1, 1〉은 유망하다 {왜냐하면 여왕말 1이 두는 첫째 말이기 때문이다.}
(b) 〈2, 1〉은 유망하지 않다. {왜냐하면 여왕말 1이 열 1에 있기 때문이다.}
〈2, 2〉는 유망하지 않다. {왜냐하면 여왕말 1이 왼쪽 대각선에 있기 때문이다.}
〈2, 3〉은 유망하다.
(c) 〈3, 1〉은 유망하지 않다. {왜냐하면 여왕말 1이 열 1에 있기 때문이다.}
〈3, 2〉는 유망하지 않다. {왜냐하면 여왕말 2가 오른쪽 대각선에 있기 때문이다.}
〈3, 3〉은 유망하지 않다. {왜냐하면 여왕말 2가 열 3에 있기 때문이다.}
〈3, 4〉은 유망하지 않다. {왜냐하면 여왕말 2가 왼쪽 대각선에 있기 때문이다.}
(d) 〈1, 1〉로 되추적

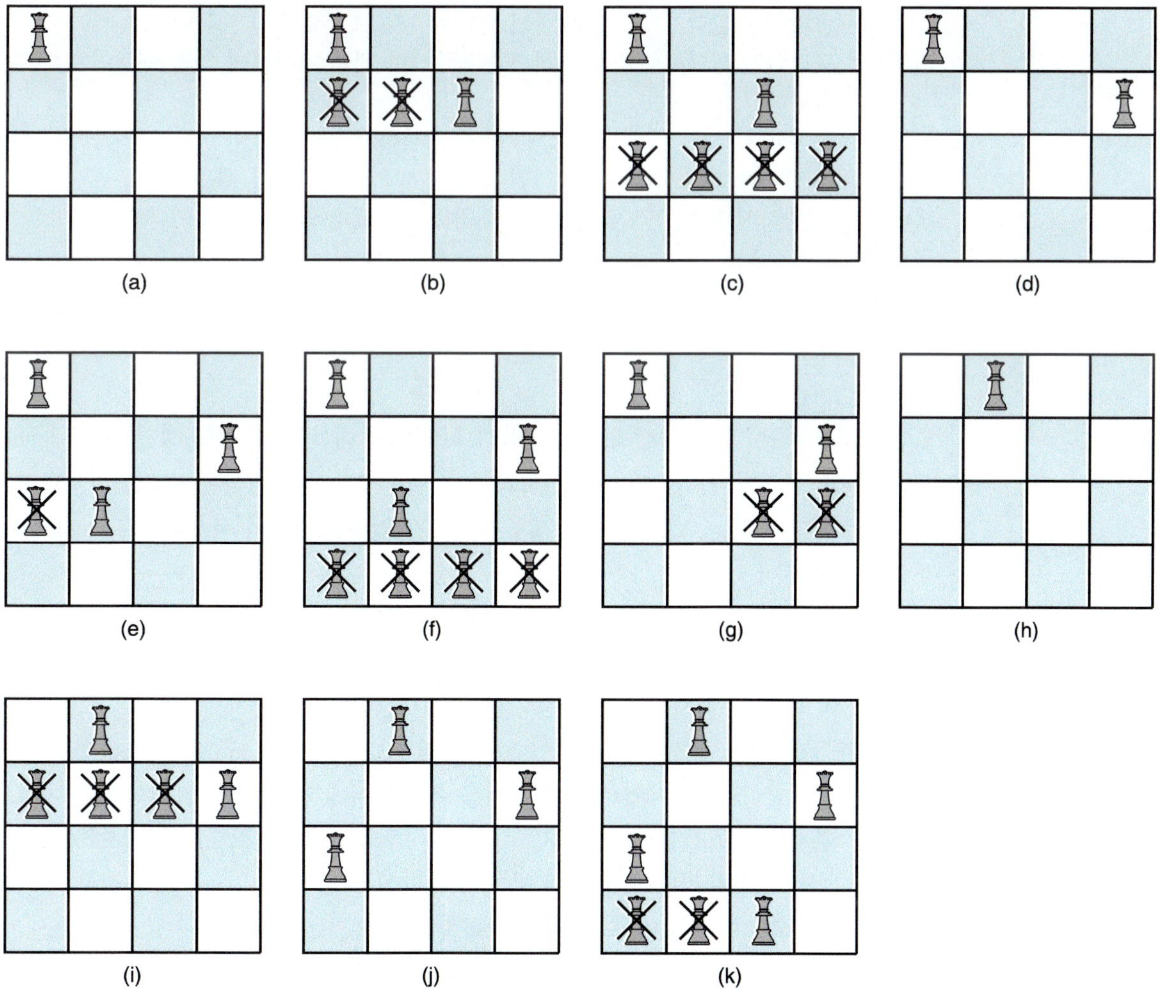


**그림 5.5** 되추적을 사용하여 $n=4$인 문제를 풀 때 시도해 본 실제 서양 장기판에서의 위치. 유망하지 않은 위치는 각각 X로 표시.

〈2, 4〉는 유망하다.
(e) 〈3, 1〉은 유망하지 않다. {왜냐하면 여왕말 1이 열 1에 있기 때문이다.}
〈3, 2〉는 유망하다. {〈3, 2〉를 둘째 검사하고 있다.}
(f) 〈4, 1〉은 유망하지 않다. {왜냐하면 여왕말 1이 열 1에 있기 때문이다.}
〈4, 2〉는 유망하지 않다. {왜냐하면 여왕말 3이 열 2에 있기 때문이다.}
〈4, 3〉은 유망하지 않다. {왜냐하면 여왕말 3이 왼쪽 대각선에 있기 때문이다.}
〈4, 3〉은 유망하지 않다. {왜냐하면 여왕말 2가 열 4에 있기 때문이다.}
(g) 〈2, 4〉로 되추적
〈3, 3〉은 유망하지 않다. {왜냐하면 여왕말 2가 오른쪽 대각선에 있기 때문이다.}
〈3, 4〉는 유망하지 않다. {왜냐하면 여왕말 2가 열 4에 있기 때문이다.}
(h) 뿌리로 되추적
〈1, 2〉는 유망하다.
(i) 〈2, 1〉은 유망하지 않다. {왜냐하면 여왕말 1이 오른쪽 대각선에 있기 때문이다.}
〈2, 2〉는 유망하지 않다. {왜냐하면 여왕말 1이 열 2에 있기 때문이다.}
〈2, 3〉은 유망하지 않다. {왜냐하면 여왕말 1이 왼쪽 대각선에 있기 때문이다.}
〈2, 3〉은 유망하다.
(j) 〈3, 1〉은 유망하다. {〈3, 1〉을 셋째 검사하고 있다.}
(k) 〈4, 1〉은 유망하지 않다. {왜냐하면 여왕말 3이 열 1에 있기 때문이다.}
〈4, 2〉는 유망하지 않다. {왜냐하면 여왕말 1이 열 2에 있기 때문이다.}
〈4, 3〉은 유망하다.

이 시점에서 첫째 해답을 찾았다. 해답은 그림 5.5(k)에 나와 있고, 찾은 마디는 그림 5.4에 음영 처리되어 있다.

---

되추적 알고리즘이 트리를 실제로 구축할 필요는 없다. 대신, 조사 중인 해당 가지(branch)의 값만 알고 있으면 된다. 되추적 알고리즘을 일반적으로 구현하는 방식이다. 트리를 실질적으로 구축하지는 않으므로, 상태공간트리가 알고리즘에서 **묵시적으로**(implicitly) 존재한다고 말한다.

그림 5.4에서 마디를 세어보면 해답을 찾을 때까지 되추적 알고리즘이 27개의 마디를 검사했음을 알 수 있다. 상태공간트리를 되추적 없이 깊이우선검색하여 같은 해답을 찾는데 155개의 마디를 검사하는 작업은 연습문제로 해보도록 하자.

날카로운 눈을 가진 독자는 일반적인 되추적 알고리즘(checknode)에 비효율적인 부분이 있음을 이미 알아챘을 수 있다. 즉, 마디를 프로시저에 전달한 후 마디의 유망여부를 점검한다. 이는 활성레코드 스택에 유망하지 않는 마디의 활성레코드를 불필요하게 쌓아 놓음을 뜻한다. 마디를 전달하기 전에 마디의 유망성을 점검하면 이 비효율성을 제거할 수 있다. 이를 적용시킨 일반 되추적 알고리즘은 다음과 같다.

```
void expand (node v)
{
```

```
      node u;
      for (each child u of v)
         if (promising(u))
            if (there is a solution at u)
               write the solution;
            else
               expand (u);
   }
```

알고리즘에 파라미터로 전달된 마디는 역시 뿌리마디이다. 이 알고리즘을 *expand*라고 하는 이유는 유망한 마디를 확장(expand)할 때 이 프로시저를 호출하기 때문이다. 이 알고리즘을 프로그램으로 구현하면 활성레코드 스택에 유망하지 않은 마디의 활성레코드를 쌓아놓지 않고 그 유망하지 않은 마디에서 되추적한다.

앞으로 이 장에서 알고리즘을 설명할 때 첫째 알고리즘(*checknode*)을 사용한다. 왜냐하면 그 방식으로 되추적을 설명하면 훨씬 더 이해하기 쉽기 때문이다. 그 이유는 *checknode*의 1회 실행이 마디를 한 번 방문하면서 수행하는 절차와 일치하기 때문이다. 즉, 마디를 방문하면서 수행하는 절차는 다음과 같다. 그 마디가 유망한지 결정한다. 만약 유망하면 그 마디에 해답이 있는 경우 그 해답을 프린트하고, 그렇지 않은 경우 그 자식마디를 방문한다. 반면, *expand*의 경우 1회 실행하면 그 마디와 자식마디들을 모두 방문하는 절차와 일치한다. 일단 첫째 알고리즘을 보고 나면, 둘째 알고리즘으로 수정하는 건 별로 어렵지 않다.

이제 $n$-여왕말 문제를 시작으로 여러 가지 문제들을 푸는 되추적 알고리즘을 개발하려고 한다. 이 문제들 모두, 상태공간트리의 마디의 개수는 지수만큼 크거나, 그 이상이 되기도 한다. 되추적은 불필요한 마디 검사를 피하기 위해서 사용한다. 같은 $n$ 값을 가지고 두 가지 다른 사례를 적용했을 때, 한 사례에서는 검사하는 마디의 수가 아주 작고, 다른 사례에서는 거의 상태공간트리 전체를 검사해야 하는 경우가 생길 수 있다. 이는 앞에서 공부한 알고리즘들과는 달리, 되추적 알고리즘은 효율적인 시간복잡도를 얻지 못할 것임을 의미한다. 따라서 이전에 사용했던 분석방법 대신 몬테칼로 기법(Monte Carlo Technique)으로 되추적 알고리즘을 분석한다. 이 기법으로는 주어진 되추적 알고리즘이 특정 입력(instance)에 대해서 효율적인지를 결정할 수 있다. 몬테칼로 기법은 5.3절에서 다룬다.

## 5.2 $n$-여왕말 문제

$n$-여왕말 문제의 목표는 이미 공부했다. 유망함수는 두 여왕말이 같은 열이나 대각선에 있는지 검사해야 한다. 만약 $col(i)$를 $i$째 행에서 여왕말이 놓여있는 열이라고 하면, $k$째 행에 있는 여왕말이 같은 열에 있는지 검사하기 위해서 다음 등식이 성립하는지 검사해

야 한다.

$$col(i) = col(k)$$

대각선은 어떻게 검사하는지 보자. 그림 5.6을 보면 $n=8$인 경우의 예가 그려져 있다. 그 그림에서 행 6에 있는 여왕말은 행 3에 놓여있는 여왕말에 의해서 왼쪽 대각선으로 위협받고 있고, 행 2에 놓여있는 여왕말에 의해서 오른쪽 대각선으로 위협받고 있다. 다음 등식을 주목해보자.

$$col(6) - col(3) = 4 - 1 = 3 = 6 - 3$$

즉, 왼쪽에서 위협하는 여왕말에 대해서 열에서 차이는 행에서 차이와 같다. 게다가 다음 등식을 보자.

$$col(6) - col(2) = 4 - 8 = -4 = 2 - 6$$

즉, 오른쪽에서 위협하는 여왕말에 대해서 열에서 차이는 행에서 차이의 역과 같다. 행 $k$에 있는 여왕말은 행 $i$에 놓여있는 여왕말에 의해서 어느 한쪽 대각선으로 위협받고 있으면, 다음과 같은 식이 성립한다.

$$col(i) - col(k) = i - k \quad \text{또는} \quad col(k) - col(i) = k - i$$

이제 알고리즘을 제시한다.

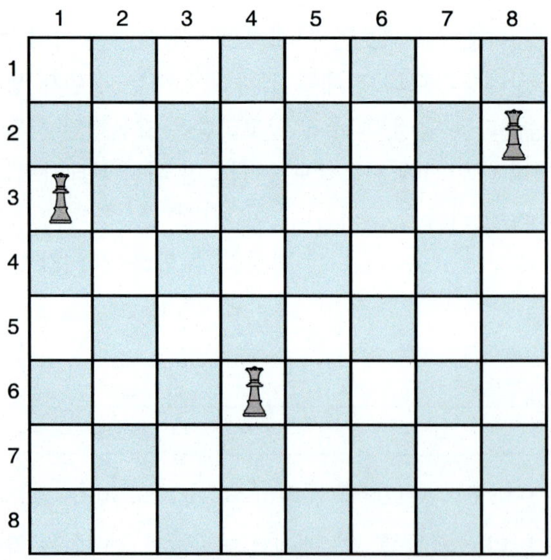


그림 5.6 행 6에 있는 여왕말은 행 3에 놓여있는 여왕말에 의해서 왼쪽 대각선으로 위협받고 있고, 행 2에 놓여있는 여왕말에 의해서 오른쪽 대각선으로 위협받고 있다.

▸ 알고리즘 5.1 **n-여왕말 문제를 푸는 되추적 알고리즘**

**문제** : 서양 장기판에 어떤 두 여왕말도 같은 행, 열, 대각선에 있지 않도록 $n$개 여왕말을 놓으시오.

**입력** : 양의 정수 $n$

**출력** : $n \times n$ 서양 장기판에 $n$개 여왕말을 서로 위협받지 않고 놓을 수 있는 가능한 모든 방법. 각 출력은 인덱스 범위가 1부터 $n$까지인 정수배열 $col$로 이루어진다. 여기서 $col[i]$는 $i$번째 행에 있는 여왕말의 놓여 있는 열이다.

```
void queens (index i)
{
   index j;

   if (promising(i))
     if (i == n)
       cout << col[1] through col[n] ;
     else
       for (j = 1; j <= n ; j++) {            // (i+1) 번째 행에 있는 여왕말을 n개의 열에
         col[i+1] = j;                         // 놓을 수 있는지 각각 검사한다.
         queens(i+1) ;
       }
}

bool promising (index i)
{
   index k;
   bool switch;

   k = 1;
   switch = true ;                             // i번째 행에 있는 여왕말을 위협하는
   while (k < i && switch) {                   // 여왕말이 있는지 검사한다.
     if (col[ i] == col[ k] || abs(col[ i]- col[ k]) == i- k)
       switch = false ;
     k++ ;
   }
   return switch;
}
```

어떤 알고리즘이 두개 이상의 루틴으로 구성되어 있으면, 특정 프로그래밍 언어의 규칙을 따르지 않는다. 대신 주 루틴(main routine)을 먼저 제시한다. 알고리즘 5.1에서 주 루틴은 *queens*이다. 2.1절에서 언급한 관례에 따라 $n$과 $col$은 재귀 루틴 *queens*의 입력이 아니다. 만약 $n$과 $col$이 전역변수로 정의된다면, *queens*의 최초 호출은 다음과 같다.

```
queens(0);
```

알고리즘 5.1은 $n$-여왕말 문제의 해답을 모두 생성한다. 왜냐하면 문제를 그렇게 제시했기 때문이다. 해답을 하나 찾고 빠져나가는 경우를 대비해서 이런 식으로 문제를 서술한다. 이렇게 하면 알고리즘이 덜 어수선해진다. 일반적으로 이 장에서 제시한 문제들은 해답을 하나 또는 여럿 또는 모두 요구하도록 서술할 수 있다. 실제 상황에서는 응용분야의 요구에 따라 좌우된다. 이 책의 알고리즘은 해답을 모두 찾아주도록 작성되었다. 답을 하나 찾고 멈추는 알고리즘으로 수정하기는 쉽다.

이론적으로 알고리즘 5.1을 분석하기 어렵다. 이 알고리즘을 분석하기 위해서 검사하는 마디의 수를 여왕말의 개수인 $n$의 함수로 나타내야 한다. 가지친 상태공간트리에서 마디 개수의 상한은 상태공간트리 전체에서 마디의 개수를 세어서 구할 수 있다. 전체 트리에는 수준 0에서 마디 1개, 수준 1에서 마디 $n$개, 수준 2에서 마디 $n^2$개, …, 수준 $n$에서 마디 $n^n$개가 있다. 총 마디의 개수는 다음과 같이 계산한다.

$$1+n+n^2+n^3+\cdots+n^n=\frac{n^{n+1}-1}{n-1}$$

이 등식은 부록 A의 예제 A.4에서 얻어진다. $n=8$인 경우, 상태공간트리의 마디 개수는 다음과 같다.

$$\frac{8^{8+1}-1}{8-1}=19,173,961\text{마디}$$

이 분석결과는 가치가 별로 없는데, 그 이유는 되추적을 하는 목적 자체가 이렇게 많은 마디의 검사를 피하기 위한 것이기 때문이다.

다른 분석 방법으로 유망한 마디의 개수의 상한을 구해보는 방법도 생각해 볼 수 있다. 그 상한을 계산하기 위해서 어떤 두 여왕말도 같은 열에 놓지 않는다는 사실을 이용할 수 있다. 예를 들어, $n=8$인 경우를 생각해보자. 첫째 여왕말은 8개 열 중에서 어느 곳에 놓아도 된다. 일단 첫째 여왕말을 놓고 나면, 둘째 여왕말을 놓을 수 있는 열은 최대로 7개이고, 둘째 여왕말을 놓고 나면, 셋째 여왕말을 놓을 수 있는 열은 최대로 6개이고, 등등 이런 식으로 나간다. 그러므로 유망한 마디의 최대 개수는 다음과 같다.

$$1+8+8\times7+8\times7\times6+8\times7\times6\times5+\cdots+8!=109,601\text{ 유망마디}$$

이 결과를 임의의 $n$에 대해서 일반화하면, 유망한 마디의 최대 개수는 다음과 같다.

$$1+n+n(n-1)+n(n-1)(n-2)+\cdots+n!\text{ 유망마디}$$

이러한 분석으로는 이 알고리즘의 효율성을 제대로 파악할 수 없는데, 그 이유는 다음과 같다. 첫째, 함수 *promising*에서 대각선 검사를 고려하지 않았다. 따라서 상한보다 유망한 마디의 개수가 훨씬 작을 수 있다. 둘째, 검사한 마디의 총 개수는 유망한 마디와 유망하지 않은 마디를 모두 포함한다. 앞으로 알게 되겠지만, 유망하지 않은 마디의 개수는 유망한 마디의 개수보다 훨씬 많을 수 있다.

이 알고리즘의 효율을 결정하는 간단한 방법은 알고리즘을 실제로 실행하여 검사하는 마디의 개수를 세어 보는 것이다. 표 5.1에 여러 $n$값에 대한 결과가 나와 있다. 되추적 알고리즘을 $n$-여왕말 문제를 푸는 다른 알고리즘과 비교해 놓고 있다. 알고리즘 1은 되추적 없이 상태공간트리를 깊이우선검색한다. 검사하는 마디의 개수는 상태공간트리 전체의 마디 개수이다. 알고리즘 2는 여왕말 둘을 같은 행이나 열에 둘 수 없다는 사실만 이용한다. 알고리즘 2는 $n$개의 각 열에서 행 1에 놓을 여왕말을, 첫째 여왕말이 차지한 열을 제외한 $n-1$개의 각 열에서 행 2에 놓을 여왕말을, 처음 두 여왕말이 차지한 열을 제외한 $n-2$개 각 열에서 행 3에 놓을 여왕말을, 등등 이런 식으로 시험하여 총 $n!$개의 해답후보를 생성한다. 해답후보를 생성한 후, 대각선상에서 서로 위협하는 여왕말이 있는지 검사한다. 되추적 알고리즘의 강점은 $n$과 함께 급격히 증가한다는 사실을 주목하자. $n=4$일 때 알고리즘 1은 되추적 알고리즘보다 6배 조금 안 되는 개수의 마디를 점검하고, 되추적 알고리즘은 알고리즘 2보다 약간 못한 것처럼 보인다. 그러나 $n=14$일 때 알고리즘 1은 되추적 알고리즘보다 거의 32,000,000배나 많은 마디를 검사하고, 알고리즘 2가 생성한 해답후보의 개수는 되추적 알고리즘으로 검사한 마디의 개수보다 약 230배 많다. 검사한 많은 마디들이 유망하지 않을 수 있음을 보여주기 위해서 표 5.1에서 유망한 마디의 개수를 나열하였다. 이는 둘째 방법으로 되추적 알고리즘을 구현하면(5.1절에서 공부한 프로시저 expand), 상당한 시간을 절약할 수 있음을 의미한다.

효율을 결정하기 위해서(표 5.1을 만들기 위해서 한 것처럼) 알고리즘을 실제로 실행하는 것은 진정한 분석이 아니다. 되추적으로 얼마나 시간을 절약할 수 있는지 설명하기 위해 알고리즘을 실제로 실행하였다. 분석하는 목적은 알고리즘을 실행하기 전에 알고리즘이 효율적인지를 결정하는 데 있다. 다음 절에서 몬테칼로 기법을 사용하면 어떻게 되추적 알고리즘의 효율을 추정할 수 있는지 알아본다.

$n$-여왕말 문제를 푸는 상태공간트리에서 같은 행에 두 여왕말을 둘 수 없다는 사실을 이용하였다. 다른 방법으로 $n^2$ 장기판 위치에 모든 여왕말을 두어보는 상태공간트리를

● **표 5.1** $n$-여왕말 문제를 되추적으로 풀어 절약하는 검사횟수

| $n$ | 알고리즘 1의 검사마디 개수† | 알고리즘 2의 검사 후보해 개수‡ | 되추적의 검사마디 개수 | 되추적으로 찾은 유망마디 개수 |
|---|---|---|---|---|
| 4 | 341 | 24 | 61 | 17 |
| 8 | 19,173,961 | 40,320 | 15,721 | 2057 |
| 12 | $9.73 \times 10^{12}$ | $4.79 \times 10^{8}$ | $1.01 \times 10^{7}$ | $8.56 \times 10^{5}$ |
| 14 | $1.20 \times 10^{16}$ | $8.72 \times 10^{10}$ | $3.78 \times 10^{8}$ | $2.74 \times 10^{7}$ |

* 답을 모두 찾는데 필요한 검사 개수를 나타냄
† 알고리즘1은 되추적없이 상태공간트리를 깊이 우선으로 검색
‡ 알고리즘2는 각 여왕말을 다른 행과 열에 놓는 후보해를 $n!$개 생성

만들 수 있다. 이미 놓여진 여왕말과 같은 행이나, 열이나, 대각선에 놓일 때마다 이 나무에서 되추적이 일어날 것이다. 이 상태공간트리에서 모든 마디는 장기판의 각 위치 당 하나씩 $n^2$개의 자식마디를 가지고 있다. 모두 $(n^2)^n$개의 잎이 있는데, 각각 다른 해답후보를 나타낸다. 이 상태공간트리에서 되추적하는 알고리즘은 우리 알고리즘보다 유망한 마디를 더 찾지는 못할 것이지만, 함수 *promising*에서 행을 검사하는데 걸리는 추가시간과 조사하게 될 추가적인 유망하지 않은 마디(즉, 이미 여왕말이 놓여진 자리에 다시 말을 놓으려고 시도하는 마디) 때문에 그래도 더 느릴 것이다. 일반적으로 상태공간트리에 가능한 한 많은 정보를 구축하는 게 가장 효율적이다.

어떤 되추적 알고리즘이라도 유망함수를 실행하는데 걸리는 시간이 중요한 고려사항이다. 즉, 우리의 목표가 검사하는 마디의 개수를 줄이는데 있는 것만은 아니다. 대신 전체적인 효율을 증대하는데 있다. 유망함수가 시간을 아주 많이 소모한다면 마디를 덜 검사함으로서 얻게 되는 이득을 상쇄할 수 있다. 알고리즘 5.1의 경우 이미 놓여진 여왕말에 의해서 조절되는 열, 왼쪽 대각선, 오른쪽 대각선의 집합을 추적, 기록하여 유망함수를 개선할 수 있다. 이런 식으로 하면 이미 놓여진 여왕말이 현재 두려고 하는 여왕말을 위협하는지 검사할 필요가 없다. 현재 여왕말을 조절된 열이나 대각선에 놓을 지만 검사하면 된다. 연습문제에서 이 개선 알고리즘에 대해서 더 자세히 알아본다.

## 5.3 몬테칼로 알고리즘을 사용한 되추적 알고리즘의 효율성 추정

앞에서 언급했듯이 다음 절에서 공부할 알고리즘은 모두 상태공간트리의 마디 개수가 지수개 이상이다. 두 사례의 $n$값은 같더라도 하나는 검사해야 할 마디가 몇 개 되지 않는 반면, 다른 하나는 상태공간트리 전체를 검사해야 할 수도 있다. 되추적 알고리즘이 어떤 특정 사례를 얼마나 효율적으로 처리하는지에 대한 추정치(estimate)가 있다면 그 사례에 대해서 그 알고리즘을 사용하는 게 타당한 지 결정할 수 있다. 몬테칼로 알고리즘을 사용하면 그러한 추정치를 구할 수 있다.

몬테칼로 알고리즘은 **확률 알고리즘**(probabilistic algorithm)이다. 확률 알고리즘은 실행할 명령이 무작위로 결정되는 알고리즘이다. **결정 알고리즘**(deterministic algorithm)은 그렇지 않다. 지금까지 공부한 알고리즘은 모두 결정 알고리즘이다. **몬테칼로 알고리즘**(Monte Carlo algorithm)은 표본공간의 무작위 표본의 평균치를 가지고 표본공간에서 정의된 무작위변수의 기대치를 추정한다(표본공간, 무작위표본, 무작위변수, 기대치에 대해서는 부록 A의 A.8.1절을 참조하자). 추정치가 실제 기대치에 근접하리라는 보장은 없지만 알고리즘을 오래 실행할수록 실제 기대치에 근접할 확률은 증가한다.

몬테칼로 알고리즘을 사용하여 특정 사례에 대한 되추적 알고리즘의 효율을 다음과 같이 추정한다. 주어진 사례를 가지고 트리에서 검사하리라 생각되는 마디로 구성된 "전형적인 경로"를 생성하고, 경로에 있는 마디의 개수를 추정한다. 그 추정치는 해답을 모두 찾기 위해서 검사하리라 생각되는 마디의 총 개수를 추정한 것이다. 즉, 가지친 상태공간트리에서 마디 개수의 추정치가 되는 것이다. 이 기술을 적용하기 위해서 알고리즘은 다음 조건을 반드시 만족해야 한다.

1. 상태공간트리의 같은 수준의 모든 마디에서 같은 유망함수를 사용해야 한다.
2. 상태공간트리에서 같은 수준에 있는 마디들은 모두 자식마디의 개수가 같아야 한다.

알고리즘 5.1($n$-여왕말 문제를 푸는 되추적 알고리즘)은 이 조건을 만족한다.

몬테칼로 기술을 사용하기 위해서는 어떤 마디의 유망한 자식마디를 무작위로 생성할 필요가 있다. 이는 무작위로 유망한 자식마디를 생성한다는 뜻이다(무작위 절차에 자세한 사항은 부록 A의 A.8.1절을 참조하자). 이 기술을 프로그램으로 구현할 때는 의사무작위(pseudorandom)로만 유망 자식마디를 생성할 수 있다. 이 기술은 다음과 같다.

- $m_0$를 뿌리의 유망한 자식마디의 개수로 한다.
- 수준 1에서 유망한 마디 하나를 무작위로 생성한다. $m_1$을 이 마디의 유망한 자식마디의 개수로 한다.
- 앞 단계에서 구한 마디의 유망한 자식마디 하나를 무작위로 생성한다. $m_2$를 이 마디의 유망한 자식마디의 개수로 한다.

  ⋮

- 앞 단계에서 구한 마디의 유망한 자식마디 하나를 무작위로 생성한다. $m_i$를 이 마디의 유망한 자식마디의 개수로 한다.

  ⋮

유망한 자식마디가 없을 때까지 이 과정을 계속한다. 상태공간트리에 같은 수준에 있는 마디들이 모두 자식마디의 개수가 같다고 가정하기 때문에 $m_i$는 수준 $i$에서 마디들의 유망한 자식마디의 평균 개수의 추정치가 된다. 다음과 같이 정의해보자.

$$t_i = \text{수준 } i\text{에서 어떤 마디의 자식마디의 총 개수}$$

어떤 마디 $t_i$개의 자식마디 모두를 검사하고 $m_i$개의 유망한 자식만 검사한 자식마디이기 때문에 되추적 알고리즘이 해답을 모두 찾기 위해서 검사한 마디의 총 개수 추정치는 다음과 같다.

$$1 + t_0 + m_0 t_1 + m_0 m_1 t_2 + \cdots + m_0 m_1 \cdots m_{i-1} t_i + \cdots$$

이 추정치를 계산하는 일반 알고리즘은 다음과 같다. 이 알고리즘에서 변수 *mprod*는 각 수준에서 만들어진 $m_0 m_1 \cdots m_{i-1}$을 표현하는데 쓴다.

▸ 알고리즘 5.2 **몬테칼로 추정치 구하기**

문제 : 몬테칼로 알고리즘을 사용하여 되추적 알고리즘의 효율을 추정하시오.

입력 : 되추적 알고리즘이 풀려고 하는 문제의 사례

출력 : 알고리즘이 만들어 내는 가지친 상태공간트리에서 마디의 개수 추정치. 그 사례에 대하여 알고리즘이 해답을 모두 찾기 위하여 검사하는 마디의 개수가 됨.

```
int estimate( )
{
   node v;
   int m, mprod, t, numnodes;

   v = 상태공간트리의 뿌리
   numnodes = 1;
   m = 1;
   mprod = 1;
   while (m != 0) {
     t = v의 자식마디의 개수;
     mprod = mprod * m;
     numnodes = numnodes + mprod * t;
     m = v의 유망한 자식마디의 개수;
     if (m != 0)
       v = v의 무작위로 선택한 자식마디의 개수;
   }
   return numnodes ;
}
```

다음은 알고리즘 5.1($n$-여왕말 문제의 되추적 알고리즘)에 대한 알고리즘 5.2의 특별판이다. $n$이 알고리즘 5.1에 파라미터이므로 이 알고리즘에 $n$을 넘겨준다.

▸ 알고리즘 5.3 **알고리즘 5.1에 대한 몬테칼로 추정치 구하기($n$-여왕말 문제의 되추적 알고리즘)**

문제 : 알고리즘 5.1의 효율 추정

입력 : 양의 정수 $n$

출력 : 알고리즘 5.1이 만들어 내는 가지친 상태공간트리에서 마디의 개수 추정치. 두 여왕말이 서로 위협하지 않도록 서양 장기판에 $n$개 여왕말을 놓는 방법을 모두 찾기 전에 알고리즘이 검사하는 마디의 개수가 됨.

```
int estimate_n_queens (int n)
{
   index i, j, col[1 .. n];
   int m, mprod, numnodes;
   set_of_index prom_children;
```

```
   i = 0;
   numnodes = 1;
   m = 1;
   mprod = 1;
   while (m != 0 && i != n) {
      mprod = mprod * m;
      numnodes = numnodes + mprod * n;      // 자식마디의 개수는 t
      i++;
      m = 0;
      prom_children = ∅;                    // 유망한 자식마디의 집합을 공집합으로 초기화
      for (j = 1; j <= n; j++) {
         col[i] = j;
         if (promising(i)) {                // 유망한 자식마디를 결정
            m++;                            // 함수 promising은 알고리즘 5.1과 동일
            prom_children = prom_children ∪ {j};
         }
      }
      if (m != 0) {
         j = prom_children에서 무작위로 선택;
         col[i] = j;
      }
   }
   return numnodes;
}
```

몬테칼로 알고리즘을 사용할 때 두 번 이상 실행하여 추정치를 구해야 하고, 그 결과의 평균을 실제 추정치로 사용해야 한다. 통계학에서 표준으로 쓰이는 방법을 사용하면 시도한 결과로 검사한 마디의 실제 개수에 대한 신뢰구간을 결정할 수 있다. 경험으로 보면 20번 정도 시도하면 보통 충분하다. 몬테칼로 알고리즘을 여러 번 실행시키면 좋은 추정치를 구할 확률이 높아지지만, 결과가 항상 좋은 추정치라는 보장은 결코 없다는 걸 주의해야 한다.

$n$-여왕말 문제는 각 $n$값에 대해서 답이 하나밖에 없다. 그러나 되추적 알고리즘으로 푸는 문제의 대부분은 그렇지 않다. 몬테칼로 기술을 한 번 적용해서 얻은 추정치는 하나의 특정한 사례일 뿐이다. 이전에 설명했듯이 같은 $n$값을 가진 사례 둘 중에서 하나는 검사해야 할 마디가 몇 개 되지 않는 반면, 다른 하나는 상태공간트리 전체를 검사해야 할 수도 있다.

몬테칼로 추정법을 사용하여 얻은 추정치가 첫째 해답을 찾기 전에 얼마나 많은 마디를 검사할 것인지를 반드시 나타내는 것은 아니다. 해답을 하나만 얻기 위해서 모든 해답을 찾는 일부분의 마디만 검사할 수도 있다. 예를 들어, 그림 5.4를 보면 셋째와 넷째 열에 각각 첫째 여왕말을 놓는 두 가지를 해답 하나만 찾기 위해서 횡단할 필요는 없다.

## 5.4 부분집합의 합 구하기

4.4.1절의 0-1 배낭 채우기 문제를 되돌아보자. 이 문제에서 밤손님이 훔칠 수 있는 아이템의 집합이 있고, 아이템은 각각 무게와 값어치를 가지고 있다. 밤손님의 배낭은 아이템의 총 무게가 $W$를 초과하면 찢어진다. 따라서 총 무게가 $W$를 초과하지 않으면서 훔친 아이템의 총 값어치가 최대가 되도록 하는 것이 목표이다. 아이템 모두 무게 당 값어치가 같다고 가정하자. 그러면 단순히 총 무게가 $W$를 초과하지 않는다는 제한 조건하에서 총 무게를 최대로 하는 게 밤손님의 최적 해답이 될 것이다. 밤손님은 먼저 총 무게가 $W$가 되는 아이템의 집합이 있는지를 결정하려고 할 것이다. 왜냐하면, 이 경우가 최선이 될 것이기 때문이다. 그런 집합을 결정하는 문제를 부분집합의 합 구하기 문제(sum-of-subsets problem)라고 한다.

세부적으로 보면, 부분집합의 합 구하기 문제에서는 양의 정수(무게) $w_i$가 $n$개와 양의 정수 $W$가 있다. 목표는 합이 $W$가 되는 정수의 부분집합을 모두 찾는 것이다. 앞에서 언급했듯이 해답을 모두 찾을 수 있도록 문제를 기술한다. 그러나 밤손님은 해답을 하나만 찾아도 충분히 행복해할 것이다.

• **예제 5.2** $n=5$, $W=20$이고, 각 $w_i$는 다음과 같다고 가정하자.

$$w_1=5,\ w_2=6,\ w_3=10,\ w_4=11,\ w_5=16$$

다음과 같기 때문에,

$$\begin{aligned} w_1+w_2+w_3 &= 5+6+10=21 \\ w_1+w_5 &= 5+16=21 \\ w_3+w_4 &= 10+11=21 \end{aligned}$$

해답은 $\{w_1, w_2, w_3\}$, $\{w_1, w_5\}$, $\{w_3, w_4\}$가 된다.

이 사례는 검사하여 풀 수 있다. 그러나 큰 $n$ 값에 대해서 체계적인 접근이 필요하다. 상태공간트리를 만들어 푸는 방법이 하나 있다. 트리를 구축하는 방법은 그림 5.7에 나와 있다. 편의상 그림 5.7의 트리는 무게를 세 가지만 고려한다. $w_1$를 포함하려면 뿌리마디에서 왼쪽으로 가고, $w_1$을 제외하려면 오른쪽으로 간다. 비슷한 방법으로 수준 1에서 $w_2$를 포함하려면 마디에서 왼쪽으로 가고 $w_2$를 제외하려면 오른쪽으로 간다. 같은 방법으로 계속 반복한다. 각 부분집합은 뿌리마디에서 잎으로 가는 경로로 표현한다. $w_i$를 포함할 때 포함하는 이음선 상에 $w_i$라고 표기한다. $w_i$를 제외할 때 0으로 표기한다.

• **예제 5.3** 그림 5.8을 보면 $n=3$, $W=6$이고 $w_i$ 값이 다음과 같은 상태공간트리가 있다.

$$w_1=2,\quad w_2=4,\quad w_3=5$$

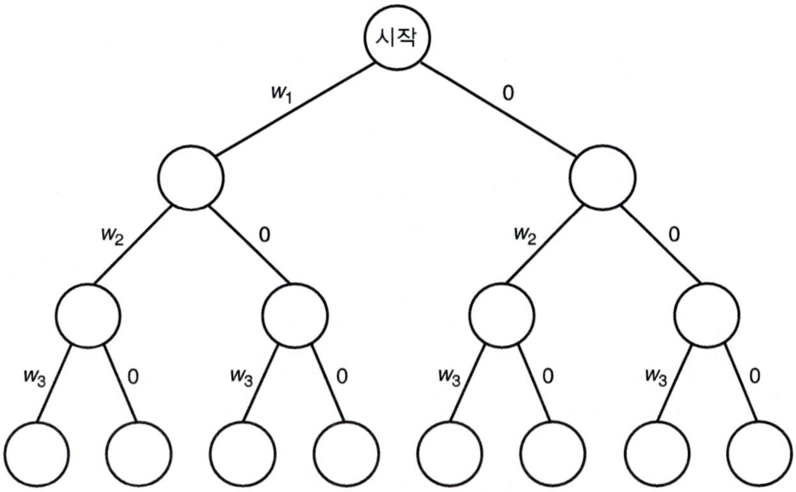


**그림 5.7** $n$=3일 때, 부분집합의 합 구하기 사례들에 대한 상태공간트리

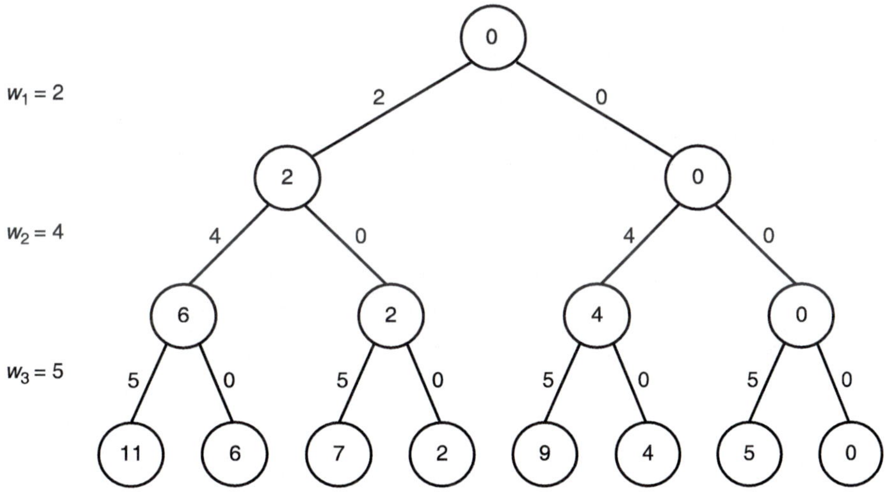


**그림 5.8** 예제 5.3의 사례에 대하여 부분집합의 합 구하기 문제를 푸는 상태공간트리. 각 마디에 그 마디까지 누적한 총 무게를 저장한다.

각 마디에는 그 지점까지 누적한 무게의 합을 표기해 놓는다. 따라서 각 잎에는 그 잎까지 오면서 만든 부분집합에 있는 무게의 합을 기록한다. 왼쪽에서 둘째 잎은 6을 포함하고 있는 유일한 잎이다. 이 잎까지의 경로는 부분집합 $\{w_1, w_2\}$ 이므로, 이 부분집합이 유일한 해답이다.

검색하기 전에 증가하는 순으로 가중치를 정렬한다면, 마디가 유망하지 않음을 분명하게 알려주는 표시가 존재한다. 가중치가 이런 식으로 정렬되어 있으면, $w_{i+1}$은 $i$ 수준에서 남아있는 가장 가벼운 무게가 된다. ***weight***를 수준 $i$의 마디까지 포함된 무게의 합이라 하자. $w_{i+1}$이 *weight*의 값을 $W$를 넘기게 한다면, 그 이후에 어떤 다른 무게도 $W$를 넘길 것이다. 따라서 *weight*가 $W$와 같지 않으면(그 마디 해답이 있다는 의미임), 다음 조건을 만족하면, 수준 $i$의 마디는 유망하지 않다.

$$weight + w_{i+1} > W$$

덜 분명하기는 하지만 마디가 유망하지 않다고 알려주는 표시가 또 하나 있다. 어떤 주어진 마디에서 남아있는 아이템의 무게의 총 합에다 *weight*를 더해서도 최소한 $W$와 같아지지도 않으면, 그 마디 이후로 아무리 확장하더라도 $W$와 같아질 수가 없다. 이는 ***total***이 남은 아이템의 총 무게일 때 다음 조건을 만족하면 이 마디는 유망하지 않음을 의미한다.

$$weight + total < W$$

다음 예제에서 이 되추적 전략을 설명한다.

---

**• 예제 5.4** 그림 5.9에 $n=4$, $W=13$이고, 다음 값들을 되추적에 사용할 때 가지친 상태공간트리를 보여준다.

$$w_1 = 3, \quad w_2 = 4, \quad w_3 = 5, \quad w_4 = 6$$

유일한 해답은 음영 처리된 마디에서 찾을 수 있다. 그 해답은 $\{w_1, w_2, w_4\}$이다. 유망하지 않

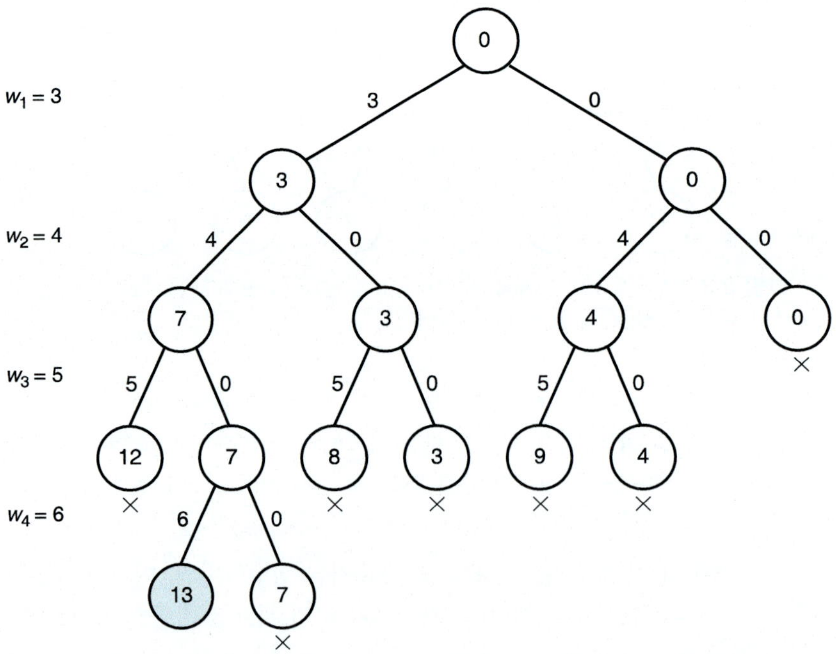


**그림 5.9** 예제 5.4에서 되추적을 사용하여 만들어 낸 가지친 상태공간트리. 각 마디에는 그 마디까지 포함된 총 무게가 저장되어 있다. 유일한 해답은 음영 처리된 마디에서 찾을 수 있다. 유망하지 않은 마디는 각각 X로 표시되어 있다.

은 마디는 ×로 표시한다. 12, 8, 9를 포함하는 마디들은 다음 무게(6)을 추가하면 *weight*의 값이 *W*를 초과하기 때문에 유망하지 않다. 7, 3, 4, 0을 포함하는 마디들은 남은 무게의 총 합이 *weight*의 값을 *W*까지 올리기에 충분하지 않기 때문에 유망하지 않다. 해답을 포함하지 않은 상태공간트리에서 잎은 자동적으로 유망하지 않다. 왜냐하면, *W*까지 *weight*를 올릴 수 있는 만큼 충분히 무게가 남아 있지 않기 때문이다. 7을 포함하고 있는 잎이 이를 나타내 준다. 가지친 상태공간트리에는 15개 마디만 있는 반면, 전체 상태공간나무에는 31개의 마디가 있다.

어떤 마디까지 포함된 무게의 합이 *W*와 같으면, 그 마디에 해답이 있다. 그러므로 아이템을 더 추가시킨다고 또 다른 해답을 구할 수는 없다. 이는 만약 다음 등식이 성립하면,

$$W = weight$$

해답을 프린트하고, 되추적해야 한다. 이 되추적은 일반 프로시저 *checknode*를 그대로 사용할 수 있다. 왜냐하면 이 프로시저는 일단 해답을 찾은 유망한 마디 이후는 절대로 확장하지 않기 때문이다. 어떤 되추적 알고리즘은 상태공간트리의 잎에 도달하기 전에 해답을 찾는 경우도 때로 있다는 사실을 *checknode*를 공부할 때 언급했다. 이 알고리즘이 그런 알고리즘 중 하나이다.

이제 이 전략을 쓰는 알고리즘을 제시한다. 이 알고리즘은 배열 *include*를 사용한다. $w[i]$를 포함하면 *include*[*i*]가 'yes' 값을 가지고, 그렇지 않으면 'no' 값을 가진다.

▸ 알고리즘 5.4 **부분집합의 합 구하기 문제를 푸는 되추적 알고리즘**

**문제** : $n$개 양의 정수(무게)와 양의 정수 $W$를 가지고, 합이 $W$가 되는 모든 정수의 조합을 모두 구하시오.

**입력** : 양의 정수 $n$, (감소하지 않는 순으로) 정렬된 양의 정수의 배열 $w$(범위는 1부터 $n$), 양의 정수 $W$

**출력** : 합이 $W$가 되는 모든 정수의 조합

```
void sum_of_subsets (index i,
                     int weight, int total)
{
   if (promising(i))
      if (weight == W)
         cout << include[1]에서 include[i]까지;
      else {
         include[i+1] = "yes";   // w[i+1]을 포함한다.
         sum_of_subsets (i + 1, weight + w[i+1], total- w[i+1]);
         include[i+1] = "no";    // w{i+1]을 포함하지 않는다.
         sum_of_subsets (i + 1, weight, total-w[i+1]);
      }
```

```
}

bool promising (index i);
{
return (weight + total >= W) && (weight == W || weight + w[i+1] <= W);
}
```

관습에 따라서 $n$, $w$, $W$, *include*는 이 프로시저의 입력이 아니다. 이 변수들을 전역적으로 정의하여 *sum_of_subsets*의 최초 호출은 다음과 같다.

*sub_of_subsets*(0, 0, *total*);

여기서 total의 초기값은 다음과 같다.

$$total = \sum_{j=1}^{n} w[j]$$

해답을 포함하지 않은 상태공간트리에서의 잎은 유망하지 않다는 사실을 상기해보자. 그 이유는 *weight*의 값을 $W$까지 올릴 수 있을 만큼 무게가 남아 있지 않기 때문이다. 이는 이 알고리즘에서 종료조건인 $i = n$을 검사할 필요가 없음을 의미한다. 이 알고리즘이 제대로 정확히 구현되었는지 검증해보자. $i = n$일 때 *total* 값은 0이다(이유는 남아있는 무게가 없기 때문이다). 따라서 이 시점에서 다음 등식이 성립하므로,

$$weight + total = weight + 0 = weight$$

이에 따라 다음 부등식이 성립한다는 사실은

$$weight + total \geq W$$

$weight \geq W$도 성립함을 의미한다. $weight \leq W$가 항상 성립하도록 유지하기 때문에 $weight = W$일 수밖에 없다. 따라서 $i = n$일 때 함수 *promising*이 true를 넘겨주면 $weight = W$가 된다. 그러나 이 경우 해답을 찾았기 때문에 재귀 호출은 없다. 그러므로 종료조건 $i = n$을 검사할 필요가 없다. **or** 표현식에서 둘째 조건은 첫째 조건이 참이면 보통 계산하지 않기 때문에 함수 *promising*에서 존재하지 않는 배열 아이템 $w[n+1]$은 절대 참조하지 않는다.

알고리즘 5.4가 검색하는 상태공간트리에서 마디의 개수는 다음과 같다.

$$1 + 2 + 2^2 + \cdots + 2^n = 2^{n+1} - 1$$

이 등식은 부록 A의 예제 A.3에서 구한다. 이 결과만을 가지고 보면, 최악의 경우가 이보다 훨씬 좋을 수 있다는 확률은 존재한다. 즉, 모든 사례에 대해서 상태공간트리의 작은 일부분만 검색하는 경우도 있을 수 있다는 것이다. 그러나 그렇지 않다. 각 $n$에 대해서 알고리즘이 지수만큼 많은 개수의 마디를 방문하는 사례를 구축할 수 있다. 하나의 답만

원하는 경우조차도 마찬가지이다. 결과적으로 다음 (부)등식을 취하면,

$$\sum_{i=1}^{n-1} w_i < W \qquad w_n = W$$

하나의 해답 $\{w_n\}$만 존재하며, 지수만큼 많은 개수의 마디를 방문할 때까지 찾을 수 없을 것이다. 이전에 강조했듯이 최악의 경우가 지수이지만 아주 많은 사례에서 이 알고리즘이 효율적일 수 있다. 몬테칼로 기술을 사용하여 알고리즘 5.4의 효율을 여러 가지 사례를 가지고 추정하는 프로그램을 연습문제로 해 보도록 하자.

답을 하나만 내주도록 문제를 기술해도 0-1 배낭 채우기 문제와 마찬가지로 부분집합의 합 구하기 문제도 9장에서 다루는 부류의 문제 계층에 속한다.

## 5.5 그래프 색칠하기

$m$-색칠하기 문제는 비방향그래프에서 서로 인접한 정점이 같은 색을 갖지 않도록 최대 $m$개의 다른 색으로 칠하는 방법을 모두 찾는 문제이다. $m$-색칠하기 문제는 $m$값이 다르면 다른 문제로 취급한다.

**예제 5.5** 그림 5.10의 그래프를 보자. 이 그래프에서 2-색칠하기 문제의 해답은 없다. 왜냐하면, 최대 2개의 다른 색까지만 사용할 수 있다면, 인접한 정점이 같은 색을 갖지 않도록 정점을 색칠하기는 불가능하다. 이 그래프에서 3-색칠하기 문제의 해답 중 하나는 다음과 같다.

| 정점 | 색 |
|---|---|
| $v_1$ | 색1 |
| $v_2$ | 색2 |
| $v_3$ | 색2 |
| $v_4$ | 색2 |

이 그래프에서 3-색칠하기 문제는 해답이 총 6가지이다. 그러나 6가지 해답은 색이 조합된 방법

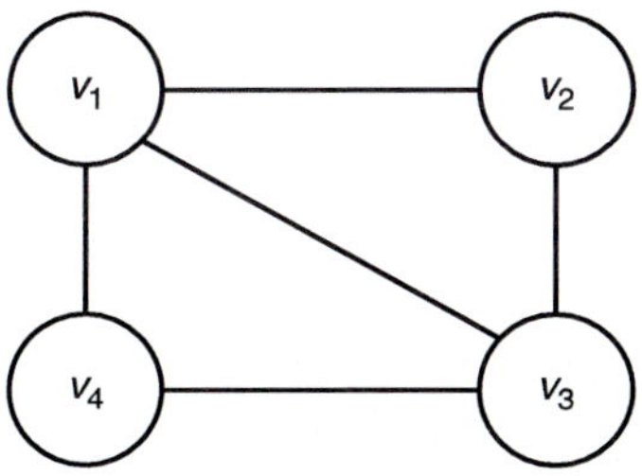


그림 5.10 2-색칠하기 문제에 대해서는 해답이 없는 그래프. 이 그래프에서 3-색칠하기 문제에 대한 해답은 예제 5.5에 나와 있다.

으로만 다를 뿐이다. 예를 들면, 또 다른 해답은 $v_1$을 색2로 칠하고, $v_2$와 $v_4$를 색1로 칠하고, $v_3$을 색3으로 칠하면 된다.

---

그래프 색칠하기의 주요 응용분야는 지도 색칠하기이다. 두 개의 이음선이 서로 교차하지 않도록 그린 그래프를 **평면그래프**(planar graph)라고 한다. 그림 5.11의 아래쪽에 있는 그래프는 평면그래프이다. 그러나 이음선 $(v_1, v_5)$와 $(v_2, v_4)$를 추가하면 더 이상 평면그래프가 아니다. 모든 지도는 그에 상응하는 평면그래프가 존재한다. 지도에서 각 지역은 정점에 해당한다. 만약 한 지역이 다른 지역과 인접해 있으면, 그에 해당하는 정점들을 이음선으로 연결한다. 그림 5.11에는 위쪽에 지도가 있고, 그 아래 그에 상응하는 평면그래프가 있다. 평면그래프에서 $m$-색칠하기 문제는 최대 $m$개의 색을 사용하여 인접한 지역이 같은 색이 되지 않도록 지도를 색칠하는 방법이 얼마나 있는지를 구한다.

$m$-색칠하기 문제에 대한 간단한 상태공간트리는 수준 1에서 정점 $v_1$에 가능한 모든 색을 각각 시도해 보고, 수준 2에서 정점 $v_2$에 가능한 모든 색을 각각 시도해 보고, 이런 식으로 수준 $n$에서 정점 $v$에 가능한 모든 색을 각각 시도해볼 때까지 계속한다. 뿌리에서 잎까지 경로는 각각 해답후보가 된다. 어떤 두 인접한 정점이 같은 색인지를 결정함으로써 해답후보가 해답인지를 검사한다. 혼돈을 피하기 위해서 앞으로 이 절에서 “마디”는 상태공간트리에 있는 마디(정점)를 가리키고, “정점”은 색칠하는 그래프의 정점(마디)을

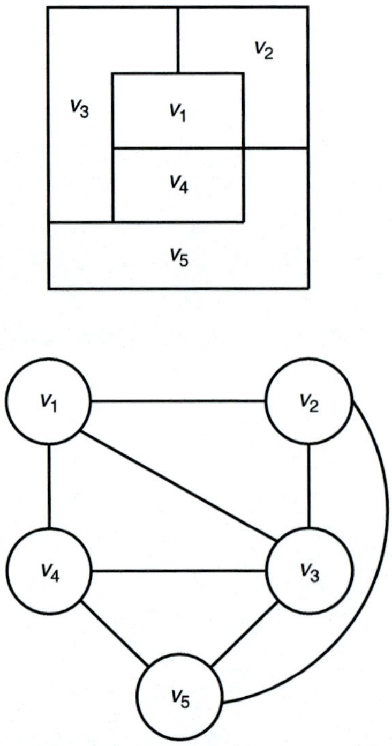


그림 5.11 지도(위)와 평면그래프(아래)

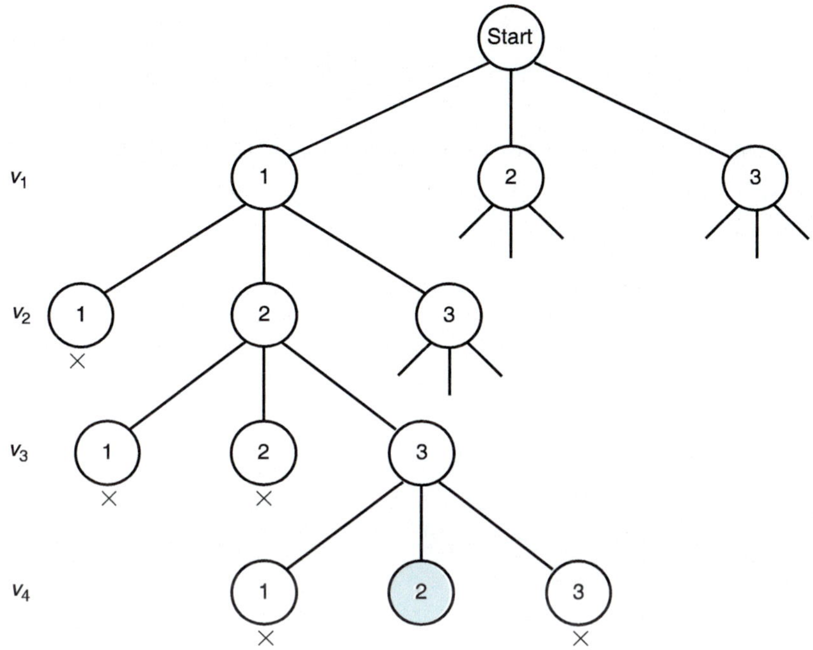


그림 5.12 그림 5.10에 있는 그래프를 3-색칠하기 위해서 되추적 기법을 사용하여 구한 가지친 상태공간트리의 일부분. 첫째 해답은 음영 처리된 마디에서 찾을 수 있다. 유망하지 않은 마디는 X로 표시되어 있다.

가리키는 것을 기억하기 바란다.

이 문제에서 되추적할 수 있는데, 그 이유는 어떤 마디에서 색칠한 정점과 인접한 정점이 이미 그 마디에 사용된 색인 경우 그 마디는 유망하지 않기 때문이다. 그림 5.12에서 그림 5.10의 그래프를 3-색칠하는데 되추적 전략을 적용하여 만들어진 가지친 상태공간트리를 보여준다. 마디에 표시된 수는 그 마디에서 정점을 색칠하는데 사용한 색의 개수이다. 첫째 해답은 음영 처리된 마디에서 찾을 수 있다. 유망하지 않은 마디는 ×로 표시되어 있다. $v_1$을 색1로 칠한 후, $v_2$에 색1을 선택하면 $v_1$이 $v_2$와 인접해 있으므로 유망하지 않다. 비슷하게, $v_1$, $v_2$, $v_3$을 색1, 색2, 색3으로 각각 칠한 후, $v_4$에 색1을 선택하면 $v_1$이 $v_4$에 인접해 있으므로 유망하지 않다.

이제 모든 $m$값에 대한 $m$-색칠하기 문제를 푸는 알고리즘을 살펴보자. 이 알고리즘에서 그래프는 4.1절에서와 마찬가지로 인접행렬로 표현된다. 그러나 그래프에 가중치가 없기 때문에 두 정점을 잇는 이음선의 존재여부에 따라서 행렬의 각 엔트리는 true나 false가 된다.

▸ 알고리즘 5.5

**$m$-색칠하기 문제를 푸는 되추적 알고리즘**

문제 : 비방향그래프에서 $m$개의 색만 사용하여 인접한 정점이 같은 색이 되지 않게 정점

을 색칠할 수 있는 모든 방법을 구하시오.

**입력** : 양의 정수 $n$과 $m$, 그리고 $n$개의 정점을 가진 비방향그래프. 그래프는 행과 열의 인덱스가 모두 1부터 $n$까지인 2차원 배열 $W$로 표현된다. 여기서 $i$번째 정점과 $j$번째 정점 사이에 이음선이 존재하면 $W[i][j]$는 true이고, 그렇지 않으면 false이다.

**출력** : 최대로 $m$개의 색을 가지고 인접한 정점이 같은 색이 되지 않게 그래프에 색칠하는 가능한 모든 경우. 출력은 인덱스가 1부터 $n$까지인 배열 *vcolor*이다. 여기서 *vcolor*[*i*] 값은 $i$번째 정점에 할당된 색(1부터 $m$사이의 정수)이다.

```
void m_coloring (index i)
{
   int color;

   if (promising(i))
     if (i == n)
       cout << vcolor[1]에서 vcolor[n]까지;
     else
       for (color = 1; color <= m; color++) {     // 다음 정점에 모든 색을 시도해 본다.
         vcolor[i+1] = color ;
         m_coloring(i+1);
       }
}

bool promising(index i)
{
   index j;
   bool switch;

   switch = true;
   j = 1;
   while (j < i && switch) {                      // 인접한 정점에 이 색이 이미 칠해져
     if (W[i][j] && vcolor[i] == vcolor[j])       // 있는지 점검한다.
       switch = false;
     j++;
   }
   return switch;
}
```

보통 사용하는 관습에 따라서 $n$, $m$, $W$와 *vcolor*는 위 두 루틴의 입력이 아니다. 알고리즘을 구현할 때 이 루틴들은 $n$, $m$, $W$가 입력인 간단한 프로시저 안에 지역적으로 정의하고, *vcolor*도 지역적으로 정의한다. *m_coloring*의 최상위 수준 호출은 다음과 같이 하면 된다.

*m_coloring*(0)

이 알고리즘의 상태공간트리에 있는 마디의 개수는 다음과 같다.

$$1+m+m^2+\cdots+m^n=\frac{m^{n+1}-1}{m-1}$$

이 등식은 부록 A의 예제 A.4에서 구한다. 주어진 $m$과 $n$에 대해서 ($n$의 형식으로) 최소한 지수만큼 많은 마디의 개수를 점검하는 사례를 만들 수 있다. 예를 들어, $m$이 단순히 2이고, 정점 $v_n$에서 다른 모든 정점으로 가는 이음선이 있고, $v_{n-2}$와 $v_{n-1}$을 잇는 이음선이 유일한 다른 이음선이라면 해답은 존재하지 않는다. 그러나 이 사실을 알기 위해서는 상태공간트리의 거의 모든 마디를 방문해야 한다. 다른 되추적 알고리즘과 마찬가지로 이 알고리즘은 크기가 큰 특정 사례에 대해서 효율적일 수 있다. 5.3절에서 설명한 몬테칼로 기술을 이 알고리즘에도 적용할 수 있다. 이는 특정 사례의 효율을 추정하기 위하여 이 기술을 사용할 수 있다는 의미이다.

최악 시간복잡도가 $n$에 대해서 지수가 아닌 2-색칠하기 알고리즘은 존재하는데 연습문제로 이 알고리즘을 작성해 보도록 한다. $m \geq 3$인 $m$에 대해서 최악의 경우 효율적인 알고리즘은 아직 아무도 개발하지 못했다. 부분집합의 합 구하기, 0-1 배낭 채우기, $m \geq 3$인 $m$-색칠하기 문제들은 9장에서 다루는 문제의 부류에 속한다. 그래프에서 $m$-색칠하는 방법을 하나만 찾는 경우라도 마찬가지이다.

## 5.6 해밀튼 회로 문제

같은 외판원 문제를 놓고 갑돌이와 갑순이가 경쟁을 벌였던 예제 3.12를 상기해보자. 20개 도시 전체를 더 빨리 다녀올 수 있는 사람이 외판원 자리를 차지하게 되었다. 시간복잡도가 다음과 같은 동적계획 알고리즘을 사용하여 갑순이는 45초 안에 최단 여행경로를 찾았다.

$$T(n)=(n-1)(n-2)2^{n-3}$$

갑돌이는 19!가지 여행경로 길이를 모두 계산하였다. 그의 알고리즘은 3,800년 이상 걸리기 때문에 그 프로그램은 아직도 돌아가고 있다. 물론 갑순이가 그 외판원 자리를 차지했음은 물어볼 필요도 없다. 그 후 갑순이가 판매실적이 아주 좋아서 갑순이의 상관은 판매영역을 40개 도시로 늘려주었다고 가정하자. 그러나 이 영역 안에 있는 도시들 모두가 도로로 연결되어 있지는 않다. 갑순이의 동적계획 알고리즘이 단위연산을 처리하는데 1 microsecond이 걸린다고 가정하였다. 이 알고리즘으로 40개 도시를 여행하는 최단 여행경로를 구하는 시간을 계산해 보면 다음과 같다.

$$(40-1)(40-2)2^{40-3}\mu s = 6.46\text{ 년}$$

이 정도의 시간 때문에 갑순이는 다른 알고리즘을 찾아보아야 한다. 그녀는 너무 어려워서 최적 여행경로는 찾을 수 없으리라 판단하고, 그냥 아무 경로나 택하더라도 만족하게 된다. 도시를 직접 잇는 도로가 모든 도시들 사이에 존재한다면 도시를 어떤 순서대로 나열해도 여행경로가 된다. 그러나 갑순이의 새 판매영역의 경우는 그렇지 않다. 따라서 이제 갑순이의 문제는 그래프에서 어떤 경로라도 찾는 것이다. 이 문제를 처음 제안한 윌리암 해밀튼 경(Sir William Hamilton)의 이름을 따서 **해밀튼 회로 문제**(Hamiltonian Circuits Problem)라고 한다. 이 문제는 (외판원 문제와 같이) 방향그래프로 기술할 수도 있고, 비방향그래프로 기술할 수도 있다. 비방향그래프로 보통 많이 기술하기 때문에 여기서도 그렇게 한다. 갑순이의 딜레마에서와 같이 이는 두 도시를 잇는 도로가 있다면 모두 왕복 차선이며, 그 도로는 하나밖에 없다는 걸 의미한다.

연결된 비방향그래프에서 해밀튼 회로(여행경로라 하기도 함)는 한 정점에서 출발하여 그래프에 있는 모든 정점을 각각 정확히 한 번씩 방문하고, 다시 출발한 정점으로 돌아오는 경로이다. 그림 5.13(a)의 그래프에는 해밀튼 회로 $[v_1, v_2, v_8, v_7, v_6, v_5, v_4, v_3, v_1]$가 존재하지만, 그림 5.13(b)의 그래프에는 해밀튼 회로가 존재하지 않는다. 해밀튼 회로 문제는 연결된 비방향그래프에서 해밀튼 회로를 구한다.

이 문제를 풀기 위한 상태공간트리는 다음과 같다. 이 나무의 수준 0에서 출발 정점을 놓고, 그 정점을 경로의 0째 정점이라고 부른다. 수준 1에서는 출발 정점을 제외한 각 정점을 출발 정점 다음에 오는 첫째 정점으로 고려한다. 수준 2에서는 앞에서와 같은 정

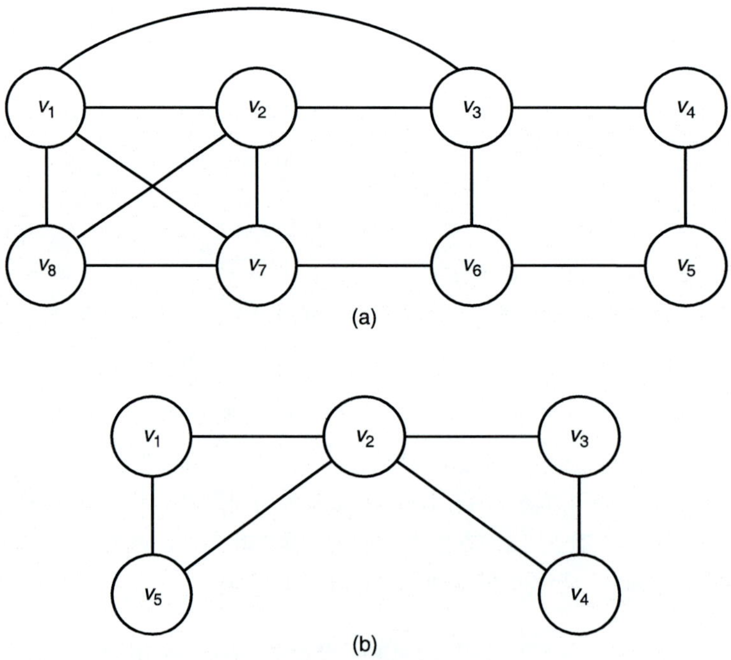


**그림 5.13** (a)의 그래프에는 해밀튼 회로 $[v_1, v_2, v_8, v_7, v_6, v_5, v_4, v_3, v_1]$가 존재하고, (b)의 그래프에는 해밀튼 회로가 존재하지 않는다.

점들을 각각 둘째 정점으로 고려한다. 그 이후 수준에서도 같은 방식으로 계속하다가, 마지막으로 수준 $n-1$에서 앞에서와 같은 정점들을 각각 $(n-1)$째 정점으로 고려한다.

이 상태공간트리에서 되추적하기 위해서 다음 사항을 고려한다.

1. 경로 상의 $i$째 정점은 그 경로에서 $(i-1)$째 정점과 반드시 인접해 있어야 한다.
2. $(n-1)$째 정점은 0째 정점(출발 정점)과 반드시 인접해 있어야 한다.
3. $i$째 정점은 그 앞에 오는 $i-1$개의 정점들 중 하나가 될 수 없다.

다음 알고리즘은 위의 사항을 고려하여 되추적 한다. 이 알고리즘은 $v_1$을 출발정점으로 고정시킨다.

▸ 알고리즘 5.6 **해밀튼 회로 문제를 푸는 되추적 알고리즘**

**문제** : 연결된 비방향그래프에서 해밀튼 회로를 모두 구하시오.

**입력** : 양의 정수 $n$과 정점이 $n$개인 비방향그래프. 그래프는 2차원 배열 $W$로 표현한다. 이 배열의 행과 열의 인덱스는 1부터 $n$까지이다. 여기서 $i$째 정점과 $j$째 정점을 잇는 이음선이 있으면 $W[i][j]$ 값은 true이고, 그렇지 않으면 false이다.

**출력** : 주어진 정점에서 출발하여 그래프상의 각 정점을 정확히 한 번씩 방문하고, 출발 정점으로 돌아오는 모든 경로. 각 경로의 출력은 인덱스가 0부터 $n-1$까지인 인덱스의 배열 *vindex*이다. 여기서 *vindex*[*i*]는 경로상에서 $i$째 정점의 인덱스이다. 출발 정점의 인덱스는 *vindex*[0]이다.

```
void hamitonian (index i)
{
   index j;

   if (promising(i))
      if (i == n-1)
         cout << vindex[0]에서 vindex[n-1]까지;
      else
         for (j = 2; j <= n; j++) {                // 모든 정점의 다음 정점을 시도해 본다.
            vindex[ i+1 ] = j;
            hamiltonian(i+1);
         }
}

bool promising (index i)
{
   index j;
   bool switch;

   if (i == n-1 &&! W[vindex[n-1]][vindex[0]])     // 첫째 정점을 마지막 정점과
```

```
    switch = false;                                   // 인접해야 하고,
  else if (i > 0 &&! W[vindex[i-1]][vindex[i]])       // i째 정점은 (i-1)째 정점과
    switch = false ;                                  // 인접해야 한다.
  else {
    switch = true ;
    j = 1;
    while (j < i && switch) {                         // 정점이 이미 선택되는지를 검사한다.
      if (vindex[ i ] == vindex[ j ])
        switch = false;
      j++;
    }
  }
  return switch ;
}
```

관습에 따라서 $n$, $W$, *vindex*는 위의 어떤 루틴에도 입력이 아니다. 이 변수들을 전역적으로 정의하면 *hamiltonian* 프로시저의 최초 호출은 다음과 같다.

```
vindex[0] = 1;                // v1을 출발정점으로 한다.
hamiltonian(0);
```

이 알고리즘의 상태공간트리에서 마디의 개수는 다음과 같이 계산한다.

$$1+(n-1)+(n-1)^2+\cdots+(n-1)^{n-1}=\frac{(n-1)^{n-1}}{n-2}$$

이 결과는 지수보다 훨씬 나쁘다. 이 등식은 부록 A의 예제 A.4에서 얻는다. 다음 사례는 상태공간트리 전체를 다 검사하지는 않지만, 검사하는 마디의 개수는 그래도 지수보다 많다(나쁘다). $v_1$로 가는 유일한 이음선은 $v_2$에서 온다고 하고, $v_1$을 제외한 정점은 모두 서로 이음선으로 연결되어 있다고 하자. 이 그래프에 해밀튼 회로는 존재하지 않으며, 알고리즘은 이 사실을 알기 위하여 지수보다 많은 개수의 마디를 검사한다.

갑순이의 딜레마로 돌아가서 (해밀튼 회로 문제를 푸는) 되추적 알고리즘은 (외판원 문제를 푸는) 동적계획 알고리즘으로 40개 도시 사례를 푸는데 걸리는 시간보다도 더 오래 걸릴 가능성이 존재한다. 몬테칼로 기술을 사용할 수 있는 조건을 만족하므로 그 기술을 사용하여 갑순이의 사례에 대한 효율을 추정할 수 있다. 그러나 몬테칼로 기술은 회로를 모두 찾는데 걸리는 시간을 추정한다. 갑순이는 하나의 회로만 필요하므로 (회로가 존재하는 경우) 첫째 회로를 찾은 후 알고리즘이 멈추게 할 수 있다. 독자는 $n=40$인 경우의 사례를 만들어서 그 사례에서 모든 회로를 알고리즘이 얼마나 빨리 찾는지 추정하고, 하나의 회로를 찾는 알고리즘을 실행시켜 보기를 권한다. 이런 식으로 이 이야기에 대한 독자 자신 나름대로의 결론을 만들어 낼 수 있을 테니까 말이다.

하나의 여행경로만 찾고 싶다 하더라도 해밀튼 회로 문제는 9장에서 다루게 되는 문제의 부류에 속한다.

## 5.7 0–1 배낭 채우기 문제

4.4절에서 이 문제를 동적계획법으로 풀었다. 여기서는 되추적 기술을 이용하여 풀어본다. 그 후 되추적 알고리즘을 동적계획 알고리즘과 비교한다.

### 5.7.1 0–1 배낭 채우기 문제를 푸는 되추적 알고리즘

이 문제에서 아이템의 집합이 있고, 각 아이템은 무게와 값어치를 가지고 있음을 기억하자. 무게와 값어치는 양의 정수이다. 밤손님은 배낭에 훔친 아이템을 담아갈 계획이고, 그 안에 넣은 아이템의 총 무게가 $W$를 초과하면 배낭은 찢어진다. 이 밤손님의 목표는 총 무게가 $W$를 초과할 수 없다는 제약 하에 총 값어치가 최대가 되는 아이템의 집합을 구하는 것이다.

부분집합의 합 구하기 문제(5.4절 참조)에서 사용한 것과 정확히 똑같은 상태공간트리를 가지고 이 문제를 풀 수 있다. 즉, 첫째 아이템을 넣으면 뿌리에서 왼쪽으로 가고, 빼면 오른쪽으로 간다. 같은 방법으로 둘째 아이템을 넣으면 수준 1의 마디에서 왼쪽으로 가고, 빼면 오른쪽으로 가고, 등등 이런 식으로 계속한다. 뿌리에서 잎까지의 경로는 각각 해답후보가 된다.

이 문제는 최적화 문제(optimization problem)라는 점에서 이 장에서 다룬 다른 문제들과 다르다. 이는 검색이 완전히 끝날 때까지 마디가 해답을 포함하고 있는지 알지 못한다는 뜻이다. 따라서 되추적을 조금 다른 방식으로 한다. 어떤 마디까지 넣은 아이템이 지금까지의 최고 해답보다 값어치의 총액이 크다면, 지금까지의 최고 해답의 값을 바꾼다. 그러나 (아이템을 더 훔쳐서) 그 마디의 후손 중 한 마디에서 더 좋은 해답을 찾을 수도 있다. 그러므로 최적화 문제에서는 유망한 마디의 자식마디들을 항상 방문한다. 다음은 최적화 문제의 경우 일반 되추적 알고리즘이다.

```
void checknode (node v)
{
    node u;

    if (value(v)가 best보다 좋다)
        best = value(v);
    if (promising(v))
        for (v의 각 자식마디 u)
            checknode(u);
}
```

변수 *best*는 지금까지 찾은 최고 해답의 값을 가지고, *value*($v$)는 마디 $v$에서 해답의 값이다. 어떤 해답후보의 값보다 나쁜 값으로 *best*를 초기화한 후, 최초 호출할 때 뿌리를 파라미터로 전달한다. 자식마디로 팽창할 수 있은 경우만 마디가 유망하다. 이 교재의 다른 알고리즘도 해답이 존재하면 그 마디는 유망하다고 했다.

이제 이 기술을 0-1 배낭 채우기 문제에 적용시켜 보자. 먼저 마디가 유망하지 않다고 알려주는 표시를 살펴보자. 마디가 유망하지 않음을 알려주는 분명한 표시는 배낭에 더 이상 아이템을 넣을 공간이 남아있지 않은 경우이다. 따라서 *weight*를 어떤 마디까지 넣은 아이템 무게의 합이라고 할 때 다음 부등식이 성립하면 그 마디는 유망하지 않다.

$$weight \geq W$$

최적화 문제의 경우 "유망"이란 자식마디로 더 팽창해야 함을 의미하므로, *weight*가 $W$와 같은 경우조차도 유망하지 않다.

탐욕적 방법의 고려사항을 사용하여 좀 더 알아내기 어려운 표시를 찾아보자. 4.4절에서 본대로 탐욕적 방법으로는 최적해를 구할 수 없었음을 기억하자. 여기서는 단지 트리의 검색을 제한하는데 만 탐욕적 방법을 사용하지, 탐욕적 알고리즘을 개발하지는 않는다. 먼저 $p_i/w_i$의 값에 따라서 큰 것부터 아이템을 정렬한다. 여기서 $w_i$와 $p_i$는 각각 $i$째 아이템의 무게와 값어치이다. 어떤 마디가 유망한지를 결정하려 한다고 가정해보자. 남은 아이템을 어떻게 선택하는지에 상관없이 그 마디에서부터 배낭 빈틈없이 채우기 문제(이 문제에서 밤손님은 아이템을 부분적으로 훔칠 수 있음을 기억하자)에서의 제한을 사용하여 얻는 값어치보다 더 많은 수익을 얻기는 불가능하다. 따라서 그 마디에서 팽창하여 얻을 수 있는 수익의 상한을 구할 수 있다. *profit*를 그 마디까지 넣은 아이템의 값어치의 합이라 하자. *weight*는 그 아이템들의 무게의 합이라고 했음을 기억하자. 변수 *bound*와 *totweight*는 *profit*과 *weight* 값으로 각각 초기화한다. 다음 탐욕적으로 아이템들을 취하는데, 그 값어치는 *bound*에 더하고 무게는 *totweight*에 더한다. 이 과정은 *totweight*가 $W$를 초과하게 되는 아이템을 집을 때까지 계속된다. 이때 남은 공간이 허용하는 무게만큼만 그 아이템의 일부분을 취하고, 그 일부분의 값어치를 *bound*에 더한다. 이 마지막 아이템의 일부분만 취할 수 있었다면 이 마디는 *bound*의 값과 같은 수익을 얻게 될 가능성이 없지만, *bound*는 그래도 그 마디에서 팽창하여 얻을 수 있는 값어치의 상한은 된다. 그 마디가 수준 $i$에 위치하고 있다고 하고, 수준 $k$에 위치한 마디는 무게의 합이 $W$가 넘어가는 마디라고 하자. 그러면,

$$totweight = weight + \sum_{j=i+1}^{k-1} w_j$$

$$bound = \underbrace{\left(profit + \sum_{j=i+1}^{k-1} p_j\right)}_{\substack{\text{처음 } k-1\text{개} \\ \text{아이템의 값어치}}} + \underbrace{(W - totweight)}_{\substack{k\text{번째 아이템에} \\ \text{가용한 용량}}} \times \underbrace{\frac{p_k}{w_k}}_{\substack{k\text{번째 아이템의} \\ \text{단위무게 당 값어치}}}$$

*maxprofit*을 지금까지 찾은 최고 해답에서 값어치의 값이라고 하면, 다음 부등식이 성립하면 수준 $i$에 위치한 마디는 유망하지 않다.

$$bound \le maxprofit$$

어떤 마디에서 확장해야 하는지 여부를 알려주는 한계를 구하는데 만 탐욕적 고려사항을 사용하였다. (탐욕적 방법에서와 같이) 후에 다시 고려해볼 기회도 없이 아이템을 탐욕적으로 취하는 방법은 사용하지 않는다.

알고리즘을 설명하기 전에 예제를 먼저 살펴보자.

---

**• 예제 5.6** $n=4$, $W=16$이고 가져갈 수 있는 아이템의 내역이 다음과 같다고 가정하자.

| $i$ | $p_i$ | $w_i$ | $\frac{p_i}{w_i}$ |
|---|---|---|---|
| 1 | \$40 | 2 | \$20 |
| 2 | \$30 | 5 | \$6 |
| 3 | \$50 | 10 | \$5 |
| 4 | \$10 | 5 | \$2 |

$p_i/w_i$ 값에 따라서 이미 정렬해 놓았다. 편의상 $p_i/w_i$값이 정수가 되도록 $p_i$와 $w_i$를 선택하였다. 일반적으로는 꼭 그럴 필요는 없다. 그림 5.14에 방금 설명한 되추적 기법을 사용하여 만든 가지친 상태공간트리를 보여준다. 총 값어치, 총 무게, 한계치는 위에서 아래로 각 마디에 표시한다. 이들은 앞에서 언급했듯이 변수 *profit*, *weight*, *bound*의 값들이다. 최대 이익은 음영 처리된 마디에서 찾을 수 있다. 각 마디에 대해서 그 마디의 수준과 트리 왼쪽에서부터 위치가 마디 위에 라벨로 표시한다. 예를 들어, 어둡게 칠해진 마디는 수준 3에 있고, 그 수준의 왼쪽에서 3째에 위치하고 있으므로 라벨 (3, 3)으로 표시한다. 이제 가지친 트리를 만들어 내는 절차를 설명한다. 이 절차에서 마디는 그 라벨로 나타낸다.

1. *maxprofit*을 \$0으로 놓는다.
2. 마디 (0,0)(뿌리)를 방문한다.
   (a) 그 값어치와 무게를 계산한다.

$$profit = \$0$$
$$weight = 0$$

   (b) 그 한계를 계산한다. $2+5+10=17$이고, $17>16$($W$의 값)이므로, 셋째 아이템을 취하면 무게의 합이 $W$를 넘는다. 따라서 $k=3$이고 *totweight*와 *bound*는 다음과 같이 계산한다.

$$totweight = weight + \sum_{j=0+1}^{3-1} w_j = 0+2+5=7$$

$$bound = profit + \sum_{j=0+1}^{3-1} p_j + (W - totweight) \times \frac{p_3}{w_3}$$
$$= \$0 + \$40 + \$30 + (16-7) \times \frac{\$50}{10} = \$115$$

   (c) 무게가 0은 $W$의 값인 16보다 작고, 한계 \$115는 *maxprofit*의 값인 \$0보다 크므로, 이 마디는 유망하다고 결정한다.

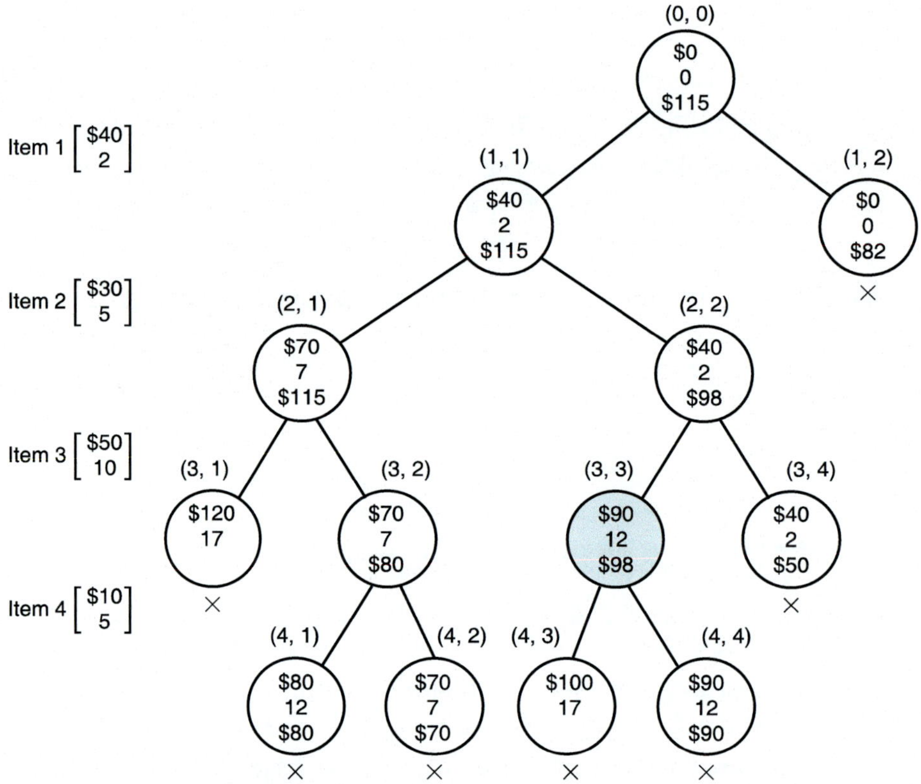


**그림 5.14** 예제 5.6에서 되추적을 사용하여 만든 가지친 상태공간트리. 각 마디에 위에서 아래로 저장되어 있는 값들은 그 마디에 도달하기까지 훔친 아이템의 총 값어치, 총 무게, 그리고 그 마디에서 확장하여 얻을 수 있는 총 값어치의 한계. 최적의 해답은 음영 처리된 마디에서 찾는다. 유망하지 않은 마디는 X로 표시한다.

3. 마디 (1, 1)을 방문한다.

(a) 그 값어치와 무게를 계산한다.

$$profit = \$0 + \$40 = \$40$$
$$weight = 0 + 2 = 2$$

(b) 무게 2는 $W$의 값인 16보다 작거나 같고, 값어치 \$40은 *maxprofit*의 값인 \$0보다 크므로, *maxprofit*를 \$40으로 놓는다.

(c) 그 한계를 계산한다. $2+5+10=17$이고, $17>16$($W$의 값)이므로 셋째 아이템을 취하면 무게의 합이 $W$를 넘는다. 따라서 $k=3$이고 *totweight*와 *bound*는 다음과 같이 계산한다.

$$totweight = weight + \sum_{j=1+1}^{3-1} w_j = 2+5=7$$

$$bound = profit + \sum_{j=1+1}^{3-1} p_j + (W - totweight) \times \frac{p_3}{w_3}$$
$$= \$40 + \$30 + (16-7) \times \frac{\$50}{10} = \$115$$

(d) 무게가 2는 $W$의 값인 16보다 작고, 한계 \$115는 *maxprofit*의 값인 \$0보다 크므로, 이 마디는 유망하다고 결정한다.

4. 마디 (2, 1)을 방문한다.
   (a) 그 값어치와 무게를 계산한다.

$$profit = \$40 + \$30 = \$70$$
$$weight = 2 + 5 = 7$$

   (b) 무게 7은 $W$의 값인 16보다 작거나 같고, 값어치 \$70은 *maxprofit*의 값인 \$40보다 크므로, *maxprofit*를 \$70으로 놓는다.
   (c) 그 한계를 계산한다.

$$totweight = weight + \sum_{j=2+1}^{3-1} w_j = 7$$

$$bound = \$70 + (16 - 7) \times \frac{\$50}{10} = \$115$$

   (d) 무게가 7은 $W$의 값인 16보다 작고, 한계 \$115는 *maxprofit*의 값인 \$70보다 크므로, 이 마디는 유망하다고 결정한다.

5. 마디 (3, 1)을 방문한다.
   (a) 그 값어치와 무게를 계산한다.

$$profit = \$70 + \$50 = \$120$$
$$weight = 7 + 10 = 17$$

   (b) 무게 17은 $W$의 값인 16보다 크므로, *maxprofit*의 값은 변하지 않는다.
   (c) 무게 17은 $W$의 값인 16보다 크거나 같으므로, 유망하지 않다고 결정한다.
   (d) 무게 때문에 이 마디는 유망하지 않으므로, 이 마디의 한계는 계산하지 않는다.

6. 마디 (2, 1)로 되추적

7. 마디 (3, 2)를 방문한다.
   (a) 그 값어치와 무게를 계산한다. 아이템 3은 포함하지 않으므로 다음과 같이 된다.

$$profit = \$70$$
$$weight = 7$$

   (b) 값어치 \$70은 *maxprofit*의 값인 \$70보다 작거나 같으므로, *maxprofit*의 값은 변하지 않는다.
   (c) 그 한계를 계산한다. 넷째 아이템의 무게를 더해도 합이 $W$를 초과하지 않고, 아이템이 4개만 있다. 따라서 $k = 5$이고, *bound*는 다음과 같이 계산한다.

$$bound = profit + \sum_{j=3+1}^{5-1} p_j = \$70 + \$10 = \$80$$

   (d) 무게 7은 $W$의 값인 16보다 작고, 한계 \$80은 *maxprofit*의 값인 \$70보다 크므로, 이 마디는 유망하다고 결정한다.

(지금부터 *profit*, *weight*, *bound*의 계산은 연습문제로 남겨둔다. 게다가 *maxprofit*이 변하지

않으면, 그에 대해서 언급하지 않는다).

8. 마디 (4, 1)을 방문한다.
   (a) 그 값어치와 무게를 계산하면, \$80과 12가 된다.
   (b) 무게 12는 $W$의 값인 16보다 작거나 같고, 값어치 \$80은 *maxprofit*의 값인 \$70보다 크므로, *maxprofit*의 값은 \$80으로 놓는다.
   (c) 그 한계를 계산하면, \$80이 된다.
   (d) 한계 \$80은 *maxprofit*의 값인 \$80보다 작거나 같으므로, 이 마디는 유망하지 않다고 결정한다. 상태공간트리에서 잎은 그 한계가 항상 *maxprofit*보다 작거나 같으므로 자동적으로 유망하지 않게 된다.
9. 마디 (3, 2)로 되추적
10. 마디 (4, 2)를 방문한다.
    (a) 그 값어치와 무게를 계산하면, \$70과 7이 된다.
    (b) 그 한계를 계산하면, \$80이 된다.
    (c) 한계 \$70은 *maxprofit*의 값인 \$80보다 작거나 같으므로, 이 마디는 유망하지 않다고 결정한다.
11. 마디 (1, 1)로 되추적
12. 마디 (2, 2)를 방문한다.
    (a) 그 값어치와 무게를 계산하면, \$40과 2이 된다.
    (b) 그 한계를 계산하면, \$98이 된다.
    (c) 무게 2는 $W$의 값인 16보다 작고, 한계 \$98은 *maxprofit*의 값인 \$80보다 크므로, 이 마디는 유망하다고 결정한다.
13. 마디 (3, 3)을 방문한다.
    (a) 그 값어치와 무게를 계산하면, \$90과 12이 된다.
    (b) 무게 12는 $W$의 값인 16보다 작거나 같고, 값어치 \$90은 *maxprofit*의 값인 \$80보다 크므로, *maxprofit*를 \$90으로 놓는다.
    (c) 그 한계를 계산하면, \$98이 된다.
    (c) 무게 12는 $W$의 값인 16보다 작고, 한계 \$98은 *maxprofit*의 값인 \$90보다 크므로, 이 마디는 유망하다고 결정한다.
14. 마디 (4, 3)을 방문한다.
    (a) 그 값어치와 무게를 계산하면, \$100과 17이 된다.
    (b) 무게 17은 $W$의 값인 16보다 크거나 같으므로, 이 마디는 유망하지 않다고 결정한다.
    (c) 무게 때문에 이 마디는 유망하지 않으므로, 이 마디의 한계는 계산하지 않는다.
15. 마디 (3, 3)으로 되추적
16. 마디 (4, 4)를 방문한다.
    (a) 그 값어치와 무게를 계산하면, \$90과 12이 된다.
    (b) 그 한계를 계산하면, \$90이 된다.
    (c) 한계 \$90은 *maxprofit*의 값인 \$90보다 작거나 같으므로, 이 마디는 유망하지 않다고 결정한다.

17. 마디 (2, 2)로 되추적
18. 마디 (3, 4)를 방문한다.
    (a) 그 값어치와 무게를 계산하면, \$40과 2이 된다.
    (b) 그 한계를 계산하면, \$50이 된다.
    (c) 한계 \$50은 *maxprofit*의 값인 \$90보다 작거나 같으므로, 이 마디는 유망하지 않다고 결정한다.
19. 뿌리로 되추적
20. 마디 (1, 2)를 방문한다.
    (a) 그 값어치와 무게를 계산하면, \$0과 0이 된다.
    (b) 그 한계를 계산하면, \$82이 된다.
    (c) 한계 \$82은 *maxprofit*의 값인 \$90보다 작거나 같으므로, 이 마디는 유망하지 않다고 결정한다.
21. 뿌리로 되추적
    (a) 뿌리에 더 이상 자식마디가 없으므로 완료되었다.

가지친 상태공간트리에 마디가 13개 있는 반면, 전체 트리에는 마디가 31개 있다.

이제 알고리즘을 설명한다. 이 문제는 최적화 문제이므로 현재 최고인 아이템의 집합과 그 값어치의 합을 기록하는 작업을 추가하였다. 배열 *bestset*과 변수 *maxprofit*를 이용하여 이 작업을 한다. 이 장에서의 다른 문제와는 달리 하나의 최적의 해를 찾도록 한다.

▸ 알고리즘 5.7

### 0-1 배낭 채우기 문제를 푸는 되추적 알고리즘

**문제** : 무게와 값어치가 주어진 $n$개의 아이템이 있다고 하자. 무게와 값어치는 양의 정수이다. 게다가 양의 정수 $W$도 주어진다. 무게의 합이 $W$가 넘지 못한다는 제약 하에서 총 값어치가 최대가 되는 아이템의 집합을 구하시오.

**입력** : 양의 정수 $n$과 $W$; 배열 $w$와 $p$, 인덱스의 범위는 1부터 $n$까지이고, 각 배열은 $p[i]/w[i]$값에 따라서 큰 수부터 차례로 정렬된 양의 정수를 포함한다.

**출력** : 배열 *bestset*, 여기서 인덱스의 범위는 1부터 $n$까지이고, *bestset*[$i$]의 값은 $i$번째 아이템이 최적의 해에 포함되어 있으면 'yes'이고, 그렇지 않으면 'no'이다; 최대 값어치를 나타내는 정수 *maxprofit*.

```
void knapsack (index i,
               int profit, int weight)
{
  if (weight <= W && profit > maxprofit) {        // 지금까지는 이 집합이 최고이다.
     maxprofit = profit;
     numbest = i;                                  // numbest를 고려한 아이템의 개수로
     bestset = include;                            // 놓고, bestset을 이 해답으로 놓는다.
  }
```

```
    if (promising(i) {
        include[i+1] = "yes";                           // w[i+1] 포함
        knapsack(i+1, profit + p[i+1], weight + w[i+1]);
        include[i+1] = "no";                            // w[i+1] 비포함
        knapsack(i+1, profit, weight);
    }
}

bool promising (index i)
{
    index j, k;
    int totweight;
    float bound;

    if (weight >= W)                    // 자식마디로 확장할 수 있을 때만 마디는 유망하다.
        return false;                   // 자식마디에 쓸 공간이 남아 있어야 한다.
    else {
        j = i + 1;
        bound = profit;
        totweight = weight;
        while (j <= n && totweight + w[j] <= W) { // 가능한 한 많은 아이템을 취한다.
            totweight = totweight + w[j];
            bound = bound + p[j];
            j++;
        }
        k = j;                          // 교재에서 사용한 식과 일관성을 유지하기 위하여 k 사용
        if (k <= n)                     // k째 아이템의 일부분을 취함
            bound = bound + (W- totweight) * p[k]/w[k];
        return bound > maxprofit;
    }
}
```

관습에 따라서 $n$, $w$, $p$, $W$, *maxprofit*, *include*, *bestset*, *numberbest*는 위의 두 루틴에 입력이 아니다. 만약 이 변수를 전역적으로 정의하면, 다음 코드는 최대 수익(값어치)과 그 수익을 만들어 주는 아이템의 집합을 내줄 것이다.

```
numbest = 0;
maxprofit = 0;
Kanpsack(0, 0, 0);
cout << maxprofit;                          // 최대 값어치를 출력한다.
for (j = 1; j <= numbest; j++)              // 최적이 되는 아이템의 집합을 보여준다.
    cout << bestset[ i];
```

상태공간트리의 잎의 한계는 *maxprofit*보다 클 수가 없기 때문에 잎들은 모두 자동적으로 유망하지 않았다. 따라서 함수 *promising*에서 $i = n$인 최종 조건을 검사할 필요가

없다. 이 알고리즘은 이 점검이 필요하지 않음을 확인해보자. $i = n$이면, *bound*는 초기값 *profit*에서 변하지 않는다. *profit*은 *maxprofit*보다 작거나 같으므로, 표현식 *bound* > *maxprofit*은 false이다. 이는 함수 *promising*도 false이다.

수준 $k$에 위치한 마디에 도달할 때까지 반복하여 상태공간트리에서 왼쪽으로 나아가므로 상한은 값이 변하지 않는다(예제 5.6에서 처음 몇 단계를 다시 보면 알 수 있다). 따라서 $k$값이 정해질 때마다 그 값을 저장하고, 수준 $k-1$에 위치한 마디에 도달할 때까지 *promising* 함수를 호출하지 않고 왼쪽으로 나아갈 수 있다. $k$째 아이템을 포함하면 총 무게가 $W$를 넘어가기 때문에 이 마디의 왼쪽 자식마디는 유망하지 않음을 안다. 따라서 이 마디에서는 오른쪽으로만 간다. 오른쪽으로 움직인 후에만 함수 *promising*을 호출하고, $k$의 새로운 값을 결정할 필요가 있다. 연습문제로 이와 같이 개선된 알고리즘을 작성해보자.

0-1 배낭 채우기 문제에서 상태공간트리는 부분집합의 합 문제와 같다. 5.4절에서 보여준 대로, 그 트리의 마디의 개수는 다음과 같다.

$$2^{n+1} - 1$$

알고리즘 5.7은 다음과 같은 사례들에 대해서 상태공간트리에 있는 마디를 모두 검사한다. 주어진 $n$에 대해서 $W = n$이라 하고,

$$\begin{aligned} p_i &= 1 \qquad w_i = 1 \qquad (1 \le i \le n-1) \\ p_n &= n \qquad w_n = n \end{aligned}$$

최적의 해는 $n$째 아이템만 취하는 것이고, 깊이가 $n-1$이 되는 곳까지 계속 오른쪽으로 간 뒤 왼쪽으로 갈 때까지 이 해답을 찾지 못한다. 그러나 최적의 해를 찾기 전에 잎이 아닌 마디는 모두 유망하게 되는데, 이는 상태공간트리에 있는 마디는 모두 검사를 하게 된다는 뜻이다. 몬테칼로 기술을 이 문제에 사용하여 특정 사례에 대해서 알고리즘의 효율을 추정할 수 있다.

### 5.7.2 0-1 배낭 채우기 문제를 푸는 동적계획 알고리즘과 되추적 알고리즘의 비교

4.4절에서 0-1 배낭 채우기 문제를 푸는 동적계획 알고리즘으로 계산하는 최악의 경우 엔트리의 개수는 $O(minimum(2^n,\ nW))$이었음을 상기하자. 최악의 경우 되추적 알고리즘은 $\Theta(2^n)$ 마디를 검사한다. 추가적인 한계 $nW$ 덕분에 동적계획 알고리즘이 더 좋은 것처럼 보일는지도 모른다. 그러나 되추적 알고리즘에서 최악의 경우를 따지면 실제로 되추적 알고리즘으로 점검하는 횟수를 얼마나 절약하게 되는지 별로 반영하지 못한다. 고려해야 할 사항이 너무 많아서 이 두 알고리즘의 상대적인 효율을 이론적으로 분석하기는 어렵다. 이런 경우 많은 사례를 가지고 알고리즘을 직접 실행해 보고, 어떤 알고리즘이 더 좋은지 알아보아 비교할 수 있다. Horowitz와 Sahni(1978)가 이 실험을 했는

데, 되추적 알고리즘이 동적계획 알고리즘보다 보통 더 효율적임을 알아냈다.

Horowitz와 Sahni(1974)는 분할정복법을 동적계획법과 결합하여 최악의 경우 $O(2^{n/2})$인 0-1 배낭 채우기 알고리즘을 개발하였다. 그리고 이 알고리즘이 보통 되추적 알고리즘보다 보통 더 효율적임을 보였다.

## 연습문제

### 5.1절과 5.2절

1. 문제 사례가 $n=6$이고 $N=7$인 경우 되추적 알고리즘을 사용하여 $n$-여왕말 문제의 해답을 각각 두 개씩 구하시오.
2. $n$-여왕말 문제를 푸는 되추적 알고리즘(알고리즘 5.1)을 문제 사례가 $n=8$인 경우 적용시켜 보고, 그 실행과정을 단계별로 보이시오. 첫째 해답을 찾을 때까지 이 알고리즘이 만드는 가지친 상태공간트리를 그리시오.
3. 프로시저 *checknode* 대신 *expand*를 사용하여 $n$-여왕말 문제를 푸는 되추적 알고리즘을 작성하시오.
4. 입력으로 정수 $n$을 받아서 $n$-여왕말 문제의 해가 몇 개인지 구하는 알고리즘을 작성하시오.
5. $n=4$인 경우 되추적 없이 $n$-여왕말 문제를 풀면 첫째 해답을 찾기 전에(그림 5.4에서 27개 마디를 검사해야 하는 것과는 대조적으로) 155마디는 반드시 검사해야 한다는 사실을 보이시오.
6. $n$-여왕말 문제(알고리즘 5.1)를 푸는 되추적 알고리즘을 구현하는 프로그램을 작성하고, $n=4$, 8, 10, 12인 문제 사례를 가지고 실행시켜 보시오.
7. 유망함수가 이미 놓은 여왕말에 의해서 조절되는 열의 집합, 왼쪽 대각선의 집합, 오른쪽 대각선의 집합을 기록하게 하여 $n$-여왕말 문제(알고리즘 5.1)를 푸는 되추적 알고리즘을 개선하시오.
8. 가능한 해답을 모두 생성하는 대신 해답을 하나만 찾도록 $n$-여왕말 문제(알고리즘 5.1)를 푸는 되추적 알고리즘을 개선하시오.
9. $n$-여왕말 문제에서 $n=4$인 문제 사례에 대한 해답을 가지고 있다고 가정하자. 이 해답을 확장하여 $n=5$인 문제 사례에 대한 해답을 찾고, $n=4$와 $n=5$에 대한 해답을 가지고 $n=6$인 사례에 대한 해답을 구축하고, 이 동적계획법을 계속 사용하여 $n>4$인 어떤 사례에 대한 해답을 찾을 수 있을까? 그리고 왜 그런 답이 나오는지를 밝히시오.
10. $n$-여왕말 문제에서 해답이 존재하지 않는 사례를 최소한 두 가지 찾으시오.

### 5.3절

11. 알고리즘 5.3($n$-여왕말 문제를 푸는 되추적 알고리즘에 대한 몬테칼로 추정치 구하기)을 구현하는 프로그램을 작성하고, $n=8$인 문제 사례에 20번 실행시켜서 20개 추정치의 평균을 구하시오.

12. $n$-여왕말 문제를 푸는 되추적 알고리즘(알고리즘 5.1)을 문제의 사례에 대하여 점검하는 마디의 개수를 세도록 수정하고, 그 알고리즘을 $n=8$인 문제 사례에 실행시키고 연습문제 9번의 평균과 이 결과를 비교하시오.

### 5.4절

13. 부분집합의 합 구하기 문제를 푸는 되추적 알고리즘(알고리즘 5.4)을 사용하여 다음 숫자의 조합 중에서 합이 $W=52$가 되는 조합을 모두 찾으시오.

$$w_1=2 \quad w_2=10 \quad w_3=13 \quad w_4=17 \quad w_5=22 \quad w_6=42$$

실행 절차를 단계별로 보이시오.

14. 부분집합의 합 구하기 문제를 푸는 되추적 알고리즘(알고리즘 5.4)을 구현하는 프로그램을 작성하고, 연습문제 11의 문제 사례를 가지고 실행하시오.

15. 사전에 무게를 정렬하지 않고, 부분집합의 합 구하기 문제를 푸는 되추적 알고리즘을 작성하시오. 이 알고리즘의 성능을 알고리즘 5.4의 성능과 비교하시오.

16. 가능한 해답을 모두 생성하는 대신 하나의 해답만 찾도록 부분집합의 합 구하기 문제를 푸는 되추적 알고리즘(알고리즘 5.4)을 수정하시오. 알고리즘 5.4와 비교하여 수행 성능은 어떤가?

17. 몬테칼로 알고리즘을 사용하여 부분집합의 합 구하기 문제를 푸는 되추적 알고리즘(알고리즘 5.4)의 효율을 추정하시오.

### 5.5절

18. $m$-색칠하기 문제를 푸는 되추적 알고리즘(알고리즘 5.5)을 사용하여 빨간색, 녹색, 흰색의 3가지 종류의 색을 가지고 아래 그래프를 색칠하는 모든 방법을 찾으시오. 실행절차를 단계별로 보이시오.

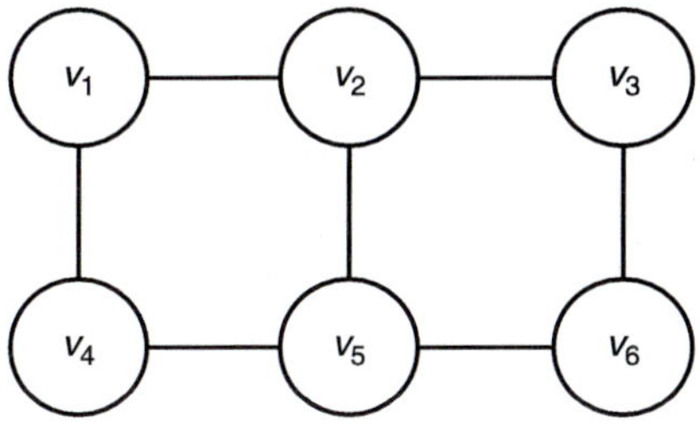


19. 그래프를 적절히 색칠하기 위해서 가능한 한 많은 정점을 색칠하도록 출발 정점과 색을 하나 선택한다고 하자. 그리고는 가능한 한 많은 정점을 추가적으로 색칠하도록 새로운 색과 색칠되지 않은 새로운 정점을 선택한다. 그래프의 모든 정점이 색칠되거나 색이 모자랄 때까지 이 과정을 계속 반복한다. 이 탐욕적 방법으로 정점이 $n$개인 그래프를 색칠하는 알고리즘을 작성하시오. 이 알고리즘을 분석하고, 그 결과를 차수 표기법으로 나타내시오.

20. 연습문제 19의 알고리즘을 사용하여 연습문제 18의 그래프를 색칠하시오.

21. 그래프를 색칠하는데 사용한 색의 개수를 최소화하고 싶다고 가정하자. 연습문제 19의 탐욕적 방법이 최적의 해를 보장해 주는가? 그리고 왜 그런 답이 나오는지를 밝히시오.

22. 3-색칠하기 되추적 알고리즘이 그래프가 3색으로 칠할 수 없음을 알아내는데 지수시간이 걸리는 정점이 $n$개 있는 연결된 그래프를 그리시오.

23. $m$-색칠하기 문제를 푸는 되추적 알고리즘(알고리즘 5.5)과 연습문제 19의 탐욕적 알고리즘의 성능을 비교하시오. 비교 결과와 연습문제 19의 답을 고찰해 본 후 왜 탐욕적 방법을 기초로 한 알고리즘을 사용하는 데 관심을 가지게 될지 이유를 서술하시오.

24. 시간복잡도가 최악의 경우 $n$에 대해서 지수가 아닌 2-색칠하기 문제를 푸는 알고리즘을 작성하시오.

25. $m$-색칠하기 문제의 형식으로 표현 가능한 실제 응용사례를 몇 개 들어보시오.

## 5.6절

26. 해밀튼 회로 문제를 푸는 되추적 알고리즘(알고리즘 5.6)을 사용하여 다음 그래프의 해밀튼 회로를 모두 찾으시오.

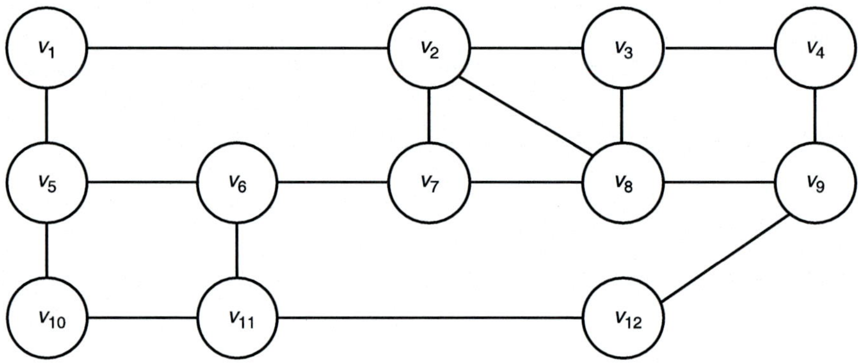


실행절차를 단계별로 보이시오.

27. 해밀튼 회로 문제를 푸는 되추적 알고리즘(알고리즘 5.6)을 구현하는 프로그램을 작성하고, 연습문제 23의 문제 사례를 가지고 실행하시오.

28. 연습문제 24에서 구현한 해밀튼 회로 문제를 푸는 되추적 알고리즘(알고리즘 5.6)의 출발 정점을 바꾸고, 알고리즘 5.6과 그 성능을 비교하시오.

29. 가능한 해답을 모두 생성하는 대신 하나의 해답만 찾도록 해밀튼 회로 문제를 푸는 되추적 알고리즘(알고리즘 5.6)을 수정하시오. 알고리즘 5.6과 비교하여 수행 성능은 어떤가?

30. 해밀튼 회로 문제를 푸는 되추적 알고리즘(알고리즘 5.6)을 분석하고, 차수 표기법으로 최악 복잡도를 구하시오.

31. 몬테칼로 기술을 사용하여 해밀튼 회로 문제를 푸는 되추적 알고리즘(알고리즘 5.6)의 효율을 추정하시오.

## 5.7절

32. 예제 5.6(5.7.1절)에서 마디 (4, 1)을 방문한 후 남은 값과 한계를 계산하시오.

33. 0-1 배낭 채우기 문제를 푸는 되추적 알고리즘(알고리즘 5.7)을 사용하여 다음 문제 사례에서 수익을 최대로 하시오. 실행절차를 단계별로 보이시오.

| $i$ | $p_i$ | $w_i$ | $\frac{p_i}{w_i}$ | |
|---|---|---|---|---|
| 1 | \$20 | 2 | \$10 | |
| 2 | \$30 | 5 | \$ 6 | |
| 3 | \$35 | 7 | \$ 5 | $W=9$ |
| 4 | \$12 | 3 | \$ 4 | |
| 5 | \$ 3 | 1 | \$ 3 | |

34. 0-1 배낭 채우기 문제를 푸는 되추적 알고리즘(알고리즘 5.7)을 구현하는 프로그램을 작성하고, 연습문제 33의 문제 사례를 가지고 실행하시오.

35. 0-1 배낭 채우기 문제를 푸는 동적계획 알고리즘(4.4.3절)을 구현하는 프로그램을 작성하고, 이 알고리즘의 성능을 0-1 배낭 채우기 문제를 푸는 되추적 알고리즘(알고리즘 5.7)과 큰 문제 사례를 가지고 비교하시오.

36. 오른쪽으로 간 후에만 유망 함수를 호출하여 0-1 배낭 채우기 문제를 푸는 되추적 알고리즘(알고리즘 5.7)을 개선하시오.

37. 몬테칼로 기술을 사용하여 0-1 배낭 채우기 문제를 푸는 되추적 알고리즘(알고리즘 5.7)의 효율을 추정하시오.

### 추가적인 연습문제

38. 되추적의 응용사례를 3가지 더 나열하시오.

39. 대칭(reflections)이나 회전(rotation)에도 불변(invariant)하는 해답만 결과로 내주도록, $n$-여왕말 문제를 푸는 되추적 알고리즘(알고리즘 5.1)을 수정하시오.

40. $n^3$개의 셀(cell)을 가진 $n \times n \times n$ 정육면체(cube)가 주어지고, 서양장기(chess)의 어떤 두 여왕말(queens)도 서로 위협하지 않도록(즉, 어떤 두 여왕말과 같은 행이나, 열이나, 대각선에 오지 않도록) 그 정육면체에 $n$개의 여왕말을 놓으려고 한다. $n$-여왕말 문제를 푸는 알고리즘(알고리즘 5.1)을 확장하여 이 문제를 풀 수 있을까? 만약 그렇다면, 그 알고리즘을 작성하고, 그 알고리즘을 구현하는 프로그램을 작성하여 $n=4$이고 $n=8$인 문제 사례의 해답을 구하시오.

41. 길이가 일정하지 않은 리스트를 가지고 해답을 구할 수 있도록 부분집합의 합을 구하는 되추적 알고리즘(알고리즘 5.4)을 수정하시오.

42. 연습문제 18에 있는 그래프에서 같은 정점에 모이는 이음선들은 같은 색이 되지 않도록 이음선을 색칠하기 위해서 $m$-색칠하기 문제를 푸는 되추적 알고리즘(알고리즘 5.5)을 어떻게 이용할 수 있는지 설명하시오.

43. 가중치 그래프에서 최소비용을 가진 해밀튼 회로를 찾을 수 있도록 해밀튼 회로 문제를 푸는 되추적 알고리즘(알고리즘 5.6)을 수정하시오. 작성한 알고리즘의 성능은 어떤가?

44. 길이가 일정하지 않은 리스트를 가지고 해답을 구할 수 있도록 0-1 배낭 채우기 문제를 푸는 되추적 알고리즘(알고리즘 5.7)을 수정하시오.

# Chapter 6

# 분기한정법

0–1 배낭 채우기 문제를 푸는 알고리즘인 동적계획 알고리즘(4.4절)과 되추적 알고리즘(5.7절)을 모두 밤손님에게 제공해 보았다. 이 두 알고리즘 모두 최악의 경우 지수시간이 걸리므로, 밤손님이 문제를 푸는데 어떤 알고리즘을 사용하더라도 수년이 걸린다. 이 장에서는 **분기한정법**(branch-and-bound)이라고 하는 또 다른 방법을 밤손님에게 제공한다. 앞으로 알게 되겠지만, 여기서 개발한 분기한정 알고리즘은 되추적 알고리즘을 개선한 것이다. 따라서 비록 다른 두 알고리즘들이 밤손님 문제를 효율적으로 해결하지 못했지만, 분기한정 알고리즘은 아마도 해결할 수 있을지 모르니 기대해보자.

분기한정 설계전략은 상태공간트리를 사용하여 문제를 푼다는 사실이 되추적과 매우 비슷하다. 차이점으로 분기한정법은 (1) 트리 횡단방법에 구애받지 않고, (2) 최적화 문제를 푸는데 만 쓰인다. 분기한정 알고리즘은 어떤 마디가 유망한지를 결정하기 위해서 그 마디에서 수(한계값)를 계산한다. 이 수는 그 마디 아래로 확장하여 구할 수 있는 해답 값의 한계(bound)를 나타낸다. 그 한계값이 그때까지 찾은 최고 해답 값보다 더 좋지 않으면 그 마디는 **유망하지 않다**(nonpromising). 그렇지 않으면 그 마디는 **유망하다**(promising). 최적값은 문제에 따라서 최대값이 될 수도 있고, 최소값이 될 수도 있으므로 여기서 "좋다"란 문제에 따라서 더 작다는 의미도 되고 더 크다는 의미도 된다. 되추적 알고리즘의 경우와 마찬가지로 분기한정 알고리즘은 최악의 경우 보통 지수시간이다(또는 이보다 더 나쁘다). 그러나 큰 사례에서 매우 효율적일 수가 많이 있다.

0-1 배낭 채우기 문제를 푸는 5.7절의 되추적 알고리즘은 사실 분기한정 알고리즘이다. 그 알고리즘에서 한계값이 *maxprofit*의 현재 값보다 크지 않다면 유망 함수는 false를 넘겨준다. 그러나 되추적 알고리즘은 분기한정을 사용하여 얻을 수 있는 장점을 제대로 살리지 못한다. 마디가 유망한지를 결정하기 위해 한계값을 사용하는 것 외에도 유망한 마디들의 한계값을 비교하여 그 중에서 가장 좋은 한계값을 가진 마디의 자식마디를 방문한다. 이렇게 하면 (깊이우선검색같이) 미리 정한 순서대로 마디를 방법론적으로 방문하는 것보다 더 빨리 최적해에 도달할 수 있다. 이 방법을 **분기한정 가지치기 최고우선검색**(best-first search with branch-and-bound pruning)이라고 한다. 이 방법은 **분기한정 가지치기 너비우선검색**(breadth-first search with branch-and-bound pruning)이라고 하는 또 다른 하나의 방법론적인 접근법을 간단히 수정하여 구현할 수 있다. 따라서 비록 깊이우선검색에 비해서 이점은 없지만 너비우선검색으로 0-1 배낭 채우기 문제를 먼저 6.1절에서 풀어본다. 이렇게 하면 최고우선검색을 더 쉽게 설명할 수 있고, 이를 이용하여 0-1 배낭 채우기 문제를 푼다. 6.2절과 6.3절에서 최고우선검색을 적용할 수 있는 두 가지 문제를 더 살펴본다.

더 진도 나가기 전에 너비우선검색을 복습해보자. 트리의 경우 **너비우선검색**(breadth-first search)은 뿌리마디를 먼저 방문하고, 다음에 수준 1의 마디를 모두 방문하고, 다음에 수준 2의 마디를 모두 방문하고, 등등 이런 식으로 계속한다. 왼쪽에서 오른쪽으로

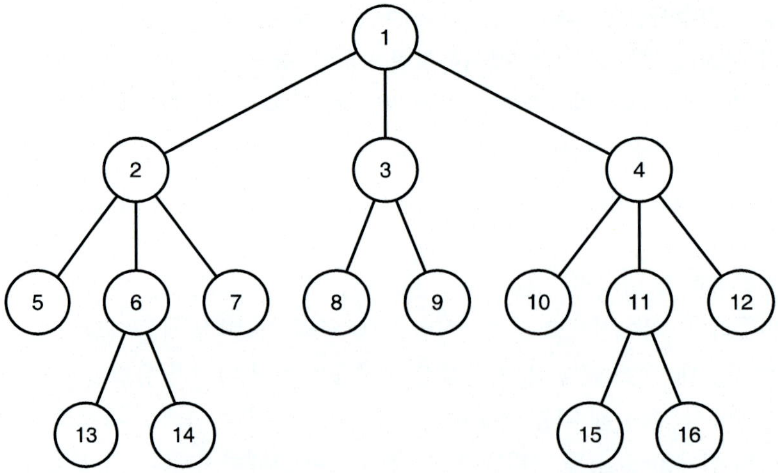


**그림 6.1** 트리의 너비우선검색. 마디들은 방문하는 순서대로 번호가 매겨져 있다. 자식마디들은 왼쪽에서 오른쪽으로 방문한다.

진행하는 경우 트리의 너비우선검색을 그림 6.1에서 보여준다. 이 그림에서 마디들은 방문하는 순서대로 번호가 매겨진다.

깊이우선검색과는 달리 너비우선검색을 하는 재귀 알고리즘은 작성하기 어렵다. 그러나 대기열(queue)을 사용하여 아래 알고리즘과 같은 방식으로 구현할 수 있다. *enqueue*라는 프로시저로 대기열의 뒤에 아이템을 붙여 넣고, *dequeue*라는 프로시저로 앞에서 아이템을 제거한다.

```
void breadth_first_tree_search(tree T);
{
  queue_of_node Q;
  node u, v;

  initialize(Q);                          // Q를 빈 대기열로 초기화
  v = root of T;
  visit v;
  enqueue(Q, v);
  while(! empty(Q)) {
    dequeue(Q, v);
    for (each child u of v) {
      visit u;
      enqueue(Q, u);
    }
  }
}
```

이 프로시저만으로 너비우선검색이 잘 이해되지 않으면, 그림 6.1의 트리에 이 알고리즘을 적용하여 따라가 보도록 하자. 앞에서 말했듯이 이 트리에서 자식마디는 왼쪽에서 오른쪽으로 차례로 방문한다.

## 6.1 분기한정을 0–1 배낭 채우기 문제로 설명하기

0–1 배낭 채우기 문제에 분기한정 설계전략을 어떻게 사용하는지 살펴보자. 먼저 분기한정 가지치기 너비우선검색이라는 간단한 알고리즘을 먼저 살펴본 후 분기한정 가지치기 최고우선검색을 공부한다.

### 6.1.1 분기한정 가지치기 너비우선검색

예제를 통하여 이 방법을 설명한다.

**• 예제 6.1** 예제 5.6에서 본 0–1 배낭 채우기 문제의 사례를 그대로 사용한다. 즉, $n=4$, $W=16$이고 가져갈 수 있는 아이템의 내역이 다음과 같다고 가정하자.

| $i$ | $p_i$ | $w_i$ | $\frac{p_i}{w_i}$ |
|---|---|---|---|
| 1 | \$40 | 2 | \$20 |
| 2 | \$30 | 5 | \$ 6 |
| 3 | \$50 | 10 | \$ 5 |
| 4 | \$10 | 5 | \$ 2 |

예제 5.6과 같이 아이템들은 $p_i/w_i$ 값에 따라서 이미 정렬되어 있다. 분기한정 가지치기 너비우선검색은 깊이우선검색 대신 너비우선검색을 하는 것을 제외하고 예제 5.6에서의 되추적 방법과 똑같은 방법으로 진행한다. 즉, *weight*와 *profit*는 그 마디에 오기까지 포함되었던 아이템의 총 무게와 총 이익으로 한다. 마디가 유망한지 결정하기 위해서 *totweight*와 *bound*를 *weight*와 *profit*으로 각각 초기화하고, 그 다음 *totweight*가 $W$를 초과하게 하는 아이템에 도달할 때까지 탐욕적으로 아이템을 취하여 그 무게와 이익을 *totweight*와 *bound*에 각각 더한다. 배낭에 넣을 수 있는 만큼만 그 아이템의 일부분을 취하여 그 부분의 *weight*를 *totweight*에 더한다. 이런 식으로 *bound*는 그 마디에서 확장하여 얻을 수 있는 이익의 상한이 된다. 만약 그 마디가 수준 $i$에 위치하고 있고, 수준 $k$에 위치한 마디는 무게의 합이 $W$가 넘어가는 마디라고 하자. 그러면, 다음과 같은 식을 얻는다.

$$totweight = weight + \sum_{j=i+1}^{k-1} w_j$$

$$bound = \left( profit + \sum_{j=i+1}^{k-1} p_j \right) + (W - totalweight) \times \frac{p_k}{w_k}$$

지금까지 찾은 최고 해답에서의 값인 *maxprofit*보다 이 한계값이 작거나 같으면 그 마디는 유망하지 않다. 다음 부등식이 성립해도 마디는 유망하지 않다.

$$weight \geq W$$

이 사례를 가지고 너비우선검색을 하여 만든 가지친 상태공간트리(위쪽에 표시된 한계값을 사용하여 가지를 침)는 그림 6.2에 나와 있다. *profit*, *weight*, *bound*의 값은 각 마디에 위에서 아래로 표시한다. 음영 처리된 마디는 최대 이익을 찾은 마디를 나타낸다. 마디는 트리의 왼쪽으로부터 수준과 위치에 따라서 라벨을 위쪽에 붙인다.

이 절차는 예제 5.6에서 본 것과 비슷하므로 다시 반복하지는 않고 중요한 요점 몇 가지만 언급한다. 마디는 그 마디가 위치한 수준과 왼쪽에서부터의 위치로 표시한다. 먼저 마디 (3, 1)과 (4, 3)은 한계값이 \$0임을 주목하자. 분기한정 알고리즘은 어떤 마디에서 확장 여부를 결정할 때 지금까지 구한 답 중에서 가장 좋은 값보다 한계값이 더 좋은지 검사한다. 따라서 가중치가 $W$보다 작지 않아서 마디가 유망하지 않게 되면 한계값을 \$0로 놓는다. 이런 식으로 하면 한계값이 지금까지 구한 답보다 더 좋을 수 없다고 보증할 수 있다. 다음, 이 문제를 가지고 되추적(깊이우선 검색)할 때 마디 (1, 2)가 유망하지 않음을 알아냈고, 그 마디 이상으로는 확장하지 않았다.

그러나 너비우선검색의 경우 이 마디는 방문하는 3번째 마디가 된다. 이 마디를 방문할 때 *maxprofit*의 값은 \$40 밖에 되지 않는다. 이 시점에 한계값 \$82가 *maxprofit* 값을 넘기 때문에 그 마디 이후에도 계속 확장한다. 마지막으로 분기한정 가지치기 단순 너비우선검색에서는 어떤 마디의 자식마디를 방문해야 할지는 그 마디를 방문할 때 결정한다. 즉, 자식마디로 뻗는 가지는

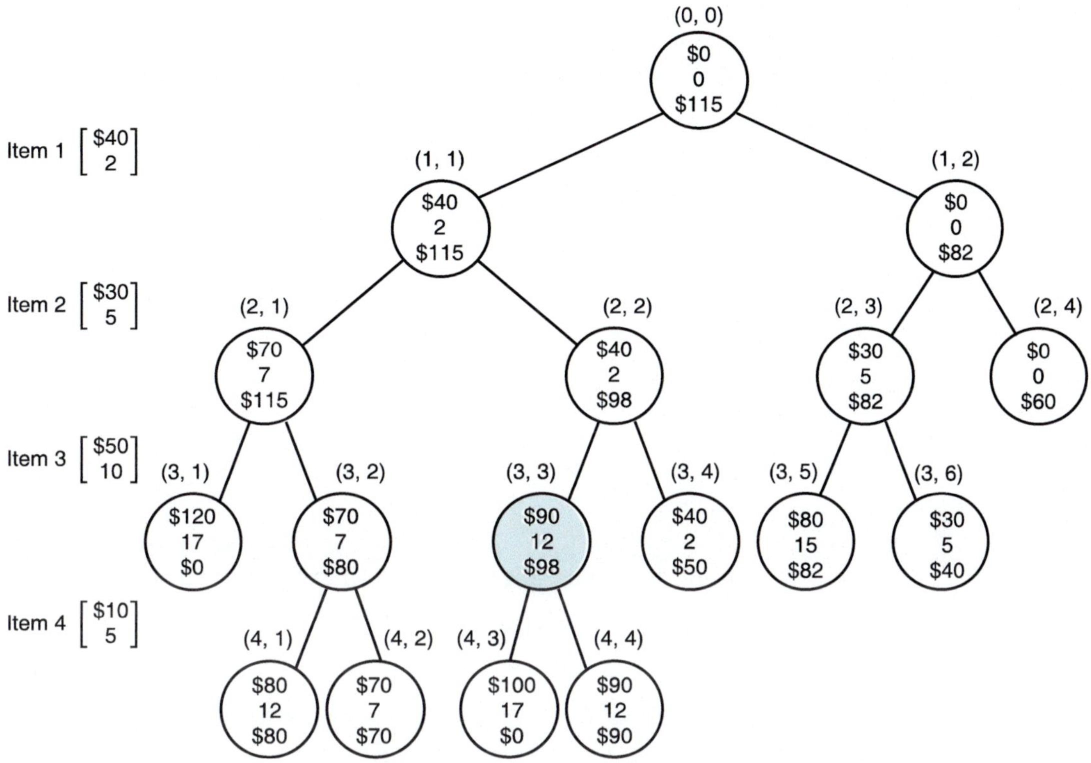


**그림 6.2** 예제 6.1에서 분기한정 가지치기 너비우선검색을 하여 만든 가지친 상태공간트리. 각 마디에 저장하는 내용은 위에서 아래로, 그 마디까지 훔친 아이템의 총 이익, 총 무게, 그리고 그 마디에서 확장하여 얻을 수 있는 총 이익의 한계값이다. 음영 처리된 마디가 최적의 해답을 찾은 마디이다.

그 마디를 방문할 때 친다. 따라서 마디 (2, 3)을 방문할 때 그 마디의 한계값은 $82인 반면, *maxprofit* 값은 $70 밖에 되지 않기 때문에 그 자식마디를 방문하기로 결정한다. 깊이우선검색과는 달리 너비우선검색에서는 *maxprofit*의 값이 자식마디를 실제로 방문하는 때에 변해버릴 수 있다. 이 예의 경우 *maxprofit*은 마디 (2, 3)의 자식마디를 방문할 때 $90이 된다. 이렇게 되면 이 자식마디를 검사하는 시간을 낭비하게 된 셈이다. 다음 절에서 설명하게 될 최고우선검색에서는 이를 피한다.

---

이제 이 기술을 설명했으니 분기한정 가지치기 너비우선검색을 하는 일반 알고리즘을 살펴보자. 이 범용 알고리즘의 입력으로 상태공간트리 $T$를 언급하지만, 실제로 사용할 때 상태공간트리는 묵시적으로만 존재한다. 이 문제의 파라미터는 이 알고리즘의 실제 입력이고, 상태공간트리 $T$를 구한다.

```
void breadth_first_branch_and_bound (state_space_tree T,
                                     number& best)
{
   queue_of_node Q;
```

```
    node u, v;

    initialize(Q);                              // Q는 빈 대기열로 초기화
    v = root of T;                              // 뿌리마디를 방문
    enqueue(Q, v);
    best = value(v);
    while (! empty(Q)) {
      dequeue(Q, v);
      for (each child u of v) {                 // 각 자식마디를 방문
        if (value(u)가 best보다 좋다)
          best = value(u);
        if (bound(u)가 best보다 좋다)
          enqueue(Q, u);
      }
    }
}
```

이 알고리즘은 이 장 시작 부분에서 소개한 너비우선검색 알고리즘을 수정한 것이다. 그러나 이 알고리즘에서는 마디의 한계값이 당시 최고 해답의 값보다 좋은 경우에만 그 마디에서 계속 확장한다(자식마디를 방문한다). 당시 최고 해답의 값(변수 *best*)은 뿌리마디에서의 해답의 값으로 초기화한다. 경우에 따라서 해답을 얻기 위해서 상태공간트리의 잎까지 도달하기도 해야 하기 때문에 뿌리마디에 해답이 없는 경우도 있다. 그런 경우에는 *best* 값을 어떤 해답보다도 나쁜 값으로 초기화한다. *breadth_first_branch_and_bound*를 어디에 사용하는가에 따라서 함수 *bound*와 *value*는 달라진다. 앞으로 보게 되겠지만, *value* 함수는 실제로 작성하지는 않는 게 보통이다. 그 값을 바로 계산하다.

이제 0-1 배낭 채우기 문제를 푸는 알고리즘을 살펴보자. 재귀를 사용하는 이점이 사라졌으므로(재귀 호출 시 만들어졌던 새로운 변수가 없다는 의미), 그 마디에 관련된 모든 정보를 그 마디에 저장해야 한다. 따라서 이 알고리즘에서 마디의 타입은 다음과 같다.

```
struct node
{
    int level;                 // 트리에서 마디의 수준
    int profit;
    int weight;
}
```

▸ 알고리즘 6.1

**0-1 배낭 채우기 문제를 푸는 분기한정 가지치기 너비우선검색 알고리즘**

**문제** : 무게와 이익이 주어진 $n$개의 아이템이 있다고 하자. 무게와 이익은 양의 정수이다. 게다가 양의 정수 $W$도 주어진다. 무게의 합이 $W$가 넘지 못한다는 제약 하에서 총 이익이 최대가 되는 아이템의 집합을 구한다.

**입력** : 양의 정수 $n$과 $W$; 양의 정수의 배열 $w$와 $p$, 인덱스의 범위는 1부터 $n$까지이고,

각 배열은 $p[i]/w[i]$값에 따라서 큰 수부터 차례로 정렬되어 있다.

**출력** : 최적의 집합에 있는 이익의 합을 나타내는 정수 *maxprofit*.

```
void knapsack2 (int n,
                const int p[ ], const int w[ ],
                int W,
                int& maxprofit)
{
  queue_of_node Q;
  node u, v;

  initialize(Q);                                      // Q를 빈 대기열로 초기화
  v.level = 0; v.profit = 0; v.weight = 0;            // v가 뿌리마디가 되게 초기화
  maxprofit = 0;
  enqueue(Q, v);
  while (! empty(Q)) {
    dequeue(Q, v);
    u.level = v.level + 1;                            // u를 v의 자식마디로 놓음
    u.weight = v.weight + w[u.level];                 // u를 다음 아이템을 포함하는
    u.profit = v.profit + p[u.level];                 // 자식마디로 놓음
    if (u.weight <= W && u.profit > maxprofit)
      maxprofit = u.profit;
    if (bound(u) > maxprofit)
      enqueue(Q, u);
    u.weight = v.weight;                              // u를 다음 아이템을 포함하지 않는
    u.profit = v.profit;                              // 자식마디로 놓음
    if (bound(u) > maxprofit)
      enqueue(Q, u);
  }
}

float bound(node u)
{
  index j, k;
  int totweight ;
  float result;

  if (u.weight >= W)
    return 0;
  else {
    result = u.profit;
    j = u.level + 1;
    totweight = u.weight;
    while (j <= n && totweight + w[j] <= W) { // 가능한 한 많은 아이템을 취한다.
      totweight = totweight + w[j];
      result = result + p[j];
      j++;
```

```
    }
    k = j;                          // 본문에서 사용한 식과 일관성을 유지하기 위하여 k 사용
    if (k <= n)                     // k째 아이템의 일부분을 취함
      result = result + (W- totweight) * p[k]/w[k];
    return result;
  }
}
```

현재 아이템을 포함하지 않고 *u.profit*이 *maxprofit*을 초과하는지 검사할 필요는 없다. 왜냐하면, 이 경우 *u.profit*은 *u*의 부모마디와 관련된 이익이고, 따라서 *maxprofit*을 초과할 수 없기 때문이다(그림 6.2에 그려진 것 같이). 마디의 한계값은 마디에 저장할 필요가 없다. 왜냐하면, 그 값을 *maxprofit*과 비교한 후에는 한계값이 더 이상 필요 없기 때문이다.

함수 *bound*는 알고리즘 5.7의 함수 *promising*과 본질적으로 같다. 차이는 분기한정 알고리즘을 만들기 위한 지침에 따라서 *bound*를 작성했고, 따라서 *bound*는 정수를 넘겨주는 반면, 함수 *promising*은 되추적 지침을 따라서 작성했으므로 불(boolean) 값을 넘겨준다. 우리의 분기한정 알고리즘에서 *maxprofit*과의 비교는 호출하는 프로시저에 의해서 이루어진다. 이 경우 *bound*가 넘겨주는 값은 *maxprofit*보다 작거나 같기 때문에(이 마디는 큐에 넣지 않음을 의미), 함수 *bound*에서 $i = n$ 조건을 검사할 필요는 없다.

알고리즘 6.1로 아이템의 최적 집합이 만들어지지 않는다. 단지 최적의 집합에 속한 이익의 합만 구한다. 알고리즘은 최적의 집합을 만들어 내도록 다음과 같이 수정할 수 있다. 각 마디에서 그 마디에 이르기까지 포함된 아이템의 집합인 *items*라는 변수를 저장하고, 당시 최고 아이템의 집합을 나타내는 변수 *bestitems*를 유지한다. *maxprofit*을 *u.profit*과 같게 놓으면 *bestitems*도 *u.items*와 같게 놓는다.

### 6.1.2 분기한정식 가지치기 최고우선검색

일반적으로 너비우선검색 전략은 깊이우선검색(되추적)보다 좋은 점이 없다. 그러나 마디의 유망성 여부를 결정하는 것 이외에 추가적인 용도로 한계값을 사용하면 검색을 향상시킬 수 있다. 주어진 어떤 마디의 모든 자식마디를 방문한 후 유망하면서 확장하지 않은 마디들을 모두 살펴보고 그 중에서 한계값이 가장 좋은 마디를 우선적으로 확장한다. 지금까지 찾은 최고의 해답보다 그 한계값이 더 좋다면 그 마디는 유망하다. 미리 정해 놓은 순서대로 무작정 검색을 진행하는 것보다 이런 식으로 하면 최적해를 더 빨리 찾게 된다. 다음 예제에서 이 방법을 설명한다.

• **예제 6.2** 예제 6.1의 0-1 배낭 채우기 문제 사례를 다시 한 번 생각해보자. 최고우선검색을 하면 그림 6.3의 상태공간트리가 그려진다. 이익, 무게, 한계값은 여기서도 위에서 아래로 트리의 각 마디에 표시된다. 음영 처리된 마디가 최대 이익을 찾은 마디이다. 이제 이 트리를 구축하는 절차를 살

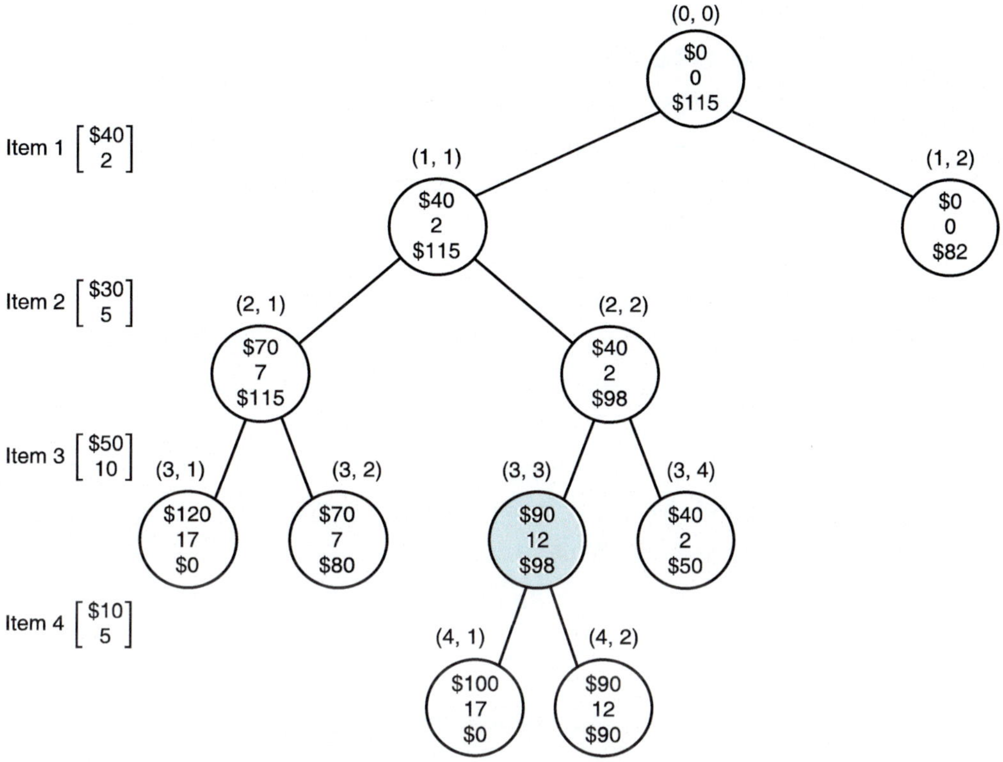


**그림 6.3** 예제 6.2에서 분기한정 가지치기 최고우선검색을 하여 만든 가지친 상태공간트리. 각 마디에 저장하는 내용은 위에서 아래로, 그 마디까지 훔친 아이템의 총 이익, 총 무게, 그리고 그 마디에서 확장하여 얻을 수 있는 총 이익의 한계값이다. 음영 처리된 마디가 최적의 해답을 찾은 마디이다.

펴보자. 여기서도 마디는 트리에서 그 마디의 수준과 왼쪽 마디로부터 위치를 가지고 나타낸다. 값과 한계값은 예제 5.6과 6.1과 같은 방법으로 계산한다. 절차를 밟아 가는 동안 계산은 보여주지는 않는다. 더구나, 마디가 유망하지 않다고 판명되는 경우만 언급하고, 유망하다고 판명되는 경우는 언급하지 않는다.

검색 절차는 다음과 같다.

1. 마디 (0, 0)(뿌리마디)를 방문한다.
   (a) 이익과 무게를 \$0과 0으로 놓는다.
   (b) 한계값을 계산하면, \$115가 된다(계산 절차는 예제 5.6을 보시오).
   (c) *maxprofit*을 0으로 놓는다.
2. 마디 (1, 1)을 방문한다.
   (a) 이익과 무게를 계산하면, \$40과 2가 된다.
   (b) 무게 2는 $W$의 값 16보다 작거나 같고, 이익 \$40은 \$0보다 크므로, *maxprofit*의 값을 \$40로 놓는다.
   (c) 한계값을 계산하면, \$115가 된다.
3. 마디 (1, 2)를 방문한다.

(a) 이익과 무게를 계산하면, \$0과 0이 된다.
(b) 한계값을 계산하면, \$82가 된다.

4. 아직 확장하지 않은 마디 중에서 가장 큰 한계값을 가진 유망한 마디를 구한다.
   (a) 마디 (1, 1)은 한계값이 \$115이고, 마디 (1, 2)는 한계값이 \$82이므로 마디 (1, 1)이 한계값이 가장 크면서 유망하고, 확장하지 않은 마디이다. 그 마디의 자식마디를 다음에 방문한다.
5. 마디 (2, 1)을 방문한다.
   (a) 이익과 무게를 계산하면, \$70과 7이 된다.
   (b) 무게 7은 $W$의 값 16보다 작거나 같고, 이익 \$70은 \$40보다 크므로 *maxprofit*의 값을 \$70으로 놓는다.
   (c) 한계값을 계산하면, \$115가 된다.
6. 마디 (2, 2)를 방문한다.
   (a) 이익과 무게를 계산하면, \$40과 2가 된다.
   (b) 한계값을 계산하면, \$98이 된다.
7. 아직 확장하지 않은 마디 중에서 가장 큰 한계값을 가진 유망한 마디를 구한다.
   (a) 그 마디는 마디 (2, 1)이다. 그 마디의 자식마디를 다음에 방문한다.
8. 마디 (3, 1)을 방문한다.
   (a) 이익과 무게를 계산하면, \$120과 17이 된다.
   (b) 무게 17은 $W$의 값 16보다 크거나 같으므로 이 마디는 유망하지 않다. 이 마디의 한계값을 \$0으로 놓아서 유망하지 않게 한다.
9. 마디 (3, 2)를 방문한다.
   (a) 이익과 무게를 계산하면, \$70과 7이 된다.
   (b) 한계값을 계산하면, \$80이 된다.
10. 아직 확장하지 않는 마디 중에서 가장 큰 한계값을 가진 유망한 마디를 구한다.
   (a) 그 마디는 마디 (2, 2)이다. 그 마디의 자식마디를 다음 방문한다.
11. 마디 (3, 3)을 방문한다.
   (a) 이익과 무게를 계산하면, \$90과 12가 된다.
   (b) 무게 12는 $W$의 값 16보다 작거나 같고, 이익 \$90은 \$70보다 크므로 *maxprofit*의 값을 \$90으로 놓는다.
   (c) 이 시점에서 마디 (1, 2)와 (3, 2)의 각 한계값 \$82와 \$80은 모두 새로운 *maxprofit* 값인 \$90보다 작거나 같으므로 그 마디들은 유망하지 않게 된다.
   (d) 한계값을 계산하면, \$98이 된다.
12. 마디 (3, 4)를 방문한다.
   (a) 이익과 무게를 계산하면, \$40과 2가 된다.
   (b) 한계값을 계산하면, \$50이 된다.
   (c) 한계값 \$50이 *maxprofit*의 값 \$90보다 작거나 같으므로 이 마디는 유망하지 않다고 결정한다.
13. 아직 확장하지 않는 마디 중에서 가장 큰 한계값을 가진 유망한 마디를 구한다.

(a) 유일하게 확장되지 않고 남은 유망한 마디는 마디 (3, 3)이다. 그 마디의 자식마디를 다음 방문한다.

14. 마디 (4, 1)를 방문한다.
   (a) 이익과 무게를 계산하면, \$100과 17이 된다.
   (b) 무게 17이 $W$의 값 16보다 크거나 같으므로 이 마디는 유망하지 않다. 그 한계값을 \$0으로 놓는다.

15. 마디 (4, 2)를 방문한다.
   (a) 이익과 무게를 계산하면, \$90과 12가 된다.
   (b) 한계값을 계산하면, \$90이 된다.
   (c) 한계값 \$90이 *maxprofit*의 값 \$90보다 작거나 같으므로 이 마디는 유망하지 않다고 결정한다. 상태공간트리에서 잎마디들은 그 한계값이 *maxprofit*을 넘을 수 없으므로 자동적으로 유망하지 않게 된다.

유망하고, 확장하지 않는 마디가 없으므로 작업이 완료되었다.

---

최고우선검색으로 11개 마디만 검사했는데, 이는 너비우선검색(그림 6.2)으로 검사한 마디의 수보다 6개 작고, 깊이우선검색(그림 5.14)으로 검사한 마디 수보다 2개 작다. 검사하는 마디의 수를 2개 절약한 것은 별로 인상적이지 않지만, 큰 상태공간트리에서 최고우선검색으로 최적해를 빨리 찾는 경우 차이는 꽤 심각할 수 있다. 그러나 최고라고 여겨지는 마디에서 최적해를 실제로 끌어낸다는 보장은 없다는 점은 주의해야 한다. 예제 6.2에서 마디 (2, 1)이 마디 (2, 2)보다 더 좋은 것처럼 보였지만 마디 (2, 2)가 최적해를 이끌어낸다. 일반적으로, 최고우선검색으로도 어떤 사례에 대해서는 상태공간트리 전체를 거의 또는 모두 구축할 수밖에 없을 수 있다.

최고우선검색은 너비우선검색을 조금 변형시켜서 구현하면 된다. 대기열(queue)을 사용하는 대신, 우선순위 대기열을 사용한다. 우선순위 대기열(priority queue)에서 우선순위가 높은 구성요소를 항상 먼저 제거한다. 최고우선검색을 하면 우선순위가 높은 구성요소가 최고의 한계값을 가진 마디가 된다. 우선순위 대기열은 연결된 리스트(linked list)로 구현할 수 있지만 힙(heap)으로 더 효율적으로 구현할 수 있다(7.6절에서 힙에 대한 설명을 참조하라). 우선순위 대기열의 구현은 연습문제에서 다룬다. 최고우선검색의 일반 알고리즘은 다음과 같다. 여기서도 트리 $T$는 묵시적으로만 존재한다. 알고리즘에서 $insert(PQ, v)$는 우선순위 대기열 $PQ$에 $v$를 추가시키는 프로시저이고, $remove(PQ, v)$는 최고 한계값을 가진 마디를 제거하고, 그 값을 $v$에 대입한다.

```
void best_fit_branch_and_bound (state_space_tree T,
                                number& best)
{
   priority_queue_of_node PQ;
   node u, v;
   initialize(PQ);                          // PQ를 빈 대기열로 초기화
```

```
    v = root of T;
    best = value(v);
    insert(PQ, v);
    while (! empty(PQ)) {                          // 최고 한계값을 가진 마디를 제거
      remove(PQ, v);
      if (bound(v) is better than best)             // 마디가 아직 유망한지 점검
        for (each child u of v){
          if (value(u) is better than best)
            best = value(u);
          if (bound(u) is better than best)
            insert(PQ, u);
        }
    }
}
```

대기열 대신에 우선순위 대기열을 사용하는 이외에 우선순위 대기열에서 마디를 제거한 후 마디의 한계값이 *best*보다 아직 좋은지를 결정하는 검사를 추가하였다. 어떤 마디를 방문한 후 그 마디가 유망하지 않게 되는지 이렇게 결정한다. 예를 들어, 그림 6.3의 마디 (1, 2)는 그 마디를 방문할 당시에 유망하다. 위의 알고리즘에서는 이때가 바로 $PQ$에 마디를 추가하는 때이다. 그러나 *maxprofit* 값이 \$90이 될 때 그 마디는 유망하지 않게 된다. 이는 마디를 우선순위 대기열에서 제거한 후 마디의 한계값과 *maxprofit*을 비교하여 알게 된다. 이런 식으로 방문한 후 유망하지 않게 되어버린 마디의 자식마디를 방문하지 못하게 한다.

다음은 0–1 배낭 채우기 문제를 푸는 세부 알고리즘이다. 마디를 추가하고 제거할 때 그리고 우선순위 대기열에서 마디의 순서를 매기기 위해서 한계값이 필요하므로, 그 한계값을 마디에 기록한다. 마디의 타입은 다음과 같다.

```
struct node
{
    int level;                    // 트리에서 마디의 수준
    int profit;
    int weight;
    float bound;
}
```

▸ 알고리즘 6.2

### 0–1 배낭 채우기 문제를 푸는 분기한정 가지치기 최고우선검색 알고리즘

**문제** : 무게와 이익이 주어진 $n$개의 아이템이 있다고 하자. 무게와 이익은 양의 정수이다. 게다가 양의 정수 $W$도 주어진다. 무게의 합이 $W$가 넘지 못한다는 제약 하에서 총 이익이 최대가 되는 아이템의 집합을 구한다.

**입력** : 양의 정수 $n$과 $W$; 양의 정수의 배열 $w$와 $p$, 인덱스의 범위는 1부터 $n$까지이고,

각 배열은 $p[i]/w[i]$값에 따라서 큰 수부터 차례로 정렬되어 있다.

**출력** : 최적의 집합에 있는 이익의 합을 나타내는 정수 *maxprofit*.

```
void knapsack3 (int n,
                const int p[], const int w[],
                int W,
                int& maxprofit)
{
  priority_queue_of_node PQ;
  node u, v;

  initialize(PQ);                                   // PQ를 빈 대기열로 초기화
  v.level = 0; v.profit = 0; v.weight = 0;          // v가 뿌리마디가 되게 초기화
  maxprofit = 0;
  v.bound = bound(v);
  insert(PQ, v);
  while (! empty(PQ)) {                             // 최고의 한계값을 가진 마디 제거
    remove(PQ, v);
    if (v.bound > maxprofit) {                      // 마디가 아직 유망한지 검사
      u.level = v.level + 1;
      u.weight = v.weight + w[u.level];             // u를 다음 아이템을 포함하는
      u.profit = v.profit + p[u.level];             // 자식마디로 놓음
      if (u.weight <= W && u.profit > maxprofit)
        maxprofit = u.profit;
      u.bound = bound(u);
      if (u.bound > maxprofit)
        insert(PQ, u);
      u.weight = v.weight;                          // u를 다음 아이템을 포함하지 않는
      u.profit = v.profit;                          // 자식마디로 놓음
      if (u.bound > maxprofit)
        insert(PQ, u);
    }
  }
}
```

함수 *bound*는 알고리즘 6.1과 동일하다.

## 6.2 외판원 문제

예제 3.12에서 갑순이는 갑돌이와 경쟁하여 외판원 직책을 따냈다. 왜냐하면 외판원 문제를 푸는 $\Theta(n^2 2^n)$ 동적계획 알고리즘으로 45초만에 20개의 도시로 이루어진 판매 영역에서 최적 여행경로를 찾았기 때문이다. 갑돌이는 19!의 여행경로를 만들어 보아야 하는 무작정 알고리즘을 사용하였다. 무작정 알고리즘은 3,800년 이상 걸리기 때문에 아직

도 그 프로그램은 돌아가고 있다. 갑순이의 영역이 40개 도시로 확장되었음을 5.6절에서 마지막으로 보았다. 갑순이의 동적계획 알고리즘으로 이 영역의 최적 여행경로를 찾는데 6년 이상 걸리므로 그저 아무 여행경로나 취하는 걸로 만족하게 되었다. 이 문제를 푸는데 해밀토니안 회로 문제를 푸는 되추적 알고리즘을 사용해 보았다. 이 알고리즘이 여행경로를 효율적으로 찾기는 하지만 그 여행경로는 최적하고는 거리가 멀 수 있다. 예를 들어, 서로 2마일 떨어진 두 도시 사이를 연결하는 멀리 돌아가는 도로가 있다면, 두 도시에서 각각 1마일 떨어진 도시를 통해서 그 두 도시를 연결할 수 있다 하더라도 그 알고리즘은 긴 도로를 포함하는 여행경로를 선택할 수 있다. 이는 되추적 알고리즘으로 얻어낸 여행경로를 사용하면 매우 비효율적인 여행경로를 얻을 수 있다는 의미가 된다. 이 상황에서 갑순이는 아마도 최적의 여행경로를 찾는 게 낫겠다고 마음을 바꿀지도 모른다. 만약 40개 도시가 밀도 있게 연결되어 있다면, 되추적 알고리즘으로 모든 여행경로를 만들어 내려하면 뜻대로 되지 않을 것이다. 왜냐하면 여행경로의 수가 지수보다 많을 수 있기 때문이다. 만약 갑순이를 가르친 교수가 알고리즘 강의에서 분기한정 기술을 가르치지 않았다고 가정해보자(이게 바로 그녀가 5.6절에서 아무 여행경로나 취하는 걸로 만족해야 했던 이유이다). 알고리즘 교재를 다시 들추어보고 분기한정법이 최적화 문제를 풀기 위해서 특별히 고안된 방법이라는 사실을 깨달은 후에 갑순이는 외판원 문제를 푸는데 그 기법을 적용하기로 결정한다. 아마도 다음과 같이 추진할 것이다.

방향그래프의 주어진 정점에서 출발하여 그래프에 있는 각 정점을 정확하게 한 번씩만 방문하고, 출발한 정점으로 돌아오는 최단경로를 찾는 것이 이 문제의 목표이다. 그러한 경로를 **최적경로**(optimal tour)라고 한다. 출발정점이 어디인지는 상관이 없으므로 출발하는 정점은 단순히 첫째 정점이 될 수 있다. 그림 6.4를 보면 5개의 정점이 모두 서로 연결되어 있는 그래프를 표현해 놓은 인접행렬과 그 그래프의 최적 여행경로가 있다.

이 문제를 풀기 위하여 상태공간나무는 다음과 같이 구축한다. 출발 정점을 제외한 각 정점은 (출발 정점 이후의) 수준 1에 속한 첫째 정점으로 채택하고, 출발 정점과 수준 1에

$$\begin{bmatrix} 0 & 14 & 4 & 10 & 20 \\ 14 & 0 & 7 & 8 & 7 \\ 4 & 5 & 0 & 7 & 16 \\ 11 & 7 & 9 & 0 & 2 \\ 18 & 7 & 17 & 4 & 0 \end{bmatrix}$$

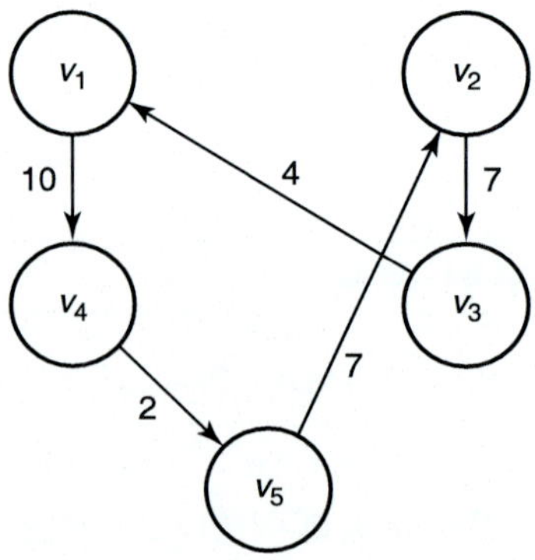


**그림 6.4** 모든 정점을 연결하는 이음선이 있는 그래프의 인접행렬 표현(왼쪽)과 최적 여행경로를 이루는 그래프의 정점과 이음선(오른쪽)

서 선택한 정점을 제외한 각 정점은 수준 2에 속한 둘째 정점으로 채택하고, 등등 이런 식으로 계속하여 구축한다. 정점이 5개이고 모든 정점들 사이에 이음선이 있는 경우 구축하는 상태공간트리의 일부분을 그림 6.5에서 보여준다. 앞으로, "마디"(node)라는 용어는 상태공간트리의 마디를 나타내는데 쓰고, "정점"(vertex)이라는 용어는 그래프의 정점을 나타내는데 쓴다. 그림 6.5의 각 마디에는 그 마디에 도달하기까지 선택된 경로가 모두 포함된다. 편의상 그래프의 정점은 인덱스로만 표시한다. 잎이 아닌 마디는 모두 그 마디에 기록되어 있는 경로에서 시작하는 모든 여행경로를 나타낸다. 예를 들어, [1, 2, 3]을 가지고 있는 마디는 경로 [1, 2, 3]에서 시작하는 모든 여행경로를 나타낸다. 즉, [1, 2, 3, 4, 5, 1]과 [1, 2, 3, 5 ,4 ,1]을 나타낸다. 각 잎은 여행경로를 나타낸다. 따라서 최적 여행경로가 포함된 잎을 찾아야 한다. 마디에 기록된 경로에 정점이 4개 있으면 트리 구축을 멈춘다. 왜냐하면 다섯째 정점은 선택의 여지없이 하나뿐이기 때문이다. 예를 들어, 제일 왼쪽에 있는 잎은 여행경로 [1, 2, 3, 4, 5, 1]을 나타내는데, 일단 경로 [1, 2, 3, 4]를 명시하면 다음 정점은 다섯째 정점일 수밖에 없다.

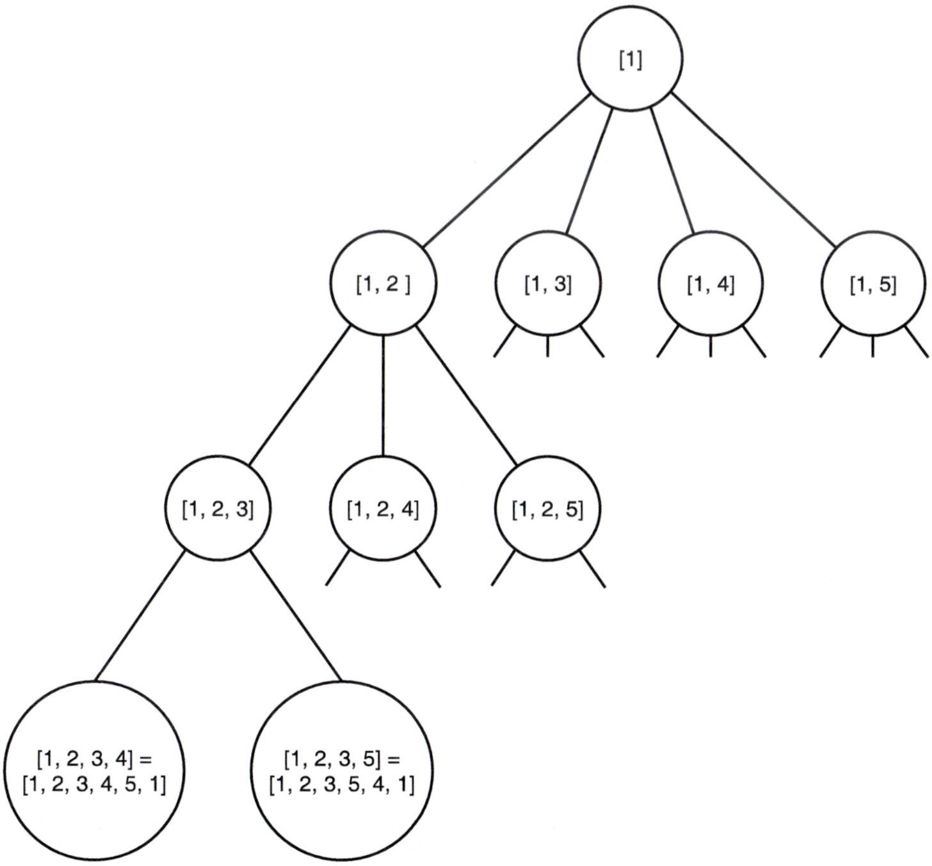


**그림 6.5** 정점이 5개 있는 그래프에서 외판원 문제의 한 사례에 대한 상태공간트리. 부분 여행경로의 정점의 인덱스가 각 마디에 기록된다.

최고우선검색을 사용하기 위해서 각 마디의 한계값을 구할 수 있어야 한다. 0-1 배낭 채우기 문제에서는 총 무게가 $W$를 넘지 않도록 하면서 이익을 최대로 하는 게 목표였기 때문에, 주어진 마디에서부터 뻗어나가서 얻을 수 있는 이익의 상한을 계산하였다. 그리고 어떤 마디에서 당시 최대이익보다 한계값이 큰 경우에 그 마디를 유망하다고 했다. 이 문제에서는 주어진 마디에서부터 뻗어나가서 얻을 수 있는 여행경로 길이의 하한을 구할 필요가 있다. 그리고 당시 최소경로길이보다 한계값이 작은 경우에 그 마디를 유망하다고 한다. 한계값은 다음과 같이 구할 수 있다. 어떤 여행경로라도, 정점을 떠날 때 선택한 이음선의 길이는 그 정점에서 나오는 가장 짧은 이음선의 길이만큼은 최소한 길다. 그러므로 정점 $v_1$을 떠나는 비용(선택한 이음선의 길이)의 하한은 인접행렬의 첫째 행에서 0이 아닌 모든 값 중에서 최소값이 되고, 그리고 $v_2$를 떠나는 비용의 하한은 둘째 행에서 0이 아닌 모든 값 중에서 최소값이 되고, 등등 이런 식으로 계속하면 된다. 그래프에서 5개의 정점을 떠나는 비용의 하한은 다음과 같다.

$$\begin{aligned}
&v_1 \quad minimum(14,\ 4,\ 10,\ 20) = 4\\
&v_2 \quad minimum(14,\ 7,\ 8,\ 7) \quad = 7\\
&v_3 \quad minimum(4,\ 5,\ 7,\ 16) \quad = 4\\
&v_4 \quad minimum(11,\ 7,\ 9,\ 2) \quad = 2\\
&v_5 \quad minimum(18,\ 7,\ 17,\ 4) \ = 4
\end{aligned}$$

각 여행경로는 정점을 정확히 각각 한 번씩 떠나야 하기 때문에 여행경로 길이의 하한은 이 최소값들의 합이다. 따라서 여행경로 길이의 하한은 다음과 같다.

$$4+7+4+2+4=21$$

이 길이의 여행경로가 있다는 말은 아니다. 이보다 더 짧은 여행경로가 있을 수 없다는 말이다.

그림 6.5에서 마디 [1, 2]를 포함한 마디를 방문했다고 가정하자. 이 경우 이미 $v_2$를 여행경로의 둘째 정점으로 선택하였고, $v_2$까지 가는데 든 비용은 $v_1$에서 $v_2$로 가는 이음선의 가중치인 14가 된다. 따라서 이 마디 이후에 확장하여 구한 여행경로의 정점들을 떠나는 비용의 하한은 다음과 같이 구한다.

$$\begin{aligned}
&v_1 \qquad\qquad\qquad\qquad\quad 14\\
&v_2 \quad minimum(7,\ 8,\ 7) \quad = 7\\
&v_3 \quad minimum(4,\ 7,\ 16) \ = 4\\
&v_4 \quad minimum(11,\ 9,\ 2) \ = 2\\
&v_5 \quad minimum(18,\ 17,\ 4) = 4
\end{aligned}$$

$v_2$에 대한 최소값을 구하기 위해서 $v_1$로 가는 이음선을 포함하지 않는다. 왜냐하면 $v_2$에서 $v_1$으로 바로 돌아갈 수 없기 때문이다. 다른 정점들에 대한 최소값을 구하기 위해서 $v_2$로 가는 이음선을 포함하지 않는다. 왜냐하면, $v_2$에는 이미 들렀기 때문이다. [1,

2]를 포함하는 마디에서 확장하여 구한 여행경로 길이의 하한은 이 최소값들의 합이며 다음과 같다.

$$14+7+4+2+4=31$$

한계값을 구하는 기술을 더 설명하기 위해서 그림 6.5에서 [1, 2, 3]을 포함하고 있는 마디를 방문했다고 가정하자. $v_2$를 둘째 정점으로, $v_3$을 셋째 정점으로 하기로 이미 정했다. 이 마디 이후에 확장하여 구한 여행경로는 정점들을 떠나는 비용의 하한을 가진다.

$$\begin{array}{ll} v_1 & 14 \\ v_2 & 7 \\ v_3 & minimum(7,\ 16)=7 \\ v_4 & minimum(11,\ 2)=2 \\ v_5 & minimum(18,\ 4)=4 \end{array}$$

$v_4$와 $v_5$에 대한 최소값을 구하기 위해서 $v_2$와 $v_3$는 고려하지 않는다. 왜냐하면 이 정점들은 이미 들렸기 때문이다. [1, 2, 3]을 포함하는 마디로부터 확장하여 구할 수 있는 여행경로 길이의 하한은 다음과 같다.

$$14+7+7+2+4=34$$

같은 방법으로 상태공간트리에서 주어진 마디 이후로부터 확장하여 구할 수 있는 여행경로 길이의 하한을 구할 수 있고, 이 하한을 최고우선검색에 사용할 수 있다. 다음 예제는 이 기술을 설명해 준다. 이 예제에서 계산과정은 보여주지 않는다. 설명한대로 하면 쉽게 구할 수 있다.

---

• **예제 6.3** 그림 6.4와 앞에서 설명한 한계값 구하는 방법을 사용하여 분기한정 가지치기 최고우선검색을 하면 그림 6.6과 같은 트리가 만들어진다. 한계값은 잎이 아닌 마디에 기록하는 반면, 여행경로의 길이는 잎에 기록한다. 트리를 구축하는 절차를 살펴보자. 뿌리마디에는 해답후보가 없기 때문에(해답후보는 상태공간트리의 잎에만 존재한다) 최고 해답의 값은 ∞(무한대)로 초기화한다. 알고리즘에 의하면 상태공간트리에서 잎 이후로는 확장하지 않기 때문에 잎에 대한 한계값은 계산하지 않는다. 마디를 참조하면 그 마디에 기록되어 있는 부분 여행경로를 참조하게 된다. 0-1 배낭 채우기 문제를 설명할 때와는 마디를 참조하는 방식이 다르다.

절차는 다음과 같다.

1. [1]을 포함하는 마디(뿌리마디)를 방문한다.
   (a) 한계값을 계산하면 21이 된다. { 이 값이 여행경로 길이의 하한이다 }
   (b) *minlength*를 ∞로 놓는다.
2. [1, 2]를 포함하는 마디를 방문한다.
   (a) 한계값을 계산하면 31이 된다.
3. [1, 3]을 포함하는 마디를 방문한다.
   (a) 한계값을 계산하면 22가 된다.

4. [1, 4]를 포함하는 마디를 방문한다.
   (a) 한계값을 계산하면 30이 된다.
5. [1, 5]를 포함하는 마디를 방문한다.
   (a) 한계값을 계산하면 42가 된다.
6. 한계값이 가장 작은 유망하고 확장하지 않은 마디를 결정한다.
   (a) 그 마디는 [1, 3]을 포함하는 마디이다. 그 마디의 지식마디부터 방문한다.
7. [1, 3, 2]를 포함하는 마디를 방문한다.
   (a) 한계값을 계산하면 22가 된다.
8. [1, 3, 4]를 포함하는 마디를 방문한다.
   (a) 한계값을 계산하면 27이 된다.
9. [1, 3, 5]를 포함하는 마디를 방문한다.
   (a) 한계값을 계산하면 39가 된다.
10. 한계값이 가장 작은 유망하고 확장하지 않은 마디를 결정한다.

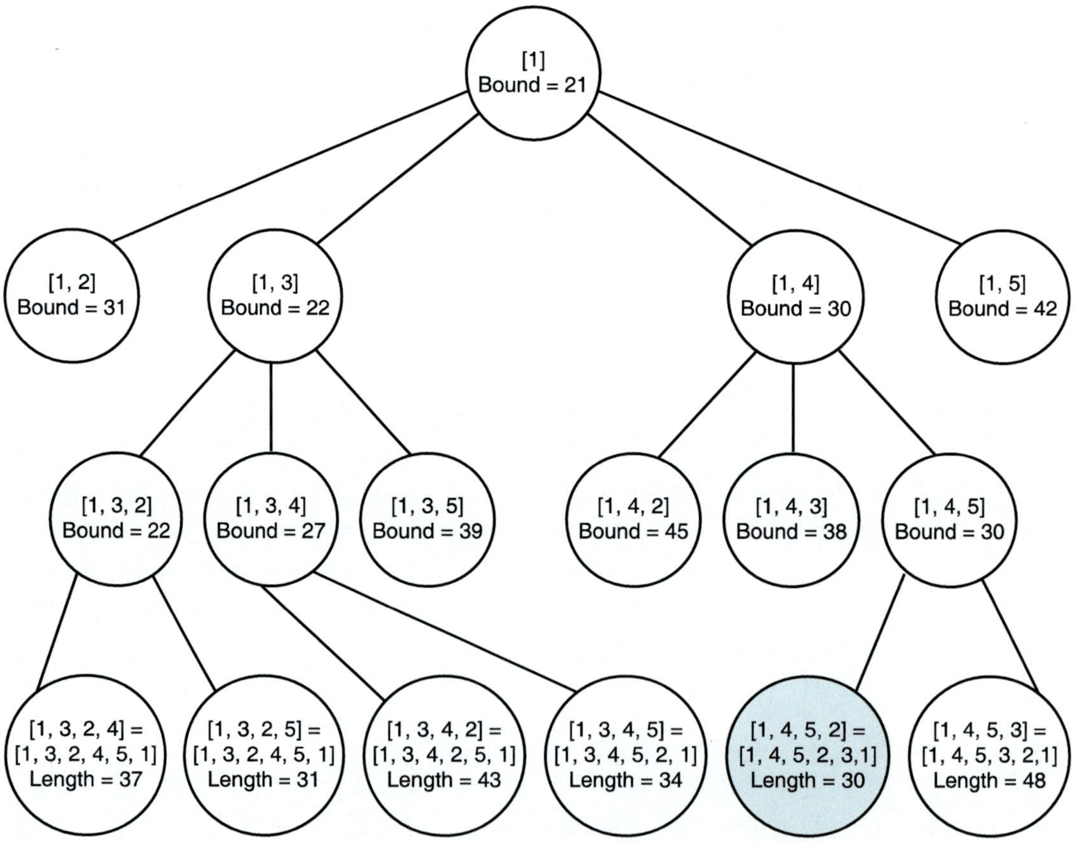


그림 6.6 예제 6.3을 분기한정 가지치기 최고우선검색을 하여 구축한 가지친 상태공간트리. 상태공간트리에서 잎이 아닌 마디에는 부분 여행경로가 위에 표시되어 있고, 그 마디에서 확장하여 구할 수 있는 여행경로 길이의 한계값이 아래에 표시되어 있다. 상태공간트리에서 각 잎에는 여행경로가 위에, 그 길이가 아래에 표시되어 있다. 음영 처리된 마디는 최적 여행경로를 찾은 마디를 나타낸다(여기서 Bound = 한계값, Length = 길이).

(a) 그 마디는 [1, 3, 2]를 포함하는 마디이다. 그 마디의 지식마디부터 방문한다.

11. [1, 3, 2, 4]를 포함하는 마디를 방문한다.
    (a) 이 마디는 잎이므로, 여행경로의 길이를 계산하면 37이 된다.
    (b) 길이 37은 *minlength* 값 ∞보다 작으므로, *minlength* 값을 37로 놓는다.
    (c) [1, 5]와 [1, 3, 5]를 포함하는 마디들은 그들의 한계값 42와 39가 새 *minlength* 값 37보다 크거나 같기 때문에 유망하지 않게 된다.
12. [1, 3, 2, 5]를 포함하는 마디를 방문한다.
    (a) 이 마디는 잎이므로, 여행경로의 길이를 계산하면 31이 된다.
    (b) 길이 31은 *minlength* 값 37보다 작으므로, *minlength* 값을 31로 놓는다.
    (c) [1, 2]를 포함하는 마디들은 한계값 31이 새 *minlength* 값 31보다 크거나 같으므로 유망하지 않게 된다.
13. 한계값이 가장 작은 유망하고 확장하지 않은 마디를 결정한다.
    (a) 그 마디는 [1, 3, 4]를 포함하는 마디이다. 그 마디의 지식마디부터 방문한다.
14. [1, 3, 4, 2]를 포함하는 마디를 방문한다.
    (a) 이 마디는 잎이므로, 여행경로의 길이를 계산하면 43이 된다.
15. [1, 3, 4, 5]를 포함하는 마디를 방문한다.
    (a) 이 마디는 잎이므로, 여행경로의 길이를 계산하면 34가 된다.
16. 한계값이 가장 작은 유망하고 확장하지 않은 마디를 결정한다.
    (a) 유망하고 확장하지 않은 유일한 마디는 [1, 4]를 포함하는 마디이다. 그 마디의 지식마디부터 방문한다.
17. [1, 4, 2]를 포함하는 마디를 방문한다.
    (a) 한계값을 계산하면 45가 된다.
    (b) 한계값 45는 *minlength* 값 31보다 크거나 같으므로 유망하지 않다고 결정한다.
18. [1, 4, 3]을 포함하는 마디를 방문한다.
    (a) 한계값을 계산하면 38이 된다.
    (b) 한계값 38은 *minlength* 값 31보다 크거나 같으므로 유망하지 않다고 결정한다.
19. [1, 4, 5]를 포함하는 마디를 방문한다.

(a) 한계값을 계산하면 30이 된다.

20. 한계값이 가장 작은 유망하고 확장하지 않은 마디를 결정한다.
    (a) 유망하고 확장하지 않은 유일한 마디는 [1, 4, 5]를 포함하는 마디이다. 그 마디의 지식마디부터 방문한다.
21. [1, 4, 5, 2]를 포함하는 마디를 방문한다.
    (a) 이 마디는 잎이므로, 여행경로의 길이를 계산하면 30이 된다.
    (b) 길이 30이 *minlength* 값 31보다 작으므로, *minlength*의 값을 30으로 놓는다.
22. [1, 4, 5, 3]을 포함하는 마디를 방문한다.
    (a) 이 마디는 잎이므로, 여행경로의 길이를 계산하면 48이 된다.
23. 한계값이 가장 작은 유망하고 확장하지 않은 마디를 결정한다.
    (a) 유망하고 확장하지 않은 마디가 없다. 완료되었다.

여행경로 [1, 4, 5, 2, 3, 1]을 나타내는 [1, 4, 5, 2]를 포함하는 마디가 최적 여행경로이고, 그 최적 여행경로의 길이는 30임을 구하였다.

상태공간트리 전체 마디의 개수는 $1+4+4\times3+4\times3\times2=41$인 반면, 그림 6.6의 트리에는 마디의 개수가 17개이다.

앞의 예제에서 사용한 전략을 구현하는 알고리즘에서 다음 데이터타입을 사용한다.

```
struct node
{
    int level;                    // 트리에서 마디의 수준
    ordered_set path;
    number bound;
};
```

*path* 필드는 마디에 기록된 부분 여행경로를 포함한다. 예를 들어, 그림 6.6에서 뿌리마디의 가장 왼쪽 자식마디의 *path*의 값은 [1, 2]이다. 알고리즘은 다음과 같다.

**알고리즘 6.3 외판원 문제를 푸는 분기한정 가지치기 최고우선검색 알고리즘**

문제 : 가중치포함 방향그래프에서 최적일주여행길을 결정하시오. 가중치는 음이 아닌 정수이다.

입력 : 가중치포함 방향그래프, $n$(그래프에서 정점의 개수). 그래프는 행과 열의 인덱스의 범위가 모두 1부터 $n$까지인 2차원 배열 $W$로 표현한다. 여기서 $W[i][j]$는 $i$번째 정점에서 $j$번째 정점을 연결하는 이음선의 가중치이다.

출력 : 변수 *minlength*(최적일주여행길의 길이), 변수 *opttour*(최적 여행경로)

```
void travel2 (int n,
              const number W[][],
              ordered_set& opttour,
              number& minlength)
{
  priority_queue_of_node PQ;
  node u, v;

  initialize(PQ);                         // PQ를 빈 대기열로 초기화
  v.level = 0;
  v.path = [1];                           // 첫째 정점을 출발정점으로 놓음
  v.bound = bound(v);
  minlength = ∞;
  insert(PQ, v);
  while (! empty(PQ)) {
    remove(PQ, v);                        // 최고 한계값을 가진 마디를 제거
    if (v.bound < minlength) {
      u.level = v.level + 1;              // u를 v의 자식마디로 놓음
```

```
for (all i such that 2 ≤ i ≤ n && i is not in v. path ){
    u. path = v. path ;
    put i at the end of u. path ;
    if (u. level == n − 2){                      // 다음 정점에서 여행을 마치는지 검사
        put index of only vertex
        not in u. path at the end of u. path ;
        put 1 at the end of u. path              // 첫째 정점을 마지막 정점으로 둠
        if (length(u) < minlength) {             // 함수 length는 여행경로의
            minlength = length(u) ;              // 길이를 계산
            opttour = u. path ;
        }
    }
    else {
    u. bound = bound(u) ;
    if (u. bound < minlength)
        insert(PQ, u) ;
    }
  }
 }
}
```

함수 *length*와 *bound*는 연습문제로 작성해보기 바란다. 함수 *length*는 여행경로 *u.path*의 길이를 넘겨주고, 함수 *bound*는 이미 토의한 고려사항을 사용하여 마디의 한계값을 넘겨준다.

---

한계값을 구하는 함수가 꼭 하나만 존재할 필요는 없다. 예를 들면, 외판원 문제에서 모든 정점을 정확히 한 번 방문해야 함을 관찰하고, 따라서 인접행렬의 행 값들 중 최소값을 택하는 대신 열값들 중 최소값을 사용할 수도 있다. 또 다른 방법으로 모든 정점은 정확히 한 번 들어갔다 나온다는 사실을 가지고, 행과 열의 값을 모두 이용할 수도 있다. 이음선이 나오는 정점에 그 가중치의 반을 주고, 이음선이 들어가는 정점에 나머지 반을 줄 수 있다. 그러면 정점을 방문하는 비용은 정점에서 나오고 들어가는 가중치의 합이 된다. 예를 들어, 여행경로 길이의 초기 한계값을 구한다고 하자. $v_2$로 들어가는 최소비용은 둘째 열의 값들 중 최소값의 반을 취하여 얻어진다. $v_2$에서 나오는 최소비용은 둘째 행의 값들 중 최소값의 반을 취하여 얻어진다. 그러면 $v_2$를 방문하는 최소비용은 다음과 같이 계산한다.

$$\frac{minimum(14,\ 5,\ 7,\ 7)+minimum(14,\ 7,\ 8,\ 7)}{2}=6$$

이 한계값 구하는 함수로 분기한정 알고리즘을 실행하면 그림 6.3의 사례에 대하여 15개의 마디만 검사한다.

두 개 이상의 한계값 구하는 함수가 있을 때 한 함수는 어떤 마디에서 더 좋은 한계값을 주는 반면, 다른 함수는 다른 마디에서 더 좋은 한계값을 줄 수 있다. 연습문제에서

이를 밝혀보라고 요구하겠지만 외판원 문제의 한계값 함수도 이 경우에 속한다. 이러한 경우 알고리즘은 가용한 한계값 함수를 모두 사용하여 최고의 한계값을 계산할 수 있다. 그러나 5장에서 토의했듯이 우리의 목표는 되도록 마디를 덜 방문하는데 있는 것이 아니라 알고리즘 전체의 효율성을 최대화하는데 있다. 하나 이상의 한계값 함수를 사용하여 추가적인 소요되는 계산은 마디를 덜 방문함으로써 얻는 절감을 상쇄하지 못할지도 모른다.

분기한정 알고리즘은 어떤 대형 사례를 효율적으로 풀지만, 다른 사례에 대해서는 지수(또는 이보다 더 많은) 개수의 마디를 검사할지도 모른다. 갑순이의 딜레마로 돌아가서, 분기한정 알고리즘으로도 40개 도시 사례에 대한 해답을 효율적으로 구하지 못한다면 어떻게 할까? 외판원 문제 같은 문제를 취급하는 또 다른 하나의 방법은 근사 알고리즘을 개발하는 것이다. 근사 알고리즘(approximation algorithms)은 최적해를 준다는 보장은 없지만, 최적에 꽤 가까운 해답은 준다. 외판원 문제의 근사 알고리즘은 9.5절에서 자세히 공부할 것이다.

## 6.3 확률적 추론(진단)

이 절은 이산 확률이론과 베이즈(Bayes) 정리의 지식이 필요하다.

어떤 발견에 대한 가장 그럴듯한 해석을 찾아내는 것은 인공지능과 전문가 시스템에서 중요한 문제이다. 예를 들어, 의학에서 증상에 가장 맞는 병명을 알아내려고 한다든지, 전자회로에서 고장난 지점이 어디인지를 예측하려고 한다든지, 자동차에서 고장날 확률이 가장 높은 부분을 찾는다든지 하는 문제들을 들 수 있다. 이와 같이 발견에 대한 가장 그럴듯한 설명을 찾아내는 과정을 **확률적 추론**(abductive inference)이라고 한다.

초점을 의학에 맞추어 보자. $n$명의 환자가 가지고 있는 질병을 각각 $d_1, d_2, \ldots, d_n$이라고 하자. 각 환자가 가지고 있는 증상의 집합을 $S$라고 하자. 우리의 목표는 증상에 가장 잘 맞는 질병의 집합을 찾아내는 것이다. 기술적으로 두 개 이상의 집합이 존재할 수 있다. 그러나 맞을 만한 질병의 집합이 하나만 존재한다고 가정하고 문제에 접근한다.

신뢰 네트워크(belief network)는 질병과 증상 사이에 존재하는 확률적 관계를 나타내는 표준이 된다. 신뢰 네트워크에 대해서는 이 책의 범위에 벗어나므로 다루지 않는다. Neapolitan(1990)과 Pearl(1988)을 보면 자세히 설명되어 있다. 신뢰 네트워크의 응용으로, 특정 질병의 집합이 환자가 걸린 질병만을 포함하는 (증상을 발견하기 전) 사전 확률(prior probability)을 구하는 효율적인 알고리즘들이 있다. 이 알고리즘 또한 Neapolitan(1990)과 Pearl(1988)에서 자세히 설명한다. 여기서는 이 알고리즘의 결과를 우리가 사용할 수 있다고 단순히 가정한다. 예를 들어, 이 알고리즘들은 환자가 걸린 질병들이 $d_1, d_3, d_6$뿐일 사전 확률을 구할 수 있다. 이 확률은 다음과 같이 표시한다.

$$p(d_1, d_3, d_6) \quad \text{또는} \quad D = \{d_1, d_3, d_6\} \text{일 때} \quad p(D)$$

이 알고리즘들은 환자의 증상 $S$에 대한 정보를 가지고 질병 $d_1$, $d_3$, $d_6$들이 걸릴 확률도 구할 수 있다. 이러한 조건부 확률은 다음과 같이 표시한다.

$$p(d_1,\ d_3,\ d_6 \mid S) \quad \text{또는} \quad p(D \mid S)$$

(앞에서 언급한 알고리즘을 가지고) 이 확률들을 계산할 수 있다고 가정하면, 0–1 배낭 채우기 문제를 푸는데 사용한 것과 비슷한 상태공간트리를 사용해서 (증상에 대한 정보가 있다고 가정하고) 가장 걸릴 확률이 높은 질병의 집합을 구하는 문제를 풀 수 있다. $d_1$을 포함하려면 뿌리마디에서 왼쪽으로 가고, 제외시키려면 오른쪽으로 간다. 비슷하게, $d_2$를 포함하려면 수준 1의 마디에서 왼쪽으로 가고, 제외하려면 오른쪽으로 가고, 이런 식으로 계속한다. 상태공간트리에서 잎은 각각 해답후보(즉, 그 잎에 오기까지 포함한 질병들의 집합)가 된다. 이 문제를 풀기 위해서 각 잎에 포함되어 있는 질병들의 집합의 조건부 확률을 계산하고, 그 중에서 가장 높은 조건부 확률을 택한다.

최고우선검색으로 가지치기 위해서 한계값을 계산하는 함수를 찾을 필요가 있다. 다음 정리는 대형 사례를 처리하는 방법을 제시하고 있다.

### ▸ 정리 6.1

$D$와 $D'$가 각각 다음 부등식을 만족하는 질병의 집합이라면,

$$p(D') \le p(D)$$

조건부 확률에 대한 다음 부등식이 성립한다.

$$p(D' \mid S) \le \frac{p(D)}{p(S)}$$

증명 : 베이스의 정리에 따르면, 다음과 같이 부등식을 유도할 수 있다.

$$\begin{aligned} p(D' \mid S) &= \frac{p(S \mid D')p(D')}{p(S)} \\ &\le \frac{p(S \mid D')p(D)}{p(S)} \\ &\le \frac{p(D)}{p(S)} \end{aligned}$$

첫째 부등식은 이 정리의 가정에 의하여 성립하고, 둘째는 확률은 항상 1보다 작다는 사실에 의하여 성립한다. 증명이 완료되었다.

주어진 어떤 마디에 대해서 $D$를 그 마디에 오기까지 포함된 질병들의 집합이라 하고, 그 마디의 어떤 후손마디에 대해서 $D'$를 그 후손마디에 오기까지 포함된 질병의 집합이라 하자. 그러면 $D \subseteq D'$이 성립한다. 보통 다음과 같이 가정하면 타당하다.

$$D \subseteq D' \text{일 때} \quad p(D') \le p(D)$$

환자가 어떤 질병들을 가지고 있을 확률은 그 질병들뿐 아니라 더 많은 질병들을 가지고 있을 확률보다는 보통 작기 때문이다(이는 증상을 알기 전 사전 확률이라는 사실을 상기하자). 이러한 가정 하에 정리 6.1에 의해서 다음과 같은 부등식을 얻는다.

$$p(D' \mid S) \le \frac{p(D)}{p(S)}$$

따라서 $p(D)/p(S)$는 그 마디의 어떤 후손마디가 가지고 있는 조건부 확률의 상한이다. 다음 예제에서 이 한계값을 어떻게 가지치기에 사용하는지 설명한다.

---

**• 예제 6.4** $d_1$, $d_2$, $d_3$, $d_4$의 4가지 질병이 있다고 가정하고, 증상의 집합을 $S$라고 하자. 이 예제에서 입력은 질병과 증상 사이의 확률적 관계를 담고 있는 신뢰 네트워크도 포함한다. 이 예제에 사용된 확률은 앞에서 설명한 방법을 사용하여 이 신뢰 네트워크를 가지고 계산한다. 이 책에서 이 확률을 계산하지는 않는다. 최고우선검색 알고리즘을 설명하기 위하여 임의의 확률을 배정한다. 한 알고리즘에서 얻은 결과(이 경우, 신뢰 네트워크에서 추론으로 얻은 결과)를 다른 알고리즘(최고우선검색 알고리즘)에 사용할 때, 둘째 알고리즘에서 단순히 가정될 수 있는 결과를 첫째 알고리즘의 어디서 주는지 알아내는 것은 중요하다.

그림 6.7은 최고우선검색으로 구축한 가지친 상태공간트리이다. 트리에서 확률 값을 임의로 주었다. 조건부 확률은 각 마디의 위쪽에 표시되어 있고, 한계값은 아래쪽에 표시되어 있다. 음영 처리된 마디는 최고 해답을 찾은 마디를 나타낸다. 6.1절에서와 마찬가지로 마디는 깊이와 트리의 왼쪽으로부터의 위치에 따라서 라벨을 붙인다. 트리를 구축하는 절차는 다음과 같다. 변수 $best$는 현재 최고 해답인 반면, $p(best \mid S)$는 그 값의 조건부 확률이다. 우리의 목표는 조건부 확률을 최대화하는 $best$의 값을 구하는 것이다. 임의로 다음과 같이 가정한다.

$$p(S) = 0.01$$

1. 마디 (0, 0)(뿌리)를 방문한다.
   (a) 이 마디의 조건부 확률을 계산한다. {$\varnothing$ 은 공집합이다. 이는 질병이 없음을 나타낸다.}
   $$p(\varnothing | S) = 0.1 \quad \text{\{이 계산은 다른 알고리즘으로 계산한다.\}}$$
   {따라서 임의의 값을 배정한다.}
   (b) 다음과 같이 놓는다.
   $$best = \varnothing \qquad p(best \mid S) = p(\varnothing \mid S) = 0.1$$
   (c) 사전 확률과 한계값을 계산한다.
   $$p(\varnothing) = 0.9$$
   $$bound = \frac{p(\varnothing)}{p(S)} = \frac{0.9}{0.01} = 90$$
2. 마디 (1, 1)을 방문한다.
   (a) 이 마디의 조건부 확률을 계산한다.
   $$p(d_1 | S) = 0.4$$

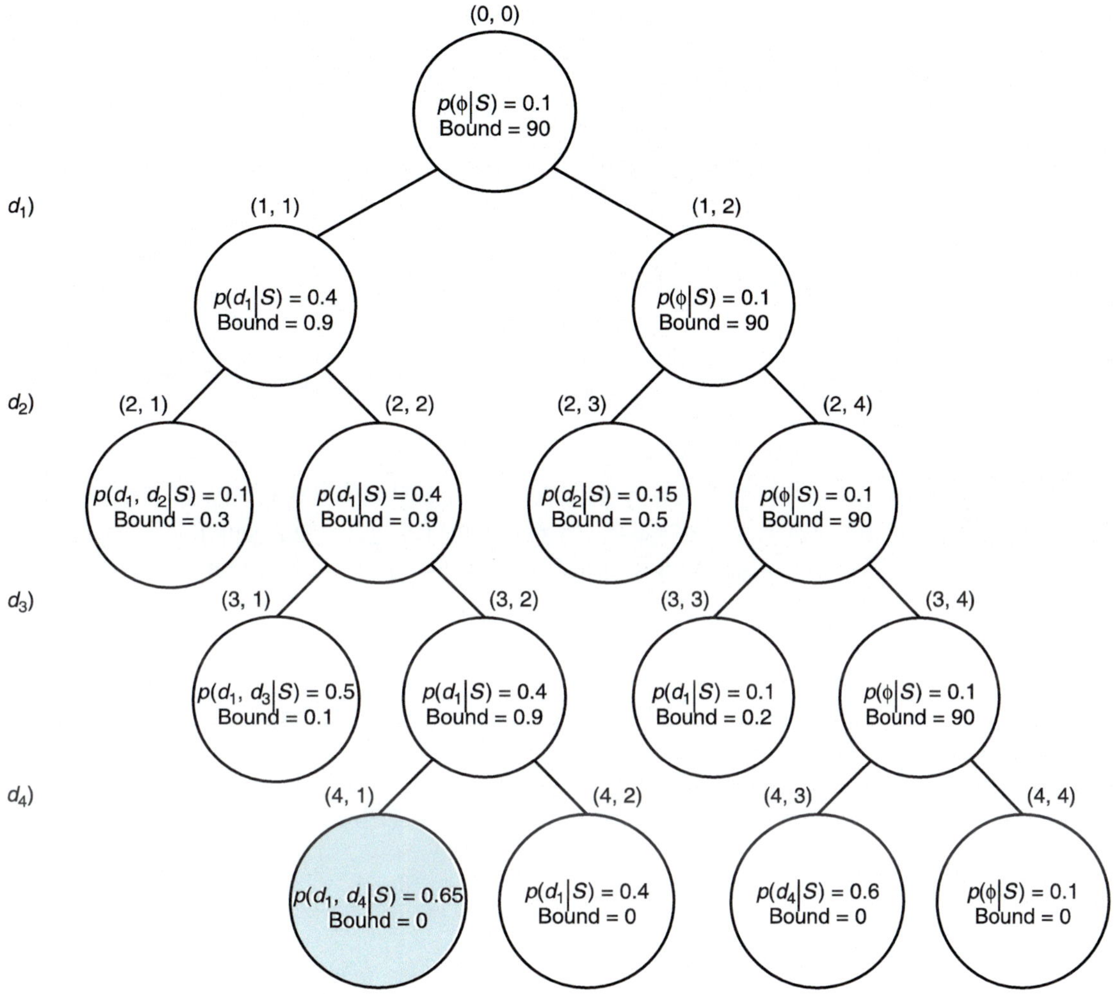


**그림 6.7** 예제 6.4에서 분기한정 가지치기 최고우선검색으로 구축한 가지친 상태공간트리. 각 마디에서 위에 있는 값은 그 마디까지 포함된 병의 조건부 확률이고, 아래에 있는 값은 그 마디에서 확장하여 구할 수 있는 조건부 확률의 한계값이다. 음영 처리된 마디는 최적 해답을 찾은 마디를 나타낸다.

(b) $0.4 > p(best \mid S)$이므로, 다음과 같이 놓는다.

$$best = \{d_1\} \qquad p(best \mid S) = 0.4$$

(c) 사전 확률과 한계값을 계산한다.

$$p(d_1) = 0.009$$

$$bound = \frac{p(d_1)}{p(S)} = \frac{0.009}{0.01} = 0.9$$

3. 마디 (1, 2)를 방문한다.

(a) 이 마디의 조건부 확률은 부모마디의 조건부 확률인 0.1이다.

(b) 사전 확률과 한계값은 단순히 부모마디의 값들 0.9와 90이다.

4. 가장 큰 한계값을 가진 유망하며, 확장되지 않은 마디를 구한다.
   (a) 그 마디는 마디 (1, 2)이다. 이 마디의 자식마디를 다음에 방문한다.
5. 마디 (2, 3)을 방문한다.
   (a) 이 마디의 조건부 확률을 계산한다.

$$p(d_2 \mid S) = 0.15$$

   (b) 사전 확률과 한계값을 계산한다.

$$p(d_2) = 0.005$$

$$bound = \frac{p(d_2)}{p(S)} = \frac{0.005}{0.01} = 0.5$$

6. 마디 (2,4)를 방문한다.
   (a) 이 마디의 조건부 확률은 부모마디의 조건부 확률인 0.1이다.
   (b) 사전 확률과 한계값은 단순히 부모마디의 값들 0.9와 90이다.
7. 가장 큰 한계값을 가진 유망하며, 확장되지 않은 마디를 구한다.
   (a) 그 마디는 마디 (2, 4)이다. 이 마디의 자식마디를 다음에 방문한다.
8. 마디 (3, 3)을 방문한다.
   (a) 이 마디의 조건부 확률을 계산한다.

$$p(d_3 \mid S) = 0.1$$

   (b) 이전 확률과 한계값을 계산한다.

$$p(d_3) = 0.002$$

$$bound = \frac{p(d_3)}{p(S)} = \frac{0.002}{0.01} = 0.2$$

   (c) 이 마디의 한계값 0.2는 $p(best \mid S)$ 값인 0.4보다 작거나 같으므로, 이 마디는 유망하지 않다.
9. 마디 (3, 4)를 방문한다.
   (a) 이 마디의 조건부 확률은 부모마디의 조건부 확률인 0.1이다.
   (b) 이전 확률과 한계값은 단순히 부모마디의 값들 0.9와 90이다.
10. 가장 큰 한계값을 가진 유망하며, 확장되지 않은 마디를 구한다.
   (a) 그 마디는 마디 (3, 4)이다. 이 마디의 자식마디를 다음에 방문한다.
11. 마디 (4, 3)을 방문한다.
   (a) 이 마디의 조건부 확률을 계산한다.

$$p(d_4 | S) = 0.6$$

   (b) $0.6 > p(best \mid S)$이므로, 이전 확률과 한계값을 계산한다.

$$best = \{d_4\}$$

$$p(best \mid S) = 0.6$$

   (c) 이 마디는 상태공간트리의 잎이므로, 이 마디의 한계값은 0으로 놓는다.

(d) 이 시점에서 이 마디 (2, 3)의 한계값 0.5는 $p(best \mid S)$의 새로운 값인 0.6보다 작거나 같으므로, 이 마디는 유망하지 않게 된다.

12. 마디 (4, 4)를 방문한다.
   (a) 이 마디의 조건부 확률은 부모마디의 조건부 확률인 0.1이다.
   (b) 이 마디는 상태공간트리에서 잎이므로, 이 마디의 한계값은 0으로 놓는다.
13. 가장 큰 한계값을 가진 유망하며, 확장되지 않은 마디를 구한다.
   (a) 그 마디는 마디 (1, 1)이다. 이 마디의 자식마디를 다음에 방문한다.
14. 마디 (2, 1)을 방문한다.
   (a) 이 마디의 조건부 확률을 계산한다.

$$p(d_1,\ d_2 \mid S) = 0.1$$

   (b) 사전 확률과 한계값을 계산한다.

$$p(d_1,\ d_2) = 0.003$$

$$bound = \frac{p(d_1,\ d_2)}{p(S)} = \frac{0.003}{0.01} = 0.3$$

   (c) 이 마디의 한계값 0.3은 $p(best \mid S)$ 값인 0.6보다 작거나 같으므로, 이 마디는 유망하지 않다.
15. 마디 (2, 2)를 방문한다.
   (a) 이 마디의 조건부 확률은 부모마디의 조건부 확률인 0.4이다.
   (b) 사전 확률과 한계값은 단순히 부모마디의 값들 0.009와 0.9이다.
16. 가장 큰 한계값을 가진 유망하며, 확장되지 않은 마디를 구한다.
   (a) 유망하며, 확장되지 않은 유일한 마디는 (2, 2)이다. 이 마디의 자식마디를 다음에 방문한다.
17. 마디 (3, 1)을 방문한다.
   (a) 이 마디의 조건부 확률을 계산한다.

$$p(d_1,\ d_3 \mid S) = 0.05$$

   (b) 사전 확률과 한계값을 계산한다.

$$p(d_1,\ d_3) = 0.001$$

$$bound = \frac{p(d_1,\ d_3)}{p(S)} = \frac{0.001}{0.01} = 0.1$$

   (c) 이 마디의 한계값 0.1은 $p(best \mid S)$ 값인 0.6보다 작거나 같으므로, 이 마디는 유망하지 않다.
18. 마디 (3, 2)를 방문한다.
   (a) 이 마디의 조건부 확률은 부모마디의 조건부 확률인 0.4이다.
   (b) 사전 확률과 한계값은 단순히 부모마디의 값들 0.009와 0.9이다.
19. 가장 큰 한계값을 가진 유망하며, 확장되지 않은 마디를 구한다.
   (a) 유망하며, 확장되지 않은 유일한 마디는 (3, 2)이다. 이 마디의 자식마디를 다음에 방문한다.

20. 마디 (4, 1)을 방문한다.
   (a) 이 마디의 조건부 확률을 계산한다.

$$p(d_1,\ d_4 \mid S) = 0.65$$

   (b) $0.65 > p(best \mid S)$이므로, 다음과 같이 놓는다.

$$best = \{d_1,\ d_4\}$$

$$p(best \mid S) = 0.65$$

   (c) 이 마디는 상태공간트리의 잎이므로, 이 마디의 한계값은 0으로 놓는다.
21. 마디 (4, 2)를 방문한다.
   (a) 이 마디의 조건부 확률은 부모마디의 조건부 확률인 0.4이다.
   (b) 이 마디는 상태공간트리의 잎이므로, 이 마디의 한계값은 0으로 놓는다.
22. 가장 큰 한계값을 가진 유망하며, 확장되지 않은 마디를 구한다.
   (a) 유망하며, 확장되지 않은 유일한 마디가 없다. 종료.

가장 걸릴 확률이 높은 질병의 집합은 $\{d_1,\ d_4\}$이고, $p(d_1,\ d_4 \mid S) = 0.65$이다.

이 문제를 풀기 위한 타당성 있는 전략으로는 조건부 확률이 높은 것부터 질병을 초기에 정렬하는 것이다. 그러나 이 전략으로 검색시간을 최소화 할 수 있다는 보장은 없다. 예제 6.4에서는 이 전략을 적용하지 않고 15개 마디를 검사하였다. 질병이 정렬된 경우 23개의 마디를 검색하게 된다는 사실은 연습문제로 알아보도록 한다.

이제 알고리즘을 살펴보자. 다음 타입을 사용한다.

```
struct node
{
    int level;                    // 트리에서 마디의 수준
    set_of_indices D;
    float bound;
};
```

필드 $D$는 그 마디까지 포함된 질병의 인덱스 값을 가진다. 이 알고리즘의 입력 중 하나는 신뢰 네트워크 $BN$이다. 앞에서 설명했듯이 신뢰 네트워크는 질병과 증상 사이의 확률적 관계를 나타낸다. 이 절의 시작 부분에서 참조한 알고리즘으로 그러한 네트워크에서 필요한 확률을 계산할 수 있다.

다음 알고리즘은 쿠퍼(Cooper, 1984)가 개발하였고, 쿠퍼의 알고리즘으로 알려져 있다.

**▸ 알고리즘 6.4 확률적 추론 문제를 푸는 쿠퍼의 분기한정 가지치기 최고우선검색 알고리즘**

문제 : 증상의 집합에서 가장 걸릴 확률이 높은 질병을 결정하라. 질병의 집합 $D$는 질병의

집합 $D'$의 부분집합이면, $p(D') \le p(D)$가 성립한다고 가정한다.

**입력** : 양의 정수 $n$, $n$개 질병과 그 증상 사이의 확률적인 관계를 표시하는 신뢰 네트워크 $BN$, 증상의 집합 $S$

**출력** : (S의 조건하에서) 가장 걸릴 확률이 높은 질병의 인덱스를 포함하는 집합 $best$, $S$가 주어지고 $best$의 확률을 나타내는 변수 $pbest$

```
void cooper (int n,
             Bayesian_network_of_n_diseases BN,
             set_of_symptoms S,
             set_of_indices& best, float& pbest)
{
   priority_queue_of_node PQ;
   node u, v;

   v.level = 0;                          // v를 뿌리로 놓는다.
   v.D = ∅;                              // 공집합을 뿌리에 저장한다.
   best = ∅;
   pbest = p(∅|S);
   v.bound = bound(v);
   insert(PQ, v);
   while (! empty(PQ)) {
      remove(PQ, v);                     // 최고 한계값을 가진 마디를 제거한다.
      if (v.bound > pbest) {
         u.level = v.level + 1;          // u를 v의 자식마디로 놓는다.
         u.D = v.D;                      // u를 다음 질병을 포함하는 자식마디로 놓는다.
         put u.level in u.D;
         if (p(u.D|S) > pbest) {
            best = u.D;
            pbest = p(u.D|S);
         }
         u.bound = bound(u);
         if (u.bound > pbest)
            insert(PQ, u);
         u.D = v.D;                      // u를 다음 질병을 포함하지 않은 자식마디로 놓는다.
         u.bound = bound(u);
         if (u.bound > pbest)
            insert(PQ, u);
      }
   }
}

int bound(node u)
{
   if (u.level == n)                     // 잎은 유망하지 않다.
      return 0;
  else
```

```
    return p(u.D|p(S));
}
```

$p(D)$는 $D$의 사전 확률을 나타내고, $p(S)$는 $S$의 사전 확률을 나타내고, $p(D|S)$는 $S$가 주어진 상태에서 $D$의 조건부 확률을 나타낸다. 이 값들은 이 장 시작 부분에서 참조한 알고리즘을 사용하여 신뢰 네트워크 $BN$으로부터 계산할 수 있다.

---

최고우선검색 알고리즘을 작성하는 지침에 따라 엄격하게 알고리즘을 작성하였다. 여기서 성능 향상이 가능하다. 마디의 우측 자식마디에 대하여 함수 *bound*를 호출할 필요가 없다. 그 이유는 우측 자식마디는 그 마디 자신과 질병의 집합이 같고, 이는 한계값도 같음을 의미한다. 따라서 좌측 자식마디에서 *pbest*를 이 한계값으로 바꾸는 경우에만 우측 자식마디를 가지친다. 이러한 경우에 우측 자식마디를 가지치고, 그렇지 않은 경우 우측으로 확장하도록 알고리즘을 수정할 수 있다.

이 장에서 설명한 다른 문제들과 마찬가지로 확률적 추론 문제는 9장에서 다루는 문제의 부류에 속한다.

하나 이상의 해답이 있는 경우, 앞의 알고리즘은 그 중 하나만 찾아낸다. 최고 해답을 모두 찾도록 알고리즘을 수정하기는 쉽다. 가장 걸릴 확률이 높은 $m$(양수)개의 질병을 찾아내도록 알고리즘을 수정할 수도 있다. Neapolitan(1990)에 그 방법과 분석이 자세히 나와 있다.

## 연습문제

### 6.1절

1. 알고리즘 6.1(0–1 배낭 채우기 문제를 푸는 분기한정 가지치기 너비우선검색 알고리즘)을 사용하여 다음 문제 사례에 대한 이익을 최대화하시오. 알고리즘 수행 절차를 단계별로 보이시오.

| $i$ | $p_i$ | $w_i$ | $\frac{p_i}{w_i}$ |
|---|---|---|---|
| 1 | \$20 | 2 | 10 |
| 2 | \$30 | 5 | 6 |
| 3 | \$35 | 7 | 5 |
| 4 | \$12 | 3 | 4 |
| 5 | \$3 | 1 | 3 |

$$W = 13$$

2. 알고리즘 6.1을 구현하는 프로그램을 작성하고, 연습문제 1의 문제 사례로 실행시켜 보시오.

3. 최적의 아이템 집합을 만들어 내도록 알고리즘 6.1을 수정하시오. 수정한 알고리즘의 성능을 알고리즘 6.1과 비교하시오.

4. 알고리즘 6.2(0-1 배낭 채우기 문제를 푸는 분기한정 가지치기 최고우선검색 알고리즘)를 사용하여 연습문제 1의 문제 사례에 대한 이익을 최대화하시오. 알고리즘 수행 절차를 단계별로 보이시오.

5. 알고리즘 6.2를 구현하는 프로그램을 작성하고, 연습문제 1의 문제 사례로 실행시켜 보시오.

6. 대형 문제 사례를 가지고 알고리즘 6.1과 알고리즘 6.2의 성능을 비교하시오.

### 6.2절

7. 알고리즘 6.3(외판원 문제를 푸는 분기한정 가지치기 최고우선검색 알고리즘)을 사용하여 아래 그래프에 대하여 최적 여행경로와 그 경로의 길이를 구하시오.

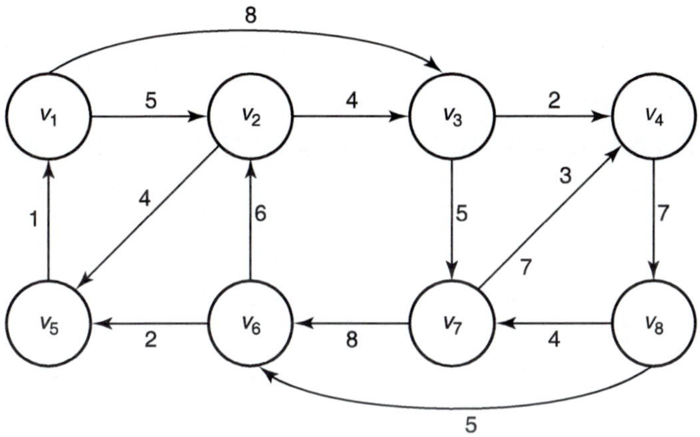


알고리즘 수행 절차를 단계별로 보이시오.

8. 알고리즘 6.3을 사용하여 인접행렬이 다음과 같은 배열인 그래프에서 최적경로를 찾으시오. 찾는 절차를 단계별로 보이시오.

| | 1 | 2 | 3 | 4 | 5 |
|---|---|---|---|---|---|
| 1 | 0 | 6 | 6 | 10 | 8 |
| 2 | 3 | 0 | 12 | 7 | 6 |
| 3 | 8 | 7 | 0 | 14 | 20 |
| 4 | 5 | 13 | 9 | 0 | 8 |
| 5 | 9 | 8 | 10 | 6 | 0 |

9. 알고리즘 6.3에서 사용한 함수 *length*와 *bound*를 작성하시오.

10. 외판원 문제
    (a) 가능한 모든 여행경로를 구하는 무작정 알고리즘을 작성하시오.
    (b) 작성한 알고리즘을 구현하고 크기가 6, 7, 9, 10, 15, 20인 사례의 해답을 구해보시오.
    (c) 이 알고리즘과 알고리즘 6.3을 (b)의 사례를 가지고 성능을 비교해보시오.

11. 알고리즘 6.3을 구현하는 프로그램을 작성하고, 연습문제 7의 문제 사례로 실행시켜 보시오. 다른 한계값 함수를 사용해 보고, 결과를 검토해 보시오.

12. 대형 문제 사례를 가지고 외판원 문제를 푸는 동적계획 알고리즘(3.6절의 연습문제 27)과 알고리즘 6.3의 성능을 비교하시오.

### 6.3절

13. 알고리즘 6.4(Cooper의 확률적 추론 문제를 푸는 분기한정 가지치기 최고우선검색 알고리즘)를 가장 걸릴 확률이 높은 $m$개의 질병을 찾아내도록 수정하시오. 여기서 $m$은 임의의 양수이다.

14. 예제 6.4에서 질병들이 조건부 확률이 높은 것부터 차례로 정렬되어 있다면, 검사하는 마디의 수가 15가 아니고, 23이 됨을 보이시오. $p(d_4) = 0.008$이고, $p(d_4, d_1) = 0.007$이라고 가정한다.

15. 질병들의 확률의 합이 $p$보다 크거나 같으면, 그 질병의 집합은 안전측정치 $p$를 만족한다. $0 \le p \le 1$인 $p$를 만족하는 질병의 집합을 찾아내도록 알고리즘 6.4를 수정하시오. 가능한 한 적은 수의 질병을 가지고 하시오.

16. 알고리즘 6.4를 구현하는 프로그램을 작성하시오. 이용자는 연습문제 13에서 설명한 대로 $m$을 입력하거나, 연습문제 15에서 설명한 대로 안전 측정치 $p$를 입력할 수 있어야 한다.

### 추가적인 연습문제

17. 3장의 연습문제 37에서 논의한 문제를 해결하는데 분기한정 설계전략을 사용할 수 있을까? 그리고 왜 그런 답이 나오는지를 밝히시오.

18. 4.3.2절에서 공부한 마감시간 있는 스케줄 짜기 문제를 푸는 분기한정 알고리즘을 작성하시오.

19. 4장의 연습문제 26에서 공부한 문제를 해결하는데 분기한정 설계전략을 사용할 수 있을까? 그리고 왜 그런 답이 나오는지를 밝히시오.

20. 3.4절에서 논의한 연쇄행렬곱셈 문제를 푸는데 분기한정 설계전략을 사용할 수 있을까? 그리고 왜 그런 답이 나오는지를 밝히시오.

21. 분기한정 설계전략을 사용하여 풀 수 있는 문제의 예를 3가지 더 나열하시오.

# Chapter 7

# 계산복잡도의 소개 : 정렬문제

1.1 절에서 2차시간 정렬 알고리즘(교환정렬)을 공부했다. 만약 컴퓨터 과학자가 이 정렬 알고리즘에 만족했다면 시중에서 사용하고 있는 소프트웨어들이 훨씬 더 느리게 작동하고 있거나, 아마도 일부는 아예 작동이 불가능했을지도 모르겠다. 2차시간 알고리즘을 사용하여 10억 개 키를 정렬하는데 수년이 걸린다는 사실을 표 1.4에서 보았다. 다행하게도 2차시간보다 더 효율적인 정렬 알고리즘을 발견했다. 특히, 2.2절에서 최악의 경우 $\Theta(n \lg n)$인 합병정렬(Mergesort)을 공부했다. 이 알고리즘이 비록 10억 개의 데이터를 사용자가 느끼지 못할 정도로 빨리 정렬하지는 못하지만, 표 1.4에서 봤듯이 오프라인 응용에서는 참을만한 시간 안에 데이터를 정렬할 수 있다. 가령 10억 개의 아이템을 온라인으로 거의 즉시에 정렬하기를 원하는 사람이 있다고 가정해보자. 그 사람은 1차시간 또는 그 보다 좋은 정렬 알고리즘을 개발하려고 많은 시간 심지어는 여러 해의 시간을 투자하려 할지도 모른다. 이를 위해 전 인생을 투자한 후에 그러한 알고리즘은 불가능하다는 사실을 알게 된다면 얼마나 억울할까? 문제를 푸는 알고리즘에 도전해 보는 방식은 두 가지가 있다. 하나는 문제를 푸는 더 효율적인 알고리즘을 설계하는 것이고, 다른 하나는 더 효율적인 알고리즘 개발이 불가능함을 증명하는 것이다. 일단 증명을

하면, 더 빠른 알고리즘의 개발은 시도할 가치가 없다. 앞으로 알게 되겠지만, 정렬 문제를 푸는 데 $\Theta(n \lg n)$보다 좋은 알고리즘은 불가능하다고 이미 증명되었다.

## 7.1 계산복잡도

6장까지는 문제를 푸는 알고리즘의 설계와 분석을 다루었다. 문제를 좀 더 효율적으로 푸는 알고리즘을 찾아보겠다는 희망을 가지고 같은 문제를 다양한 접근방법으로 시도하였다. 알고리즘은 시간(공간)복잡도나 시간(공간)복잡도의 차수를 구하여 분석한다. 즉, 알고리즘이 푸는 문제 자체를 분석하지는 않았다. 예를 들어 알고리즘 1.4(행렬곱셈)를 분석하여 그 알고리즘의 시간복잡도가 $n^3$임을 알았다. 그러나 그렇다고 해서 행렬곱셈 문제를 푸는데 $\Theta(n^3)$ 알고리즘 밖에 없다는 의미는 아니다. 함수 $n^3$은 그 알고리즘의 특성이지, 행렬곱셈 문제의 특성일 필요는 없다. 2.5절에서 시간복잡도가 $\Theta(n^{2.81})$인 쉬트라쎈의 행렬곱셈 알고리즘을 공부했다. 더구나 $\Theta(n^{2.38})$인 변형 알고리즘도 찾았음을 보았다. 중요한 건 더 효율적인 알고리즘을 찾는 게 가능한지 알아보는 일이다.

알고리즘 설계 및 분석과 더불어 다루어야 하는 분야인 **계산복잡도**(computational complexity)는 주어진 문제를 풀 수 있는 가능한 모든 알고리즘에 대한 연구이다. 계산복잡도 분석은 같은 문제를 푸는 모든 알고리즘의 효율성(복잡도)의 하한을 구하는 것이다. 2.5절의 마지막 부분에서 행렬곱셈 문제를 푸는데 필요한 최소 시간복잡도가 $\Omega(n^2)$임이 증명되었음을 언급했다. 바로 이 결과가 계산복잡도 분석으로 구한 것이다. 즉, 행렬곱셈 문제를 푸는 **하한**(lower bound)은 $\Omega(n^2)$이라는 결과를 얻은 것이다. 행렬곱셈을 푸는 $\Theta(n^2)$ 알고리즘을 틀림없이 찾을 수 있음을 보장하는 것은 아니다. 단지 $\Theta(n^2)$보다 더 빠른 알고리즘을 만드는 것이 불가능함을 의미할 뿐이다. 지금까지 알려진 최고 알고리즘이 $\Theta(n^{2.38})$이고, 하한이 $\Omega(n^2)$이므로 이 문제를 계속 연구해 볼 가치는 있다. 따라서 이 연구는 두 방향으로 진행할 수 있다. 한 방향은 더 효율적인 알고리즘을 찾아보는 것이고, 다른 방향은 계산복잡도 분석을 하여 더 큰 하한을 구해보는 것이다. 아마 언젠가는 $\Theta(n^{2.38})$보다 좋은 알고리즘을 발견하게 되거나, $\Omega(n^2)$보다 더 큰 하한이 있음을 증명하게 될 것이다. 일반적으로 어떤 문제가 주어지면 하한 $\Omega(f(n))$을 구하고, 그 문제를 푸는 $\Theta(f(n))$ 알고리즘을 개발한다. 일단 이 일이 끝나면 상수만큼 알고리즘을 개선하는 것 이외에 알고리즘의 성능을 더 이상 향상시킬 수 없다.

저자에 따라서 "계산복잡도 분석"이라는 용어를 알고리즘과 문제 분석을 모두 포함하는 것으로 사용하기도 한다. 이 책에서 계산복잡도 분석은 문제의 분석만을 의미한다.

이 장에서는 정렬 문제를 가지고 계산복잡도 분석을 소개한다. 이 문제를 선택한 이유는 두 가지이다. 첫째, 이 문제를 푸는 알고리즘을 꽤 많이 발견했기 때문이다. 같은 문제를 푸는 여러 알고리즘들을 공부하고 비교함으로써 여러 알고리즘들 가운데 하나를 선택하는 기준은 무엇인지, 그리고 알고리즘을 어떻게 개선하는 방안은 무엇인지 간파할 수 있다. 둘째, 정렬 문제는 시간복잡도가 하한만큼 좋은 알고리즘이 존재하는 몇 되지 않는 문제 중 하나이기 때문이다. 즉, 정렬 문제의 하한이 $\Omega(n \lg n)$임을 알고 있고, $\Theta(n \lg n)$ 알고리즘을 여럿 발견했다. 따라서 정렬문제는 풀렸다고 할 수 있다.

거의 하한만큼 좋은 알고리즘이 있는 정렬 알고리즘의 부류로 키를 비교하여 정렬하는 알고리즘을 들 수 있다. 1장의 앞부분에서 설명했듯이 "키"라는 단어를 사용한 이유는 레코드는 순서집합의 요소인 **키**(key)라고 하는 유일한 식별자가 보통 포함되어 있기 때문이다. 임의의 순서로 나열된 레코드의 정렬 작업(sorting task)은 키의 값을 기준으로 한 순서로 그 레코드를 다시 나열하는 것이다. 이 책의 알고리즘에서 키는 배열에 저장되어 있고, 키가 아닌 필드는 참조하지 않는다. **비교만으로 정렬**(sort only by comparisons of keys)하는 알고리즘은 두 키를 비교하여 어떤 키가 큰지를 결정할 수 있고, 키를 저장할 수 있지만 키에 대한 다른 연산은 할 수 없다. 지금까지 접해 본 정렬 알고리즘(알고리즘 1.3, 2.4, 2.6)은 모두 이 부류에 속한다.

7.2절에서 7.8절까지 비교만으로 정렬하는 알고리즘을 공부한다. 세부적으로 보면, 7.2절에서는 가장 효율적인 2차시간 정렬 알고리즘인 삽입정렬과 선택정렬을 공부한다. 7.3절에서는 삽입정렬과 선택정렬의 방식을 고집하는 한 2차시간보다 좋게 개선할 수 없다는 사실을 알려준다. 7.4절과 7.5절에서는 $\Theta(n \lg n)$ 정렬 알고리즘인 합병정렬과 퀵정렬을 복습한다. 7.6절에서는 또 하나의 $\Theta(n \lg n)$ 정렬 알고리즘인 힙정렬(Heapsort)을 소개한다. 7.7절에서는 이 3가지 $\Theta(n \lg n)$ 정렬 알고리즘을 비교한다. 7.8절에서는 키를 비교하여 정렬하는 알고리즘의 하한은 $\Omega(n \lg n)$임을 증명한다. 7.9절에서는 키를 비교하지 않고 정렬하는 정렬 알고리즘인 기수정렬(Radix Sort)을 공부한다.

키의 비교 횟수와 레코드의 저장(assignment) 횟수를 기준으로 알고리즘을 분석한다. 예를 들어, 알고리즘 1.3(교환정렬)에서 $S[i]$와 $S[j]$의 교환은 다음과 같이 구현한다.

$$temp = S[i];$$
$$S[i] = S[j];$$
$$S[j] = temp;$$

이는 레코드를 3번 저장하여 한 번의 교환이 이루어짐을 의미한다. 레코드 저장의 횟수를 분석하는 이유는 레코드의 크기가 크면 레코드를 저장하는 시간이 꽤 길기 때문이다. 또한 입력을 저장하는데 필요한 저장장소 이외에 알고리즘을 수행하는데 얼마만큼의 추가적인 저장장소를 사용하는지도 분석한다. 추가적으로 사용하는 저장장소가 상수이면(즉, 정렬할 키의 수 $n$만큼 증가하지 않으면), 그 알고리즘은 **제자리 정렬**(in-place sort)이라고 한다. 마지막으로, 항상 비내림차순으로 정렬한다고 가정한다.

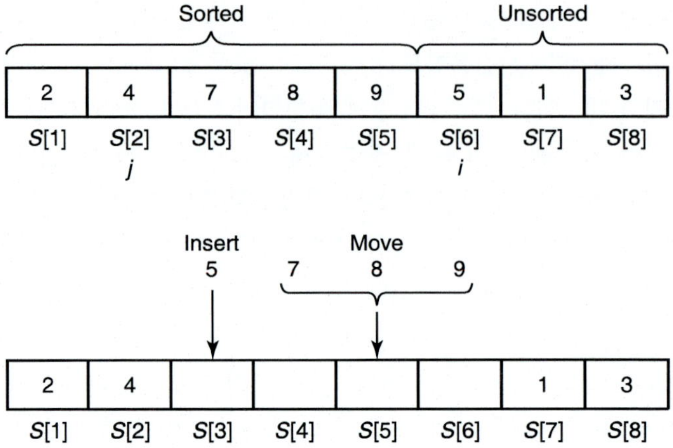


그림 7.1 $i=6$이고 $j=2$일 때 삽입정렬을 수행하는 과정을 설명한 예. (위) 삽입하기 전 배열, (아래) 삽입절차

## 7.2 삽입정렬과 선택정렬

**삽입정렬**(insertion sort) 알고리즘은 이미 정렬된 배열에 레코드를 삽입하여 정렬하는 알고리즘이다. 삽입정렬이 어떻게 작동하는지 예를 들어보면 다음과 같다. 처음 $i-1$ 배열 슬롯의 키들이 정렬되어 있다고 가정한다. $x$를 $i$번째 슬롯에 있는 키 값이라 하자. $x$와 $(i-1)$번째 슬롯에 있는 키, $(i-2)$번째 슬롯에 있는 키, 등등 차례로 비교하되 $x$보다 작은 키를 찾을 때까지 이를 계속한다. $j$를 그 키가 위치한 슬롯이라고 하자. $(j+1)$번째 슬롯에서 $(i-1)$번째 슬롯에 있는 키들을 $(j+2)$번째 슬롯에서 $i$번째 슬롯으로 옮기고, $(j+1)$번째 슬롯에 $x$를 삽입한다. 이 과정을 $i=2$에서부터 $i=n$까지 반복한다. 그림 7.1에서 삽입정렬을 그림으로 설명한다.

▸ 알고리즘 7.1 **삽입정렬**

문제 : 비내림차순으로 $n$개 키를 정렬

입력 : 양의 정수 $n$, 키의 배열 $S$(인덱스는 1부터 $n$)

출력 : 비내림차순으로 정렬한 키들로 구성된 배열 $S$

```
void insertionsort (int n, keytype S[ ])
{
   index i, j;
   keytype x;

   for (i = 2; i <= n; i++) {
      x = S[i];
```

```
    j = i-1;
    while (j > 0 && S[j] > x) {
      S[j + 1] = S[j];
      j - -;
    }
    S[j + 1] = x;
  }
}
```

알고리즘 7.1의 분석

**▸(삽입정렬)에서 키 비교 횟수 기준 최악 시간복잡도 분석**

단위연산 : $S[j]$와 $x$의 비교

입력크기 : 정렬할 키의 개수 $n$

주어진 $i$에 대해서 $j$가 0이 되면서 `while` 루프를 빠져나갈 때 $s[j]$와 $x$의 비교 횟수가 가장 많다. && 표현식에서 첫 번째 조건이 false인 경우 두 번째 조건은 평가하지 않는다고 가정하면, $j$가 0인 경우에는 $S[j]$와 $x$를 비교하지 않는다. 따라서 주어진 $i$에 대해서 이 비교는 $i-1$번 이루어진다. $i$값의 범위가 2에서 $n$까지이므로, 총 비교 횟수는 최대로 잡으면 다음과 같다.

$$\sum_{i=2}^{n}(i-1)=\frac{n(n-1)}{2}$$

배열이 애초에 내림차순으로 (거꾸로) 정렬되어 있는 경우, 이 비교 횟수가 이 한계치만큼 되는데, 왜 그런지 따져보는 작업은 연습문제로 남겨둔다. 따라서 최악 시간복잡도는 다음과 같다.

$$W(n)=\frac{n(n-1)}{2}$$

알고리즘 7.1의 분석

**▸(삽입정렬)에서 키 비교 횟수 기준 평균 시간복잡도 분석**

주어진 $i$에 대해서 $x$를 삽입할 수 있는 슬롯은 $i$개 있다. 즉, $x$는 $i$번째 슬롯에 머물 수도 있고, $(i-1)$번째 슬롯으로 갈 수도 있고, $(i-2)$번째 슬롯으로 갈 수도 있고, 등등 이런 식으로 계속 진행한다. 이전에 $x$를 검사하거나 사용하지 않았으므로, 어떤 특정 슬롯에 위치할 확률이 다른 어떤 슬롯에 위치할 확률보다 높다고 믿을만한 이유가 전혀 없다. 따라서 처음 $i$개 슬롯에 각각 같은 확률을 배정한다. 이는 각 슬롯에 삽입할 확률이 $1/i$임을 의미한다. 다음 리스트는 각 슬롯에 $x$를 삽입하기 위해서 수행하는 비교 횟수를 보여준다.

| 슬롯 | 비교 횟수 |
|---|---|
| $i$ | 1 |
| $i-1$ | 2 |
| $\vdots$ | |
| 2 | $i-1$ |
| 1 | $i-1$ |

$x$를 첫 번째 슬롯에 삽입할 때 비교 횟수가 $i$가 아니고 $i-1$인 이유는 `while` 루프를 제어하는 표현식은 첫 조건이 $j=0$일 때 false가 되어 둘째 조건은 계산하지 않기 때문이다. 주어진 $i$에 대해서 $x$를 삽입하는데 필요한 평균 비교 횟수는 다음과 같이 계산한다.

$$\begin{aligned}1\left(\frac{1}{i}\right)+2\left(\frac{1}{i}\right)+\cdots+(i-1)\left(\frac{1}{i}\right)+(i-1)\left(\frac{1}{i}\right) &= \frac{1}{i}\sum_{k=1}^{i-1}k+\frac{i-1}{i}\\ &= \frac{(i-1)(i)}{2i}+\frac{i-1}{i}\\ &= \frac{i+1}{2}-\frac{1}{i}\end{aligned}$$

따라서 배열을 정렬하는데 필요한 평균 비교 횟수는 다음과 같다.

$$\sum_{i=2}^{n}\left(\frac{i+1}{2}-\frac{1}{i}\right)=\sum_{i=2}^{n}\frac{i+1}{2}-\sum_{i=2}^{n}\frac{1}{i}\approx\frac{(n+4)(n-1)}{4}-\ln n.$$

마지막 등식은 부록 A의 예제 A.1과 A.9의 결과에다 대수적인 조작을 가미하여 구한다. 최종적으로 시간복잡도는 다음과 같다.

$$A(n)\approx\frac{(n+4)(n-1)}{4}-\ln n\approx\frac{n^2}{4}$$

---

이제 추가적으로 저장장소를 얼마나 사용하는지 분석해보자.

**알고리즘 7.1의 분석**

**▸ (삽입정렬)에서 추가적인 저장장소 사용의 분석**

입력 배열 $S$의 크기만이 유일하게 저장장소 사용량이 $n$과 함께 증가한다. 이 알고리즘은 제자리정렬이고, 따라서 추가적인 저장장소 사용량은 $\Theta(1)$이다.

---

레코드의 저장 횟수를 기준으로 하면 최악의 경우와 평균의 경우 삽입정렬의 시간복잡도는 다음과 같음을 연습문제로 증명해보길 권유한다.

$$W(n)=\frac{(n+4)(n-1)}{2}\approx\frac{n^2}{2},\quad A(n)=\frac{n(n+7)}{4}-1\approx\frac{n^2}{4}$$

● **표 7.1** 교환정렬, 삽입정렬, 선택정렬의 분석 결과*

| 알고리즘 | 키 비교 횟수 | 레코드 저장 횟수 | 추가 저장장소 사용량 |
|---|---|---|---|
| 교환정렬 | $T(n)=\frac{n^2}{2}$ | $W(n)=\frac{3n^2}{2}$ | 제자리 |
| | | $A(n)=\frac{3n^2}{4}$ | |
| 삽입정렬 | $W(n)=\frac{n^2}{2}$ | $W(n)=\frac{n^2}{2}$ | 제자리 |
| | $A(n)=\frac{n^2}{4}$ | $A(n)=\frac{n^2}{4}$ | |
| 선택정렬 | $T(n)=\frac{n^2}{2}$ | $T(n)=3n$ | 제자리 |

*항목들은 근사치이다.

삽입정렬과 1장에서 공부한 2차시간 알고리즘인 교환정렬(알고리즘 1.3)을 비교해보자. 교환정렬에서 비교 횟수 기준 일정 시간복잡도는 다음과 같다.

$$T(n)=\frac{n(n-1)}{2}$$

레코드 저장의 횟수를 기준으로 하면 최악의 경우와 평균의 경우 교환정렬의 시간복잡도는 다음과 같음을 연습문제로 증명해보길 권유한다.

$$W(n)=\frac{3n(n-1)}{2},\ A(n)=\frac{3n(n-1)}{4}$$

교환정렬은 명백히 제자리정렬이다.

표 7.1에 교환정렬과 삽입정렬의 비교 결과를 정리해놓았다. 표 7.1에 따르면 비교 횟수를 기준으로 삽입정렬이 최소한 교환정렬 만큼은 실행속도가 항상 빠르고, 평균으로 보면 더 빠르다. 레코드 저장을 기준으로 따지면 삽입정렬이 최악의 경우와 평균의 경우 모두 실행속도가 더 빠르다. 둘 다 제자리정렬 알고리즘이므로 삽입정렬이 더 좋은 알고리즘이다. 선택정렬(selection sort)도 표 7.1에서 비교하고 있다. 선택정렬 알고리즘은 교환정렬을 약간 변형한 알고리즘으로 교환정렬의 단점 중 하나를 제거하였다. 이제 선택정렬 알고리즘을 살펴보자.

▸ 알고리즘 7.2 **선택정렬**

문제 : 비내림차순으로 $n$개 키를 정렬

입력 : 양의 정수 $n$, 키의 배열 $S$(인덱스는 1부터 $n$)

출력 : 비내림차순으로 정렬한 키들로 구성된 배열 $S$

```
void selectionsort (int n, keytype S[ ])
{
   index i, j, smallest;
   for (i = 1; i <= n-1; i++){
     smallest = i;
     for (j = j + 1; j <= n; j++)
       if (S[j] < S[smallest])
         smallest = j;
     exchange S[ i ] and S[smallest];
   }
}
```

명백히 선택정렬 알고리즘은 키 비교 횟수를 기준으로 하면 교환정렬과 시간복잡도가 같다. 그러나 레코드의 저장 횟수로 따지면 완전히 다르다. $S[j]$가 $S[i]$보다 작다고 판정될 때마다 교환정렬(알고리즘 1.3)하듯이 $S[i]$와 $S[j]$를 교환하는 대신, 선택정렬은 $i$번째부터 $n$번째 슬롯에 있는 키들 중에서 가장 작은 키의 인덱스만 단순히 기억한다. 그 레코드를 찾은 후 그 레코드와 $i$번째 슬롯에 있는 레코드와 교환한다. 이렇게 하면 for-$i$ 루프를 첫 번째 패스 후 가장 작은 키가 첫 번째 슬롯에 놓이게 되고, 두 번째 패스 후 두 번째 작은 키가 두 번째 슬롯에 놓이게 되고, 등등 이런 식으로 계속 진행한다. 결과는 교환정렬과 마찬가지이다. 그러나 for-$i$ 루프의 끝에서 교환이 한 번만 이루어지므로 전체 교환의 횟수는 정확히 $n-1$번이다. 교환을 한 번하는데 3번의 저장이 필요하므로 레코드의 저장 횟수를 기준으로 하면 모든 경우를 고려한 선택정렬의 일정 시간복잡도는 다음과 같다.

$$T(n) = 3(n-1)$$

교환정렬의 레코드의 저장 횟수는 평균으로 대략 $3n^2/4$이었음을 기억하자. 따라서 평균으로 따지면 2차시간을 1차시간으로 대치한 셈이다. 교환정렬이 선택정렬보다 좋을 때도 있다. 예를 들어, 레코드가 이미 정렬된 경우 교환정렬은 레코드 저장작업을 하지 않는다.

선택정렬과 삽입정렬을 비교해 보면 어떨까? 표 7.1을 다시 보자. 키의 비교 횟수로 따지면 삽입정렬의 실행속도가 최소한 선택정렬만큼은 항상 빠르고, 평균으로 따지면 더 빠르다. 그러나 레코드 저장 횟수를 기준으로 따지면 선택정렬의 시간복잡도는 1차인데 반해서 삽입정렬은 2차이다. $n$이 클 때 1차시간은 2차시간보다 훨씬 빠름을 상기한다. 따라서 $n$이 크고 레코드가 크면(레코드를 대입하는 시간이 많이 소요되면), 선택정렬이 확실히 더 좋다.

순서대로 레코드를 선택하여 적절한 위치에 놓는 정렬 알고리즘은 크게 분류하여 모두 선택정렬이라고 할 수 있다. 이러게 따지면 교환정렬도 선택정렬의 일종이다. 7.6절에서 공부할 힙정렬도 크게 보면 선택정렬의 일종이다. 그럼에도 알고리즘 7.2가 "선택정렬"

이라고 하는 대표 이름을 가지는 영예를 안았다.

교환정렬, 삽입정렬, 선택정렬을 비교해본 목적은 정렬 알고리즘을 비교하는 방식을 되도록 쉽게 소개하기 위함이다. 실제로 세 알고리즘 모두 최악 시간복잡도가 2차시간이기 때문에 엄청나게 많은 데이터를 다루는 실제 상황에서는 어떤 것도 실용적이지 않다. 다음 절에서는 이 부류의 알고리즘은 키의 비교 횟수를 기준으로 2차시간 미만으로 알고리즘을 개선하는 건 불가능함을 알려준다.

## 7.3 비교 한 번에 기껏해야 역이 하나 제거되는 알고리즘의 하한선

비교할 때마다 삽입정렬은 아무 일도 하지 않거나, 키를 $j$번째 슬롯에서 $(j+1)$번째 슬롯으로 옮긴다. $j$번째 슬롯에 있는 키를 하나 위 슬롯에 옮겨 놓음으로써 $x$가 그 키 앞에 와야 한다는 사실을 수정하였다. 그러나 이게 삽입정렬 알고리즘이 하는 일의 전부이다. 키만 비교하고 비교 결과에 따라서 재배치하는 정렬 알고리즘은 모두 최소한 2차시간이 필요하다. 정렬할 키가 모두 다르다고 가정하고 얻은 결과이다. 입력의 부분집합을 취하여 구한 최악의 경우 수행시간의 하한은 전체 입력을 고려해도 마찬가지로 하한이기 때문에 정렬할 키가 모두 다르다고 가정을 없애도 최악의 한계는 그대로이다.

일반적으로 어떤 순서 집합에 속한 서로 다른 키 $n$개를 정렬하는 것만 따져보면 충분하다. 더구나 정렬할 키를 단순히 양의 정수인 1, 2, ..., $n$이라고 가정해도 일반성을 상실하지 않는다. 왜냐하면, 가장 작은 키를 1로 대치하고, 두 번째 작은 키를 2로 대치하고, 이런 식으로 계속 대치할 수 있기 때문이다. 예를 들어, [병칠, 갑돌, 말순]을 보자. 1을 갑돌이와 연관짓고, 2를 말순이와 연관짓고, 3을 병칠이와 연관지어, [3, 1, 2]로 바꿀 수 있다. 비교만으로 이 정수들을 정렬하는 알고리즘은 3개의 이름을 정렬하는데 비교 횟수가 같아야 할 것이다.

양의 정수 $n$개의 **순열**(permutation)은 그 정수를 순서매기는 것으로 생각할 수 있다. 처음 $n$개의 양의 정수 순열은 $n!$개 있기 때문에(A.7절 참조), 그 정수에는 $n!$개의 다른 순서가 있다. 예를 들어, 다음 6개의 순열은 처음 3개의 양의 정수의 서로 다른 순서를 모두 나열해 놓은 것이다.

[1, 2, 3] [1, 3, 2] [2, 1, 3] [2, 3, 1] [3, 1, 2] [3, 2, 1]

이는 (정렬 알고리즘에서) $n$개의 서로 다른 키를 가진 입력의 종류는 $n!$개라는 의미이다. 이 여섯 개의 순열은 크기가 3인 서로 다른 입력들이다.

순열은 $[k_1, k_2, \cdots, k_n]$으로 표시한다. 즉, $k_i$은 $i$번째 위치에 있는 정수이다. 예를 들어, 순열 [3, 1, 2]는 다음과 같이 나타낼 수 있다.

$$k_1 = 3, \quad k_2 = 1, \quad k_3 = 2$$

순열에서 **역**(inversion)은 다음과 같은 쌍(pair)이다.

$$i < j \text{이고 } k_i > k_j \text{인 } (k_i,\ k_j)$$

예를 들어, 순열 [3, 2, 4, 1, 6, 5]는 (3, 2), (3, 1), (2, 1), (4, 1), (6, 5)의 역을 가지고 있다. 순열에 역이 없다는 말은 그 순열은 정렬된 순서 [1, 2, ..., $n$]이라는 말과 동일하다. 이는 $n$개의 서로 다른 키를 정렬하는 작업은 순열에서 역이 모두 제거되는 것임을 뜻한다. 이제 이 절의 주제로 들어가 보자.

### ▸ 정리 7.1

비교만으로 $n$개의 서로 다른 키를 정렬하고, 비교 한 번에 최대한 역이 하나만 제거되는 알고리즘은 최악의 경우 최소 비교 횟수가 다음과 같고,

$$\frac{n(n-1)}{2}$$

평균의 경우 최소 비교 횟수가 다음과 같다.

$$\frac{n(n-1)}{4}$$

**증명** : 최악의 경우에 해당하는 결과를 얻기 위해서는 $n(n-1)/2$개의 역을 가진 순열이 존재함을 보이면 충분하다. 왜냐하면, 그러한 순열이 있으면 알고리즘은 그 만큼의 역을 제거해야 하고, 따라서 최소한 그만큼 횟수에 해당하는 비교를 수행해야 하기 때문이다. [$n$, $n$−1, ..., 2, 1]이 그러한 순열인지를 보이는 작업은 연습문제로 남겨둔다.

평균의 경우에 해당하는 결과를 얻기 위해서 임의의 순열 [$k_1$, $k_2$, ..., $k_n$]을 가지고 그 순열의 전치 순열(transpose) [$k_n$, $k_{n-1}$, ..., $k_1$]과 짝을 이룬다. 예를 들어, [3, 2, 4, 1, 5]의 전치 순열은 [5, 1, 4, 2, 3]이다. $n > 1$이면, 어떤 순열도 그 순열 자체와는 다른 유일한 전치 순열이 존재한다는 사실을 확신하기는 어렵지 않다. 다음과 같이 정의하자.

$$r\text{과 } s\text{는 1과 } n \text{ 사이의 정수이며, } s > r\text{이다}$$

어떤 순열에서 쌍 ($s$, $r$)은 그 순열이나 그의 전치순열에서 역이지만, 둘 모두에서 역이 되지는 않는다. 1과 $n$ 사이에 그러한 정수의 쌍이 $n(n-1)/2$개 있음을 보이는 작업은 연습문제로 남겨둔다. 이는 순열과 그의 전치순열에는 합해서 정확하게 $n(n-1)/2$개의 역이 있다는 의미이다. 그래서 순열과 그의 전치순열에서 역의 평균 개수는 다음과 같이 된다.

$$\frac{1}{2}\times\frac{n(n-1)}{2}=\frac{n(n-1)}{4}$$

따라서 입력에서 어떤 순열도 나올 확률이 같다고 가정하면, 입력에서 역의 평균 개수도 $n(n-1)/4$개이다. 여기서 알고리즘이 비교 한 번에 최대한 역이 하나 제거된다고 가정하였으므로, 평균으로 최소한 그만큼의 비교는 해야 역을 모두 제거할 수 있고, 따라서 입력을 정렬할 수 있다.

삽입정렬은 비교 한 번하고 $S[j]$와 $x$로 구성된 역을 최대한 하나 제거한다. 따라서 삽입정렬 알고리즘은 정리 7.1에서 제기한 알고리즘의 부류에 속한다. 교환정렬과 선택정렬도 이 부류에 속하는지 알아내는 것은 조금 더 어렵다. 이 사실이 맞는지를 보기 위하여 교환정렬의 예를 살펴보자. 먼저, 교환정렬 알고리즘은 다시 써보면 다음과 같다.

```
void exchangesort (int n, keytype S[ ])
{
   index i, j;

   for (i = 1; i <= n-1 ; i++)
      for (j = i + 1; j <= n; j++)
         if (S[j] < S[i])
            exchange S[i] and S[j];
}
```

배열 $S$가 현재 순열 [2, 4, 3, 1]로 되어 있고, 2와 1을 비교한다고 가정하자. 그 비교 후 2와 1을 교환할 것이고, 따라서 역 (2, 1), (4, 1), (3, 1)이 제거된다. 그러나 역 (4, 2)과 (3, 2)이 추가되므로, 순수하게 제거된 역의 개수는 하나뿐이다. 이 예로 보아 교환정렬은 한 번 비교 후 전체적으로 기껏해야 하나의 역이 줄어든다.

삽입정렬의 최악 시간복잡도는 $n(n-1)/2$이고, 평균 시간복잡도는 대략 $n^2/4$이므로, 비교만으로 정렬하고 한 번 비교 후 최대한 하나의 역만 제거되는 알고리즘으로는 (키의 비교로만 고려하는 한) 할 수 있는 만큼의 최고 시간복잡도를 얻은 셈이다. 합병정렬(알고리즘 2.2와 2.4)과 퀵정렬(알고리즘 2.6)은 시간복잡도가 이보다 더 좋다. 합병정렬과 퀵정렬 알고리즘을 다시 한 번 공부해보고, 삽입정렬과 비교하여 어떻게 다른지 살펴보자.

## 7.4 합병정렬(재고)

합병정렬은 2.2절에서 소개하였다. 이 절에서는 합병정렬 알고리즘이 비교 한 번에 하나 이상의 역이 제거될 수 있음을 보여줄 예정이다. 그리고 합병정렬 알고리즘의 개선 방안을 살펴본다.

정리 7.1의 증명에서 언급했듯이 비교 한 번에 최대한 역이 하나만 제거되는 알고리즘은 입력이 역순으로 정렬되어 있을 때 최소한 $n(n-1)/2$번 비교한다. 합병정렬2(알고리즘 2.4)가 그러한 입력을 어떻게 다루는지 그림 7.2에서 보여준다. 부분배열 [3 4] [1 2]를 합병할 때 비교 한 번에 역이 하나 이상 제거된다. 3과 1을 비교한 후 1을 첫 번째 배열 슬롯에 넣으면 역 (3, 1)과 (4, 1)이 제거된다. 3과 2를 비교한 후 2를 두 번째 배열 슬롯에 넣으면 역 (3, 2)과 (4, 2)가 제거된다.

$n$이 2의 거듭제곱일 때 합병정렬의 최악 시간복잡도를 키의 비교 횟수로 표시하면 다

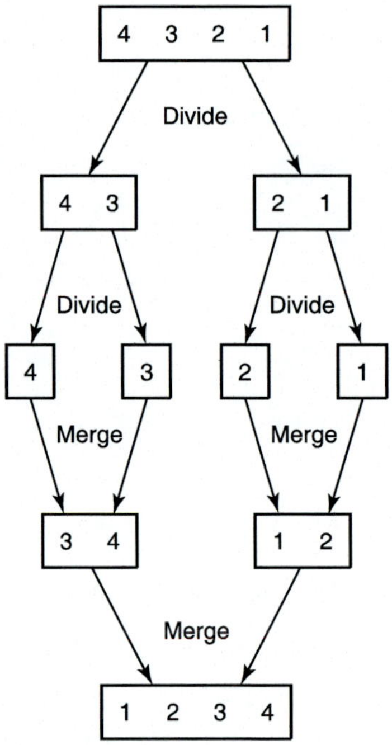


그림 7.2

음과 같다.

$$W(n) = n \lg n - (n-1)$$

이 시간복잡도를 일반적으로 표시하면 $\Theta(n \lg n)$이다.

비교 한 번에 하나 이상의 역이 제거되는 정렬 알고리즘을 개발하여 본 이득은 상당하다. 1.4.1절에서 $\Theta(n^2)$ 알고리즘은 매우 큰 입력을 다룰 수 없었던 반면, $\Theta(n \lg n)$ 알고리즘은 매우 큰 입력도 다룰 수 있었다.

"생성함수(generating functions)"의 방법으로 재현식을 풀어서 $n$이 2의 거듭제곱일 때, 합병정렬의 평균 시간복잡도를 키의 비교 횟수로 표시하면 다음과 같다.

$$A(n) = n \lg n - 2n \sum_{i=1}^{\lg n} \frac{1}{2^i + 2} \approx n \lg n - 1.26n$$

이 책에서는 이 재현식을 푸는 방법을 다루지 않겠지만, 궁금한 독자는 Sahni(1988)의 책을 참고하기 바란다. 평균의 경우가 최악의 경우보다 많이 좋지는 않다.

합병정렬의 일정 시간복잡도를 레코드의 저장 횟수로 표시하면 대략 다음과 같다.

$$T(n) \approx 2n \lg n$$

이제 합병정렬의 저장장소 사용량을 분석해보자.

알고리즘 7.2의 분석

▸ **(합병정렬2)의 추가 저장장소 사용량의 분석**

2.2절에서 공부했듯이 개량된 합병정렬 알고리즘 2.4조차도 $n$만큼 크기의 배열이 추가로 필요하다. 더구나 알고리즘이 첫째 부분배열을 정렬하는 동안 활성레코드 스택에 $mid$, $mid+1$, $low$, $high$ 값들을 저장해두어야 한다. 배열은 항상 가운데를 나누므로, 스택은 $\lceil \lg n \rceil$ 의 깊이로 자란다. 추가적인 레코드 배열을 저장하는 저장장소가 지배하므로, 모든 경우를 따졌을 때 추가 저장장소 사용량은 $\Theta(n)$ 레코드이다. "$\Theta(n)$ 레코드"란 레코드의 개수가 $\Theta(n)$이란 의미이다.

## 합병정렬 알고리즘의 개선

합병정렬 알고리즘을 개선 방식이 세 가지 있다. 첫째는 동적계획 방식이고, 둘째는 링크된 리스트(linked list) 방식이고, 셋째는 복잡한 합병 알고리즘을 사용하는 방식이다.

첫째 방식을 알아보기 위해서 그림 2.2의 합병정렬을 다시 보자. 머리로 합병정렬을 실행하려 한다면 배열을 분할하는 과정이 사실상 필요 없다. 오히려 단독아이템에서 시작하여 단독아이템들을 두 개로 된 그룹으로 합병하고, 다시 네 개로 된 그룹으로 합병하고, 이런 식으로 전체 배열을 다 정렬할 때까지 합병을 계속한다. 이 방법을 반복형 합병정렬 알고리즘으로 작성할 수 있고, 따라서 재귀를 구현하는데 필요한 스택 연산의 비용 부담을 피할 수 있다. 잘 살펴보면 바로 동적계획으로 합병정렬하는 방법임을 알 수 있다. 이 알고리즘을 이제 자세히 공부해보자. 주목할 점은 배열의 크기를 항상 2의 거듭제곱으로 유지한다는 점이다. 2의 거듭제곱이 아닌 $n$값에 대해서는 루프를 $2^{\lceil \lg n \rceil}$ 번 반복하고, $n$ 이후에는 합병하지 않고 처리한다.

▸ 알고리즘 7.3

**합병정렬3 (동적계획)**

**문제** : 비내림차순으로 $n$개 키를 정렬

**입력** : 양의 정수 $n$, 키의 배열 $S$ (인덱스는 1부터 $n$)

**출력** : 비내림차순으로 정렬한 키들로 구성된 배열 $S$

```
void mergesort3 (int n, keytype S[])
{
   int m;
   index low, mid, high, size;
   m = 2^⌈lg n⌉;                                  // 배열 크기를 2의 거듭제곱으로 취급
   size = 1;                                      // 합병될 부분배열의 크기
   repeat (lg m번) {
      for (low =1; low <= m-2 * size + 1; low = low + 2 * size) {
         mid = low + size - 1;
         high = minimum(low + 2*size-1, n);       // n 이후에는 합병하지 않음
```

```
            merge3 (low, mid, high, S);
        }
        size = 2 * size;                         // 부분배열의 크기를 두 배로
    }
}
```

이 개선으로 레코드의 저장 횟수도 감소시킬 수 있다. *merge2*(알고리즘 2.5)에서 지역적으로 정의한 배열 $U$와 같은 형식으로 인덱스가 1부터 $n$까지인 배열을 *mergesort3*에 지역적으로 정의하여 쓰면 된다. repeat 루프를 처음 한 번 통과한 후, $S$의 아이템들이 합병된 단독아이템들의 쌍으로 $U$에 저장된다. *merge2*의 끝부분에서 했듯이 이 아이템들을 다시 $S$에 복사하지 않는다. 대신 다음 repeat 루프를 통과할 때 $U$에 있는 아이템들을 $S$로 합병한다. 즉, 두 배열의 역할을 바꾼다. 후속 repeat 루프에서 계속 역할을 이런 식으로 바꾼다. 이 작업을 수행하는 *mergesort3*과 *merge3*의 작성은 연습문제로 남겨둔다. 이런 식으로 레코드의 저장 횟수를 약 $2n \lg n$에서 약 $n \lg n$으로 줄일 수 있다. 알고리즘 7.3의 일정 시간복잡도를 레코드의 저장 횟수로 표시하면 대략 다음과 같다.

$$T(n) \approx n \lg n$$

두 번째로 연결 리스트를 사용하여 알고리즘을 개량하는 방식을 알아보자. 7.1절에서 공부했듯이 정렬문제는 보통 키 값을 기준으로 레코드를 정렬한다. 만약 레코드가 크다면 합병정렬이 사용하는 추가 저장장소 사용량은 상당할 수 있다. 각 레코드에 링크(link) 필드를 추가하여 추가 저장장소를 절약할 수 있다. 그러면 레코드를 옮기는 대신 링크를 조정하여 연결 리스트를 정렬한다. 이는 레코드 배열을 추가로 만들 필요가 없다는 뜻이다. 링크가 차지하는 공간은 레코드가 차지하는 공간에 비해서 훨씬 작으므로 절약하는 저장장소의 크기는 꽤 된다. 더구나 링크를 조정하는데 드는 시간은 큰 레코드를 옮기는데 필요한 시간보다 작으므로 시간절약도 된다. 그림 7.3에서 링크를 옮겨서 어떻게 합병이 이루어지는지 보여준다. 합병정렬과 합병 알고리즘을 묶어서 제시하는데, 이유는 이제 알고리즘을 분석할 필요가 없기 때문이다. 합병정렬은 가독성을 고려하여 재귀로 작성한다. 물론 이전에 언급하였던 반복형으로 작성하면 알고리즘을 더 개선할 수 있다. 반복과 링크를 같이 사용하면 $U$와 $S$의 역할을 반복하여 바꾸는 개량방법은 적용시킬 필요가 없는데, 그 이유는 연결 리스트를 합병할 때 추가적인 저장장소가 필요없기 때문이다. 이 알고리즘에서 배열 $S$의 아이템에 대한 데이터 타입은 다음과 같다.

```
struct node
{
    keytype key;
    index link;
};
```

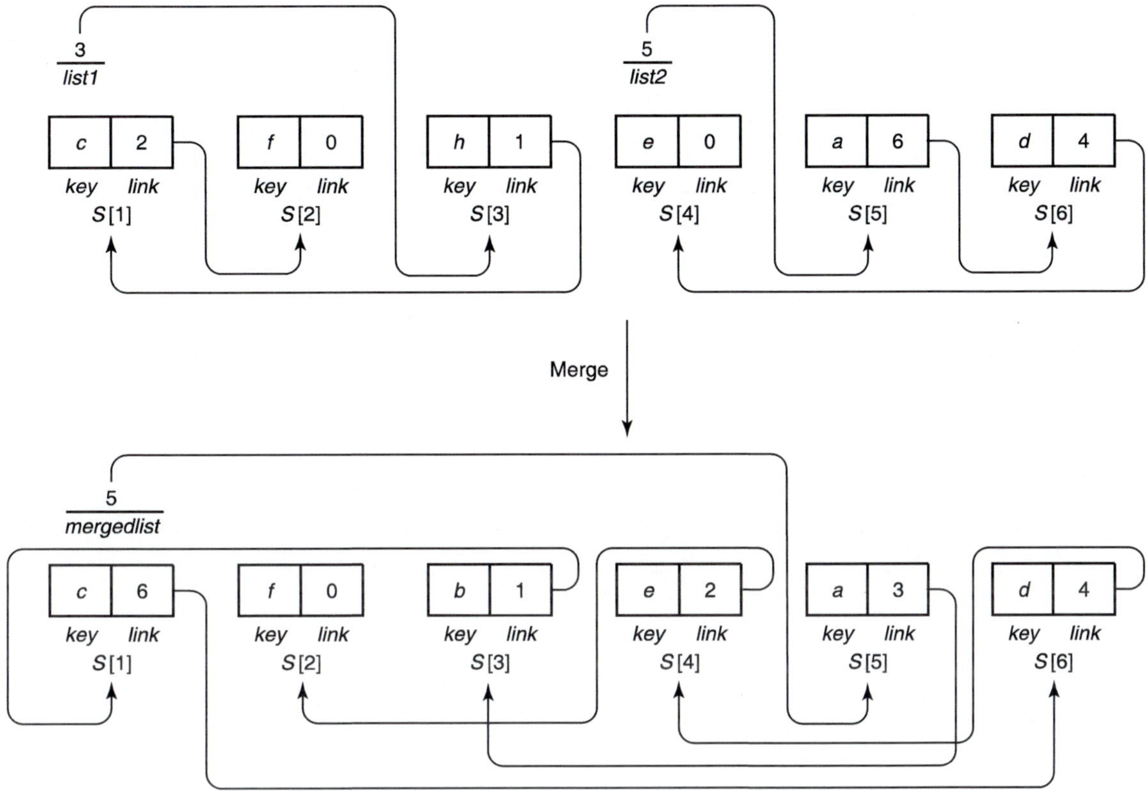


**그림 7.3** 링크를 사용한 합병. 화살표는 링크가 어떻게 작동하는지를 보여준다. 키는 인덱스와 혼돈을 피하기 위해 문자를 사용한다.

▸ 알고리즘 7.4

### 합병정렬4(연결 리스트 사용)

**문제** : 비내림차순으로 $n$개 키를 정렬

**입력** : 양의 정수 $n$, 위에 정의한 레코드 배열 $S$(인덱스는 1부터 $n$)

**출력** : 키(key) 필드 값들이 비내림차순으로 정렬된 배열 $S$. 레코드는 링크 필드를 사용한 순서 있는 연결 리스트이다.

```
void mergesort4 (index low, index high, index& mergedlist)
{
   index mid, list1, list2;

   if (low == high) {
      mergedlist = low;
      S[mergedlist].link = 0;
   }
   else {
      mid = ⌊(low + high) /2⌋;
```

```
        mergesort4(low, mid, list1);
        mergesort4(mid +1, high, list2);
        merge4(list1, list2, mergedlist);
    }
}

void merge4 (index list1, index list2, index& mergedlist)
{
    index lastsorted;

    if (S[list1].key < S[list2].key) {        // 합병된 리스트의 시작부분을 찾는다.
        mergedlist = list1;
        list1 = S[list1].link;
    }
    else {
        mergedlist = list2;
        list2 = S[list2].link;
    }
    lastsorted = mergedlist;
    while (list1 != 0 && list2 != 0)
        if S[list1].key < S[list2].key {      // 작은 키를 합병된 리스트에 연결한다.
            S[lastsorted].link = list1;
            lastsorted = list1;
            list1 = S[list1].link;
        }
        else {
            S[lastsorted].link = list2;
            lastsorted = list2;
            list2 = S[list2].link;
        }
    if (list1 == 0)                           // 하나의 리스트가 끝난 후,
        S[lastsorted].link = list2;           // 다른 리스트의 남은 부분을 연결한다.
    else
        S[lastsorted].link = list1 ;
}
```

*list1*이나 *list2*가 *merge4*의 도입부분에서 0인지 검사할 필요가 없다. 왜냐하면, *mergesort4*는 빈 리스트를 *merge4*에 절대 전달하지 않기 때문이다. 알고리즘 2.4(합병정렬 2)의 경우와 마찬가지로 $n$과 $S$는 *mergesort4*의 입력이 아니다. 최상위 호출은 다음과 같다.

*mergesort4* (1, $n$, *listfront*)

실행 후 *listfront*는 정렬된 리스트에서 첫 번째 레코드의 인덱스를 가지고 있을 것이다.

정렬 후 이분검색(알고리즘 2.1)을 사용하여 키 필드로 빨리 레코드에 접근할 수 있도

록 서로 이웃한 배열 슬롯에 정렬된 순서(즉, 보통 방식으로 정렬된 결과)로 레코드를 놓고 싶을 때가 종종 있다. 링크에 따라서 일단 레코드가 정렬되면, 제자리 $\Theta(n)$ 알고리즘을 사용하여 이웃한 배열 슬롯에 정렬된 순서로 재배치하기는 가능하다. 그러한 알고리즘은 연습문제로 작성해 보도록 한다.

이 개선된 합병정렬로 두 가지를 성취하였다. 첫째, $n$개의 추가적인 레코드를 $n$개의 링크만 필요하게 대치하였다. 즉, 다음과 같은 결과를 얻었다.

알고리즘 7.4의 분석

▸ **(합병정렬4)에 대한 추가적인 저장장소 사용량 분석**

모든 경우를 고려하면, 추가 저장장소 사용량은 $\Theta(n)$ 링크이다. "$\Theta(n)$ 링크"란 링크의 개수가 $\Theta(n)$이란 의미이다.

둘째, 레코드를 서로 이웃한 배열 슬롯에 순서대로 놓을 필요가 없는 경우 레코드의 저장 횟수의 시간복잡도를 0으로, 필요한 경우 $\Theta(n)$으로 줄인다.

셋째, 개선 알고리즘은 Huang과 Langston(1988)이 발표한 더 복잡한 합병 알고리즘을 사용하는 것이다. 이 합병 알고리즘도 $\Theta(n)$이지만, 추가적으로 필요한 저장장소의 양이 작고, 상수이다.

## 7.5 퀵정렬(재고)

먼저 퀵정렬 알고리즘을 복습하자.

```
void quicksort (index low, index high)
{
   index pivotpoint;

   if (high > low) {
      partition(low, high, pivotpoint);
      quicksort(low, pivotpoint - 1);
      quicksort(pivotpoint + 1, high);
   }
}
```

비록 최악 시간복잡도가 2차시간이기는 하지만, 2.4절에서 보았듯이 키를 비교하는 횟수를 기준으로 퀵정렬 알고리즘의 평균 시간복잡도는 다음과 같다.

$$A(n) \approx 1.38(n+1)\lg n$$

이 시간복잡도는 합병정렬에 비해서 그리 나쁘지 않다. 퀵정렬 알고리즘은 합병정렬에 비해서 추가적인 배열이 필요없다는 장점이 있다. 그러나 그래도 제자리 정렬은 아니다.

왜냐하면 알고리즘이 첫 번째 부분배열을 정렬하는 동안 다른 부분배열의 처음과 마지막 인덱스를 활성 레코드 스택에 저장해야 한다. 합병정렬과는 달리 배열이 항상 반으로 분할된다는 보장도 없다. 최악의 경우 partition은 왼쪽(또는 오른쪽)에 빈 부분배열이 오고, 오른쪽(또는 왼쪽)에 한 아이템 작은 부분배열이 오게 배열이 계속 분할될 지도 모른다. 이런 식으로 되면, $n-1$개 쌍의 인덱스가 스택에 쌓이게 되므로, 최악의 경우 추가 저장장소 사용량은 $\Theta(n)$이다. 추가 저장장소 사용량이 최대한 $\Theta(\lg n)$이 되도록 퀵정렬 알고리즘을 개선할 수 있다. 어떻게 개선할지 공부하기 전에 퀵정렬에서 레코드의 저장 횟수를 기준으로 시간복잡도를 따져보자.

퀵정렬에서 교환하는 평균 횟수는 약 $0.69(n+1)\lg n$ 정도가 된다는 사실을 연습문제로 증명해 보라. 한 번 교환하는데 3번의 대입이 필요하다고 가정하면 퀵정렬에서 레코드의 저장 횟수를 기준으로 평균 시간복잡도는 다음과 같다.

$$A(n) \approx 2.07(n+1)\lg n$$

## 퀵정렬 알고리즘의 개선

퀵정렬이 추가로 사용하는 공간(저장장소)을 줄이는 데는 다섯 가지 방법이 있다. 첫째, *quicksort* 프로시저에서 어떤 부분배열이 더 작은지 알아내어 큰 배열을 정렬하는 동안 작은 배열은 스택에 저장해 둔다. 개선한 *quicksort*가 사용하는 공간을 분석하면 다음과 같다.

### ▶ 개선한 퀵정렬의 추가 공간 사용량 분석

*partition*이 배열을 매번 정확하게 반으로 쪼개면 공간을 최악으로 많이 사용하는 경우가 된다. 이 때 스택의 깊이는 대략 $\lg n$이 된다. 따라서 최악의 경우 퀵정렬의 추가 공간 사용량은 $\Theta(\lg n)$개의 인덱스이다.

둘째, 연습문제로 보겠지만, 레코드의 평균 저장 횟수를 현저하게 줄이는 개선판 *partition*이 있다. 이 개선판에서 레코드의 저장 횟수를 기준으로 평균 시간복잡도는 다음과 같다.

$$A(n) \approx 0.69(n+1)\lg n$$

셋째, 프로시저 *quicksort*에서 재귀 호출을 할 때마다 *low*, *high*, *pivotpoint*가 스택에 쌓이게 된다. 사실 이 값을 모두 매번 스택에 올려놓을 필요는 없다. *quicksort*를 처음 재귀 호출하는 동안 *pivotpoint*와 *high* 값만 스택에 저장하면 충분하다. 다음에 *quicksort*를 재귀 호출하는 동안은 아무 것도 저장할 필요가 없다. 이렇게 불필요한 연산을 하지 않기 위해서 *quicksort* 알고리즘을 재귀 대신 반복(iteration)으로 작성하고, 프로시저 내에서 스택을 원하는 대로 조작하면 된다. 즉, 재귀 호출로 인해서 스택이 자동 조작

되게 하는 대신, 어떻게 스택을 조작할지 프로시저에 명시한다. 이 알고리즘의 작성도 연습문제로 남겨둔다.

넷째, 2.7절에서 공부한 대로 경계값을 정해놓고 경계값을 기준으로 반복 알고리즘과 재귀 알고리즘을 선택적으로 호출하여 전체적인 효율성을 높여서 알고리즘을 개선할 수 있다.

다섯째, 알고리즘 2.6(퀵정렬)의 최악의 경우 분석에서 언급했듯이 알고리즘은 입력 배열이 이미 정렬이 되어 있는 경우 효율이 가장 낮다. 입력 배열이 정렬된 것에 가까우면 가까울수록 최악의 경우의 성능에 가까워진다. 따라서 배열이 이미 거의 정렬되어 있다는 확신이 서면, 첫째 아이템을 피봇 아이템으로 꼭 선택하지 않아도 되게 하여 성능을 향상시킬 수 있다. 이 경우에 사용할 수 있는 좋은 전략으로 $S[low]$, $S[\lfloor (low+high)/2 \rfloor]$, $S[high]$의 미디안(median)을 피봇 값으로 선택하는 방법이 있다. 물론 입력 배열의 구조에 대해서 전혀 아는 바가 없다면 피봇 아이템으로 아무 아이템이나 선택하는 건 평균적으로 다른 아이템을 선택하는 것과 마찬가지가 된다. 이 경우 미디안을 취하여 실제로 얻는 이득은 (이 세 값이 모두 다르다고 가정하는 한) 부분배열 중 하나는 비어있지 않다는 확실한 보장이다.

퀵정렬은 전치(transposition)로 정렬하는 알고리즘의 부류에 속한다. 즉, 인접해 있는 레코드를 교환(전치)하여 정렬을 수행한다. 이 부류에 속하는 2차시간 알고리즘은 버블정렬(Bubblesort)이다. 버블정렬은 연습문제로 공부한다.

## 7.6 힙정렬

합병정렬과 퀵정렬과는 달리 힙정렬은 제자리 $\Theta(n \lg n)$ 알고리즘이다. 먼저 힙 구조를 복습하고, 힙을 사용하여 정렬하는데 필요한 기본 힙 연산 루틴들을 설명한다. 그리고 힙 연산 루틴들을 어떻게 구현하는지 보여준다.

### 7.6.1 힙 구조와 기본적인 힙 연산 루틴

트리(tree)에서 마디(node)의 깊이는 뿌리마디(root)에서 그 마디로 가는 유일한 경로 상에 있는 이음선(edge)의 개수이고, 트리의 깊이 $d$는 트리에 속하는 모든 마디의 깊이 중 최대치이고, 트리에서 잎(leaf)이란 자식마디(children)가 없는 마디임을 상기하자(3.5절 참조). 트리에서 **내부마디**(internal node)는 최소한 하나의 자식마디가 있다. 즉, 잎이 아닌 마디는 모두 내부마디이다. **완전한 이진트리**(complete binary tree)는 다음 조건을 만족하는 이진트리이다.

- 내부마디는 모두 자식마디가 두 개 있다.
- 잎은 모두 깊이가 $d$이다.

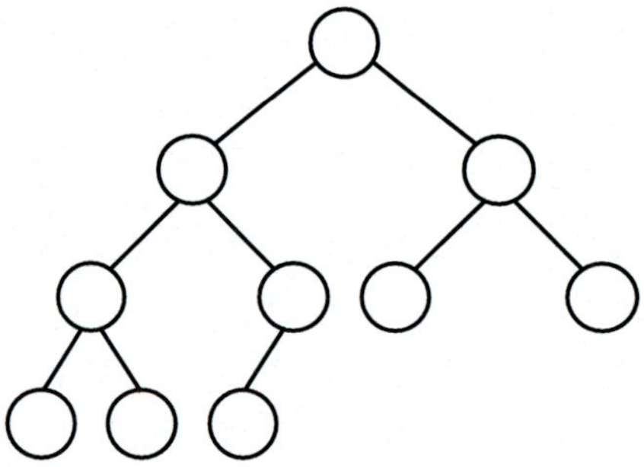

그림 7.4 본질적으로 완전한 이진트리

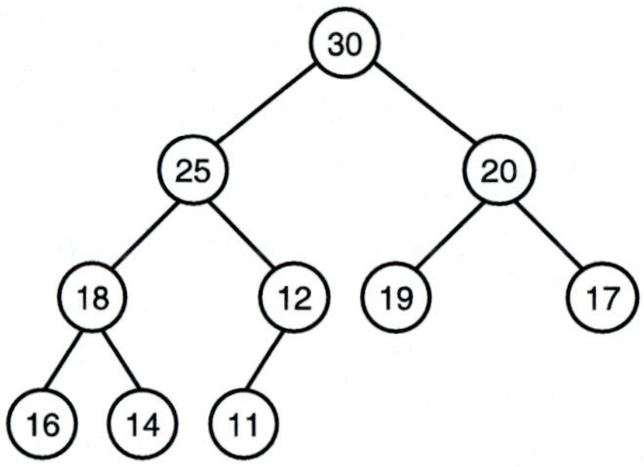


그림 7.5 힙

**본질적으로 완전한 이진트리**(essentially complete binary tree)는 다음 조건을 만족하는 이진트리이다.

- $d-1$의 깊이까지는 완전한 이진트리이다.
- 깊이가 $d$인 마디는 모두 왼쪽 끝으로 모여 있다.

본질적으로 완전한 이진트리는 정의하기 어렵지만, 그림으로 그 특징을 파악하기는 쉽다. 그림 7.4의 트리가 본질적으로 완전한 이진트리이다.

이제 **힙**(heap)을 정의해보자. 힙은 다음을 만족하는 본질적으로 완전한 이진트리이다.

- 마디에 저장된 값은 순서가능집합(ordered set: 순서를 매길 수 있는 원소로 구성된 집합)에서 온다.
- 각 마디에 저장된 값은 그의 자식마디에 저장된 값보다 크거나 같다. 이를 **힙 성질**(heap property)이라고 한다.

그림 7.5의 트리가 힙이다. 현재 정렬을 다루고 있으므로 힙에 저장되어 있는 아이템은 키로 본다.

키를 적절히 배치하여 정렬할 수 있는 힙을 만들었다고 가정하자. 뿌리마디에 저장된 키를 하나씩 제거하면서 힙 성질을 유지시키면 큰 키부터 순서대로 힙에서 뽑아낼 수 있다. 제거한 마디를 배열의 $n$번째 슬롯에서 시작하여 배열에 하나씩 위치시키면 비내림차

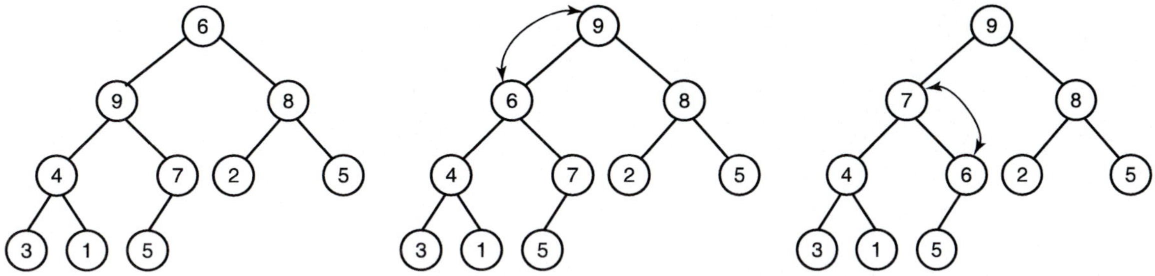


**그림 7.6** siftdown 프로시저는 힙 성질을 회복할 때까지 6을 아래로 내린다.

순으로 배열이 정렬된다. 뿌리마디에서 키를 제거한 후, 뿌리마디에 있는 키를 바닥마디(bottom node)에 저장된 키와 바꾸고(바닥마디는 맨 아래 오른쪽 끝에 위치한 잎을 뜻한다), 바닥마디를 지우고, 뿌리마디에 있는 키를 힙 성질이 만족될 때까지 아래로 "내리는(sift)" *siftdown* 프로시저를 호출하여 힙 성질을 회복할 수 있다. 내리는 절차를 따라가 보자. 뿌리마디의 키와 뿌리마디의 자식마디의 키 중에 큰 값을 먼저 비교한다. 뿌리마디의 키가 작으면, 비교한 키들을 서로 교환한다. 마디의 키가 그의 자식마디의 키 중에 큰 값보다 작지 않을 때까지 트리의 아래쪽으로 내려가면서 같은 과정을 반복한다. 그림 7.6에 이 과정이 나타나 있다. 내리는 작업을 하는 의사코드는 다음과 같다.

```
void siftdown (heap& H)                     // 실행 전: 뿌리마디를 제외한 H의 모든 마디들은
{                                           // 힙 성질을 만족한다.
   node parent, largerchild;                // 실행 후: H는 힙이 된다.
   parent = H의 뿌리마디;
   largerchild = 큰 키를 가진 parent의 자식마디;
   while (parent의 키가 largerchild의 키보다 작다) {
     parent 의 키와 largerchild의 키를 교환;
     parent = largerchild;
     largerchild = 큰 키를 가진 parent의 자식마디;
   }
}
```

뿌리마디에서 키를 제거하고 힙 성질을 회복하는 알고리즘의 의사코드는 다음과 같다.

```
keytype root(heap& H)
{
   keytype keyout;

   keyout = 뿌리마디의 키;
   바닥마디의 키를 뿌리마디로 옮김;          // 바닥마디는 맨 오른쪽에 위치한 잎
   바닥마디를 지움;
   siftdown(H);                            // 힙 성질 회복
   return keyout ;
}
```

$n$개 키로 구성된 힙이 주어지면, 키를 배열 $S$에 정렬된 순서로 위치시키는 알고리즘의 의사코드는 다음과 같다.

```
void removekeys (int n,
                 heap H,
                 keytype S[])
{
   index i;

   for (i = n; i >= 1; i--)
     S[i] = root(H);
}
```

이제 키들을 가지고 힙을 만드는 일이 남아 있다. 키들로 구성된 본질적으로 완전한 이진트리가 있다고 하자(이 트리가 힙 성질을 만족하는지 따질 필요가 없다). *siftdown*을 반복 호출하여 이 트리를 힙으로 변환할 수 있다. *siftdown*은 다음 절차로 연산을 수행한다. 깊이가 $d-1$인 하위트리들을 모두 먼저 힙으로 변환하고, 다음에 깊이가 $d-2$인 하위트리들을 모두 힙으로 변환하고, ..., 마지막으로 전체트리를 힙으로 변환한다.

이 절차는 그림 7.7에 그림을 보면 쉽게 이해할 수 있고, 의사코드로 표시하면 다음과 같다.

```
void makeheap (int n, heap& H)                    // H는 결국 힙이 됨
{
   index i;
   heap Hsub;                                     // Hsub는 결국 힙이 됨

   for(i = d-1; i >= 0; i--)                      // 트리는 깊이가 d임
     for (깊이가 i인 모든 하위트리 Hsub)
       siftdown(Hsub);
}
```

마지막으로, 힙정렬을 하는 의사코드를 살펴보자(여기서 $H$는 키가 들어 있는 본질적으로 완전한 이진트리로 가정한다).

```
void heapsort (int n,
               heap H,                            // H는 결국 힙이 됨
               keytye S[])
{
   makeheap(n, H);
   removekeys(n, H, S);
}
```

사실 이 힙정렬 알고리즘은 제자리 정렬이 아니다. 힙을 저장하려면 추가 공간이 필요하기 때문이다. 그러면 앞에서 거짓말을 한 것인가? 그렇진 않다. 배열로 힙을 구현하면 추가 공간이 필요 없다. (정렬해야 할 키로 구성된) 입력을 같은 배열에 저장하여 힙을

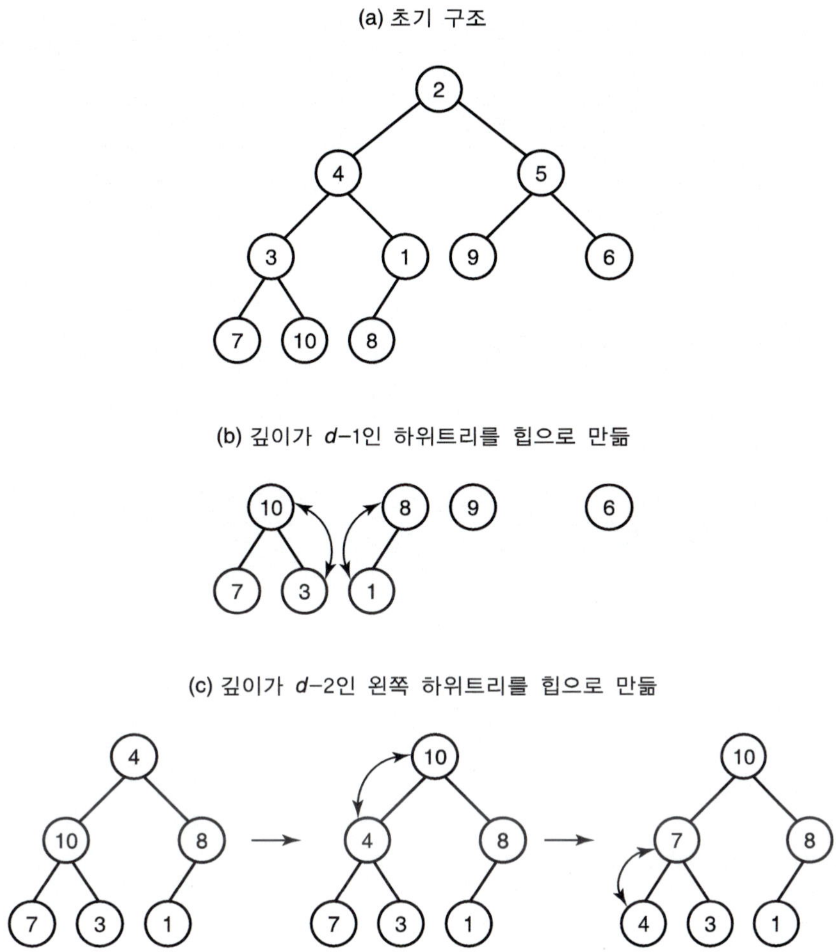


**그림 7.7** siftdown으로 본질적으로 완전한 이진트리에서 힙을 만드는 과정. 보여준 절차를 거친 후, 깊이가 $d-2$인 오른쪽 하위트리는 반드시 힙이 되어야 하고, 결국 전체 트리도 힙이 되어야 한다.

구현하는데 사용하고, 하나 이상의 목적으로 같은 배열 슬롯이 결코 동시에 필요하지 않다는 걸 다음 절에서 보여준다.

### 7.6.2 힙정렬의 구현

본질적으로 완전한 이진트리에서 뿌리마디는 배열의 첫째 슬롯에 저장하고, 뿌리마디의 왼쪽과 오른쪽 자식마디는 각각 둘째와 셋째 배열 슬롯에 저장하고, 뿌리마디의 왼쪽 자식마디의 왼쪽과 오른쪽 자식마디는 각각 넷째와 다섯째 배열 슬롯에 저장하고, 이런 식으로 계속하여 실질적으로 완전한 이진트리 전체를 배열로 표현할 수 있다. 그림 7.5의 힙을 배열로 표현하면 그림 7.8과 같다. 임의 마디의 왼쪽 자식마디의 인덱스는 그 마디 인덱스의 두 배이고, 오른쪽 자식마디의 인덱스는 그 마디 인덱스의 두 배보다 1 더 크다.

| 뿌리마디 | 키 30의 자식마디 | | 키 25의 자식마디 | | 키 20의 자식마디 | | 키 18의 자식마디 | | 키 12의 자식마디 |
|---|---|---|---|---|---|---|---|---|---|
| 30 | 25 | 20 | 18 | 12 | 19 | 17 | 16 | 14 | 11 |
| $S[1]$ | $S[2]$ | $S[3]$ | $S[4]$ | $S[5]$ | $S[6]$ | $S[7]$ | $S[8]$ | $S[9]$ | $S[10]$ |

**그림 7.8** 그림 7.5의 힙을 배열로 표현

힙정렬 의사코드를 다시 잘 살펴보자. 애초에 키들은 본질적으로 완전한 이진트리를 이루고 있어야 한다고 요구한다. 키를 배열에 임의로 위치시키면, 방금 설명한 표현방법대로 본질적으로 완전한 이진트리로 해석하면 된다. 이 표현방법을 사용한 의사코드는 다음과 같다.

### ▶ 힙 데이터구조

```
struct heap
{
   keytype S[1..n];                              // S의 인덱스는 1부터 n까지임
   int heapsize;                                 // heapsize는 0부터 n사이의 값만 취함
};

void siftdown (heap& H, index i)                 // 레코드의 저장 횟수를 최소화하기 위해서
{                                                // 뿌리마디의 초기 키(siftkey)는
   index parent, largerchild;                    // 그 키의 최종위치가 결정될 때까지
   keytype siftkey;                              // 어떤 마디에도 저장하지 않는다.
   bool spotfound;

   siftkey = H.S[i];
   parent = i;
   spotfound = false;
   while (2*parent <= H.heapsize && ! spotfound){
      if (2*parent < H.heapsize && H.S[2*parent] < H.S[2*parent+1])
         largerchild = 2*parent + 1;             // 오른쪽 자식마디의 인덱스는 부모마디
      else                                       // 인덱스의 두 배보다 1 더 많다.
        largerchild = 2*parent;                  // 왼쪽 자식마디의 인덱스는 부모마디
      if (siftkey < H.S[largerchild]) {          // 인덱스의 두 배이다.
        H.S[parent] = H.S[largerchild];
        parent = largerchild;
      }
      else
        spotfound = true;
   }
   H.S[parent] = siftkey;
}
```

```
keytype root (heap& H)
{
   keytype keyout;

   keyout = H.S[1];                          // 뿌리마디에서 키를 추출
   H.S[1] = H.S[heapsize];                   // 바닥마디의 키를 뿌리마디로 이동
   H.heapsize = H.heapsize-1;                // 바닥마디를 지움
   Siftdown(H, 1);                           // 힙 성질 회복
   return keyout;
}

void removekeys (int n,                      // 메모리를 절약하기 위해서
                 heap& H,                    // H는 주소로 전달함
                 keytyppe S[])               // S의 인덱스는 1부터 n까지
{
   index i;

   for (i = n; i >= 1; i--)
      S[i] = root(H);
}

void makeheap (int n,
               heap& H)                      // H는 결국 힙이 됨
{
   index i;                                  // n개 키가 배열 H.S에 있다고 가정

   H.heapsize = n;
   for (i = ⌊n/2⌋; i >= 1; i--)              // 깊이가 d-1인 자식마디를 가진
      siftdown(H, i);                        // 마지막 마디는 배열의 ⌊n/2⌋째
}                                            // 슬롯에 있다.
```

이제 힙정렬 알고리즘을 살펴보자. 이 알고리즘은 정렬할 키가 이미 $H.S$에 있다고 가정한다. 그림 7.8의 표현법에 따라 본질적으로 완전한 이진트리에 키들을 자동으로 배치한 셈이다. 본질적으로 완전한 이진트리를 힙으로 만든 후, $n$째 슬롯에서 시작하여 첫째 슬롯으로 내려오면서 키를 힙에서 제거한다. 출력 배열에도 정렬된 순서대로 위치하게 되므로 힙에 키를 중복해서 덮어씌울 가능성이 전혀 없이 $H.S$를 출력 배열로 그대로 사용할 수 있다. 이같은 전략을 사용하면 다음과 같은 제자리 정렬 알고리즘을 얻게 된다.

▸ 알고리즘 7.5 **힙정렬**

**문제** : 비내림차순으로 $n$개 키를 정렬

**입력** : 양의 정수 $n$, 힙을 배열로 구현한 크기 $n$의 배열 $H$

**출력** : 비내림차순으로 정렬된 키들을 구성된 배열 $H.S$

```
void heapsort (int n, heap& H)
{
    makeheap (n, H) ;
    removekeys (n, H, H.S) ;
}
```

알고리즘 7.5의 분석

**▸(힙정렬)에서 키의 비교 횟수 기준 최악 시간복잡도 분석**

**단위연산** : *siftdown* 프로시저에서 키의 비교

**입력크기** : $n$ (정렬할 키의 개수)

프로시저 *makeheap*과 *removekeys*는 둘 다 *siftdown*을 호출한다. 이 두 프로시저를 따로 분석한다. $n$을 2의 거듭제곱으로 가정하고 분석한 뒤, 부록 B의 정리 B.4를 사용하여 그 결과를 모든 $n$에 대해서 성립한다고 일반화한다.

### makeheap의 분석

본질적으로 완전한 이진트리의 깊이를 $d$라 한다. 그림 7.9를 보면, $n$이 2의 거듭제곱일 때, 트리의 깊이 $d$는 $\lg n$이고, 그 깊이에 정확히 하나의 마디가 있고, 그 마디는 $d$개의 조상마디(ancestor)가 있다. 힙을 구축할 때, 그 $d$ 수준에 있는 마디의 조상마디가 가지고 있는 모든 키들은 그 마디(수준 $d$에 있는 마디)가 거기 없는 경우 내리는(sift) 횟수보다 한 마디(수준 $d$에 있는 마디) 더 내리게 될 수 있다. 다른 키들은 모두 그 마디가 거기 없더라도 내리는 마디의 수가 같다. $d$의 깊이에 있는 마디가 거기 없는 경우 모든 키를 내리는 마디의 총 개수의 상한을 먼저 구한다. 그 마디는 조상마디의 개수가 $d$이고 각 조상마디에 있는 키는 한 마디를 더 내리게 될 수 있을 것이므로, 이 상한에 $d$를 더하여 모든 키가 내리게 되는 마디의 총 개수를 구할 수 있다. 결국 $d$의 깊이에 있는 마디가 거기 없다면, 초기에 $d-1$의 깊이에 있는 각 키는 힙을 구축할 때 한 마디도 내리지 않고, 초기에 $d-2$

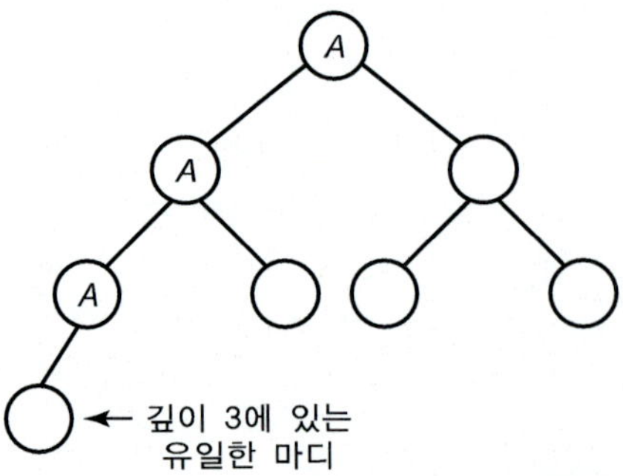


**그림 7.9** $n$이 2의 거듭제곱인 경우 $n$개의 마디를 가진 본질적으로 완전한 이진트리에서 그 트리의 깊이는 $d$이고, $d$의 깊이에 있는 마디는 하나 있고, 그 마디는 조상마디가 $d$개 있다는 사실을 보여주는 예($n=8$인 경우). 그 마디의 조상마디 3개는 "A"로 표시되어 있다.

의 깊이에 있는 각 키는 기껏해야 한 마디를 내리게 되고, 최종적으로 뿌리마디에 있는 키가 최대한 $d-1$ 마디를 내리게 될 때까지 계속 이런 식으로 각 마디의 키를 내리게 되는 상한을 구할 수 있다. $n$이 2의 거듭제곱일 때, $0 \leq j < d$를 만족하는 $j$의 깊이에 있는 마디가 $2^j$개 있다는 사실은 연습문제를 통해서 증명해보도록 하자. 다음 테이블을 보면, $n$이 2의 거듭제곱일 때, ($d$의 깊이에 있는 마디가 거기 없다면) 각 깊이에 있는 마디의 개수와 그 깊이에 있는 키를 내리게 될 마디의 최대 개수가 나와 있다.

| 깊이 | 이 깊이에 있는 마디의 개수 | 키를 내리는 마디의 최대 개수 |
|---|---|---|
| 0 | $2^0$ | $d-1$ |
| 1 | $2^1$ | $d-2$ |
| 2 | $2^2$ | $d-3$ |
| ⋮ | ⋮ | ⋮ |
| $j$ | $2^j$ | $d-j-1$ |
| ⋮ | ⋮ | ⋮ |
| $d-1$ | $2^{d-1}$ | 0 |

따라서 $d$의 깊이에 마디가 없는 경우 모든 키가 내리게 될 마디의 개수는 최대한 다음과 같다.

$$\sum_{j=0}^{d-1} 2^j(d-j-1) = (d-1)\sum_{j=0}^{d-1} 2^j - \sum_{j=0}^{d-1} j(2^j) = 2^d - d - 1$$

마지막 등식은 부록 A의 예제 A.3과 A.5의 결과를 적용하고, 대수 조작에 의해서 성립한다. 모든 키가 내리게 되는 마디의 총 개수의 실제 상한은 여기에다 $d$를 더해야 한다. 따라서 실제 상한은 다음과 같다.

$$2^d - d - 1 + d = 2^d - 1 = n - 1$$

두 번째 등식은 $n$이 2의 거듭제곱일 때 $d = \lg n$이므로 성립한다. 키가 마디 하나를 내릴 때마다, $siftdown$ 프로시저의 while 루프를 한 번 실행한다. 그 루프를 한 번 실행할 때마다 두 번 비교하므로, $makeheap$에 의해서 행해지는 비교 횟수는 최대한 다음과 같다.

$$2(n-1)$$

1차시간 안에 힙을 구축할 수 있다는 사실은 다소 놀라운 결과이다. 1차시간에 키를 제거할 수 있다면, 1차시간 정렬 알고리즘을 구할 수 있을 것이다. 그러나 곧 알게 되겠지만 그렇지 않다.

### removekeys의 분석

그림 7.10을 보면 $n = 8$이고 $d = \lg 8 = 3$인 경우에 키를 제거하는 과정이 나와 있다. 그

림 7.10(a)와 (b)에서 보듯이 첫째와 넷째 키를 각각 제거할 때 뿌리마디로 옮겨간 키는 최대한 $d-1=2$개 마디를 내린다. 첫째와 넷째 사이의 두 키도 마찬가지일 것임은 확실하다. 따라서 처음 네 개 키를 제거할 때 뿌리마디로 옮겨간 키는 최대한 2개 마디를 내린다.

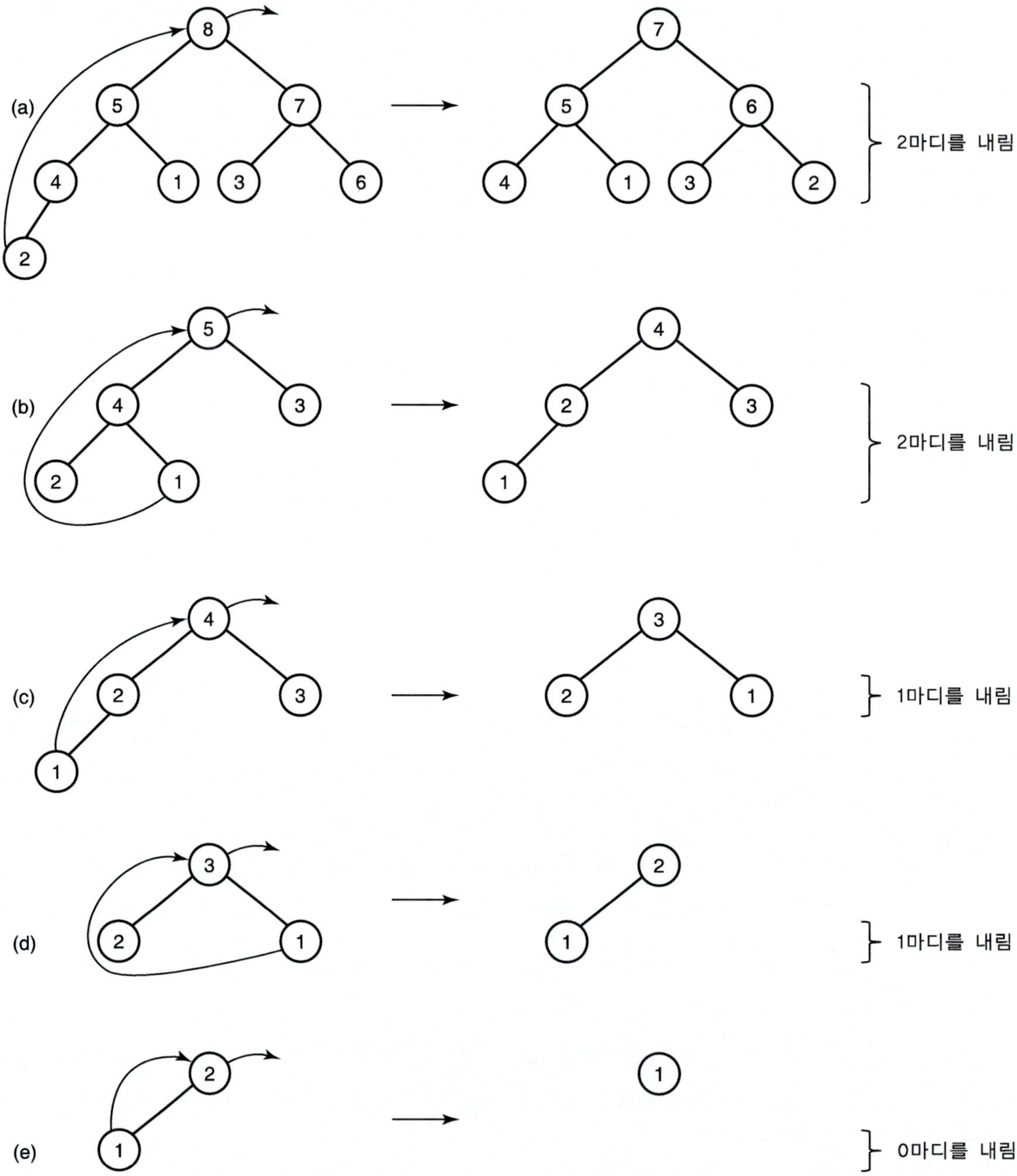


그림 7.10 마디가 8개인 힙에서 키를 제거하는 과정. (a)는 첫째, (b)는 넷째, (c)는 다섯째, (d)는 여섯째, (e)는 일곱째 키를 제거하는 과정을 보여준다. 뿌리마디로 옮겨간 키는 오른쪽에 표시한 마디 수만큼 내리게 된다.

그림 7.10(c)와 (d)에서 보듯이 다음 두 키를 각각 제거할 때는 뿌리마디로 옮겨간 키가 최대한 $d-2=1$개 마디를 내린다. 마지막으로 그림 7.10(e)에서 보듯이 다음 키를 제거할 때는 뿌리마디로 옮겨간 키가 0개 마디를 내린다. 마지막 키를 제거할 때는 내리는 과정이 확실히 필요 없다. 모든 키가 내리는 마디의 총 개수는 최대로 다음과 같다.

$$1(2)+2(4)=\sum_{j=1}^{3-1} j2^j$$

이 결과를 2의 거듭제곱이 되는 임의의 $n$ 값으로 별로 어렵지 않게 확장할 수 있다. 키가 한 마디를 내릴 때마다 *siftdown* 프로시저의 while 루프를 한 번 실행하고, 그 루프를 한 번 실행할 때마다 키를 두 번 비교하기 때문에 *removekeys*로 행해지는 키의 비교 횟수는 최대로 다음과 같다.

$$2\sum_{j=1}^{d-1} j2^j = 2(d2^d - 2^{d+1} + 2) = 2n\lg n - 4n + 4$$

첫째 등식은 부록 A의 예제 A.5의 결과를 적용한 뒤 대수 조작을 하면 성립하고, 둘째 등식은 $n$이 2의 거듭제곱일 때 $d=\lg n$이라는 사실에 의해서 성립한다.

### 두 분석의 통합

*makeheap*과 *removekeys*의 분석 결과를 통합하면 힙정렬에서 키의 비교 횟수는 $n$이 2의 거듭제곱인 경우 최대로 다음과 같다.

$$2(n-1)+2n\lg n-4n+4=2(n\lg n-n+1)\approx 2n\lg n$$

이 횟수만큼 비교를 해야 하는 경우가 존재함을 보이는 작업은 연습문제로 남겨둔다. 결론적으로 $n$이 2의 거듭제곱일 때 최악의 경우 비교 횟수는 다음과 같다.

$$W(n)\approx 2n\lg n \in \Theta(n\lg n)$$

$W(n)$이 궁극적으로 감소하지 않는다고 증명할 수 있다. 따라서 부록 B의 정리 B.4를 적용하면 일반적인 $n$에 대해서 시간복잡도는 다음과 같다.

$$W(n)\in\Theta(n\lg n)$$

---

힙정렬의 평균 시간복잡도를 해석적으로 분석하기는 어려워 보인다. 그러나 실험적인 연구결과에 의하면 평균의 경우가 최악의 경우보다 그렇게 좋지는 않다고 한다. 이는 힙정렬에서 키의 비교 횟수 기준 평균 시간복잡도는 대략 다음과 같다는 의미가 된다.

$$A(n)\approx 2n\lg n$$

힙정렬에서 레코드의 저장 횟수 기준 최악 시간복잡도는 대략 다음과 같다는 사실을 연습문제로 밝혀보기 바란다.

$$W(n) \approx n \lg n$$

키 비교의 경우와 마찬가지로 여기서도 평균의 경우가 최악의 경우보다 별로 좋아지지 않는다.

마지막으로 (앞에서 이미 애기했듯이) 힙정렬의 공간 사용량은 다음과 같다.

알고리즘 7.5의 분석

**▸ (힙정렬)에서 추가 공간 사용량의 분석**

힙정렬은 제자리 정렬이다. 추가로 필요한 공간은 $\Theta(1)$이란 의미다.

7.2절에서 언급했듯이 힙정렬은 순서대로 레코드를 선택하여 적절한 정렬된 위치에 선택한 레코드를 놓아 정렬하므로, 선택정렬의 부류에 속한다. 레코드를 적절한 정렬된 위치에 놓는 작업은 *removekeys*를 호출하여 이루어진다.

## 7.7 합병정렬, 퀵정렬, 힙정렬의 비교

이 세 알고리즘의 분석 결과는 표 7.2에 요약해놓았다. 힙정렬은 키의 비교 회수와 레코드의 저장 횟수를 기준으로 하면 평균적으로 퀵정렬보다 나쁘고, 퀵정렬은 추가 공간 사용량이 최소이기 때문에 보통 힙정렬보다 퀵정렬을 선호한다. 이 책에서 다룬 최초 합병정렬(알고리즘 2.2와 2.4)은 전체 입력 레코드 배열 크기만큼의 배열을 추가적으로 사용하고, 또한 합병정렬은 레코드의 저장 횟수가 퀵정렬의 평균보다 항상 3배가량 되기 때문에 퀵정렬의 키의 비교 횟수가 평균적으로 약간 많음에도 불구하고 퀵정렬을 합병정렬

**표 7.2** $\Theta(n \lg n)$알고리즘의 분석결과 요약*

| 알고리즘 | 키 비교 | 레코드 저장 | 추가 공간 사용량 |
|---|---|---|---|
| 합병정렬 | $W(n) = n \lg n$ | $T(n) = 2n \lg n$ | $\Theta(n)$ 레코드 |
| (알고리즘 2.4) | $A(n) = n \lg n$ | | |
| 합병정렬 | $W(n) = n \lg n$ | $T(n) = 0^{\dagger}$ | $\Theta(n)$ 링크 |
| (알고리즘 7.4) | $A(n) = n \lg n$ | | |
| 퀵정렬 | $W(n) = n^2/2$ | | $\Theta(\lg n)$ 인덱스 |
| (개량알고리즘) | $A(n) = 1.38n \lg n$ | $A(n) = 0.69n \lg n$ | |
| 힙정렬 | $W(n) = 2n \lg n$ | $W(n) = n \lg n$ | 제자리 |
| | $A(n) = 2n \lg n$ | $A(n) = n \lg n$ | |

* 분석결과는 근사값이다. 합병정렬과 힙정렬의 평균의 경우는 최악의 경우보다 약간 좋다.

† 인접한 배열 슬롯에 레코드가 정렬된 순서로 되어 있어야 한다는 요구사항이 주어지면, 최악의 경우가 $\Theta(n)$이 된다.

보다 선호한다. 그러나 연결 리스트를 사용하여 합병정렬을 구현하면 단점이 거의 모두 사라진다. 아직 남아있는 유일한 단점은 링크에 사용하는 공간이 $\Theta(n)$만큼 추가로 필요하다는 것이다.

## 7.8 키의 비교만으로 정렬하는 경우의 하한선

$\Theta(n \lg n)$ 알고리즘을 개발하였고, 이는 2차시간 알고리즘에 비해서 상당히 개선된 것이다. 시간복잡도 차수가 이보다 더 낮은 정렬 알고리즘을 개발할 수 있는가는 물어볼 가치가 있는 질문이다. 키의 비교만으로 정렬한다고 못을 박는 한 더 좋은 알고리즘의 개발은 절대 불가능함을 알아보자.

확률적(probabilistic) 정렬 알고리즘에 적용해도 마찬가지 결과가 나오겠지만, 결정적(deterministic) 정렬 알고리즘을 가지고 결과를 구해본다(확률적 알고리즘과 결정적 알고리즘에 대해서는 5.3절을 참조하라). 7.3절에서 했듯이 $n$개 키가 모두 다르다고 가정하고 결과를 구한다. 더구나 그 절에서 공부했듯이 $n$개 키가 단순히 양의 정수인 1, 2, ..., $n$이라고 가정할 수 있다. 왜냐하면 가장 작은 키는 1로, 두 번째 작은 키는 2로, 등등 이런 식으로 대치할 수 있기 때문이다.

### 7.8.1 정렬 알고리즘의 결정트리

3개 키를 정렬하는 다음 알고리즘을 잘 살펴보자.

```
void sortthree (keytype S[])                  // S의 인덱스는 1부터 3까지이다.
{
   keytype a, b, c;

   a = S[1]; b = S[2]; c = S[3];
   if (a < b)
     if (b < c)
       S = a, b, c;                           // 이 표현은 S[1] = a; S[2] = b; S[3] = c;를 뜻한다.
     else if (a < c)
       S = a, c, b;
     else
       S = c, a, b;
   else if (b < c)
     if (a < c)
       S = b, a, c;
     else
       S = b, c, a;
   else
     S = c, b, a;
}
```

*sortthree* 프로시저의 실행을 다음과 같이 이진트리와 연관 지을 수 있다. 의사코드의 맨 앞에 있는 $a$와 $b$의 비교식으로 뿌리마디를 만든다. 뿌리마디의 왼쪽으로는 $a < b$를 만족하는 경우 검사할 비교로 자식마디를 만들고, 오른쪽으로는 $a \geq b$를 만족하는 경우 검사할 비교로 자식마디를 만든다. 알고리즘의 모든 실행 경로 상에 있는 비교마다 마디를 하나씩 모두 만들 때까지 트리에 마디를 만들어 내려간다. 정렬된 결과는 잎에 저장되어 있다. 그림 7.11은 전체 트리를 보여준다. 각 마디마다 다음에 어떤 마디를 방문해야 하는지 결정해야 하므로, 이 트리를 **결정트리**(decision tree)라고 한다. 어떤 특정 입력을 가지고 *sortthree* 프로시저를 실행하는 과정은 뿌리마디에서 잎으로의 한 경로와 일치한다. 이 알고리즘은 입력크기가 3인 입력을 모두 정렬할 수 있으므로, 3개 키의 모든 순열에 대해서 그에 해당하는 잎이 각각 존재한다.

$n$개 키의 각 순열에 대해서 그 순열을 정렬하는 뿌리마디에서 잎으로의 경로가 존재하면 그 결정트리는 $n$개 키를 정렬하는데 **유효하다**(valid)고 한다. 즉, 크기 $n$의 입력을 뭐든지 정렬할 수 있다. 예를 들어, 그림 7.11에서 결정트리는 3개 키를 정렬하는데 유효하다. 그러나 그 트리에서 어느 가지라도 하나 제거하면 더 이상 유효하지 않다. $n$개 키를 정렬하는 결정적 알고리즘은 모두 최소한 하나의 유효결정트리가 존재한다. 그림 7.11의 결정트리는 *sortthree* 프로시저의 결정트리이고, 그림 7.12의 결정트리는 3개 키를 정렬하는 교환정렬 알고리즘의 결정트리이다(맞는지 지금 따져 보기 바란다). 그 트리에서 $a$, $b$, $c$는 $S[1]$, $S[2]$, $S[3]$의 초기값을 의미한다. 예를 들어, 마디에 비교 "$c < b$"가 들어있으면, 그 시점의 $S[3]$과 $S[2]$ 값을 비교하는 게 아니고, 현재 $c$ 값이 들어있는 배열 아이템과 현재 $b$값이 들어있는 배열 아이템을 비교한다는 뜻이다. 그림 7.12의 트리에

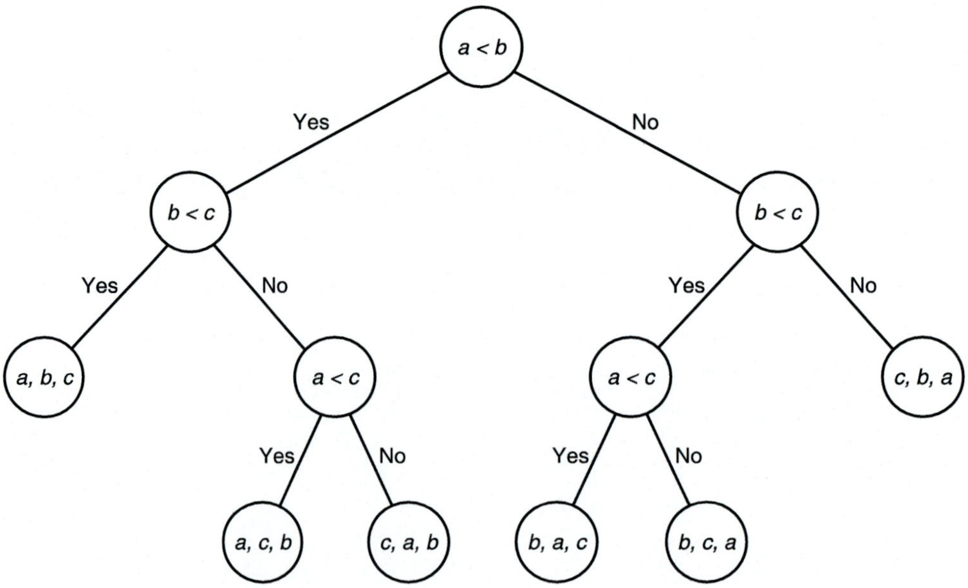


그림 7.11 sortthree 프로시저의 결정트리

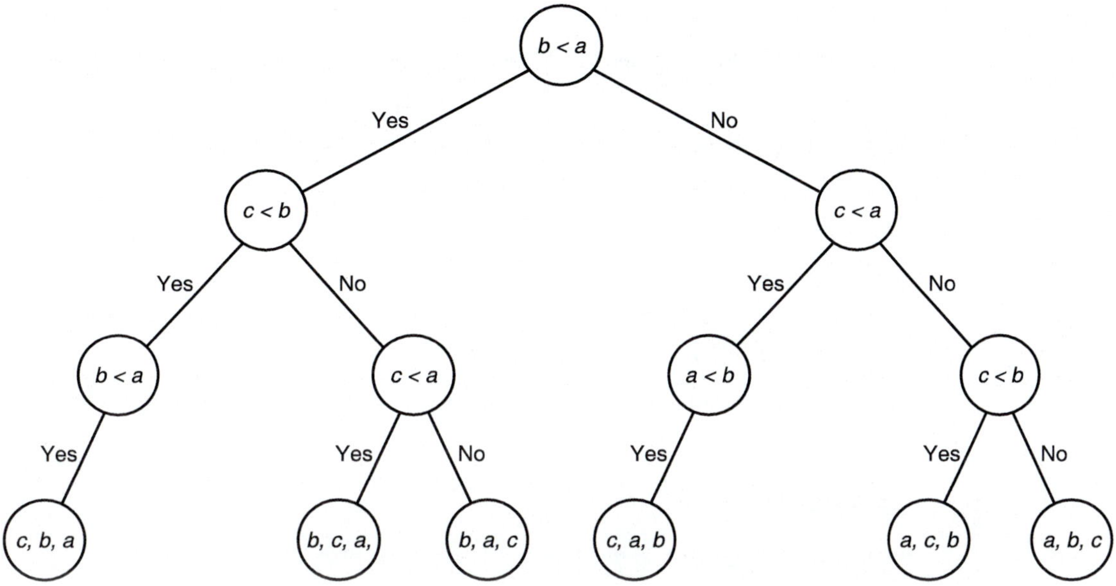


그림 7.12 3개 키를 정렬할 때 교환정렬 결정트리

서 비교 "$b < a$"가 들어있는 수준 2의 마디는 오른쪽 자식마디가 없다. 그 이유는 그 비교 결과가 "No"인 경우 그 마디에 도달하기까지 구한 답과 모순되기 때문이다. 즉, 뿌리마디에서 시작하여 일관성 있게 순서대로 결정을 해서 내려오면 오른쪽 자식마디에는 절대로 도달할 수 없다는 뜻이다. 교환정렬 알고리즘은 그 비교에 대한 답이 틀림없이 "Yes"라는 사실을 "모르기" 때문에 이 시점에서 불필요한 비교를 한다. 이런 일들이 부분적으로 최적인(suboptimal) 정렬 알고리즘이 종종 발생한다. 뿌리마디에서 일관성 있게 순서대로 결정을 해서 모든 잎에 도달할 수 있는 결정트리를 **가지친**(pruned) 결정트리라고 한다. 그림 7.12의 결정트리는 가지친 결정트리인 반면, 방금 언급한 마디에다 오른쪽 자식마디를 추가한다면 비록 유효한 교환정렬 결정트리이기는 하지만 가지친 결정트리는 아니다. $n$개 키를 정렬하는 결정적 알고리즘은 모두 가지친 유효결정트리가 하나 존재한다. 따라서 다음 보조정리가 이를 말해준다.

### ▴ 보조정리 7.1

$n$개 서로 다른 키를 정렬하는 결정 알고리즘은 모두 정확히 $n!$의 잎을 가진 가지친 유효이진 결정트리가 존재한다.

**증명** : 방금 언급했듯이 $n$개 키를 정렬하는 어떤 알고리즘도 그에 해당하는 가지친 유효이진 결정트리가 존재한다. 키가 모두 다르다면, 비교의 결과는 항상 "<" 아니면 ">"가 된다. 따라서 이 트리의 각 마디는 기껏해야 자식마디가 두 개 있을 수밖에 없으므로, 자연히 이진트리가 된다. 이제 이 트리가 $n!$개의 잎을 가지고 있음을 증명해보자. $n$개 서로 다른 키를 가진 입력

의 종류는 $n!$가지가 있고, $n$개 서로 다른 키를 정렬하는 결정트리가 유효하면 모든 입력에 대해서 잎이 하나씩 있기 때문에 트리에서 최소한 $n!$개의 잎을 가진다. $n!$개의 다른 각각의 입력에 대해서 트리에 유일한 경로가 존재하고, 가지친 결정트리에서 모든 잎은 틀림없이 도달가능하기 때문에 트리는 잎이 $n!$보다 많을 수 없다. 따라서 트리의 잎은 정확히 $n!$개이다.

보조정리 7.1을 사용하여 $n!$개의 잎을 가진 이진트리를 검사하여 $n$개의 서로 다른 키를 정렬하는 문제의 하한을 구할 수 있다.

### 7.8.2 최악의 경우 계산복잡도 하한

최악의 경우 키 비교 횟수의 하한을 구하기 위해서 다음 보조정리가 필요하다.

**▲ 보조정리 7.2**

결정트리로 구한 최악의 경우 키 비교 횟수는 그 트리의 깊이와 같다.

증명 : 주어진 입력에 대해서 결정트리로 구한 비교 횟수는 그 입력을 가지고 따라 내려가는 경로 상 내부마디 개수이다. 내부마디의 개수는 경로의 길이와 같다. 따라서 결정트리로 구한 최악의 경우 키 비교 횟수는 잎까지의 가장 긴 경로의 길이, 즉 결정트리의 깊이이다.

보조정리 7.1과 7.2를 가지고 최악의 경우 하한을 구하기 위해서 $n!$개 잎을 가진 이진트리 깊이의 하한을 찾기만 하면 된다. 깊이의 하한은 다음 보조정리와 정리를 가지고 찾는다.

**▲ 보조정리 7.3**

이진트리에서 $m$이 잎의 개수이고, $d$가 깊이이면, $d \geq \lceil \lg m \rceil$ 이 성립한다.

증명 : $d$에 대한 귀납법으로 다음 부등식이 성립함을 먼저 증명한다.

$$2^d \geq m \tag{7.1}$$

이진트리가 완전하지 않으면 새로운 잎을 추가하여 잎의 개수는 늘어나지만 트리의 깊이는 그대로 유지할 수 있다. 따라서 완전한 이진트리에 대하여 부등식 (7.1)이 성립하는지만 증명하면 된다. 실제로 완전한 이진트리만 따지면 등식이 성립하므로, 등식이 성립하는지 귀납법으로 증명한다.

귀납기초 : 깊이가 0인 완전이진트리는 뿌리마디와 유일한 잎이 같은 마디가 된다. 따라서 그 트리에서 잎의 개수 $m$은 1이고, 다음 등식이 성립한다.

$$2^0 = 1$$

귀납가정 : 깊이가 $d$인 완전이진트리에 대해서 다음 등식이 성립한다고 가정한다.

$$2^d = m$$

여기서 $m$은 잎의 개수이다.

**귀납단계** : 깊이가 $d+1$인 완전이진트리에 대해서 다음 등식이 성립함을 보이면 된다.

$$2^{d+1} = m'$$

여기서 $m'$는 잎의 개수이다. 그 트리에서 잎을 모두 제거하면, 깊이가 $d$인 완전이진트리의 각 잎에 자식마디를 두 개씩 추가하면 추가한 마디가 모두 새로운 잎이 되면서 깊이가 $d+1$인 완전이진트리가 된다.

$$2m = m'$$

이 등식과 귀납가정을 적용하면 다음 등식을 얻는다.

$$2^{d+1} = 2 \times d^2 = 2m = m'$$

귀납 증명이 완료되었다.
부등식 (7.1)의 양변에 lg를 취하면 다음 부등식이 된다.

$$d \geq \lg m$$

$d$는 정수이므로, 다음 부등식이 성립한다.

$$d \geq \lceil \lg m \rceil$$

---

### ▸ 정리 7.2

비교만으로 $n$개 서로 다른 키를 정렬하는 결정 알고리즘은 최악의 경우 최소한 다음 횟수만큼은 키를 비교해야 한다.

$$\lceil \lg(n!) \rceil$$

**증명** : 보조정리 7.1에 따르면, 그러한 알고리즘에 해당하는 $n!$개 잎을 가진 가지친 유효이진 결정트리가 존재한다. 보조정리 7.3에 따르면 그 트리의 깊이는 $\lceil \lg(n!) \rceil$보다 크거나 같다. 보조정리 7.2에 의하면 결정트리 최악의 경우 비교 횟수는 깊이가 된다고 하므로, 이 정리는 성립한다.

---

합병정렬 최악의 경우 성능, 즉 $n \lg n - (n-1)$과 이 하한과 어떻게 비교할까? 보조정리 7.4의 결과를 가지고 비교할 수 있다.

### ▴ 보조정리 7.4

모든 양의 정수 $n$에 대해서 다음 부등식이 성립한다.

$$\lg(n!) \geq n \lg n - 1.45n$$

증명 : 이 증명은 적분을 알아야 이해할 수 있다.

$$\begin{aligned}\lg(n!) &= \lg[n(n-1)(n-2)\cdots(2)1] \\ &= \sum_{i=2}^{n}\lg i \qquad \{\lg 1 = 0\text{이므로}\} \\ &\geq \int_{1}^{n}\lg x\,dx = \frac{1}{\ln 2}(n\ln n - n + 1) \geq n\lg n - 1.45n\end{aligned}$$

**▸ 정리 7.3**

비교만으로 $n$개 서로 다른 키를 정렬하는 결정 알고리즘은 최악의 경우 최소한 다음 횟수만큼 키를 비교해야 한다.

$$\lceil n\lg n - 1.45n \rceil$$

증명 : 정리 7.2와 보조정리 7.4에 의해서 성립한다.

합병정렬 최악의 경우 성능인 $n\lg n-(n-1)$이 최적에 가깝다는 사실을 알았다. 이제 평균의 경우에도 여전히 성립하는지 보자.

### 7.8.3 평균의 경우 계산복잡도 하한

순열은 나올 확률이 모두 같다고 가정하고 이 결과를 구한다.

$n$개 서로 다른 키를 정렬하는 결정 정렬 알고리즘에 해당하는 가지친 유효이진결정트리에 (그림 7.12의 트리와 같이) 자식마디가 하나만 있는 비교마디가 있다면, 그 마디를 그의 자식마디로 대치하고, 그 자식마디를 가지 쳐서 원래 트리보다 비교를 덜하면서 정렬하는 결정트리를 얻을 수 있다. 새 트리의 잎을 제외한 마디는 모두 정확히 자식마디가 2개씩 있을 것이다. 잎을 제외한 마디가 모두 정확히 자식마디가 2개씩인 이진트리를 2-트리(2-tree)라고 한다. 다음 보조정리에 이 결과를 요약한다.

**▴ 보조정리 7.5**

$n$개 서로 다른 키를 정렬하는 가지친 유효이진결정트리에 대해서 그에 해당하는 최소한 원래 트리만큼 효율적인 가지친 유효결정 **2-트리**가 존재한다.

증명 : 바로 위 문단에서 설명한 논리에 따라서 성립한다.

트리의 **외부경로길이**(EPL : External Path Length)는 뿌리마디에서 잎으로 가는 모든 경로의 총 길이이다. 예를 들면, 그림 7.11의 트리의 $EPL$은 다음과 같다.

$$EPL = 2+3+3+3+3+2 = 16$$

잎에 도달하기 위해서 결정트리에서 비교하는 횟수는 잎으로의 경로 길이와 같다. 따라서 결정트리의 $EPL$은 가능한 모든 입력을 정렬하기 위해서 결정트리에서 비교하는 총 횟수가 된다. 크기가 $n$인(모든 키는 서로 다르다) $n!$개의 다른 입력이 존재하고, 입력은 선택될 확률이 모두 같다고 가정하고 있으므로, $n$개 서로 다른 키를 정렬하는 결정트리에서 비교하는 평균 횟수는 다음과 같다.

$$\frac{EPL}{n!}$$

이 결과를 가지고 중요한 보조정리 하나를 증명할 수 있다. 우선 잎이 $m$개인 2-트리의 $EPL$의 최소값을 $\boldsymbol{minEPL(m)}$으로 정의하자. 보조정리는 다음과 같다.

### ▲ 보조정리 7.6

비교만으로 $n$개 서로 다른 키를 정렬하는 결정 알고리즘은 평균적으로 키를 최소한 다음 횟수만큼 비교해야 한다.

$$\frac{minEPL(n!)}{n!}$$

**증명** : 보조정리 7.1에 따르면 $n$개 서로 다른 키를 정렬하는 결정 알고리즘은 모두, 그 알고리즘에 해당하는 $n!$개 잎을 가진 가지친 유효이진결정트리가 존재한다. 보조정리 7.3에 따르면, 그 결정트리를 최소한 원래 트리만큼 효율적인 가지친 유효이진결정 2-트리로 변환할 수 있다. 원래 트리의 잎 개수가 $n!$이므로, 그 트리에서 구한 2-트리도 잎의 개수가 같아야 한다. 이제 바로 위 문단에서 설명한 논리에 따라서 이 보조정리가 성립한다.

보조정리 7.6을 가지고 평균의 경우 하한을 구하기 위해서 $minEPL(m)$의 하한을 찾기만 하면 된다. 이 하한은 다음 4개의 보조정리를 가지고 구한다.

### ▲ 보조정리 7.7

잎의 개수가 $m$이고 $EPL$이 $minEPL(m)$과 같은 2-트리에서 잎은 반드시 바닥에 있는 2개 수준에 위치한다.

**증명** : 바닥의 2개 수준이 아닌 곳에 잎이 있는 2-트리가 있다고 가정하자. $d$를 그 트리의 깊이라 하고, $A$를 바닥의 2개 수준이 아닌 곳에 위치한 잎이라 하며, $k$를 $A$의 깊이라고 하자. 바닥 수준에 있는 마디는 깊이가 $d$이므로 다음 부등식이 성립한다.

$$k \le d-2$$

이 트리가 잎의 개수가 같은 트리 가운데 $EPL$을 최소화할 수 없음을 잎의 개수가 같으면서 더 작은 $EPL$ 값을 가진 2-트리를 만들어 보여서 증명한다. 그림 7.13에서와 같이 원래 트리의 수준 $d-1$에 있는 잎이 아닌 마디 $B$를 선택하고, 그 마디의 두 자식마디를 제거하고, 그 두 자식마디를 $A$에 주어서 이를 증명할 수 있다. 새로운 트리는 원래 트리와 잎의 개수가 분

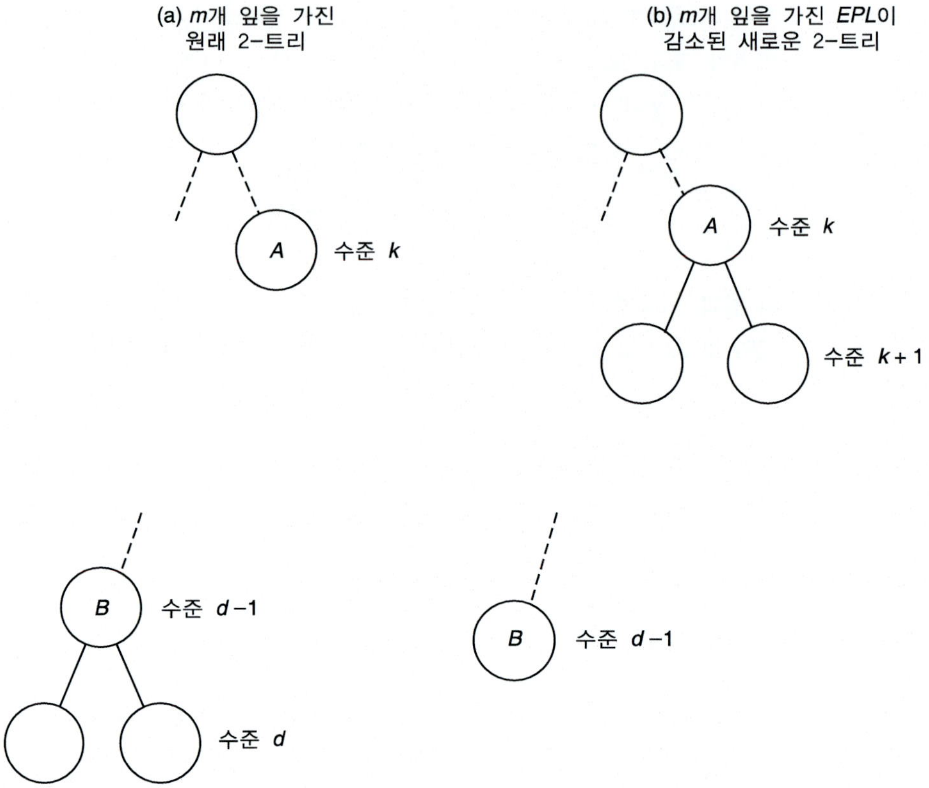


**그림 7.13** (a)와 (b)에 있는 트리는 잎의 개수가 같지만, (b)에 있는 트리가 $EPL$이 작다.

명히 같다. 새로운 트리에서는 $A$도 $B$의 자식마디도 잎이 아니지만, 원래 트리에서는 잎이다. 따라서 $A$로의 경로 길이와 $B$의 자식마디들로의 두 경로의 길이만큼 $EPL$이 감소했다. 즉, 다음만큼 $EPL$이 감소했다.

$$k+d+d=k+2d$$

새로운 트리에서 $B$와 $A$의 두 새로운 자식마디들은 잎이지만, 원래 트리에서는 잎이 아니다. 따라서 $EPL$이 $B$로의 경로 길이와 $A$의 두 자식마디로의 경로의 길이만큼 증가했다. 즉, 다음만큼 $EPL$이 증가했다.

$$d-1+k+1+k+1=d+2k+1$$

$EPL$ 값의 변화를 따져보면 다음의 결과를 얻는다.

$$(d+2k+1)-(k+2d)=k-d+1\leq d-2-d+1=-1$$

$k\leq d-2$이므로 부등식은 성립한다. $EPL$의 변화값은 음이 되므로, 새로운 트리의 $EPL$ 값이 더 작다. 결론적으로 원래 트리는 잎의 개수가 같은 트리가지고 $EPL$ 값을 최소화 할 수 없다.

**▲ 보조정리 7.8**

잎의 개수가 $m$이고 $EPL$ 값이 $minEPL(m)$과 같은 2-트리는 반드시 다음과 같은 개수의 잎을 가지고,

$$\text{수준 } d-1\text{에서 } 2^d - m\text{개}$$
$$\text{수준 } d\text{에서 } 2m - 2^d$$

더 이상 잎은 없다. 여기서 $d$는 트리의 깊이이다.

증명 : 보조정리 7.7에 따르면 잎은 모두 바닥에 있는 두 수준에 위치하고 있고, 2-트리에서 잎이 아닌 마디는 반드시 자식마디가 둘 있으므로, 틀림없이 수준 $d-1$에 마디가 $2^{d-1}$개 있다. 따라서 $r$이 수준 $d-1$에 잎의 개수가 $r$이면, 그 수준에 잎이 아닌 마디의 개수는 $2^{d-1}-r$이다. 2-트리에서 잎이 아닌 마디는 정확히 2개의 자식마디를 가지고 있으므로 수준 $d-1$에 있는 잎이 아닌 모든 마디에 대해서 수준 $d$에 잎이 두 개씩 있다. 이 잎이 수준 $d$에 있는 유일한 잎이므로 수준 $d$에 있는 잎의 개수는 $2(2^{d-1}-r)$과 같다. 보조정리 7.7에 따르면 잎은 모두 수준 $d$ 아니면, $d-1$에 있으므로 다음 등식이 성립한다.

$$r + 2(2^{d-1} - r) = m$$

이 등식을 간단히 하면, 다음과 같다.

$$r = 2^d - m$$

따라서 수준 $d$에 있는 잎의 개수는 다음과 같다.

$$m - (2^d - m) = 2m - 2^d$$

**▲ 보조정리 7.9**

잎의 개수가 $m$이고, $EPL$이 $minEPL(m)$과 같은 모든 2-트리에 대해서 깊이 $d$는 다음과 같다.

$$d = \lceil \lg m \rceil$$

증명 : $m$이 2의 거듭제곱인 경우를 증명한다. 일반적인 경우에 대한 증명은 연습문제도 남겨둔다. $m$이 2의 거듭제곱이면, 임의의 정수 $k$에 대해서 다음 등식이 성립한다.

$$m = 2^k$$

$d$를 최소화하는 트리의 깊이라고 하자. 보조정리 7.8에서와 마찬가지로, $r$을 수준 $d-1$에 있는 잎의 개수라고 하자. 그 보조정리에 의하면 다음 등식이 성립한다.

$$r = 2^d - m = 2^d - 2^k$$

$r \geq 0$이므로, $d \geq k$가 반드시 성립한다. $d > k$로 가정하고 모순을 유도하여 증명한다. $d > k$

이면, 다음 부등식이 성립한다.

$$r = 2^d - 2^k \geq 2^{k+1} - 2^k = 2^k = m$$

$r \leq m$이므로, 이는 $r = m$이고, 잎은 모두 수준 $d-1$에 있음을 뜻한다. 그러나 수준 $d$에도 반드시 잎이 있어야 한다. 모순이 유도되었으므로 $d = k$임을 알 수 있고, 따라서 $r = 0$이 된다. $r = 0$이므로, 다음 등식이 성립한다.

$$2^d - m = 0$$

따라서 $d = \lg m$이 된다. $m$이 2의 거듭제곱이면, $\lg m = \lceil \lg m \rceil$이므로 증명이 완료되었다.

**▲ 보조정리 7.10**

$m \geq 1$인 모든 정수에 대해서 다음 부등식이 성립한다.

$$minEPL(m) \geq m \lfloor \lg m \rfloor$$

**증명** : 보조정리 7.8에 의하면 이 $EPL$을 최소화하는 2-트리는 모두 수준 $d-1$에 잎이 $2^d - m$개 있고, 수준 $d$에 잎이 $2m - 2^d$개 있고, 그 이외에 다른 잎은 없다. 따라서 다음 등식을 얻는다.

$$minEPL(m) = (2^d - m)(d-1) + (2m - 2^d)d = md + m - 2^d$$

그러므로 보조정리 7.9에 의하여 다음 등식을 얻는다.

$$minEPL(m) = m(\lceil \lg m \rceil) + m - 2^{\lceil \lg m \rceil}$$

$m$이 2의 거듭제곱이면 이 식은 $m \lg m$과 분명히 같고, 이 경우 $m \lfloor \lg m \rfloor$와도 같다. $m$이 2의 거듭제곱이 아니면, $\lceil \lg m \rceil = \lfloor \lg m \rfloor + 1$이 된다. 따라서 이 경우 다음과 같은 등식을 얻는다.

$$\begin{aligned} minEPL(m) &= m(\lfloor \lg m \rfloor + 1) + m - 2^{\lceil \lg m \rceil} \\ &= m \lfloor \lg m \rfloor + 2m - 2^{\lceil \lg m \rceil} > m \lfloor \lg m \rfloor \end{aligned}$$

일반적으로 $2m > 2^{\lceil \lg m \rceil}$이므로, 이 부등식이 성립한다. 증명이 완료되었다.

이제 $minEPL(m)$의 하한을 구했으니 최종 결과를 증명할 수 있다.

**▸ 정리 7.4**

비교만으로 $n$개 서로 다른 키를 정렬하는 결정 알고리즘은 평균의 경우 최소한 키를 다음 횟수만큼 비교해야 한다.

$$\lfloor n \lg n - 1.45n \rfloor$$

**증명** : 보조정리 7.6에 의하면, 그러한 알고리즘은 평균의 경우 최소한 키를 다음 횟수만큼

비교해야 한다.

$$\frac{minEPL(n!)}{n!}$$

보조정리 7.10에 의하여 이 식은 다음 값보다 크거나 같다.

$$\frac{n!\lfloor \lg(n!) \rfloor}{n!} = \lfloor \lg(n!) \rfloor$$

이제 보조정리 7.4에 의하여 증명이 완료되었다.

합병정렬 평균의 경우 성능인 약 $n \lg n - 1.26n$은 비교만으로 정렬하는 알고리즘으로는 거의 최적임을 이제 알았다.

## 7.9 분배에 의한 정렬(기수정렬)

앞 절에서 비교만으로 정렬하는 알고리즘은 $\Theta(n \lg n)$보다 좋을 수가 없음을 증명했다. 순서를 매길 수 있다는 것 이외에 키에 대해서 전혀 모르면, 키를 비교하는 방법이외에는 선택의 여지가 없다. 그러나 키에 대한 정보를 더 아는 경우에는 다른 방식의 정렬 알고리즘도 고려해 볼 수 있다. 키에 관한 추가적인 정보를 사용하는 알고리즘을 하나 만들어 보자.

키가 10진수로 모두 음이 아닌 정수라는 사실을 안다고 하자. 숫자(digit)의 개수가 모두 같다고 가정하면, 먼저 가장 왼쪽에 있는 숫자의 값을 기준으로 서로 다른 더미(pile)로 키를 분배할 수 있다. 즉, 가장 왼쪽에 있는 숫자의 값이 같은 키는 같은 더미에 놓는다. 그리고 각 파일은 다시 왼쪽에서 둘째 숫자를 기준으로 서로 다른 더미로 다시 키를 분배한다. 그러면 새로운 각 더미는 다시 왼쪽에서 셋째 숫자를 기준으로 서로 다른 더미로 다시 키를 분배하고, 이런 식으로 계속한다. 모든 숫자에 대한 검사가 끝나면, 키는 정렬된다. 그림 7.14에서 이 절차를 예를 들어 보여주는데, 키가 더미로 분배되므로 "**분배에 의한 정렬**(sorting by distribution)"이라고 한다.

이 절차의 단점은 더미의 개수가 일정하지 않다는 것이다. 정확하게 10개의 더미만 할당하고(각 10진 숫자마다 하나씩), 오른쪽에서 왼쪽으로 숫자를 검사하고, 항상 검사할 당시의 숫자에 따라서 더미에 키를 놓는다고 가정하자. 이렇게 하면 다음 규칙을 준수하는 한 키는 저절로 정렬이 되어버린다. 각 패스(pass)마다 두 개 키를 같은 더미에 놓게 되면 (이전 패스에서) 왼쪽 더미에서 온 키를 다른 키의 왼쪽에 놓는다. 이 절차는 그림 7.15에 예를 들어 보여준다. 어떻게 키를 놓는지를 보여주는 예로서, 첫째 패스 이후에 키 416은 키 317의 왼쪽 더미에 있다. 따라서 둘째 패스에 첫째 더미에 둘 다 놓을 때 키 416을 키 317의 왼쪽에 놓는다. 그러나 셋째 패스에서 키 416은 넷째 더미에 놓는 반면 키 317은 셋째 더미에 놓으므로 결국 키 416이 키 317의 오른쪽에 놓이게 된다. 이런 식으

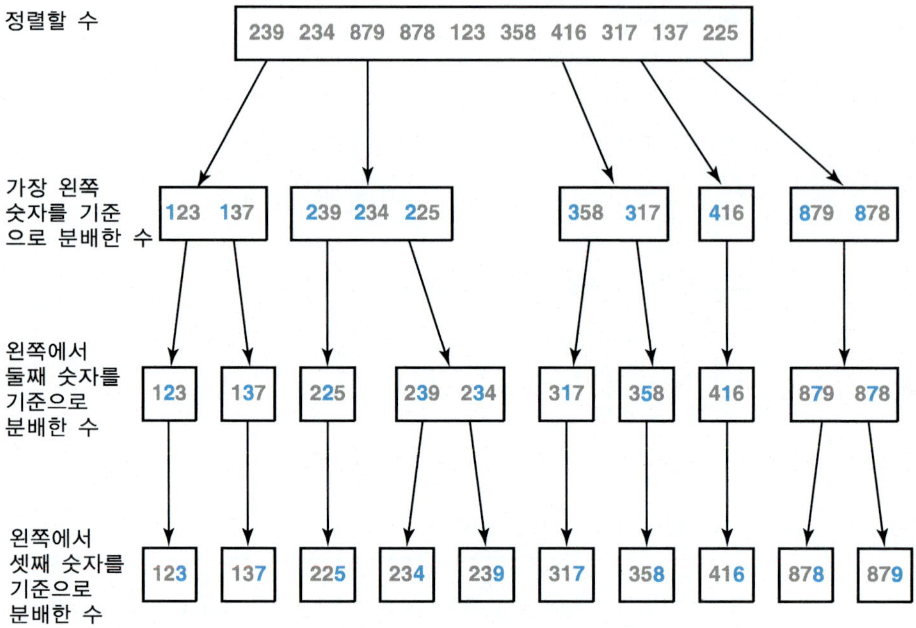


그림 7.14 숫자를 왼쪽에서 오른쪽으로 검사하는 분배에 의한 정렬

로 첫째 패스 이후에 가장 오른쪽에 있는 숫자를 기준으로 순서대로 정렬되며, 둘째 패스 이후에 오른쪽에서 둘째 숫자를 기준으로 순서대로 정렬되며, 셋째 패스 이후에 오른쪽에서 셋째 숫자를 기준으로 순서대로 정렬되고, 결과적으로 정렬이 끝나게 된다.

이 방법은 컴퓨터가 생겨나기 이전부터 사용했던 방법으로, 과거의 카드정렬 기계에서 사용하던 방법이었다. 키를 정렬하는데 사용한 정보가 특정 기수(radix, base)이기 때문에 **기수정렬**(radix sort)이라고 한다. 기수는 수(number base)가 될 수도 있고, 알파벳이 될 수도 있다. 더미의 개수는 기수와 같다. 예를 들어, 16진수(hexadecimal) 수를 정렬하게 되면 더미의 개수는 16이 되고, 영어 알파벳으로 표현된 키를 정렬하게 되면 알파벳에는 문자가 26개 있으므로 더미의 개수는 26이 된다.

특정 더미에 있는 키의 개수는 각 패스마다 바뀌므로 연결 리스트를 사용하면 이 알고리즘을 용이하게 구현할 수 있다. 각 더미는 연결 리스트로 표현한다. 각 패스 이후 키를 하나의 마스터 연결 리스트로 합하여 리스트(더미)에서 키를 제거한다. 키가 제거된 리스트(더미) 안의 순서에 따라서 그 리스트에서 순서가 결정된다. 다음 패스에서 마스터 리스트는 처음부터 순서대로 검사하며, 각 키는 그 패스에서 속하게 되는 리스트(더미)의 맨 뒤에 놓는다. 이런 식으로 주어진 규칙을 그냥 따르기만 하면 된다. 가독성을 높이기 위해서 키는 10진수로 표현된 음이 아닌 정수라 가정하고 알고리즘을 제시한다. 시간복잡도 차수에 영향을 미치지 않고 다음 기수로 표현된 키도 정렬하도록 쉽게 수정할 수 있다. 알고리즘에 다음 선언이 필요하다.

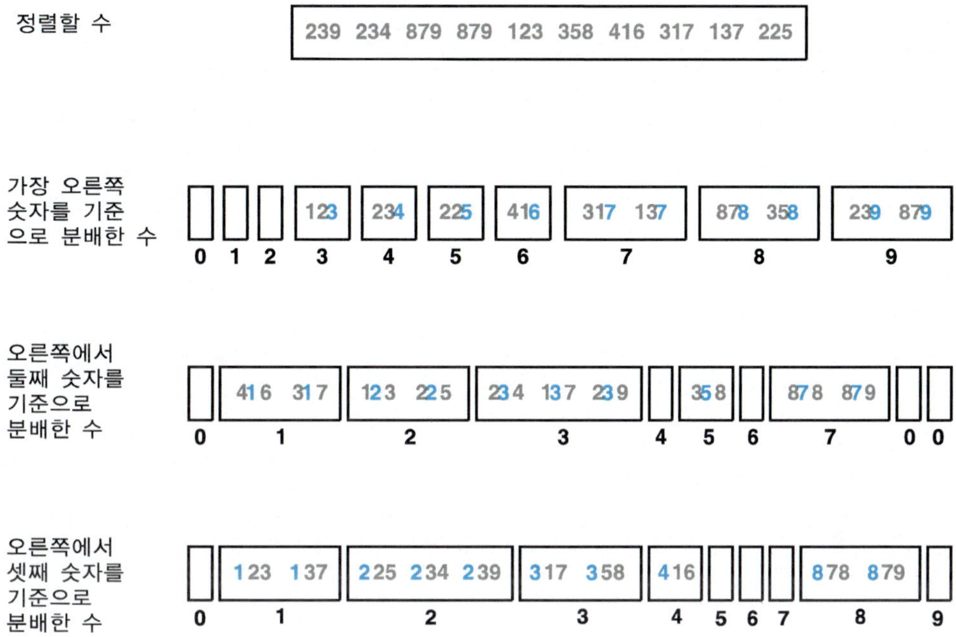


**그림 7.15** 숫자를 오른쪽에서 왼쪽으로 검사하는 분배에 의한 정렬

```
struct nodetype
{
    keytype key;
    nodetype * link;
};

typedef nodetype * node_pointer;
```

▸ 알고리즘 7.6

### 기수정렬

**문제** : 10진수로 표현된 음이 아닌 정수 $n$개를 비내림차순으로 정렬하라.

**입력** : 음이 아닌 정수 $n$개로 된 연결 리스트 *masterlist*, 각 정수에서 십진수의 최대 개수를 나타내는 정수 *numdigits*

**출력** : 비내림차순으로 정렬된 정수로 된 연결 리스트 *masterlist*

```
void radixsort (node_pointer& masterlist,
                int numdigits)
{
    index i;
    node_pointer list[0..9];

    for (i = 1; i <= numdigits; i++){
       distribute(masterlist, i);
       coalesce(masterlist);
```

```
    }
}

void distribute(node_pointer& masterlist, index i) ;    // i는 검사하는 당시 숫자의 인덱스
{
    index j ;
    node_pointer p ;

    for (j = 0; j <= 9; j++)                            // 더미를 비운다.
        list[j] = NULL;
    p = masterlist ;                                    // masterlist를 처음부터 순서대로 검사
    while (p != NULL) {
        j = p ->key에서 (오른쪽에서) i번째 숫자의 값 ;
        p를 list[j]의 끝에 링크 ;
        p = p ->link ;
    }
}

void coalesce(node_pointer& masterlist) ;
{
    index j ;

    masterlist = NULL;                                  // masterlist를 비운다.
    for (j = 0; j <= 9; j++)
        list[j]에 있는 마디들을 masterlist의 끝에 링크 ;
}
```

이제 이 알고리즘을 분석해보자.

알고리즘 7.5의 분석

**▸(기수정렬)의 일정 시간복잡도 분석**

**단위연산** : 이 알고리즘은 키를 비교하지 않기 때문에 다른 단위연산을 찾아야 한다. *coalesce*를 효율적으로 구현하기 위해서 더미를 포함하는 리스트의 시작과 끝 부분에 모두 포인터를 두어 리스트를 처음부터 끝까지 따라가지 않도록 이전 리스트의 끝에 각 리스트를 바로 추가하도록 할 수 있다. 따라서 그 프로시저에서 for 루프를 한 번 수행할 때마다 단순히 한 포인터 변수에 주소를 저장하여 리스트를 *masterlist*의 끝에 추가한다. 이 저장을 단위연산으로 취급할 수 있다. *distribute* 프로시저에서는 while 루프의 일부 또는 전체를 단위연산으로 취급할 수 있다. 따라서 *coalesce*와 일관성 있게 하기 위해서 포인터 변수에 주소를 저장하여 리스트의 끝에 키를 추가하는 연산을 선택한다.

**입력크기** : $n$(*masterlist*에서 정수의 개수), *numdigits*(각 정수에서 십진숫자의 최대 개수)

*masterlist* 전체를 처음부터 차례로 따라가려면 항상 *distribute*의 while 루프를 $n$번 실행해야 한다. *masterlist*에 리스트를 모두 추가하려면 항상 *coalesce*의 for 루프를 10번

실행해야 한다. 이 프로시저들은 각각 *radixsort*에서 *numdigits*번 호출된다. 따라서 분석 결과는 다음과 같다.

$$T(n) = numdigits\,(n+10) \in \Theta(numdigits \times n)$$

*numdigits*와 $n$을 기준으로 한계치를 표현하기 때문에 이 알고리즘은 $\Theta(n)$ 알고리즘이 아니다. *numdigits* 값을 임의로 크게 하여 $n$을 기준으로 임의로 큰 시간복잡도를 만들 수 있다. 예를 들어, 1,000,000,000은 숫자가 10개이므로 가장 큰 수가 1,000,000,000이면 10개 수를 정렬하는데 $\Theta(n^2)$ 시간이 걸릴 것이다. 실상황에서 숫자의 개수는 보통 수의 개수보다 훨씬 작다. 예를 들어, 1,000,000개의 주민증록번호를 정렬한다면, $n$은 1,000,000인 반면 *numdigits*는 9밖에 되지 않는다. 키가 모두 서로 다를 때 기수정렬의 최선 시간복잡도는 $\Theta(n \lg n)$이고, 실전에서 거의 최선의 경우가 된다는 사실을 알아내기는 그리 어렵지 않다.

다음에는 기수정렬이 사용하는 추가 공간을 분석해보자.

알고리즘 7.6의 분석

**▸ (기수정렬)의 추가 공간 사용량 분석**

*masterlist*와 더미를 나타내는 리스트에서 동시에 하나의 키가 필요한 경우는 절대 없으므로, 새로운 노드는 절대 할당하지 않는다. 이는 연결 리스트에서 처음 키를 표현하는데 필요한 공간이 유일하게 사용하는 추가 공간이다. 따라서 추가 공간은 $\Theta(n)$개 링크이다. 여기서 "$\Theta(n)$ 링크"란 링크의 개수가 $\Theta(n)$이란 의미이다.

## 연습문제

### 7.1과 7.2절

1. 삽입정렬 알고리즘(알고리즘 7.1)을 구현하여 실행해보고, 여러 개의 문제 사례를 가지고 최선, 평균, 최악 시간복잡도를 구해보시오.

2. 삽입정렬 알고리즘(알고리즘 7.1)에서는 입력키가 비올림차순으로 정렬되어 있는 경우 비교 횟수가 최대가 됨을 증명하시오.

3. 삽입정렬 알고리즘(알고리즘 7.1)에서 레코드의 저장 횟수를 기준으로 최악 시간복잡도와 평균 시간복잡도는 다음과 같음을 증명하시오.

$$W(n) = \frac{(n+4)(n-1)}{2} \approx \frac{n^2}{2},\quad A(n) = \frac{n(n+7)}{4} - 1 \approx \frac{n^4}{4}$$

4. 교환정렬 알고리즘(알고리즘 1.3)에서 레코드의 저장 횟수를 기준으로 최악 시간복잡도와 평균 시간복잡도는 다음과 같음을 증명하시오.

$$W(n)=\frac{3n(n-1)}{2},\quad A(n)=\frac{3n(n-7)}{4}$$

5. 교환정렬(알고리즘 1.3)과 삽입정렬(알고리즘 7.1)의 최선 시간복잡도를 비교하시오.

6. $n$개 키의 리스트에서 비올림차순으로 $k$번째 큰(또는 비내림차순으로 $k$번째 작은) 키를 찾을 때 교환정렬(알고리즘 1.3)이나 삽입정렬(알고리즘 7.1) 중에서 어떤 알고리즘이 더 적절한가? 그리고 왜 그런 답이 나오는지를 밝히시오.

7. 삽입정렬 알고리즘(알고리즘 7.1)을 다음 요구사항 대로 재작성하시오. 어떤 키보다도 작은 값을 가진 배열 슬롯 $S[0]$을 추가한다. 이렇게 하면 `while` 루프의 맨 위에서 $j$와 0을 비교할 필요가 없다. 새로운 만든 알고리즘의 정확한 시간복잡도를 구하시오. 알고리즘 7.1의 시간복잡도와 비교하면 더 좋은가 나쁜가? 어떤 알고리즘이 더 효율적인가? 그리고 왜 그런 답이 나오는지를 밝히시오.

8. 쉘 정렬(shell sort)라고 하는 알고리즘은 리스트에 있는 아이템의 순서를 이용하는 삽입정렬의 역량에 영감을 받았다. 쉘 정렬에서는 어떤 수 $h$에 대해서 전체 리스트를 아이템들 사이의 거리가 $h$만큼 떨어진 이웃하지 않은 부분 리스트로 분할한다. 각 부분 리스트는 삽입정렬을 사용하여 정렬한다. 다음 패스에서 $h$의 값은 감소하고, 각 부분 리스트의 크기는 증가한다. 각 $h$ 값은 이전 값에 상대적으로 소수(prime)가 되도록 선택한다. 마지막 패스에서는 $h$값으로 1을 사용하여 리스트를 정렬한다. 쉘 정렬 알고리즘을 작성하고, 그 성능을 분석하고, 삽입정렬의 성능과 비교하시오.

### 7.3절

9. 순열 $[n, n-1, ..., 2, 1]$의 역이 $n(n-1)/2$개 존재함을 증명하시오.

10. 순열 [2, 5, 1, 6, 3, 4]의 전치순열을 구하고, 두 순열의 역 개수를 찾으시오. 역은 총 몇 개인가?

11. 순서를 매길 수 있는 $n$개 서로 다른 원소의 순열에서 그 전치순열의 역이 $n(n-1)/2$개 존재함을 증명하시오.

12. 어떤 순열과 그의 전치순열에서 역의 총 개수가 $n(n-1)/2$임을 증명하시오. 이 결과를 사용하여 연습문제 10의 순열과 그의 전치순열 역의 총 개수를 구하시오.

### 7.4절(2.2절의 연습문제 참조)

13. 2.2절과 7.4절에서 공부한 두 개의 다른 합병정렬 알고리즘을 구현하여 실행해보고, 여러 개의 문제 사례를 가지고 최선, 평균, 최악 시간복잡도를 조사하시오.

14. 합병정렬 알고리즘(알고리즘 2.2와 2.4)에서 레코드의 저장 횟수를 기준으로 할 때 시간복잡도는 대략 $T(n)=2n\lg n$이 됨을 증명하시오.

15. 합병정렬 4 알고리즘(알고리즘 7.4)으로 구축한 연결 리스트를 입력으로 받아서고, 키 값에 따라서 작은 값부터 차례로 이웃하는 배열 슬롯에 레코드를 저장하는 제자리, 1차시간 알고리즘을 작성하시오.

16. 분할정복법을 사용하여 반복 합병정렬 알고리즘을 작성하시오. 작성한 알고리즘을 분석하고, 해를 차수 표기법으로 표시하시오. 이 알고리즘을 작성하기 위해서는 스택을 명시적으

로 유지할 필요가 있음을 유의하시오.

17. 연습문제 16의 반복 합병정렬 알고리즘을 구현하고, 연습문제 13의 문제 사례를 가지고 실행해보고, 연습문제 13의 재귀 합병정렬의 결과와 비교하시오.

18. repeat 루프를 수행하는 각 패스에서 두 배열 $S$와 $U$의 역할이 바뀌도록 *mergesort3*(알고리즘 7.3)와 그와 관계있는 *merge3* 알고리즘을 재작성하시오.

### 7.5절(2.4절의 연습문제 참조)

19. 2.4절에서 공부한 퀵정렬 알고리즘(알고리즘 2.6)을 구현하여 실행시켜보고, 여러 개의 문제 사례를 가지고 최선, 평균, 최악 시간복잡도를 구해보시오.

20. 퀵정렬 알고리즘에서 평균적인 교환 횟수를 기준으로 한 시간복잡도는 대략 $0.69(n \pm 1)\lg n$임을 증명하시오.

21. 반복 퀵정렬 알고리즘을 작성하시오. 작성한 알고리즘을 분석하고, 해를 차수 표기법으로 표시하시오. 이 알고리즘을 작성하기 위해서는 스택을 명시적으로 유지할 필요가 있음을 유의하시오.

22. 연습문제 22의 반복 퀵정렬 알고리즘을 구현하고, 연습문제 20의 문제 사례를 가지고 실행시켜보고, 연습문제 20의 재귀 퀵정렬의 결과와 비교하시오.

23. 다음은 더 효율적으로(빠르게) 실행되도록 구현한 *partition* 프로시저인데, *quicksort* 프로시저가 호출한다.

```
void partition (index low, index high, index& povotpoint)
{
   index i, j; keytype pivotitem;

   pivotitem = S[low]; i = low; j = high + 1;
   do
      i++;
   while (i < high && S[i] <= pivotitem);
   do
      j--;
   while (S[j] > pivotitem);
   while (i < j) {
      exchange S[i] and S[j];
    do
      i++;
    while (S[i] <= pivotitem);
    do
      j--;
    while (S[j] > pivotitem);
   }
   pivotpoint = j;
   S[high]와 S[pivotpoint]를 교환;           // pivotitem을 pivotpoint에 넣음
}
```

이 partition 프로시저를 사용하는 퀵정렬에서 레코드의 저장 횟수를 기준으로 할 때 시간복잡도는 다음과 같음을 증명하시오.

$$A(n) \approx 0.69(n+1)\lg n$$

그리고 키의 비교 횟수를 기준으로 한 평균 시간복잡도는 이전과 거의 같음을 증명하시오.

24. 퀵정렬 알고리즘이 최선의 선택이 되는 두 사례를 드시오.

25. 순서가 뒤바뀐 키를 교환하여 리스트를 정렬하는 또 하나의 방법으로 버블정렬이 있다. 버블정렬은 인접한 레코드 쌍을 훑어보고, 순서가 뒤바뀐 키가 있으면 교환한다. 리스트를 한 번 훑고 나면, 가장 큰 (또는 가장 작은) 레코드가 제 위치로 간다. 리스트가 완전히 정렬될 때까지 정렬되지 않고 남은 부분에 대해서 이 과정을 반복한다. 버블정렬 알고리즘을 작성하시오. 작성한 알고리즘을 분석하고, 결과를 차수 표기법으로 표시하시오. 버블정렬 알고리즘 성능을 합병정렬, 교환정렬, 선택정렬의 성능과 비교하시오.

### 7.6절

26. 본질적으로 완전한 이진트리가 힙인지를 검사하는 알고리즘을 작성하시오. 작성한 알고리즘을 분석하고, 결과를 차수 표기법으로 표시하시오.

27. 깊이가 $d$이고, $n$개(2의 거듭제곱) 마디를 가진 힙에서 $j<d$가 되는 깊이 $j$에는 $2^j$개 마디가 존재함을 증명하시오.

28. $n$개 마디를 가진 힙에는 $\lceil n/2 \rceil$개 잎이 있음을 증명하시오.

29. 힙정렬 알고리즘(알고리즘 7.5)을 구현하여 실행해보고, 여러 개의 문제 사례를 가지고 최선, 평균, 최악 시간복잡도를 구하시오.

30. 힙정렬의 최악 시간복잡도가 $W(n) \approx 2n \lg n \in \Theta(n \lg n)$이 되는 경우가 있음을 증명하시오.

31. 힙정렬에서 레코드의 저장 횟수를 기준으로 한 최악 시간복잡도가 약 $W(n) \approx n \lg n$임을 증명하시오.

32. 가장 큰 키부터 시작하여 제일 큰 키 $k$개를 찾은 후 멈추도록 힙정렬 알고리즘을 수정하시오. 수정한 알고리즘을 분석하고, 결과를 차수 표기법으로 표시하시오.

### 7.7절

33. 키의 비교 횟수와 레코드의 저장 횟수를 기준으로, 이 장에서 설명한 모든 정렬 알고리즘의 장점과 단점을 모두 나열하시오.

34. 이 장에서 설명한 정렬 알고리즘을 구현하고, 여러 개의 문제 사례를 가지고 실행시켜 보시오. 그 결과와 연습문제 34에서 얻은 정보를 사용하여 이 정렬 알고리즘들을 자세히 비교하시오.

35. 아래의 상황과 같은 리스트를 정렬하려면, 선택정렬, 삽입정렬, 합병정렬, 퀵정렬, 힙정렬 중에서 어느 알고리즘을 선택할 것인가? 그리고 왜 그런 답이 나오는지를 밝히시오.
(a) 리스트는 수백 개 레코드로 구성되어 있다. 레코드 자체는 꽤 길지만, 키는 아주 짧다.
(b) 리스트는 약 45,000개 레코드로 구성되어 있다. 어떤 경우라도 상당히 빨리 정렬을 끝낼

필요가 있다. 메모리는 45,000개 레코드를 간신히 저장할 만큼밖에 없다.

(c) 리스트는 약 45,000개 레코드로 구성되어 있지만, 순서가 바뀐 레코드는 조금밖에 없다.

(d) 리스트는 약 25,000개 레코드로 구성되어 있다. 평균적으로 가능한 빨리 정렬을 끝내면 좋겠지만, 꼭 모든 경우에 정렬을 빨리 끝내야 한다는 사실이 중요한 것은 아니다.

36. 이 장에서 설명한 (키의 비교를 기준으로) 각 정렬 알고리즘에 대해서 그 알고리즘을 선택하면 가장 적절하게 되는 사례를 최소한 두 개씩 드시오.

## 7.8절

37. 1부터 $n$까지(1과 $n$ 모두 포함) 정수의 순열을 정렬하는 1차시간 알고리즘을 작성하시오. (귀띔: 크기가 $n$인 배열을 사용하시오.)

38. 연습문제 38에서 작성한 알고리즘의 성능이 1차시간이므로 비교만으로 정렬하는 정렬 문제의 하한을 어긴 것인가? 왜 그런 답이 나오는지를 설명하시오.

39. 잎의 개수 $m$이 2의 거듭제곱이 아닌 경우에 보조정리 7.9의 일반적인 경우를 증명하시오.

## 7.9절

40. 기수정렬 알고리즘(알고리즘 7.6)을 구현하여 실행해보고, 여러 개의 문제 사례를 가지고 최선, 평균, 최악 시간복잡도를 구하시오

41. 키가 모두 서로 다른 경우 기수정렬(알고리즘 7.6)의 최선 시간복잡도는 $\Theta(n \lg n)$ 임을 증명하시오.

42. 마스터 리스트를 재구성하는 과정에서 기수정렬 알고리즘(알고리즘 7.6)은 더미(기수)의 개수가 클 때 빈 부분 리스트를 검사하느라 많은 시간을 낭비한다. 비어있지 않은 부분 리스트만의 검사가 가능한가?

## 추가 연습문제

43. $n$개 아이템의 리스트에서 가장 큰 아이템과 가장 작은 아이템을 찾아서 그 두 아이템과 처음과 마지막 위치에 있는 아이템 교환하여 비올림차순으로 정렬하는 알고리즘을 작성하시오. 그러면 이미 제 위치에 자리를 잡은 두 요소들을 제외할 수 있으므로 리스트의 크기는 둘 씩 줄고, 리스트의 남은 부분도 전체 리스트가 정렬될 때까지 이 과정을 되풀이한다. 작성한 알고리즘을 분석하고, 그 결과를 차수 표기법으로 표시하시오.

44. 피봇 아이템을 선택하는 전략을 바꾸어서 퀵정렬 알고리즘을 구현하여 실행시켜보고, 여러 개의 문제 사례를 가지고 최선, 평균, 최악 시간복잡도를 구하시오.

45. 삼진 힙(ternary heap)을 가지고 정렬 알고리즘을 설계하는 방법을 연구해보시오. 삼진 힙은 내부마디의 자식마디가 모두 3개라는 것 말고는 보통 힙과 같다.

46. $n$개 아이템의 리스트에서 $k$개의 가장 작은 아이템들을 찾되, 찾은 아이템들의 상대적인 순서에는 관심이 없다고 가정하자. $k$가 상수일 때 1차시간 알고리즘이 있을까? 그리고 왜 그런 답이 나오는지를 밝히시오.

47. 외부 메모리에 저장되어 있는 아주 큰 리스트를 정렬하고 싶다고 하자. 이 리스트를 내부 메모리에 저장하기는 너무 크다고 가정하면, 외부 정렬 알고리즘을 설계하는데 주로 고려해

야 할 요소는 무엇인가?

48. 이 장에서 설명한 정렬 알고리즘을 설계 아이디어를 기준으로 분류하시오. 예를 들어, 힙정렬과 선택정렬의 설계 아이디어는 가장 큰 (또는 가장 작은) 아이템을 찾아서, 그 아이템과 마지막 (또는 처음) 아이템을 적절한 순서로 교환한다.

49. 안정된(stable) 정렬 알고리즘은 동일한 아이템의 원래 순서를 보존하는 알고리즘을 말한다. 이 장에서 설명한 정렬 알고리즘 중 안정된 알고리즘은 무엇인가? 그리고 왜 그런 답이 나오는지를 밝히시오.

50. 연습문제 51에서 안정되지 않다고 확인된 알고리즘 중 안정된 정렬 알고리즘으로 쉽게 바꿀 수 있는 알고리즘은 무엇인가?

# Chapter 8

# 계산복잡도 : 검색문제

1장의 시작부분에서 바니 비글은 개선된 이분검색법을 사용하여 “홍길동”의 전화번호를 빨리 찾을 수 있었다. 바니는 이제 “홍길동”의 전화번호를 더 빨리 찾을 수 있는 방법이 있을지 궁금해 할 수 있다. 이 장에서는 더 빨리 찾는 방법이 있는지를 알아보기 위하여 검색문제(searching problem)를 분석한다.

정렬과 마찬가지로 검색은 컴퓨터과학에서 가장 유용하게 쓰이는 알고리즘 중 하나이다. 검색문제는 키(key) 값을 가지고 전체 레코드를 찾아내는 것이다. 예를 들면, 레코드는 개인의 신상정보가 될 수 있고, 키는 주민등록번호가 될 수 있다. 여기서 목표는 앞 장과 비슷하다. 검색 문제를 분석하여 계산복잡도의 하한을 구하고, 시간복잡도가 그 하한만큼 좋은 알고리즘이 있는지 증명하려는 것이다. 부가적으로 검색 알고리즘에서 사용한 데이터구조를 공부하고, 응용 분야에 따라서 어떤 데이터구조를 사용하면 좋은지를 알아본다.

8.1절에서는 (앞 장의 정렬문제에서 그랬듯이) 비교만으로 배열에서 키를 검색하는 문제의 하한을 구하고, 이분검색 알고리즘(알고리즘 1.5와 2.1)의 시간복잡도가 하한만큼 좋다는 걸 증명한다. 전화번호를 검색하면서 바니 비글은 사실 키를 비교하는 일 이외의

다른 일도 하는 "보간검색"이라고 하는 개선된 이분검색법을 사용하였다. 즉, "홍길동"의 전화번호를 찾을 때 바니는 전화번호부의 중앙 부분에서 검색을 시작하지 않았다. 왜냐하면 바니는 "ㅎ"로 시작하는 이름들은 전화번호부의 뒷부분에 있다는 사실을 알고 있기 때문이다. 다시 말하면 그는 "보간"하여 책의 뒷부분에서 검색을 시작하였다. 8.2절에서는 이 보간검색을 분석한다. 8.3절에서는 응용 분야에 따라서 배열이 검색 이외의 다른 용도로 쓰기에는 부적절한 데이터구조일 수도 있음을 보여준다. 따라서 비록 이분검색 알고리즘이 최적(optimal)이기는 하지만, 배열 구조에 의존하여 구현하기 때문에 경우에 따라서 알고리즘을 사용하지 못하는 경우가 생길 수 있다. 트리 구조를 쓰면 이 문제점을 해결할 수 있음을 트리검색을 통하여 보여준다. 8.4절은 정렬되어 있지 않은 구조에서 데이터를 검색하는 경우에 쓰는 기술인 해시(hashing)를 공부한다. 8.5절에서는 다른 검색문제인 선택문제(selection problem)에 대해서 알아본다. 선택문제는 $n$개 키로 구성된 리스트에서 $k$번째 작은(또는 $k$번째 큰) 키를 찾는 문제이다. 8.6절에서는 어떤 문제를 푸는 모든 알고리즘의 수행 성능에 대한 범위(bound)를 구하는 또 하나의 방법인 방해꾼 논법(adversary arguments)을 소개한다.

## 8.1 비교만으로 검색을 하는 경우의 하한

키를 검색하는 문제는 다음과 같이 설명할 수 있다. $n$개의 키로 구성된 배열 $S$와 키 $x$가 주어졌을 때, $x$가 배열의 키 중 하나와 같으면 $x = S[i]$가 되는 첨자(index) $i$를 찾아 주고, $x$가 어떤 키와도 같지 않으면 검색이 실패했음을 보고한다.

이분검색(알고리즘 1.5와 2.1)은 배열이 정렬되어 있는 경우 이 문제를 푸는 매우 효율적인 알고리즘이다. 이 알고리즘의 최악 시간복잡도는 $\lfloor \lg n \rfloor + 1$이다. 이보다 더 실행 능력을 향상시킬 수 있을까? 비교만으로 검색하는 알고리즘으로만 국한시키면, 실행 능력을 그 이상으로 향상시키기가 불가능하다. 비교만으로 배열에서 검색키 $x$를 찾는 알고리즘들은 배열 내부키끼리 서로 비교하거나 검색키와 비교할 수 있고, 검색키를 복사할 수 있지만, 다른 연산은 할 수 없다. 그러나 검색을 돕기 위해서 (이분검색에서와 같이) 배열이 정렬되어 있음을 이용할 수 있다. 7장에서 공부한 대로 결정 알고리즘들에 대한 하한(bounds)을 구할 것이다. 확률 알고리즘으로 따져도 마찬가지 결과가 나온다. 더구나 7장에서와 같이 배열의 키들은 모두 서로 다르다(distinct)고 가정한다.

결정 정렬 알고리즘에서 했던대로 결정트리를 키가 $n$개인 배열에서 검색키 $x$를 찾는 결정 알고리즘과 연결시킨다. 7개의 키를 검색하는 문제에서 그림 8.1은 이분검색에 해당하는 결정트리이고, 그림 8.2는 순차검색(알고리즘 1.1)에 해당하는 결정트리이다. 이 트리들을 보면 큰 마디는 각각 배열키와 검색키의 비교를 나타내고, 작은 마디(=잎)는 각각 찾은 결과를 나타낸다. 검색키 $x$가 배열에 있으면 그 인덱스를 내주고, 검색키 $x$가 배열에 없다면 검색 실패를 의미하는 "F"를 내준다. 그림 8.1과 8.2에서 $s_1$부터 $s_7$은 다

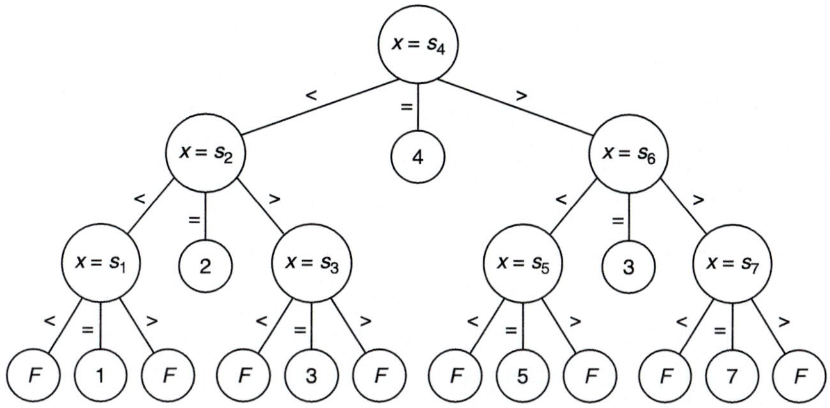


그림 8.1 7개의 키를 검색하는 경우 이분검색에 상응하는 결정트리

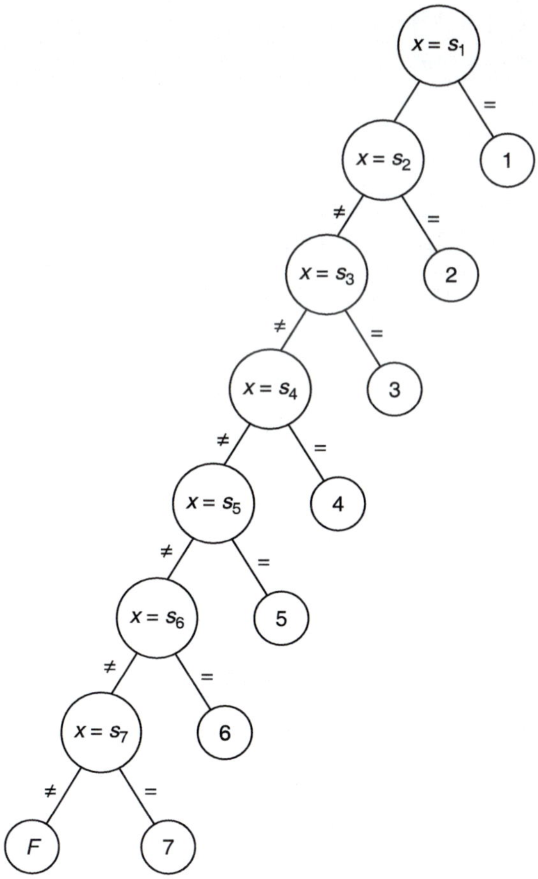


그림 8.2 7개의 키를 검색하는 경우 순차검색에 상응하는 결정트리

음 값들이다.

$$S[1] = s_1, \quad S[2] = s_2, \quad \cdots, \quad S[7] = s_7$$

검색 알고리즘은 배열의 값을 변경시키지 않으므로, 검색이 완료된 후에도 이 값은 변하지 않아야 한다.

검색키 $x$를 찾기 위해서 $n$개의 키를 검색하는 결정트리의 잎은 각각 알고리즘이 멈추고 $x = s_i$가 되는 인덱스 $i$를 알려주거나 아니면 실패라고 알려준다. 각 내부마디는 비교를 나타낸다. 가능한 모든 결과에 대해서 그 결과를 알려주는 뿌리마디에서 잎으로의 경로가 있으면, 그 결정트리는 $x$를 찾기 위해서 $n$개의 키를 검색하기 유효하다(valid)라고 한다. 즉 $a \le i \le n$인 모든 $i$에 대해서 $x = s_i$가 되는 경로들과 실패로 유도하는 경로가 반드시 존재한다. 모든 잎이 도달가능(reachable)한 결정트리를 가지쳐졌다(pruned)라고 한다. $n$개의 키를 가진 배열에서 검색키 $x$를 찾는 알고리즘은 모두 그에 상응하는 유효한 가지친 결정트리가 존재한다. 일반적으로 검색 알고리즘은 검색키 $x$와 배열키들을 항상 비교할 필요는 없다. 즉, 두 개의 배열 내부키를 서로 비교할 수도 있다. 그러나 키가 모두 서로 다르다고 가정하기 때문에 검색키 $x$와 비교할 때만 동일하다(equality)는 결과가 나온다. 알고리즘이 검색키 $x$가 배열에서 같은 키를 찾으면 이분검색과 순차검색의 경우 알고리즘은 바로 멈추며 배열 아이템의 인덱스를 내준다. 어떤 비효율적인 알고리즘은 검색키 $x$가 배열키와 같은지 결정한 후에도 비교를 계속하고 나중에 인덱스를 넘겨줄 수도 있다. 그러나 그런 알고리즘은 같은 키를 찾은 시점에서 바로 멈추고 인덱스를 넘겨주도록 고칠 수 있다. 새로 고친 알고리즘은 최소한 원래 것만큼은 빠를 것이다. 따라서 $n$개의 서로 다른 키에서 검색키 $x$를 찾는 유효한 가지친 결정트리만 고려하면 되는데 동일한 키를 찾게 되면 인덱스를 넘겨주는 잎으로 가게 된다. 비교하여 얻을 수 있는 결과는 세 가지밖에 없으므로 결정적 알고리즘은 비교 후 기껏해야 세 가지 다른 경로를 택할 수 있다. 즉, 결정트리에서 비교마디는 각각 3개의 자식마디를 가질 수 있다. 동일한 키를 찾으면 첨자를 넘겨주는 잎으로 가기 때문에 자식마디 중에서 최대 2개는 비교마디가 될 수 있다. 그러므로 결정트리에서 비교마디만 따지면 이진트리가 된다. 예로서 그림 8.1과 8.2의 큰 마디의 집합을 보라.

### 8.1.1 최악의 경우 하한

가지친 유효결정트리에서 모든 잎은 반드시 도달 가능해야 하기 때문에 그런 트리에서 행해지는 최악의 경우 비교 횟수는 비교마디로 이루어진 이진트리의 뿌리마디에서 잎까지 가장 긴 경로 상에 있는 마디의 개수가 된다. 이 수는 이진트리의 깊이 더하기 1이다. 그러므로 최악의 경우 비교 횟수의 하한을 알아보기 위해서는 비교마디로 구성된 이진트리의 깊이의 하한을 알아내기만 하면 된다. 이 하한은 다음 보조정리들과 정리를 통해서 알아본다.

**▲ 보조정리 8.1**

이진트리 마디의 수를 $n$이라 하고, 깊이를 $d$라고 하면,

$$d \geq \lfloor \lg(n) \rfloor$$

증명 :

뿌리마디에는 마디가 한 개, 깊이가 1이면 기껏해야 2개, 깊이가 2이면 기껏해야 $2^2$개, …, 그리고 깊이가 $d$이면 $2^d$개이므로, 다음과 같은 부등식을 얻을 수 있다.

$$n \leq 1+2+2^2+2^3+\cdots+2^d$$

부록 A의 예제 A.3의 결과를 적용하면 다음과 같다.

$$n \leq 2^{d+1}-1$$

이는 다시 다음과 같은 부등식이 된다.

$$n < 2^{d+1}$$
$$\lg n < d+1$$
$$\lfloor \lg n \rfloor \leq d$$

다음 보조정리는 당연한 것 같지만 엄밀하게 증명하기는 쉽지 않다.

### ▲ 보조정리 8.2

$n$개의 서로 다른 키 가운데서 $x$를 찾기 위한 가지친 유효이진트리가 되려면, 비교마디로 이루어진 이진트리에 최소한 $n$개의 마디는 반드시 있어야 한다.

증명 :

$n$개의 키 값을 $s_i(1 \leq i \leq n)$라고 하자. 먼저 $s_i$는 모두 최소한 한 개의 비교마디에는 속해 있다는 사실을 증명한다(즉, 비교하는데 최소 한 번은 사용해야 한다). 가령 임의의 $i$에 대해서 그렇지 않다고 가정해보자. $i$째 키만 빼고 키가 모두 같은 배열을 생각해보자. 그리고 $x$를 두 $s_i$ 값 중 하나라고 하자. $s_i$는 비교하는데 전혀 사용되지 않았고, 다른 키는 키가 모두 같기 때문에 결정트리는 두 배열에 대해서 동일하게 동작해야 한다. 그러나 둘 중 하나의 배열에 대해서는 반드시 $i$를 내주어야 하고, 다른 하나의 배열에 대해서는 절대 $i$를 내주지 말아야 한다. 이는 모순이고, 따라서 $s_i$는 모두 최소한 한 개의 비교마디에는 속해 있어야 한다.

$s_i$는 모두 최소한 한 개의 비교마디에는 속해 있어야 하기 때문에 비교마디의 개수가 $n$개 미만이 될 수 있는 유일한 길은 최소 어떤 한 키 $s_i$는 $x$가 아닌 다른 키하고만 비교가 이루어져야 한다. 즉, 어떤 $s_i$는 절대로 $x$와 비교가 이루어지지 않는다. 가령 그런 키가 있다고 하자. $s_i$를 제외하고는 모두 같고, $s_i$가 가장 작은 값을 갖는 두 개의 배열을 생각해보자. $x$를 둘 중 한 배열의 $i$번째 키와 같다고 하자. $s_i$가 포함된 비교마디로부터의 경로는 두 개의 배열에서 모두 같은 방향으로 가야 하고, 두 배열에서 다른 키는 모두 같다. 그러므로 결정트리는 두 배열 모두 똑같이 동작해야 한다. 그러나 하나는 $i$라는 답을 주어야 하고, 다른 하나는 $i$라는 답을 주지 말아야 한다. 이는 모순이다. 증명이 완료되었다.

**▸ 정리 8.1**

$n$개의 서로 다른 키를 가진 배열에서 비교만으로 $x$를 찾는 결정 알고리즘은 최악의 경우 최소한 키를

$$\lfloor \lg n \rfloor + 1 \text{번}$$

비교해야 한다.

**증명 :**

알고리즘에 따르면 $n$개의 서로 다른 키 가운데서 $x$를 찾기 위한 가지친 유효결정트리가 존재한다. 최악의 경우 비교 횟수는 결정트리의 비교마디만으로 된 이진트리에서 뿌리마디에서 잎까지의 가장 긴 경로상의 마디 개수이다. 이 수는 이진트리의 깊이 더하기 1이다. 보조정리 8.2에 의하면 이 이진트리는 최소한 $n$개의 마디를 가지고 있다. 그러므로 보조정리 8.1에 의하여 이진트리의 깊이는 $\lfloor \lg n \rfloor$보다 크거나 같다. 증명이 완료되었다.

2.1절에서 보았듯이 이분검색에서 최악의 경우 비교 횟수는 $\lfloor \lg n \rfloor + 1$이다. 따라서 최악의 경우를 따질 때 이분검색은 최적이다.

### 8.1.2 평균의 경우 하한

평균의 경우 하한에 대해서 공부하기 전에 이분검색의 평균인 경우를 분석해보자. 이 분석은 지금까지 미루어 왔는데, 그 이유는 결정트리를 사용하면 이 분석이 용이해지기 때문이다. 먼저 정의와 보조정리가 필요하다.

깊이 $d-1$까지 완전한(꽉 찬) 이진트리를 **거의 완전한 이진트리**(nearly complete binary tree)라고 한다. 그림 8.3에서 볼 수 있듯이 본질적으로 완전한 이진트리는 모두 거의 완전하지만, 거의 완전한 이진트리라고 해서 모두 본질적으로 완전하지는 않다(완전한 이진트리와 본질적으로 완전한 이진트리의 정의에 대해서는 7.6절을 참조하시오).

보조정리 8.2와 비슷하게 다음 보조정리는 당연한 것 같지만, 엄밀하게 증명하기는 쉽지 않다.

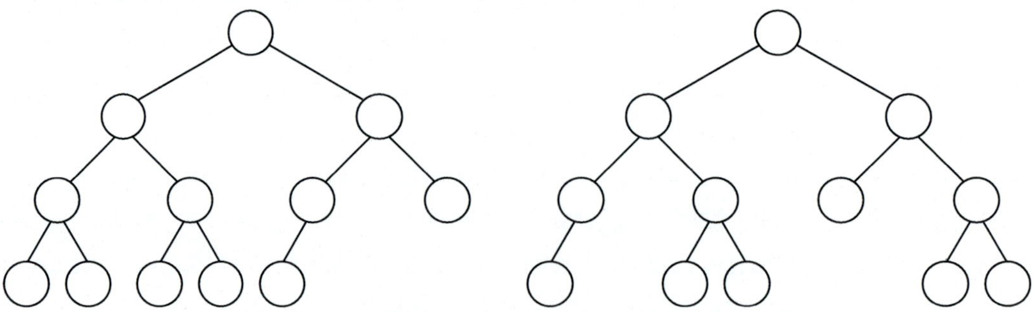

(a) (b)

그림 8.3 (a) 본질적으로 완전한 이진트리. (b) 거의 완전하지만 본질적으로는 완전하지 않은 이진트리

▴ **보조정리 8.3**

이분검색을 위한 가지친 유효결정트리에서 비교마디로 이루어진 트리는 거의 완전한 이진트리이다.

**증명** : 키의 개수 $n$에 대한 귀납법으로 증명한다. 비교마디로 이루어진 트리는 각 키마다 한 개의 마디씩 총 $n$개의 마디로 이루어진 이진트리이다. 따라서 이 이진트리에서 마디의 개수에 대한 귀납법을 적용할 수 있다.

**귀납기초** : 한 개의 마디로 이루어진 이진트리는 거의 완전하다.

**귀납가정** : $k < n$을 만족하는 모든 $k$에 대해서 $k$개의 마디로 이루어진 이진트리는 거의 완전하다.

**귀납단계** : $n$개의 마디로 이루어진 이진트리는 거의 완전하다는 사실을 증명하면 된다. 여기서 $n$값이 홀수인 경우와 짝수인 경우를 따로 증명한다.

$n$이 홀수인 경우 이분검색의 첫째 분할에서 배열을 크기가 $(n-1)/2$인 부분배열로 각각 쪼개진다. 그러므로 왼쪽과 오른쪽 하위트리는 모두 $(n-1)/2$개 키를 이분검색하기 위한 이진트리이다. 이는 구조적으로 둘 다 같은 트리라는 뜻이다. 이 하위트리들은 귀납가정에 의하면 둘 다 거의 완전하다. 둘 다 같은 거의 완전한 트리이므로, 이 트리들을 왼쪽과 오른쪽 하위트리로 각각 가진 트리는 거의 완전하다.

$n$이 짝수인 경우 이분검색의 첫째 분할에서 오른쪽에는 배열을 크기가 $n/2$인 부분배열로 왼쪽에는 배열의 크기가 $(n/2)-1$인 부분배열로 각각 쪼개진다. 상세한 설명을 위해서 왼쪽에 홀수 개 키가 있는 경우를 설명한다. 오른쪽에 홀수 개 키가 있는 경우도 증명 절차는 비슷하다. 왼쪽이 홀수인 경우 왼쪽 하위트리의 왼쪽과 오른쪽 하위트리는 (앞에서 설명한 대로) 같은 트리이다. 오른쪽 하위트리의 한 하위트리는 또한 같은 트리이다(이를 증명해보시오).

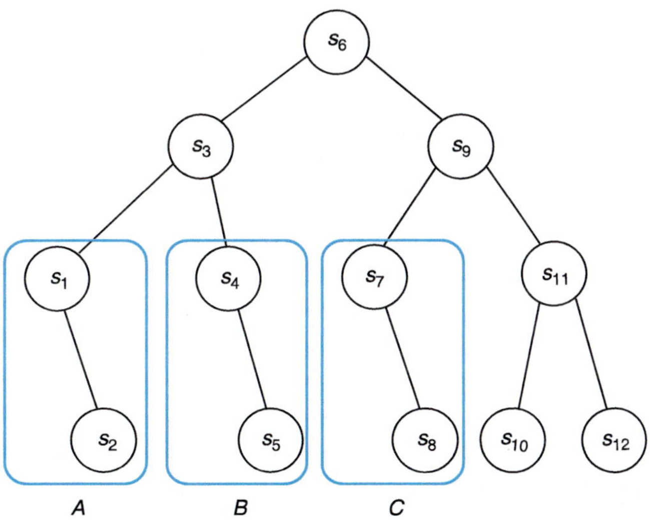


**그림 8.4** $n=2$인 경우, 이분검색을 위한 결정트리에서 비교마디로 구성된 이진트리. 마디에는 키의 값만 나타나 있다. 하위트리 A, B, C는 구조가 모두 같다.

오른쪽 하위트리는 (귀납가정에 의해서) 거의 완전하고, 그 하위트리의 하위트리 중 하나는 왼쪽 하위트리의 왼쪽과 오른쪽 하위트리와 같은 트리이기 때문에 전체 트리도 반드시 거의 완전해야 한다. 그림 8.4의 그림을 보시오.

이제 이분검색의 평균의 경우 분석을 해보자.

알고리즘 2.1의 분석

**▸ 평균 시간복잡도 분석 (이분검색, 재귀)**

단위연산 : $x$와 $S[mid]$의 비교

입력크기 : 배열에서 아이템의 개수, $n$

먼저 $x$가 배열에 있는지 아는 경우를 분석해보자. 이 분석을 할 때 $x$가 배열의 각 슬롯에 위치할 확률이 똑같다고 가정한다. 뿌리마디에서 어떤 마디까지의 경로 상에 있는 마디의 총 개수를 그 마디까지의 **마디거리**(node distance)라 부르고, 모든 마디에 대한 마디거리의 합을 **총 마디거리**(Total Node Distance: TND)라고 부른다. 마디거리는 뿌리에서 그 마디까지 경로의 길이보다 하나 더 크다. 그림 8.1과 같이 비교마디로 이루어진 이진트리는

$$TND = 1 + 2 + 2 + 3 + 3 + 3 + 3 = 17$$

전체 배열슬롯에서 $x$를 찾는 이분검색 결정트리에서 비교하는 총 횟수는 그 결정트리에서 비교마디로 구성된 이진트리의 $TND$와 같다. 따라서 배열의 모든 슬롯에 위치할 확률이 똑같다고 가정하면, $x$를 찾는데 필요한 평균 비교 횟수는 $TND/n$이 된다. 설명을 간단히 하기 위해서 어떤 정수 $k$에 대하여 $n = 2^k - 1$이라고 일단 가정하자. 보조정리 8.3에서 본 대로 이분검색을 위한 결정트리에서 비교마디로 이루어진 이진트리는 거의 완전하다. 거의 완전한 이진트리가 $2^k - 1$개의 마디로 이루어져 있다면, 그 트리는 완전한 이진트리라는 건 어렵지 않게 알 수 있다. 그림 8.1에서 비교마디로 이루어진 이진트리는 $k = 3$인 경우를 보여준다. 완전한 이진트리에서 $TND$는 다음과 같이 계산한다.

$$\begin{aligned} TND &= 1 + 2(2) + 3(2^2) + \cdots + k(2^{k-1}) \\ &= \frac{1}{2}[(k-1)2^{k+1} + 2] = (k-1)2^k + 1 \end{aligned}$$

끝에서 둘째 등식은 부록 A의 예제 A.5의 결과를 적용하여 구한다. $2^k = n + 1$이기 때문에 평균 비교 횟수는 다음과 같이 계산한다.

$$A(n) = \frac{TND}{n} = \frac{(k-1)(n+1)+1}{n} \approx k - 1 = \lfloor \lg n \rfloor$$

모든 $n$에 대해서 평균 비교 횟수는 대략 다음과 같은 범위를 가진다.

$$\lfloor \lg n \rfloor - 1 \le A(n) \le \lfloor \lg n \rfloor$$

$n$이 2의 거듭제곱(power)이거나 2의 거듭제곱보다 약간 크면 평균은 하한에 가깝고, $n$이

2의 거듭제곱보다 약간 작으면 평균은 상한에 가깝다. 어떻게 이러한 결과를 얻게 되는지는 연습문제로 남겨둔다. 직관적으로 왜 그런지 이해하려면 그림 8.1을 보면 된다. 마디의 총 개수가 8이 되도록 한 개의 마디를 추가시키면 $\lfloor \lg n \rfloor$는 2에서 3으로 뛰지만, 평균 비교 횟수는 거의 변하지 않는다.

다음으로 $x$가 배열에 없는 경우를 분석해보자. $2n+1$가지 가능성이 있다. $x$가 모든 아이템보다 작을 수도 있고, 어떤 두 개의 아이템 사이에 있을 수도 있고, 모든 아이템 보다 클 수도 있다. 즉, 다음과 같이 나누어 생각해 볼 수 있다.

$1 \le i \le n$인 $i$에 대해서 $x = s_i$

$x < s_i$

$1 \le i \le n-1$인 어떤 $i$에 대해서 $s_i < x < s_{i+1}$

$x > s_n$

이 경우가 일어날 확률이 모두 같다고 가정하고 분석해본다. 설명을 간단히 하기 위해서 어떤 정수 $k$에 대하여 $n = 2^k - 1$이라고 일단 가정하자. 성공적인 검색의 총 비교 횟수는 비교마디로 이루어진 이진트리의 $TND$이다. 이 수가 $(k-1)2^k + 1$과 같음을 상기해보자. $n+1$번의 실패한 검색을 하는데 $k$번의 비교를 한다(그림 8.1 참조). 그러므로 평균 비교 횟수는 다음과 같이 계산한다.

$$A(n) = \frac{TND + k(n+1)}{2n+1} = \frac{(k-1)2^k + 1 + k(n+1)}{2n+1}$$

$2^k = n+1$이므로, 다음과 같다.

$$\begin{aligned} A(n) &= \frac{(k-1)(n+1) + 1 + k(n+1)}{2n+1} \\ &= \frac{2k(n+1) + 1 - (n+1)}{2n+1} \\ &\approx k - \frac{1}{2} = \lfloor \lg n \rfloor + 1 - \frac{1}{2} = \lfloor \lg n \rfloor + \frac{1}{2} \end{aligned}$$

모든 $n$에 대해서 평균 비교 횟수는 대략 다음과 같은 범위를 가진다.

$$\lfloor \lg n \rfloor - \frac{1}{2} \le A(n) \le \lfloor \lg n \rfloor + 1 + \frac{1}{2}$$

$n$이 2의 거듭제곱이거나 2의 거듭제곱보다 약간 크면 평균은 하한에 가깝고, $n$이 2의 거듭제곱보다 약간 작으면 평균은 상한에 가깝다. 어떻게 이러한 결과를 얻게 되는지는 연습문제로 남겨둔다.

---

이분검색 평균의 경우 성능이 최악의 경우에 비해서 아주 많이 좋은 것은 아니다. 왜 그런지는 그림 8.1을 보면 알 수 있다. 그림 8.1을 보면 트리의 바닥(최악의 경우가 일어

나는 부분)에 있는 결과마디(잎)의 개수가 나머지 부분에 있는 결과마디(잎)의 수보다 많음을 알 수 있다. 실패한 검색을 빼버리더라도 이는 사실이다(실패한 검색은 모두 트리의 바닥에 위치하고 있음을 주목하라).

다음은 위의 분석에서 설정한 가정 하에서 이분검색은 평균의 경우 최적임을 증명해보자. 먼저 $minTND(n)$을 $n$개의 마디로 이루어진 이진트리에서 $TND$의 최소치라고 정의하자.

### 보조정리 8.4

"$n$개의 마디로 이루어진 이진트리의 $TND$는 $minTND(n)$와 같다"는 "그 트리는 거의 완전하다"의 필요충분조건이다.

**증명 :**

(필요조건증명) 먼저 "트리의 $TND = minTND(n)$"이면 "그 트리는 거의 완전하다"임을 증명하자. 어떤 이진트리는 거의 완전하지 않다고 가정하자. 그러면 트리 맨 바닥의 두 수준(깊이가 가장 깊은 두 수준)이 아닌 마디들 중에 자식마디가 하나인 마디가 반드시 존재할 것이다. 그러면 바닥 수준에 있는 임의의 마디 $A$를 떼어서 그 마디의 자식마디로 만들 수 있다. 이 수정된 트리는 변함없이 $n$개의 마디로 이루어진 이진트리일 것이다. 그 수정된 트리에서 $A$로 가는 경로 상 마디의 개수는 원래 트리에서 $A$로 가는 경로 상 마디의 개수보다 최소한 1이 작을 것이다. 다른 모든 마디로 가는 경로 상 마디의 개수는 동일할 것이다. 그러므로 원래 트리보다 $TND$가 작은 $n$개의 마디로 이루어진 이진트리를 만들어냈다. 이는 원래트리의 $TND$는 최소치가 아니었음을 의미하게 된다.

(충분조건증명) $n$개의 마디로 이루어진 거의 완전한 이진트리는 모두 $TND$가 같다는 사실을 알아내기는 별로 어렵지 않다. 따라서 그러한 트리는 모두 $TND$가 최소가 되는 것이 틀림없다.

### 보조정리 8.5

$n$개 키를 검색하고, 검색하려는 키 $x$가 배열에 있고, 배열 슬롯에 있을 확률은 모두 같다고 가정하자. 그러면 이분검색의 평균의 경우 시간복잡도는 다음과 같다.

$$\frac{minTND(n)}{n}$$

**증명 :**

이분검색 평균의 경우 분석에서 공부했듯이 평균 시간복잡도는 결정트리에서 비교마디로 이루어진 이진트리의 $TND$를 $n$으로 나누어서 구한다. 보조정리 8.3과 8.4의 결과로 증명한다.

**보조정리 8.6**

$x$가 배열에 있고, 배열 슬롯에 있을 확률이 모두 같다고 가정하면, $n$개의 서로 다른 키로 된 배열에서 $x$를 검색하는 결정 알고리즘 평균의 경우 시간복잡도의 하한은 다음과 같다.

$$\frac{minTND(n)}{n}$$

증명 :
보조정리 8.2에서 보았듯이 검색 알고리즘의 결정트리에서 각 배열 키 $s_i$는 모두 최소한 한 번은 $x$와 반드시 비교해야 한다. $c_i$를 $s_i$와 $x$를 비교하는 마디로 가는 최단경로 상 마디의 개수라고 하자. 각 키가 $x$가 될 확률은 $1/n$로 모두 같기 때문에 평균 시간복잡도의 하한은 다음과 같이 계산한다.

$$c_1\left(\frac{1}{n}\right)+c_2\left(\frac{1}{n}\right)+\cdots+c_n\left(\frac{1}{n}\right)=\frac{\sum_{i=1}^{n}c_i}{n}$$

위의 등식에서 우변의 분자가 $minTND(n)$보다 크거나 같은지를 증명하는 일은 연습문제로 남겨 놓았다.

**정리 8.2**

$n$개의 서로 다른 키로 이루어진 배열에서 비교만으로 $x$를 검색하는 결정 알고리즘 중에서 $x$가 배열에 있고 배열 슬롯에 있을 확률이 모두 같다고 가정하면, 이분검색은 평균의 경우 성능이 최적이다. 따라서 이 가정 하에서 그러한 알고리즘은 모두 평균적으로 키의 최소한 비교 횟수가 대략 다음과 같다.

$$\lfloor \lg n \rfloor - 1$$

증명 :
보조정리 8.5, 8.6과 이분검색의 평균 시간복잡도 분석 결과로 증명한다.

$2n+1$가지의 가능한 결과(이분검색의 평균의 경우 분석에서 공부 한 대로)가 나올 확률이 모두 같다고 가정하고, 이분검색이 평균의 경우에 성능이 최적이라는 사실을 증명하는 것도 가능하다.

확률분포에 관한 하나의 구체적인 가정이 주어진 상태에서 이분검색은 평균의 경우 성능이 최적이라는 사실을 입증하였다. 다른 확률분포에 대해서는 아마도 최적이 아닐 수도 있다. 예를 들어, $x$가 $S[1]$과 같을 확률이 0.9999라면, $x$를 $S[1]$과 먼저 비교하는 게 최적일 것이다. 그러나 이 예는 조금 부자연스럽다. 대한민국 사람들 중에서 무작위로 이름을 뽑아서 검색을 하는 예는 더 실질적이라고 볼 수 있다. 3.5절에서 설명했듯이 "김재수"와 "서문 강선"이 나올 확률이 같으리라고 아무도 생각하지 않을 것이다. 따라서 방금 공부한 분석법을 적용할 수는 없고, 다른 고려사항이 추가로 필요하다. 3.5절에서 이에 관한 고려사항들을 언급한다.

## 8.2 보간검색

앞 절에서 구한 하한은 비교에만 의존하는 알고리즘의 경우에 한한다. 검색을 도울 수 있는 어떤 다른 정보가 있는 경우에 이 하한을 향상시킬 수 있다. 바니 비글이 전화번호부에서 "홍길동"의 전화번호를 찾기 위해서 키를 비교하는 것 이상의 무언가를 했음을 기억해보자. 그는 전화번호부의 정중앙에서 검색을 시작하지 않았다. 왜냐하면 "ㅎ"이 거의 뒷부분에 있다는 사실을 알고 있기 때문이다. 그는 "보간하여(interpolates)", 검색을 거의 뒤에서 시작했다. 지금부터 보간하는 전략을 사용하여 검색 알고리즘을 개발해보자.

10개의 정수를 검색하는데, 첫째 정수는 범위가 0에서 9사이이고, 둘째는 10에서 19사이이고 셋째는 20에서 29사이이고, ..., 열째는 90에서 99사이라는 걸 안다고 가정하자. 그러면 검색키 $x$가 0보다 작거나 99보다 큰 경우에는 바로 검색실패를 알려주고, 이 두 가지 경우가 아니면 $x$와 $S[1+\lfloor x/10 \rfloor]$만 비교하면 된다. 예를 들어, $x=25$는 $S[1+\lfloor 25/10 \rfloor]=S[3]$과 비교하면 된다. 만약 같지 않다면, 검색실패를 알려주면 된다.

보통 이렇게 많은 정보를 알지는 못한다. 그러나 경우에 따라서 키가 첫째 아이템과 마지막 아이템 사이에 거의 균등하게 분포되어 있다고 가정해도 별 문제가 없다. 이러한 경우 $x$가 중간에 있는 키와 같은지를 점검하는 대신, $x$를 찾을 수 있을 만한 장소에 있는 키와 같은지를 점검할 수 있다. 예를 들면, 10개 키가 0부터 99까지 거의 균등하게 분포되어 있다고 가정하면, $x=25$는 셋째자리에 있으리라 기대하므로, $S[5]$ 대신에 $S[3]$과 $x$를 먼저 비교한다. 이와 같은 전략으로 검색하는 알고리즘을 **보간검색**(interpolation search)이라고 한다. 이분검색과 마찬가지로 처음에 *low*는 1로 놓고 *high*는 $n$으로 놓는다. 그리고 선형보간법을 사용하여 $x$가 어디에 위치할지를 대략적으로 결정한다. 즉 다음과 같이 계산한다.

$$mid = low + \left\lfloor \frac{x - S[low]}{S[high] - S[low]} \times (high - low) \right\rfloor$$

예를 들면, $S[1]=4$이고 $S[10]=97$이고, $x=25$를 찾는다면 다음과 같이 계산한다.

$$mid = 1 + \left\lfloor \frac{25-4}{97-4} \times (10-1) \right\rfloor = 1 + \lfloor 2.032 \rfloor = 3$$

*mid*를 계산하는 방법이 다르다는 것과 추가 자료기록이 필요하다는 걸 제외하고 다음의 보간검색 알고리즘은 이분검색(알고리즘 1.5)과 비슷하다.

▸ 알고리즘 8.1 **보간검색**

**문제** : $x$가 크기가 $n$인 정렬된 배열에 있는지를 결정하시오.

**입력** : 양의 정수 $n$과 인덱스가 1부터 $n$까지인(비내림차순으로) 정렬된 수의 배열 $S$

**출력** : $S$에서의 $x$가 있는 위치 $i$; 만약 $x$가 $S$에 없으면 0

```
void interpsrch (int n,
                 const number S[ ],
                 number x, index& i)
{
   index low, high, mid;
   number denominator;

   low = 1; high = n; i = 0;
   if (S[low] ≤ x ≤ S[high])
     while (low <= high && i == 0){
       denominator = S[high] − S[low];
       if (denominator == 0)
         mid = low;
       else
         mid = low + ⌊((x − S[low]) * (high − low)) / denominator⌋;
       if (x == S[mid])
         i = mid;
       else if (x < S[mid])
         high = mid − 1;
       else
         low = mid + 1;
     }
}
```

키가 거의 균등하게 퍼져 있으면, 보간검색이 이분검색보다 더 빨리 $x$의 위치를 찾아낸다. 가령, 앞의 예에서 $x = 25$가 $S[3]$보다 작으면, 보간검색은 크기가 10인 입력을 크기가 2인 입력으로 줄인다. 반면 이분검색은 크기가 4인 입력으로 줄인다.

키가 $S[1]$과 $S[n]$ 사이에 골고루 분포되어 있다고 가정하자. 무작위로 선택한 키가 특정 범위에 속할 확률은 같은 길이의 다른 범위에 속할 확률과 같다는 걸 뜻한다. 이게 사실이라면 보간검색에 의해서 결정된 슬롯 부근에서 $x$ 찾기를 기대할 것이므로 보간검색이 평균적으로 이분검색보다 월등하게 우수하다고 기대할 수 있다. 실제로 키가 균일하게 분포되어 있고, $x$가 각 배열 슬롯에 해당하게 될 확률이 모두 같다고 가정하면 보간검색의 시간복잡도가 다음과 같음을 증명할 수 있다.

$$A(n) \approx \lg(\lg n)$$

만약 $n$이 10억이라면, $\lg n$은 약 30이 되는 반면, $\lg(\lg n)$은 약 5가 된다.

보간검색의 단점은 최악의 경우 성능이다. 10개 키가 있고, 그 값이 1, 2, 3, 4, 5, 6, 7, 8, 9, 100이라고 가정해보자. 만약 $x$가 10이라면 *mid*는 계속해서 *low*가 되며, 결과적으로 $x$는 모든 키와 비교할 수밖에 없게 된다. 최악의 경우 보간검색은 순차검색이 되어버린다. *mid*가 계속해서 *low*가 되는 경우가 최악임을 주목하라. 보간검색의 변종인 **보강된 보간검색**(robust interpolation search)은 *mid−low*와 *high−mid*가 항상 *gap*보다는 크도록 변수 *gap*을 정하여 이 단점을 보완한다. *gap*의 초기값은 다음과 같이 놓고,

$$gap = \lfloor (high - low + 1)^{1/2} \rfloor$$

선형보간법에서 사용한 공식을 가지고 *mid*를 계산한다. 계산 후, *mid*의 값은 다음과 같이 다시 계산한다.

$$mid = minimum(high - gap,\ maximum(mid,\ low + gap))$$

10개 키가 있고, 그 값이 1, 2, 3, 4, 5, 6, 7, 8, 9, 100인 예에서 *gap*은 초기에 $\lfloor (10-1+1)^{1/2} \rfloor = 3$이고, *mid*는 초기에 1이 되어서 다음과 같이 계산한다.

$$mid = minimum(10 - 3,\ maximum(1,\ 1 + 3)) = 4$$

이렇게 함으로써 비교하는데 사용하는 인덱스는 *low*와 *high*로부터 최소한 *gap*만큼 떨어지는 게 보장된다. $x$에 대한 검색을 두 개 중 큰 부분배열에서 계속할 때마다 *gap*의 값은 배로 증가하지만 그 부분배열 크기의 반은 절대로 넘지 않는다. 앞의 예에서 $x$에 대한 검색은 더 큰 부분배열에서 계속된다($S[5]$에서 $S[10]$까지의 부분배열). 그러므로 *gap*을 배로 증가시킬 텐데, 이 경우 부분배열은 배열의 크기가 6이고, *gap*을 두 배로 만들면 부분배열의 크기의 반을 초과하게 되므로 예외로 취급한다. *gap*을 두 배로 늘이는 이유는 큰 덩어리로부터 빨리 빠져나가기 위함이다. $x$가 작은 부분배열에서 계속된다면 *gap*은 초기값으로 다시 고쳐 놓는다.

키가 균일하게 분포되어 있고, 검색키 $x$가 각 배열 슬롯에 있을 확률이 모두 같다고 가정하면 보강된 보간검색의 평균 시간복잡도는 $\Theta(\lg(\lg n))$이다. 최악 시간복잡도는 $\Theta((\lg n)^2)$인데, 이는 이진검색보다는 좋지 않지만 보간검색보다는 좋다.

보간검색에 비해서 보강된 보간검색이 계산량이 많아지고, 이분검색에 비해서 보간검색이 계산량이 많아진다. 따라서 비교 횟수의 감소가 계산량의 증가를 정당화하는지는 분석해 보아야 한다.

여기서 설명한 검색은 단어검색에도 적용할 수 있다. 왜냐하면 단어는 바로 수로 기호화(encode)할 수 있기 때문이다. 그러므로 수정된 이분검색 방법을 전화번호부 검색에 사용할 수 있다.

## 8.3 트리에서의 검색

비록 이분검색과 그 변종들인 보간검색과 보강된 보간검색이 매우 효율적이기는 하지만 응용할 수 없는 경우가 많이 있다. 왜냐하면 많은 양의 데이터를 적당한 구조가 아니기 때문이다. 실제로 많은 양의 데이터를 담는 적절한 데이터구조는 트리이다. 이 장에서는 트리를 검색하는 $\Theta(\lg n)$ 알고리즘이 있다는 사실을 공부해보자.

**정적검색**(static searching)은 레코드를 모두 파일에 한꺼번에 저장하고, 추후에 레코드를 추가하거나 삭제할 필요가 없는 경우 주로 하는 검색이다. 정적검색이 적절한 경우의 예로 운영체제(operating systems) 명령문 검색을 들 수 있다. 그러나 레코드가 추가 삭제되는 빈도수가 높아서 **동적검색**(dynamic searching)이 필요한 사례도 많이 있다. 비행예약시스템은 동적검색이 요구되는 대표적인 경우이다. 왜냐하면 손님은 수시로 예약을 하고, 또한 취소하기 때문이다.

배열구조는 동적검색에 적합하지 못하다. 왜냐하면 정렬된 배열에 레코드를 순서대로 추가시키는 경우 추가되는 레코드 다음에 오는 모든 레코드는 한자리씩 옮겨야 한다. 이분검색을 효과적으로 하기 위해서 가운데 아이템을 효율적으로 찾을 수 있어야 한다. 즉, 이분검색은 동적검색에는 사용될 수 없다. 연결 리스트를 사용하면 레코드를 자유자재로 추가 삭제할 수 있긴 하지만 연결 리스트를 효율적으로 검색하기는 불가능하다. 따라서 연결 리스트로 동적검색을 효율적으로 하기 충분치 않다. 정렬된 수열에서 키를 빨리 찾아낼 필요가 있다면 직접접근 저장장소(direct access storage, 해시구조)는 적용할 수 없다(해시는 다음 절에서 공부한다). 동적검색은 트리구조를 사용하면 효율적으로 구현할 수 있다. 먼저 이진검색트리를 설명하고, 그 후에 이진검색트리의 개량인 B-트리를 설명한다. B-트리는 트리의 균형유지가 항상 보장된다. 우리의 목표는 검색문제를 더 깊이 있게 분석해 보는 것이다. 그러므로 이진검색트리와 B-트리와 관련된 알고리즘만 간단히 살펴본다. 세부 알고리즘은 일반적으로 Kruse(1994) 등의 데이터구조 책에 자세히 설명되어 있다.

### 8.3.1 이진검색트리

이진검색트리는 3.5절에서 소개하였다. 그러나 거기서는 정적검색에서 어떻게 사용하는지 설명하였다. 즉, 키를 검색하는 확률에 기초하여 최적의 트리를 구축하고 싶었다. 트리를 구축하는 알고리즘(알고리즘 3.9)에서는 키를 한 번에 모두 추가하도록 요구하였다. 이는 정적검색에 응용한다는 의미이다. 이진검색트리는 동적검색에 유용하다. 이진검색트리를 이용하면 키를 빨리 추가 삭제할 수 있을 뿐 아니라 평균검색시간을 낮게 유지할 수도 있다. 더구나 트리를 **부모중간횡단**(in-order traversal) 순으로 검색하여 키를 정렬된 순서로 빨리 추출할 수 있다. 이진트리를 부모중간횡단 순으로 검색하면 먼저 왼쪽 부분트리의 마디를 모두 부모중간횡단 순으로 검색한 후 뿌리마디를 검색하고, 오른쪽 부분트리의 마디를 모두 부모중간횡단 순으로 검색한다.

그림 8.5는 처음 7개의 정수로 이루어진 이진검색트리이다. 검색 알고리즘(알고리즘 3.8) 검색키 $x$를 뿌리마디의 값과 비교하여 트리를 검색한다. 만약 같으면 검색종료, $x$가 더 작으면 같은 검색전략을 왼쪽 자식마디로 적용한다. $x$가 더 크면 같은 검색전략을 오른쪽 자식마디로 적용한다. 이런 식으로 트리를 훑어 내려가서 $x$를 찾든지, 아니면 $x$가 트리에 없음이 확실할 때까지 같은 과정을 되풀이한다. 그림 8.5에 있는 트리에 알고리즘을 적용하면 이분검색을 위한 결정트리(그림 8.1)와 같은 순서로 비교를 수행한다는 사실을 이미 알아챘을지도 모르겠다. 이것이 이분검색과 이진검색트리의 근본적인 관계를 잘 보여주고 있다. 즉, $n$개 키를 검색하는 이분검색을 나타내는 결정트리에서 비교마디는 또한 이진트리를 이루게 되고, 알고리즘 3.8의 비교 횟수는 이분검색에서와 같다. 그러므로 알고리즘 3.8은 이진검색트리에 적용하면 이분검색과 마찬가지로 $n$개 키 검색에 최적이다.

그림 8.5의 트리에서는 키를 효율적으로 추가하고 삭제할 수 있다. 예를 들면, 키 5.5를 추가하기 위해서는 5를 가지고 있는 마디를 찾을 때까지 트리를 훑어 내려가면 되는데 5.5가 마디에 있는 키보다 크면 오른쪽으로 내려가고, 그렇지 않으면 왼쪽으로 내려간다. 그리고 5.5를 그 잎의 자식마디로 만들어 준다. 앞에서 언급했듯이 실제 추가 및 삭제 알고리즘은 Kruse(1994) 등의 데이터구조 책을 참고하기 바란다.

이진검색트리의 단점은 키를 동적으로 추가하고 삭제할 때 결과 트리가 항상 균형을 유지한다는 보장이 없다는 것이다. 키를 증가하는 순서로 추가한다면 그림 8.6과 같은 트리를 얻게 될 것이다. 이 트리를 **삐뚤어진 트리**(skewed tree)라고 하는데, 단순히 연결리스트와 다를 바가 없다. 알고리즘 3.8을 이 트리에 적용하면 순차검색을 하는 경우와 마찬가지가 된다. 이 경우 연결 리스트 대신 이진검색트리를 사용함으로써 얻은 게 하나도 없다.

만약 키를 무작위로 추가한다면 직관적으로 보았을 때 구축한 연결 리스트보다는 균형잡힌 트리(balanced tree)에 더 가까울 것이다(무작위에 관한 자세한 사항은 부록 A의 A.8.1절을 참조하라). 따라서 평균적으로 효율적인 검색시간을 기대해 볼 수 있다. 실제로 그러한 취지로 만들어진 정리가 있다. 그 정리의 결과부터 먼저 설명해보자. 이 정리에서 입력들은 모두 발생확률이 같다고 가정하고 $n$개 키를 가진 입력을 검색하는 평균시

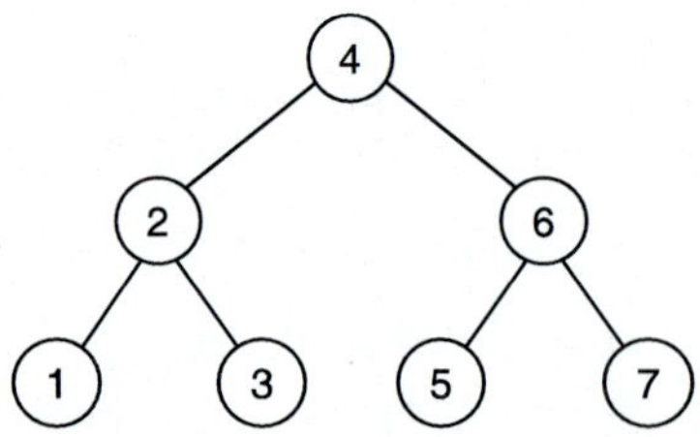


그림 8.5 처음 7개 정수를 포함하는 이진검색트리

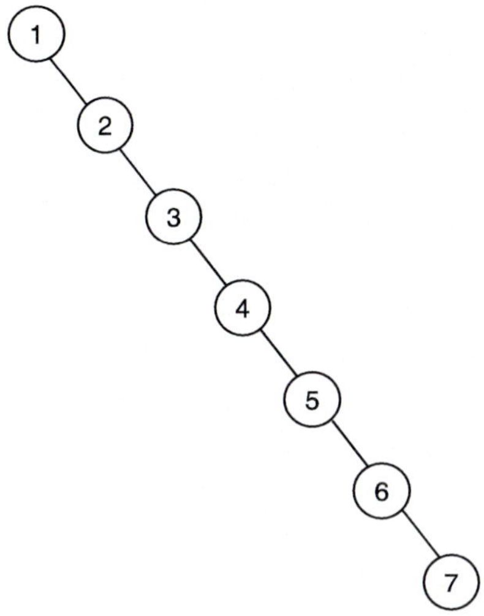


**그림 8.6** 처음 7개 정수를 포함하는 삐뚤어진 이진검색트리

간을 구한다. 이는 $n$개 키에 순서매기는 가능한 모든 방법은 트리를 만드는 알고리즘에 입력하는 것과 동일한 확률을 가진다는 의미이다. 예를 들면, 만약 $n = 3$이고, $s_1 < s_2 < s_3$의 3개 키가 있다면, 다음에 나열한 입력들은 모두 발생확률이 같다.

$$[s_1,\ s_2,\ s_3] \quad [s_1,\ s_3,\ s_2] \quad [s_2,\ s_1,\ s_3]$$
$$[s_2,\ s_3,\ s_1] \quad [s_3,\ s_1,\ s_2] \quad [s_3,\ s_2,\ s_1]$$

2개의 다른 입력으로 같은 트리가 될 수도 있다. 예를 들면, $[s_2,\ s_3,\ s_1]$과 $[s_2,\ s_1,\ s_3]$을 가지고 트리를 만들어 보면 같은 트리가 된다. 즉, 뿌리는 $s_2$, 왼쪽에는 $s_1$, 오른쪽에는 $s_3$이 되는 트리가 된다. 이 트리를 만드는 입력은 이 두 입력밖에 없다. 때로는 트리를 만드는 입력이 하나뿐인 경우도 있다. 예로서, $[s_1,\ s_2,\ s_3]$을 가지고 만든 트리는 다른 입력으로는 만들 수 없다. 여기서 강조하고 넘어가야 할 중요한 사실은 발생확률이 같다고 가정하는 것은 트리가 아니라 입력이라는 것이다. 그러므로 위에 나열된 각 입력의 발생확률은 1/6이고, 입력 $[s_2,\ s_3,\ s_1]$과 $[s_2,\ s_1,\ s_3]$에 의해서 만들어진 트리의 발생확률은 1/3이고, 입력 $[s_1,\ s_2,\ s_3]$에 의해서 만들어진 트리의 발생확률은 1/6이다. 그리고 검색 키 $x$가 $n$개 키 가운데 하나가 될 확률이 모두 같다고 또한 가정한다. 이제 정리를 정식으로 살펴보자.

### ▸ 정리 8.3

입력들은 모두 발생확률이 같다고 가정하고, 검색 키 $x$가 $n$개 키 가운데 하나가 될 확률이 모두 같다고 가정하면, $n$개의 다른 키로 이루어진 모든 입력의 평균검색시간은 이진검색트리를 사용하면 대략 다음과 같다.

$$A(n) \approx 1.38 \lg n$$

증명 :

검색 키가 트리에 있다고 가정하고 증명한다. 뒤에 연습문제에서 이 제한을 없애도 $2n+1$가지 결과(outcome)가 발생확률이 모두 같은 한, 동일한 결론에 도달하게 됨을 증명할 것이다(어떤 종류의 결과가 있는지는 8.1.2절의 이분검색의 평균의 경우 분석에서 다룬 바 있다).

키가 $n$개인 이진검색트리에서 $k$번째로 작은 키가 뿌리에 있는 경우를 생각해보자. 이런 이진검색트리들을 보면, 왼쪽 부분트리의 마디 개수는 $k-1$개이고, 오른쪽 부분트리의 마디 개수는 $n-k$개이다. 이런 트리를 만드는 입력에 대한 평균검색시간은 다음 세 가지 항의 합이 된다.

- 왼쪽 하위트리에서 평균검색시간 곱하기 $x$가 왼쪽 하위트리에 있을 확률
- 오른쪽 하위트리에서 평균검색시간 곱하기 $x$가 오른쪽 하위트리에 있을 확률
- 뿌리에서의 비교 1회

왼쪽 하위트리에서 평균검색시간은 $A(k-1)$이고, 오른쪽 하위트리에서 평균검색시간은 $A(n-k)$이다. 검색 키 $x$가 $n$개 키 가운데 어떤 것이 될 확률이 모두 같다고 가정했기 때문에 $x$가 왼쪽과 오른쪽 하위트리에 있을 확률은 각각 다음과 같다.

$$\frac{k-1}{n} \quad \text{그리고} \quad \frac{n-k}{n}$$

$A(n|k)$뿌리에 $k$번째로 작은 키가 있는 이진검색트리를 만드는 크기 $n$의 모든 입력에 대한 평균검색시간이라고 하면, 다음 식을 얻을 수 있다.

$$A(n|k) = A(k-1)\frac{k-1}{n} + A(n-k)\frac{n-k}{n} + 1$$

모든 입력의 발생확률이 같으므로, 모든 키는 입력의 첫째 키가 되어서 뿌리에 위치하게 될 확률이 같다. 그러므로 크기가 $n$인 모든 입력에 대한 평균검색시간은 1부터 $n$까지의 모든 $k$에 대한 $A(n|k)$의 평균이다. 그러면 다음 식을 얻는다.

$$A(n) = \frac{1}{n}\sum_{k=1}^{n}\left[\frac{k-1}{n}A(k-1) + \frac{n-k}{n}A(n-k) + 1\right]$$

$C(n) = nA(n)$으로 놓고, $A(n)$을 $C(n)/n$으로 대치하면 다음과 같다.

$$\frac{C(n)}{n} = \frac{1}{n}\left[\sum_{k=1}^{n}\frac{k-1}{n}\frac{C(k-1)}{k-1} + \frac{n-k}{n}\frac{C(n-k)}{n-k} + 1\right]$$

이 식을 정리하면 다음과 같다.

$$\begin{aligned} C(n) &= \sum_{k=1}^{n}\left[\frac{C(k-1)}{n} + \frac{C(n-k)}{n} + 1\right] \\ &= \sum_{k=1}^{n}\frac{1}{n}[C(k-1) + C(n-k)] + n \end{aligned}$$

초기조건은 다음과 같다.

$$C(1)=1A(1)=1$$

이 재현 방정식은 퀵정렬(알고리즘 2.6) 평균의 경우와 거의 똑같다. 퀵정렬 평균의 경우 분석 결과를 그대로 이용하면 다음과 같은 결과를 얻는다.

$$C(n)\approx 1.38(n+1)\lg n$$

즉,

$$A(n)\approx 1.38\lg n$$

---

정리 8.3에서 얻은 결과를 잘못 해석하지 않도록 주의해야 한다. $n$개 키로 이루어진 어떤 특정 입력의 평균검색시간이 약 $1.38\lg n$이 된다는 뜻은 아니다. 어떤 특정 입력에 대해서는 그림 8.6에서 본 트리와 같은 형태의 트리를 만들 수도 있는데, 이런 경우 평균 검색시간은 $\Theta(n)$이 된다. 정리 8.3은 $n$개 키로 된 모든 입력에 대한 평균검색시간에 관한 정리이다. 따라서 $n$개 키로 된 어떤 입력이 주어지면, 평균검색시간이 $\Theta(\lg n)$이 될 확률이 많지만, $\Theta(n)$이 될 수도 있다. 즉 효율적인 검색이 항상 가능하다는 보장은 없다.

### 8.3.2 B-트리

실제 사례에서는 선형검색시간으로 인하여 성능이 심하게 손상될 수 있다. 예를 들면, 거대한 데이터베이스 레코드의 키를 한꺼번에 모두 컴퓨터의 고속메모리(RAM : Random Access Memory이라 부름)에 모두 올려놓을 수 없는 경우가 종종 있다. 그러므로 검색을 수행하기 위해서 보조기억장치인 디스크에 접근(access)해야 할 수 있다(이러한 검색을 **외부검색**(external search)이라 하고, 키가 모두 동시에 메모리 안에 있는 경우의 검색을 **내부검색**(internal search)이라고 한다). 디스크에 접근하기 위해서는 입·출력 헤드를 움직여야 하고, RAM에 접근하기 위해서는 전자적인 데이터 전달만 하면 되므로 디스크 접근이 RAM 접근에 비해서 수백 또는 수천 배 느리다. 따라서 선형외부검색은 받아드릴 수 없는 걸로 입증되었고, 그러한 가능성의 여지를 남겨두는 것은 바람직하지 못하다.

이 딜레마에 대한 해는 이미 만들어진 이진검색트리를 입력으로 받아서 같은 키로 구성된 균형 잡힌 이진검색트리를 출력으로 내주는 균형유지프로그램(balancing program)을 작성하는 것이다. 그러면 그 프로그램을 주기적으로 실행하면 이진검색트리의 균형이 유지될 것이다. 알고리즘 3.9가 균형유지프로그램을 만드는 알고리즘이다. 이 알고리즘은 단순 균형유지알고리즘보다 더 강력하다. 왜냐하면 검색 키가 되는 각 키의 확률을 고려하기 때문이다.

매우 동적인 환경에서는 애초부터 트리를 절대로 불균형되지 않도록 하는 게 나을지도 모른다. 이진트리의 균형을 유지하면서 마디를 추가하고 삭제하는 알고리즘은 1962년에 러시아 두 명의 수학자 G.M. Adel'son-Velskii와 E.M. Landis가 개발하였다(이러한 이유로 해서 이 균형 잡힌 이진트리를 종종 **AVL-트리**라고 부른다). 이 알고리즘은 Kruse (1994) 등의 데이터구조 책을 보면 나와 있다. 이 알고리즘에서는 검색시간뿐만 아니라 추가하고 삭제하는 시간도 $\Theta(\lg n)$이 보장된다.

1972년에 R. Bayer와 E.M. McCreight는 이진검색트리를 향상시킨 B-트리를 개발하였다. 키를 **B-트리**에 추가하거나, B-트리에서 삭제할 때 나뭇잎은 모두 같은 수준으로 유지가 보장되는데, 이는 트리의 균형을 유지는 것보다 낫다. B-트리를 조작하는 실제 알고리즘은 Kruse(1994) 등의 데이터구조 책을 참조하기 바란다. 여기서는 어떻게 모든 잎을 같은 수준으로 유지하면서 키를 추가할 수 있는지에 대해서만 간단히 살펴본다.

B-트리는 사실 여러 부류의 트리를 대표한다. 그 중에 가장 간단한 트리는 **3-2 트리**이다. 이제 이 트리에 마디를 추가하는 과정을 설명해보자. 3-2 트리의 특성은 다음과 같다.

- 각 마디에는 키가 하나 또는 둘 있다.
- 내부마디(nonleaf)에 키가 하나 있으면 두 개의 자식마디가 있고, 내부마디에 키가 둘 있으면 세 개의 자식마디가 있다.
- 어떤 주어진 마디의 왼쪽 하위트리의 키들은 모두 그 마디에 저장되어 있는 키보다 작거나 같다.
- 어떤 주어진 마디의 오른쪽 하위트리의 키들은 모두 그 마디에 저장되어 있는 키보다 크거나 같다.
- 마디에 키가 둘 있으면 그 마디의 중간 하위트리의 키들은 모두 왼쪽 키보다는 크거나 같고, 오른쪽 키보다는 작거나 같다.
- 모든 잎은 수준이 같다.

그림 8.7(a)는 3-2 트리를 나타내는데, 그림 뒷부분에서는 어떻게 새로운 키가 그 트리에 추가되는지를 보여준다. 트리가 잎에서 자라는 대신 뿌리에서 깊이방향으로 자라기 때문에 트리가 계속 균형을 유지할 수 있음을 주목하자. 비슷하게 마디를 제거할 필요가 있을 때 트리는 뿌리에서 깊이방향으로 줄어든다. 이런 식으로 모든 나뭇잎은 항상 같은 수준을 유지하게 되어 검색, 추가, 삭제 시간이 $\Theta(\lg n)$이 됨을 보장할 수 있다. 트리를 부모 중간횡단 순으로 키를 끄집어내면 정렬 순서가 됨은 명백하다. 이러한 이유 때문에 대부분의 최신 데이터베이스 관리 시스템에서 B-트리를 쓰고 있다.

## 8.4 해시

키가 1부터 100까지의 정수이고 대략 100개의 레코드가 있다고 가정해보자. 그 레코드를 저장하는 효율적인 방법은 100개의 아이템을 저장할 수 있는 배열을 만들고 키가 $i$인 레코드는 $S[i]$에 저장한다. 그러면 레코드를 끄집어내는 건 순간적이고 키를 비교할 필요

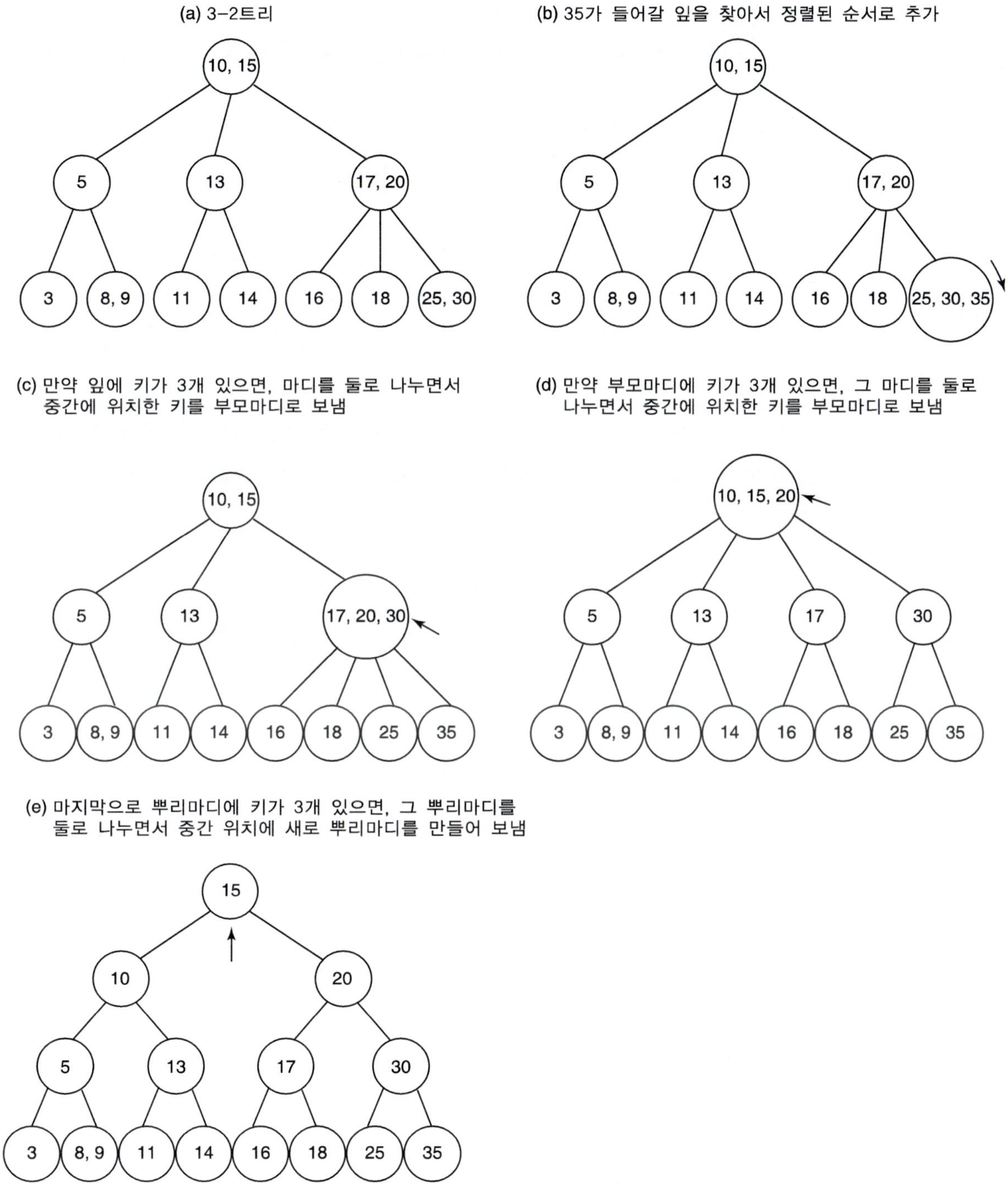


**그림 8.7** 3-2 트리에 새로운 키를 추가시키는 방법

가 없다. 대략 100개 정도의 레코드가 있고, 키가 13자리인 주민등록번호인 경우에도 같은 방법을 사용할 수 있다. 그러나 이 경우 배열을 사용하면 메모리 중심으로 따져보아서 상당히 비효율적이다. 왜냐하면 단지 100개의 레코드를 저장하기 위해서 10조개의 아이템을 저장할 수 있는 배열이 필요하기 때문이다. 대신에 0에서 99까지의 인덱스로 된 100개의 아이템만 저장할 수 있는 배열을 만들고, 각 키를 0과 99사이의 값으로 "해시(hash)" 할 수 있다. **해시함수**(hash function)는 키를 인덱스로 변환하는 함수이고, 어떤 특정한 키에 해시함수를 적용하는 것을 "키를 해시한다"라고 한다. 주민등록번호의 경우 가능한 해시함수는 다음과 같다.

$$h(\text{키}) = \text{키} \ \% \ 100$$

(여기서 %연산은 키를 100으로 나눈 나머지 값을 내준다) 사실 이 함수는 키의 마지막 두 디지트만을 내줄 뿐이다. 만약 어떤 특정한 키를 $i$로 해시한다면 그 키와 해당 레코드를 $S[i]$에 저장한다. 이 방법은 키를 정렬된 순서로 저장하지 않는데, 이는 레코드를 정렬된 순서로 끄집어낼 필요가 전혀 없는 경우에만 적용할 수 있다는 걸 뜻한다. 만약 그게 필요한 경우에는 앞에서 공부했던 방법들을 써야 한다.

만약 2개 키가 같은 인덱스 값으로 해시되지 않는다면 이 방법은 잘 돌아간다. 그러나 키의 수가 상당히 많을 때는 그럴 가능성이 거의 없다. 예를 들면, 키가 100개 있고, 각 키가 100개 중에서 서로 다른 인덱스에 각각 해시될 확률이 거의 같다고 하면 두 개의 키가 같은 인덱스에 해시되지 않을 확률은 다음과 같다.

$$\frac{100!}{100^{100}} \approx 9.3 \times 10^{-43}$$

최소한 두 개의 키가 하나의 인덱스로 해시된다는 건 거의 확실하다. 이러한 경우를 **충돌**(collision) 또는 **해시충돌**(hash clash)이라고 한다. 충돌을 해결하는 방법은 여러 가지가 있다. 가장 좋은 방법 중 하나는 **열린해시**(open hashing)이다. 이 방법은 열린주소찾기(open addressing)이라고도 한다. 열린해시에서는 각 해시 값마다 바구니(bucket)를 하나씩 만들고, 그 값으로 해시되는 키는 모두 그 값에 딸린 바구니에다 넣는다. 열린해시는 연결 리스트(linked list)로 보통 구현한다. 예를 들어, 수의 마지막 두 디지트로 해시된다면 $Bucket$을 가리키는 포인터 배열을 0에서 99까지의 인덱스를 가지도록 만든다. $i$로 해시되는 키는 모두 $Bucket[i]$에서 시작하는 연결된 리스트에 위치시킨다. 그림 8.8에서 예를 들어 잘 설명해 주고 있다.

바구니의 개수가 키의 개수와 같을 필요는 없다. 예를 들어, 수의 마지막 두 디지트로 해시된다면 바구니의 수는 반드시 100개여야 한다. 그러나 100, 200, 1000 또는 어떤 키라도 저장할 수 있다. 물론 키의 개수가 많아질수록 충돌횟수도 많아질 것이다. 만약 키의 개수가 바구니의 개수보다 크다면, 충돌은 확실히 발생한다. 바구니는 포인터만 저장하기 때문에 바구니를 할당하는데 그리 많은 저장장소를 낭비하는 건 아니다. 그러므로

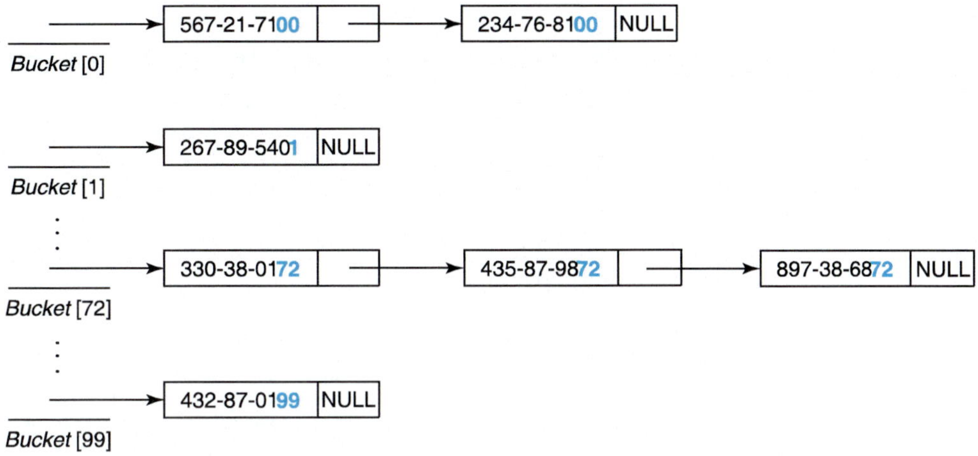


그림 8.8 열린해시의 사례. 마지막 두 디지트가 같은 키는 같은 바구니에 들어감.

키의 개수만큼 바구니를 할당해도 별 문제가 없다.

키를 검색할 때 키가 있는 바구니(연결 리스트)를 순차검색할 필요가 있다. 만약 키가 모두 같은 바구니로 해시된다면 이 검색은 순차검색으로 퇴보되어 버린다. 이러한 경우가 발생할 확률은 얼마나 될까? 만약 100개의 키와 100개의 바구니가 있고, 각 키가 100개 중에서 서로 다른 인덱스에 각각 해시될 확률이 거의 같다고 하면, 키가 모두 같은 바구니에 들어갈 확률은 다음과 같다.

$$100 \times \left(\frac{1}{100}\right)^{100} = 10^{-198}$$

그러므로 키가 모두 같은 바구니에 들어갈 가능성은 거의 없다고 보면 된다. 그러면 90, 80, 70 또는 다른 많은 개수의 키가 같은 바구니에 들어갈 기회는 어떻게 될까? 실제로 우리가 관심을 가져야 하는 건 해시검색이 과연 이분검색에 비해 평균적으로 얼마나 더 좋은지 여부이다. 파일(file)이 꽤 큰 경우 이 궁금증에 대한 해답은 거의 긍정적이다. 그러나 해시를 사용함으로써 얼마나 좋아지는지를 먼저 알아보자.

직관적으로 가장 좋은 건 키가 바구니에 균일하게 분포되어 있는 경우임은 틀림없다. 즉, 만약 $n$개의 키와 $m$개의 바구니가 있을 때 각 바구니에는 $n/m$개의 키가 있다는 것이다. 실제로는 $n$이 $m$의 배수일 때만 정확하게 $n/m$개의 키가 각 바구니에 들어가게 된다. 그렇지 않다면 대략적으로 균일하게 분포되어 있다고 얘기할 수밖에 없을 것이다. 키가 균일하게 분포되어 있을 때 어떻게 되는지 다음 정리에서 보여준다. 간단히 설명하기 위해서 정확하게 균일 분포된 경우만 다룬다(즉, $n$이 $m$이 배수인 경우).

### ▸ 정리 8.4

만약 $n$개의 키가 $m$개의 바구니에 균일하게 분포되어 있다면 실패한 검색에서 비교 횟수는

$n/m$ 번이다.

**증명** : 키가 균일하게 분포되어 있기 때문에 각 바구니의 키 개수는 $n/m$ 이다. 즉 이는 실패한 검색은 모두 $n/m$ 번의 비교를 필요로 한다는 걸 뜻한다.

---

**▸ 정리 8.5**

만약 $n$개의 키가 $m$개의 바구니에 균일하게 분포되어 있고, 각 키가 검색 키가 될 확률이 거의 같다고 하면, 성공한 검색의 평균 비교 횟수는 다음과 같다.

$$\frac{n}{2m}+\frac{1}{2}$$

**증명** : 각 바구니의 평균검색시간은 $n/m$ 개의 키를 순차검색하는 경우 평균 검색시간과 같다. 1.3절 알고리즘 1.1의 평균의 경우 분석에 의하면 위와 같다.

---

정리 8.5에 관한 예를 보자.

---

**• 예제 8.1** 만약 키가 균일하게 분포되어 있고 $n=2m$ 이라면, 실패한 검색은 각각 $2m/m=2$ 번의 비교만 필요하고, 성공한 검색은 평균 비교 횟수가 다음과 같다.

$$\frac{2m}{2m}+\frac{1}{2}=\frac{3}{2}$$

---

만약 키가 균일하게 분포되어 있으면 검색시간은 매우 작다. 그러나 비록 해시가 그렇게 예외적으로 좋은 결과를 줄 가능성이 있음에도 불구하고, 혹자는 검색이 거의 순차검색에 가깝게 퇴보하지 않기 위해서는 그래도 이분검색을 사용해야 한다고 주장할지 모른다. 그래서 다음 정리는 파일이 꽤 큰 경우 해시가 이분검색만큼 나쁘게 되는 기회가 적다는 걸 보여준다. 이 정리에서는 각 키가 서로 다른 바구니로 각각 해시될 확률이 거의 같다고 가정한다. 주민등록번호가 마지막 두 디지트로 해시될 때 이 가정은 전혀 무리가 없다고 할 수 있다. 그러나 모든 해시함수가 이 기준을 만족하는 건 아니다. 예를 들면, 영어이름이 마지막 두 디지트로 해시되는 경우 "th"로 해시되는 경우가 "qz"로 해시되는 경우보다 훨씬 많을 것이다. 왜냐하면 "th"로 끝나는 이름이 훨씬 많기 때문이다. Kruse (1994)와 같은 데이터구조 책을 보면 좋은 해시함수를 찾는 방법에 대해서 설명한다. 여기서 우리의 목표는 해시가 검색문제를 얼마나 잘 해결하는지 분석하는데 있다.

**▸ 정리 8.6**

만약 $n$개 키와 $m$개의 바구니가 있고, 각 키가 서로 다른 바구니로 각각 해시될 확률이 거의 같다고 가정하면 한 개의 바구니에 최소한 $k$개 키가 들어있을 확률은 다음보다 작거나 같다.

$$\binom{n}{k}\left(\frac{1}{m}\right)^{k-1}$$

**증명** : 주어진 바구니에 대해서 어떤 특정한 $k$개 키의 조합이 그 바구니에 들어갈 확률은 $(1/m)^k$이다. 이는 그 바구니에 최소한 이 조합으로 키가 들어있을 확률이 $(1/m)^k$라는 의미이다. 일반적으로 두 사건(events) $S$와 $T$에 대해서 다음 부등식이 성립한다.

$$p(S \quad \text{or} \quad T) \leq p(S) + p(T) \tag{8.1}$$

그러므로 주어진 바구니에 최소한 $k$개 키가 있을 확률은 $k$개 키의 각각 다른 조합으로 된 키가 최소한 있을 확률의 총합보다 작거나 같다. $k$개 키의 $\binom{n}{k}$개의 다른 조합은 $n$개 키에서 구할 수 있기 때문에(부록 A의 A.7절을 참조) 어떤 주어진 바구니가 최소한 $k$개 키가 들어 있을 확률은 다음보다 작거나 같다.

$$\binom{n}{k}\left(\frac{1}{m}\right)^{k}$$

이제 위 식 (8.1)과 $m$개의 바구니가 있다는 사실에 의해서 이 정리는 성립한다.

이분검색의 평균검색시간은 대략 $\lg n$이었음을 상기해보자. 표 8.1을 보면 여러 $n$ 값에 대해서 최소 한 개의 바구니에 최소한 $\lg n$개와 $2\lg n$개 키가 들어있을 확률의 상한이 나타나 있다. 이 표에서는 $n = m$이라 가정한다. 비록 $n$이 128일 때조차도 검색시간이 $2\lg n$을 초과할 확률은 10억분의 1보다도 작다. $n$이 1,024이면, 검색시간이 $2\lg n$을 초과할 확률은 1억 곱하기 1억분의 3보다 작다. $n$이 65,536이면, 검색시간이 $\lg n$을 초과할 확률은 10억분의 3 가량이다. 한 번의 비행기 여행에서 사고로 죽을 확률은 100만분의 6 정도이고, 평균적인 경우 자동차 사고로 죽을 확률은 100만분의 270이다. 그러나 사람들은 보통 비행기나 자동차 타기를 굳이 꺼려하지 않는다. 여기서 요점은 사리에 맞는 결정을 내리기 위해서 우리는 종종 극히 작은 확률은 거의 불가능으로 취급한다는 것이다. $n$이 큰 경우 이분검색 대신 해시를 사용하면 성능이 보다 더 좋을 게 거의 확실하기 때문에 그렇게 해도 괜찮은 것이다. 1970년대에 일어난 재미있는 실례를 하나 들어보자. 어떤 컴퓨터 제조업자가 새로 나온 비싼 하드웨어를 사라고 데이터처리 관리인을 설득하는 과정에서 주로 쓴 수법은 인위적으로 시나리오를 하나 만들어 놓고 그 시나리오대로 일이 일어날 경우 벌어지게 될 재앙을 설명하는 것이었다. 여기서 그 당시 데이터처리

**표 8.1** 최소한 한 개의 바구니에 최소한 $k$개 키가 들어있을 확률의 상한

| $n$ | $k = \lg n$인 경우 상한 | $k = 2\lg n$인 경우 상한 |
|---|---|---|
| 128 | .021 | $7.02 \times 10^{-10}$ |
| 1,024 | .00027 | $3.49 \times 10^{-16}$ |
| 8,192 | .0000013 | $1.95 \times 10^{-23}$ |
| 65,536 | $3.1 \times 10^{-9}$ | $2.47 \times 10^{-31}$ |

관리인이 종종 간과하였던 이 수법의 결함은 그 시나리오가 발생할 확률은 거의 무시할 만하다는 사실이었다. 위험을 싫어하는 건 개인이 선택할 문제이다. 그러므로 너무 심하게 위험을 싫어하는 사람은 10억분의 1이나 1억 곱하기 1억분의 3의 기회도 취하지 않을 수도 있다. 그러나 개인의 취향에 따라 결정한 건 아닌지 심각하게 고민하지 않고 결정해서는 곤란하다. 이러한 분석을 하는 방법은 Clemen(1991)의 책에 나와 있다.

## 8.5 선택문제 : 방해꾼(적) 논법의 소개

지금까지 키가 $n$개인 리스트에서 $x$를 검색하는 방법을 공부했다. 다음에는 **선택문제**(selection problem)라고 하는 다른 종류의 검색문제를 공부해보자. 이 문제는 키가 $n$개인 리스트에서 $k$번째로 큰 (또는 $k$번째로 작은) 키를 찾는 것이다. 여기서 키는 정렬되지 않은 배열에 있다고 가정한다(배열이 정렬된 경우는 사소하게 쉽다). 먼저 $k = 1$인 경우 즉 최대키(또는 최소키)를 찾는 경우에 대해서 생각해보자. 그 다음에는 최소키와 최대키를 동시에 찾으면서 각각 따로 찾는 경우보다 비교 횟수가 적게 되는 경우를 살펴본다. 그리고 $k = 2$인 경우, 즉 두 번째 작은 키(또는 두 번째 큰 키)를 찾는 경우에 대해서 공부해본다. 마지막으로 일반적인 경우에 대해서 다루어본다.

### 8.5.1 최대키 찾기

다음은 최대키를 찾는 쉬운 알고리즘이다.

▸ 알고리즘 8.2 **최대키 찾기**

문제 : 크기가 $n$인 배열 $S$에서 최대키를 찾으시오.

입력 : 양의 정수 $n$, 1에서 $n$까지의 인덱스를 가진 키의 배열 $S$

출력 : $S$에서 최대키의 값을 가진 변수 *large*

```
void find_largest (int n,
                   const keytype S[ ],
                   keytype& large)
{
  index i;

  large = S[1];
  for (i = 2; i <= n; i++)
    if (S[i] > large)
      large = S[i];
}
```

명백히 알고리즘에서 키를 비교하는 횟수는 다음과 같다.

$$T(n) = n - 1$$

직관적으로 여기서 더 이상 성능을 개선하기가 불가능해 보인다. 다음에 공부할 정리가 이 사실을 확인해 준다. 최대키를 결정하는 알고리즘을 키끼리의 토너먼트 경기로 생각해 볼 수 있다. 이루어지는 비교는 각각 그 토너먼트에서 한 번의 시합으로 보고, 큰 키는 비교에서의 **승자**(winner)가 되고, 작은 키는 **패자**(loser)가 된다. 최대키는 토너먼트의 우승자가 된다. 이 절에서는 이 용어를 그대로 사용한다.

**▸ 정리 8.7**

가능한 모든 입력 $n$개 중에서 비교만으로 최대키를 찾을 수 있는 결정적 알고리즘은 어느 경우라도 반드시 최소한 비교를 $n-1$번 해야 한다.

증명 : 모순유도로 증명한다. 즉, 크기가 $n$인 임의의 입력에 대해서 임의의 알고리즘이 $n-1$번 미만 비교한다면, 그 알고리즘은 임의의 다른 입력에 대해서는 틀린 답을 줄 수밖에 없다는 사실을 보인다. 결국 임의의 입력에 대해서 최대 $n-2$번 비교하여 최대키를 찾는다면 그 입력에서 비교되지 않는 최소 2개 키가 반드시 존재한다. 최소 이 두 개의 키 중 하나는 최대키로 보고될 수 없다. (필요하다면) 그 키를 원래 입력에 있는 모든 키보다 큰 키로 바꾸어서 새로운 입력을 만들 수 있다. 여기서 새로운 입력에 대하여 비교한 결과도 원래 입력에서와 같을 것이므로, 그 새로운 키는 최대키로 보고되지 않을 것이다. 이는 알고리즘의 새 입력에 대해서 틀린 답을 준다는 것을 의미한다. 이와 같이 모순이 유도되었으므로 알고리즘은 크기가 $n$인 모든 입력에 대해서 최소 $n-1$번은 비교해야 한다는 사실이 증명되었다.

정리 8.7을 정확하게 해석하는데 주의를 기울여야 한다. 비교만으로 검색하는 알고리즘은 모두 가장 큰 키를 찾는데 최소 $n-1$번 비교해야 한다는 걸 의미하는 건 아니다. 예를 들면, 배열이 정렬되어 있으면 한 번도 비교하지 않고도 배열의 마지막 아이템을 넘겨줌으로써 최대키를 찾을 수 있다. 그러나 배열의 마지막 아이템을 넘겨주는 알고리즘은 최대키가 마지막 아이템인 경우만 최대키를 찾을 수 있다. 가능한 모든 입력에 대해서 최대키를 찾을 수 있는 것은 아니다. 정리 8.7은 가능한 모든 입력에서 최대키를 찾을 수 있는 알고리즘에 관련된 정리이다.

물론 알고리즘 8.2와 비슷한 알고리즘을 사용하여 $n-1$번 비교하여 최소키를 찾을 수 있고, 정리 8.7과 비슷한 정리를 사용하여 $n-1$이 최소키를 찾는 하한이라는 사실을 증명할 수 있다.

### 8.5.2 최소키와 최대키를 모두 찾기

최소키와 최대키를 동시에 쉽게 찾으려면 알고리즘 8.2를 다음과 같이 수정하면 된다.

▸ 알고리즘 8.3 **최소키와 최대키 찾기**

**문제** : 크기가 $n$인 배열 $S$에서 최소키와 최대키 찾기

**입력** : 양의 정수 $n$, 1에서 $n$까지의 인덱스를 가진 키의 배열 $S$

**출력** : 배열 $S$에서 최소키와 최대키를 각각 가진 변수 small과 large

```
void find_both (int n,
                const keytype S[ ],
                keytype& small,
                keytype& large)
{
   index i;

   small = S[1];
   large = S[1];
   for (i = 2; i <= n; i++)
     if (S[ i] < small)
       small = S[ i ];
     else if (S[ i] > large)
       large = S[ i];
}
```

알고리즘 8.3을 사용하면 최소키와 최대키를 독립적으로 찾는 것보다는 좋다. 왜냐하면 어떤 입력에 대해서 $S[i]$와 $large$의 비교가 모든 $i$에 대해서 이루어지지 않기 때문이다. 따라서 모든 경우의 수행성능은 개선되었다. 그러나 $S[1]$이 최소키가 되면, 모든 $i$에 대해서 비교해야 한다. 그러므로 최악의 경우 키의 비교 횟수는 다음과 같다.

$$W(n) = 2(n-1)$$

이는 최소키와 최대키를 각자 따로 찾는 경우에 비교 횟수와 정확하게 같다. 이 경우 성능개선이 불가능한 것처럼 보이지만 사실은 가능하다. 모든 키를 짝을 지워 각 쌍 가운데 작은 키를 찾는다. 이 작업은 $n/2$번 비교하여 이루어진다. 작은 키 가운데서 최소키를 찾는데 $n/2$번 비교하면 되고, 큰 키들 가운데 최대키를 찾는데 $n/2$번 비교하면 된다. 이런 식으로 하면 $3n/2$의 총 비교만으로 최소키와 최대키를 찾을 수 있다. 이 방법의 알고리즘은 다음과 같다. 이 알고리즘은 $n$이 짝수라고 가정한다.

▸ 알고리즘 8.4 **키를 짝 지워서 최소키와 최대키 찾기**

**문제** : 크기가 $n$인 배열 $S$에서 최소키와 최대키 찾기

**입력** : 양의 정수이며 짝수인 $n$, 1에서 $n$까지의 인덱스로 된 키의 배열 $S$

**출력** : 배열 $S$에서 최소키와 최대키를 각각 가진 변수 *small*과 *large*

```
void find_both2 (int n,                              // n은 짝수라고 가정함
                 const keytype S[ ],
                 keytype& small,
                 keytype& large)
{
  index i;

  if (S[1] < S[2]) {
    small = S[1];
    large = S[2];
  }
  else {
    small = S[2];
    large = S[1];
  }
  for (i = 3; i <= n - 1 ; i = i + 2) {              // i는 2씩 증가
    if (S[ i ] < S[i + 1]) {
      if (S[ i ] < small)
        small = S[ i ] ;
      if (S[i + 1] > large)
        large = S[i + 1] ;
    }
    else {
      if (S[i + 1] < small)
      small = S[i + 1] ;
      if (S[i] > large)
        large = S[ i ] ;
    }
  }
}
```

$n$이 홀수일 때도 이 알고리즘이 작동하도록 수정하는 것과 키의 비교 횟수가 다음과 같음을 증명하는 것은 연습문제로 남겨둔다.

$$T(n) = \begin{cases} n\text{이 짝수이면,} & \dfrac{3n}{2} - 2 \\ n\text{이 홀수이면,} & \dfrac{3n}{2} - \dfrac{3}{2} \end{cases}$$

여기서 성능을 개선시킬 수 있을까? 답은 "아니오"임을 보여주려고 한다. 결정트리는 사용하지 않을 텐데, 그 이유는 결정트리가 선택문제와는 잘 맞지 않기 때문이다. 이유는 다음과 같다. 선택문제를 위한 결정트리는 $n$가지의 가능한 결과가 존재하기 때문에 최소한 $n$개의 잎을 포함해야 한다. 보조정리 7.3에 의하면 이진트리와 $n$개의 잎이 있다면 그 깊이는 $\lceil \lg n \rceil$보다 크거나 같다. 그러므로 잎 개수의 하한은 최악의 경우 비교 횟수의 하한이 $\lceil \lg n \rceil$이다. 이는 별로 좋은 하한이 아니다. 왜냐하면, 최대키를 찾는데만 최소한

$n-1$번은 비교해야 한다는 사실을 이미 알고 있기 때문이다(정리 8.7). 보조정리 8.1은 더 이상 유용하지 않은데, 그 이유는 결정트리에는 반드시 비교마디가 $n-1$개 존재해야 한다는 사실을 바로 확립할 수 있기 때문이다. 선택문제에는 결정트리가 잘 작동되지 않는데, 왜냐하면 결과가 하나 이상의 잎에 나타날 수 있기 때문이다. 그림 8.9는 $n=4$일 때 알고리즘 8.2(최대키 찾기)에 대한 결정트리를 보여준다. 4의 답을 주는 잎이 4개 있고, 3의 답을 주는 잎이 2개 있다. 그 알고리즘에서 수행되는 비교 횟수는 $\lg n = \lg 4 = 2$가 아니라 3이다. 여기서 $\lg n$의 약한(부실한) 하한이라는 것을 알 수 있다.

하한을 구하기 위해서 **방해꾼 논법**(adversary argument)이라 불리는 또 하나의 방법을 사용한다. "방해꾼"란 경기에서 상대편이나 적을 말한다. 가령 한 여학생이 미팅을 나갔는데, 관심있어 하는 어떤 남학생이 "너 띠가 뭐니?" 같은 썰렁한 질문을 했다고 가정해 보자. 누구나 알다시피 띠에는 12종류가 있고, 태어난 해에 따라서 띠가 결정된다. 가령 1976년생이면 용띠가 된다. 이런 썰렁한 질문에 바로 대답을 하면 재미가 별로 없으므로 이 여학생은 방해꾼이 되기로 한다. 여학생은 "그래"/"아니"로 대답할 수 있는 질문만 하여 띠를 맞추어 보라고 남학생에게 요구한다. 방해꾼이 된다는 건 자신의 띠를 알려줄 의도가 없는 것이므로 무조건 남학생이 가능하면 질문을 많이 하도록 유도해야 한다. 그러므로 되도록 답을 늦게 찾도록 대답을 해야 한다. 예를 들어, 가령 남학생이 "너의 띠를 나타내는 동물은 다리가 4개니?"라고 묻는다고 하자. 만약 "아니"라고 대답한다면 3개(용, 뱀, 닭) 중에 하나로 범위가 좁혀지고, 만약 "그래"라고 대답한다면 나머지 7개 중 하나로 범위가 좁혀지므로, "그래"라고 대답한다. 남학생이 다시 "그 동물이 가축이니?"라고 묻는다면 "그래"라고 대답한다. 왜냐하면, 남은 동물 중에서 과반수가 가축이기 때문이다. 여기서 대답할 때 주의해야 할 점은 이미 준 답과 일관성을 유지해야 한다는 사

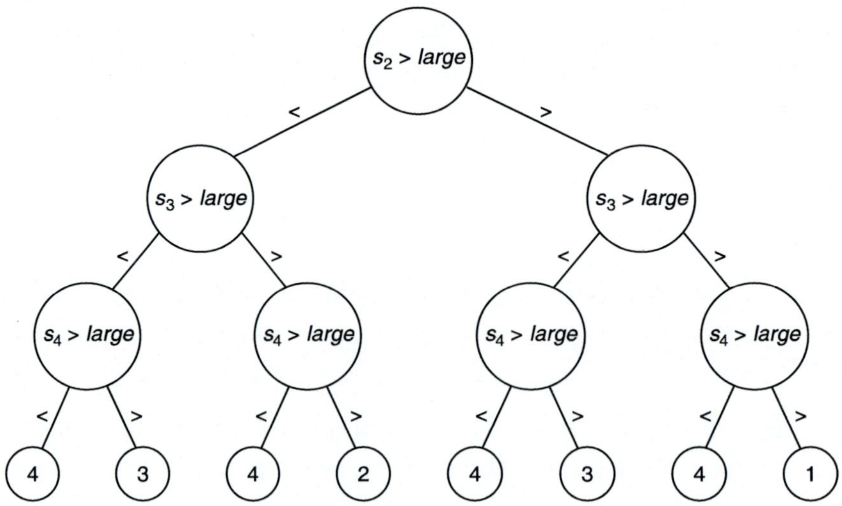


**그림 8.9** $n=4$일 때 알고리즘 8.2의 결정트리

실이다. 예를 들어, 만약 그 띠를 나타내는 동물의 다리가 4개라는 사실을 잊고 다리가 2개냐고 다시 묻는다면 "그래"라고 대답하면 이미 준 답과 모순이 되기 때문에 안 된다. 일관성이 없는 답에 해당하는 띠는 없다. 남아있는 해답후보의 개수가 최대가 되도록 질문에 대답하고, 그 답이 일관성이 있기 때문에 그 남학생이 논리적인 결론에 도달하기 전에 가능하면 많은 질문을 하게 할 수 있다.

어떤 방해꾼의 목표가 (남학생의 경우와 마찬가지로) 알고리즘이 되도록 비효율적으로 작동하도록 하는 것이라고 가정해보자. 알고리즘에서 결정을 해야 하는 지점마다 (예: 키의 비교 직후) 방해꾼은 가능하면 알고리즘을 느리게 실행하게 하는 결정을 선택한다. 여기서도 유일한 제한사항은 이미 준 답과 언제나 일관성 있게 결과를 선택해야 한다는 것이다. 결과를 일관성 있게 선택하는 한, 그러한 결과가 일어나도록 하는 입력은 반드시 존재한다. 만약 방해꾼이 알고리즘의 단위명령을 $f(n)$번 실행하도록 한다면 $f(n)$은 그 알고리즘의 최악 시간복잡도를 나타내는 하한이다.

최대키와 최소키를 모두 찾는데 필요한 최악의 경우 비교 횟수 하한을 구하는데 방해꾼 논법을 사용한다. 그 하한을 구하기 위해서 키들은 모두 다르다고 가정한다. (키가 모두 다른 경우) 입력의 일부분에 대한 최악 시간복잡도의 하한은 입력전체를 고려한 경우의 하한이기 때문에 이렇게 가정할 수 있다. 정리를 살펴보기 전에 방해꾼이 세우게 될 전략을 생각해보자. 비교만으로 최소키와 최대키를 찾는 문제를 푸는 알고리즘이 있다고 가정해보자. 만약 키가 모두 다르다면 알고리즘 실행 중 언제라도 주어진 키의 상태(state)는 다음 중 하나이다.

| 상태 | 상태의 의미 |
|---|---|
| X | 이 키는 아직 한 번도 비교하지 않았다 |
| L | 이 키는 비교에서 최소 한 번은 졌고, 한 번도 이기지 않았다 |
| W | 이 키는 비교에서 최소 한 번은 이겼고, 한 번도 지지 않았다 |
| LW | 이 키는 비교에서 최소 한 번은 졌고, 최소 한번은 이겼다 |

위의 상태들은 가지고 있는 정보의 개수를 나타낸다. 만약 키의 상태가 X라면, 정보가 하나도 없는 걸 뜻한다. 만약 키의 상태가 L이나 W라면, 그 키가 최소한 한 번은 비교에서 이겼거나 졌다는 걸 알기 때문에 정보의 개수는 하나이다. 만약 키의 상태가 LW라면, 그 키가 비교에서 이기기도 지기도 했다는 걸 알기 때문에 정보의 개수는 둘이다. *small* 키는 최소값을 가지고, *large* 키는 최대값을 가지도록 알고리즘을 만들기 위해서는 *small*을 제외한 모든 키는 최소한 비교에서 한 번은 이기고 *large*를 제외한 모든 키는 비교에서 한 번은 진다는 사실을 염두에 두어야 한다. 즉 알고리즘은 다음 개수만큼의 정보를 배워야 한다.

$$(n-1)+(n-1)=2n-2$$

알고리즘은 비교할 때마다 가능하면 정보를 덜 제공하고 싶어 한다. 예를 들면, 알고리즘

**표 8.2** 최소키와 최대키를 찾는 알고리즘을 물리치기 위한 방해꾼의 전략

| 비교 전 | | 방해꾼이 더 크다고 선언한 키 | 비교 후 | | 알고리즘에 의해서 배운 정보의 개수 |
|---|---|---|---|---|---|
| $s_i$ | $s_j$ | | $s_i$ | $s_j$ | |
| X | X | $s_i$ | W | L | 2 |
| X | L | $s_i$ | W | L | 1 |
| X | W | $s_j$ | L | W | 1 |
| X | WL | $s_i$ | W | WL | 1 |
| L | L | $s_i$ | WL | L | 1 |
| L | W | $s_j$ | L | W | 0 |
| L | WL | $s_j$ | L | WL | 0 |
| W | W | $s_i$ | W | WL | 1 |
| W | WL | $s_i$ | W | WL | 0 |
| WL | WL | 이전 답과 일관성 유지 | WL | WL | 0 |

* 키 $s_i$와 $s_j$를 비교한다.

이 처음 $s_1$과 $s_2$를 비교한다면, 방해꾼이 어떤 대답을 해도 상관없다. 왜냐하면, 제공되는 정보는 어느 쪽이나 2개이기 때문이다. 방해꾼이 $s_2$라고 답한다고 하자. 그러면 $s_2$의 상태는 X에서 W로 바뀌고, $s_1$의 상태는 X에서 L로 바뀐다. 알고리즘이 다음 $s_3$과 $s_1$을 비교한다고 하자. 만약 방해꾼이 $s_1$이 더 크다고 대답하면, $s_1$의 상태는 W에서 WL로, $s_3$의 상태는 X에서 L로 바뀐다. 이는 정보 2개가 노출되었다는 뜻이다. 만약 $s_3$이 더 크다고 대답하면 노출되게 될 정보는 한 개뿐이기 때문에 방해꾼은 이 답을 선택할 것이다. 표 8.2를 보면 항상 노출되는 정보가 최소가 되는 방해꾼의 전략이 나와 있다. 어떤 키를 선택해도 상관 없는 경우는 무조건 비교에서 앞에 있는 것을 선택한다. 이 전략만 가지면 아래 정리를 증명할 수 있다. 그러나 방해꾼이 이 전략을 실제로 어떻게 사용하는지 먼저 살펴보자.

• **예제 8.2** 표 8.3을 보면 입력의 크기가 5인 경우 알고리즘 8.3을 물리치기 위한 방해꾼의 전략이 나타나 있다. 여기서 답들과 일관성 있게 키의 값이 할당되었다. 정말 꼭 필요하지는 않지만 두 키가 모두 WL 상태가 될 경우 일관성 있는 답을 줄 수 있게 방해꾼은 답이 나오는 키의 순서를 반드시 기억하고 있어야 한다. 이를 쉽게 할 수 있는 방법은 값을 할당하는 것이다. 더구나 값을 할당하게 되면 일관성 있는 답들이 그와 관련된 입력과 짝을 이루고 있는지 한눈에 알아낼 수 있다. 방해꾼의 전략으로 결정된 순서를 제외한 다른 답들은 임의로 선택한다. 예를 들면, $s_3$이 $s_1$보다 더 크다고 선언된 경우 $s_3$에 15의 값을 준다. 사실 10보다 큰 값이라면 어떤 값이라도 줄 수 있었다.

$s_3$과 $s_2$를 비교한 후 $s_3$의 값을 15에서 30으로 바꾼다는 사실을 주목해보자. 알고리즘이 주어지면 방해꾼은 실제 입력이 주어지지 않음을 기억하라. 방해꾼이 알고리즘의 결정을 넘겨받을

**표 8.3** 입력의 크기가 5인 경우 알고리즘 8.3을 물리치기 위해 시도한 방해꾼의 답

| 비교 | 방해꾼이 더 크다고 선언한 키 | 상태/할당된 값 | | | | | 알고리즘에 의해서 배운 정보의 개수 |
|---|---|---|---|---|---|---|---|
| | | $s_1$ | $s_2$ | $s_3$ | $s_4$ | $s_5$ | |
| $s_2 < s_1$ | $s_2$ | L/10 | W/20 | X | X | X | 2 |
| $s_2 > s_1$ | $s_2$ | L/10 | W/20 | X | X | X | 0 |
| $s_3 < s_1$ | $s_3$ | L/10 | W/20 | W/15 | X | X | 1 |
| $s_3 > s_2$ | $s_3$ | L/10 | WL/20 | W/30 | X | X | 1 |
| $s_4 < s_1$ | $s_4$ | L/10 | WL/20 | W/30 | W/15 | X | 1 |
| $s_4 > s_3$ | $s_4$ | L/10 | WL/20 | WL/30 | W/40 | X | 1 |
| $s_5 < s_1$ | $s_5$ | L/10 | WL/20 | WL/30 | W/40 | W/15 | 1 |
| $s_5 > s_4$ | $s_5$ | L/10 | WL/20 | WL/30 | WL/40 | W/50 | 1 |

때마다 답(그리고 따라서 입력 값)은 동적으로 만들어진다. $s_2$의 값이 15보다 크고 방해꾼의 답은 $s_3$이 $s_2$보다 크다는 것이므로 $s_3$의 값은 15에서 바꿀 필요가 있다.

알고리즘의 수행이 끝난 후 $s_1$이 다른 모든 키에게 졌고, $s_5$가 다른 모든 키에게 이겼다. 따라서 $s_1$은 가장 작은 키이고, $s_5$는 가장 큰 키가 된다. 방해꾼이 만든 입력은 $s_1$을 가장 작은 키로 했는데, 왜냐하면 그 입력이 알고리즘 8.3이 가장 힘들게 비효율적으로 수행하게 하는 입력이기 때문이다. 표 8.3에 의하면 모두 8번의 비교가 이루어졌고, 알고리즘 8.3에 의해서 이루어진 최악의 경우 비교 횟수는 입력의 크기가 5일 때 다음과 같다.

$$W(5) = 2(5-1) = 8$$

이는 입력의 크기가 5일 때 우리의 방해꾼이 알고리즘 8.3이 가능한 힘들게 비효율적으로 수행되도록 하는데 성공했음을 의미한다.

최대키와 최소키를 찾는 다른 알고리즘이 주어진다면 방해꾼은 그 알고리즘을 가능한 한 힘들게 비효율적으로 실행되도록 하는 답을 주려고 노력할 것이다. 알고리즘 8.4(키를 비교하여 최소키와 최대키 찾기)와 임의의 입력의 크기가 주어진 경우 방해꾼의 답이 무엇이 될지 알아보기를 권한다.

방해꾼의 전략을 개발할 때 주어진 문제를 알고리즘이 가능한 한 힘들게 풀도록 하는 게 우리의 목표이다. 방해꾼 전략이 빈약하면 이 목표를 이룰 수 없을지 모른다. 그러나 목표의 달성 여부에 상관없이 방해꾼 전략은 알고리즘이 얼마나 힘들게 실행될 수 있는지 하한을 알아보는데 사용할 수 있다. 이제 방해꾼 전략으로 하한을 구해보자.

### ▸ 정리 8.8

가능한 모든 입력에서 비교만으로 $n$개의 키 가운데 최소키와 최대키를 모두 찾을 수 있는 결정 알고리즘은 최악의 경우 최소한 다음 만큼의 비교를 수행해야 한다.

$$n\text{이 짝수이면, } \frac{3n}{2}-2$$

$$n\text{이 홀수이면, } \frac{3n}{2}-\frac{3}{2}$$

**증명** : 키가 모두 다를 때 알고리즘이 최소한 이 만큼의 비교를 수행해야 한다는 걸 보임으로써 이 값이 최악의 경우의 하한임을 보인다. 앞에서 말했듯이 최소키와 최대키를 모두 찾기 위해서 알고리즘은 $2n-2$개의 정보를 반드시 배워야 한다. 우리 이 알고리즘에 방해꾼을 사용한다고 가정해보자. 비교할 때 두 키가 모두 이전 비교에 쓰이지 않은 경우에만 방해꾼은 한 번 비교에 두 개의 정보를 제공한다는 것을 표 8.2를 보면 알 수 있다. 만약 $n$이 짝수이면, 최대한 다음의 횟수만큼의 비교를 수행하는 경우가 될 수 있다.

$$\frac{n}{2}\text{회 비교}$$

이는 이런 식으로 하면 알고리즘은 최대한 $2(n/2)=n$개의 정보를 얻을 수 있다는 것을 뜻한다. 다른 비교에 대해서는 방해꾼이 최대한 1개의 정보를 제공하기 때문에 알고리즘은 최소한 필요한 정보를 모두 얻기 위해서 다음 횟수만큼을 추가적으로 비교해야 한다.

$$2n-2-n=n-2$$

그러므로 방해꾼은 알고리즘이 최소한 다음 만큼의 비교를 하게 한다.

$$\frac{n}{2}+n-2=\frac{3n}{2}-2$$

$n$이 짝수인 경우의 분석은 연습문제로 남겨 둔다.

---

알고리즘 8.4는 정리 8.8의 범위 안에서 비교를 수행하므로 이 알고리즘은 최악의 경우 최적이다. 우리는 쓸모 있는 방해꾼을 선택했다고 할 수 있는데, 왜냐하면 제공되는 하한만큼 수행되는 알고리즘을 찾았기 때문이다. 따라서 어떤 다른 방해꾼도 더 큰 하한을 제공할 수 없다는 걸 이제는 안다.

예제 8.2는 왜 알고리즘 8.3이 **준최적**(suboptimal)인지를 보여준다. 그 예제에서 알고리즘 8.3은 정보를 8개 배우기 위해서 비교를 8번 수행하였다. 반면 최적 알고리즘이었다면 6번만 수행하였을 것이다. 표 8.3의 두 번째 비교는 쓸모가 없는데, 왜냐하면 배우는 정보가 없기 때문이다.

방해꾼 논법을 사용할 때 방해꾼은 때로 오라클(oracle, 현인)이라고 부르기도 한다. 고대 그리스와 로마사람들에게 오라클이란 인간이 제시한 질문을 대답하는 지식이 많은 실체였다.

### 8.5.3 차대키 찾기

차대키(second-largest key)를 찾기 위해서 알고리즘 8.2(최대키 찾기)를 사용하여 $n-1$

번 비교하여 최대키를 찾고, 그 키를 제외한 후 알고리즘 8.2를 다시 사용하여 $n-2$번 비교하여 남은 키 중 최대키를 찾을 수 있다. 그러므로 $2n-3$번 비교하여 차대키를 찾을 수 있다. 이 비교 횟수를 분명히 향상시킬 수 있는데, 그 이유는 최대키를 찾는데 수행한 비교들이 차대키를 찾을 때 필요한 비교를 생략하는데 사용할 수 있기 때문이다. 즉, 최대키가 아닌 다른 키와 비교해서 패배한 키는 차대키가 될 수 없다. 다음에 설명할 토너먼트 방법은 이 사실을 이용한다.

**토너먼트 방법**(Tournament method)은 패배하면 탈락하는 토너먼트 경기에서 사용한 방식을 본 땄기 때문에 그렇게 명명하였다. 예를 들면, 미국 대학농구 우승팀을 가리기 위해서 64개 팀이 NCAA 토너먼트에서 겨룬다. 각 팀은 짝을 지워 1회전에서 32경기를 치른다. 승리한 32개 팀은 2회전에 다시 짝을 지워 16경기를 치른다. 이 과정은 결승전에서 두 팀만 남을 때까지 계속된다. 결승전에서 승리한 팀이 우승한다. 우승팀을 가리는데 $\lg 64 = 6$ 회전을 치르게 된다.

간단히 설명하기 위해서 숫자는 모두 다르며 $n$은 2의 거듭제곱이라고 가정한다. NCAA 토너먼트에서 하듯이 키를 짝 짓고 마지막 회전이 남을 때까지 각 회전에서 짝을 비교한다. 만약 8개 키가 있으면 1회전에서는 4번 비교하고, 2회전에서는 2번 비교, 마지막 회전에서는 한 번 비교한다. 마지막 회전의 승리자가 최대키가 된다. 그림 8.10은 이 방법을 보여준다. 토너먼트 방법은 $n$이 2의 거듭제곱일 때만 바로 적용할 수 있다. 그렇지 않을 때는 배열의 크기가 2의 거듭제곱이 되도록 배열의 뒷부분에 충분한 아이템을 추가할 수 있다. 예를 들면, 배열이 53개의 정수로 되어 있으면 $-\infty$(음의 무한대) 값을 가진 아이템 11개를 배열의 끝부분에 추가하여 64개 아이템을 가진 배열로 만든다. 지금부터 단순히 $n$은 2의 거듭제곱이라고 가정한다.

마지막 회전의 승리자가 최대키지만 패배자가 꼭 차대키라는 보장은 없다. 그림 8.10을 보면 차대키(16)는 최대키(18)에 2회전에서 패배한다. 이는 실제 토너먼트에서 가장 센 두 팀이 항상 결승에서 만나게 되지 않기 때문에 종종 겪게 되는 어려움이기도 하다.

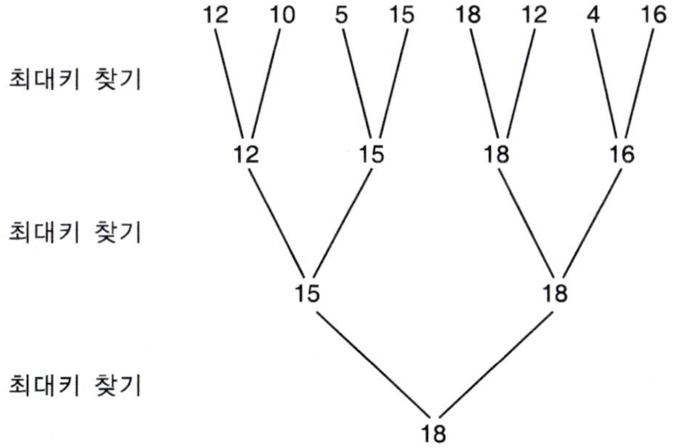


그림 8.10 토너먼트 방법

지난 여러 해 동안 벌어진 미식축구 수퍼볼 경기를 아는 사람들은 이같은 일을 잘 알고 있을 것이다. 차대키를 찾기 위해서 최대키에 패배한 키를 모두 기록하고, 알고리즘 8.2를 이용하여 그 중에 최대키를 찾을 수 있다. 그러나 어떤 키가 최대키인지 미리 모르는 상태에서 어떻게 그 키를 기록할 수 있을까? 각 키마다 하나씩 키의 연결 리스트를 유지하면 된다. 시합에서 패배한 키는 승리한 키의 연결 리스트에 추가한다. 이 방법에 대한 알고리즘의 작성은 연습문제로 남겨둔다. 만약 $n$이 2의 거듭제곱이면 1회전에서 $n/2$번, 2회전에서 $(n/2)^2$번, ... 그리고 결승전에서 $(n/2)^{\lg n}=1$번 비교한다. 모든 회전의 총 비교 횟수는 다음과 같다.

$$T(n) = n\sum_{i=1}^{\lg n}\left(\frac{1}{2}\right)^i = n\left[\frac{(1/2)^{\lg(n)+1}-1}{1/2-1}-1\right] = n-1$$

뒤에서 두 번째 등식은 부록 A의 예제 A.4의 결과를 적용하여 얻는다. 이는 토너먼트 경기를 하는데 필요한 총 비교 횟수이다(최적의 비교 횟수로 최대키를 찾았음을 명심하라). 최대키는 $\lg n$번 시합을 치르고, 이는 연결 리스트에 $\lg n$개 키가 있음을 의미한다. 알고리즘 8.2를 사용하면 연결 리스트에서 최대키를 찾는데 $\lg n-1$번 비교한다. 그 키가 차대키이다. 그러므로 차대키를 찾는 총 비교 횟수는 다음과 같다.

$$T(n) = n-1+\lg n-1 = n+\lg n-2$$

일반적으로 $n$에 대해서 다음과 같음을 증명하는 것은 연습문제로 남겨둔다.

$$T(n) = n+\lceil \lg n \rceil - 2$$

이 성능은 알고리즘 8.2를 두 번 사용하여 차대키를 찾는 것에 비하면 대단한 개선이다. 그렇게 하는 경우 $2n-3$번 비교했음을 상기해 보라. 이보다 더 적게 비교하면서 차대키를 구하는 알고리즘은 있을까? 방해꾼 논법을 사용하여 그럴 수 없음을 증명한다.

### ▸ 정리 8.9

비교만으로 가능한 모든 입력에서 $n$개의 키 가운데 차대키를 모두 찾을 수 있는 결정적 알고리즘은 최악의 경우 최소한 다음만큼의 비교를 수행해야 한다.

$$n+\lceil \lg n \rceil - 2$$

**증명** : 어떤 키가 차대키임을 결정하기 위해서 최대키를 제외한 $n-1$개 키 중에서 가장 큰 키를 결정해야 한다. $m$을 최대키가 승리한 비교 횟수라고 하자. 이 비교들은 어떤 것도 차대키가 남은 $n-1$개 키 중에 가장 큰 키임을 결정하는데 유용하지 않다. 정리 8.7에 의하면 이 결정을 하는데 최소 $n-2$번 비교해야 한다. 그러므로 총 비교 횟수는 최소 $m+n-2$이다. 이는 정리를 증명하기 위해서 방해꾼은 알고리즘이 최대키를 최소 $\lceil \lg n \rceil$번은 비교하도록 하기만 하면 된다는 뜻이다. 우리의 방해꾼 전략은 트리의 마디를 각 키와 연관짓는 것이다. 처음

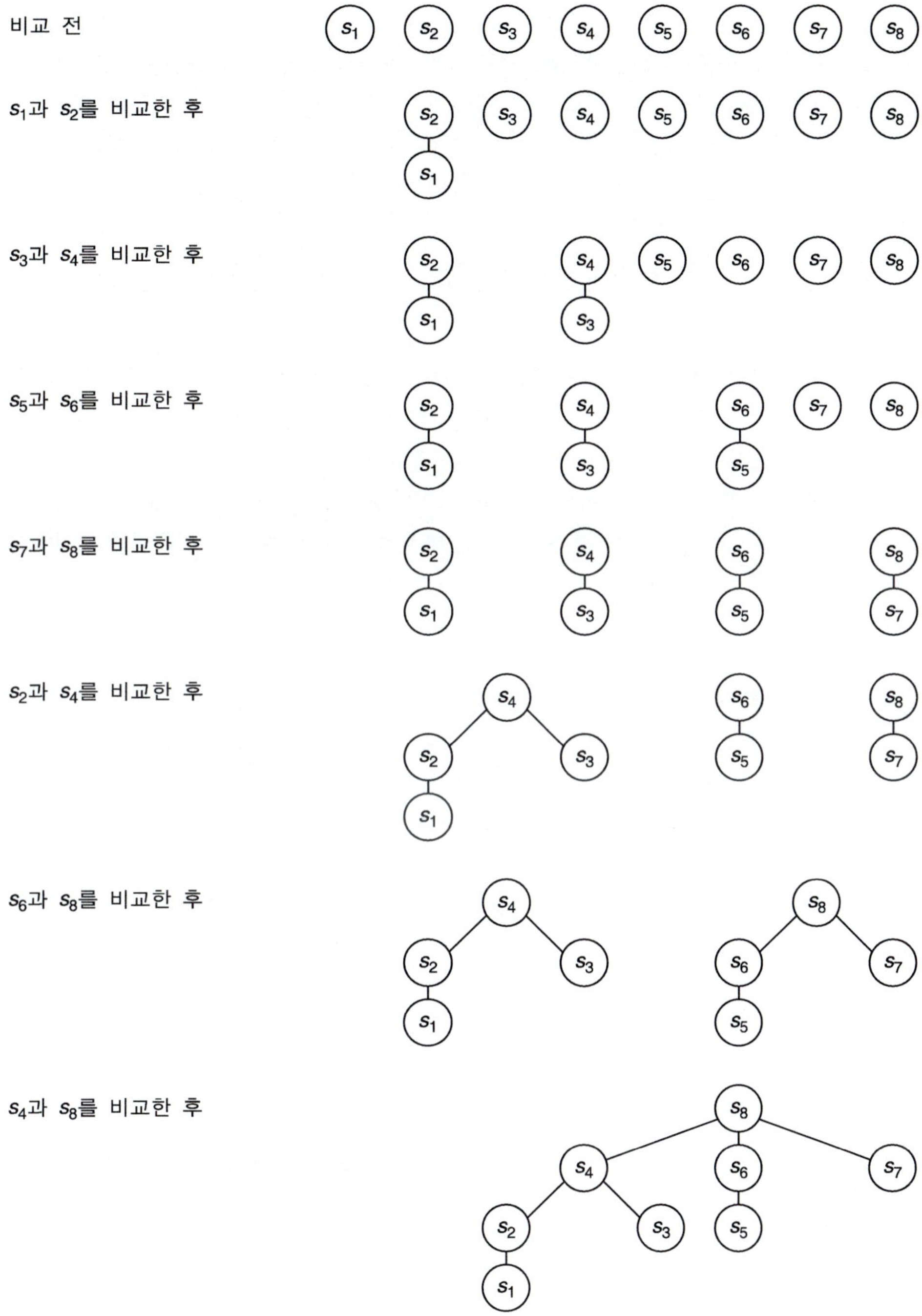


**그림 8.11** 토너먼트 방법을 사용하고 입력의 크기가 8일 때 정리 8.9의 방해꾼이 만든 트리들

에는 각 키마다 하나씩 $n$개의 단일마디(single-node) 트리를 만든다. 우리의 방해꾼은 트리를 사용하여 $s_i$와 $s_j$를 비교한 결과를 다음과 같이 내준다.

- $s_i$와 $s_j$가 모두 마디의 개수가 같은 트리의 뿌리마디이면, 임의의 답을 주면 된다. 트리는 작다고 선언된 키를 다른 키의 자식으로 만들어서 합한다.
- $s_i$와 $s_j$가 모두 트리의 뿌리이고, 한 트리가 다른 트리보다 마디의 개수가 더 많으면, 작은 트리의 뿌리마디는 작게 선언되고, 트리는 그 뿌리마디를 다른 트리의 자식으로 만들어서 합한다.
- $s_i$가 뿌리이고, $s_j$는 아니라면, $s_j$는 작다고 선언되며 트리는 변하지 않는다.
- $s_i$와 $s_j$가 모두 뿌리가 아니면, 답은 이전에 할당된 값과 일관성이 있어야 하고, 트리는 변하지 않는다.

그림 8.11은 어떻게 방해꾼이 토너먼트 방법을 사용하고, 입력의 크기가 8일 때 트리를 합하는지를 보여준다. 선택이 임의적이면 큰 인덱스를 가진 키를 승리키로 한다. 토너먼트가 끝날 때까지의 비교만 보여준다. 그 이후에 최대키에 패배하는 키 중에 가장 큰 키를 찾기 위해서 비교가 더 이루어질 수 있다. 그러나 트리는 변하지 않는다.

$size_k$를 최대키로 승리한 $k$번째 비교 바로 직후에 그 최대키를 뿌리마디로 가진 트리의 마디 개수라 하자. 그러면, 다음과 같은 부등식이 성립한다.

$$size_k \le 2size_{k-1}$$

왜냐하면 패배한 키의 트리의 마디 개수는 승리한 트리의 마디 개수보다 클 수가 없다. 초기조건은 $size_0 = 1$이다. 이 회귀방정식을 부록 B에 있는 기술을 사용하여 풀면 다음과 같이 결론 내릴 수 있다.

$$size_k \le 2^k$$

만약 알고리즘이 멈출 때 키가 뿌리마디이면, 그 키는 비교에서 한 번도 패배하지 않았다. 그러므로 알고리즘이 멈췄을 때 트리가 두 개 남아 있으면, 두 키는 결코 비교에서 패배하지 않았다. 최소한 그 키 중 하나는 차대키로 보고되지 않는다. 두 뿌리마디의 값을 바꾸고, 다른 모든 값을 똑같이 하여 새로운 입력을 구축할 수 있다. 따라서 둘째로 크다고 보고되지 않을 걸로 우리가 아는 그 키는 실제로 차대키가 된다. 그 입력에 대해서 알고리즘은 틀린 답을 줄 것이다. 그래서 알고리즘이 멈출 때 $n$개 키는 모두 한 트리에 속해 있어야 한다. 명백히 그 트리의 뿌리마디는 최대키임에 틀림없다. 그러므로 만약 $m$이 최대키가 승리한 총 비교 횟수라면, 다음과 같은 식을 유도할 수 있다.

$$n = size_m \le 2^m$$
$$\lg n \le m$$
$$\lceil \lg n \rceil \le m$$

마지막 부등식은 $m$이 정수라는 사실에서 유도되었다. 증명이 완료되었다.

---

토너먼트 방법이 한계치 내의 성능으로 실행되기 때문에 최적이다. 다시 한 번 가치 있는 방해꾼을 찾았다. 어느 다른 방해꾼도 더 좋은 한계치를 만들어 낼 수 없다.

최악의 경우 최대키를 찾는데 최소 $n-1$ 번 비교하고, 차대키를 찾는데 최소 $n+\lceil \lg n \rceil -2$ 번 비교한다. 차대키를 찾는 알고리즘은 반드시 최대키도 또한 찾아야 한다. 왜냐하면 키가 두 번째로 큰지를 알기 위해서 비교에서 한 번 패배했다는 것을 알아야 한다. 그리고 그 패배는 반드시 최대키에게 당한 것이라야 한다. 그러므로 차대키를 찾는 게 더 어렵다는 것은 놀랄 일이 아니다.

### 8.5.4 $k$–번째 작은 키 찾기

일반적으로 선택문제를 풀기 위해서는 $k$–번째 큰 키나 $k$–번째 작은 키를 찾을 필요가 있다. 지금까지 최대키 찾는 방법을 공부했다. 왜냐하면 사용하는 용어와 더 적합해 보였기 때문이다. 즉, 최대키를 승리자라고 부르는 것도 적절해 보인다. 여기서는 알고리즘을 더 명확하게 이해하기 위해서 $k$–번째 작은 키를 찾는 방법에 대해서 공부해보자. 설명의 편의를 위해서 키는 전부 다르다고 가정한다.

$k$–번째 작은 키를 $\Theta(n \lg n)$ 시간 안에 찾는 명백한 방법은 키를 정렬한 후, $k$–번째 키를 넘겨주는 것이다. 우리는 비교를 덜해도 되는 방법을 개발한다.

퀵정렬(알고리즘 2.6)에 썼던 알고리즘 2.7의 *partition* 프로시저는 피봇아이템(pivot item)보다 작은 키는 모두 배열에서 그 앞에 오고, 피봇아이템보다 큰 키는 모두 그 뒤에 오도록 배열을 분할하였다. 피봇아이템이 위치한 슬롯은 *pivotpoint*라고 부른다. 피봇아이템이 $k$–번째 슬롯에 위치할 때까지 분할하여 선택문제를 풀 수 있다. $k$가 *pivotpoint*보다 작으면, 왼쪽 부분배열을 재귀 호출하여 분할하고(키가 피봇아이템보다 작음), $k$가 *pivotpoint*보다 크면 오른쪽 부분배열을 재귀 호출하여 분할하여 선택문제를 풀 수 있다. $k = pivotpoint$이면 찾기를 완료한다. 다음은 이 방법으로 문제를 푸는 분할정복 알고리즘이다.

▸ 알고리즘 8.5

**선택(Selection)**

문제 : $n$개 다른 키로 된 배열 $S$에서 $k$–번째 작은 키를 찾으시오.

입력 : $k \le n$인 양의 정수 $n$과 $k$, 1에서 $n$까지의 인덱스를 가진 서로 다른 키의 배열 $S$

출력 : $S$에서 $k$–번째 작은 키. 함수 *selection*의 값으로 내준다.

```
keytype selection (index low, index high, index k)
{
   index pivotpoint;

   if (low == high)
     return S[low];
   else {
     partition (low, high, pivotpoint);
     if (k == pivotpoint)
```

```
        return S[pivotpoint] ;
      else if (k < pivotpoint)
        return selection(low, pivotpoint-1, k) ;
      else
        return selection(pivotpoint + 1, high, k) ;
   }
}

void partition (index low, index high,              // 알고리즘 2.7에 프로시저와 같다
                index& pivotpoint)
{
   index i, j;
   keytype pivotitem;

   pivotitem = S[low];                              // pivotitem으로 첫 번째 아이템을 선택
   j = low;
   for (i = low+ 1; i <= high; i++)
      if (S[i] < pivotitem) {
         j++;
         S[i]와 S[j] 교환;
      }
   pivotpoint = j;
   S[low]와 S[pivotpoint] 교환;                     // pivotpoint에 pivotitem을 넣음
}
```

이전 장의 재귀 함수와 마찬가지로 $n$과 $S$는 함수 *selection*의 입력이 아니다. 그 함수를 부르는 최상위 호출은 다음과 같다.

$$kthsmallest = selection(1,\ n,\ k)$$

퀵정렬(알고리즘 2.6)과 같이 각 재귀 호출 시 분할한 배열의 크기가 하나 작으면 최악의 경우가 된다. 예를 들어 배열이 오름차순으로 정렬되어 있고 $k = n$인 경우에 이같은 상황이 일어난다. 알고리즘 8.5는 따라서 알고리즘 2.6과 같은 최악의 경우 시간복잡도를 가진다. 이는 알고리즘 8.5의 키의 비교 횟수 기준 최악 시간복잡도는 다음과 같음을 의미한다.

$$W(n) = \frac{n(n-1)}{2}$$

비록 최악의 경우가 퀵정렬과 같지만, 다음 평균의 경우 알고리즘 8.5는 훨씬 성능이 우수하다.

**알고리즘 8.5의 분석** ▸ **(선택)의 평균 시간복잡도 분석**

**단위연산** : *partition*에서 $S[i]$와 *pivotitem*의 비교

**입력크기** : $n$, 배열에서 아이템의 개수

입력들은 모두 발생확률이 같다고 가정한다. 이는 모든 $k$ 값은 같은 빈도수로 들어가고 모든 *pivotpoint* 값은 같은 빈도수로 넘겨진다. $p$는 *pivotpoint*를 나타낸다고 하자. 재귀 호출이 없는 경우(즉, $k=1, 2, \ldots n$일 때 $p=k$인 경우) 결과가 $n$개 존재한다. 첫째 재귀 호출에서 입력크기가 1인 경우(즉, $k=1$이며 $p=2$이거나, $k=n$이며 $p=n-1$이면) 결과가 2개 존재한다. 첫째 재귀 호출에서 입력크기가 2인 경우(즉, $k=1$ 또는 2이며 $p=3$이거나, $k=n-1$ 또는 $n$이며 $p=n-2$이면) 결과가 $2(2)=4$개 존재한다. 아래에 모든 입력크기에 대한 결과의 개수를 나열하였다.

| 첫째 재귀 호출에서 입력크기 | 주어진 크기를 산출하는 결과의 개수 |
|---|---|
| 0 | $n$ |
| 1 | 2 |
| 2 | $2(2)$ |
| 3 | $2(3)$ |
| $\vdots$ | $\vdots$ |
| $i$ | $2(i)$ |
| $\vdots$ | $\vdots$ |
| $n-1$ | $2(n-1)$ |

각 입력크기에 대해서 $k$의 값은 같은 빈도수로 나타나리라는 것은 그리 어렵지 않게 알 수 있다. *partition* 프로시저에서 비교 횟수는 $n-1$임을 알고리즘 2.7의 평균의 경우를 분석해보고 알았다. 따라서 평균은 다음 재현방정식으로 구할 수 있다.

$$A(n)=\frac{nA(0)+2[A(1)+2A(2)+\cdots+iA(i)+\cdots+(n-1)A(n-1)]}{n+2(1+2+\cdots+i+\cdots+n-1)}+n-1$$

부록 A의 예제 A.1의 결과와 $A(0)=0$이라는 사실을 사용하여 정리하면 다음 식을 얻는다.

$$A(n)=\frac{2[A(1)+2A(2)+\cdots+iA(i)+\cdots+(n-1)A(n-1)]}{n^2}+n-1$$

다음에 알고리즘 2.6(퀵정렬)의 평균 시간복잡도 분석에서 사용된 기술을 그대로 써 본다. 즉, 양변을 $n^2$으로 곱하고, $n-1$을 적용한 다음 $A(n-1)$의 표현식을 $A(n)$으로부터 빼고, 정리하면 다음과 같이 된다.

$$\begin{aligned}A(n)&=\frac{n^2-1}{n^2}A(n-1)+\frac{(n-1)(3n-2)}{n^2}\\&<A(n-1)+3\end{aligned}$$

$A(0)=0$이므로, 다음 재현방정식을 얻는다.

$$A(n) < A(n-1) + 3 \qquad n > 0$$
$$A(0) = 0$$

부록 B의 B.1절에 설명한대로, 이 재현방정식은 수학적 귀납법으로 해를 구할 수 있다. 해는 다음과 같다.

$$A(n) < 3n$$

같은 방법으로 재현방정식을 사용하여 $A(n)$이 선형함수의 시간복잡도를 가짐을 보일 수 있다. 그러므로

$$A(n) \in \Theta(n)$$

$A(n)$의 재현방정식을 가지고 큰 $n$ 값에 대해서 다음 식이 성립함을 증명하는 것은 간단하다.

$$A(n) = 3n$$

---

평균적으로 알고리즘 8.5(선택)는 1차함수 개수의 비교만 수행한다. 물론 알고리즘 2.6(퀵정렬)보다 평균적으로 성능이 더 좋은 이유는 퀵정렬은 *partition*을 두 번 호출하는데 비해서 이 알고리즘은 한 번만 호출한다. 그러나 재귀 호출의 입력이 $n-1$이면 둘 다 같은 복잡도로 퇴보해 버린다(이 경우 퀵정렬에서는 한쪽에 빈 부분배열이 입력된다). 그 시간복잡도는 2차함수가 된다. 알고리즘 8.5에 이러한 일이 일어나지 않게 하려면, 최악의 경우 2차함수 시간을 개선할 수 있어야 한다. 다음에 이를 어떻게 하는지 공부해 보자.

*pivotpoint*가 배열을 정확하게 반으로 나누면, 각 재귀 호출마다 입력이 반으로 잘리므로 최상의 경우가 된다. $n$개의 서로 다른 키의 **미디안**(median)은 키 중에서 반은 그보다 작고, 반은 그보다 큰 키를 가리킨다는 사실을 공부했다(이 사실은 $n$이 홀수인 경우에만 정확히 적용된다). 만약 항상 미디안을 *pivotitem*으로 선택할 수 있으면, 성능이 최적일 것이다. 하지만 미디안은 어떻게 구하나? *partition* 프로시저에서 *selection* 함수를 원래 배열로 된 입력과 그 입력의 반 정도 크기인 $k$를 가지고 호출해 볼 수 있다. 바로 밝혔듯이 이는 제대로 작동하지 않을 것이다. 왜냐하면 원래 입력과 같은 크기의 입력을 가지고 계속 *selection*를 호출해버리게 되기 때문이다. 그러나 다음과 같은 책략을 쓰면 들어맞을 것이다. 잠시동안 $n$이 5의 홀수 배라고 가정하자(5를 쓸 필요는 없다; 이 절 끝부분에서 다시 다룬다). $n$개 키를 $n/5$개 그룹으로 나누는데 각 그룹은 5개씩 키를 가지고 있다. 각 그룹별로 미디안을 직접 구한다. 연습문제에서 물어보겠지만, 구하는데 6번의 비교가 필요하다. 그리고 *selection* 함수를 호출하여 $n/5$개 미디안의 미디안을 구한다. 이 미디안들의 미디안이 $n$개 키들의 미디안일 필요는 없지만, 그림 8.12에서 보듯이 상당히 가깝다. 그 그림에서는 가장 작은 미디안의 왼쪽에 있는 키들(2와 3)은 미디안

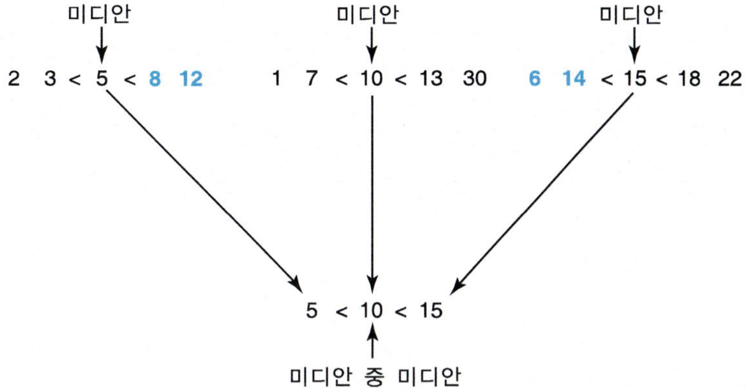


**그림 8.12** 색으로 표시된 키가 미디안 중 미디안보다 작은지 큰지 알 수 없는 사례

들의 미디안보다 작아야 하고, 가장 큰 미디안의 오른쪽에 있는 키들(18와 22)은 미디안들의 미디안보다 커야 한다. 일반적으로 가장 작은 미디안의 오른쪽에 있는 키들(8와 12)과 가장 큰 미디안의 왼쪽에 있는 키들(6와 14)은 미디안들의 미디안의 어느 쪽에도 올 수 있다. 미디안들의 미디안의 어느 쪽에도 올 수 있는 키의 개수는 다음과 같음을 주목하자.

$$2\left(\frac{15}{5}-1\right)$$

$n$이 5의 홀수 배가 될 때마다 미디안들의 미디안 어느 쪽에도 올 수 있는 키의 개수는 다음과 같다는 것을 아는 것은 별로 어렵지 않다.

$$2\left(\frac{n}{5}-1\right)$$

그러므로 미디안들의 미디안 한쪽에 올 수 있는 키의 개수는 최대한 다음과 같다.

$$\underbrace{\frac{1}{2}\left[n-1-2\left(\frac{n}{5}-1\right)\right]}_{\text{한쪽에 있는지 아는 키의 개수}}+2\left(\frac{n}{5}-1\right)=\frac{7n}{10}-\frac{3}{2}$$

이 전략을 사용하는 알고리즘을 분석할 때 이 결과를 다시 살펴본다. 먼저 알고리즘을 보자.

▸ 알고리즘 8.6

### 미디안을 사용한 선택

**문제** : $n$개 다른 키로 된 배열 $S$에서 $k$-번째 작은 키를 찾으시오.

**입력** : $k \le n$인 양의 정수 $n$과 $k$, 1에서 $n$까지의 인덱스를 가진 서로 다른 키의 배열 $S$

**출력** : $S$에서 $k$-번째 작은 키. 함수 *selection*의 값으로 넘겨진다.

```
keytype select (int n,
                keytype S[ ],
                index k)
{
  return selection2 (S, 1, n, k) ;
}

keytype selection2 (keytype S[ ],
                    index low, index high, index k)
{
  if (high == low)
    return S[low] ;
  else {
    partition2 (S, low, high, pivotpoint) ;
    if (k == pivotpoint)
      return S[pivotpoint] ;
    else if (k < pivotpoint)
      return selection2(S, low, pivotpoint−1, k) ;
    else
      return selection2(S, pivotpoint +1, high, k) ;
  }
}

void partition2 (keytype S[ ],
                 index low, index high,
                 index& pivotpoint)
{
  const arraysize = high − low + 1 ;
  const r = ⌈arraysize / 5⌉ ;
  index i, j, mark, first, last ;
  keytype pivotitem, T[1..r] ;

  for (i = 1; i <= r; i++) {
    first = low + 5 * i − 5 ;
    last = minimum(low + 5 * i − 1, arraysize) ;
    T[ i ] = median of S[first] through S[last] ;
  }
  pivotitem = select(r, T, ⌊(r+1)/2⌋;          // 미디안을 근사적으로 구한다.
  j = low ;
  for (i = low+ 1; i <= high; i++)
    if (S[ i ] < pivotitem) {
      S[ i ]와 S[ j ] 교환 ;
      mark = j ;                              // pivotitem을 위치시킬 장소에 표시
      j++ ;
    }
    else if (S[ i ] < pivotitem) {
      S[ i ]와 S[ j ] 교환 ;
```

```
        j++;
    }
    pivotpoint = j - 1;
    S[mark]와 S[pivotpoint] 교환;                          // pivotpoint에 pivotitem을 넣음
}
```

알고리즘 8.6에서 다른 재귀 알고리즘과는 달리 재귀 함수를 호출하는 함수는 간단하다. 이유는 이 간단한 함수가 다른 입력으로 다른 장소에서 호출될 필요가 있기 때문이다. 즉, *partition2* 프로시저에서 $T$ 입력으로 호출되고, 전역적으로(globally) 다음과 같이 호출된다.

$$kthsmallest = select(n,\ S,\ k)$$

또한 재귀 함수 *selection2*에 그 배열을 입력으로 넣는데, 그 이유는 그 함수는 전역 배열 $S$와 지역 배열 $T$를 동시에 처리하도록 호출되기 때문이다.

다음에는 이 알고리즘을 분석한다.

◈ 알고리즘 8.6의 분석

▸ **(미디안을 사용한 선택)의 최악 시간복잡도 분석**

**단위연산** : *partition2*에서 $S[i]$와 *pivotitem*의 비교

**입력크기** : $n$, 배열에서 아이템의 개수

간단히 하기 위해서 $n$이 5의 홀수 배라고 가정하고 재현방정식을 만든다. 재현방정식은 일반적인 $n$에 대해서 근사적으로 성립한다. 재현방정식을 이루는 구성요소는 다음과 같다.

- *selection2* 함수가 호출할 때 *selection2* 함수의 시간. 이미 토의한 대로 $n$이 5의 홀수 배라면 *pivotpoint*의 한쪽으로 갈 키의 개수는 최대한 다음과 같다.

$$\frac{7n}{10} - \frac{3}{2}$$

  이 값은 *selection2* 호출의 입력에서 최악의 경우 키의 개수를 의미한다.
- *partition2* 프로시저가 호출할 때 *selection2* 함수의 시간. *selection2* 호출의 입력에서 최악의 경우 키의 개수는 $n/5$이다.
- 미디안을 찾는데 필요한 비교 횟수. 이미 언급했듯이 5개 숫자의 미디안은 6번 비교하여 찾을 수 있다. $n$이 5의 배수일 때 알고리즘은 5개의 숫자를 가진 정확히 $n/5$개 그룹의 미디안을 찾는다. 따라서 미디안을 찾는데 필요한 총 비교 횟수는 $6n/5$이다.
- 배열을 분할하는데 필요한 비교 횟수는 $n$이다(비교의 구현이 효율적으로 이루어졌다고 가정).

  다음 재현방정식을 확립했다.

$$W(n) = W\left(\frac{7n}{10} - \frac{3}{2}\right) + W\left(\frac{n}{5}\right) + \frac{6n}{5} + n$$

$$\approx W\left(\frac{7n}{10}\right)+W\left(\frac{n}{5}\right)+\frac{11n}{5}$$

$n$이 5의 배수가 아닐 때도 위의 근사 등식이 성립함을 보이는 것이 가능하다. 물론, $W(n)$은 실제로 정수가 아닌 입력을 가지지는 않지만, 그러한 입력을 고려하면 분석이 간단해진다. 이 재현방정식을 보면 귀납법을 사용할 수 있는지의 여부를 전혀 알 수 없다. 더구나 부록 B에서 배운 어떤 기술을 가지고도 풀 수 없다. 그러나 **건설귀납(constructive induction)**이라 하는 기술을 사용하여 귀납법에서 사용될 수 있는 후보해답을 구할 수 있다. 즉, $W(n)$은 선형임을 알고 있으므로 $m < n$인 모든 $m$과 어떤 상수 $c$에 대해서 $W(m) \leq cm$이라고 가정하자. 그러면 재현방정식은 다음 식으로 유도된다.

$$W(n)\approx W\left(\frac{7n}{10}\right)+W\left(\frac{n}{5}\right)+\frac{11n}{5}\leq c\frac{7n}{10}+c\frac{n}{5}+\frac{11n}{5}$$

$W(n) \leq cn$으로 결론짓고 싶으므로, 귀납법으로 작동되는 $c$ 값을 결정하려면 다음 부등식을 풀어야 한다.

$$c\frac{7n}{10}+c\frac{n}{5}+\frac{11n}{5}\leq cn$$

그 해는 다음과 같다.

$$22 \leq c$$

그러면 이 부등식을 만족하는 $c$의 가장 작은 값을 선택하고, 형식적인 귀납논법으로 진행하여 $n$이 작지 않을 때 최악 시간복잡도는 대략 다음과 같은 범위를 가진다.

$$W(n) \leq 22n$$

명백히 이 부등식은 $n \leq 5$에 대해서 성립한다. 귀납논법을 마저 끝내는 것은 연습문제로 남겨둔다. 정리 8.7에 의하면 $k=1$인 경우에 해를 구하기 위해서만도 1차시간이 필요하다. 따라서 다음과 같이 결론짓는다.

$$W(n)\in\Theta(n)$$

---

최악의 경우 1차시간에 실행되는 알고리즘으로 선택문제를 성공적으로 해결했다. 앞에서 언급했듯이 이를 위해서 배열을 크기가 5인 그룹으로 나눌 필요는 없었다. 만약 $m$이 그 그룹의 크기라면, $m \geq 5$인 어떤 홀수 값을 택해도 선형시간의 복잡도 결과를 얻는다. 이제 그 이유를 알아보자. 언급한 결과를 얻는 절차는 연습문제로 남겨둔다. 임의의 $m$에 대하여 최악 시간복잡도를 구하기 위한 재현방정식은 다음과 같다.

$$W(n)\approx W\left(\frac{(3m-1)n}{4m}\right)+W\left(\frac{n}{m}\right)+an \tag{8.2}$$

여기서 $a$는 양의 상수이다. 우변에서 $n$의 계수의 합은 다음과 같다.

$$\frac{3m-1}{4m}+\frac{1}{m}=\frac{3m+3}{4m}$$

재현방정식 8.2는 우변이 1보다 작다는 사실은 $m>3$이라는 사실의 필요충분조건이 된다는 것을 간단히 알 수 있다. 다음 재현방정식이 $p+q<1$이면 1차방정식을 나타냄을 보이는 것은 가능하다.

$$W(n)=W(pn)+W(qn)+an$$

따라서 재현방정식 8.2는 $m\geq 5$인 모든 $m$에 대한 1차방정식이다.

$m=3$일 때, 재현방정식 8.2는 다음과 같이 된다.

$$W(n)\approx W\left(\frac{2n}{3}\right)+W\left(\frac{n}{3}\right)+\frac{5n}{3}$$

귀납법을 사용하면 이 재현방정식의 해는 다음과 같음을 증명할 수 있다.

$$W(n)\in\Omega(n\lg n)$$

그러므로 1차시간의 성능을 갖게 해주는 가장 작은 $n$의 홀수이다.

$m=7$, 9, 11일 때 시간복잡도의 상한 $c$는 $m=5$일 때보다 약간 작다. $c$의 값은 $m$이 11 넘어 증가하면 매우 서서히 증가한다. $m$이 작지 않다면, $c$는 대략 $4\lg m$이 됨을 보일 수 있다. 예를 들어, $m=100$이면, 그 상수는 대략 $4\lg 100=26.6$이 된다.

여기의 선택문제의 선형시간 알고리즘은 Blum–Floyd–Pratt–Rivest–Tarjan(1973)이 개발하였다. 원본은 더 복잡하지만 키의 비교 횟수는 $5.5n$ 정도밖에 안 된다.

Hyafil(1976)은 $k>1$일 때 $n$개 키의 집합에서 $k$–번째 작은 키를 찾는 하한은 다음과 같음을 증명했다.

$$n+(k-1)\left\lceil\lg\left(\frac{n}{k-1}\right)\right\rceil-k$$

이 증명은 Horowitz–Sahni의 책(1978)에도 나와 있다. 정리 8.9는 이 결과의 특별한 경우임을 주목하자.

다른 선택 알고리즘과 하한은 Schonhage–Paterson–Pippenger(1976)과 Fussenegger–Gabow(1976)에서 찾아볼 수 있다.

### 8.5.5 선택문제에 대한 확률적 알고리즘

알고리즘의 하한을 구할 때 그 알고리즘이 결정적(deterministic)이라고 가정해왔다. 그러나 그 하한이 확률적 알고리즘에도 성립한다는 것도 언급했다. 이러한 알고리즘이 언제 유용한지를 설명해주는 선택문제의 확률적 알고리즘을 보여줌으로서 이에 대한 토의를 마무리 짓도록 한다.

5.3절에서 재귀 알고리즘의 효율에 대한 근사치를 구하는 몬테칼로 알고리즘이라고 하는 확률적 알고리즘을 공부했다. 몬테칼로 알고리즘이 반드시 맞는 답을 주지는 않는다. 오히려 그 답의 추정치를 제공하고, 그 추정치가 맞는 답에 가까울 확률은 알고리즘의 사용 시간이 증가할수록 커진다. 여기서는 셔우드 알고리즘이라고 하는 다른 종류의 확률적 알고리즘을 살펴보자.

**셔우드 알고리즘**(sherwood algorithm)은 항상 맞는 답을 준다. 이 알고리즘은 최악의 경우보다는 평균의 경우 훨씬 빠르게 실행되는 결정적 알고리즘에 적합하게 쓰인다. 알고리즘 8.5(선택)의 경우 이게 사실로 들어났다. 그 알고리즘에서는 특정 입력에 대한 기준점(pivotpoint)이 재귀 호출에서 *low*나 *high*에 계속 가깝게 나올 때 최악의 경우 2차시간이 되었다. 예를 들어, 배열이 오름차순으로 정렬되어 있고 $k = n$인 경우가 그렇게 된다. 대부분 입력은 그렇지 않으므로 알고리즘의 평균 성능은 1차시간이다. 특정 입력에 대해서 균등분포(uniform distribution)에 따라서 무작위로 기준 아이템을 선정한다고 가정하자. 그러면 그 입력으로 알고리즘을 수행할 때 기준점은 끝점에 가까워지기보다는 멀어질 확률이 더 높다(무작위성은 부록 A의 A.8절에서 재음미한다). 그러므로 성능이 1차시간일 확률이 더 높다. 모든 입력에 평균적으로 적용하면 비교 횟수는 1차가 되기 때문에 균등분포에 따라서 무작위로 기준 아이템을 선정하면 특정 입력에 대해서 수행하는 키의 비교 횟수에 대한 **기대치**(expected value)는 직관적으로 1차가 됨이 틀림없다. 이게 사실임을 증명하기 전, 우선 알고리즘 8.5에서 구한 기대치와 평균치의 차이점을 먼저 생각해보자. 입력의 크기가 모두 같다고 가정하면 알고리즘 8.5의 평균 비교 횟수는 1차이다. 입력에 따라 알고리즘 8.5의 비교 횟수는 변하지는 않는다. 어떤 입력에 대해서는 2차가 되기도 한다. 우리가 이제 보여주려고 하는 셔우드 알고리즘은 실행할 때마다 비교 횟수가 같지 않다. 때로는 비교 횟수가 1차가 되기도 하고, 때로는 2차가 되기도 한다. 그러나 만약 알고리즘을 같은 입력으로 여러 번 수행한다면 평균 수행시간은 1차가 된다고 기대할 수 있다.

알고리즘 8.6(미디안을 사용한 선택)의 성능이 1차임이 보장되는데 왜 이런 알고리즘을 사용하고 싶어 하는지에 대해서 의아해할 지도 모른다. 이유는 알고리즘 8.6은 메디안의 근사치를 구하는데 필요한 상수 추가비용 값이 크기 때문이다. 셔우드 알고리즘이 알고리즘 8.6보다 평균적으로 더 빨리 실행된다. 알고리즘 8.6을 쓸 건지 셔우드 알고리즘을 쓸 건지에 대한 결정은 어디에 사용하느냐에 따라 달라진다. 평균적으로 성능이 우수해야 한다면 셔우드 알고리즘을 써야 한다. 반면에 성능이 2차가 되면 절대 안 되는 경우에는 알고리즘 8.6을 써야 한다. 셔우드 알고리즘이 알고리즘 8.5(선택)보다 우수하다는 점을 다시 한 번 강조한다. 입력이 균등분포이면 알고리즘 8.5도 알고리즘 8.6보다 평균적으로는 성능이 좋다. 그러나 어떤 응용 분야에 따라서 알고리즘 8.5의 최악의 경우와 항상 근접하게 되는 경우도 있다. 그런 경우 알고리즘 8.5는 실행 성능이 항상 2차가 된다. 셔우드 알고리즘은 균등분포에서 무작위로 피봇아이템을 선정하여 이 단점을 극복할 수 있다.

이제 확률적(셔우드) 알고리즘을 살펴보자.

▸ 알고리즘 8.7

**확률적 선택(Probabilistic Selection)**

**문제** : $n$개 다른 키로 된 배열 $S$에서 $k$-번째 작은 키를 찾으시오.

**입력** : $k \le n$인 양의 정수 $n$과 $k$, 1에서 $n$까지의 인덱스를 가진 서로 다른 키의 배열 $S$

**출력** : $S$에서 $k$-번째 작은 키. 함수 *selection3*의 값으로 내준다.

```
keytype selection3 (index low, index high, index k)
{
   if (low == high)
     return S[low] ;
   else {
     partition3 (low, high, pivotpoint) ;
     if (k == pivotpoint)
       return S[pivotpoint] ;
     else if (k < pivotpoint)
       return selection3 (low, pivotpoint−1, k) ;
     else
       return selection3 (pivotpoint + 1, high, k) ;
   }
}

void partition3 (index low, index high,
                 index& pivotpoint)
{
   index i, j, randspot ;
   keytype pivotitem ;

   randspot = random index between low and high inclusive ;
   pivotitem = S[randpot] ;                         // 무작위로 pivotitem을 선정
   j = low ;
   for (i = low + 1; i <= high ; i++)
     if (S[ i ] < pivotitem) {
       j++;
       S[ i ]와 S[ j ] 교환 ;
     }
   pivotpoint = j;
   S[low]와 S[pivotpoint] 교환 ;                    // pivotpoint에 pivotitem을 넣음
}
```

알고리즘 8.7은 피봇아이템을 무작위로 선정한다는 것만 알고리즘 8.5와 다르다. 다음

에는 비교 횟수의 기대치가 어떤 입력에 대해서도 1차임을 증명한다. 이 분석은 알고리즘 8.5(선택)의 평균의 경우 분석과 분명히 다르다. 왜냐하면, 그 분석에서는 모든 $k$값이 같은 빈도로 들어온다고 가정했기 때문이다. 각 입력에 대해서 1차시간 기대치를 얻고 싶다. 각 입력은 나름대로의 $k$값을 가지고 있기 때문에 모든 $k$값이 같은 빈도로 나타난다고 가정할 수 없다. 이제 $k$값과는 독립적으로 기대치가 1차임을 보인다.

### 알고리즘 8.7의 분석 ▸(확율적 선택)의 기대치 시간복잡도 분석

**단위연산** : *partition*에서 $S[i]$와 *pivotitem*의 비교

**입력크기** : $n$, 배열에서 아이템의 개수

입력의 크기가 $n$일 때 $k$-번째 작은 키를 찾는 경우 입력의 크기와 각 *pivotpoint* 값에 대한 첫째 재귀 호출에서 새로운 $k$의 값은 다음 표에서 보여준다.

| *pivotpoint* | 입력크기 | 새로운 $k$의 값 |
|---|---|---|
| $1$ | $n-1$ | $k-1$ |
| $2$ | $n-2$ | $k-2$ |
| $\vdots$ | $\vdots$ | $\vdots$ |
| $k-1$ | $n-(k-1)$ | $1$ |
| $k$ | $0$ | |
| $k+1$ | $k$ | $k$ |
| $k+2$ | $k+1$ | $k$ |
| $\vdots$ | $\vdots$ | $\vdots$ |
| $n$ | $n-1$ | $k$ |

*pivotpoint* 값들은 모두 발생확률이 같으므로, 기대치에 대한 재현방정식은 다음과 같다.

$$E(n,\ k)=\frac{1}{n}\left[\sum_{p=1}^{k-1}E(n-p,\ k-p)+\sum_{p=k}^{n-1}E(p,\ k)\right]+n-1$$

이 재현방정식은 알고리즘 8.6의 최악의 경우 분석과 마찬가지로 건설재귀를 사용하여 분석할 수 있다. 즉, 이 재현방정식이 1차인지가 의심스럽기 때문에 귀납논법으로 $E(n,\ k) \le cn$임을 증명할 수 있도록 $c$값을 찾는다. 그러나 $c=4$가 제대로 작동하는 최소 상수임을 어떻게 결정하는지는 연습문제로 남겨두고, $c=4$로 놓고 귀납법으로 증명한다.

**귀납기초** : $n=1$인 경우 비교는 이루어지지 않으므로

$$E(1,\ k)=0 \le 4(1)$$

**귀납가정** : $m<n$인 모든 $m$과 $k \le m$인 모든 $k$에 대해서 다음 부등식이 성립한다고 가정한다.

$$E(m,\ k) \le 4m$$

**귀납단계** : $k \le n$인 모든 $k$에 대해서 다음 부등식이 성립함을 증명한다.

$$E(n,\ k) \le 4n$$

재현방정식과 귀납가정에 의하여 다음 부등식을 얻는다.

$$E(n,\ k) \le \frac{1}{n}\left[\sum_{p=1}^{k-1} 4(n-p) + \sum_{p=k}^{n-1} 4p\right] + n - 1 \tag{8.3}$$

그러면 우변의 일부는 다음과 같이 전개한다.

$$\begin{aligned}\sum_{p=1}^{k-1} 4(n-p) + \sum_{p=k}^{n-1} 4p &= 4\left[\sum_{p=1}^{k-1} n - \sum_{p=1}^{k-1} p + \sum_{p=k}^{n-1} p\right] \\ &= 4\left[(k-1)n - 2\sum_{p=1}^{k-1} p + \sum_{p=1}^{n-1} p\right] \\ &= 4\left[(k-1)n - (k-1)k + \frac{(n-1)n}{2}\right] \\ &= 4\left[(k-1)(n-k) + \frac{(n-1)n}{2}\right] \\ &< 4\left[k(n-k) + \frac{n^2}{2}\right] \le 4\left[\frac{n^2}{4} + \frac{n^2}{2}\right] = 3n^2\end{aligned}$$

위에서 셋째 등식은 부록 A의 예제 A.1의 결과를 두 번 적용하여 얻은 결과이다. 마지막 부등식은 일반적으로 $k(n-k) \le n^{2/4}$라는 사실로부터 끌어냈다. 방금 얻은 결과를 위의 부등식 8.3에 끼워 넣으면 다음과 같은 부등식을 얻는다.

$$E(n,\ k) < \frac{1}{n}(3n^2) + n - 1 = 3n + n - 1 < 4n$$

$k$의 값에 상관없이 다음이 성립함을 증명했다.

$$E(n,\ k) \le 4n \in \Theta(n)$$

## 연습문제

### 8.1절

1. 순차검색 알고리즘(알고리즘 1.1)을 사용할 때 검색이 리스트의 첫부분에서 시작하지 않고, 이전 검색이 끝부분에서 시작한다고 가정해보자. 그리고 검색하는 아이템을 이전 검색의 종착지와는 관계없이 무작위로 선택한다고 또한 가정해보자. 이 가정 하에서 평균 비교 횟수는 얼마가 될까?

2. $S$와 $T$를 각각 $m$개와 $n$개의 아이템으로 구성된 배열이라고 하자. 공통 아이템을 모두 찾아서 배열 $U$에 저장하는 알고리즘을 작성하시오. 그리고 이 작업이 $\Theta(n+m)$ 시간 안에 수행될 수 있음을 증명하시오.

3. 검색이 성공한다고 가정하고 이분검색 알고리즘(알고리즘 1.5)을 개선하시오. 개선한 알고리즘을 분석하고, 그 결과를 차수 표기법으로 나타내시오.

4. 만약 $x$가 배열 안에 있고 각 배열 슬롯에 있을 확률이 같다고 할 때 이분검색(알고리즘 1.5)에 대한 평균 시간복잡도는 대략 다음의 범위를 가진다.

$$\lfloor \lg n \rfloor - 1 \le A(n) \le \lfloor \lg n \rfloor$$

귀띔 : 보조정리 8.4에 의하여 어떤 $k$에 대하여 $n-(2^k-1)$은 바닥수준(bottom level)에 있는 마디의 개수이다. 이 마디들의 $TND$에 대한 기여는 $(n-2^k-1)(k+1)$과 같다. 이 식에다가 $(k-1)2^k+1$(이분검색의 평균의 경우 분석에서 얻은 식임)를 더하여 그 결정트리에 대한 $TND$를 구하시오.

5. 다음의 $2n+1$가지 가능성이 모두 발생확률이 같다고 가정하면,

| | |
|---|---|
| $1 \le i \le n$인 어떤 $i$에 대해서 | $x = s_i$ |
| | $x < s_1$ |
| $1 \le i \le n-1$인 어떤 $i$에 대해서 | $s_i < x < s_{i+1}$ |
| | $x > s_n$ |

이분검색 알고리즘(알고리즘 1.5) 평균 시간복잡도는 대략 다음 범위임을 증명하시오.

$$\lfloor \lg n \rfloor - \frac{1}{2} \le A(n) \le \lfloor \lg n \rfloor + \frac{1}{2}$$

귀띔 : 연습문제 4에 대한 귀띔을 보시오.

6. 보조정리 8.6에 대한 증명을 완성하시오.

### 8.2절

7. 이분검색, 보간검색, 보강된 보간검색 알고리즘을 구현하고, 여러 가지 문제 사례를 사용하여 최선의 경우, 평균의 경우, 최악의 경우 성능을 각각 학습하시오.

8. 키는 균등하게 분포되어 있고 검색키 $x$가 각 배열 슬롯에 있을 확률이 모두 같다고 가정하고, 보간검색의 평균 시간복잡도가 $\Theta(\lg(\lg n))$임을 증명하시오.

9. 키는 균등하게 분포되어 있고 검색키 $x$가 각 배열 슬롯에 있을 확률이 모두 같다고 가정하고, 보간검색의 평균 시간복잡도가 $\Theta((\lg n)^2)$임을 증명하시오.

### 8.3절

10. 이진검색트리에서 최대키를 찾는 알고리즘을 작성하시오. 그 알고리즘을 분석하고, 그 결과를 차수 표기법으로 나타내시오.

11. 정리 8.3에 의하면 성공적인 검색의 경우 이진검색트리를 사용하여 $n$개 키를 가진 모든 입력에 대한 평균 검색시간은 $\Theta(\lg n)$이다. 검색이 실패한 경우에도 이 결과가 그대로 성립함

을 증명하시오.

12. 가능한 모든 경우를 고려하여 이진검색트리에서 마디를 하나 제거하는 알고리즘을 작성하시오. 그 알고리즘을 분석하고, 그 결과를 차수 표기법으로 나타내시오.

13. 키의 리스트를 3-2 트리로 만드는 알고리즘을 작성하시오. 그 알고리즘을 분석하고, 그 결과를 차수 표기법으로 나타내시오.

14. 자연스런 순서로 3-2 트리의 키를 모두 나열하는 알고리즘을 작성하시오. 그 알고리즘을 분석하고, 그 결과를 차수 표기법으로 나타내시오.

### 8.4절

15. 충돌을 방지하는 또 다른 하나의 방법은 선형탐사(linear probing)이다. 이 전략을 사용하면 아이템을 모두 바구니(해시 테이블)의 배열에 저장한다. 충돌이 발생하면 테이블에서 다음 가용한(쓸 수 있는) 바구니를 찾는다. 선형탐사를 사용하여 그림 8.8의 문제 사례에서 발생한 충돌을 어떻게 해결하는지 보이시오. 선형탐사는 닫힌해시(closed hashing)라고도 한다.

16. 두 개의 충돌해결전략, 열린해시와 선형탐사(연습문제 15를 보시오)의 장점과 단점을 토의하시오.

17. 선형탐사를 충돌해결전략으로 사용하는 해시테이블에서 아이템을 제거하는 알고리즘을 작성하시오. 그 알고리즘을 분석하고, 그 결과를 차수 표기법으로 나타내시오.

18. 이중해시(double hashing)로 알려져 있는 재해시 설계(rehashing scheme)는 충돌이 발생하면 둘째 해시함수를 사용한다. 만약 첫째 해시함수가 $h$이고, 둘째 해시함수가 $s$라면 가용한 바구니를 검사하게 될 해시테이블의 위치 순서는 다음 식으로 결정한다.

$$p_i(key) = [(h(key) + i \times s(key) - 1)\% \text{ table\_size}] + 1$$

여기서 $p_i$는 이 순서에서 $i$번째 위치를 나타낸다(%는 첫째 피연산자를 둘째 피연산자로 나눌 때 나머지를 내준다). 그림 8.8의 문제 사례에 대한 둘째 해시함수를 정의하고, 키가 모두 해시테이블에 삽입된 후의 테이블을 보이시오.

### 8.5절

19. 알고리즘 8.4(키를 짝 지워서 최소키와 최대키 찾기)를 $n$(주어진 배열에서 키의 수)이 홀수일 때 제대로 작동하도록 수정하고, 그 시간복잡도가 다음과 같음을 증명하시오

$n$이 짝수이면, $\quad \dfrac{3n}{2} - 2$

$n$이 홀수이면, $\quad \dfrac{3n}{2} - \dfrac{3}{2}$

20. 정리 8.8의 증명을 완성하시오. 즉, 비교만으로 가능한 모든 입력에서 $n$개의 키 가운데 최소키와 최대키를 모두 찾을 수 있는 결정적 알고리즘은 최악의 경우 $n$이 홀수이면 반드시 최소 $(3n-3)/2$번의 비교를 수행한다.

21. 8.5.3절에서 공부한 주어진 배열에서 차대키를 찾는 방법을 알고리즘으로 작성하시오.

22. 8.5.3절에서 공부한 주어진 배열에서 차대키를 찾는 방법에 필요한 총 비교 횟수는 일반적

으로 $n$에 대해서 다음과 같이 됨을 증명하시오.

$$T(n) = n + \lceil \lg n \rceil - 2$$

23. 5개 수의 미디안은 6번 비교하여 찾을 수 있음을 증명하시오.

24. 귀납법을 사용하여 알고리즘 8.6(미디안을 사용한 선택)의 최악 시간복잡도의 범위는 대략 다음과 같음을 증명하시오.

$$W(n) \le 22n$$

25. 임의의 $m$(그룹의 크기)에 대해서 알고리즘 8.6(미디안을 사용한 선택)의 최악 시간복잡도에 대한 재현방정식은 $a$가 상수일 때 다음과 같음을 증명하시오.

$$W(n) \approx W\left(\frac{(3m-1)n}{4}\right) + W\left(\frac{n}{m}\right) + an$$

이 식은 8.5.4절의 재현방정식 8.2이다.

26. 귀납법을 사용하여 다음 재현방정식에 대해서 $W(n) \in \Omega(n \lg n)$가 됨을 증명하시오. 이 식은 $m$(그룹의 크기)이 3일 때 8.5.4절의 재현방정식 8.2이다.

$$W(n) = W\left(\frac{2n}{3}\right) + W\left(\frac{n}{3}\right) + \frac{5n}{3}$$

27. 알고리즘 8.7(확률적 선택)의 기대치 시간복잡도 분석에서 얻은 다음 부등식에서 상수 $c$는 4보다 작을 수 없음을 증명하시오.

$$E(n,\ k) \le cn$$

28. 알고리즘 8.5, 8.6, 8.7(배열에서 $k$–번째 작은 키를 찾는 선택 알고리즘)을 구현하고, 여러 가지 문제 사례를 사용하여 최선의 경우, 평균의 경우, 최악의 경우 성능을 학습하시오.

29. $n$개의 아이템으로 구성된 배열이 대다수아이템(가장 많이 나타나는 아이템)이 있는지 결정하는 확률적 알고리즘을 작성하시오. 그 알고리즘을 분석하고, 그 결과를 차수 표기법으로 나타내시오.

### 추가 문제

30. 아주 큰 정렬된 리스트가 외부 저장장소에 저장되어 있다고 하자. 그 리스트를 내부 메모리로 불러올 수 없다고 가정하고, 이 리스트에서 어떤 키를 찾는 검색 알고리즘을 개발하시오. 외부 검색 알고리즘을 개발할 때 무슨 요소들을 주로 고려해야 하는가? 주요 요소(들)를 정의하고, 그 알고리즘을 분석하고, 그 결과를 차수 표기법으로 나타내시오.

31. 다음의 각 트리구조를 다른 트리구조를 사용하는 경우와 비교해서 장점을 토의하시오.
    (a) 균형 맞추는 장치를 갖춘 이진검색트리
    (b) 3–2 트리

32. 해시 사용이 적절치 못한 경우의 실례를 두 가지 이상 작성하시오.

33. $S$와 $T$를 이미 비내림차순으로 정렬된 $n$개의 수를 가진 두 개의 배열이라고 하자. $2n$개의 수 미디안을 찾으며, 시간복잡성이 $\Theta(\lg n)$인 알고리즘을 작성하시오.

34. 함수 *prime*과 *factor*를 사용하여 정수의 약수(factor)를 구하는 확률적 알고리즘을 작성하

시오. 함수 *prime*은 주어진 정수가 소수이면 "true"를 넘겨주고, 그렇지 않으면 "false"를 넘겨준다. 함수 *factor*는 주어진 합성수(composite integer, 소수가 아닌 수)의 약수를 넘겨준다. 그 알고리즘을 분석하고, 그 결과를 차수 표기법으로 나타내시오.

35. 이 장에서 학습한 모든 검색 알고리즘의 장·단점을 열거하시오.

36. 이 장에서 학습한 각 검색 알고리즘을 보고, 그 알고리즘이 가장 적절하게 쓰일 수 있는 실례를 두 개 이상 작성하시오.

# Chapter 9

# 계산복잡도와 다루기 힘든 정도 : NP 이론의 소개

개리(Garey)와 존슨(Johnson)의 책(1979)에서 따온 이야기이다. 길동은 소프트웨어 개발 회사에 다니고 있다. 어느 날 상관이 당면한 중요한 문제를 효율적으로 풀 수 있는 알고리즘을 개발하는 프로젝트를 할당해주었다. 한 달 이상 그 문제와 밤낮으로 씨름했지만, 효율적인 알고리즘을 찾을 기미가 전혀 보이지 않는다. 포기하고 상관에게 돌아가서 도저히 효율적인 알고리즘을 찾지 못하겠노라고 부끄럽게 고백한다. 그 보고를 들은 상관은 길동을 당장 해고하고 더 똑똑한 사람으로 채우겠노라고 으르렁댄다. 길동은 자신이 멍청한 게 아니라 효율적인 알고리즘을 찾기가 원천적으로 불가능할 지도 모르니 시간을 더 달라고 상관을 설득한다. 상관은 마지못해 그게 맞는지 밝혀내는데 한 달의 시간을 더 준다. 이를 증명하려고 또 한 달을 밤샘으로 보내지만 헛수고이다. 이 시점에서 길동은 효율적인 알고리즘을 찾지도 못했고, 효율적인 알고리즘을 만드는 작업이 원천적으로 불가능하다고 증명하지도 못했다. 마감시간이 임박해서야 외판원 문제를 푸는 효율적인 알고리즘을 만들어보려고 수많은 컴퓨터과학자들이 오랜 기간 연구해왔지만 최악 시간복잡도가 지수시간보다 좋은 알고리즘을 아직 개발하지 못했음을 알아낸다. 게다가 그러한 알고리즘의 개발이 원천적으로 불가능하다고 증명도 하지 못했음도 아울러 알아낸다. 희미하나마 희망이 보인다. 길동이 그 문제를 푸는 효율적인 알고리즘을 개발할 수 있으면, 외판원 문제를 푸는 효율적인 알고리즘도 개발할 수 있다고 증명해 보이면 어떨까? 수많은 우수 컴퓨터과학자도 이루지 못한 아주 어려운 작업을 상관이 요구하고 있다고 주장할 수 있을 것이다. 당장 상관에게 달려가서 이를 증명할 기회를 달라고 요청한다. 상관은 마지못해 허락한다. 길동은 그 문제를 푸는 효율적인 알고리즘을 만들 수 있다면 외판원 문제를 푸는 효율적인 알고리즘도 만들 수 있음을 단 일주일 노력 끝에 증명한다. 결국 길동은 해고 대신 막대한 개발비용을 절감한 공으로 승진하고, 상관은 그 문제를 푸는 정확한 답을 얻는 알고리즘을 개발하는 대신 근사치를 찾는 등의 다른 방법을 추구해야 한다는 사실을 깨닫는다.

이 이야기는 컴퓨터과학자들이 지난 25년간 성공적으로 알아낸 결과를 그대로 대변하고 있다. 외판원 문제와 수천 개의 다른 문제들은 어려운 정도가 같은 문제로 분류한다. 이 중에서 하나만이라도 효율적인 알고리즘이 있다면 다른 모든 문제도 효율적인 알고리즘이 있다는 사실을 알아냈다. 아직 알고리즘을 하나도 찾지 못했지만, 찾기가 불가능하다고 증명하지도 못했다. 이러한 문제들을 통털어 "***NP*-Complete**"로 분류하는데, 바로 이 장에서 다룰 주제이다. 효율적인 알고리즘을 만들기 불가능한 문제를 "다루기 힘든(intractable) 문제"라고 한다. 9.1절에서는 문제를 다루기 힘들다는 게 무엇을 의미하는지 더 상세히 설명한다. 9.2절에서는 문제가 다루기 힘든지 아닌지 결정할 때 알고리즘의 입력크기를 매우 주의해서 정해야 한다는 사실을 알아본다. 9.3절에서는 다루기 힘든 정도(intractability)를 가지고 분류한 문제의 세 가지 일반적인 카테고리를 설명한다. 이 장의 정점인 9.4절에서는 *NP*와 *NP*-Complete 문제의 이론을 공부한다. 9.5절에서는 *NP*-Complete 문제를 해결하는 방법을 살펴본다.

## 9.1 다루기 힘든 정도

사전에 보면 intractable(다루기 힘들다)을 "취급하기 또는 작업하기 어렵다"로 정의한다. 컴퓨터로 문제를 풀기 어려우면 컴퓨터과학 용어로 "그 문제는 다루기 힘들다"라고 한다. 이 용어는 너무 막연하여 별로 사용하지 않는다. 용어를 더 상세히 정의하기에 앞서, "다차시간 알고리즘"의 개념을 먼저 알아보자.

> 정의
>
> **다차시간 알고리즘**(polynomial-time algorithm)은 최악 시간복잡도의 상한이 입력크기의 다항식 함수가 되는 알고리즘이다. 즉, $n$이 입력크기이면, 다음을 만족하는 다항식(polynomial) $p(n)$이 존재한다.
>
> $$W(n) \in O(p(n))$$

• **예제 9.1** 다음의 최악 시간복잡도를 가진 알고리즘은 모두 다차시간이다.

$$2n \quad 3n^3+4n \quad 5n+n^{10} \quad n\lg n$$

다음의 최악 시간복잡도를 가진 알고리즘은 다차시간이 아니다.

$$-2^n \quad 2^{0.01n} \quad 2^{\sqrt{n}} \quad n!$$

$n\lg n$은 $n$에 대한 다항식이 아니지만, 다음 부등식에 의해서

$$n\lg n < n^2$$

$n$의 다항식이 상한이므로, $n\lg n$의 시간복잡도를 가진 알고리즘도 다차시간 알고리즘으로 취급한다.

컴퓨터과학에서 어떤 문제를 다차시간 알고리즘으로 풀 수 없으면, 그 문제를 **다루기 힘들다**(intractable)라고 한다. 다루기 힘든 정도는 문제를 푸는 어떤 특정 알고리즘의 성질이 아니라 문제의 성질이라는 사실을 반드시 알아두어야 한다. 다루기 힘든 문제가 되려면 그 문제를 푸는 다차시간 알고리즘이 없어야 한다. 문제를 푸는 비다차시간(non-polynomial-time) 알고리즘을 찾았다고 해서 그 문제가 다루기 힘든 문제가 되는 것은 아니다. 예를 들어, 연쇄행렬곱셈 문제를 푸는 무작정 알고리즘(3.4절)은 비다차시간이다. 3.4절에서 세운 재귀 관계식을 사용하는 분할정복 알고리즘도 마찬가지이다. 그러나 동적계획 알고리즘(알고리즘 3.6)은 $\Theta(n^3)$이다. 이 문제는 알고리즘 3.6을 사용하여 다차시간에 풀 수 있으므로 다루기 힘들지 않다.

다차시간 알고리즘은 보통 비다차시간 알고리즘보다 보통 훨씬 좋다는 사실을 1장에서 배웠다. 표 1.4를 다시 보면, 단위연산을 처리하는데 10억분의 1초가 걸린다면, 시간복잡도가 $n^3$인 알고리즘은 크기가 100인 사례를 처리하는데 1천분의 1초가 걸리는 반면, 시간복잡도가 $2^n$인 알고리즘으로는 수십억 년이 걸린다.

비다차시간 알고리즘이 다차시간 알고리즘보다 좋은 극단적인 예를 만들 수 있다. 예를 들어, $n = 1{,}000{,}000$이면,

$$n^{10} = 10^{60} \text{인 반면} \quad 2^{(0.00001n)} = 1024$$

더구나 최악 시간복잡도가 다항식이 아님에도 불구하고 실제로는 효율적으로 실행되는 사례가 있는 알고리즘이 꽤 많이 있다. 되추적 알고리즘과 분기한정 알고리즘이 이에 속한다. 따라서 다루기 힘듦의 정의는 실제로는 다루기 힘들 징후가 있다는 정도로만 해석하면 된다. 경우에 따라서 다차시간 알고리즘이 있는 문제가 다차시간 알고리즘이 없는 문제보다 실제 상황에서 더 다루기 힘든 경우도 있을 수 있다.

다루기 힘든 정도에 대하여 다음 세 가지 종류로 문제를 분류할 수 있다.

1. 다차시간 알고리즘을 찾은 문제

2. 다루기 힘들다고 증명된 문제
3. 다루기 힘들다고 증명되지 않았지만 다차시간 알고리즘도 찾지 못한 문제

컴퓨터과학 문제가 대부분 첫째 또는 셋째 종류에 속하는 것은 놀라운 현상이다.

알고리즘이 다차시간인지 결정할 때 입력크기에 주의를 기울여야 한다. 더 진도를 나가기 전에 입력크기에 대해 다음 절에서 좀 더 알아보자(입력크기를 처음 다룬 1.3절 참조).

## 9.2 입력크기 : 재고

지금까지 알고리즘에서 보통 $n$을 입력크기로 보았다. 왜냐하면, $n$은 입력 데이터의 크기를 나타내는 척도로서 적당했기 때문이다. 예를 들어, 정렬 알고리즘의 경우 정렬할 키의 개수인 $n$은 입력 데이터의 크기를 나타내는 좋은 척도이다. 따라서 $n$을 입력크기라고 하였다. 그러나 $n$이 무조건 알고리즘의 입력크기가 되는 건 아니다. 양의 정수 $n$이 소수(prime)인지 검사하는 다음 알고리즘을 보자.

```
bool prime (int n)
{
   int i; bool switch;
   switch = true;
   i = 2;
   while (switch && i ≤ ⌊n^{1/2}⌋)
     if (n % i==0)                    // %는 n을 i로 나눈 나머지를 내주는 연산
        switch = false;
     else
        i++;
   return switch;
}
```

이 소수검사 알고리즘에서 `while` 루프의 실행 횟수는 분명 $\Theta(n^{1/2})$이다. 그러나 이 알고리즘을 다차시간 알고리즘이라고 할 수 있을까? 파라미터 $n$이 알고리즘의 입력이긴 하지만, 입력크기라고 할 수는 없다. 즉, $n$ 값은 입력 사례일 뿐이다. 정렬 알고리즘과는 다르다. 정렬 알고리즘에서 $n$은 아이템의 개수이고 입력크기이다. 함수 *prime*에서 $n$값이 입력이지만 입력크기로는 볼 수 없다면, 과연 입력크기는 무엇인가? 입력크기에 대해서 1.3절보다 좀 더 상세히 정의한 후 이 질문으로 다시 돌아오자.

> 정의
> 주어진 알고리즘의 **입력크기**(input size)는 입력을 작성하는데 필요한 문자의 개수로 정의한다.

이 정의는 1.3절의 정의와 다르지 않다. 입력크기를 재는 방법에 대해서 좀 더 명확히

기술한 것뿐이다. 입력을 작성하는데 필요한 문자를 세어보기 위해서 입력이 어떻게 부호화(encode)가 되는지 알 필요가 있다. 컴퓨터에서 사용하는 이진수로 부호화 한다고 가정하자. 그러면 부호화 하는데 사용하는 문자는 이진 숫자(비트)이고, 양의 정수 $x$를 부호화 하는데 필요한 문자의 개수는 $\lfloor \lg x \rfloor + 1$이다. 예를 들어, $31 = 11111_2$이고, $\lfloor \lg 31 \rfloor + 1 = 5$이다. 이진으로 된 양의 정수를 부호화 하는데 대략 $\lg n$개의 비트가 필요하다고 간단히 말할 수 있다. 이진 숫자를 사용하고, $n$개 양의 정수를 정렬하는 알고리즘의 입력크기를 구해보자. 정렬할 정수들이 알고리즘의 입력이다. 따라서 입력크기는 그 정수들을 부호화 하는데 필요한 비트의 개수를 세어보면 나온다. 가장 큰 정수가 $L$이면 $L$을 부호화 하는데 필요한 비트의 개수로 각 정수를 부호화 하여 각각 대략 $\lg L$ 비트 정도 필요하다. 따라서 $n$개 정수에 대한 입력크기는 대략 $n \lg L$이 된다. 정수를 십진수로 부호화하는 경우는 어떨까? 그러면, 부호화하는데 사용한 문자는 십진 숫자이고, 가장 큰 숫자를 부호화 하는데 대략 $\log L$개 문자가 필요하고, $n$개 정수에 대한 입력크기는 대략 $n \log L$이다. 다음 등식이 성립하므로,

$$n \log L = (\log 2)(n \lg L)$$

이 입력크기 중 하나를 기준으로 알고리즘이 다차시간이다. 즉, 하나는 다른 하나를 기준으로 다차시간이다.

"합당한(reasonable)" 부호화 방법을 쓰기만 하면, 어떤 부호화 방법을 사용하는지는 알고리즘이 다차시간인지 결정하는데 영향을 미치지 않는다. "합당성"을 만족할 만한 정의가 정식으로 존재하는 것 같진 않다. 그러나 대부분 알고리즘에서 무엇이 합당한지에 대해서 보통 의견일치를 본다. 예를 들면, 이 책의 알고리즘에 대해서 1을 제외한 어떤 베이스(base)를 사용하여 정수를 부호화하더라도 알고리즘의 시간복잡도에 영향을 미치지 않는다. 따라서 어떤 부호화 방법도 모두 합당하다고 여길 수 있다. 단, 단항인 베이스 1로 부호화 하면 합당하지 않다.

앞장에서 정렬할 아이템의 개수 $n$을 정렬 알고리즘에서 입력크기라고 했다. $n$을 입력크기로 하여 그 알고리즘이 다차시간임을 증명했다. 입력크기를 정확하게 따져도 다차시간으로 남아 있을까? 이제 이를 증빙해보자. 입력크기를 정확하게 따지기로 했으므로 최악 시간복잡도의 정의도(1.3.1절보다) 정확하게 따져야 한다. 정확한 정의는 다음과 같다.

> **정의**
> 알고리즘의 **최악 시간복잡도** $W(s)$는 입력크기 $s$에 대하여 그 알고리즘이 실행한 단위연산의 최대 개수이다.

단위연산은 비교연산 또는 저장연산으로 정한다. 기계독립적으로 분석하려면 비트의 비교연산 또는 비트의 저장연산을 단위연산으로 정한다. 이렇게 정의하면 1.3절과 별로 다를 게 없고, 단위연산에 대해서만 좀 더 구체적이다. 입력크기로 $n$ 대신 $s$를 사용한

이유는 다음과 같다. (1) 알고리즘의 파라미터 $n$이 항상 입력크기를 재는 척도는 아니다(예를 들어, 이 절 시작부분에서 보여준 소수검사 알고리즘의 경우가 그렇다). (2) $n$으로 입력크기를 잰다면, 이는 보통 입력크기의 정확한 척도가 아니다. 바로 위의 정의에 따르면, 알고리즘이 실행한 단위연산의 개수를 모두 세어야 한다. 알고리즘 1.3(교환정렬)의 핵심만 골라 분석하여 어떻게 단위연산의 개수를 세는지 살펴보자. 설명의 편의성을 위해서 키는 양의 정수이고 레코드에 다른 필드는 없다고 가정한다. 알고리즘 1.3을 다시 살펴보자. 루프에서 증가하고 분기하는 단위연산의 개수의 상한은 상수 $c$ 곱하기 $n^2$이다. 정수가 지나치게 크면, 컴퓨터로 한 번에 비교하거나 저장할 수 없다. 2.6절의 큰 정수 연산을 공부할 때도 비슷한 상황을 목격했다. 이 경우 비교연산이나 저장연산을 단위연산으로 잡지 말고, 기계독립적인 분석을 보장해주는 비트의 비교연산이나 비트의 저장연산을 단위연산으로 잡아야 한다. 따라서 만약 $L$이 가장 큰 정수라면 정수를 한 번 비교하거나 저장하는데 최대한 $\lg L$번의 비교연산을 거쳐야 한다. 1.3절과 7.2절에서 교환정렬 알고리즘 1.3을 분석할 때 $n$개 양의 정수를 정렬하는데 최악의 경우 키를 $n(n-1)/2$번 비교하고, $3n(n-1)/2$번 저장함을 보았다. 따라서 교환정렬이 수행하는 단위연산의 최대 개수는 다음보다 크지 않다.

$$cn^2 + \underbrace{\frac{n(n-1)}{2}\lg L}_{\text{비트의 비교 횟수}} + \underbrace{\frac{3n(n-1)}{2}\lg L}_{\text{비트 대입 횟수}}$$

입력크기로 $s = n\lg L$을 사용해보자. 그러면,

$$\begin{aligned} W(s) &= W(n\lg L) \qquad \{s\text{를 } n\lg L\text{로 대치}\} \\ &\le cn^2 + \frac{n(n-1)}{2}\lg L + \frac{3n(n-1)}{2}\lg L \\ &< cn^2(\lg L)^2 + n^2(\lg L)^2 + 3n^2(\lg L)^2 \\ &< (c+4)(n\lg L)^2 = (c+4)s^2 \end{aligned}$$

입력크기를 정확히 따져도 교환정렬이 다차시간을 유지함을 보았다. 부정확한 입력크기를 사용하여 다차시간임을 확인한 알고리즘에 대해서도 비슷한 결과가 나온다. 더구나, 비다차시간 알고리즘(예: 알고리즘 3.11)도 입력크기를 정확히 따질 때 비다차시간으로 남음을 증명할 수 있다. $n$이 입력 데이터 크기를 재는 척도일 때 단순히 $n$을 입력크기로 해도 믿을만한 시간복잡도를 알아낼 수 있음을 알았다. 따라서 $n$을 그대로 입력크기로 사용해도 문제없다.

이제 소수검사 알고리즘으로 돌아가 보자. 그 알고리즘의 입력은 $n$의 값이므로 입력크기는 $n$을 부호화 하는데 필요한 문자의 개수이다. 십진수 부호화를 사용하면 $n$을 부호화 하는데 $\lfloor \log n \rfloor + 1$이 필요하다는 사실을 기억하자. 예를 들어, 수가 340이면, 그 수를 부호화 하는데 340개가 아니라 3개의 십진 숫자가 필요하다. 일반적으로, 십진수

부호화를 사용하고 $s$를 다음과 같이 놓으면,

$$s = \log n$$

$s$는 대략 입력의 크기가 된다. 최악의 경우 *prime* 함수에서 루프를 $n-2$번 실행한다. $n = 10^s$이므로, 최악의 경우 루프의 실행 횟수는 약 $10^s$가 된다. 단위연산의 총 개수는 최소한 루프의 실행 횟수와 같으므로 시간복잡도는 다차시간이 아니다. 이진수 부호화를 사용하면, $n$을 부호화 하는데 약 $\lg n$개 문자가 필요하다. 따라서 이진 부호화를 사용하면 다음과 같이 $r$은 입력크기와 대략 같게 되고,

$$r = \lg n$$

루프를 실행하는 횟수는 약 $2^r$번이다. 시간복잡도는 이번에도 다차시간이 아니다. "합당한" 부호화 방법을 사용하는 한 결과는 항상 마찬가지이다. 단항 부호화를 "합당한" 방법으로 여기지 않는다고 이미 언급하였다. 단항 부호화 방법을 사용한다면, $n$을 부호화 하는데 $n$개 문자가 필요하다. 예를 들어, 7은 1111111로 부호화 된다. 이 부호화를 사용하면, 소수검사 알고리즘은 시간복잡도가 1차시간이다. 이와 같이 "합당하지 않은" 부호화 시스템을 사용하면 엉뚱한 결과를 얻는다.

소수검사 알고리즘 같은 알고리즘에서 $n$을 입력의 **절대크기**(magnitude)라고 한다. 절대크기로 시간복잡도가 다차시간이지만 크기로는 다차시간이 아닌 다른 알고리즘도 이미 본 적 있다. $n$번째 피보나찌 항을 계산하는 알고리즘 1.7의 시간복잡도는 $\Theta(n)$이다. $n$이 입력의 절대크기이고, $\lg n$이 입력의 크기가 되므로 알고리즘 1.7의 시간복잡도는 절대크기로 1차시간이지만 크기로는 지수시간이다. 이항계수를 계산하는 알고리즘 3.2의 시간복잡도는 $\Theta(n^2)$이다. $n$이 입력의 절대크기이고, $\lg n$이 입력크기이므로 알고리즘 3.2의 시간복잡도는 절대크기로 2차시간이고, 크기로는 지수시간이다. 4.4.4절에서 공부한 0-1 배낭 채우기 문제에 대한 동적계획 알고리즘의 시간복잡도는 $\Theta(nW)$이다. 이 알고리즘에서 $n$은 입력 아이템의 개수이므로 크기를 재는 척도이다. 그러나 $W$는 배낭의 최대용량이므로 절대크기가 되고, $\lg W$은 $W$의 크기를 재는 척도이다. 이 알고리즘의 시간복잡도는 절대크기와 크기로 다차시간이지만 크기만 가지고는 지수시간이다.

최악 시간복잡도의 상한이 크기와 절대크기로 모두 다차시간이 되는 알고리즘을 **의사 다차시간**(pseudopolynomial-time)이라 한다. 이러한 알고리즘은 지나치게 큰 수인 사례를 처리할 때만 비효율적이므로 꽤 유용하게 쓸 수 있는 경우가 종종 있다. 예를 들어, 0-1 배낭 채우기 문제에서 $W$가 지나치게 크지 않은 경우 문제없이 쓸 수 있다.

## 9.3 문제의 3가지 일반적인 분류

다루기 힘든 정도(intractability)로 분류한 문제의 세 가지 일반적인 카테고리를 알아보자.

### 9.3.1 다차시간 알고리즘을 찾은 문제

다차시간 알고리즘을 찾은 문제는 모두 이 첫째 카테고리에 속한다. 정렬하는 $\Theta(n \lg n)$ 알고리즘을 찾았고, 정렬된 배열을 검색하는 $\Theta(\lg n)$ 알고리즘을 찾았고, 행렬곱셈을 하는 $\Theta(n^{2.38})$ 알고리즘을 찾았고, 연쇄행렬곱셈을 하는 $\Theta(n^3)$ 알고리즘을 찾았고, 등등 이밖에도 많다. $n$이 이 알고리즘의 입력 데이터 크기를 나타내므로, 이 알고리즘들은 모두 다차시간이다. 사실 다차시간 알고리즘 목록은 한정없이 나열할 수 있다. 다차시간 알고리즘이 있는 문제를 푸는 비다차시간 알고리즘도 당연히 있다. 연쇄행렬곱셈 문제의 경우가 무작정 알고리즘은 비다차시간이나 다차시간 알고리즘을 찾았다. 무작정 알고리즘은 비다차시간이나 다차시간 알고리즘을 찾은 기타 문제로는 최단경로 문제, 최적 이진검색트리 문제, 최소비용 신장트리 문제 등이 있다.

### 9.3.2 다루기 힘들다고 증명된 문제

이 카테고리에 속하는 문제는 두 가지 종류가 있다. 첫째 종류는 지수이상 크기의 출력을 요구하는 문제이다. 5.6절의 해밀톤 회로를 모두 구하는 문제를 보자. 모든 마디에서 다른 모든 마디로 이음선이 존재하면 해밀톤 회로가 $(n-1)!$개 존재할 것이다. 이 문제를 푸는 알고리즘은 해밀톤 회로를 모두 출력해야 하는데, 이러한 요구사항은 현실적이지 않다. 5장에서 알고리즘을 간단하게 보여주려고 해답을 모두 구하도록 문제를 기술하였지만, 하나의 해답만 출력하도록 이 알고리즘을 수정하기는 쉽다. 하나의 회로만 출력하는 해밀톤 회로 문제는 다루기 힘든 문제가 아니다. 이러한 종류의 다루기 힘든 문제를 인식해내는 능력을 갖추어야 하지만 인식하기는 별로 어렵지 않다. 지수이상 크기의 출력을 요구하는지 알아차리는 것은 쉽고, 일단 알아냈다면 필요이상으로 정보를 요구했을 경우가 많다. 즉, 문제 자체가 현실적이지 못한 것이다.

다루기 힘든 문제의 둘째 종류는 요구가 현실적이고(즉, 지수시간 이상 크기의 출력을 요구하지 않고), 문제를 다차시간에 풀 수 없다고 증명할 수 있는 경우이다. 기이하게도 이러한 문제는 상대적으로 별로 없다. 첫째로 **진위판별불가능**(undecidable) 문제가 이에 속한다. 푸는 알고리즘이 없다고 증명할 수 있는 문제를 "진위판별불가능 문제(undecidable problem)"라고 한다. 가장 널리 알려진 진위판별불가능 문제는 멈춤검사 문제(Halting Problem)이다. 멈춤검사 문제는 임의의 알고리즘과 임의의 입력을 받아서 받은 알고리즘에 받은 입력을 적용했을 때 알고리즘의 실행이 멈추는지를 판별하는 문제이다. 1936년에 알란 튜링(Alan Turing)이 멈춤검사 문제는 진위판별할 수 없다고 증명하였다. 1953년 그레고르직(A. Grzegorczyk)은 다루기 힘들지만 진위판별 가능한 문제를 하나 만들었다. 하트마니스(Hartmanis)와 스턴스(Stearns)도 1965에 발표한 논문에서 비슷한 결과를 발표하였다. 그러나 그때까지 발견한 문제들은 모두 특정 성질들을 가지도록 "인위적으로" 구축한 것이었다. 1970년대 초반이 되서야(인위적으로 만들지 않은) 일부 진위판별 가능한 진위판별 문제가 다루기 힘들다고 증명되었다. 진위판별 문제(decision problem)는 항상 "예(O)" 또는 "아니오(X)"로만 대답한다. 즉, OX 문제이다. 따라서 문제의 요구 출력 크기는 분명히 적당하다. 가장 널리 알려진 이 부류의 진위판별가능 문제 중 하나는 1974년 피셔(Fischer)와 라빈(Rabin)이 다루기 힘들다고 증명한 프레스버거 산술문제(Presburger Arithmetic)이다. 이 문제는 증명과 함께 호프크로프트(Hopcroft)와 울만(Ullman)의 책(1979)에 나와 있다.

지금까지 다루기 힘들다고 증명된 문제는 모두 *NP* 집합에 속하지 않는다고 증명되었다(9.4절 참조). 그러나 다루기 힘들 "것처럼 보이는" 문제는 대부분 *NP* 집합에 속한다. 다음 절에서 이러한 카테고리의 문제를 공부한다. 앞에서도 언급했듯이 다루기 힘들다고 증명된 문제가 상대적으로 거의 없다는 사실은 다소 놀라운 현상이고, 1970년 초가 되어서야 인위적으로 만들지 않은 자연 진위판별 문제 하나가 다루기 힘들다고 증명되었다.

### 9.3.3 다루기 힘들다고 증명되지도 않았고, 다차시간 알고리즘도 찾지 못한 문제

다차시간 알고리즘을 찾지 못했지만, 그렇다고 다차시간 알고리즘이 불가능하다고 증명하지도 못한 문제는 모두 이 카테고리에 속한다. 이미 설명했듯이 이러한 문제는 많이 있다. 예를 들어, 해답을 하나만 내주도록 문제를 기술하면, 0-1 배낭 채우기 문제, 외판원 문제, 부분집합의 합 구하기 문제, $m$가지 색으로 그래프 색칠하기 문제($m \geq 3$), 해밀톤 회로 문제, 신뢰 네트워크에서 확률적 추론 문제들이 모두 이 카테고리에 들어간다. 다양한 대규모 사례에 대해서 이러한 문제를 효율적으로 푸는 분기한정 알고리즘, 되추적 알고리즘 등의 알고리즘을 찾았다. 즉, 사례를 임의의 제한된 부분집합에서 취할 때 단위연산을 수행하는 횟수의 한계를 정하는 $n$에 대한 다항식(polynomial)이 존재한다. 그러나 모든 사례에 대하여 다항식이 존재하는 것은 아니다. 이를 보여주기 위해서 단위연산을 수행하는 횟수의 한계를 정하는 $n$에 대한 다항식이 없는 무한개의 사례들을 찾기만 하면 된다. 5장의 되추적 알고리즘에서 이 작업을 해 보았음을 기억해두자.

이 카테고리에 속한 많은 문제들은 밀접하고 흥미롭게 서로 엮여있다. 이에 대해서 알아보는 것이 다음 절의 목표이다.

## 9.4 *NP* 이론

처음부터 문제를 진위판별 문제로만 제한하면 이론을 전개하기가 훨씬 더 수월해진다. 진위판별 문제에 대한 해답은 단순히 "예(O)" 또는 "아니오(X)" 중 하나이다. 3, 4, 5, 6장에서 최적화 문제를 공부한 적 있다. 최적화 문제란 답이 최적해라는 말이다. 그러나 다음 예제에서 볼 수 있듯이 최적화 문제는 모두 각각에 대응되는 진위판별 문제가 존재한다.

• 예제 9.2 **외판원 문제**

가중치가 있는 방향그래프가 있다고 하자. 이 그래프에서 여행경로는 한 마디에서 출발하여 다른 모든 마디들을 정확히 한 번씩만 방문하고, 출발한 마디로 돌아오는 경로이다. 외판원 최적화 문제(Travelling Salesperson Optimization Problem)는 이음선 상 총 거리가 최소가 되는 여행경로를 구하는 문제이다.

외판원 진위판별 문제(Travelling Salesperson Decision Problem)는 임의의 양수 $d$가 주어지고, 총 거리가 $d$보다 길지 않은 여행경로가 있는지 판별하는 문제이다. 이 문제는 외판원 최적화 문제의 파라미터에다가 추가로 $d$를 파라미터로 사용한다.

---

**• 예제 9.3**

**0–1 배낭 채우기 문제**

0–1 배낭 채우기 최적화 문제(0–1 Knapsack Optimization Problem)는 배낭에 넣을 아이템의 무게와 가치를 안다고 가정하고 가치의 합이 최대가 되도록 아이템을 배낭에 어떻게 채울지를 알아내는 문제이다. 여기서 배낭의 최대 용량은 $W$이다.

0–1 배낭 채우기 진위판별 문제(0–1 Knapsack Decision Problem)는 임의의 가치액수 $P$가 주어지고, 총 무게가 $W$가 넘지 않으면서 총 수익이 최소한 $P$가 되도록 배낭을 채울 수 있는지 판별하는 문제이다. 이 문제는 0–1 배낭 채우기 최적화 문제의 파라미터에다가 추가로 $P$를 파라미터로 사용한다.

---

**• 예제 9.4**

**그래프 색칠하기 문제**

그래프 색칠하기 최적화 문제(Graph–Coloring Optimization Problem)는 인접한 두 마디가 같은 색이 되지 않도록 그래프를 색칠하는데 필요한 색의 최소 가지 수를 구하는 문제이다. 여기서 구한 가지 수를 그래프의 색채수(chromatic number)라고 한다.

그래프 색칠하기 진위판별 문제(Graph–Coloring Decision Problem)는 임의의 정수 $m$이 주어지고, 최대한 $m$가지 색을 사용하여 인접한 두 마디가 같은 색이 되지 않도록 그래프를 색칠할 수 있는지를 판별하는 문제이다. 이 문제는 그래프 색칠하기 최적화 문제의 파라미터에다가 추가로 $m$을 파라미터로 사용한다.

---

**• 예제 9.5**

**파벌 문제**

비방향그래프 $G=(V, E)$에서 파벌(clique)은 각 마디가 다른 모든 마디에 인접해 있는 $V$의 부분집합 $W$이다. 그림 9.1의 그래프에서 $\{v_2, v_3, v_4\}$는 파벌이지만, $\{v_1, v_2, v_3\}$은 $v_1$이 $v_3$에 인접해 있지 않으므로 파벌이 아니다. 최대 파벌(maximal clique)은 파벌 중에서 크기가 가장

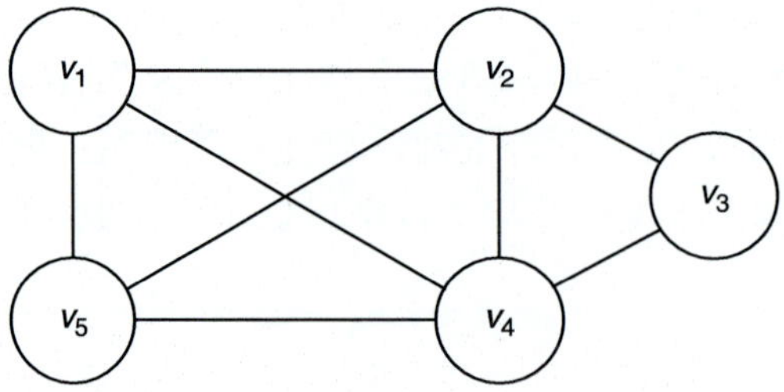


**그림 9.1** 최대 파벌은 $\{v_1, v_2, v_4, v_5\}$이다.

큰 파벌이다. 그림 9.1의 그래프에서 유일한 최대 파벌은 $\{v_1, v_2, v_4, v_5\}$이다.

파벌 최적화 문제(Clique Optimization Problem)는 임의의 그래프에서 최대 파벌의 크기를 구하는 문제이다.

파벌 진위판별 문제(Clique Decision Problem)는 임의의 양 정수 $k$가 주어지고, 마디의 개수가 최소 $k$개가 되는 파벌이 존재하는지를 판별하는 문제이다. 이 문제는 파벌 최적화 문제의 파라미터에다가 추가로 $k$를 파라미터로 사용한다.

---

위의 문제들에 대해서 진위판별 문제와 최적화 문제 모두 다차시간 알고리즘을 아직 찾지 못했다. 그러나 어느 하나라도 최적화 문제에 대한 다차시간 알고리즘을 찾을 수 있다면, 그에 대응하는 진위판별 문제에 대한 다차시간 알고리즘도 존재할 것이다. 왜냐하면, "최적화 문제에 대한 해답을 구하면, 그에 상응하는 진위판별 문제에 대한 해답은 쉽게 얻을 수 있기" 때문이다. 예를 들어, 외판원 문제의 어떤 특정 사례에 대한 최적 여행경로의 총 거리가 120이라는 사실을 안다면 이에 대응하는 진위판별 문제에 대한 답은 다음 부등식을 만족하면 "예"가 될 것이다.

$$d \geq 120$$

만약 그렇지 않다면, "아니오"가 될 것이다. 유사하게 0–1 배낭 채우기 문제의 어떤 사례에 대해서 최적 수익이 $230이라는 사실을 안다면, 대응하는 진위판별 문제에 대한 답은 다음 부등식을 만족하면 "예"가 될 것이다.

$$P \leq \$230$$

만약 그렇지 않다면, "아니오"가 될 것이다.

최적화 문제를 푸는 다차시간 알고리즘을 가지고 그에 대응하는 진위판별 문제를 푸는 다차시간 알고리즘을 자동으로 만들어 낼 수 있으므로, 초기에는 진위판별 문제만 가지고 이론을 전개할 수 있다. 따라서 먼저 진위판별 문제를 살펴보고, 다음에 최적화 문제를 살펴보기로 한다. 그때가 되면 최적화 문제가 그에 대응하는 진위판별 문제와 훨씬 더 밀접히 관련되어 있음을 증명할 수 있다는 사실을 알게 될 것이다. 즉, (앞의 예제에서 다룬 문제들을 포함한) 많은 진위판별 문제에 대해서 그 진위판별 문제를 푸는 다차시간 알고리즘을 가지고 그에 대응하는 최적화 문제를 푸는 다차시간 알고리즘을 만들어 낼 수 있다고 증명되었다.

### 9.4.1 *P*와 *NP* 집합

다차시간 알고리즘으로 풀 수 있는 진위판별 문제의 집합을 먼저 알아보자.

> **정의**
>
> $P$는 다차시간 알고리즘으로 풀 수 있는 모든 진위판별 문제의 집합이다.

어떤 문제들이 $P$에 속하나? 다차시간 알고리즘이 있는 진위판별 문제는 모두 확실히 $P$에 속한다. 예를 들어, 아이템이 배열 안에 있는지 판별하는 문제, 아이템이 정렬된 배열 안에 있는지 판별하는 문제, 다차시간 알고리즘을 찾은 3장과 4장의 최적화 문제에 대응하는 진위판별 문제들은 모두 $P$에 속한다. 하지만 다차시간 알고리즘을 찾지 못한 진위판별 문제도 $P$에 속할 수 있을까? 예를 들어, 외판원 진위판별 문제가 $P$에 속할 수 있을까? 아직 아무도 이 문제를 푸는 다차시간 알고리즘을 만들어내지 못했지만 이 문제를 다차시간 알고리즘으로 풀 수 없다고 증명한 사람도 아직 없다. 따라서 이 문제가 $P$에 속할 가능성도 있다. 결정문제가 $P$에 속하지 않음을 알아내려면 그 문제를 푸는 다차시간 알고리즘을 개발하기가 불가능하다고 증명해야 한다. 외판원 진위판별 문제에 대해서는 아직 아무도 이를 증명하지 못했다. 예제 9.2부터 9.5의 다른 진위판별 문제들에도 모두 마찬가지이다.

어떤 진위판별 문제가 $P$에 속하지 않을까? 예제 9.2부터 9.5의 진위판별 문제들은 모두 $P$에 속하는지 알지 못하므로 이 문제들은 $P$에 속하지 않을지도 모른다. 그냥 단순히 알지 못할 뿐이다. 더구나 이와 같은 카테고리에 속한 진위판별 문제가 수천 개 있다. 즉, 그 문제들이 $P$에 속할지도 모른다. 개리(Garey)와 존슨(Johnson)의 책(1979)을 보면 이 카테고리에 속한 문제들을 많이 접할 수 있다. $P$에 속하지 않음을 확실히 아는 진위판별 문제는 실제 거의 없다. $P$에 속하지 않음을 확실히 아는 문제들은 다차시간 알고리즘이 없다고 증명된 진위판별 문제이다. 이러한 문제들은 9.3.2절에서 몇 개 알아봤다. 그 중 가장 널리 알려진 문제는 프레스버거 산술문제이다.

예제 9.2부터 9.5의 문제들을 모두 포함한 더 넓은 범위의 진위판별 문제 집합을 정의해보자. 우선 외판원 문제를 확실히 이해하고 시작하자. 외판원 문제의 어떤 사례에 대한 답이 "예"임을 알고 있다고 주장하는 사람이 있다고 가정하자. 즉, 그 사람은 임의의 수 $d$에 대해서 주어진 그래프에 총 거리가 $d$를 넘지 않는 여행경로가 있다고 말했다. 총 거리가 $d$보다 길지 않은 여행경로를 실제로 찾아보라고 그 사람에게 요구할 수 있다. 그 사람이 찾아낸 여행경로의 총 거리가 $d$ 이하인지를 검증(verify)하는 알고리즘은 다음과 같이 쉽게 작성할 수 있다. 이 알고리즘의 입력은 그래프 $G$, 거리 $d$, 여행경로 문자열 $S$이다.

```
bool verify (weighted_digraph G,
             number d,
             claimed_tour S)
{
   if (S는 여행경로이다 && S에 속한 가중치의 합 <= d)
      return true;
   else
      return false;
}
```

이 알고리즘은 $S$가 여행경로인지 먼저 검사한다. 만약 여행경로가 맞다면 알고리즘은 여행경로 상의 가중치(거리)를 모두 더한다. 가중치의 합이 $d$보다 크지 않으면, "true"를 넘겨준다. 이는 총 거리가 $d$ 이하인 여행경로가 존재하고, 이 진위판별 문제에 대한 답은 "예"임이 검증되었음을 의미한다. 만약 $S$가 여행경로가 아니거나 가중치의 합이 $d$를 초과하면, 알고리즘은 "false"를 넘겨준다. false를 넘겨주면 주장한 여행경로는 총 거리가 $d$ 이하가 아니라는 사실만 의미할 뿐이다. 총 거리가 $d$ 이하의 여행경로가 없다는 의미는 아니다. 왜냐하면, 총 거리가 $d$ 이하인 다른 여행경로는 아직 따져보지 않았기 때문이다.

이 알고리즘을 더 상세히 기술하고 이 알고리즘이 다차시간임을 증명하는 작업은 연습문제로 남겨둔다. 주어진 여행경로 후보를 가지고 진위판별 문제의 해답이 "예"임을 다차시간에 검증할 수 있음을 의미한다. (그 사람이 거짓말을 하여) 제안한 여행경로가 여행경로가 아니거나 총 여행길이가 $d$보다 크다고 해서 진위판별 문제에 대한 해답이 "아니오"임을 증명한 건 아니다. 따라서 진위판별 문제에 대한 해답이 "아니오"임을 다차시간에 검증할 수 있다고 할 수 있는 건 아니다.

*NP* 집합에 속한 문제들이 지니고 있는 다차시간 검증가능성(polynomial-time verifiability)의 성질을 정의해보자. 이 문제들을 다차시간에 풀어야 한다는 의미는 아니다. 후보 여행경로의 총 길이가 $d$ 이하임을 검증할 때 그 여행경로를 찾는데 걸리는 시간은 빼고 따졌다. 검증만 하는데 다차시간이 걸린다고 한 것뿐이다. 다차시간 검증가능성의 개념을 더 상세히 기술하기 위해 **비결정 알고리즘**(nondeterministic algorithm)의 개념을 도입한다. 비결정 알고리즘은 다음과 같이 두 단계로 구성되어 있다고 볼 수 있다.

1. **(비결정) 추측 단계** : 문제의 사례를 가지고 단순히 임의의 문자열 $S$를 만들어 낸다. 만든 문자열은 추측한 해답으로 보면 된다. 사실 전혀 무의미한 문자열이어도 상관없다(역주: 즉, 만든 문자열이 해답이 될는지는 완전히 운에 맡긴다).
2. **(결정) 검증 단계** : 입력은 문제 사례와 추측한 문자열 $S$이다. 이 단계는 일반적인 결정 실행방식으로 다음과 같이 진행된다. (1) 궁극적으로 "true"의 출력을 내주면서 멈추거나(이 사례에 대한 해답이 "예"라고 검증되었음을 뜻한다), (2) "false"의 출력을 내주면서 멈추거나, (3) 멈추지 않는다(무한루프). 뒤의 두 경우 이 사례에 대한 해답이 "예"라고 검증되지 않았음을 뜻한다. 앞으로 알게 되겠지만, 비결정 알고리즘으로 (2)와 (3)은 구별할 수 없다.

*verify* 함수는 외판원 진위판별 문제의 검증단계에 해당하며, 결정 알고리즘이다. 비결정적이 되는 부분은 추측 단계로서 어떻게 해답을 만들어내는지 명시하지 않으므로 **비결정**(nondeterministic) 단계라고 한다. 이 단계에서는 오히려 아무 문자열이나 임의로 만들어도 된다. "비결정 단계"는 다차시간 검증가능성의 개념을 정립하기 위한 치장도구에 불과할 뿐이며, 진위판별 문제를 풀기 위한 현실적인 방법은 아니다.

비결정 알고리즘을 실제로 문제를 푸는데 절대 사용할 수 없지만, 다음 두 조건을 만족하면 비결정 알고리즘이 진위판별 문제를 "푼다(solve)"고 한다.

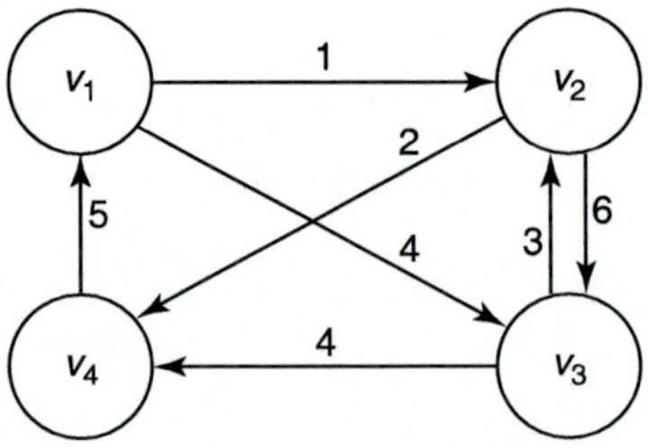


**그림 9.2** 여행경로 $[v_1, v_3, v_2, v_4, v_1]$은 총 가중치가 15보다 크지 않다.

1. 해답이 "예"가 되는 사례에 대하여 검증단계의 결과가 "true"가 되는 문자열이 있다.
2. 해답이 "아니오"가 되는 사례에 대하여 검증단계의 결과가 "true"가 되는 문자열이 없다.

다음 표를 보면 사례가 그림 9.2의 그래프이고 $d$가 15일 때, 입력 문자열 $S$를 *verify* 함수에 적용한 결과를 나열한다.

| $S$ | 출력 | 이유 |
|---|---|---|
| $[v_1, v_2, v_3, v_4, v_1]$ | false | 총 가중치는 15보다 크다 |
| $[v_1, v_4, v_2, v_3, v_1]$ | false | $S$는 여행경로가 아니다 |
| #@12*&%$a_1$\ | fasle | $S$는 여행경로가 아니다 |
| $[v_1, v_3, v_2, v_4, v_1]$ | true | $S$는 총 가중치가 15보다 크지 않은 여행경로이다 |

셋째 입력은 (앞에서 설명했듯이) $S$가 전혀 무의미한 문자열이어도 상관없음을 보여준다.

일반적으로 특정 사례에 대하여 해답이 "예"이면, 총 가중치가 $d$보다 크지 않은 여행경로들 중 하나가 입력일 때 *verify* 함수는 "true"를 넘겨준다. 따라서 비결정적 알고리즘의 기준 1이 만족되었다. 반면에 *verify* 함수는 총 가중치가 $d$보다 크지 않은 여행경로가 입력일 때만 "true"만 넘겨준다. 따라서 만약 어떤 사례에 대한 해답이 "아니오"이면, *verify* 함수는 어떤 $S$ 값에 대해서도 "true"를 넘겨주지 않는다. 그러므로 기준 2가 만족되었다. 결론적으로 추측 단계에서 단순히 문자열을 생성하고 검증 단계에서 *verify* 함수를 호출하는 비결정 알고리즘은 외판원 결정문제를 "푼다"고 할 수 있다. 이제 다차시간 비결정 알고리즘을 정의해보자.

> 정의
>
> **다차시간 비결정 알고리즘**(polynomial-time nondeterministic algorithm)은 검증단계가 다차시간 알고리즘인 비결정 알고리즘이다.

이제 집합 $NP$를 정의할 수 있다.

**정의**

$NP$는 다차시간 비결정적 알고리즘으로 풀 수 있는 모든 진위판별 문제의 집합이다.

$NP$는 "Nondeterministic(비결정) Polynomial(다차)"의 약자임을 주목하자. 진위판별 문제가 $NP$에 속하기 위해서는 다차시간에 검증을 하는 알고리즘이 반드시 존재해야 한다. 외판원 진위판별 문제는 검증하는 다차시간 알고리즘이 있으므로 $NP$에 속한다. 검증하는 다차시간 알고리즘이 있다고 해서 문제를 푸는 다차시간 알고리즘이 있다는 의미는 절대 아니다. 사실, 외판원 진위판별 문제를 푸는 다차시간 알고리즘이 있는지 아직 모른다. 임의로 주어진 사례에 대해서 외판원 진위판별 문제의 답이 "예"라면, *verify*가 "true" 답을 넘겨주는 여행경로를 찾기 위해 비결정 단계에서 여행경로를 모두 조사해봐야 할지도 모른다. 마디들끼리 모두 이음선으로 연결되어 있다면, 여행경로의 개수는 모두 $(n-1)!$개이다. 따라서 여행경로를 모두 따져봐야 한다면 당연히 다차시간에 답을 얻지 못할 것이다. 더구나, 사례에 대한 대답이 "아니오"라면, 모두 다 따져보지 않고는 절대 답을 확신할 수 없다. 비결정 알고리즘과 $NP$의 개념을 도입한 목적은 알고리즘을 분류하고 싶었기 때문이다. 문자열을 생성하고 검증하는 비결정 알고리즘보다 실제로 문제를 푸는 더 좋은 알고리즘이 보통 존재한다. 예를 들어, 외판원 문제를 푸는 분기한정 알고리즘(알고리즘 6.3)은 여행경로를 생성하지만, 한계 함수를 사용하여 답이 될 가능성이 없는 여행경로의 생성은 피한다. 따라서 여행경로를 무조건 생성하는 알고리즘보다는 훨씬 더 좋다.

$NP$에 속하는 진위판별 문제가 또 있을까? 예제 9.2에서 9.5까지의 진위판별 문제도 모두 $NP$에 속함은 연습문제로 확인해보도록 하자.

더구나 그 외에도 다차시간 알고리즘이 있는지는 아직 모르지만 문제를 푸는 다차시간 비결정 알고리즘은 있기 때문에 $NP$에 속함이 증명된 진위판별 문제가 수천개 이상 존재한다(개리와 존슨의 책(1979)에 많이 소개되어 있다). 마지막으로, 따져볼 것 없이 사소하게 $NP$에 속하는 문제도 상당히 많다. 즉, **"$P$에 속하는 문제는 모두 $NP$에도 속한다."** $P$에 속한 문제는 모두 다차시간 알고리즘으로 풀 수 있으므로 따져볼 것 없이 사소하게 사실이다. 비결정 단계에 아무 문자열이나 생성하고, 결정 단계에서 다차시간 알고리즘을 실행한다. 알고리즘은 "예" 또는 "아니오"로 대답하여 문제를 풀기 때문에 ("예" 답을 주는) 입력 문자열 $S$가 주어지면 대답이 "예"임을 항상 검증해준다.

어떤 진위판별 문제가 $NP$에 속하지 않을까? 신기하게도 $NP$에 속하지 않는다고 증명된 진위판별 문제들은 다루기 힘들다고 증명된 문제들이다. 즉, 멈춤검사 문제, 프레스버거 산술문제, 그리고 9.3.2절에서 공부한 문제들은 $NP$에 속하지 않음이 증명된 문제들이다. 다시 말하지만, 이 부류의 문제들은 상대적으로 별로 없다.

그림 9.3에서 모든 진위판별 문제의 집합을 그림으로 보여준다. 이 그림에서 $NP$는 $P$를 진부분집합으로 포함하고 있는 걸로 그려놓았다. 그러나 그렇지 않을지도 모른다.

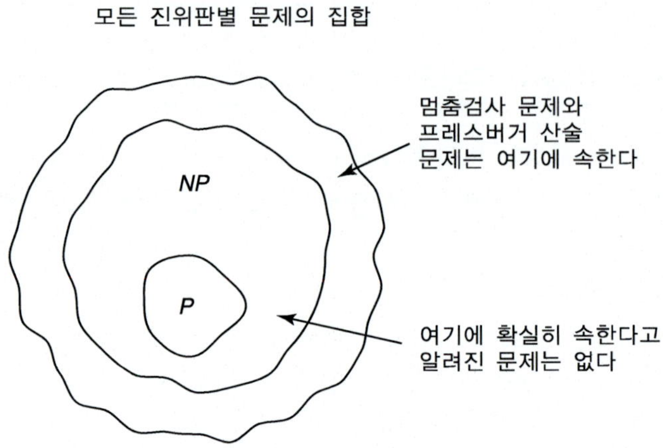


그림 9.3 모든 진위판별 문제의 집합

즉, **$NP$에 속하면서 $P$에 속하지 않는 문제가 있다고 아직 증명하지 못했기 때문이다.** 따라서 는 공집합일 수도 있다. 사실 "$P$와 $NP$가 같은가?"는 컴퓨터과학에서 가장 복잡하고 중요한 오픈문제 중 하나이다. 이미 언급했듯이 알고 있는 진위판별 문제는 대부분 $NP$에 속하므로 이 오픈문제는 중요하다. 따라서 만약 $P = NP$가 사실이라면, 지금까지 알고 있는 대부분의 진위판별 문제를 푸는 다차시간 알고리즘이 있다는 얘기이다.

$P \neq NP$임을 증명하려면 $NP$에 속하면서 $P$에는 속하지 않는 문제를 찾아야 한다. 반면 $P = NP$임을 증명하려면 $NP$에 속한 각각의 문제에 대해 다차시간 알고리즘을 모두 찾아야 한다. 그런데 이 작업은 단순화할 수 있다. 즉, 많은 문제 중에서 하나만 다차시간 알고리즘을 찾으면 된다. 이와 같이 작업을 엄청나게 단순화했음에도 불구하고 $P$가 $NP$와 같다고 믿는 사람은 거의 없다.

### 9.4.2 *NP*-Complete 문제

예제 9.2에서 9.5까지 문제들의 어려운 정도가 모두 같진 않다. 예를 들어, 외판원 문제를 푸는 동적계획 알고리즘(알고리즘 3.11)은 최악의 경우 $\Theta(n^2 2^n)$이다. 한편, 0-1 배낭 채우기 문제를 푸는 동적계획 알고리즘(알고리즘 4.4)은 최악의 경우 $\Theta(2^n)$이다. 또한 외판원 문제를 푸는 분기한정 알고리즘(알고리즘 6.3)에서 상태공간트리의 잎이 $(n-1)!$개인 반면, 0-1 배낭 채우기 문제를 푸는 분기한정 알고리즘(알고리즘 6.2)에서는 $2^{n+1}$개뿐이다. 마지막으로 0-1 배낭 채우기 문제를 푸는 동적계획 알고리즘은 $\Theta(nW)$인데, 이는 배낭의 용량 $W$가 아주 크지 않는 한 효율적임을 의미한다. 이 모든 것으로 미루어 보건대 0-1 배낭 채우기 문제가 원천적으로 외판원 문제보다 더 쉬운 것 같아 보인다. 그럼에도 불구하고, 이 두 문제와 9.2에서 9.5까지의 문제들, 그리고 수천 가지의 다른 문제 중 하나만이라도 $P$에 속하면 나머지 모든 문제들도 마찬가지로 $P$에 속해야 한다는 점에서 모두 동등하게 취급할 수 있다. 이러한 문제들을 ***NP-Complete***라고 한다.

$NP$-Complete를 이해하기 위해서 $NP$-Complete 이론에 기초가 되는 CNF-Satisfiability 문제를 우선 먼저 이해해보자.

• 예제 9.6 **CNF-Satisfiability 문제**

**논리(불) 변수**는 true나 false 값 중 하나를 가질 수 있는 변수이다. $x$가 논리 변수이면, $\overline{x}$는 $x$의 부정(negation)이다. 즉 $x$가 true이면, $\overline{x}$는 false이다. **리터럴**(literal)은 논리 변수이거나 논리 변수의 부정이다. **절**(clause)은 논리 연산자 or($\vee$)를 사이사이에 끼운 리터럴의 나열이다. **CNF**(Conjunctive Normal Form)는 논리식(logical expression)으로 논리 연산자 and($\wedge$)를 사이사이에 끼운 절의 나열이다. 다음은 CNF 논리식의 예이다.

$$(\overline{x}_1 \vee x_2 \vee \overline{x}_3) \wedge (x_1 \vee \overline{x}_4) \wedge (\overline{x}_2 \vee x_3 \vee x_4)$$

**CNF-Satisfiability 진위판별 문제**는 주어진 CNF 논리식을 true로 만드는 참값 대입(변수에 true 또는 false를 대입)이 존재하는지 판별하는 문제이다.

• 예제 9.7 다음 사례에 대해서 CNF-Satisfiability 문제의 답은 "예"이다.

$$(x_1 \vee x_2) \wedge (x_2 \vee \overline{x}_3) \wedge \overline{x}_2$$

왜냐하면, $x_1$ =true, $x_2$ =false, $x_3$ =false를 대입하면 이 논리식이 true이기 때문이다. 다음 사례에 대해서 CNF-Satisfiability 문제의 답은 "아니오"이다.

$$(x_1 \vee x_2) \wedge \overline{x}_1 \wedge \overline{x}_2$$

왜냐하면, 이 논리식이 true가 되는 참값 대입이 없기 때문이다.

CNF 논리식과 변수에 대입할 참값을 입력으로 받아서 그 대입에 대해서 그 논리식이 true인지 검증하는 다차시간 알고리즘은 쉽게 작성할 수 있다. 그러므로 이 문제는 $NP$에 속한다. 그러나 이 문제를 푸는 다차시간 알고리즘을 아직 아무도 찾지 못했고, 이 문제를 다차시간에 풀 수 없다고 아직 아무도 증명하지 못했다. 따라서 이 문제가 $P$에 속할지도 모른다. 이 문제를 특별히 주목하는 이유는 1971년 스티븐 쿡(Stephen Cook)이 CNF-Satisfiability 문제가 $P$에 속한다고 가정하면, $P = NP$가 사실임을 증명하는 논문을 발표했기 때문이다(이와 유사한 정리를 1973년 레빈(L.A. Levin)이 독립적으로 발표하기도 했다). 쿡의 정리를 엄밀히 검토하기 전에 "**다차시간 축소변환가능도**(polynomial-time reducibility)"라고 하는 새로운 개념을 알아야 한다.

가령 진위판별 문제 $A$를 풀려고 하고, 진위판별 문제 $B$를 푸는 알고리즘이 있다고 가정하자. 그리고 문제 $B$를 푸는 알고리즘이 $y$에 대해서 "예"라고 답하면 문제 $A$에 대한 답도 "예"가 되도록 문제 $A$의 모든 사례 $x$에서 문제 $B$의 사례 $y$를 만들어내는 알고리즘을 작성할 수 있다고 가정하자. **변환 알고리즘**(transformation algorithm)이라고 하는 이 알고리즘은 문제 $A$의 모든 사례를 문제 $B$의 사례로 실제로 매핑하는 함수이다. 이 함수

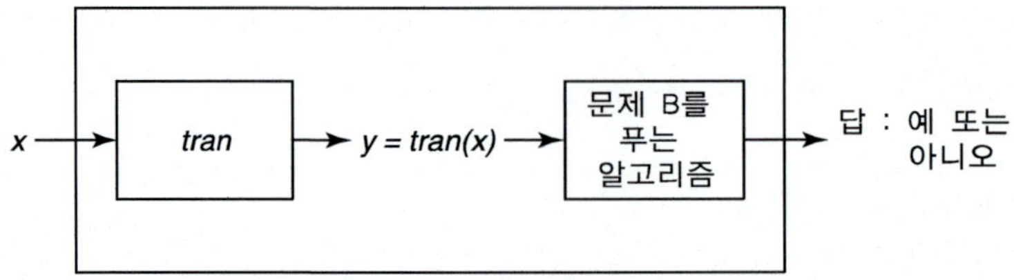


**그림 9.4** 알고리즘 *tran*은 진위판별 문제 *A*의 각 사례 $x$를 진위판별 문제 *B*의 사례 $y$로 매핑하는 변환 알고리즘이다. 진위판별 문제 *B*를 푸는 알고리즘을 가지고 *tran*은 진위판별 문제 *A*를 푸는 알고리즘을 만들어낸다.

는 다음과 같이 표시한다.

$$y = tran(x)$$

문제 $B$를 푸는 알고리즘을 가지고 이 변환 알고리즘을 적용하여 문제 $A$를 푸는 알고리즘을 만들어낸다. 그림 9.4에서 이 과정을 보여준다.

다음 예제는 $NP$–Complete 이론과는 무관하다. 단지 변환 알고리즘의 간단한 예를 보여주기 위해서 제시하는 것이다.

● 예제 9.8

**변환 알고리즘**

첫째 진위판별 문제는 "논리 변수가 $n$개 있을 때 그중 최소한 하나가 "true" 값을 가지는가?"이고, 둘째 진위판별 문제는 "정수가 $n$개 있을 때 가장 큰 수가 양수인가?"라고 하자. 변환식은 다음과 같다고 하자.

$$k_1,\ k_2, \cdots,\ k_n = tran(x_1,\ x_2,\ \cdots,\ x_n)$$

여기서 $x_i$가 true이면 $k_i$는 1이고, $x_i$가 false이면 $k_i$는 0이다. 둘째 문제를 푸는 알고리즘이 "예"를 넘겨준다는 사실은 최소한 하나의 $k_i$는 1임을 의미하고, 이는 다시 최소한 하나의 $x_i$는 true임을 의미한다. 그러므로 둘째 문제를 푸는 알고리즘이 "예"를 넘겨준다는 사실은 최소한 하나의 $x_i$는 true임을 의미하고, 이는 다시 변환 알고리즘이 성공적임을 의미한다. 따라서 둘째 문제를 푸는 알고리즘을 사용하여 첫째 문제를 풀 수 있다.

방금 공부한 개념과 관련된 다음 정의를 보자.

**정의**

진위판별 문제 *A*를 진위판별 문제 *B*로 변환하는 다차시간 변환 알고리즘이 존재하면, "문제 *A*는 문제 B로 **다차시간 다일 축소변환가능**(polynomial–time many–one reducible)"하다(보통 그냥 "문제 *A*는 문제 *B*로 축소변환된다"라고 한다). 심벌로는 다음과 같이 표현한다.

$$A \propto B$$

"다일(many–one)"이라고 한 이유는 변환 알고리즘이 문제 $A$의 많은 사례에서 문제 $B$

의 하나의 사례로 매핑하는 함수이기 때문이다. 즉, 이는 다일 함수이다.

변환 알고리즘은 다차시간이고 문제 $B$를 푸는 다차시간 알고리즘이 있다면, 변환 알고리즘과 문제 $B$를 푸는 알고리즘을 결합하여 만든 문제 $A$를 푸는 알고리즘은 직관적으로 보아 분명히 다차시간 알고리즘이다. 예를 들어, 예제 9.8의 변환 알고리즘은 명백히 다차시간이다. 그러므로 변환 알고리즘과 둘째 문제를 푸는 다차시간 알고리즘을 차례로 실행하면, 첫째 문제를 다차시간에 풀 수 있을 것 같다. 다음 정리에서 이를 증명한다.

### ▸ 정리 9.1

진위판별 문제 $B$가 $P$에 속하고, 다음이 성립하면,

$$A \propto B$$

진위판별 문제 $A$도 $P$에 속한다.

**증명** : 문제 $A$를 문제 $B$로 변환하는 다차시간 변환 알고리즘의 시간복잡도의 상한을 나타내는 다항식을 $p$라 하고, $B$를 푸는 다차시간 알고리즘의 시간복잡도의 상한을 나타내는 다항식을 $q$라고 하자. 크기가 $n$인 문제 $A$의 사례가 있다고 가정하자. 변환 알고리즘에는 최대 $p(n)$의 단계가 존재하고, 최악의 경우 각 단계마다 알고리즘이 무언가를 출력하므로 변환 알고리즘이 만들어내는 문제 $B$의 사례의 크기는 최대 $p(n)$이다. 이 사례가 문제 $B$를 푸는 알고리즘이 입력되면, 이는 최대로 $q(p(n))$의 단계가 존재한다는 의미가 된다. 따라서 문제 $A$의 사례를 문제 $B$의 사례로 변환하고 문제 $A$에 대한 맞는 답을 구하기 위해 문제 $B$를 푸는데 필요한 총 작업량은 다음과 같다.

$$p(n) + q[p(n)]$$

이 식은 $n$에 대해 다항식이다.

이제 $NP$-Complete를 정의해보자.

**정의**

문제 $B$는 다음 두 조건을 만족하면 ***NP*-Complete**라고 한다.

1. NP에 속한다.
2. NP에 속한 모든 다른 문제 A에 대하여 다음이 성립한다.

$$A \propto B$$

정리 9.1에 의하여 "어느 $NP$-Complete 문제 하나라도 $P$에 속한다고 증명할 수 있으면 $P = NP$라고 결론지을 수 있다." 1971년 스티븐 쿡이 $NP$-Complete인 문제 하나를 용케 찾아냈다. 다음 정리는 그의 발견 결과를 설명한다.

### ▸ 정리 9.2

**쿡의 정리** CNF-Satisfiability는 NP-Complete이다.

**증명** : 증명은 쿡의 논문(1971)과 개리와 존슨의 책(1979)을 참조한다.

쿡이 정리를 증명하기 위해서 $NP$에 속한 문제를 모두 각각 CNF-Satisfiability 문제로 축소변환하지는 않았다. 만약 그렇게 증명했다면, $NP$에 속한 문제를 새로 찾을 때마다 CNF-Satisfiability 문제로 축소변환이 가능한지 확인해봐야 할 것이다. 대신, $NP$에 속한 문제하면 반드시 CNF-Satisfiability 문제로 축소변환할 수 있음을 증명하기 위해서 $NP$가 공통으로 지니고 있는 성질을 증명에 사용하였다.

이 가공할 만한 정리가 일단 증명되고 나자, 다른 많은 문제들도 $NP$-Complete임이 속속 증명되었다. 다음 정리를 사용하여 이 증명을 할 수 있다.

### ▸ 정리 9.3

문제 $C$는 다음 두 조건을 만족하면 $NP$-Complete이다.

1. $C$는 $NP$에 속한다.
2. 다른 $NP$-Complete 문제 $B$에 대하여 다음이 성립한다.

$$B \propto C$$

**증명** : $B$가 $NP$-Complete이므로, $NP$에 속한 임의의 문제 $A$에 대해서 $A \propto B$가 성립한다. 이 축소변환 가능도가 이행성(transitive)임을 어렵지 않게 알 수 있다. 따라서 $A \propto C$가 성립한다. $C$는 $NP$에 속하므로, $C$는 $NP$-Complete라고 결론지을 수 있다.

쿡의 정리와 정리 9.3을 가지고, 문제가 $NP$에 속하고 CNF-Satisfiability를 그 문제로 축소변환 가능함을 보여서 그 문제가 $NP$-Complete임을 증명할 수 있다. 이 축소변환 과정은 예제 9.7의 축소변환 과정보다 훨씬 더 복잡하다. 다음에 그러한 변형의 예를 하나 살펴보자.

**• 예제 9.9** 파벌 진위판별 문제가 $NP$-Complete임을 증명한다. 파벌 진위판별 문제를 푸는 다차시간 검증 알고리즘을 작성하여 이 문제가 $NP$에 속하는지에 대한 증명은 연습문제로 남겨둔다. 그러면 이제 이 문제가 $NP$-Complete라고 결론짓기 위해서 다음이 성립하는지만 증명하면 된다.

$$\text{CNF-Satisfiability} \propto \text{파벌 진위판별 문제}$$

먼저 비방향그래프에서 파벌은 마디들의 부분집합으로서 그 부분집합의 각 마디가 그 부분집합에 속한 다른 모든 마디들과 인접해 있다. 파벌 진위판별 문제는 그래프와 양의 정수 $k$에 대하여 그 그래프에 최소한 마디가 $k$개인 파벌이 있는지 판별하는 문제이다. 다음 등식을 CNF 논리식이라고 하자.

$$B = C_1 \wedge C_2 \wedge \cdots \wedge C_k$$

여기서 각 $C_i$는 $B$의 절이고, $x_1, x_2, \cdots, x_n$은 $B$에 속한 변수라고 하자. $B$는 그래프 $G=(V, E)$로 다음과 같이 변환된다.

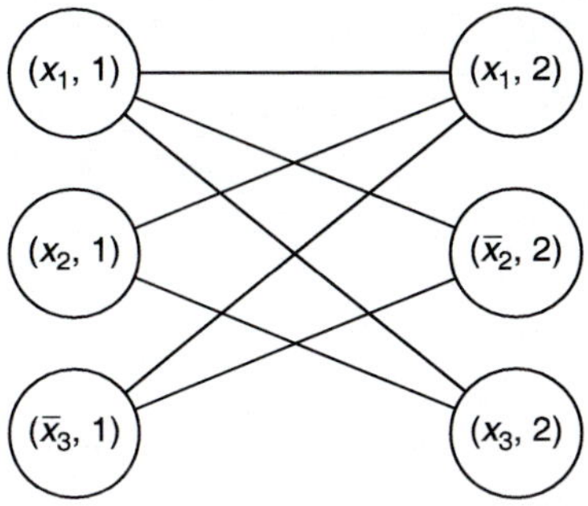

그림 9.5 $B=(x_1 \vee x_2 \vee \overline{x}_3) \wedge (x_1 \vee \overline{x}_2 \vee x_3)$일 때 예제 9.9의 그래프 $G$

$$V=\{y\text{가 절 } C_i\text{에 속한 리터럴인 } (y,\ i)\}$$
$$E=\ \{i \neq j\text{이고 } \overline{z} \neq y\text{인 } ((y,\ i),\ (z,\ j))\}$$

$G$를 구축하는 실례가 그림 9.5에 나와 있다. 이 변환 과정이 다차시간인지 증명하는 작업은 연습문제로 넘긴다. 따라서 "$B$는 CNF-Satisfiable하다"라는 말은 "CNF-Satisfiable하면, $G$에 최소한 크기가 $k$인 파벌이 있다"라는 말과 같다. 이를 이제 증명해보자.

1. $B$가 CNF-Satisfiable하면 $G$에 최소한 크기가 $k$인 파벌이 있음을 증명한다. 만약 $B$가 CNF-Satisfiable하면 각 절이 true가 되는 $x_1,\ x_2,\ \ldots,\ x_n$에 대한 참값 대입이 존재한다. 따라서 이 대입으로 true가 되는 리터럴이 각 절에 최소한 하나는 존재한다. 각 $C_i$에서 그 리터럴을 하나씩 선택한다. 그리고

$$V' =\{y\text{가 } C_i\text{에서 선택한 true 리터럴인 } (y,\ i)\}$$

명백히 $V'$는 크기 $k$인 G의 파벌을 형성한다.

2. $G$에 최소한 크기가 $k$인 파벌이 있으면, $B$는 CNF-Satisfiable을 증명한다. 마디 $(y,\ i)$에서 마디 $(z,\ i)$로 가는 이음선이 존재할 수 없으므로, 파벌에 속한 마디의 인덱스는 반드시 모두 달라야 한다. 다른 인덱스가 $k$개만 있으므로, 파벌에는 최대로 마디가 $k$개 있을 수 있다. 따라서 $G$에 크기가 최소한 $k$인 파벌 $(V',\ E')$이 있다면, $V'$에서 마디의 개수는 정확히 $k$개가 되어야 한다. 따라서 다음과 같이 놓으면,

$$S=\{(y,\ i) \in V'\text{인 } y\}$$

$S$에 리터럴이 $k$개 있다. 더구나 $S$는 $k$개의 절에서 온 리터럴이 하나씩 있다. 왜냐하면, 임의의 $y$와 $z$와 인덱스 $i$에 대해서 $(y,\ i)$와 $(z,\ i)$를 연결하는 이음선이 존재하지 않기 때문이다. 마지막으로 $S$는 리터럴 $y$와 그의 역 $\overline{y}$를 둘 다 동시에 포함할 수 없다. 왜냐하면 임의의 $i$와 $j$에 대해서 $(y,\ i)$와 $(\overline{y},\ j)$를 연결하는 이음선이 존재하지 않기 때문이다. 따라서 다음과 같이 놓고,

$$x_i = \begin{cases} x_i \in S\text{인 경우, ture} \\ \overline{x}_i \in S\text{인 경우, false} \end{cases}$$

$S$에 속하지 않은 변수에 임의의 참값을 대입하면, $B$에 속한 모든 절은 true가 된다. 따라서 $B$는 CNF-Satisfiable하다.

5.6절에서 해밀톤 회로 문제를 상기해보자. 해밀톤 회로 진위판별 문제는 연결된 방향그래프에 최소한 하나의 여행경로가 존재하는지 판별하는 문제이다(한 마디에서 출발하여 그래프의 각 마디를 한 번씩 방문하고, 출발마디에 도착하여 끝난다). 다음이 성립함을 보일 수 있다.

$$\text{CNF-Satisfiable} \propto \text{해밀톤 회로 진위판별 문제}$$

이 축소변환 과정은 앞의 예제보다도 더 지루한데, 호로위츠(Horowitz)와 사니(Sahni)의 책(1978)에 나와 있다. 이 문제에 대한 다차시간 검증 알고리즘의 작성은 연습문제로 남겨둔다. 따라서 해밀톤 회로 진위판별 문제는 *NP*–Complete이라고 결론지을 수 있다.

이제 파벌 문제와 해밀톤 회로 문제가 *NP*–Complete임을 알기 때문에 *NP*에 속한 다른 문제도 파벌 문제와 해밀톤 회로 문제가 그 문제로 축소변환됨을 보임으로써 *NP*–Complete임을 증명할 수 있다(정리 9.3 적용). 즉, *NP*–Complete를 증명할 때마다 CNF–Satisfiable로 돌아갈 필요가 없다. 축소변환의 예를 몇 가지 더 공부해보자.

---

• **예제 9.10** 그래프에서 방향을 빼고 변형한 외판원 문제를 공부해보자. 즉, 가중치가 있는 비방향그래프와 양수 $d$를 주고, 총 가중치의 합이 $d$보다 크지 않은 비방향 여행경로가 있는지 판별한다. 앞서 공부한 외판원 문제의 다차시간 검증 알고리즘이 이 문제에도 그대로 적용할 수 있다. 따라서 이 문제가 *NP*에 속하는지 증명하고, *NP*–Complete 문제 중 하나를 이 문제로 축소변환할 수 있는지 증명하기만 하면 이 문제는 *NP*–Complete이다. 즉, 다음을 증명한다.

$$\text{해밀톤 진위판별 문제} \propto \text{외판원 (비방향) 진위판별 문제}$$

해밀톤 회로 진위판별 문제의 사례 $(V, E)$를 같은 마디의 집합 $V$를 가지며 모든 마디 사이에 이음선이 있으며, 가중치는 다음과 같이 되도록 외판원 (비방향) 진위판별 문제의 사례 $(V, E')$로 변환한다.

$$(u, v)\text{의 가중치는} \begin{cases} (u, v) \in E\text{이면 1이고,} \\ (u, v) \notin E\text{이면 2이다.} \end{cases}$$

그림 9.6의 예를 보면 이해가 쉬워진다. "$(V, E)$는 해밀톤 회로이다"는 "$(V, E')$에 가중치의 합이 $n$($V$에 속한 마디의 개수)보다 크지 않은 여행경로가 있다"와 필요충분조건이다. 이 변환이

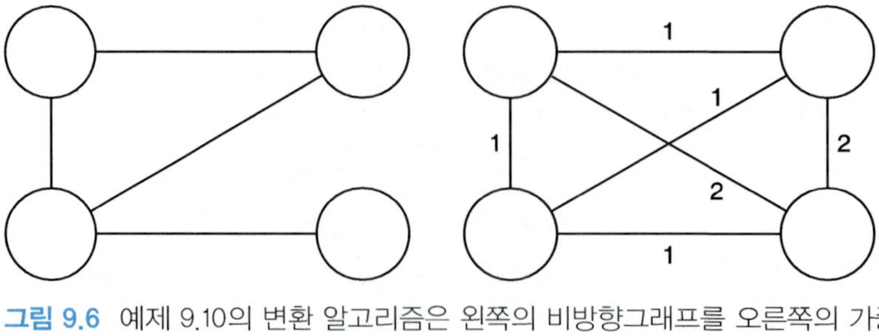


**그림 9.6** 예제 9.10의 변환 알고리즘은 왼쪽의 비방향그래프를 오른쪽의 가중치가 있는 비방향그래프로 변환한다.

다차시간임을 증명하는 작업은 연습문제로 남겨둔다.

**• 예제 9.11** 외판원 진위판별 문제의 다차시간 검증 알고리즘은 이미 작성하였다. 따라서 이 문제가 $NP$에 속함을 증명하고, 다음이 성립함을 증명하여 이 문제가 $NP$-Complete임을 증명할 수 있다.

$$\text{외판원 (비방향) 진위판별 문제} \propto \text{외판원 진위판별 문제}$$

외판원(비방향) 진위판별 문제의 사례 $(V, E)$를 같은 마디의 집합 $V$를 가지며 $(u, v)$가 $E$에 속할 때마다 이음선 $<u, v>$와 $<v, u>$는 둘 다 $E'$에 속하는 외판원 문제의 사례 $(V, E')$로 변환한다. $<u, v>$와 $<v, u>$의 가중치는 $(u, v)$의 가중치와 같다. "$(V, E)$에 가중치의 합이 $d$보다 크지 않은 비방향 여행경로가 있다"는 "$(V, E')$에 가중치의 합이 $d$보다 크지 않은 방향 여행경로가 있다"와 필요충분조건이다. 이 변환이 다차시간임을 증명하는 작업은 연습문제로 남겨둔다.

앞에서 언급했듯이 예제 9.2에서 9.5까지의 문제들을 포함하여 수천 가지에 달하는 문제가 축소변환을 사용하여 $NP$-Complete임이 증명되었다. 개리와 존슨의 책(1979)을 보면 축소변환의 사례가 많이 나와 있으며, 300가지 이상의 $NP$-Complete 문제를 소개하고 있다.

## NP의 상태

그림 9.3에 보면 $P$는 $NP$의 진부분집합(proper subset)으로 보이지만, 앞에서 언급했듯이 동일한 집합일 수도 있다. $NP$-Complete 문제의 집합을 이 그림에 어떻게 끼워 넣을까? 정의에 의하면 이 $NP$-Complete 집합은 $NP$의 부분집합이다. 따라서 프레스버거 산술 문제, 멈춤검사 문제, 그리고 $NP$에 속하지 않는 다른 진위판별 문제는 $NP$-Complete가 아니다.

$NP$에는 속하지만 $NP$-Complete에는 속하지 않는 진위판별 문제는 무조건 "예"라고 대답하는(또는 무조건 "아니오"라고 대답하는) 사소한 진위판별 문제이다. 사소하지 않

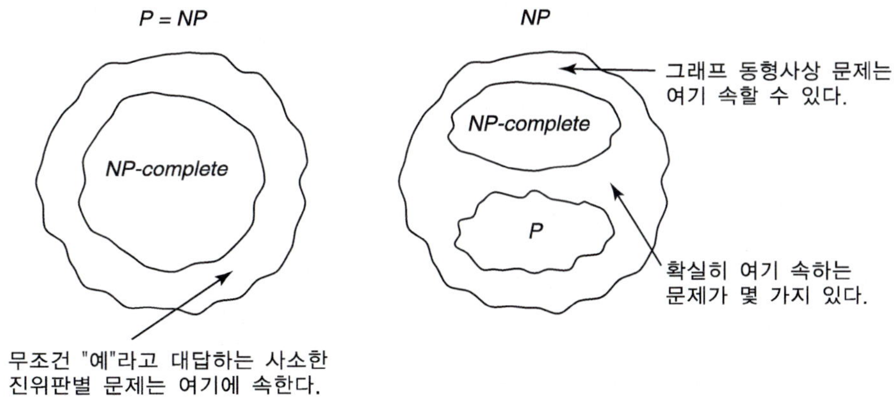


그림 9.7 집합 $NP$는 왼쪽 그림일 수도 있고, 오른쪽 그림일 수도 있다.

은 진위판별 문제를 사소한 진위판별 문제로 축소변환이 불가능하므로 사소한 진위판별 문제는 $NP$–Complete가 아니다.

$P = NP$라고 가정하면, 그림 9.7의 왼쪽 그림이 맞다. $P \neq NP$이면 오른쪽 그림이 맞다. 즉, $P \neq NP$이면, 다음 등식이 성립한다.

$$P \cap NP\text{-}Complete = \varnothing$$

여기서 $NP$–Complete는 $NP$–Complete 문제들 전체의 집합을 나타낸다. $P$에 속한 문제가 하나라도 $NP$–Complete라고 한다면, 정리 9.1에 의하여 $NP$에 속한 문제는 모두 다차시간에 풀 수 있음을 암시할 것이므로 등식이 성립한다.

그림 9.7(오른쪽)에 의하면 그래프 동형사상 문제(Graph Isomorphism Problem)는 다음 집합에 속할 수 있음을 주목하자.

$$NP - (P \cup NP\text{-}Complete)$$

(비방향, 방향 구별없이) 두 개의 그래프 $G = (V, E)$와 $G' = (V', E')$는 다음 조건을 만족하면 동형사상(isomorphic)이라고 한다. 조건은 $V$에 속한 모든 마디 $v_1$과 $v_2$에 대해서 $V$에서 $V'$으로 가는 일대일 함수 $f$가 존재하고, 이음선 $(u, v)$가 $E$에 속하고, 이음선 $(f(u), f(v))$가 $E'$에 속한다. 그래프 동형사상 문제는 다음과 같다.

• 예제 9.12

**그래프 동형사상 문제**
두 개의 그래프 $G = (V, E)$와 $G' = (V', E')$는 동형사상인가?

그림 9.8의 방향그래프는 다음 등식에 의해서 동형사상이다.

$$u_5 = f(v_1) \quad u_3 = f(v_2) \quad u_1 = f(v_3) \quad u_4 = f(v_4) \quad u_2 = f(v_5)$$

그래프 동형사상 문제의 다차시간 검증 알고리즘을 작성하여 그래프 동형사상 문제가

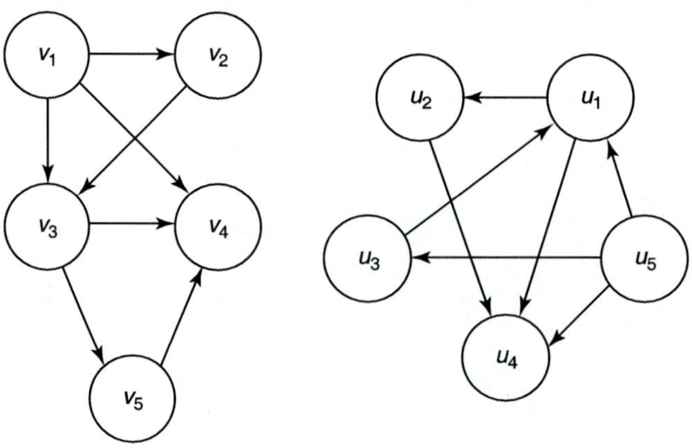

그림 9.8 이 그래프는 동형사상이다.

$NP$인지 증명하는 작업은 연습문제로 남겨둔다. $n$을 마디의 개수라고 할 때 $n!$개의 일대일 매핑을 모두 검사하면 쉽게 알고리즘을 작성할 수 있지만 시간복잡도가 지수보다도 높다. 아직 아무도 이 문제를 푸는 다차시간 알고리즘을 찾지 못했고, 아직 아무도 이 문제가 $NP$-Complete라고 증명하지도 못했다. 따라서 이 문제가 $P$인지 알 수 없고, $NP$-Complete인지도 알 수 없다.

$P$도 아니고 $NP$-Complete도 아니면서 $NP$에 속한 문제가 있는지 아직 증명하지 못했다(이를 증명하면 $P \neq NP$는 저절로 증명하는 셈이다). 그러나 $N \neq NP$이면, 그러한 문제는 반드시 존재한다는 사실은 증명되었다. 그림 9.7의 오른쪽 그림으로 보여주는 이 결과는 다음 정리로 공식화할 수 있다.

**▸ 정리 9.4**

$P \neq NP$이면, 다음 집합은 공집합이 아니다.

$$NP - (P \cup NP\text{-}Complete)$$

증명 : 증명은 라드너(Ladner)가 논문(1975)을 참고하자.

## 반대문제

다음 두 문제 사이의 유사성을 살펴보자.

• 예제 9.13 **소수 문제**

양의 정수 $n$에 대해서 $n$은 소수(prime number)인가?

• 예제 9.14 **합성수 문제**

양의 정수 $n$에 대해서 $n = mk$가 성립하는 $m > 1$과 $k > 1$인 정수 $m$과 $k$가 존재하는가?

소수 문제는 9.2절의 앞부분에서 알고리즘을 작성해본 문제이다. 소수 문제는 합성수 문제의 반대문제이다. 진위판별 문제의 **반대문제**(complementary problem)는 원래 문제가 "아니오"라고 대답하면 "예"라고 대답하고, "예"라고 대답하면 "아니오"라고 뒤집어서 대답하는 문제이다. 상호보충 문제의 예를 또 하나 보자.

• 예제 9.15 **외판원 진위판별 문제의 반대문제**

가중치 그래프와 양수 $d$에 대해서 총 가중치가 $d$보다 크지 않은 여행경로가 없는가?

진위판별 문제를 푸는 다차시간 결정 알고리즘을 찾으면, 반대문제를 푸는 다차시간 결정 알고리즘도 저절로 얻는다. 예를 들어, 수가 합성수인지 다차시간에 판별할 수 있으면, 그 수가 소수인지도 판별할 수 있다. 그러나 문제를 푸는 다차시간 비결정 알고리즘을 찾았다고 해서, 반대문제를 푸는 다차시간 비결정 알고리즘이 자동적으로 생기는 것은 아니다. 즉, 문제가 $NP$에 속함을 증명했다고 해서 반대문제도 $NP$에 속한다고 자동으로 증명된 건 아니다. 외판원 진위판별 문제의 반대문제의 경우, 가중치의 합이 $d$보다 크지 않은 여행경로가 없음을 다차시간에 검증하는 알고리즘을 작성해야 할 것이다. 이 문제는 가중치의 합이 $d$보다 크지 않은 여행경로가 있음을 검증하는 작업보다 훨씬 더 복잡하다. 아직 아무도 외판원 진위판별 문제의 반대문제를 검증하는 다차시간 알고리즘을 만들지 못했다. 반대문제가 $NP$임이 증명된 $NP$-Complete 문제는 하나도 없다. 반대문제가 $NP$가 아님이 증명된 $NP$ 문제도 하나도 없다. 정리하면 다음과 같다.

**▸ 정리 9.5**

$NP$-Complete 문제의 반대문제가 $NP$라면, $NP$ 문제의 반대문제도 모두 $NP$이다.

**증명** : 증명은 개리와 존슨의 책(1979)을 참조하라.

그래프 동형사상 문제와 소수 문제를 좀 더 얘기해보자. 앞에서 언급했듯이 그래프 동형사상 문제를 푸는 다차시간 알고리즘을 아직 아무도 만들어내지 못했고, 그래프 동형사상 문제가 $NP$-Complete라고 아직 아무도 증명하지 못했다. 얼마 전까지만 해도 소수 문제도 마찬가지였다. 그러나 2002년 아그라왈(Agrawal)과 동료들이 소수 문제를 푸는 다차시간 알고리즘을 만들어냈다. 11.6절에서 그 알고리즘을 소개한다. 그 전 1975년에 프라트(Pratt)가 소수 문제가 $NP$임을 증명하였다. 그리고 반대문제인 합성수 문제도 $NP$임을 증명하기 쉽다. 선형계획법(Linear Programming) 문제와 반대문제도 모두 $NP$임이 증명되었고, 1979년에 차치안(Chachian)이 다차시간 알고리즘을 개발하였다. 하지만 그래프 동형사상 문제의 반대문제는 $NP$인지 아직 증명하지 못했다. 이 모두 결과를 미루어 보면, 그래프 동형사상 문제를 푸는 다차시간 알고리즘을 만들기보다 그래프 동형사상 문제가 $NP$-Complete임이 증명될 확률이 더 높다. 아니면, 그래프 동형사상 문제가 $NP-(P \cup NP\text{-Complete})$ 집합에 속하는 문제일지도 모른다.

### 9.4.3 *NP*-Hard, *NP*-Easy, *NP*-Equivalent 문제

지금까지 진위판별 문제만 공부했다. 이제 지금까지 공부한 결과를 일반(nondecision) 문제로 확장하여 적용해보자. 정리 9.1에 의하면 진위판별 문제 $A$를 진위판별 문제 $B$로 다차시간 다일 축소변환 가능하다면, 문제 $B$의 다차시간 알고리즘을 사용하여 문제 $A$를 다차시간에 풀 수 있다. 이제 다음 정의를 통하여 일반 문제로 일반화해보자.

**정의**

문제 $B$를 푸는 가상 다차시간 알고리즘을 사용하여 문제 $A$를 다차시간에 풀 수 있다면, 문제

> $A$는 문제 $B$로 **다차시간 튜링 축소변환가능**(polynomial-time Turing reducible)하다고 한다(보통 그냥 "$A$는 $B$로 튜링 축소변환된다"라고 하기도 한다). 기호로는 다음과 같이 쓴다.
>
> $$A \propto_T B$$

이 정의에 의하면 문제 $B$를 푸는 다차시간 알고리즘이 반드시 있어야 할 필요는 없다. 단지 문제 $B$를 푸는 다차시간 알고리즘이 있으면 문제 $A$도 다차시간에 풀 수 있다는 것을 말하고 있을 뿐이다. $A$와 $B$가 모두 진위판별 문제이면, 다음은 분명히 성립한다.

$$A \propto B \text{이면 } A \propto_T B \text{이다.}$$

이제 $NP$–Complete의 개념을 일반 문제로 확장하여 보자.

> **정의**
>
> 임의의 $NP$–Complete 문제 $A$에 대해서 다음 관계가 성립하면, 문제 $B$는 ***NP*–Hard** 하다고 한다.
>
> $$A \propto_T B$$

튜링 축소변환이 이행성(transitive)이 있음을 파악하기는 별로 어렵지 않다. 따라서 $NP$ 문제는 모두 $NP$–Hard 문제로 축소변환 가능하다. 다시 말해서, "$NP$–Hard 문제를 푸는 다차시간 알고리즘이 존재한다면 $P = NP$가 성립한다"는 의미가 된다.

그러면 어떤 문제가 $NP$–Hard에 속할까? ***NP*–Complete 문제는 분명히 모두 *NP*–Hard 문제이다.** 최적화 문제를 푸는 다차시간 알고리즘이 있으면, 그에 상응하는 진위판별 문제를 푸는 다차시간 알고리즘은 거저 얻을 수 있다고 언급한 바 있다. 따라서 "***NP*–Complete 문제에 상응하는 최적화 문제는 모두 *NP*–Hard이다.**" 다음 예제에서 튜링 축소변환가능성의 정의를 정식으로 사용하여 외판원 문제가 $NP$–Hard임을 확인해보자.

---

• 예제 9.16 **외판원 최적화 문제는 *NP*–Hard이다.**

외판원 최적화 문제를 푸는 가상의 다차시간 알고리즘이 있다고 가정하자. 그래프 $G$와 양의 정수 $d$를 포함하는 외판원 진위판별 문제의 사례가 주어진다고 하자. 이 가상 알고리즘을 그래프 $G$에 적용하여 최적해 *mindist*를 구한다. 그러면 진위판별 문제의 사례에 대한 답은 $d \le mindist$이면 "아니오"가 되고, $d > mindist$이면 "예"가 될 것이다. 이 추가적인 절차와 함께 이 최적화 문제를 푸는 가상의 다차시간 알고리즘은 분명히 다차시간에 이 진위판별 문제를 푼다. 따라서 다음 관계가 성립한다.

$$\text{외판원 진위판별 문제} \propto_T \text{외판원 최적화 문제}$$

---

그러면 어떤 문제가 $NP$–Hard에 속하지 않을까? 그러한 문제가 존재하는지는 알지 못한다. 사실, "***NP*–Hard가 아님을 증명한 문제가 있다면, $P \ne NP$를 증명한 것과 다름**

**없다.**" 그 이유는 $P = NP$이면 $NP$ 문제를 모두 다차시간 알고리즘으로 풀 수 있을 것이기 때문이다. 그러므로 문제 $B$를 푸는 가상의 다차시간 알고리즘을 그냥 호출하여 $NP$에 속한 문제를 모두 풀 수 있을 것이다. 따라서 모든 문제는 $NP$-Hard일 것이다.

반면에 다차시간 알고리즘이 있는 문제는 $NP$-Hard가 아닐지도 모른다. 사실, "**다차시간 알고리즘이 있는 문제를 $NP$-Hard라고 증명할 수 있다면, $P = NP$를 증명한 것과 다름없다.**" 그 이유는 어떤 $NP$-Hard 문제를 푸는 가상이 아닌 실제 다차시간 알고리즘이 있을 것이기 때문이다. 그러므로 $NP$ 문제를 $NP$-Hard 문제로 튜링 축소변환하여 다차시간에 $NP$ 문제를 모두 풀 수 있게 된다.

그림 9.9는 $NP$-Hard 문제의 집합이 모든 문제의 집합에 어떻게 끼여 들어가는지 보여준다.

$NP$-Hard 문제는 (다차시간 알고리즘을 발견하는 희망의 정도로 비교하여) 최소한 $NP$-Complete 문제만큼 어렵다. 예를 들어, 외판원 최적화 문제는 최소한 $NP$-Complete 문제만큼 어렵다. 그러나 역(reverse)도 사실일 필요가 있을까? 즉, $NP$-Complete 문제가 최소한 외판원 최적화 문제만큼 어려울까? $NP$-Hard만 가지고는 대답할 수 없다. 또 하나의 정의가 필요하다.

> **정의**
>
> $NP$에 속한 임의의 $B$에 대해서 다음 관계가 성립하면, 문제 $A$는 ***NP*-Easy**라고 한다.
>
> $$A \propto_T B$$

명백히 "**$P = NP$이면, $NP$-Easy 문제는 모두 다차시간 알고리즘이 존재한다.**" $NP$-Easy의 정의가 $NP$-Hard의 정의와 정확히 대칭은 아님을 주목하자. "문제가 $NP$-Easy다"는 "그 문제가 $NP$-Complete 문제로 축소변환 가능하다"와 필요충분조건인지 증명하는 작업은 연습문제로 남긴다.

어떤 문제가 $NP$-Easy에 속할까? 명백히 $P$에 속한 문제들, $NP$에 속한 문제들, 다차시간 알고리즘을 발견한 일반 문제들은 모두 $NP$-Easy이다. $NP$-Complete 진위판별

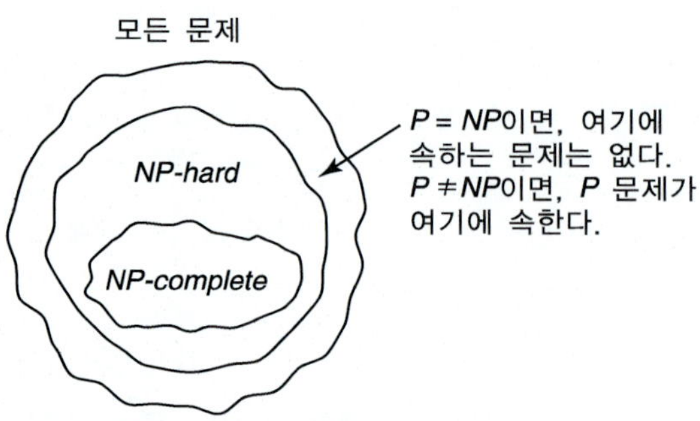


**그림 9.9** 모든 문제의 집합

문제에 상응하는 최적화 문제는 대부분 $NP$-Easy임을 증명할 수 있다. 그러나 다음 예제에서 보듯이 증명이 쉽지는 않다.

---

• **예제 9.17** 외판원 최적화 문제는 $NP$-Easy이다. 이 결과를 얻기 위하여 다음 문제를 소개한다.

**외판원 확장 진위판별 문제**

외판원 진위판별 문제의 사례가 주어지고, 그 그래프 마디의 개수는 $n$이고 여행거리는 $d$라고 하자. 추가적으로, $m$개의 서로 다른 마디로 구성된 부분 여행경로(partial tour) $T$가 주어진다고 하자. 문제는 $T$를 총 여행거리가 $d$를 넘지 않는 전체 여행경로로 확장할 수 있는지 판별하는 것이다. 이 문제의 파라미터는 외판원 결정문제의 파라미터에다가 부분 여행경로 $T$가 추가된다.

외판원 확장 진위판별 문제가 $NP$에 속하는지 증명하기는 그리 어렵지 않다. 따라서 다음 관계가 성립하는지만 증명해보기로 하자.

$$\text{외판원 최적화 문제} \propto_T \text{외판원 확장 진위판별 문제}$$

이를 증명하기 위해서 외판원 확장 진위판별 문제를 푸는 가상의 다차시간 알고리즘을 *polyarg*라고 하자. *polyarg*의 입력은 그래프, 부분 여행경로, 그리고 거리이다. 외판원 최적화 문제의 크기가 $n$인 사례 $G$가 주어진다고 하자. 이 사례에서 마디는 다음과 같다고 하고,

$$\{v_1,\ v_2,\ \ldots,\ v_n\}$$

다음과 같이 놓는다.

$$dmin = n$$
$$dmax = n \times \underset{1 \le i,\ j \le n}{maximum}(v_i\text{에서 } v_j\text{로 가는 이음선의 가중치})$$

$mindist$가 최적 여행경로에서 이음선의 총 가중치이면, 다음과 같은 부등식이 성립한다.

$$dmin \le mindist \le dmax$$

여행경로의 첫째 마디로 뭘 선택해도 상관없으므로, $v_1$을 첫 번째 마디로 한다. 다음 호출을 생각해보자.

$$polyalg(G,\ [v_1],\ d)$$

이 호출의 입력이 되는 부분 여행경로는 단순히 $[v_1]$이다. 이것은 $v_1$을 떠나기 전 부분 여행경로이다. 이 호출로 "true"를 넘겨줄 수 있는 $d$의 가장 작은 값은 $d = dmin$이고, 여행경로가 존재하는 경우, $d = dmax$이면 이 호출로 확실히 "true"를 넘겨줄 것이다. $d = dmax$일 때 "false"를 넘겨준다면, $mindist = \infty$. 그렇지 않으면, 이진검색을 사용하여 $G$와 $[v_1]$이 입력일 때 *polyarg*가 "true"를 넘겨주는 가장 작은 $d$ 값을 결정할 수 있다. 이는 최대로 *polyarg*를 약 $\lg(dmax)$번 호출하여 $mindist$를 계산할 수 있음을 의미하고, 이는 $mindist$를 다차시간에 계산할 수 있다는 의미가 된다.

일단 $mindist$ 값을 알면, *polyarg*를 사용하여 다음과 같이 다차시간에 최적 여행경로를 구축할 수 있다. $mindist = \infty$이면 여행경로가 존재하지 않고, 따라서 작업이 끝난다. 그렇지 않으면, 여행경로 $[v_1]$은 가중치의 합이 $mindist$인 여행경로로 명백히 확장 가능하다. $[v_1]$이 확장 가능하므로 $[v_1,\ v_i]$가 확장 가능하게 되는 최소 하나의 $v_i$가 반드시 존재한다. 다음과 같이

*polyarg*를 최대로 $n-2$번 호출하여 그러한 $v_i$를 결정할 수 있다.

$$polyalg(G, [v_1, v_i], mindist)$$

여기서, $2 \leq i \leq n-1$. 확장 가능한 여행경로를 발견하거나, $i$가 $n-1$에 도달할 때 멈춘다. 마지막 마디를 빼고 다른 모든 마디가 모두 실패한 경우 마지막 마디는 반드시 확장 가능해야 하므로 마지막 마디는 검사할 필요가 없다.

일반적으로 $m$개의 마디를 가진 확장 가능한 부분 여행경로가 주어지면, *polyarg*를 최대로 $n-m-1$번 호출하여 $m+1$개의 마디를 가진 확장 가능 여행경로를 찾을 수 있다. 그래서 *polyarg*를 최대로 다음 횟수만큼 호출하여 최적 여행경로를 구축할 수 있다.

$$(n-2)+\cdots+(n-m-1)+\cdots+1=\frac{(n-2)(n-1)}{2}$$

이는 다차시간에 최적 여행경로를 구축할 수도 있고, 다차시간 튜링 축소변환도 가능하다는 의미가 된다.

---

예제 9.2에서 9.5까지에 있는 다른 문제들과 대부분의 *NP*-Complete 진위판별 문제에 상응하는 최적화 문제에 대해서도 비슷한 방식으로 증명할 수 있다. 다음 정의는 그러한 문제와 관련이 있다.

> 정의
> 문제가 *NP*-Hard이면서 *NP*-Easy이면 ***NP*-Equivalent**라고 한다.

분명히, "$P = NP$"는 **"모든 *NP*-Equivalent 문제를 푸는 다차시간 알고리즘이 존재한다"와 필요충분조건이다.**

이론을 진위판별 문제로만 제한해도 일반성을 상실하지는 않는다. 왜냐하면, *NP*-Complete 진위판별 문제에 상응하는 최적화 문제가 *NP*-Equivalent라고 증명할 수 있기 때문이다. 즉, 최적화 문제를 푸는 다차시간 알고리즘을 찾는 것은 진위판별 문제를 푸는 다차시간 알고리즘을 찾는 것과 동일하기 때문이다.

이 장의 목표는 *NP* 이론을 간략하게 소개하는데 있었다. 더 세부적으로 공부하려면, 이미 여러 번 언급한 적 있는 개리와 존슨의 책(1979)을 읽어보기 바란다. 그 책이 나온지 꽤 오래되기는 했지만 *NP* 이론을 상세히 공부할 수 있는 최고의 책으로 꼽힌다. Papadimitriou의 책(1994)도 입문서로 괜찮다.

## 9.5 *NP*-Hard 문제를 푸는 방안

*NP*-Hard 문제를 푸는 다차시간 알고리즘이 없는데, 그러한 문제를 풀고 싶으면 어떻게 해야 할까? 5장과 6장에서 이미 한 가지 방법을 공부했다. 공부한 되추적과 분기한정 알고리즘들은 모두 최악의 경우 다차시간이 아니다. 그러나 현장에서 꽤 효율적으로 쓰인

다. 따라서 되추적이나 분기한정 알고리즘으로 충분할 수도 있다. 5.3절에서 특정 사례에 대하여 알고리즘이 효율적일지를 몬테칼로 기술을 사용하여 추정할 수 있음을 공부했다. 효율적일 것으로 추정되면, 알고리즘을 사용하면 된다.

$NP$-Hard 문제의 일부 사례에 대해서만 효율적으로 작동하는 알고리즘을 찾는 방법도 있다. 예를 들어, 6.3절에서 공부한 신뢰 네트워크의 확률적 추론 문제는 $NP$-Hard이다. 일반적으로 신뢰 네트워크는 방향 비순환 그래프(directed acyclic graph)와 확률분포로 구성되어 있다. 그래프가 단일경로로 연결된 경우에 한하여 작동하는 다차시간 알고리즘을 이미 발견하였다. 마디를 연결하는 경로가 하나뿐인 방향 비순환 그래프를 **단일경로로 연결**(singly connected)되어 있다고 한다. 세부 알고리즘은 Pearl의 책(1988)과 Neapolitan의 책(1990)을 참고하기 바란다.

이 장에서 설명할 셋째 방법은 **근사 알고리즘**(approximate algorithm)이다. $NP$-Hard 최적화 문제를 푸는 근사 알고리즘은 최적해를 얻는다는 보장은 없지만 최적에 상당히 가까운 해를 내준다. 구한 해가 얼마나 최적에 가까운지를 보장해주는 범위값을 얻을 수도 있다. 예로써, 외판원 최적화 문제 변종을 푸는 근사 알고리즘을 만들어보자. 근사 알고리즘의 해를 $minapprox$라 하고 $mindist$를 최적해라고 하면, 다음 부등식이 성립함을 증명할 수 있다.

$$minapprox < 2 \times mindist$$

여기서 $minapprox$가 언제나 거의 $mindist$의 2배는 아니다. $mindist$에 아주 가깝거나 아예 같은 경우가 꽤 많이 나타날 수도 있다. $minapprox$가 $mindist$의 두 배는 절대로 되지 않음을 보장한다는 의미로 해석하는 편이 오히려 맞다. 일단 알고리즘을 만들고 개량해보자.

### 9.5.1 외판원 문제를 푸는 근사 알고리즘

외판원 문제 변종으로 다음 문제를 공부해보자.

• 예제 9.18 **삼각형 부등식을 만족하는 외판원 문제**

다음 조건을 만족하는 가중치가 있는 비방향그래프 $G=(V, E)$가 있다고 하자.

1. 마디들은 모두 이음선으로 연결되어 있다.
2. $W(u, v)$를 마디 $u$에서 마디 $v$를 연결하는 이음선의 가중치라고 하면, 다른 모든 마디 $u$에 대하여 다음 부등식이 성립한다.

$$W(u, v) \le W(u, y) + W(y, v)$$

삼각형 부등식(triangular inequality)이라고 하는 둘째 조건은 그림 9.10에 나타나 있다. 가중치가 도시 사이의 실제 거리를 ("일직선으로") 표현한다면 이 부등식은 만족된다. 가중치 그래프에서 "가중치"와 "거리"는 같은 의미로 사용되는 용어임을 주목하자. 첫째 조건은 모든 도시를 연결하는 양방향 도로가 있음을 암시한다.

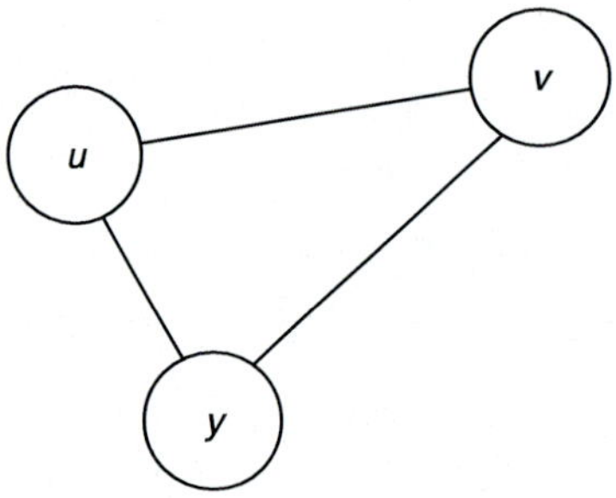


그림 9.10 삼각형 부등식에 의하면 $u$에서 $v$로의 "거리"는 $u$에서 $y$로의 "거리"에다 $y$에서 $v$로의 "거리"를 더한 값보다 크지 않다.

외판원 문제는 출발과 도착 마디가 동일하고, 다른 모든 마디를 각각 정확히 한 번씩 방문하는 최단 경로(최적 여행경로)를 찾는 문제이다. 이 예제에서 살펴본 변종도 마찬가지로 $NP$-Hard임을 증명할 수 있다.

---

이 변종 문제의 그래프는 방향이 없음을 주목하자. 그래프의 최적 여행경로에서 어떤 이음선이라도 하나 제거하면, 최소비용 신장트리가 된다. 그러면 최소비용 신장트리의 총 가중치는 최적 여행경로의 총 가중치보다 작아야 한다. 알고리즘 4.1이나 4.2를 사용하여 다차시간에 최소비용 신장트리를 얻을 수 있다. 신장트리를 두 번 횡단함으로써 그 신장트리를 모든 도시를 방문하는 경로로 바꿀 수 있다. 이 과정은 그림 9.11에서 보여준다. 그림 9.11(a)는 그래프이고, 그 그래프의 최소비용 신장트리는 그림 9.11(b)이고, 그 트리를 두 번 횡단하여 얻은 경로는 그림 9.11(c)이다. 그림을 보면 일부 마디는 두 번 이상 방문한다. "지름길(shortcut)"을 택해서 마디를 두 번 이상 방문하지 않는 경로로 바꿀 수 있다. 즉, 임의의 마디에서 출발하여 경로를 가로지르는데, 차례로 방문하지 않은 마디를 각각 방문한다. 가로지르는 동안 현재 마디와 인접해 있는 방문하지 않은 마디가 두 개 이상 있을 때 그냥 가장 가까운 마디를 방문한다. 현재 마디에 인접해 있는 마디가 하나뿐이면서 이미 방문한 마디인 경우, 지름길을 통해서 다음 방문하지 않은 마디로 질러간다. 삼각형 부등식에 의해서 지름길이 경로를 더 길게 만들지 않음이 보장된다. 그림 9.11(d)은 이 기술을 사용하여 구한 여행경로이다. 이 그림에서 왼쪽 맨 아래에 있는 마디에서 출발하였는데, 결과로 얻어진 여행경로가 최적은 아니다. 하지만, 왼쪽 맨 위의 마디에서 출발하면 최적 여행경로를 얻는다.

방금 설명한 방법은 다음과 같이 요약할 수 있다.

1. 최소비용 신장트리를 구한다.
2. 트리를 두 번 횡단하여 모든 도시를 방문하는 경로를 구축한다.
3. 지름길을 택하여 마디를 두 번 방문하지 않은 경로(즉, 여행경로)를 구축한다.

일반적으로 이 방법을 사용하여 구한 여행경로는 출발 마디에 관계없이 반드시 최적은

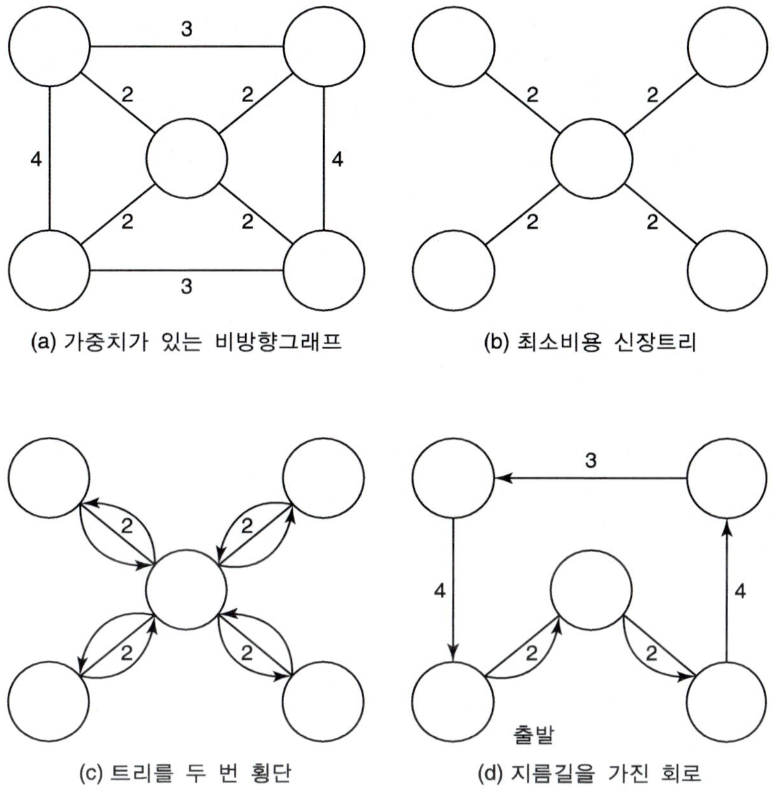


**그림 9.11** 최소비용 신장트리에서 근사 최적경로를 구하는 방법

아니다. 그러나 다음 정리로 구한 여행경로가 최적에 가까움이 보장된다.

### ▸ 정리 9.6

$mindist$를 최적 여행경로의 가중치 합이라 하고, $minapprox$를 방금 설명한 방법을 사용하여 구한 여행경로의 가중치 합이라고 하자. 그러면, 다음 부등식이 성립한다.

$$minapprox < 2 \times mindist$$

**증명** : 이미 공부했듯이 최소비용 신장트리의 가중치 합은 $mindist$보다 작다. $minapprox$의 총 가중치는 두 개의 최소비용 신장트리의 가중치 합보다 작으므로, 이 정리는 성립한다.

$minapprox$를 $2 \times mindist$에 임의로 가까워지게 할 수 있다는 사실을 보여주는 사례를 만들 수 있다. 따라서 일반적으로 정리 9.6에서는 가능한 최선의 범위를 구한 것이다.

더 좋은 근사 알고리즘을 만들 수도 있다. 위에서와 마찬가지로 최소비용 신장트리를 먼저 구한다. 그리고 홀수개의 이음선에 연결되는 모든 마디의 집합 $V'$를 생각해보자. 그 마디의 개수는 짝수개가 틀림없음을 보이기는 어렵지 않다. $V'$에 속한 마디들을 각 마디가 정확하게 다른 하나의 마디와 쌍이 되도록 짝을 맞춘다. 이런 식으로 마디의 쌍을 만드는 것을 $V'$ 의 **짝지움**(matching)이라고 한다. 각 마디의 쌍을 연결하는 이음선을 신장트리에 추가한다. 그러면 각 마디는 이어져 있는 이음선의 개수가 짝수이므로, 결과로 나온 경로는 모든 도시를 방문한다. 더구나, 이 경로에서 이음선의 총 개수는 트리를 두 번 횡단하여 구한 총 개수보다 크지 않다(대부분 작다). 그림 9.12(a)는 최소비용 신장트리이고, 그림 9.12(b)는 한 번 짝지운 트리에서 구한 경로이고, 그림 9.12(c)는 지름길을 택한 후에 구한 여행경로이다.

$V'$ 의 **최소가중치 짝지움**(minimal weight matching)은 짝지워서 구한 이음선의 총 가중치가 최소가 되는 트리이다. 롤러(Lawler)의 책(1976)을 보면, 다차시간에 최소가중치 짝지움을 구하는 방법이 나와 있다. 예제 9.18의 외판원 문제 변종을 다음 절차로 다차시간에 근사로 풀 수 있다.

1. 최소비용 신장트리를 구한다.
2. $V'$ 에 속한 마디의 최소가중치 짝지움을 구한다. 여기서 $V'$ 는 홀수개의 이음선에 연결되는 신장트리에서 마디의 집합이다.
3. 짝지워진 마디를 연결하는 이음선을 트리에 추가하여 모든 마디를 방문하는 경로를 구축한다.
4. 지름길을 택하여 마디를 두 번 방문하지 않은 경로(즉, 여행경로)를 구축한다.

그림 9.12에서 실제 가중치를 보여주지 않은 채 이 절차를 설명한다. 이 방법이 앞에서 공부한 첫째 방법보다 더 좋다는 사실을 다음 정리를 공부하면 알 수 있다.

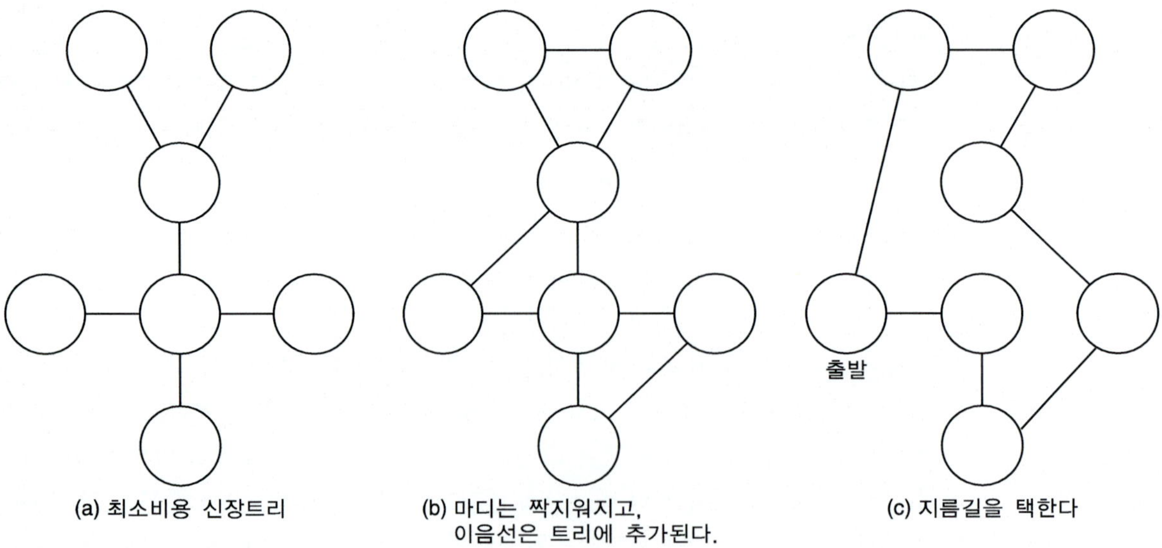


그림 9.12 짝지움을 사용하여 구한 여행경로

**▸ 정리 9.7**

$mindist$를 최적 여행경로의 가중치 합이라 하고, $minapprox2$를 최소가중치 짝지움을 사용하여 구한 여행경로의 가중치 합이라고 하자. 그러면, 다음 부등식이 성립한다.

$$minapprox2 < 1.5 \times mindist$$

증명 : 홀수개의 이음선에 연결되는 모든 마디의 집합을 $V'$라고 하자. 최적 여행경로를 $V'$에 속하지 않는 마디는 그냥 지나치고 $V'$에 속한 마디들만 연결하는 경로로 바꾼다. 삼각형 부등식에 의해서 이 경로의 총 가중치는 $mindist$보다 크지 않을 수 있다. 더구나, 이 경로를 가지고 다음과 같이 $V'$에 속한 마디들에 대해서 두 가지 방법으로 짝지울 수 있다. $V'$에 속한 임의의 마디를 선택하고, 그 마디를 경로 상에 한쪽 옆에 있는 마디와 짝을 지운다. 그리고 같은 방향으로 계속해서 인접 마디들을 짝지운다. 이게 첫째 짝지움이다. 다음에 초기 마디와 경로 상에 다른 쪽 옆에 있는 마디와 짝지우고, 계속해서 그 방향으로 인접 마디들을 짝지운다. 이게 둘째 짝지움이다. 이 두 짝지움의 이음선은 경로 상 모든 이음선을 이루게 되므로, 이들 총 가중치 합은 경로의 가중치와 같다. 따라서 최소한 두 짝지움 중 하나는 가중치 합이 경로의 가중치의 반보다 크지 않다. 이 경로의 가중치가 $mindist$보다 크지 않고, 어떤 짝지움의 가중치도 최소가중치 짝지움의 가중치만큼은 최소한 크므로, 다음과 같은 범위를 얻는다.

$$minmatch \le 0.5 \times mindist$$

여기서 $minmatch$는 최소가중치 짝지움의 가중치이다. 최소가중치 짝지움의 가중치는 $mindist$보다 작다. 최소가중치 짝지움 방법의 단계 3에서 구한 이음선은 신장트리의 이음선과 최소 짝지움으로 구한 이음선으로 구성되어 있으므로, 이 이음선들의 총 가중치는 $1.5 \times mindist$보다 작다. 이제 단계 4에서 구한 최종 여행경로에서 이음선의 총 가중치는 단계 3에서 구한 경로의 이음선 가중치보다 크지 않으므로 이 정리는 성립한다.

근사치가 $1.5 \times mindist$에 임의로 가까워지도록 사례를 만들 수 있다. 그러므로 정리 9.7에서 구한 것보다 이 알고리즘에 대한 더 좋은 범위는 일반적으로 없다.

외판원 낸시가 외판원 문제를 푸는 분기한정 알고리즘(알고리즘 6.3)을 사용하여 40개 도시 판매영역에 대한 최적 여행경로를 마지막으로 찾으려 했음을 상기하자. 그 알고리즘은 최악의 경우 다차시간이 아니므로, 그 문제를 푸는데 수년이 걸릴지도 모른다. 낸시가 방문해야 하는 도시 사이의 거리가 삼각형 부등식을 만족하는 외판원 문제의 가정을 만족한다면, 그녀는 마침내 해답을 구할 수 있는 대체안이 생긴 셈이다. 즉, 최소가중치 짝지움 방법을 사용하여 최적 여행경로의 아주 가까운 근사 여행경로를 다차시간에 구할 수 있다.

### 9.5.2 상자 채우기 문제를 푸는 근사 알고리즘

새로운 문제를 하나 소개한다.

**• 예제 9.19** **상자 채우기 문제(Bin Packing Problem)**

크기가 다음과 같은 $n$개의 아이템이 있다고 하자.

$$s_1,\ s_2,\ \ldots,\ s_n$$

여기서 $s_i$의 범위는 $0 < s_i \leq 1$이다. 그리고 여러 상자에 아이템을 채운다고 가정하자. 여기서 각 상자의 용량은 1이다. 이 문제는 아이템을 모두 채우는데 필요한 상자의 최소 개수를 구하는 문제이다.

이 문제는 $NP$–Hard임이 증명되었다. 이 문제를 푸는 아주 간단한 근사 알고리즘을 "**차례로 채우기**(first fit)"라고 한다. 차례로 채우기 전략은 첫째 상자에 아이템을 넣는다. 상자에 들어가지 않으면, 새 상자를 사용한다. 큰 아이템부터 차례대로 아이템을 상자에 넣으면 더 좋을 듯하다. 이 방법은 "**큰 아이템부터 차례로 채우기**(nonincreasing first-fit)"라고 한다. 이 알고리즘을 추상적으로 기술하면 다음과 같다.

```
아이템을 큰 것부터 차례로 정렬한다;
while (아직 채우지 못한 아이템이 있다) {
   다음 아이템을 집는다;
   while (아이템이 상자에 들어가지 않고, 새 상자가 있다) {
      다음 상자를 집는다;
    if (아이템이 상자에 알맞게 들어간다)
      상자에 아이템을 넣는다;
  }
  if (아이템이 상자에 들어가지 않는다) {
    새 상자를 가져온다;
    아이템을 새 상자에 넣는다;
  }
}
```

이 알고리즘을 적용한 사례를 그림 9.13에서 보고 알고리즘을 이해해보자. 이 알고리즘이 탐욕 알고리즘 안에 탐욕 알고리즘으로 구성되어 있음을 주목하자. 즉, 탐욕스럽게 아이템을 집고, 각 아이템을 넣을 상자를 탐욕적으로 집는다. 이 알고리즘을 상세히 작성

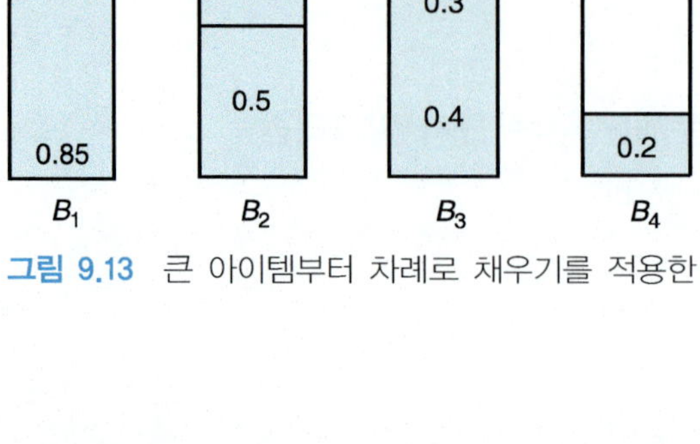


그림 9.13 큰 아이템부터 차례로 채우기를 적용한 결과

하고 이 알고리즘이 $\Theta(n^2)$임을 증명하는 작업은 연습문제로 남긴다. 그림 9.13의 해답은 최적이 아님을 확인하고 넘어가자. 크기가 0.5인 아이템과 0.3인 아이템과 0.2인 아이템 중 하나를 두 번째 상자에, 크기가 0.4인 아이템 2개와 0.2인 아이템 하나를 세 번째 상자에 넣으면, 상자 세 개만 가지고 아이템을 모두 채울 수 있다.

근사해가 최적해에 얼마나 가까운지 범위를 구해보자. 이 범위는 정리 9.8에서 얻는다. 그 정리를 증명하기 위해서 다음 보조정리 2개가 필요하다.

### ▲ 보조정리 9.1

$opt$를 상자 채우기 문제의 주어진 사례에 대한 최적의 상자 개수라고 하자. 큰 아이템부터 차례로 채우기 전략으로 여분의(extra) 상자(즉, $opt$보다 큰 인덱스의 상자)에 채운 어떤 아이템도 크기는 기껏해야 1/3이다.

**증명** : $i$를 $(opt+1)$째 상자에 넣게 되는 첫 번째 아이템의 인덱스라고 하자. 아이템은 큰 것부터 차례로 정렬되어 있으므로, 다음 범위가 만족하는지 보이면 된다.

$$s_i \le \frac{1}{3}$$

모순을 유도하기 위해서 $s_i > 1/3$이라고 가정하자. 그러면,

$$s_1,\ s_2,\ \ldots,\ s_{i-1}\text{은 모두 } \frac{1}{3}\text{보다 크다.}$$

이는 $opt$보다 크지 않은 인덱스를 가진 상자는 모두 기껏해야 아이템이 2개씩 들어있음을 의미한다. 그러한 상자에 모두 아이템이 두 개씩 들어있다면, 최적해에서는 처음 $i-1$개 아이템 중 두 개가 모든 상자에 들어있어야 할 것이다. 그러나 그들의 크기는 모두 $\frac{1}{3}$보다 크므로, 그 상자에는 $s_i$가 들어갈 자리가 없을 것이다. 따라서 $opt$보다 크지 않은 인덱스를 가진 상자 하나는 최소 한 개의 아이템만 들어있을 것이다. $opt$보다 크지 않은 인덱스를 가진 모든 상자에 아이템이 한 개씩만 들어있다면, 어떤 두 개도 한 상자에 같이 들어갈 수 없고, $i$째 아이템은 그 중 어떤 것과도 같은 상자에 들어갈 수 없을 것이다(그렇지 않다면, 알고리즘은 그 중 하나의 상자에 넣었을 것이다). 그러나 그렇다면 최적해로서 상자가 $opt$개보다 더 많이 필요하게 될 것이다. 따라서 $opt$보다 크지 않은 인덱스를 가진 최소한 하나의 상자에는 아이템이 두 개 들어있다.

처음 $j$개 상자에 아이템을 하나씩 넣고, 남은 $opt-j$개 상자에 아이템을 두 개씩 넣게 되도록 $0<j<opt$를 만족하는 $j$가 존재함을 증명한다. 이게 사실이 아니라면, $B_k$에 아이템이 두 개 있고, $B_m$에 아이템이 하나 있게 되도록 $k<m$을 만족하는 상자 $B_k$와 $B_m$이 존재할 것이다. 그러나 아이템을 큰 것부터 차례로 넣기 채우므로, $B_m$에 채워진 아이템은 $B_k$에 채워진 첫째 아이템보다 크지 않을 것이고, $s_i$는 $B_k$에 채워진 둘째 아이템보다 크지 않을 것이다. 따라서 $B_m$에 들어있는 아이템 크기의 합과 $s_i$는 $B_k$에 들어있는 아이템 두 개의 크기의 합보다 크지 않을 것이다. 이는 $s_i$가 $B_m$에 맞게 들어가리라는 의미가 된다. 따라서 위의 ($j$에 관

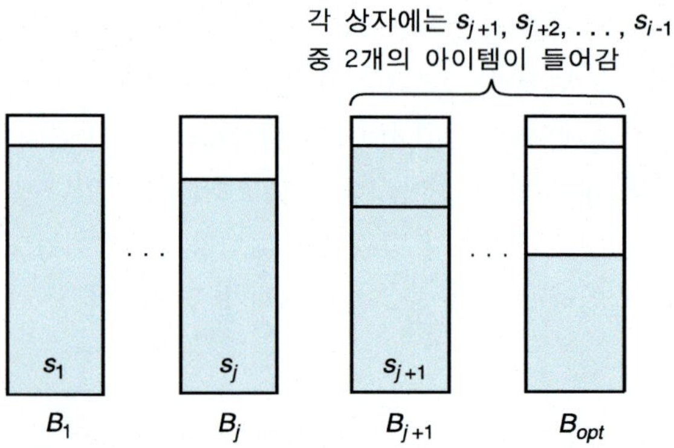


그림 9.14 $s_j > 1/3$이면, 알고리즘이 이 그림과 같이 상자를 채울 것이다.

한) 억측은 사실임이 틀림없고, 이 상자들은 그림 9.14에 나타나 있다.

최적해가 주어진다고 하자. 그 해에는 처음 $j$개 아이템이 $j$개의 서로 다른 상자에 들어 있다. 왜냐하면, 그 중 하나라도 상자 하나에 같이 들어가게 되면 같은 상자에 넣었을 것이기 때문이다. 더구나, 다음 아이템들은 남은 $opt-j$개 상자에 들어있다.

$$s_{j+1},\ s_{j+2},\ \ldots,\ s_{i-1}$$

왜냐하면, 그 중 아무 것도 처음 $j$개 상자에 맞지 않기 때문이다. 알고리즘은 이 아이템을 두 개씩 $(opt-j)$개 상자에 넣으므로, 이러한 아이템이 $2\times(opt-j)$개 반드시 존재한다. 이 아이템의 각각 크기는 1/3보다 크다고 가정했으므로, 남은 $(opt-j)$개 상자 중 어느 하나에도 3개를 같이 넣을 수 없다. 이는 이 상자에 각각 아이템이 정확히 두 개씩 들어있어야 한다는 뜻이다. $s_i$의 크기도 1/3보다 크다고 가정했으므로 두 개의 아이템씩 들어있는 $opt-j$개 상자에 채울 수 없다. 더구나, 처음 $j$개 아이템이 들어있는 상자들 중 하나에도 채울 수 없다. 왜냐하면, 그 아이템 하나라도 채울 수 있게 되면 알고리즘이 그렇게 했을 것이다. 이 해가 최적해라고 가정했으므로 $s_i$는 반드시 상자 중 하나에 들어 있고, 이는 모순이다. 따라서 증명이 완료되었다.

### ▲ 보조정리 9.2

$opt$를 상자 채우기 문제의 주어진 사례에 대한 최적의 상자 개수라고 하자. 큰 아이템부터 차례로 채우기 전략으로 여분의 상자에 채운 아이템의 개수는 기껏해야 $opt-1$이다.

증명 : 모든 아이템이 $opt$개 상자에 들어가므로, 다음 부등식이 성립한다.

$$\sum_{i=1}^{n} s_i \le opt$$

모순을 유도하기 위해서 근사 알고리즘은 $opt$개 아이템을 여분의 상자에 채운다고 가정하자. $z_1,\ z_2,\ \ldots,\ z_{opt}$를 그 아이템들의 크기라 하고, $1 \le i \le opt$의 범위에서 $tot_i$를 알고리즘이 상자

$B_i$에 채우는 총 크기라고 하자. 그러면 다음 부등식은 반드시 성립한다.

$$tot_i + z_i > 1$$

왜냐하면, 그렇지 않은 경우 크기 $z_i$의 아이템이 $B_i$에 채워질 수 있기 때문이다. 따라서 다음 식이 성립한다.

$$\sum_{i=1}^{n} s_i \geq \sum_{i=1}^{opt} tot_i + \sum_{i=1}^{opt} z_i = \sum_{i=1}^{opt} (tot_i + z_i) > \sum_{i=1}^{opt} 1 = opt$$

이 사실은 증명의 앞부분에서 보여준 것과 모순이 된다. 따라서 증명이 완료되었다.

### ▸ 정리 9.8

$opt$를 상자 채우기 문제의 사례에 대한 최적의 상자 개수라고 하자. 큰 아이템부터 차례로 채우기 알고리즘에 의해서 사용된 상자의 개수를 $approx$라고 하자. 그러면,

$$approx \leq 1.5 \times opt$$

증명 : 보조정리 9.1과 9.2에 의해서 큰 아이템부터 차례로 채우기 알고리즘은 각 아이템의 크기가 최대로 $\frac{1}{3}$인 아이템을 여분의 상자에 최대로 $opt-1$개 채운다. 그러므로 여분의 상자의 개수는 $k=0, 1,$ 또는 2일 때 최대로 다음과 같다.

$$\left\lceil (opt-1) \times \frac{1}{3} \right\rceil = \left\lceil \frac{opt-1}{3} \right\rceil = \frac{opt-1+k}{3}$$

$k$의 가능한 가장 큰 값을 취하면 여분의 상자의 개수는 $(opt+1)/3$보다 작거나 같다. 이는 다음 부등식이 성립함을 의미한다.

$$approx \leq opt + \frac{opt+1}{3}$$

따라서 다음 식을 얻는다.

$$\frac{approx}{opt} \leq \frac{opt+(opt+1)/3}{opt} = \frac{4}{3} + \frac{1}{3opt}$$

이 비율은 $opt=1$이면 최대가 된다. 그러나 $opt=1$일 때 근사 알고리즘은 상자를 하나만 사용하므로 최적이다. 이는 $opt=2$를 취하여 비율을 최대화 할 수 있고, 다음과 같이 결론지을 수 있다.

$$\frac{approx}{opt} \leq \frac{4}{3} + \frac{1}{3 \times 2} = \frac{3}{2}$$

비율이 정확히 3/2가 되는 임의로 큰 크기의 사례를 만들 수도 있다. 따라서 일반적으로, 정리 9.8에서 구한 범위를 개량할 수 없다.

근사 알고리즘의 질을 더 잘 평가하는 방법으로 근사 알고리즘으로 구한 해와 최적해를 비교 실험하는 방법이 있다. 상자 채우기 문제를 푸는 근사 알고리즘은 여러 개의 큰

$n$값에 대해서 철저히 검사되었다. 최적해를 보장하는 다차시간 알고리즘이 없는데(즉, 웬만한 시간에 큰 $n$값에 대한 최적해를 구할 수 없는데) 어떻게 이 실험이 가능한지 의아해할 지 모르겠다. 사실, 그러한 알고리즘이 있다면, 근사 알고리즘은 애초부터 고려조차 하지 않았을 것이다. 이 파라독스(paradox)에 대한 대답은 상자 채우기 문제의 경우 근사해의 질을 알아내기 위해서 실제로 최적해를 구할 필요는 없다는데 있다. 실제로 근사 알고리즘이 사용하는 미사용 공간(빈 공간)의 용량을 계산할 수 있다. 그 알고리즘이 사용하는 여분의 상자 개수는 미사용 공간의 용량보다 클 수가 없다. 왜냐하면, 근사해의 아이템을 여분의 상자를 비우고 최적의 개수의 상자에 들어가도록 재배치할 수 있다. 이 최적해의 미사용 공간과 여분 상자의 총 공간의 용량을 합하면, 근사해의 미사용 공간의 용량과 같다. 따라서 여분 상자의 총 공간이 여분 상자의 개수와 같으므로, 여분 상자의 개수는 근사 알고리즘에서 미사용 공간의 용량보다 클 수 없다.

입력크기가 128,000이고, 아이템의 크기가 0과 1 사이에 균등하게 분포되어 있도록 하여 실시한 실험연구에서 근사 알고리즘은 평균적으로 64,000개의 상자를 사용하였고, 평균적으로 미사용 공간이 100개 정도 되었다. 이는 평균적으로 여분의 상자의 개수는 이 연구 사례로 100개 정도가 상한임을 의미한다. 정리 9.8이 암시하는 바에 따르면 64,000의 근사해에 대하여 다음 부등식이 성립한다.

$$64{,}000 \leq 1.5 \times opt$$

이를 정리하면, $opt \geq 42{,}666$이고, 여분의 상자의 개수는 21,334보다 크지 않다. 이 실험 연구가 제시하듯이 평균적으로 이 알고리즘은 상한보다 성능이 훨씬 좋다는 것을 알 수 있다.

관심 있는 특정 사례를 골라서 근사 알고리즘으로 얻어낸 해답에서 미사용 공간의 용량을 계산할 수 있다. 이렇게 하여 그 사례에 대하여 그 알고리즘의 성능이 얼마나 좋은지 결정할 수 있다.

근사 알고리즘의 사례를 더 보고 싶은 독자는 개리와 존슨의 책(1979)을 참조하기 바란다.

## 연습문제

### 9.1–9.3절

1. 다차시간 알고리즘이 있는 문제 3개를 나열하시오. 그리고 왜 그런 답이 나오는지 이유를 설명하시오.

2. 문제 하나와 그 문제의 입력에 대한 기호화 방법을 두 가지 제시하시오. 제시한 기호화 방법을 사용하여 성능을 표현하시오.

3. 사례의 크기를 재는 기준으로 마디의 개수를 사용하는 그래프는 이음선의 개수를 사용하는 그래프와 다항식으로 표현하여(polynomically) 동일함을 증명하시오.

4. $n$번째 피보나찌 수를 계산하는 문제는 9.3절에서 논한 세 가지 일반 카테고리 중에서 어느 것에 속하는가? 왜 그런 답이 나오는지 이유를 설명하시오.

5. "그래프가 오일러 회로(Euler Circuit)이다"는 "(a) 그래프가 연결되어 있고, (b) 모든 마디의 degree가 짝수이다"와 필요충분조건이다. 그래프가 오일러 회로인지 판별하는 모든 알고리즘의 시간복잡도의 하한을 찾으시오. 9.3절에서 논한 세 가지 일반 카테고리 중 어느 것이 이 문제에 속할까? 왜 그런 답이 나오는지 이유를 설명하시오.

6. 9.3절에서 논한 세 가지 일반 카테고리 각각에 속하는 문제를 최소한 두 개씩 나열하시오.

### 9.4절

7. 9.4절에서 공부한 외판원 진위판별 문제 검증 알고리즘을 구현하고, 그 알고리즘의 다차시간 성능을 연구하시오.

8. 예제 9.2에서 9.5까지의 문제들은 모두 $NP$에 속함을 증명하시오.

9. 파벌 진위판별 문제에 대한 다차시간 검증 알고리즘을 작성하시오.

10. CNF-만족가능도 문제를 파벌 결정문제로 다차시간에 축소변환 가능함을 보이시오.

11. 해밀톤 회로 결정문제의 다차시간 검증 알고리즘을 작성하시오.

12. 해밀톤 회로 결정문제를 외판원(비방향) 결정문제로 다차시간에 축소변환 가능함을 보이시오.

13. 외판원(비방향) 결정문제를 외판원 결정문제로 다차시간에 축소변환 가능함을 보이시오.

14. "문제가 $NP$-Easy이다"는 "문제가 $NP$-Complete 문제로 축소변환된다"와 필요충분조건임을 증명하시오.

15. 문제 $A$와 문제 $B$가 다른 진위판별 문제라고 가정하자. 그리고 문제 $A$는 문제 $B$로 다차시간 다일 축소변환 가능하다고 가정하자. 만약 문제 $A$가 $NP$-Complete라면, 문제 $B$도 $NP$ - Complete인가? 왜 그런 답이 나오는지 이유를 설명하시오.

16. CNF-Satisfiability 문제의 모든 사례가 절 하나에 리터럴이 정확히 3개씩 있을 때 3-Satisfiability 문제라고 한다. 3-Satisfiability 문제가 $NP$-Complete임을 알고, 그래프 3색 칠하기 문제도 $NP$-Complete임을 보이시오.

17. 어떤 문제가 $NP$에 속하지 않다면, 그 문제는 $NP$-Easy가 아님을 보이시오. 따라서 프레스버거 산술 문제와 멈춤검사 문제는 $NP$-Easy가 아니다.

### 9.5절

18. 외판원 문제를 푸는 근사 알고리즘을 구현하여 실행해보고, 여러 개의 문제 사례를 가지고 성능을 평가해 보시오.

19. 9.5.2절에 주어진 상자 채우기 문제를 푸는 근사 알고리즘을 자세히 작성하고, 시간복잡도가 $\Theta(n^2)$임을 보이시오.

20. 5장에서 공부한 부분집합의 합 문제에 대하여 다차시간에 실행되는 근사 알고리즘을 개발할 수 있는가?

21. CNF-Satisfiability 문제를 최적화 문제로 놓고(즉, 참이 되는 절의 개수를 가능한 최대로 하는 표현식의 리터럴의 참값 대입을 찾는 문제로 놓고), 이 문제를 푸는 근사 알고리즘을 개발할 수 있는가?

### 추가 문제

22. 임의의 알고리즘이 하나의 기호화 방법을 사용하여 문제를 풀면 다차시간 알고리즘이 되고, 다른 기호화 방법을 사용하여 같은 문제를 풀면 지수시간 알고리즘이 될 수 있는가? 왜 그런 답이 나오는지 이유를 설명하시오.

23. 9.4.2절에서 주어진 *verify-composite* 함수를 푸는 상세한 알고리즘을 작성하고, 분석하여 다차시간 알고리즘임을 보이시오.

24. 그래프에 degree가 2를 넘는 마디가 없다고 가정하고, 비방향그래프에 해밀톤 회로가 존재하는지를 검사하는 다차시간 알고리즘을 작성하시오.

25. 하노이 탑 문제가 *NP*-Complete인가? 이 문제가 *NP*-Easy인가? 이 문제가 *NP*-Hard인가? 이 문제가 *NP*-Equivalent인가? 왜 그런 답이 나오는지 이유를 설명하시오. 이 문제는 2장의 연습문제 17에 기술되어 있다.

26. $n$개 양의 정수($n$은 짝수) 리스트가 주어졌을 때 나눈 두 개의 부분 리스트 정수의 합의 차이가 최소가 되도록 리스트를 두 부분 리스트로 나누는 문제를 생각해보자. 이 문제가 *NP*-Complete인가? 이 문제가 *NP*-Hard인가?

# Chapter 10

# 유전 알고리즘과 유전 프로그래밍

진화(Evolution)는 개체군(집단)의 유전적 구성의 변화 과정이다. **자연선택**(Natural selection)이란 환경적 압박에 적응할 수 있도록 해주는 특성을 가진 생물체가 다른 생물체들에 비해 더 많이 생존하고 더 많이 자손을 남기면서, 그 유리한 변이를 미래의 후손들에게 전하는 과정이다.

**진화 계산**(Evolutionary computation)은 자연선택론의 진화 메커니즘을 패러다임으로 채용하여 최적화 문제들의 근사해를 구하는 것이다. 진화 계산은 유전 알고리즘, 유전 프로그래밍, 진화 프로그래밍, 진화 전략의 네 분야로 나눈다. 이 장에서는 첫 두 분야를 자세히 설명한다. 이런 알고리즘을 어떻게 구상하게 되었는지 맥락을 짚어보기 위해 유전학을 먼저 간단히 공부해보자.

## 10.1 유전학 리뷰

유전학은 이미 공부했다고 가정하고 간단하게만 복습해보자. 유전학 입문서로는 *An Introduction to Genetic Analysis* (Gritffiths et al., 2007) 또는 *Essential Genetics* (Hartl and Jones, 2006)를 추천한다.

**생물체**(organism)는 식물이나 동물과 같은 개별적인 형태의 살아있는 유기체이다. 하나의 **세포(cell)**는 생물체의 기본 구조와 기능을 이루는 단위이다. **염색체(chromosome)**는 생물학적으로 표현된 유전적 특성을 가진 **운반체(carrier)**이다. **게놈(genome)**이란 유기체 하나에 들어있는 염색체 전체를 일컷는다. 인간의 게놈에는 23개의 염색체가 들어있다. **반수세포(haploid cell)**에는 게놈이 하나 들어 있는데, 이는 염색체가 한 세트 있다는 뜻이다. 그러므로 인간의 반수 세포에는 염색체가 23개 있다. **이배체세포(diploid cell)**에는 게놈이 2개 있으니, 염색체도 두 세트 있다. 양 세트에 있는 각 염색체는 하나 씩 짝을 지울 수 있는데, 이 염색체 쌍을 **동종쌍(homologous pair)**이라고 한다. 동종의 쌍에서 각 염색체를 **동족체(homolog)**라고 한다. 인간의 이배체세포에는 염색체가 2×23 = 46개 있다. 동종체은 부모에게서 각각 하나씩 물려받는다.

**체세포(somatic cell)**는 생물체의 몸에 있는 세포 중 하나이다. **반수 생물체(haploid organism)** 반수 체세포로 구성된 생물체이다. **이배체 생물체(diploid organism)**는 이배체 체세포로 구성된 생물체이다. 인간은 이배체 생물체이다.

**생식체(gamete)**는 성숙한 성 생식 세포로서 다른 생식체와 결합하여 **접합체(zygote)**가 되는데, 이 접합체는 결국 새로운 생물체로 자라난다. 생식체는 항상 반수체이다. 수컷이 만드는 생식체는 **정자(sperm)**이고, 암컷물 만드는 생식체는 **난자(egg)**이다. **생식세포(germ cell)**는 생식체가 되기 전 세포이며, 이배체이다.

성숙한 이배체 생물체는 생식체를 생산하고, 두 이성 생식체는 결합하여 접합체를 형성하며, 그 접합체는 새로운 성숙한 생물체로 자란다. 이 과정을 **유성생식(sexual re-production)**이라 한다. 단세포 반수체 생물체는 **이분열(binary fission)**이라는 과정을 통하여 무성 생식하며, 하나의 생물체가 두개의 새로운 생물체로 분리된다. 따라서 새로운 생물체는 각각 모생물체와 유전자가 정확히 일치한다. 융합(fusion)이라는 과정을 통하여 성적으로 재생성되는 단세포 반수생물체도 있다. 두 개의 성숙한 세포가 결합하여 일시적 **이배체 감수분열 모세포(transient diploid meiocyte)**를 형성한다. 그 감수 분열 모세포는 각 부모로 부터 하나씩 받은 동족염색체 한쌍으로 구성된다. 한 아이는 각 부모로 부터 동족체를 받으므로, 아이들은 부모의 유전자 사본은 아니다. 예를 들어, 게놈의 크기가 3이면, 한 아이가 가질 수 있는 염색체 조합은 $2^3$ = 8개가 있다.

염색체는 **디옥시리보핵산(deoxyribonucleic acid, DNA)** 복합물로 구성된다. DNA는 **뉴클레오타이드(nucleotide)**라 하는 4개의 기본 분자로 구성되어있다. 각 뉴클레오타이드는 오탄당(deoxyribose), 인산염(phosphate) 군, 퓨린 또는 피리미딘 염기를 함유 한다. **퓨린(purine)**인 아데닌(A) 및 구아닌(G)은 구조가 유사하며, 피리미딘(pirimidine)인 시토신(C) 및 티민(T)도 구조적으로 비슷하다. DNA는 두 개의 대응가닥으로 구성된 거대분자이며, 각 가닥은 일련의 뉴클레오타이드로 구성된다. 그 가닥들은 뉴클레오타이드 쌍 사이에 있는 수소 결합으로 이어진다. 아데닌(A)은 항상 티민(T)과 쌍을 이루고, 구아닌(G)은 항상 시토신(C)과 쌍을 이룬다. 이러한 각 쌍을 **표준염기쌍(canonical base pair, bp)**이라 하며, A, G, C 및 T를 **염기(base)**라고 한다.

```
    A   A   G   T   C   C   G
... |   |   |   |   |   |   | ...
    T   T   C   A   G   G   C
```

**그림 10.1** DNA의 일부분

그림 10.1은 DNA의 한 단면을 묘사해놓은 것이다. 생물학 공부를 했으면 본 적 있겠지만 DNA는 가닥들이 오른쪽으로 서로 꼬인 이중 나선 구조로 되어 있다. 하지만, 계산할 데이터로 쓰려면 각각을 그림 10.1과 같이 문자열로 취급하면 충분하다.

**유전자(gene)**는 염색체의 한 부분으로, 종종 수천 개의 염기쌍으로 이루어지며, 크기도 매우 다양하다. 유전자는 생물체의 구조와 생성과정에 핵심 역할을 한다. **유전자형(genotype)**은 생물체의 유전적 구성을 뜻하고, 한 생물체의 **표현형(phenotype)**은 유전자형과 환경과의 상호 작용으로 생긴 모습을 뜻한다.

**대립유전자(allele)**는 여러 가지 형태의 유전자 중 하나이며, 대개 돌연변이를 통하여 생긴다. 대립유전자는 유전 변이를 담당한다.

• **예제 10.1** 염색체 15번에 있는 bey2 유전자는 인간의 눈 색깔을 담당한다. BLUE라고 하는 파란 눈 대립유전자가 있고, BROWN이라고 갈색 눈 대립유전자가 있다. 유전자라면 뭐든지 그렇듯이, 각각 부모로부터 대립유전자를 하나씩 받는다. BLUE 대립유전자는 **열성(recessive)**이다. BLUE 대립유전자와 BROWN 대립유전자를 하나씩 받으면 갈색 눈동자를 갖는다. 파란색 눈을 가지려면 양쪽에서 모두 BLUE 대립유전자를 받는 경우뿐이다. 갈색 대립유전자를 우성(dominant)이라고 한다.

인간 생식자의 염색체는 23개 이고 각 염색체는 부모 중 한 쪽 게놈에서 물려받을 수 있기 때문에, 부모가 후손에게 전달할 수 있는 유전자는 $2^{23} = 8,388,608$ 가지의 다른 조합이 있다. 실제로는 이보다 훨씬 더 많다. 감수분열(meiosis)(생식자를 만드는 세포 분열) 중, 각 염색체는 스스로를 복제하고 동족체와 정렬한다. 이렇게 복제한 염색체를 **염색분체(chromatid)** 라고 한다. 종종 서로 마주치는 동종 염색분체 사이에 유전 물질 교환이 이루어진다. 이 교환을 **교차(crossing-over)**라고 하며, 교차하는 과정은 그림 10.2와 같다.

세포분열 중, DNA 복제에서 오류가 발생하는 경우가 있다. 이러한 오류를 **돌연변이(mutation)**라고 한다. 돌연변이는 체세포 또는 배아세포 어디에서든 일어날 수 있다. 진화에서 변종이 발생하는 원천은 모두 생식 세포의 돌연변이이라고 믿어지고 있다. 반면, 체세포의 돌연변이는 (암을 유발하는 것과 같이) 생물체 자체에 영향을 미칠 수 있지만, 그 자손에 영향을 미치지는 않는다.

뉴클레오타이드 하나가 다른 뉴클레오타이드으로 단순히 교체되면 **치환 돌연변이(substitution mutation)**라고 한다. 다른 DNA의 한 부분이 염색체에 추가되면 **삽입 돌연변이(insertion mutation)**라고 하고, 다른 DNA의 한 부분이 염색체에서 제거되면 **결실**

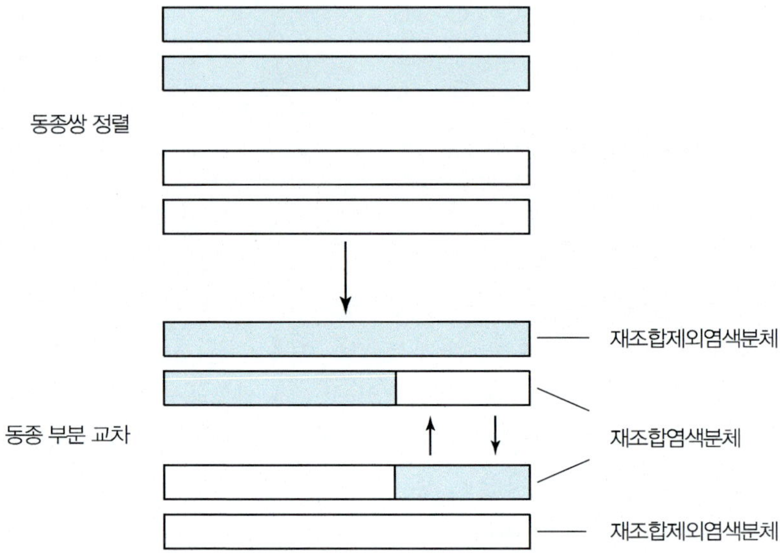


그림 10.2 교차 과정

**돌연변이**(deletion mutation)라고 한다.

**진화**(evolution)는 개체군의 유전자 구성이 변화하는 과정이다. 유전자 구성의 변화는 돌연변이가 원인으로 보고 있다. 앞서 언급했듯이, **자연 선택**(natural selection)이란 포식자 또는 기후 변화, 식량 경쟁과 같이 환경적 압박에 적응할 수 있도록 해주는 특성을 가진 생물체가 다른 생물체들에 비해 더 많이 생존하고 더 많은 자손을 남기면서, 유리한 변이를 미래의 후손들에게 더 많이 남기게 되는 과정이다. 그래서 자연 선택은 개인에게 이러한 유리한 특성을 부여하는 대립유전자들의 증가를 야기한다. 확률적으로만 일어난 대립유전자의 빈도 변화 과정을 **유전자 부동**(genetic drift)이라 한다. 자연선택과 유전자 부동에서 어떤 것이 진화과정에 더 많은 영향을 미치는지 관해, 생물학계에는 의견 차이가 있다 (Li. 1997).

## 10.2 유전 알고리즘

먼저 기초적인 유전적 알고리즘을 공부하고, 이어서 응용사례를 둘 살펴보자.

### 10.2.1 알고리즘

유전 알고리즘은 반수생물체의 융합을 모델로 사용한다. 유전 알고리즘에서는 모집단에서 반수생물체 중의 하나의 **개체**(individual)를 문제에 대한 해답 후보로 본다. 각 개체는 염색체를 한 개씩 지니고 있다. 실제 생물체 이름인 A, G, C, T 문자로 염색체 개체를 표현한다. 각 세대마다 적합한 일정 수의 개체가 번식이 허락된다. 알고리즘이 내주는 해답의 우량할수록 더 적합하다. 두 적합한 개체의 염색체는 각각 나란히 줄을 서고 유전 물질(문제 해답의 부분문자열)을 교환한다. 경우에 따라 **돌연변이**(mutation)가 발생할 수 있다. 돌연변이는 다음 세대로 이어진다. 이 과정은 주어진 종료조건을 만족할 때까지 반복된다. 이와 같은 일반적인 유전 알고리즘을 의사코드로 표현하면 다음과 같다.

```
void generate_populations()
{
    t = 0;
    모집단 P0 초기화;
    repeat
        모집단 Pt 소속의 각 개체의 적합도 평가;
        적합도 기준으로 생식할 개체 선택;
        선택한 개체를 대상으로 교차와 돌연변이 실행;
        t++;
    until 종료조건 만족
}
```

적합도를 기반으로 개체를 선택할 때, 반드시 가장 적합한 개체를 선택하지 않아도 된다. 오히려 해답 탐색공간에서 후보영역을 고를 때 다양한 방법을 시도해 볼 수 있다. 이미 좋아 보이는 영역에 집중하여 취득한 정보를 활용하는 방법을 **개발**(exploitation)이라고 하고, 좋아 보이는 것과는 무관하게 새로운 영역을 개척해보는 방법을 **탐험**(exploration)이라고 한다. 개체를 선택하는 경우, 확률 $\epsilon$로 개체를 탐험으로 무작위 선택하고, 확률 $1-\epsilon$로 적합한 개체를 개발로 선택할 수 있다.

### 10.2.2 사례

다음 함수의 값이 최대가 되는 $x$의 값을 구해보자.

$$f(x) = \sin\left(\frac{x\pi}{256}\right) \quad \text{구간 : } 0 \le x \le 255$$

여기서 $x$는 정수로 제한한다. 사인 함수는 $\pi/2$에서 최대값이 1 이니, 당연히 $x = 128$일 때 함수 값이 최대가 된다. 따라서 이 문제를 푸는 알고리즘을 고민해보는 건 실용적으로는 별 의미가 없다. 하지만 이러한 방식의 알고리즘의 다양한 측면을 쉽게 설명하려면 최대한 간단한 예제를 사용하는 게 좋으니, 이 문제를 푸는 알고리즘을 개발하는 절차를 따라가 보도록 하자.

1. 문제의 답을 표현하는 알파벳을 고른다. 해답의 후보는 단순히 0에서 255까지의 정수이므로, 8비트를 사용하여 각 해답 후보를 나타낼 수 있다. 예를 들면, 정수 189는 다음과 같이 표현한다.

$$10111101$$

2. 모집단을 구성하는 개체가 얼마나 되는지 정한다. 일반적으로 보면 개체가 수천 개까지 있을 수 있지만, 이 사례에서는 개체가 8개 이다.
3. 모집단을 어떻게 초기화할지 정한다. 무작위로 하는 경우가 많은데, 이 사례에서는 0과 255 사이의 정수 중에서 8개의 숫자를 무작위로 생성한다. 표 10.1은 무작위로 생성한 사례를 보여주고 있다.
4. 적합도를 어떻게 평가할지 결정한다. 목표가 $f(x) = \sin(x\pi/256)$ 값을 최대화하는 것이므로, 개체의 적합도는 단순히 이 함수의 값이 된다.
5. 번식을 위해 선택할 개체를 결정한다. 탐험과 개발을 결합한 방법을 시도해보자. 각 적합도를 적합도 전체 합인 5.083으로 나누어 정규화한다. 정규 적합도는 모두 더하면 1이다. 이렇게 정규 적합도는 누적 정규적합도를 구하는데 사용되는데, 이 누적 정규적합도를 기준으로 개체를 무작위로 선택한다. 표 10.1을 보면 $x$의 값에 따라 $f(x)$, 정규 $f(x)$, 누적한 정규 $f(x)$ 값을 어떻게 구하는지 볼 수 있다. 예를 들어, 둘째 개체는 정규 적합도가 0.093이며, 그 개체는 너비가 0.093인 간격인 (0.144, 0.236]에 할당된다. 그런 다음 간격 (0,1]에서 무작위수를 생성한다. 그 수는 정확히 한 개체를 선택하게 된다. 이 과정을 8번 반복하여 8개의 개체를 선택한다. 번식을 하기 위해 선택한 개체들이 표 10.2와 같다고 가정하자. 개인은 여러 번 중복하여 나타날 수 있으며, 나타나는 빈도는 적합도에 따라 결정된다.
6. 교차와 돌연변이를 수행하는 방법을 결정한다. 첫째, 개체를 무작위로 짝을 지어 총 4쌍을 만든다. 쌍별로 개체에서 두 점을 무작위로 선택한다. 교차점에서 유전물질을 교환한다. 이 과정을 거친 결과는 표 10.3과 같다. 둘째 점이 개체의 첫째 점 앞에 나타나면 교차가 휘감기며 일어난다. 표 10.3에서 세 번째 개체 쌍이 교차가 휘감기며 일어난 경우이다. 표 10.1과 표 10.3의 값을 토대로 보면, 평균 적합도가 교차 전엔 0.635이고 교차 이후엔 0.792이다. 더욱이 교차 후 두 개체의 적합도는 0.99 이상이 되었다.

다음은 돌연변이 수행 방법을 정한다. 각 개체의 비트별로, 비트를 뒤집을지(0에서 1 또

● **표 10.1** 초기 모집단의 초기 개체와 적합도

| 개체 | $x$ | $f(x)$ | 정규 $f(x)$ | 누적 정규 $f(x)$ |
|---|---|---|---|---|
| 1 0 1 1 1 1 0 1 | 189 | .733 | .144 | .144 |
| 1 1 0 1 1 0 0 0 | 216 | .471 | .093 | .237 |
| 0 1 1 0 0 0 1 1 | 99 | .937 | .184 | .421 |
| 1 1 1 0 1 1 0 0 | 236 | .243 | .048 | .469 |
| 1 0 1 0 1 1 1 0 | 174 | .845 | .166 | .635 |
| 0 0 1 0 0 0 1 1 | 74 | .788 | .155 | .790 |
| 0 0 1 0 0 0 1 1 | 35 | .416 | .082 | .872 |
| 0 0 1 1 0 1 0 1 | 53 | .650 | .128 | 1.000 |

는 1에서 0으로 변경) 여부를 무작위로 결정한다. 돌연변이 확률은 보통 0.01 에서 0.001 이다.

7. 종료 시기를 결정한다. 최대치로 정한 만큼의 세대교체가 일어났거나, 정해놓은 시간이 흘렀거나, 가장 적합한 개체의 적합도가 일정 수준에 도달하면, 이 과정을 종료할 수 있다. 이 사례에서는 10,000 세대가 지났거나, 적합도가 0.999를 초과하면 종료할 수 있다.

공부한 알고리즘에서 2, 3, 5, 7 단계는 어떤 문제라도 동일하게 적용할 수 있다는 점에서 포괄적으로 사용할 수 있는 단계라고 할 수 있겠다.

● **표 10.2** 번식하기 위해 선택한 개체

| 개체 |
|---|
| 0 1 1 0 0 0 1 1 |
| 0 0 1 1 0 1 0 1 |
| 1 1 0 1 1 0 0 0 |
| 1 0 1 0 1 1 1 0 |
| 0 1 0 0 1 0 1 0 |
| 1 0 1 0 1 1 1 0 |
| 0 1 1 0 0 0 1 1 |
| 1 0 1 1 1 1 0 1 |

● **표 10.3** 교차를 통해 생긴 부모와 자식들

| 부모 | 자식 | $x$ | $f(x)$ |
|---|---|---|---|
| $0\,1\,1^{1} \mid 0\,0\,0 \mid {}^{2}1\,1$ | $0\,1\,1^{1} \mid 1\,0\,1 \mid {}^{2}1\,1$ | 119 | .994 |
| $0\,0\,1 \mid 1\,0\,1 \mid 0\,1$ | $0\,0\,1 \mid 0\,0\,0 \mid 0\,1$ | 33 | .394 |
| $1^{1} \mid 1\,0\,1\,1 \mid {}^{2}0\,0\,0$ | $1^{1} \mid 0\,1\,0\,1 \mid {}^{2}0\,0\,0$ | 168 | .882 |
| $1 \mid 0\,1\,0\,1 \mid 1\,1\,0$ | $1 \mid 1\,0\,1\,1 \mid 1\,1\,0$ | 222 | .405 |
| $0\,1 \mid {}^{2}0\,0\,1\,0\,1^{1} \mid 0$ | $1\,0 \mid {}^{2}0\,0\,1\,0\,1^{1} \mid 0$ | 138 | .992 |
| $1\,0 \mid 1\,0\,1\,1\,1 \mid 0$ | $0\,1 \mid 1\,0\,1\,1\,1 \mid 0$ | 110 | .976 |
| $0\,1\,1\,0\,0^{1} \mid 0\,1\,1 \mid^{2}$ | $0\,1\,1\,0\,0^{1} \mid 1\,0\,1 \mid^{2}$ | 101 | .946 |
| $1\,0\,1\,1\,1 \mid 1\,0\,1 \mid$ | $1\,0\,1\,1\,1 \mid 0\,1\,1 \mid$ | 187 | .749 |

### 10.2.3 외판원 문제

외판원 문제(Traveling Salesperson Problem, TSP)는 잘 알려진 NP-hard 문제이다. 다항식 시간 알고리즘을 개발 한 적이 아직 없는데다, 다항식 시간 알고리즘을 개발하기가 불가능하다고 증명하지도 못한 부류의 문제를 **NP-hard 문제**라고 한다.

영업 사원이 n개 도시로의 출장을 계획하고 있다. 각 도시는 모두 도로로 연결되어 있다. 영업 사원의 출장시간을 최소화하기 위하여, 영업 사원의 회사가 있는 도시에서 출발하여 각 도시를 한 번씩만 방문하고 다시 회사로 돌아오는 최단 여행경로(tour)를 찾고 싶다고 하자. 가장 짧은 여행경로를 결정하는 문제가 바로 TSP이다. 출발 도시는 최단 여행경로에 포함하지 않는다.

TSP 문제는 도시를 정점, 도로를 이음선, 도로의 길이를 이음선의 가중치로 나타내는 가중치포함 방향그래프(weighted directed graph)로 표현할 수 있다. 일반적으로 TSP 문제에서 다루는 그래프는 정점이 모두 서로 연결되어 있는 완전(complete) 그래프일 필요는 없다. 더구나 이음선 $v_i \rightarrow v_j$와 $v_j \rightarrow v_i$가 둘 다 그래프에 있는 경우, 각 가중치가 동일할 필요도 없다. TSP는 운송 일정 계획을 짜는 용도 외에도 회로 보드 배치문제 및 DNA 시퀀싱과 같은 문제에도 널리 쓰이고 있다.

이제 TSP를 푸는 유전자 알고리즘의 유형을 세 가지 공부하자.

#### 순서 교차

순서 교차(Order crossover)를 먼저 적용하는 유형이다. (10.2.2 절의 일반 알고리즘과 다른 부분만 살펴본다.)

1. 문제의 답을 표현하는 알파벳을 고른다. TSP 문제의 답을 표현하는 직관적인 방법은 그래프의 정점에 1에서 $n$까지의 번호를 붙이고 방문한 순서대로 정점의 번호를 나열하는 것이다. 예를 들어, 정점이 9개 있으면, [2 1 3 9 5 4 8 7 6]은 $v_2$, $v_1$, $v_3$, $v_9$, 순으로 계속 방문하여 $v_6$까지 방문한 다음 $v_2$로 돌아온다는 것을 나타낸다. 여기서도 출발 정점은 정해져 있지 않다.
4. 적합도는 여행경로의 길이이며, 짧은 여행경로가 더 적합하다.
6. 교차 및 돌연변이를 수행하는 방법을 결정한다. 이전처럼, 개인들을 무작위로 짝을 짓고, 쌍별로 개체에서 두 점을 무작위로 선택한다. 선택한 점 사이의 부분경로를 **픽(pick)**이라고 한다. 각 도시가 여행경로에 한 번만 포함되어야 타당한 여행경로인데, 픽을 무조건 교환하게 되면 결과로 얻는 여행경로가 타당하다는 보장을 할 수가 없다. 따라서 순서 교차 알고리즘은 픽한 부분경로는 그대로 물려받고, 픽이 아닌 부분을 중복되는 값은 빼고 다른 부모의 픽 값부터 시작하여 차례로 채운다. 이렇게 선택한 값들을 **템플릿(template)**이라고 하는데, 표 10.4에서 템플릿이 어떻게 만들어지고 자식의 나머지 경로로 채워지는지 확인할 수 있다.

● **표 10.4** 주문 교차의 예

| Parents | Other Parent Template | Children |
|---|---|---|
| p1 : 2 1 3[1] \| 9 5 4 \| [2]8 7 6<br>p2 : 5 3 2 \| 6 8 9 \| 7 1 4 | 6 8 7 1 3 2 from p2<br>5 4 7 2 1 3 from p1 | c1 : 6 8 7[1] \| 9 5 4 \| [2]1 3 2<br>c2 : 5 4 7 \| 6 8 9 \| 2 1 3 |

자식 $c_1$은 부모 $p_1$의 픽 부분인 [9 5 4]를 그대로 물려받는다. 부모 $p_2$에 대한 픽 부분은 [6 8 9]이다. 부모 $p_2$의 템플릿은 6에서 시작하여 정점 번호를 [9 5 4]에 있는 번호는 빼고 순서대로 나열하여 생성한다. 이 작업은 끝에 도달하면 다시 맨 앞으로 돌아가서 계속한다. 완성한 부모 $p_2$의 템플릿은 [6 8 7 1 3 2] 이다. 이 값들은 자식 $c_1$의 남은 경로를 순서대로 채워 여행경로를 완성한다.

완전 그래프가 아니면, 새로 복제한 자식이 실제 여행경로가 되는지 확인해야 한다. 만약 여행경로가 아니면 교차를 허용하지 말아야 한다.

돌연변이의 경우, 정점을 맞교환하면 같은 정점이 중복될 것이므로 맞교환으로 돌연변이를 완성할 수 없다. 그러나 여행경로 내의 두 정점을 맞교환하거나 정점 부분집합의 순서를 뒤집어서 돌연변이를 완성할 수 있다. 하지만 완전 그래프가 아니면, 돌연변이 결과가 실제 여행경로인지 확인이 필요하다.

### 최근접 이웃간 교차

TSP 문제를 푸는 **Nearest Neighbor Algorithm(NNA)**은 탐욕 알고리즘이다. NNA는 임의의 정점으로 시작하여 여행이 완료 될 때까지 반복적으로 가장 가까이 있는 미방문 정점을 여행경로에 추가한다. NNA는 그래프가 완전하다고 가정한다. 그래프가 완전하지 않으면 타당하지 않은 여행경로가 완성되는 경우도 있다. 알고리즘은 다음과 같다.

▸ 알고리즘 10.1 **외판원 문제의 Nearest Neighbor Algorithm(NNA)**

**문제** : 가중치포함 비방향 그래프에서 최적 여행경로를 구하시오. 가중치는 음이 아닌 수.

**입력** : 가중치포함 비방향 그래프 $G$, 정점의 개수 $n$

**출력** : $G$의 여행경로 정점 리스트가 저장된 변수 tour

```
void generate_tour (int n, graph G, orderedlist& tour)
{
   tour = [vi] 여기서 vi는 G에서 무작위로 선택한 정점;
   repeat
      tour의 마지막 정점에서 가장 가까운 여행경로에 아직 방문하지 정점 tour에 추가;
   until tour에 정점이 n개 모두 들어있음;
```

그림 10.3(a)에서 가중치가 있는 무방향 이음선은 동일한 가중치를 가진 양방향이음선으로 보면 되고, 그림 10.3(b)는 가장 짧은 여행경로를, 그림 10.3(c)는 $v_4$에서 출발하여

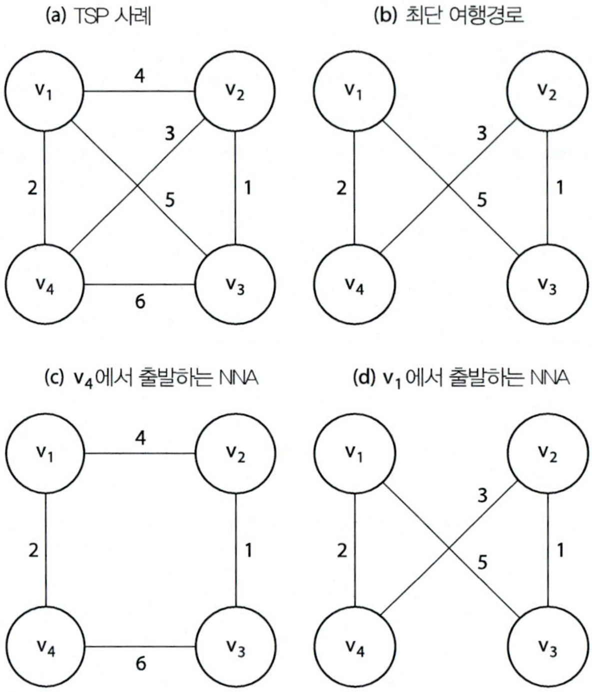


**그림 10.3** NNA 알고리즘을 적용하는 TSP 문제 사례

NNA를 적용하여 얻은 여행경로를, 그림 10.3(d)는 $v_1$에서 출발하여 NNA를 적용하여 얻은 여행경로를 보여준다. 이 후자의 여행경로가 최적이다.

다음으로 Süral 연구진이 2010년에 개발한 **Nearest Neighbor Crossover(NNX)** 알고리즘을 소개한다. 아래에 제시한 절차는 개발 연구원이 자신의 알고리즘을 평가하는데 사용한 절차와 동일하다.

1. 문제의 답을 표현하는 알파벳을 고른다. 표현방식은 10.2.3 절의 도입부분의 순서 교차 알고리즘과 동일하다.
2. 모집단을 구성하는 개체가 얼마나 되는지 정한다. 모집단 크기는 50과 100으로 한다.
3. 두 가지 기술을 시도한다. 첫 기술은 모집단 전체를 초기에 무작위로 정한다. 둘째 기술은 반만 모집단을 무작위로 초기에 정하고, 나머지 반은 NNX와 탐욕 이음선 알고리즘(뒤에 설명)을 활용하는 하이브리드 기술이다.
4. 적합도을 어떻게 평가할지 결정한다. 적합도 평가 방법은 순서 교차 알고리즘과 동일한다.
5. 번식을 위해 선택할 개체를 결정한다. 적합도 상위 50%는 번식을 허용한다. 각 개체를 4개씩 복제하여 놓고, 이 중에서 부모쌍을 무작위로 선택한다.
6. 교차 및 돌연변이를 수행하는 방법을 결정한다. NNX에서는 두 명의 부모가 하나

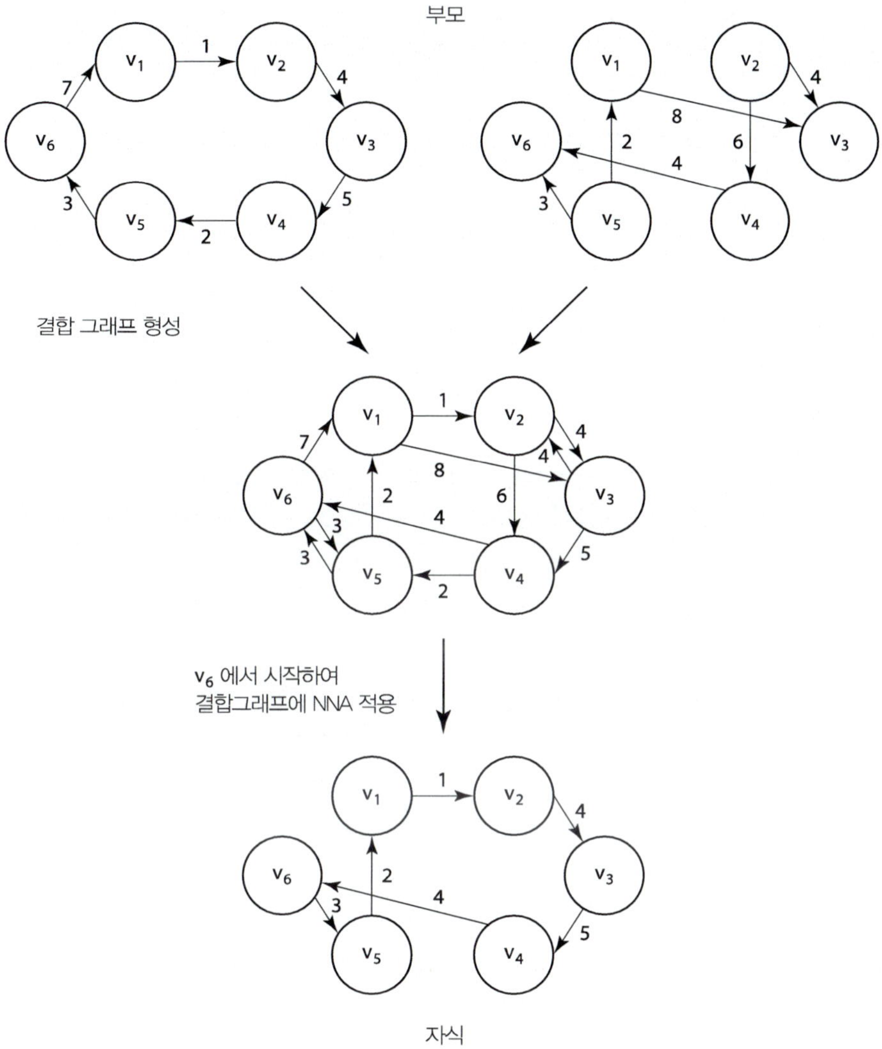


**그림 10.4** 결합 그래프를 만들고 정점 v6부터 시작하여 NNA 적용

의 자식만 생성하기 때문에 엄밀히 말해 교차라고 할 수 없지만, 그럼에도 불구하고 그렇게 부르기로 한다. 부모들은 먼저 결합하여 두 부모와 이음선이 있는 그래프인 결합 그래프를 만듭니다. 이 결합 그래프를 만드는 과정은 그림 10.4에 나와 있습니다. 그런 다음 NNA가 이 결합 그래프에 적용된다. 이것도 그림 10.4에 나와 있다. 이 그림에서 정점 $v_6$부터 시작하여 NNA를 적용하면 부모들보다 더 적합한 자식을 얻는다. 그런데 만약 $v_1$에서 시작한다면 그렇지 않다. $v_3$에서 시작하는 경우, $v_1$에서 막다른 골목에 직면하게 되고 여행경로를 얻지 못한다. 선택한 정점으로 여행경로를 얻지 못하면, 다른 정점을 가지고 여행경로를 얻을 때까지 시도해봐야 할 것이다. 모두 시도해 보고도 여행경로를 얻지 못한다면, 완전 그래프에

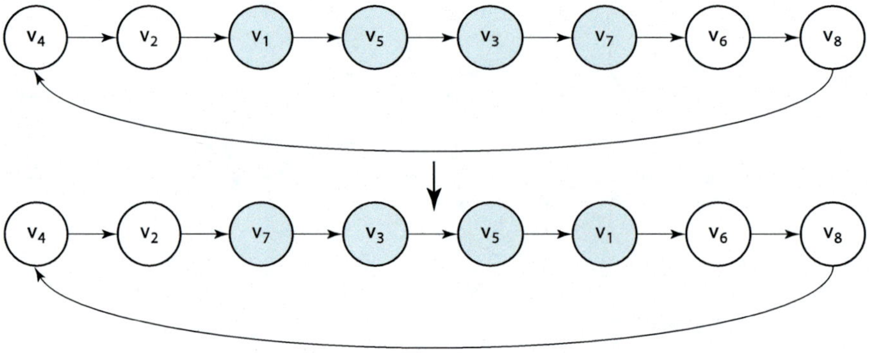


그림 10.5 정점 v1에서 v7으로 이어지는 부분경로를 뒤집는 돌연변이

서 다른 이음선을 여행경로에 포함시킬 수 있다.

각 부모를 4개씩 복제하여 사용하고, 각 부모가 자식을 하나씩 번식하므로, 자식 세대로 가면 번식 가능한 부모의 수는 두 배가 된다. 그러나 부모의 반만 그렇게 할 수 있으므로, 인구는 세대가 바뀌면서도 그대로 동일하게 유지된다.

돌연변이는 다음과 같이 수행한다. 정점을 2개 무작위로 선택하고, 그 정점을 연결하는 하위 경로를 뒤집는다. 이 과정은 그림 10.5에서 설명하고 있는데, 여기서 선택된 정점은 $v_1$과 $v_7$이다. 돌연변이는 M1과 M2의 두 가지가 있다. M1에서 돌연변이는 각 세대에서 최상의 개체에만 적용된다. M2에서는 모든 자식에 적용된다.

하나의 변형으로서, NNX의 확률론적 버전은 현재의 정점에 이어져 있는 이음선 중에서 확률적으로 선택할 것이다. 선택될 기회는 이음선의 길이에 반비례한다. 이렇게 함으로써 모집단 인구의 다양성을 증가시킬 수 있으며, 조사 공간을 확장할 수 있다. 그러나 Süral 연구진(2010)의 확률적 기법이 오히려 결정적 버전보다 현저히 성능이 좋지 않음을 알아내고 최종 검사 대상에서 이 방법은 제외하였다.

7. 종료시기를 결정한다. 평균 적합성이 두 세대에 거쳐서 연속적으로 같거나, 500 세대가 흐르면 종료한다.

NNA와 NNX는 최단 경로 문제를 푸는 Dijkstra의 알고리즘과 매우 유사하며, 시간복잡도도 정점의 개수를 $n$이라고 할 때 그 알고리즘과 동일하게 $\theta(n^2)$ 이다.

### 탐욕 이음선 교차

**Greedy Edge Algorithm (GEA)**은 먼저 이음선을 감소하지 않는 순서로 정렬한다. 그리고 나서 첫 이음선부터 시작하여 탐욕적으로 이음선을 여행경로에 추가한다. 이 때 정점은 이음선이 3개 이상 연결을 되지 않도록 하고 정점의 개수보다 작은 길이의 사이클이 생기지 않게 해야 한다. GEA는 그래프가 완전하다고 가정한다. 그렇지 않으면 여행경로가 만들어지지 않을 수 있다. 알고리즘은 다음과 같다.

**▸ 알고리즘 10.2 외판원 문제에 대한 Greedy Edge Algorithm (GEA)**

**문제** : 가중치포함 무방향 그래프에서 최적의 여행경로를 구하시오. 가중치는 음이 아닌 수

**입력** : 가중치포함 무방향 그래프 $G$, 정점의 개수 $n$

**출력** : $G$의 여행경로 정점 리스트가 저장된 변수 *tour*

```
void generate_tour (int n, graph G, setofedges& tour)
{
   감소하지 않는 순서로 이음선을 정렬;
   tour = 0;    // 여행경로는 이음선의 집합으로 표현
   repeat
      if 이음선을 하나 추가하더라도 연결된 정점에 이음선이 3개 이상이 되지 않음
      and n 보다 작은 길이의 사이클이 생기지 않음
         tour에 이음선 추가;
   until 여행경로에 이음선이 n개 있음
```

그림 10.6에서 그림 10.3과 같은 예제를 가지고 GEA를 설명한다.

Greedy Edge Crossover(GEX) (Süral 연구진 2010) 알고리즘도 다음의 여섯째 단계만 다르고 NNX와 동일하다.

6. 교차 및 돌연변이를 수행하는 방법을 결정한다. NNX 에서처럼 GEX에서도 먼저 부모들을 결합하여 결합그래프를 만든다. 그런 다음 GEA를 결합그래프의 이음선에 적용한다. 이 과정으로 여행경로가 완성되지 않으면, 전체 그래프에 GEA를 적용하여 남은 여행경로를 구한다. 그러나 이 과정은 탐험을 거의 하지 않아서, 가중치가 높은 이음선이 그대로 남아있어 좋지 않은 해답으로 조속히 결론을 지어버리게 될 가능성이 있다. 탐험을 증가시키려면, 새 여행경로의 전반부는 결합그래프에서, 나머지 절반은 전체 그래프에서 가져오는 방법을 시도해볼 수 있다. 실제로 실험해본 결과, 결합그래프에서 최대한 이음선을 많이 가져오는 방법에 비해서 이 방법이 더 좋은 성능을 보였다. 다음에 살펴볼 평가에는 이 버전을 사용한다.

NNA와 NNX는 최소비용 신장트리 문제를 푸는 크루스칼의 알고리즘과 매우 유사하며, 그 알고리즘처럼 시간복잡도가 $\theta(n^2 \log n)$ 및 $\theta(m \log m)$ 이다. 여기서 $n$은 정점의 수이고 $m$은 이음선의 수이다.

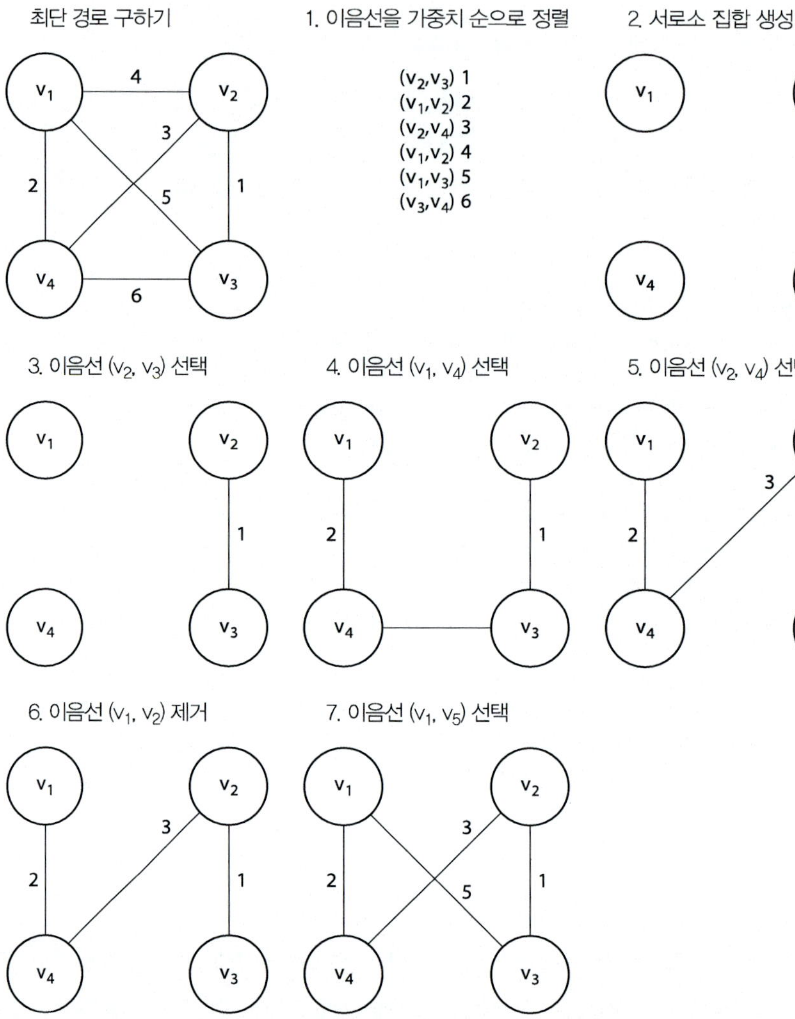


**그림 10.6** Greedy Edge Algorithm으로 푸는 TSP 문제 사례

## 평가

유전자 알고리즘은 휴리스틱 알고리즘이므로 정확성을 엄밀하게 증명하는 진이 불가능하다. 따라서 수많은 사례를 동원하여 결과를 검사해보고 평가해볼 수밖에 없다. Süral 연구진(2010)의 NNX와 GEX를 다음과 같은 방식으로 평가했다.

첫째, TSPLIB에서 실제 도시 간의 거리를 나타내는 TSP 사례 10 개를 가져왔다. 도시 간에 거리는 양방향으로 동일하게 대칭이다. 이 중에서 가장 큰 사례는 도시의 개수 $n$ = 226 이었다. 돌연변이 없이도 해보고, 앞서 공부한 M1과 M2 돌연변이를 적용해보기도 했다. 첫 모집단은 무작위(R)로 초기화하기도 하고, 최근접 이웃과 탐욕 이음선 알고리즘에 기반한 하이브리드 기법(H)으로 초기화하기도 했다. 돌연변이 유형과 초기화 유형의 각 조합에 대해, 10개의 사례를 모두 각 알고리즘 별로 30번 실행하여 총 300 회 실행하였다. 이 알고리즘은 ANSI C로 구현했으며 RedHat Linux 8.0을 실행하는 256MB RAM의 Pentium IV 1600MHz 컴퓨터로 실행되었다.

300회 실행하여 얻은 평균은 표 10.5에 알고리즘 별로 나열하였다. 표의 항목은 각각 다음을 의미한다.

- 알고리즘 : 사용한 알고리즘
- 돌연변이 : 사용한 돌연변이 유형. "No M"은 돌연변이를 사용하지 않음을 나타냄
- 모집단 초기화: 무작위(R) 또는 하이브리드(H) 초기화 방법 중 하나
- 편차 : 최적 솔루션과의 백분율 편차
- 세대수 : 수렴까지의 세대 수
- 시간 : 수렴까지의 걸린 시간 (단위: 초)

표 10.5를 보면, NNX의 성능이 GEX보다 훨씬 뛰어 났고, 돌연변이 중 M2가 가장 성능이 좋았으며, 하이브리드로 초기화를 해도 무작위보다 그리 성능이 나아지지 않았음을 알 수 있다. GEX의 사용률을 변화시키면서 NNX를 사용하면 성능이 향상 될 수 있는지 추가로 조사해 보았는데, 표 10.5에 그 결과를 보여주고 있다. 예를 들어, NNX가 50%이고 GEX가 50%라는 말은 반은 NNX를 사용하여 모집단을 생성하고 반은 GEX를 사용하여 모집단을 생성했음을 의미한다. 돌연변이 M2의 경우, NNX 사용률이 높아질수록 NNX만 사용한 경우에 비해서 약간의 개선이 관찰되었다.

두 알고리즘을 혼합하는 쓰는 경우 계산 시간이 늘어나는데, 성능은 그리 나아지지 않았으니 굳이 GEX를 혼합하여 쓸 가치가 없다는 결론을 내릴 수 있다. 따라서 추가 실험은 NNX만 사용하여 수행하였다.

무작위로 모집단을 초기화하여 NNX만 적용하여 모집단의 크기를 100으로 증가시킨 평가 결과는 표 10.6에 나와 있다. 돌연변이 M2의 평균 편차는 0.35이고 평균 시간은 26.2이다. 표 10.5의 평가 결과와 비교해보자. 모집단의 크기 50에 동일한 조합을 사용하면 평균 편차는 0.55이고 평균 시간은 5.52다. 정확도가 늘어난 반면 시간이 더 걸렸는데, 투자한 시간만큼 정확도 향상이 가치가 있어야한다.

그리고 도시의 개수 318개에서 1748개 범위의 대규모 사례를 TSPLIB에서 가져다 실험을 시도해 보았다. 하이브리드 초기화가 별 효과가 없었으므로, 무작위로 초기화하여 모집단 크기를 100으로 하여 NNX를 각각 10번씩 실행해보았다. 그 결과는 표 10.7에 나와 있다. 재미있게도 대규모 사례에서는 돌연변이 M2의 경우 소규모 사례와 비교했을 때 계산시간이 엄청나게 많이 소요되었다. 표 10.6을 다시 보면, 소규모 사례에서는 M2가 M1보다 계산 시간도 더 많이 걸리지 않으면서 훨씬 성능이 좋았었다.

**표 10.5** 모집단 크기가 50인 10개의 소규모 문제 사례별 30회 실행하여 얻은 평균 결과

| 알고리즘 | 돌연변이 | 모집단 초기화 | 편차 | 세대수 | 시간 |
|---|---|---|---|---|---|
| NNX | No M | R | 3.10 | 45.39 | 0.38 |
| | | H | 4.82 | 33.52 | 2.95 |
| | M1 | R | 1.67 | 40.21 | 0.62 |
| | | H | 1.57 | 36.09 | 3.55 |
| | M2 | R | 0.55 | 53.37 | 5.52 |
| | | H | 0.55 | 43.53 | 8.11 |
| GEX | No M | R | 12.54 | 17.35 | 48.23 |
| | | H | 7.19 | 16.37 | 54.27 |
| | M1 | R | 4.36 | 60.44 | 208.70 |
| | | H | 3.67 | 48.44 | 178.65 |
| | M2 | R | 3.30 | 26.30 | 82.79 |
| | | H | 3.01 | 25.83 | 90.58 |
| 50% NNX 50 % GEX | No M | R | 8.15 | 42.50 | 73.25 |
| | | H | 5.53 | 38.47 | 75.67 |
| | M1 | R | 1.92 | 66.04 | 113.81 |
| | | H | 1.68 | 61.21 | 112.77 |
| | M2 | R | 1.76 | 19.25 | 26.40 |
| | | H | 1.61 | 20.68 | 34.19 |
| 90% NNX 10% GEX | No M | R | 7.23 | 41.16 | 13.39 |
| | | H | 5.19 | 34.93 | 14.95 |
| | M1 | R | 1.84 | 55.60 | 19.14 |
| | | H | 1.67 | 46.93 | 20.16 |
| | M2 | R | 0.51 | 37.13 | 19.26 |
| | | H | 0.48 | 37.24 | 21.95 |
| 95% NNX 5% GEX | No M | R | 6.69 | 41.23 | 6.74 |
| | | H | 5.06 | 33.04 | 8.93 |
| | M1 | R | 1.77 | 52.62 | 10.03 |
| | | H | 1.41 | 44.33 | 11.30 |
| | M2 | R | 0.49 | 37.15 | 11.58 |
| | | H | 0.44 | 36.19 | 14.88 |

**표 10.6** 모집단 크기가 100이고 모집단을 무작위로 초기화하는 경우 10개의 소규모 문제 사례별 30회 실행하여 얻은 평균 결과

| 알고리즘 | 돌연변이 | 편차 | 시간 |
|---|---|---|---|
| NNX | No M | 5.40 | 18.4 |
| | M1 | 1.44 | 26.4 |
| | M2 | 0.35 | 26.2 |

● **표 10.7** 모집단 크기가 1000이고 모집단을 무작위로 초기화하는 경우 15개의 대규모 문제 사례별 10회 실행하여 얻은 평균 결과

| 알고리즘 | 돌연변이 | 편차 | 시간 |
|---|---|---|---|
| NNX | No M<br>M1<br>M2 | 7.61<br>4.94<br>4.70 | 25.3<br>65.0<br>1063.0 |

● **표 10.8** NNX와 다른 두 개의 휴리스틱 TSP 알고리즘의 10개의 문제 사례에 대한 성능 비교

| 문제 | NNX-M1 | | NNX-M2 | | Meta-RaPS | | ESOM3 | |
|---|---|---|---|---|---|---|---|---|
| | 편차 | 시간[1] | 편차 | 시간[1] | 편차 | 시간[2] | 편차 | 시간[3] |
| ei101 | 0.93 | 8.7 | 0.82 | 14.3 | NA | NA | 3.43 | NA |
| bier127 | 0.62 | 15.3 | 0.28 | 12.0 | 0.90 | 48 | 1.70 | NA |
| pr136 | 2.87 | 18.4 | 0.37 | 35.2 | 0.39 | 73 | 4.31 | NA |
| kroa200 | 1.78 | 87.3 | 0.32 | 98.6 | 1.07 | 190 | 2.91 | NA |
| pr226 | 0.79 | 93.0 | 0.01 | 21.6 | 0.23 | 357 | NA | NA |
| lin318 | 1.87 | 8.0 | 2.01 | 105 | NA | NA | 2.89 | NA |
| pr439 | 3.44 | 10. | 1.48 | 240 | 3.30 | 2265 | NA | NA |
| pcb442 | 4.75 | 15.0 | 3.18 | 270 | NA | NA | 7.43 | NA |
| pcb1173 | 3.00 | 97.0 | 8.01 | 1230 | NA | NA | 9.87 | 200 |
| vm1748 | 7.05 | 203 | 7.09 | 4215 | NA | NA | 7.27 | 475 |

휴리스틱 알고리즘을 평가하면서 시험하는 문제 사례의 개수를 늘린다고 성능 향상을 두드러지게 알 수 있는 건 아니다. 이미 알려진 휴리스틱 알고리즘과 어떻게 성능을 나타나는지 상대적으로 비교해보아야 한다. Süral 연구진(2010)은 NNX를 10개의 벤치마크 TSP문제 사례를 가지고 기존의 휴리스틱 TSP 알고리즘인 Meta-RaPS(DePuy 연구진 2005)와 ESOM(Leung 연구진 2004)과 비교했다. 그 결과는 표 10.8에서 보여준다. NNX-M1(돌연변이 M1) 또는 NNX-M2(돌연변이 M2)가 문제 사례에 관계없이 성능이 가장 뛰어났다.

## 10.3 유전 프로그래밍

유전자 알고리즘에서 "염색체" 또는 "개체"가 문제의 해답 자체를 나타내는데 비해서, **유전 프로그래밍(genetic programming)**에서는 개체가 문제를 푸는 프로그램을 나타낸다. 개체의 적합도 함수는 프로그램이 문제를 얼마나 잘 푸는지를 나름의 방식을 동원하여 측정한다. 초기 모집단 프로그램을 모아서 시작해서, 교차를 통하여 더 적합한 프로그램이 번식하고 자식 모집단에 돌연변이를 일으키는 과정을 종료 조건이 만족할 때 까지 반

복한다. 이 과정을 고수준 알고리즘으로 표현하면 유전 알고리즘과 완전히 동일하다. 하지만 복습하는 의미에서 다시 한 번 읽고 지나가자.

```
void generate_populations()
{
    t = 0;
    모집단 P0 초기화;
    repeat
        모집단 Pt 소속의 각 개체의 적합도 평가;
        적합도 기준으로 생식할 개체 선택;
        선택한 개체를 대상으로 교차와 돌연변이 실행;
        t++;
    until 종료조건 만족
}
```

유전 프로그램의 개체(프로그램)는 트리로 표현한다. 트리의 각 마디에는 **터미널기호**(terminal symbol) 또는 **함수기호**(function symbol)가 있다. 마디가 함수 기호인 경우, 마디의 인수들은 그 자식들이다. 예를 들어, 다음과 같은 식(프로그램)이 있다고 가정 하자.

$$\frac{x+2}{5-3\times x} \tag{10.1}$$

트리 구조로 표현하면 그림 10.7과 같다.

### 10.3.1 사례

유전 프로그래밍은 점 $(x_i, y_i)$의 집합을 가지고 함수 $y=f(x)$를 학습하는 것으로 간단히 설명할 수 있다. 예를 들어, 표 10.9와 같은 점의 집합이 있다고 하자.

이 점들은 다음 함수를 사용하여 생성하였다.

$$y = x^2/2$$

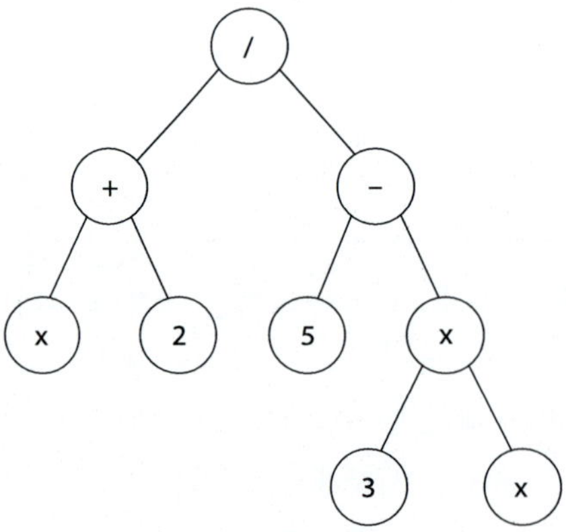


그림 10.7 식 10.1의 트리구조 표현

● **표 10.9** 점 x와 y사이의 관계를 잘 나타내주는 함수를 이 10개의 점을 토대로 학습

| $x$ | $y$ |
|---|---|
| 0 | 0 |
| .1 | .005 |
| .2 | .020 |
| .3 | .045 |
| .4 | .080 |
| .5 | .125 |
| .6 | .180 |
| .7 | .245 |
| .8 | .320 |
| .9 | .405 |

하지만 함수를 모른다고 가정하고, 함수를 알아내는 방법을 고민해보자. 함수를 유추해내는 유전 프로그램을 개발하는 절차는 다음과 같다.

1. 터미널 집합 T를 정한다. 터미널 집합에 기호 ×와 −5와 5 사이의 정수들을 포함시킨다.
2. 함수 집합 F를 정한다. 함수 집합을 +, −, ×와 / 기호로 설정한다. 원하는 경우 sin, cos 등과 같은 다른 함수도 포함시킬 수 있음을 알아두자.
3. 모집단의 개체수를 정한다. 여기서 모집단의 크기는 600으로 한다.
4. 모집단을 초기화하는 방법을 정한다. 초기 개체는 **나무키우기(growing the tree)** 라고 하는 절차로 만든다. 먼저 T ∪ F 집합에서 기호를 무작위로 생성한다. 터미널기호이면 바로 멈추고 그 기호만으로 구성한 (단일 마디) 트리를 생성한다. 함수 기호이면 그 기호의 자식들을 무작위로 생성한다. 트리를 타고 내려가며 기호를 무작위로 계속 생성하다 터미널 기호를 만나면 멈춘다. 예를 들어, 그림 10.7의 트리는 다음과 같이 기호를 무작위로 생성하여 만든다. 먼저 기호 /를 생성하고 그 자식인 + 와 − 를 이어서 생성한다. + 의 자식으로 $x$와 2를 생성하는데, 이 자식들은 모두 터미널이므로 더 이상 생성을 지속하지 않고 멈춘다. −의 자식으로 5와 ×를 생성한다. 5에서는 생성을 멈추고, $x$는 자식 3과 ×를 마지막으로 생성한다.
5. 적합도 함수를 정한다. 적합도 함수는 제곱오차함수를 사용한다. 즉, 적합도 함수 $f(x)$는 표 10.9의 각 점 $(x_i, y_i)$에 대해서 다음과 같이 세울 수 있다.

$$\sum_{i=1}^{10}(f(x_i)-y_i)^2$$

   오차가 작을수록 더 적합한 함수가 된다.

6 번식할 개체를 선택하는 방법을 정한다. 4-개체 토너먼트 선발 프로세스를 사용한다. **토너먼트 선발 프로세스**는 모집단에서 무작위로 개체 $n$개를 선택한다. 개체

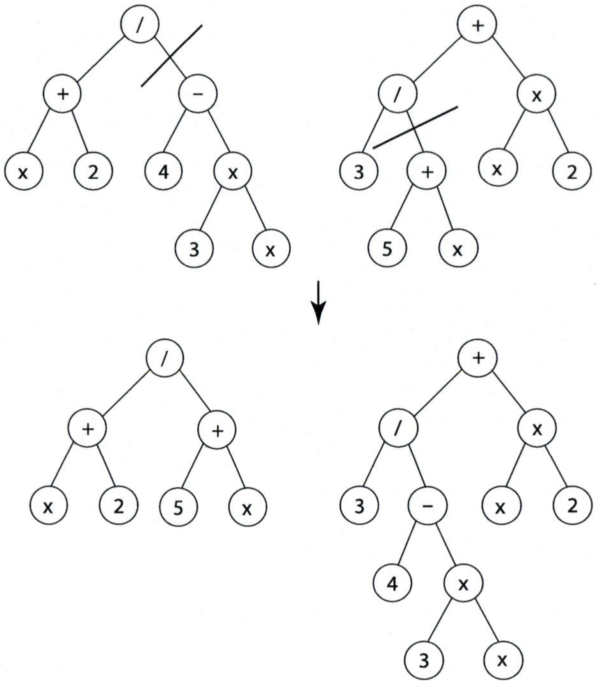

그림 10.8 하위 트리를 교환하여 교차하는 방법

$n$개가 참가하는 토너먼트에서 가장 적합한 $n/2$가 승자가 되고, 가장 부적합한 $n/2$가 패자가 된다. $n/2$개의 승자들은 $n/2$개 자식의 번식이 허용되고, 다음 세대에서 이 자식들이 $n/2$개 패자들을 대체한다. 이 경우엔 $n = 4$ 이므로, 2개의 승자가 2개의 자식을 번식하여 2개의 패자를 대체한다.

7. 교차 및 돌연변이 수행 방법을 정한다. 두 개체의 교차는 무작위로 선택한 하위 트리를 교환하여 수행한다. 이 교차 방식은 그림 10.8의 사례를 보면 이해할 수 있다. 돌연변이는 마디를 무작위로 선택하고 그 마디의 하위 트리를 새로 키운 하위 트리로 대체하여 수행한다. 돌연변이는 후손의 5%에게 무작위로 수행한다.
8. 종료 조건을 정한다. 가장 적합한 개체의 제곱 오차가 0이거나, 100세대를 번식했으면 번식을 종료한다.

Banzhaf 연구진(1998)은 표 10.9에 제시된 데이터에 이 기술을 적용하는 실험을 하였다. 다음은 첫 4 세대에서 가장 적합한 개체가 어떻게 나타나는지 보여준다.
가장 적합한 개체는 3세대만에 매우 큰 트리로 확장되지만, 4세대에 가서 정확한 해답(데이터를 생성하는 함수)으로 다시 축소된다.

| 세대 | 가장 적합한 개체 |
|---|---|
| 1 | $\frac{x}{3}$ |
| 2 | $\frac{x}{6-3x}$ |
| 3 | $\frac{x}{x(x-4)-1+\frac{4}{x}-\frac{\frac{9(x+1)}{5x}+x}{6-3x}}$ |
| 4 | $\frac{x^2}{2}$ |

### 10.3.2 인공 개미

음식 흔적을 쫓아다니는 로봇 개미를 개발하는 문제를 공부해보자. 그림 10.9는 산타페 트레일(Sante Fe trail) 개미의 흔적을 나타낸 그림이다. 각 검정 정사각형은 음식 알갱이 하나를 나타낸다. 그림을 보면 총 89 개의 그러한 정사각형이 있다.

개미의 목표는 "시작" 화살표가 가리키는 사각형에서 출발하여, 89개의 검은색 사각형을 모두 방문하고 (즉, 먹이를 모두 먹어 치우고) "89"로 표시된 사각형에 도착하는 것이다. 트레일을 따라가 보면 중간에 틈이 많이 있음을 주목하자. 이러한 유형의 문제를 **계획문제(planning problem)**이라고 한다.

개미에는 다음과 같은 센서가 있다.

*food_ahead* - 먹이를 만나면 True값을 갖고, 그렇지 않으면 False 값을 갖음

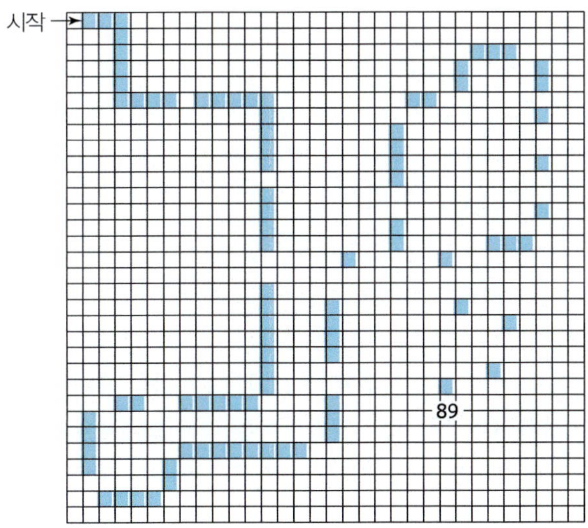


그림 10.9 산타페트레일 (각 검정 정사각형은 음식 알갱이 하나를 나타냄)

개미가 정해진 시간 단위마다 취할 수 있는 액션은 다음 세 가지가 있다.

- *right*: 움직이지 않고 90도 우회전한다.
- *left*: 움직이지 않고 90도 좌회전한다.
- *move*: 정방향으로 한칸 직진하고, 먹이가 있으면 그 먹이를 먹는다. 따라서 그 먹이는 트레일에서 없어진다.

Koza(1992)는 이 문제를 푸는 다음과 같은 유전 프로그래밍 알고리즘을 개발했다.

1. 터미널 집합 $T$를 정한다. 터미널 집합에는 개미가 취할 수 있는 액션이 들어 있다. 즉,
$$T = \{right,\ left,\ move\}.$$
2. 함수 집합 F를 정한다. 함수 집합은 다음과 같다
   (a) *if_food_ahead*(*instruction1*, *instruction2*);
   (b) *do2*(*instruction1*, *instruction2*);
   (c) *d03*(*instruction1*, *instruction2*, *instruction3*);
   첫째 함수는 food_ahead가 참이면 instruction1을 실행하고, 그렇지 않으면 *instruction2*를 실행한다. 둘째 함수는 무조건 *instruction1*과 *instruction2*를 실행한다. 셋째 함수는 무조건 *instruction1*, *instruction2*, *instruction3*을 실행한다. 예를 들어, 다음은 개미를 우회전하고 앞으로 움직이게 하는 함수 호출이다.
   *do2*(*right*,*move*)
3. 모집단의 크기를 정한다. 모집단의 크기는 500으로 한다.
4. 모집단을 초기화하는 방식을 정한다. 나무키우기 방식으로 초기화한다. (10.3.1절 참조)
5. 적합도 함수를 정한다. 정한 단위 시간마다 (*right*, *left*, *move*) 중 액션 하나를 취하고, 개체는 각 400 단위시간까지 쓸 수 있도록 한다. 개체는 좌상단에서 동쪽 방향으로 출발한다. 배정 시간 내에 먹은 먹이 알갱이의 개수를 적합도로 정한다. 그러면 최대 적합도는 89가 된다.
6. 번식할 개체를 선택하는 방법을 정한다.
7. 교차 및 돌연변이 수행 방법을 정한다. 두 개체의 교차는 무작위로 선택한 하위 트리를 교환하여 수행한다. 이 교차 방식은 그림 10.8의 사례를 보면 이해할 수 있다. 돌연변이는 마디를 무작위로 선택하고 그 마디의 하위 트리를 새로 키운 하위 트리로 대체하여 수행한다. 돌연변이는 후손의 5%에게 무작위로 수행한다.
8. 종료 조건을 정한다. 적합도가 89인 개체를 찾았거나 반복의 회수가 미리 정해놓은 최대치에 도달하면 종료한다.

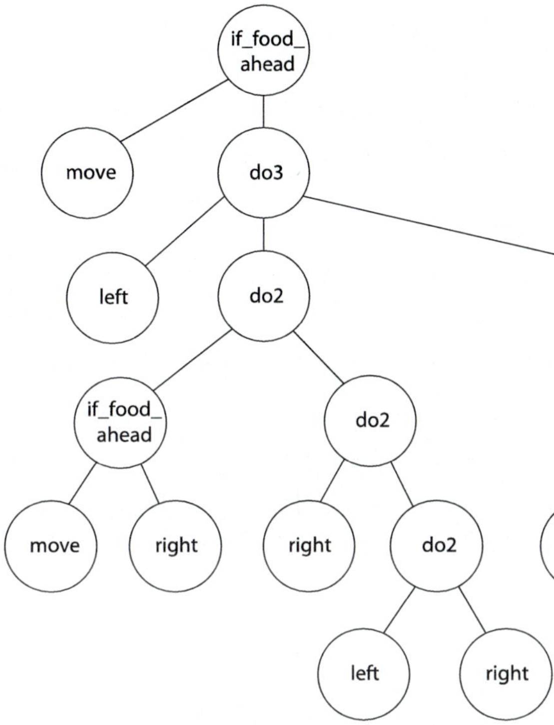


그림 10.10 세대 22에서 적합도가 89인 개체

모집단의 각 개체(프로그램)는 400번(단위시간) 반복 수행한 다음, 개체별로 적합도를 평가한다. Koza(1992)의 실험 결과에 의하면 22째 세대에서 적합도 89인 개체를 얻었다. 그 개체가 그림 10.10에 나와 있다. 세대 0 개체의 평균 적합도는 3.5이었고, 세대 0 개체 중에서 가장 적합도가 높은 개체는 적합도가 32였다.

### 10.3.3 금융거래 응용

주식 및 기타 금융 시장 투자자들이 직면하는 중요한 의사 결정 포인트는 특정일에 매수, 매도, 보유 여부이다. 이러한 결정을 내리는 자동화 시스템을 개발하려는 시도가 활발하게 있었다. Farnsworth 연구진(2004)은 유전자 프로그래밍을 활용하여 이러한 시스템을 개발했다. 특정일의 시장 지표 데이터를 기반으로 투자결정을 내리는 시스템이다. 이 시스템을 공부해보자.

#### 금융거래 시스템 개발

시스템 개발에 적용한 8단계를 먼저 차례로 살펴보자.

1. 터미널 집합 T를 정한다. 터미널 기호는 시장 지표이다. 다양한 시장 지표를 가지고 테스트해본 다음, 어떤 지표를 최종 시스템에 포함할지 결정하였다. 최종 결정

된 지표는 다음과 같다.

(a) $S\&P\,500$은 미국 경제의 주요 산업 분야의 500대 선도 기업을 대상으로 만든 시장 지수다. 특정일의 $S\&P\,500$ 지수는 다음 식으로 계산한다

$$\frac{S\&P\,500_{today} - S\&P\,500_{avg}}{S\&P\,500_{\sigma}}$$

$S\&P\,500_{today}$는 해당 일의 $S\&P\,500$지수이고, $S\&P\,500_{avg}$는 지난 200일 동안의 평균 지수이며, $S\&P\,500_{\sigma}$는 지난 200일 동안의 표준 편차이다. 이 지수값을 여기에서는 단순히 $SP\,500$으로 표기하기로 한다.

(b) 어떤 증권 $k$**-day Exponential Moving Average(EMA)**은 지난 k$k$ 동안 그 증권의 가중치 평균이다. 증권 $x$의 Moving Average Convergence /Divergence(MACD)은 다음 식으로 계산한다.

$$MACD(x) = 12\text{-}dayEMA(x) - 26\text{-}dayEMA(x)$$

MACD는 탄력 지표로 간주한다. 값이 양수이면 상승 탄력이 증가하고 있다고 보고, 음수이면 하락 탄력이 증가하고 있다고 본다.
이 시스템에서 사용하는 둘째 지표는 MACD($S\&P\,500$)이며, 간단히 MACD로 표기하기로 한다.

(c) 지표 $MACD9$는 $S\&P\,500$의 MACD의 9-일 EMA이다.

(d) *Diff*는 상승하거나 하락하는 증권의 수의 차이라고 하자. ***McClennan Oscillator* (*MCCL*)**는 다음 식으로 계산한다

$$MCCL = 19\text{-}dayEMA(Diff) - 39\text{-}dayEMA(Diff)$$

$MCCL > 100$일 때 시장을 초과 매입으로 보고, $MCCL < 100$ 일 때 초과매출로 본다.
이 지표는 단순히 $MCCL$으로 표기하기로 한다.

(e) $SP\,500lag$, $MACDlag$, $MACD9lag$, $MCCLlag$는 전날 지표 값을 의미한다.

(f) 터미널 기호로 실수의 구간 $[-1, 1]$이 있다. 지표 값은 모두 구간 $[-1, 1]$로 정규화 한다.

2. 함수 집합 F를 정한다. 함수 기호에는 +, −, × 연산자와 다음 제어 구조를 포함한다.

(a) *if x>0 then y else z*. 이 구조는 기호 IF가 자식 *x*, *y*, *z*를 가지고 있는 트리이다.

(b) *if x>w then y else z*. 이 구조는 기호 IFGT가 자식 *x*, *w*, *y*, *z*를 가지고 있는 트리이다.

3. 모집단의 개체수를 정한다. 개체수를 다양하게 시도해보았는데, 500개 미만의 개

체수는 실용적이지 않았고, 2,500개 정도의 개체수가 결과가 좋았다.

4. 개체를 초기화하는 방법을 정한다. 초기 개체는 10.3.1 절에서 설명한대로 트리키우기로 만든다. 허용되는 최대 레벨(트리의 가지 깊이)은 4 이었고, 허용되는 최대 노드 수는 24개 이었다. 이 제한은 후세대 모집단에도 적용되었다. 이렇게 제한하는 목적은 트리가 학습 데이터에 매우 근접하게 일치하지만 보지 못한 데이터로 인한  예측 값을 제한할 때 발생하는 과도적합화(overfitting)을 방지하기위한 것이다.
5. 적합도 함수를 정한다. 자료는 1983년 4월 4일부터 2004년 6월 18일까지 $S\&P$ 종가를 모아서 사용했다. 사용한 트리는 첫 4750일들의 데이터를 우선 분석한다. 트리를 첫날 $1로 시작한다. 특정일에 트리가 0보다 큰 값을 반환하면 구매 신호를 생성하고, 그렇지 않으면 매도 신호를 생성한다. 가지고 있는 돈은 모두 매입 또는 매도가 있을 때 언제나 투자 또는 철회 중 하나를 선택한다. 투자 또는 철회를 부분적으로 나누어 할 수 없다. 트리가 전날 시장에 들어가 있고 구매 신호를 생성했는데 아무런 조치도 취하지 않을 수 있다. 유사하게, 트리가 전날 시장에 들어가 있지 않고 매도 신호 생성했는데 아무런 조치를 취하지 않을 수 있다. 4750 일의 거래가 완료되면, 최종 값이 이익을 나타내도록 초기 투자한 1달러는 공제한다. 추가 과도적합화를 막기 위해 총 거래 수에 비례하여 적합도 페널티를 부과한다.
6. 번식할 개체를 선택하는 방법을 정한다. 모집단을 적합도 순으로 정렬한다. 하위 25 %는 없애고 더 적합한 개체로 대체한다.
7. 교차 및 돌연변이를 수행 방법을 정한다. 두 개체의 교차는 무작위로 선택한 하위 트리를 교환하여 수행한다. 마디 돌연변이(node mutation)는 무작위로 소수의 마디를 선택하고 그 마디의 값을 동일한 인수를 사용하는 마디로 무작위 변경하여 수행된다. 함수 마디 돌연변이는 연산자를 바꾸고, 터미널 마디 돌연변이는 표시기 또는 상수 값을 변경한다. 트리 돌연변이(tree mutation)는 무작위로 하위 트리를 선택하고, 이를 새로운 무작위 하위 트리로 교체하여 수행한다.
   모집단의 상위 10 %는 변경되지 않은 상태로 남는다. 상위 10 %에 있는 개체들과의 교차하기 위하여 무작위로 50 %를 선택한다. 20 %는 노드 돌연변이를 하기 위해 선택하고, 10 %는 트리 돌연변이를 하기 위해 선택하고, 10 %는 없애고 무작위로 교체한다.
8. 종료 조건을 정한다. 최대 세대 수는 300-500 범위로 정한다.

### 평가

1983년 4월 4일부터 2004년 6월 18일까지 $S\&P$ 종가 데이터를 가지고, 첫 4750일 동안 적합도를 결정하면서 시스템을 학습하도록 하였다. 나머지 500일은 이 데이터를 기반으

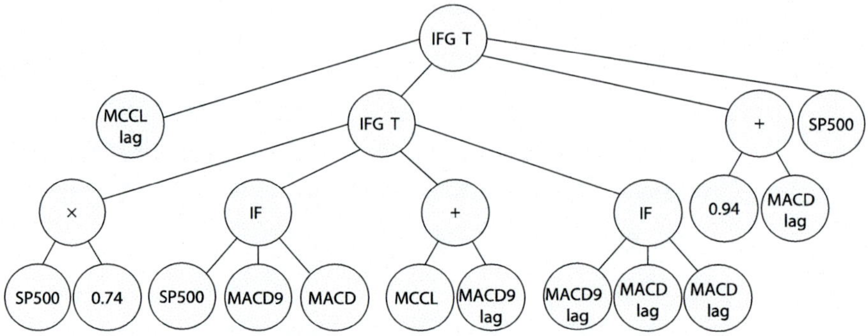


그림 10.11 특정 실행에서 가장 적합한 트리로 살아남고 평가 결과가 좋은 트리

로 적합도을 계산하여 시스템을 평가하는데 사용하였다. 그림 10.11의 트리로 보여주는 시스템은 평가한 적합도 값이 0.397 이다. 투자의 매입보유(buy-and-hold) 전략은 증권을 구입하여 그냥 보유하는 전략을 말한다. 알려진 바로, 매입 보유 전략의 적합도는 0.1098로 낮다.

## 10.4 논의 사항 및 추가 공부 자료

진화 계산의 추가 영역으로 진화 프로그래밍과 진화 전략이 있다. **진화 프로그래밍(Evolutionary programming)**은 특정 문제에 대한 해답으로 진화하기 위해 후보 해답 집단을 이용한다는 점에서 유전 알고리즘과 유사하다. 진화 프로그래밍의 다른 점은 주위 환경과 상호작용하는 관찰가능 시스템의 행동 모델을 개발하는 데 중점을 둔다는 것이다. Fogel(1994)은 이러한 방식으로 진화 프로그래밍을 제시한다. **진화 전략(Evolution strategies)**은 종(species)으로 문제 해답을 모델링한다. Rechenberg(1994)는 진화 전략 분야는 진화의 진화에 기반한다고 한다. 진화 계산의 네 영역을 모두 공부하랴면 Kennedy and Eberhart (2001) 책을 읽어 보기 바란다.

## 연습문제

### 10.1절

1. 이배생물체의 유성생식, 반수생물체의 이분열, 반수생물체의 융합의 차이점을 설명하시오.
2. 이배생물체 게놈 중 하나에 염색체가 10개 있다고 가정한다.
   (a) 체세포 하나에 염색체가 몇 개 있는가?
   (b) 생식세포 하나에 염색체가 몇 개 있는가?

3. 성인 반수생물체 둘이 융합으로 번식한다고 가정한다.
   (a) 자식을 몇 마리 생산하는가?
   (b) 자식의 유전자는 모두 동일한가?

4. 인간의 눈 색깔은 bey2 유전자에 의해 결정된다. 갈색 눈의 대립 유전자가 우성유전자이다. 다음 각각의 부모 대립 유전자 조합에 대해 개인의 눈 색깔을 결정하시오.

| 아버지 | 어머니 |
|---|---|
| BLUE | BLUE |
| BLUE | BROWN |
| BROWN | BLUE |
| BROWN | BROWN |

### 10.2절

5. 8개 개체 적합도가 각각 .61, .23, .85, .11, .27, .36, .55, .44 라고 하자. 표 10.1을 보고 정규적합도와 누적 정규적합도를 계산하시오.

6. 표 10.3에 설명하는 대로 기본 교차를 수행하고, 부모는 각각 01101110과 11010101이며, 교차의 시작점과 끝점을 각각 3과 7이라고 하자. 태어나는 두 자식은?

7. 10.2.2절에서 공부한 $f(x)=\sin(x\pi/256)$을 최대화하는 $x$의 값을 찾는 유전 알고리즘을 구현하시오.

8. 이음선에서 양방향 가중치는 같다고 하고, 그림 10.12의 TSP 사례를 보고 최단 여행거리를 구하시오.

9. 우리가 순서 교차를 수행한다고 하고, 부모가 각각 3 5 2 1 4 6 8 7 9와 5 3 2 6 9 1 8 7 4이고, 선택 시작점과 끝점이 각각 4와 7이라고 하자. 태어나는 두 자식은?

10. 그림 10.12의 TSP 사례에서, 각 정점부터 시작하여 Nearest Neighbor 알고리즘을 적용해보자. 그 중 하나는 최단 여행경로인가?

11. 그림 10.13의 두 여행경로의 결합그래프를 만들고, Nearest Neighbor Algorithm을 정점 $v_5$에서 시작하는 결과 그래프에 적용해보시오.

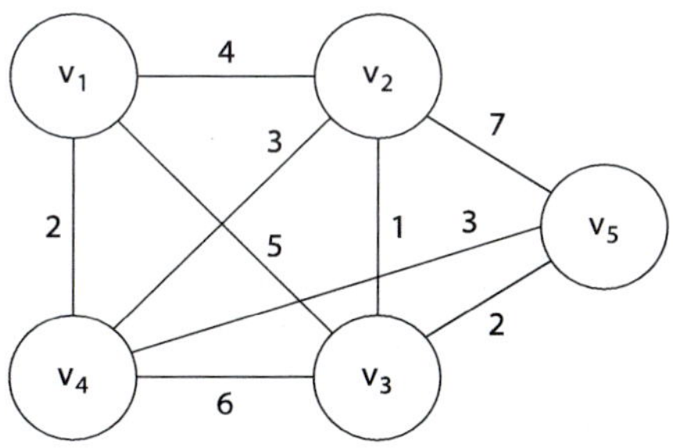


그림 10.12 TSP 사례

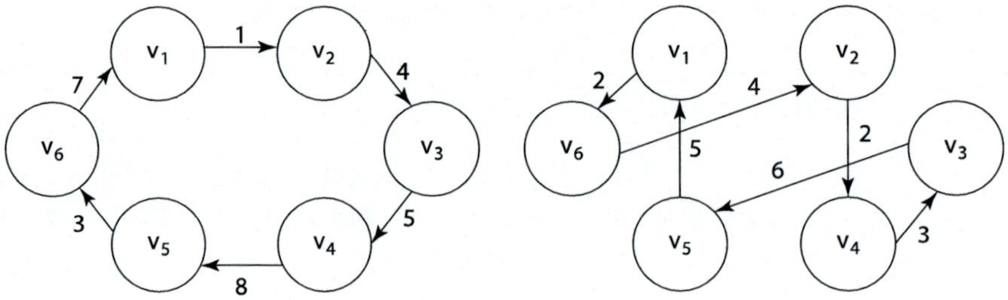


그림 10.13 두 여행경로

12. Greedy Edge Algorithm을 그림 10.12의 TSP 사례에 적용해보자. 최단 여행경로를 구할 수 있나?

### 10.3절

13. 그림 10.8의 두 트리에서, 왼쪽 트리에서 "4"로 시작하는 하위 트리를 오른쪽 트리에서 "+"로 시작하는 하위 트리로 바꾸면 생기는 트리를 그리시오.

14. 그림 10.10의 개체(프로그램)에서, 첫 10 단위시간 단계 동안 산타페트레일을 따라가면 이 프로그램이 생성하는 움직임을 기술하시오.

15. 10.3.2절에서 설명한 산타페트레일 유전 프로그래밍 알고리즘을 구현하시오.

# Chapter 11

# 정수론 기반 알고리즘

철수가 영희에게 인터넷으로 연애 비밀 메시지를 보내려는데 도중에 누가 볼까 걱정이다. 어떡할까? 메시지를 영희만 알 수 있는 비밀코드로 바꾸어 보낼 수 있다면, 다른 친구가 그 메시지를 가로채더라도 걱정할 필요한 없을 것이다. 영희만 알 수 있는 비밀코드로 바꾸는 시스템은 정수론 기반 알고리즘을 사용하면 만들 수 있다. 이 장에서는 정수론 기반 알고리즘을 공부해보자.

**정수론**(整數論, number theory)은 정수의 성질을 탐구하는 수학의 한 분야이다. 정수론 기반 알고리즘은 정수를 다루는 문제를 푸는 알고리즘을 일컫는다. 예를 들어, 두 정수의 최대공약수를 찾는 알고리즘은 정수론 기반 알고리즘이라고 할 수 있다. 11.1절에서 정수론을 간단히 소개하고, 11.2절에서 최대공약수를 찾는 유클리드 알고리즘을 공부한다. 11.3절에서는 모듈러 연산법을 간단히 복습하고, 11.4절에서 모듈러 1차방정식을 푸는 알고리즘을 소개하고, 11.5절에서 모듈러 거듭제곱을 계산하는 알고리즘을 만들어본다. 11.6절에서는 소수 판정 알고리즘을 공부한다. 정수론 기반 알고리즘을 많이 쓰는 분야는 **암호학**(cryptography)이다. 암호학은 전달하는 메시지를 암호로 만들어 제3자가 알아볼 수 없게 하는 원리를 다루는 학문이다. 11.7절에서는 바로 그 작업을 하는 Rivest

-Shamir-Adelman(RSA) 공개키 암호체계를 소개한다.

이 장에서는 2~6장과 비슷하게 알고리즘 설계법을 다룬다. 그러나 정수론 기반 알고리즘은 정수에 관한 특정 형태의 문제를 푸는 것이지, 2-6장에서와 같이 알고리즘을 설계하는 일반적인 기술은 아니라는 사실을 염두에 두기 바란다.

## 11.1 정수론 소개

정수론의 기본 개념부터 익히고 시작하자.

### 11.1.1 합성수와 소수

다음은 **정수**(integer)의 집합이다.

$$Z = \{\ldots, -2, -1, 0, 1, 2, \ldots\}$$

임의의 두 정수, $n$, $h \in Z$에 대해서 등식 $n = kh$이 성립하는 정수 $k$가 존재하면 $n$은 $h$로 **나누어떨어진다**(divide)라 하고 $h|n$으로 쓴다. 다른 말로 $n$은 $h$의 **배수**(multiple), 또는 $h$는 $n$의 **약수**(divisor)라고 한다.

• **예제 11.1** 20=(5)(4)이므로 4|20로 쓴다. 20은 3으로 나누어지지 않는데, 20=($k$)(3)이 성립하는 $k$가 없기 때문이다.

• **예제 11.2** 12의 약수는 1, 2, 3, 4, 6, 12이다.

1과 자신을 제외하고 약수가 없는 정수 $n(>1)$을 소수(prime number)라고 한다. 소수가 아닌 정수 $n(>1)$을 합성수(composite number)라고 한다. 합성수는 1과 자신 말고도 약수가 최소한 1개는 있다.

• **예제 11.3** 가장 작은 소수를 10개만 나열해보면,

$$2,\ 3,\ 5,\ 7,\ 11,\ 13,\ 17,\ 19,\ 23,\ 29$$

이다.

• **예제 11.4** 정수 12는 합성수인데, 2, 3, 4, 6과 같은 약수가 있기 때문이다. 정수 4는 합성수인데, 약수 2가 있기 때문이다.

### 11.1.2 최대공약수

$h|n$이고 $h|m$이면, $h$를 $n$과 $m$의 **공약수**(common divisor)라고 한다. $n$과 $m$이 둘 다

0이 아니면 $n$과 $m$의 **최대공약수**(greatest common divisor)는 두 수의 공약수 중에서 가장 큰 정수이며, $\gcd(n,\ m)$으로 표시한다.

---

**• 예제 11.5** 24의 약수는

$$1,\ 2,\ 3,\ 4,\ 6,\ 8,\ 12,\ 24$$

이고, 30의 약수는

$$1,\ 2,\ 3,\ 5,\ 6,\ 10,\ 15,\ 30$$

이다. 따라서 24와 30의 공약수는

$$1,\ 2,\ 3,\ 6$$

이고, gcd(24, 30)은 6이다.

---

다음은 공약수에 관한 정리이다.

**▸ 정리 11.1**

$h|n$이고 $h|m$이면, 임의의 정수 $i$와 $j$에 대해서

$$h|(in+jm)$$

이 성립한다.

증명 : $h|n$이고 $h|m$이므로, $n=kh$와 $m=lh$가 성립하는 정수 $k$와 $l$이 존재한다. 따라서 다음 등식이 성립한다.

$$in+jm=ikh+jlh=(ik+jl)h$$

이는 $h|(in+jm)$이 성립함을 의미한다.

---

더 진도 나가기 전에 알아두어야 할 정의가 몇 개 더 있다. 임의의 두 정수 $n$과 $m(\neq 0)$에 대해서 $n$을 $m$으로 나눈 **몫**(quotient) $q$는 다음과 같다.

$$q=\lfloor n/m \rfloor$$

$n$을 $m$으로 나눈 **나머지**(remainder) $r$은 다음과 같다.

$$r=n-qm$$

나머지는 $n \bmod m$으로 표시한다. $m>0$이면 $0\leq r<m$이고, $m<0$이면 $m<r\leq 0$이라는 사실은 어렵지 않게 알 수 있다. 따라서 다음과 같이 정리할 수 있다.

$$n=qm+r \qquad \begin{cases} 0\leq r<m & m>0 \\ m<r\leq 0 & m<0 \end{cases} \tag{11.1}$$

**나누기 알고리즘**(division algorithm)을 공부해보면 식 (11.1)의 정수 $q$와 $r$이 존재할 뿐 아니라 유일함을 알 수 있다.

• **예제 11.6** 다음 표는 몫과 나머지를 구한 예이다.

| $n$ | $m$ | $q=\lfloor n/m \rfloor$ | $r=n-qm$ |
|---|---|---|---|
| 23 | 5 | $\lfloor 23/5 \rfloor=4$ | 23−(4)(5)=3 |
| −23 | 5 | $\lfloor -23/5 \rfloor=-5$ | −23−(−5)(5)=2 |
| 23 | −5 | $\lfloor 23/-5 \rfloor=-5$ | 23−(−5)(−5)=−2 |
| −23 | −5 | $\lfloor -23/-5 \rfloor=4$ | −23−(4)(−5)=−3 |
| 20 | 5 | $\lfloor 20/5 \rfloor=4$ | 2−(4)(5)=0 |

**▸ 정리 11.2**

$n$과 $m$을 둘 다 0이 아닌 정수라 하고,

$$i,\ j \in Z\text{이고 } in+jm>0\text{인 경우, } d=\min\{in+jm\}$$

이라고 하자. 즉, $d$가 $n$과 $m$의 1차 조합 중에서 가장 작은 수이면, 다음이 성립한다.

$$d=\gcd(n,\ m)$$

**증명** : $i$와 $j$를 최소값 $d$를 내주는 정수라고 하자. 즉, $d=in+jm$이다. 또한 $n$을 $d$로 나눌 때 $q$는 몫, $r$은 나머지라고 하자. 그러면 식 (11.1)과 $d$가 양수라는 사실에 의해서 다음이 성립한다.

$$n=qd+r \qquad 0 \le r < d$$

따라서 다음을 유도할 수 있는데,

$$\begin{aligned} r &= n-qd \\ &= n-q(in+jm) \\ &= n(1-qi)+m(-qj) \end{aligned}$$

이는 $r$이 $n$과 $m$의 1차 조합이라는 의미가 된다. $d$는 가장 작은 1차 조합이고 $r<d$이므로, $r=0$이라고 결론지을 수 있고, 이는 $d|n$을 의미한다. 비슷한 절차로 $d|m$ 임도 보일 수 있다. 그러므로 $d$는 $m$과 $n$의 공약수이고, 따라서 다음 부등식이 성립한다.

$$d \le \gcd(n,\ m)$$

$n$과 $m$은 모두 $\gcd(n,\ m)$으로 나누어지고 $d=in+jm$이므로, 정리 11.1에 의해서 $\gcd(n,\ m)|d$임을 유도할 수 있다. 따라서 다음 부등식이 성립한다.

$$d \ge \gcd(n,\ m)$$

마지막 두 부등식을 합하면, $d=\gcd(n,\ m)$이 성립함을 알 수 있다.

**예제 11.7** $\gcd(12, 8)=4$이고, $4=3(12)+(-4)8$이 성립한다.

### ▼ 따름정리 11.1

$n$과 $m$이 둘 다 0이 아닌 정수라고 하자. 그러면 $n$과 $m$의 공약수는 모두 $\gcd(n, m)$의 약수이다. 즉, $h|n$이고 $h|m$이면, 다음이 성립한다.

$$h \mid \gcd(n, m)$$

**증명** : 바로 위의 정리에 의해서 $\gcd(n, m)$은 $n$과 $m$의 1차 조합이다. 나머지는 정리 11.1에 의해서 성립한다.

**예제 11.8** 예제 11.5에서 보여준 대로 24와 30의 양의 공약수는

$$1,\ 2,\ 3,\ 6$$

이고, gcd(24, 30)의 값은 6이다. 바로 위의 따름정리가 암시하듯이 6은 1, 2, 3, 6 모두로 나누어진다.

### ▸ 정리 11.3

$n(\geq 0)$과 $m(>0)$을 정수라고 하자. $r=n \bmod m$이면,

$$\gcd(n, m)=\gcd(m, r)$$

이 성립한다.

**증명** : $n=0$이면 $r=m$이 되고, 위의 등식은 당연히 성립한다. $n\neq 0$이면 $\gcd(n, m)$과 $\gcd(m, r)$는 서로 나누어짐을 보이면 이 정리의 증명은 완료된다. 왜냐하면 두 양의 정수가 서로 나누어진다는 말은 그 둘은 같다는 말과 동일하기 때문이다. 이 문장의 증명은 연습문제로 남기고, 서로 나누어짐만 각각 증명해보자. 먼저 $\gcd(n, m)|\gcd(m, r)$임을 증명하자. 만약 $d'=\gcd(n, m)$이라고 한다면, $d'|n$이고 $d'|m$이다. 더구나 다음이 성립하고,

$$r=n-qm$$

여기서 $q$는 $n$을 $m$으로 나눈 몫인데, 이는 $r$이 $n$과 $m$의 1차 조합임을 의미한다. 그러므로 정리 11.1에 의해서 $d'|r$이 성립한다. 그런데 $d'|m$이고 $d'|r$이므로 따름정리 11.1에 의해서 다음이 성립한다.

$$d' \mid \gcd(m, r)$$

이제 한 방향의 증명은 완료되었고, 다음으로 $\gcd(m, r)|\gcd(n, m)$임을 증명하자. 만약 $d''=\gcd(m, r)$이라고 한다면, $d''|n$이고 $d''|m$이다. 더구나, 다음이 성립하고,

$$n=qm+r$$

여기서 $q$는 $n$을 $m$으로 나눈 몫인데, 이는 $n$이 $m$과 $r$의 1차 조합임을 의미한다. 그러므로

정리 11.1에 의해서 $d'' \mid n$이 성립한다. 그런데 $d'' \mid m$이고 $d'' \mid n$이므로 따름정리 11.1에 의해서 다음이 성립한다.

$$d'' \mid \gcd(n, m)$$

따라서 다른 방향의 증명도 완료되었다.

---

• **예제 11.9** 위의 정리에 따르면, 다음 등식이 성립한다.

$$\gcd(64, 24) = \gcd(24, 16)$$

왜냐하면 $16 = 64 \bmod 24$이기 때문이다. 이런 식으로 계속하면 $\gcd(64, 24)$의 값을 구할 수 있다. 즉,

$$\begin{aligned}\gcd(64, 24) &= \gcd(24, 16)\\ &= \gcd(16, 8)\\ &= \gcd(8, 0)\\ &= 8\end{aligned}$$

---

### 11.1.3 소수 인수분해

1보다 큰 정수는 모두 유일한 소수의 곱으로 표현할 수 있다. 이제 이 명제를 증명할 이론을 발전시켜보자.

둘 다 0이 아닌 두 정수 $n$과 $h$의 $\gcd(n, h) = 1$이면 **서로소(또는 서로 나눌 수 없다)(relatively prime)**라고 한다.

---

• **예제 11.10** 정수 12와 25는 서로소이다. 왜냐하면 $\gcd(12, 25) = 1$이기 때문이다. 정수 12와 15는 서로소가 아니다. 왜냐하면 $\gcd(12, 15) = 3$이기 때문이다.

---

**▸ 정리 11.4**

$h$와 $m$이 서로소이고, $nm$이 $h$로 나누어지면 $n$은 $h$로 나누어진다. 즉, $\gcd(h, m) = 1$이 성립하고, $h \mid nm$이면 $h \mid n$이다.

증명 : 정리 11.2의 의해서 다음 등식을 만족하는 정수 $i$와 $j$가 있다.

$$ih + jm = 1$$

이 등식의 양변에 $n$을 곱하면 다음과 같다.

$$(ni)h + j(nm) = n$$

이 등식의 좌변에 있는 첫째 항은 $h$로 나누어진다. 그리고 $h \mid nm$이므로 좌변의 둘째 항도 $h$로 나누어진다. 따라서 좌변은 $h$로 나누어진다. 이는 $n$이 $h$로 나누어짐을 의미한다.

---

• **예제 11.11** 정수 9와 4는 서로소이고, $9|72$이고, $72=18\times4$이다. 그러면 위의 정리에 의해서 $9|18$이 성립한다.

### ▼ 따름정리 11.2

$n$, $m$이 정수이고, $p$가 소수일 때, $p|nm$이면, $p|n$ 또는 $p|m$이 성립한다.

증명 : 정리 11.4로부터 쉽게 증명이 가능하다.

다음 정리는 **유일 인수분해 정리**(unique factorization theorem), 그리고 **산술의 기초 정리**(fundamental theorem of arithmetic)라고 한다.

### ▸ 정리 11.5

정수 $n(>1)$은 모두 다음과 같은 형태의 소수의 곱으로 된 유일한 인수분해가 존재한다. 즉, 다음 등식이 성립한다.

$$n=p_1^{k_1}p_2^{k_2}\cdots\ p_j^{k_j}$$

여기서 $p_1<p_2<\cdots<p_j$는 모두 소수이고, 다르게 표현하는 방법은 없다. 정수 $k_i$를 $n$에서 $p_i$의 **차수**(order)라고 한다.

증명 : 이런 표현이 가능함을 귀납법으로 증명한다.

귀납기초 : $2=2^1$

귀납가정 : $2\le m<n$의 범위에 속하는 모든 정수 $m$을 소수의 곱으로 표현할 수 있다고 가정한다.

귀납단계 : $n$이 소수이면 $n=n^1$이다. 그렇지 않으면 $n$은 합성수이다. 그러면 다음 등식이 성립하는 정수 $n$, $h>1$가 존재한다.

$$n=mh$$

여기서 $m$, $h<n$은 명백히 성립한다. 따라서 귀납가정에 의해서 $m$과 $h$는 각각 소수의 곱으로 표현 가능하다. 이를 다음과 같이 표현할 수 있다.

$$m=p_1^{k_1}p_2^{k_2}\cdots\ p_j^{k_j}$$
$$h=q_1^{l_1}q_2^{l_2}\cdots\ q_j^{l_i}$$

$n=mh$이므로 다음 등식이 성립한다.

$$n=p_1^{k_1}p_2^{k_2}\cdots\ p_j^{k_j}q_1^{l_1}q_2^{l_2}\cdots\ q_j^{l_i}$$

여기에 같은 소수는 하나로 묶고 순서를 증가하는 순서대로 재배열하면 원하는 결과가 나온다. 따라서 귀납 증명이 완료되었다.

이 곱이 유일하다는 사실에 대한 증명은 따름정리 11.2를 사용하여 증명할 수 있으며, 연습문제로 남겨둔다.

---

• **예제 11.12** 다음 등식이 성립한다.

$$22{,}275 = 3^4 5^2 11$$

위의 정리에 의하면 등식의 우변은 유일하다. 즉, 다르게 표현하는 방식이 없다.

---

**▸ 정리 11.6**

gcd($n$, $m$)은 $n$과 $m$을 인수분해하여 공통으로 존재하는 소수들의 곱이다. 얻어진 곱에 있는 각 소수의 차수는 $n$과 $m$에 있는 차수들보다 작다.

증명 : 증명은 연습문제로 남겨둔다.

---

• **예제 11.13** $300 = 2^2 \times 3^1 \times 5^2$이고, $1{,}125 = 3^2 \times 5^3$이면 $\gcd(300,\ 1{,}125) = 2^0 \times 3^1 \times 5^2 = 75$이다.

---

### 11.1.4 최소공배수

최대공약수와 비슷한 개념으로 최소공배수가 있다. $n$과 $m$이 둘 다 0이 아닌 정수라고 할 때 $n$과 $m$의 **최소공배수**(least common multiple)는 $n$과 $m$이 공통으로 가지는 양의 배수 중에서 가장 작은 정수를 말하며, lcm($n$, $m$)으로 표시한다.

---

• **예제 11.14** $6|18$이고 $9|18$이므로, $\mathrm{lcm}(6,\ 9) = 18$이고, 그 보다 더 작은 (양의) 배수는 없다.

---

**▸ 정리 11.7**

lcm($n$, $m$)은 $n$과 $m$를 인수분해하여 공통으로 존재하는 소수들의 곱이다. 얻어진 곱에 있는 각 소수의 차수는 $n$과 $m$에 있는 차수들 보다 크다.

증명 : 증명은 연습문제로 남겨둔다.

---

• **예제 11.15** $12 = 2^2 \times 3^1$이고, $45 = 3^2 \times 5^1$이면 $\mathrm{lcm}(12,\ 45) = 2^2 \times 3^2 \times 5^1 = 180$이다.

---

## 11.2 최대공약수 계산

정리 11.6에서 두 정수의 최대공약수를 쉽게 계산하는 방법을 알려주었다. 두 정수의 유일한 인수분해를 각각 찾은 뒤 그 두 인수분해에 공통으로 존재하는 소수를 결정하고, 그 소수들의 곱이 최대공약수이다. 여기서 곱에 존재하는 각 소수의 차수는 두 정수의 차수보다 작다. 예제 11.13에서 이 과정을 예로 보았지만 다른 예제를 하나 더 보자.

**• 예제 11.16** $3{,}185{,}325 = 3^4 5^2 11^2 13^1$이고, $7{,}276{,}500 = 2^2 3^3 5^3 7^2 11^1$이면,
$\gcd(3{,}185{,}325,\ 7{,}276{,}500) = 3^3 5^2 11^1 = 7{,}425$이다.

이 방법의 약점은 정수의 유일한 인수분해를 찾기가 쉽지 않다는 것이다. 앞의 예제에서 인수분해가 주어졌으니 망정이지, 인수분해를 찾아보라고 했더라면 어려웠을 것이다. 7자리 대신 25자리의 정수를 인수분해해야 한다면 얼마나 어려울지를 상상하기도 싫을 것이다. 사실 정수의 인수분해를 찾는 다차시간 알고리즘은 아직 없다. 고로, 이제 최대공약수를 계산하는 좀 더 빠른 다른 알고리즘을 공부해보자.

### 11.2.1 유클리드 알고리즘

정리 11.1에서 두 정수의 최대공약수를 구하는 쉬운 방법을 배웠다. 그리고 예제 11.9에서는 그 방법을 예를 들어 보여주었다. 이를테면 $\gcd(n,\ m)$을 구하기 위해서 $m = 0$이 될 때까지 그 정리의 등식을 재귀적으로 적용한 뒤, 마지막 $n$의 값이 최대공약수가 된다. 이 방법은 기원전 300년경에 유클리드(Euclid)가 알아냈기 때문에 유클리드 알고리즘이라고 한다. 이 알고리즘은 다음과 같다.

▸ 알고리즘 11.1 **유클리드 알고리즘**

문제 : 두 정수의 최대공약수를 구하라.

입력 : 양의 정수 $n$과 음이 아닌 정수 $m$

출력 : $n$과 $m$의 최대공약수

```
int gcd (int n, int m)
{
   if (m ==0)
      return n;
   else
      return gcd(m, n mod m);            // 실제 코드에서는 n % m으로 많이 씀
}
```

**• 예제 11.17** 알고리즘 11.1을 이용하여 예제 11.16의 수들의 최대공약수를 구해보자.

$$\begin{aligned}\gcd(7{,}276{,}500,\ 3{,}185{,}325) &= \gcd(3{,}185{,}325,\ 905{,}850)\\ &= \gcd(90{,}5850,\ 467{,}775)\end{aligned}$$

$$= \text{gcd}(467{,}775,\ 438{,}075)$$
$$= \text{gcd}(438{,}075,\ 29{,}700)$$
$$= \text{gcd}(29{,}700,\ 22{,}275)$$
$$= \text{gcd}(22{,}275,\ 7{,}425)$$
$$= \text{gcd}(7{,}425,\ 0)$$
$$= 7{,}425$$

유클리드 알고리즘을 사용하여 최대공약수를 구하기는 매우 쉬워 보인다. 얼마나 쉬운지 알아보기 위해서 이제 알고리즘 11.1을 분석해보자.

**▲ 보조정리 11.1**

$n > m \geq 1$이고, (알고리즘 11.1에서) $\text{gcd}(n, m)$을 $k(\geq 1)$번 재귀 호출 한다면,

$$n \geq f_{k+2} \text{와 } m \geq f_{k+1}$$

이 성립한다. 여기서 $f_k$는 피보나찌 수열의 $k$째 수이다.

**증명** : 귀납법으로 증명한다.

**귀납기초** : $\text{gcd}(n, m)$을 1번 호출한다고 가정하자. $m \geq 1$이므로

$$m \geq f_{1+1} = f_2 = 1$$

$n > m$이므로, $n \geq 2$이 성립하고, 따라서 다음이 성립한다.

$$m \geq f_{1+2} = f_3 = 2$$

**귀납가정** : $k-1$번 재귀 호출하는 경우 이 보조정리가 참이라고 가정한다.

**귀납단계** : $k(\geq 2)$번 재귀 호출하는 경우 이 보조정리가 참임을 증명하자. 그러려면 다음 두 부등식이 성립함을 보이면 된다.

$$n \geq f_{k+2} \text{와 } m \geq f_{k+1}$$

첫 재귀 호출은 $\text{gcd}(m, n \bmod m)$이다. 총 재귀 호출이 $k$번이므로, 이 호출은 $k-1$번 재귀 호출이 필요함이 틀림없다. 그런데 $k \geq 2$이므로, 최소한 재귀 호출을 1번은 더 해야 하고, 이는 $n \bmod m \geq 1$이 성립함을 의미한다. 여기서 $m > n \bmod m$이므로 귀납가정 조건이 만족하고, 따라서 다음 두 부등식이 성립함을 알 수 있다.

$$n \geq f_{k+1} \text{ 와 } n \bmod m \geq f_k \tag{11.2}$$

이로서 우리가 보이려고 했던 부등식 중 하나는 얻었다. 다른 하나가 성립하는지 증명하기 위해서 다음 등식을 만들어 보자.

$$n = qm + n \bmod m \tag{11.3}$$

여기서 $q$는 $n$을 $m$으로 나눈 몫이다. 그런데 $n > m$이고 $q \geq 1$이므로 부등식 (11.2)와 등식

(11.3)으로부터 다음 부등식을 유추할 수 있다.

$$n \geq m + n \bmod m \geq f_{k+1} + f_k = f_{k+2}$$

### ▸ 정리 11.8

**[라메(Lamé)]** 모든 정수 $k(\geq 1)$에 대해서 $n > m \geq 1$이고 $m \leq f_k$이면, (알고리즘 11.1의) $\text{gcd}(n,\ m)$의 재귀 호출 회수는 $k$번 미만이다.

증명 : 이전 보조정리에 의해서 바로 성립한다.

이제 알고리즘 11.1을 분석해보자. 수를 다루는 알고리즘에서 입력이 수인 경우 그 수가 입력크기로 취급할 수 없는 경우가 있음을 9.2절에서 공부한 바 있다. 이 경우 입력에 필요한 문자의 개수를 입력크기로 본다. 이진코드화 방식을 사용하는 경우 그 수를 코드화하는데 필요한 비트의 개수(그 수의 lg와 대략 같음)를 입력크기로 한다.

◈ 알고리즘 11.1의 분석

### ▸ 최악 시간복잡도(유클리드 알고리즘)

단위명령 : 나머지를 계산하는데 필요한 비트 조작 하나

입력크기 : $n$을 코드화하는데 필요한 비트의 개수 $s$와 $m$을 코드화하는데 필요한 비트의 개수 $t$, 즉

$$s = \lfloor \lg\ m \rfloor + 1 \qquad t = \lfloor \lg\ n \rfloor + 1$$

일반성을 잃어버리지 않으므로, $1 \leq m < n$인 경우만 분석해보자. 즉, $m = n$이면 재귀 호출은 없다. 반면에 $m > n$이면 최초의 재귀 호출은 $\text{gcd}(n,\ m)$이 될 것인데, 이는 첫 인수가 더 크다는 의미가 된다.

시간복잡도를 정확히 구하지는 않는다. 재귀 호출의 횟수 $Calls(s,\ t)$가 $\Theta(t)$임을 먼저 보이고 나서 최악의 경우 시간복잡도의 한계를 찾는 걸로 대신한다.

$Calls(s,\ t)$가 $\Theta(t)$임을 먼저 보이자. 임의의 $m(\geq 2)$에 대해서 $f_k$를 다음 부등식이 성립하는 피보나찌 수열의 수라고 하자.

$$f_{k-1} < m \leq f_k \tag{11.4}$$

B.2.1절의 예제 B.9에서 다음 등식이 성립함을 보였다.

$$f_k = \frac{[(1+\sqrt{5})/2]^k - [(1-\sqrt{5})/2]^k}{\sqrt{5}} \tag{11.5}$$

여기서 $k-1$이 홀수이거나, $k-2$가 홀수이다. 일반성을 잃어버리지 않으므로, $k-1$이 홀수라고 가정하자. 등식 (11.5)와 부등식 (11.4)에 의해서 다음 부등식을 얻는다.

$$\frac{[(1+\sqrt{5})/2]^{k-1}}{\sqrt{5}} < m < \frac{[(1+\sqrt{5})/2]^{k}}{\sqrt{5}} \tag{11.6}$$

등식 (11.4)에 의해서 정리 11.8로부터 다음 부등식을 유도해낼 수 있다.

$$Calls(s,\ t) < k \tag{11.7}$$

부등식 (11.6)과 (11.7)에 의해서 다음이 성립한다.

$$Calls(s,\ t) \in O(t) \tag{11.8}$$

$\gcd(f_{k+1},\ f_k)$를 계산하는데 정확하게 $k-1$번의 재귀 호출이 필요하다는 사실의 증명은 연습문제로 남겨둔다. $Wcalls(s,\ t)$를 입력크기 $s$, $t$에 대해서 최악의 경우 재귀 호출 횟수라고 할 때 다음이 성립한다고 결론지을 수 있다.

$$Wcalls(s,\ t) \in \theta(t)$$

재귀 호출을 할 때마다 나머지 하나를 계산한다. 나머지를 계산하는데 (2.6절에서 공부한) 표준적인 큰 정수 나눗셈 알고리즘을 사용하면, $m < n$인 경우 $r = n \bmod m$을 계산하는 데 필요한 최악의 경우 비트조작 횟수의 상한은 다음과 같다.

$$c[(1+\lg q)\lg m] \tag{11.9}$$

여기서 $q$는 $n$을 $m$으로 나눈 몫이고, $c$는 상수이다. 이에 대한 증명은 연습문제로 남겨둔다. 충분히 큰 입력크기에 대해서 $r > 0$이면 $r$을 계산하기 위해서 필요한 최악의 경우 비트조작 횟수의 상한은 다음과 같다.

$$c[(1+\lg n)\lg m - \lg m \lg r] \tag{11.10}$$

결국엔 $q = (n-r)/m$이고, $1 \le r < m$이므로, 다음과 같이 유도할 수 있다.

$$\begin{aligned} 1+\lg q &= 1+\lg\left(\frac{n-r}{m}\right) \\ &\le 1+\lg\left(\frac{n-r}{r}\right) \\ &\le 1+\lg\left(\frac{n}{r}\right) \\ &\le 1+\lg n - \lg r \end{aligned}$$

이 부등식과 상한 (11.9)를 이용하여 상한 (11.10)을 구할 수 있다. 이 상한으로 모든 재귀 호출에서 나머지를 모두 구하는데 필요한 총 비트조작 횟수의 상한을 구하면 다음과 같다.

$$\begin{aligned} & c[(1+\lg n)\lg m - \lg m \lg r \\ & + (1+\lg m)\lg r - \lg r \lg(m \bmod r) \\ & + (1+\lg r)\lg(m \bmod r) - \cdots] \\ & = c[\lg n \lg m + \lg m + \lg r + \lg(m \bmod r) + \cdots] \end{aligned} \tag{11.11}$$

관계 (11.8)로 재귀 호출의 횟수는 $dt$가 상한임을 유도할 수 있다. 여기서 $d$는 0보다 큰 상수이다. 이는 상한 (11.11)에서 항의 개수 상한이 $dt$임을 뜻한다. 따라서 $n > m > r > m \bmod r > \cdots$ (여기서 점은 상한 (11.11)의 나머지 항을 나타냄)이므로, 상한 (11.11)로부터 다음이 성립한다고 결론짓는다.

$$W(s, t) \in O(st)$$

### 11.2.2 유클리드 알고리즘의 확장

정리 11.1에서 다음 등식이 성립하는 정수 $i$와 $j$가 존재한다고 결론지었다.

$$\gcd(n, m) = in + jm$$

다음 절에서 공부할 모듈러 1차 방정식을 푸는 알고리즘에 이 정수값이 중요한 역할을 한다. 이제 알고리즘 11.1을 수정하여 같은 정수를 찾아내도록 해보자. 이 알고리즘에서 gcd를 변수로 놓는 이유는 알고리즘의 정확성을 더 투명하게 증명할 수 있기 때문이다.

▸ 알고리즘 11.2 **유클리드 알고리즘 2**

**문제** : 두 정수의 최대공약수를 계산하라.

**입력** : 양의 정수 $n$과 음이 아닌 정수 $m$

**출력** : $n$과 $m$의 최대공약수인 gcd와 gcd $= in + jm$가 만족하는 정수 $i$와 $j$

```
void Euclid (int n, int m, int& gcd, int& i, int& j)
{
   if (m == 0) {
      gcd = n; i = 1; j = 0;
   }
   else {
      int i', j', gcd';
      Euclid (m, n mod m, gcd', i', j');          // C++로 작성하면 n % m
      gcd = gcd';
      i = j';
      j = i'− ⌊n/m⌋j';
   }
}
```

알고리즘 11.2의 시간복잡도는 알고리즘 11.1의 시간복잡도와 명백히 같다. 그러므로 그 알고리즘의 정확성만 증명하면 된다. 증명하기 전에 알고리즘이 어떻게 작동하는지 먼저 예를 들어 살펴보자.

**• 예제 11.18** 알고리즘 11.2에서 첫 호출이 다음과 같을 때,

$$Euclid(42,\ 30,\ \text{gcd},\ i,\ j)$$

알고리즘의 흐름은 표 11.1과 같다. 결과는 $\text{gcd}=6$, $i=-2$, $j=3$이다.

**표 11.1** $n=42$, $m=30$인 경우 알고리즘 11.2의 계산 과정. 첫 호출은 0으로 표시하고, 3번의 재귀 호출은 각각 1, 2, 3으로 구분한다. 화살표는 값이 구해지는 순서를 표시한다.

| 호출 | $n$ | $m$ | gcd | $i$ | $j$ |
|---|---|---|---|---|---|
| | ↓ | ↓ | | | |
| 0 | 42 | 30 | 6 | −2 | 3 |
| 1 | 30 | 12 | 6 | 1 | −2 |
| 2 | 12 | 6 | 6 | 0 | 1 |
| 3 | 6 | 0 | 6 | 1 | 0 |
| | → | → | ↑ | ↑ | ↑ |

### ▸ 정리 11.9

알고리즘 11.2로 계산한 값 $i$와 $j$는 다음 등식이 만족하는 정수이다.

$$\text{gcd}(n,\ m)=in+jm$$

**증명** : 귀납법으로 증명한다.

**귀납기초** : 마지막 재귀 호출에서 $m=0$이다. 이는 $\text{gcd}(n,\ m)=n$임을 의미한다. $i$와 $j$의 값은 각각 1과 0이므로 이 호출에서 다음이 성립함을 알 수 있다.

$$i\times n+j\times m=1\times n+0\times m=n=\text{gcd}(n,\ m)$$

**귀납가정** : $k$번째 재귀 호출에서 $i$와 $j$의 값은 다음 식을 만족한다고 가정하면,

$$\text{gcd}(n,\ m)=in+mj$$

그 호출이 넘겨주는 값 $i'$과 $j'$은 [$(k-1)$째 재귀 호출에서 쓰임] 다음 식을 만족한다.

$$\text{gcd}(m,\ n \bmod m)=i'm+j'n \bmod m$$

**귀납단계** : $(k-1)$째 호출에서 다음을 유도할 수 있다.

$$\begin{aligned} in+mj &= j'n+(i'-\lfloor n/m \rfloor j')m \\ &= i'm+j'(n-\lfloor n/m \rfloor m) \\ &= i'm+j'n \bmod m \\ &= \text{gcd}(m,\ n \bmod m) \\ &= \text{gcd}(n,\ m) \end{aligned}$$

맨 아래에서 둘째 등식은 귀납가정에 의해서 성립하며, 마지막 등식은 정리 11.3에 의해서 성립한다.

마지막 재귀 호출에서 알고리즘 11.2가 계산한 $j$값은 임의의 정수일 수 있다. 쉽게 설명하려고 0을 선택하였다. 다른 정수를 선택하면 등식 $\gcd(n, m) = in + jm$이 성립하는 다른 쌍 $(i, j)$가 나올 것이다.

## 11.3 모듈러 연산 소개

그룹이론(Group theory)의 관점에서 모듈러 연산을 소개한다. 먼저 그룹이론을 공부해보자.

### 11.3.1 그룹이론

집합 $S$에서 **닫힌 이진연산**(closed binary operation) $*$는 집합 $S$에 속한 두 원소를 결합하여 $S$에 속한 다른 원소를 만들어내는 규칙이다. 이는 다음과 같이 정의한다.

**정의**

**그룹**(group) $G = (S, *)$은 집합 $S$와 다음을 만족하는 $S$의 닫힌 이진연산 $*$으로 구성한다.

1. $*$는 결합법칙이 성립한다. 즉, 모든 $a, b, c \in S$에 대해서 다음 등식이 성립한다.

$$a * (b * c) = (a * b) * c$$

2. 집합 $S$에는 항등원(identity element) $e$가 존재한다. 즉, 각 $a \in S$에 대해서 다음 등식이 성립한다.

$$e * a = a * e = a$$

3. 각 $a \in S$에 대해서 다음 등식을 만족하는 역원(inverse element) $a'$이 존재한다.

$$a * a' = a' * a = e$$

• **예제 11.19** 정수 집합 $Z$와 덧셈은 그룹을 이룬다. 항등원은 0이고, $a$의 역원은 $-a$이다.

• **예제 11.20** 0이 아닌 실수와 곱셈은 그룹을 이룬다. 항등원은 1이고, $a$의 역원은 $1/a$이다.

• **예제 11.21** $S = (a, b, c)$이고, 다음 등식이 성립한다면,

$$a * b = b * a = e$$
$$a * a = b$$
$$b * b = a$$
$$a * e = e * a = a$$
$$b * e = e * b = b$$
$$e * e = e$$

$(S, *)$가 그룹임을 증명하는 작업은 연습문제로 남겨둔다.

그룹에서 한 원소에 하나 이상의 역원이 존재할 수 있는가? 다음 정리는 그렇지 않음을 보여준다.

**▸ 정리 11.10**

그룹에서 각 원소의 역원은 하나밖에 없다.

증명 : $a'$과 $a''$가 둘 다 $a$의 역원이라고 가정하면, 다음 등식이 성립한다.

$$a' * (a * a'') = a' * e = a'$$

그러나 다음 등식도 성립한다.

$$a' * (a * a'') = (a' * a) * a'' = e * a'' = a''$$

위의 두 등식으로부터 $a' = a''$이라고 결론지을 수 있다.

**▸ 정리 11.11**

그룹에서 $a * b = a$ 또는 $b * a = a$가 성립하는 원소 $a$와 $b$가 존재한다면, $b$는 그 그룹에서 항등원 $e$가 된다.

증명 : $a * b = a$인 경우, 다음 등식이 성립한다.

$$a' * (a * b) = a' * a = e$$

여기서 $a'$는 $a$의 역이다. 그러나 다음 등식도 성립한다.

$$a' * (a * b) = (a' * a) * b = e * b = b$$

이 두 등식을 결합하여 $a * b = a$를 증명한다. $b * a = a$도 같은 방식으로 증명한다.

그룹에서 항등원이 하나밖에 없음을 앞에서 확인하였다.

모든 $a, b \in S$에 대해서 다음 등식을 만족하는 그룹 $G = (S, *)$은 교환법칙(commutative, abelian)이 성립한다고 한다.

$$a * b = b * a$$

집합 $S$에 포함된 원소의 개수가 유한한 그룹 $G = (S, *)$를 유한한 그룹(finite group)이라고 한다. 예제 11.19, 11.20, 11.21의 그룹은 모두 교환법칙이 성립하지만, 유한한 군은 예제 11.21의 그룹뿐이다.

### 11.3.2 *n*을 법으로 한 합동

용어부터 정의해보자.

**정의**

$m$와 $k$는 정수이고, $n$은 양의 정수라고 하자. 여기서 $n|(m-k)$인 경우, **$m$은 $n$을 법(法)으로 하여 $k$와 합동이다**($m$ is congruent to $k$ modulo $n$)라 하고, 다음과 같이 쓴다.

$$m \equiv k \bmod n$$

**예제 2.2** $5|(33-18)$이므로,

$$33 \equiv 18 \mod 5$$

$m$을 $n$으로 나눈 나머지는 $m \bmod n$이다. 다음 정리를 공부하여 mod 함수를 써서 합동임을 알아낼 수 있음을 익히자.

### ▸ 정리 11.12

$m \equiv k \bmod n$의 필요충분조건은 다음과 같다.

$$m \bmod n = k \bmod n$$

**증명** : 연습문제로 남겨둔다.

**예제 11.23** $33 \equiv 18 \bmod 5$임은 이미 안다. 바로 위의 정리를 적용해보면 $33 \bmod 5 = 18 \bmod 5 = 3$가 성립한다.

다음은 합동에 관한 정리로 11.7절에서 RSA 암호시스템을 이해하는데 필요하다.

### ▸ 정리 11.13

$n_1, n_2, \cdots, n_j$은 모든 쌍이 서로소(pairwise relatively prime)이고, $n$은 다음과 같이 놓자.

$$n = n_1 n_2 \cdots n_j$$

그러면 "모든 정수 $m$와 $k$에 대해서 $m \equiv k \bmod n$이 성립함"의 필요충분조건은 "$1 \le i \le j$에 대해서 $m \equiv k \bmod n_i$이 성립함"이다.

**증명** : $1 \le i \le j$에 대해서 다음이 성립한다고 가정하자.

$$m \equiv k \bmod n_i$$

그러면 다음 등식이 성립하는 정수 $h_1, h_2, \cdots, h_j$들이 존재한다.

$$m - k = h_1 n_1 = h_2 n_2 = \cdots = h_j n_j$$

이 등식이 성립하고 $n_1, n_2, \cdots, n_j$의 모든 쌍이 서로소이면, 다음 등식이 성립함을 뜻한다는

$$h_1 = cn_2n_3 \cdots n_j$$

여기서 $c$는 정수이다(이 등식의 증명은 연습문제로 남겨두니 정리 11.4를 이용하여 증명해보기 바란다). 그러면 다음 등식이 성립한다.

$$m - k = h_1n_1 = (cn_2n_3 \cdots n_j)n_1 = cn$$

$c$는 정수이므로, $m \equiv k \bmod n$가 성립한다.

다른 방향을 증명해보자. $m \equiv k \bmod n$이면, 다음 등식을 만족하는 정수 $h$가 존재한다.

$$m - k = hn$$

따라서 다음 등식이 성립하고

$$m - k = hn_1n_2 \cdots n_j$$

이는 각 $i$에 대해서 $m-k$는 $n_i$의 배수(multiple)임을 뜻한다. 증명이 완료되었다.

---

• **예제 11.24** 정수 2, 5, 9는 모든 쌍이 서로소이고, 다음이 성립한다.

$$184 \equiv 4 \bmod 2$$
$$184 \equiv 4 \bmod 5$$
$$184 \equiv 4 \bmod 9$$

$2 \times 5 \times 9 = 90$이므로, 위의 정리에 의해서 다음이 성립한다.

$$184 \equiv 4 \bmod 90$$

---

다음 정리는 $n$을 법으로 한 합동은 동치관계(equivalence relation)임을 보여준다.

**▸ 정리 11.14**

임의의 양의 정수 $n$에 대해서 $n$을 법으로 한 합동은 정수의 집합과 동치관계이다. 즉,

1. (반사)

$$m \equiv m \bmod n$$

2. (대칭)

$$m \equiv k \bmod n \quad \Rightarrow \quad k \equiv m \bmod n$$

3. (추이)

$$m \equiv k \bmod n \ \wedge \ k \equiv j \bmod n \quad \Rightarrow \quad m \equiv j \bmod n$$

증명 : 연습문제로 남겨둔다.

$n$을 법으로 하여 $m$과 합동인 모든 정수의 집합을 **$m$을 포함하고 $n$을 법으로 한 동치류**(equivalent class modulo n containing m)라 한다. 합동은 동치관계이므로 주어진 류(class) 내부의 정수가 그 류를 결정한다. 주어진 정수 $m$에 대해서 그 집합은 다음과 같다.

$$m + in \mid i \in Z$$

---

**예제 11.25** 13을 포함하여 5를 법으로 한 동치류는 다음과 같다.

$$\{\ldots,\ -7,\ -2,\ 3,\ 8,\ 13,\ 18,\ 23,\ 28,\ 33,\ \ldots\}$$

---

$m$을 포함하여 $n$을 법으로 한 동치류를 $[m]_n$으로 표시한다. 따라서 바로 위의 동치류는 $[13]_5$로 표시한다. $[3]_5$ 또는 $[8]_5$ 등으로 표시할 수도 있다. 보통 류는 가장 작은 양의 정수를 대표로 표시하는 것이 일반적이다. 따라서 위의 예제에서 동치류는 보통 $[3]_5$으로 표시한다. $n$을 법으로 한 모든 동치류의 집합은 $\mathbf{Z}_n$으로 표시한다. 즉,

$$\mathbf{Z}_n = \{[0]_n,\ [1]_n,\ \cdots,\ [n-1]_n\}$$

---

**예제 11.26** $\mathbf{Z}_5 = \{[0]_5,\ [1]_5,\ [2]_5,\ [3]_5,\ [4]_5\}$

---

$\mathbf{Z}_n$에 속해 있는 두 원소에 대해서 **덧셈**(addition)을 다음과 같이 정의한다.

$$[m]_n + [k]_n = [m+k]_n$$

이 정의가 말이 되기 위해서는 계산 결과가 $[m]_n$과 $[k]_n$에서 어떤 원소를 선택하더라도 그 값에 종속되지 말아야 한다. 이를 증명해보자. 다음이 성립하는지 보여주면 된다.

$$s \in [m]_n \text{이고,}\quad t \in [k]_n \text{이면,}\quad s+t \in [m+k]_n \text{이다.}$$

결국 다음 두 등식을 만족하는 정수 $i$와 $j$가 존재한다.

$$s = m + in \qquad t = k + jn$$

따라서 다음 등식이 성립하고,

$$s + t = m + k + (i+j)n$$

이는 다음이 성립함을 뜻한다.

$$s + t \in [m+k]_n$$

---

**예제 11.27** $[2]_5 + [4]_5 = [6]_5 = [1]_5$

---

### ▸ 정리 11.15

모든 양의 정수 $n$에 대해서 $(\mathbf{Z}_n, +)$는 유한 교환그룹(finite commutative group)이다.

증명 : +는 정수에 대해서 결합 및 교환법칙이 성립하므로, 위의 +도 결합 및 교환법칙이 성립함을 바로 알 수 있다. **항등원**(identity element)은 $[0]_n$이다. $[m]_n$의 덧셈역(additive inverse)은 $[n-m]_n=[-m]_n$이 되는데, 왜냐하면 다음 등식이 성립하기 때문이다.

$$[m]_n+[-m]_n=[m+(-m)]_n=[0]_n$$

• **예제 11.28** 그룹 $(\mathbf{Z}_5, +)$를 보자.

$$\mathbf{Z}_5=\{[0]_5, [1]_5, [2]_5, [3]_5, [4]_5\}$$

$[1]_5$의 덧셈역은 $[5-1]_5=[4]_5$이다. 그러면,

$$[1]_5+[4]_5=[5]_5=[0]_5$$

비슷하게, $[2]_5$의 덧셈역은 $[3]_5$이다. 그러면,

$$[2]_5+[3]_5=[5]_5=[0]_5$$

$\mathbf{Z}_n$에 속해 있는 두 원소에 대해서 **곱셈**(multiplication)을 다음과 같이 정의한다.

$$[m]_n\times[k]_n=[m\times k]_n$$

이 정의가 말이 되기 위해서는 계산 결과가 $[m]_n$과 $[k]_n$에서 어떤 원소를 선택하더라도 그 값에 종속되지 말아야 한다. 다음이 성립하는지 보여주면 된다.

$$s\in[m]_n\text{이고,}\quad t\in[k]_n\text{이면,}\quad s\times t\in[m\times k]_n\text{이다.}$$

증명은 연습문제로 남겨둔다.

• **예제 11.29** $[2]_5\times[4]_5=[8]_5=[3]_5$

곱셈역이 없는 요소가 존재하는 $\mathbf{Z}_n$이 존재하기 때문에 $(\mathbf{Z}_n, \times)$은 항상 그룹이라는 보장이 없다. 즉, $[1]_n$을 항등원으로 한다면, $[m]_n\times[k]_n=[1]_n$이 성립하는 $k$가 없는 $[m]_n$이 존재한다는 뜻이다.

• **예제 11.30** 다음 집합을 생각해보자.

$$\mathbf{Z}_9=\{[0]_9, [1]_9, [2]_9, [3]_9, [4]_9, [5]_9, [6]_9, [7]_9, [8]_9\}$$

$[6]_9$는 곱셈역 $[k]_9$이 있다고 가정하자. 그러면 다음 등식이 성립한다.

$$[6]_9 \times [k]_9 = [6 \times k]_9 = [1]_9$$

이는 다음 등식이 성립하는 정수 $i$가 존재하다는 뜻이며,

$$1 = 6k + 9i$$

따라서 정리 11.2에 의해서 1이 gcd(6, 9)가 되며, 이는 명백히 말이 되지 않는다.

위 예제의 문제점은 6과 9가 서로소가 아니라는 것이다. $n$에 서로소인 수만 포함시킨다면 그룹을 이룰 것 같아 보인다. 다음 정리에서 이것이 사실임을 증명한다. 먼저 이 집합을 만들기 위한 표기법을 정의해보자.

$$\mathbf{Z}_n^* = \{[m]_n \in \mathbf{Z}_n \mid [m]_n \text{의 원소는 } n\text{에 서로소이다}\}$$

명백히 $n$이 소수이면 $\mathbf{Z}_n^* = \mathbf{Z}_n - [0]_n$. "$[m]_n$ 집합의 한 원소가 n에 서로소임"의 필요충분조건은 "그 집합의 모든 원소들이 그러함"이다. 따라서 $Z_n^*$의 원소를 구하기 위해서 처음 $n-1$개 정수만 살펴보면 된다.

• **예제 11.31** $\mathbf{Z}_9^* = \{[1]_9, [2]_9, [4]_9, [5]_9, [7]_9, [8]_9\}$

▸ **정리 11.16**

모든 양의 정수 n에 대해서 $(\mathbf{Z}_n^*, \times)$는 유한 교환그룹이다.

증명 : 따름정리 11.2에 의해서 $m \times k$로 나누어지는 수는 $m$으로 나누어지거나 $k$로 나누어져야 한다. 그러므로 $m$과 $k$가 각각 $m$에 상대적으로 소수라면 $m \times k$도 $m$에 상대적으로 소수이며, 이는 $\times$가 $\mathbf{Z}_n^*$에서 닫힌 이진연산자임을 뜻한다. $\times$는 정수에 대해서 결합 및 교환법칙이 성립하므로 위의 $\times$도 결합 및 교환법칙이 성립함을 바로 알 수 있다. **항등원**은 $[1]_n$이다. $m$이 $n$에 상대적으로 소수라면 정리 11.2에 의해서 다음 등식이 성립하는 정수 $i$와 $j$가 존재한다.

$$1 = in + jm$$

이는 다음이 성립함을 의미하고,

$$jm \equiv 1 \bmod n$$

따라서 $[j]_n$은 $[m]_n$의 역이다.

• **예제 11.32** 군 $(\mathbf{Z}_9^*, \times)$에 대해서 다음과 같은 곱셈역이 존재한다.

$$[1]_9 \times [1]_9 = [1]_9$$

$$[2]_9 \times [5]_9 = [10]_9 = [1]_9$$
$$[4]_9 \times [7]_9 = [28]_9 = [1]_9$$
$$[8]_9 \times [8]_9 = [64]_9 = [1]_9$$

**▸ 정리 11.17**

$\mathbf{Z}_n^*$의 원소의 개수는 다음과 같은 **오일러의 함수**(Euler's totient function)로 구한다.

$$\varphi(n) = n\prod_{p\,:\,p|n}\left(1-\frac{1}{p}\right)$$

여기서 곱은 $n$으로 나누는 모든 소수에 대한 곱이며, $n$이 소수인 경우에는 $n$도 포함한다.

증명 : 그라함(Graham)과 그의 동료들이 1989년에 발표한 논문에 증명이 있다.

$p$가 소수이면 다음 등식이 만족함을 눈여겨 봐두자.

$$\varphi(p) = p\left(1-\frac{1}{p}\right) = p-1$$

• **예제 11.33** $\mathbf{Z}_9^*$에서 원소의 개수는 다음과 같다.

$$\varphi(9) = 9\prod_{p\,:\,p|9}\left(1-\frac{1}{p}\right)\ 9\left(1-\frac{1}{3}\right) = 6$$

예제 11.31에서 세어보면 확인할 수 있다.

• **예제 11.34** $\mathbf{Z}_{60}^*$에서 원소의 개수는 다음과 같다.

$$\varphi(60) = 60\prod_{p\,:\,p|60}\left(1-\frac{1}{p}\right) = 60\left(1-\frac{1}{2}\right)\left(1-\frac{1}{3}\right)\left(1-\frac{1}{5}\right) = 16$$

• **예제 11.35** 7이 소수이므로, $\mathbf{Z}_7^*$에서 원소의 개수는 다음과 같다.

$$\varphi(7) = 7-1 = 6$$

### 11.3.3 부분그룹

$G = (S, *)$가 그룹이고, $S' \subseteq S$이고, $G' = (S', *)$가 그룹이면, $G'$는 $G$의 **부분그룹**(subgroup)이라고 한다. 그리고 $S' \neq S$이면 **진부분그룹**(proper subgroup)이라고 한다.

• **예제 11.36** $E$를 짝수의 집합, $Z$를 정수의 집합이라고 할 때, $(E, +)$는 $(Z, +)$의 진부분그룹이다.

진도를 더 나가기 전에 용어를 몇 개 알아보자. 그룹 $G=(S, *)$에 대해서 $a \in S$와 그 역 $a'$, $k>0$은 다음과 같이 정의한다.

$$a^k = a * a * \cdots a \qquad k\text{번}$$
$$a^0 = 1$$
$$a^{-k} = (a')^k$$

그룹 $G=(S, *)$와 $a, b \in S'$, $a * b \in S'$가 성립하는 부분집합 $S' \subseteq S$에서 $S'$를 $*$에 관하여 **닫혀있다**(closed)라고 한다.

### ▸ 정리 11.18

유한그룹 $G=(S, *)$와 *에 관하여 닫혀 있으며 $S$의 비어 있지 않은 부분집합을 $S'$이 있다 하자. 그러면 $(S', *)$는 $G$의 부분그룹이다.

증명 : 결합법칙은 명백히 성립한다. $a \in S'$이라고 하자. $G$가 유한하기 때문에 다음 등식을 만족하는 두 정수 $k$, $m \geq 1$이 존재함을 증명하는 작업은 연습문제로 남겨둔다.

$$a^k = a^k a^m$$

이 등식의 양변을 $a^k$의 역을 곱하면 다음과 같이 된다.

$$e = a^m$$

여기서 $e$는 항등원이다. $S'$은 닫혀 있으므로 $e$는 $S'$에 속한다. 다음으로 $S'$ 집합에 속한 모든 $a$의 역도 $S'$에 속함을 증명해보자. 방금 본대로 그런 모든 $a$에 대해서 $e=a^m$이 성립하는 $m$이 존재한다. $m=1$이면, $a=e$(이는 $a$의 역이 $e$임을 의미함)이고, $e$가 $S'$ 집합에 속한다는 사실은 이미 알고 있다. 그렇지 않으면 다음 등식이 성립한다.

$$e = a^m = a * a^{m-1}$$

이는 $a^{m-1}$이 $a$의 유일한 역임을 뜻한다. 그러나 $S'$ 집합이 닫혀 있으므로, $a^{m-1}$은 $S'$에 속한다. 증명이 완료되었다.

### ▸ 정리 11.19

**(라그랑제)** 유한그룹 $G=(S, *)$와 부분그룹 $G'=(S', *)$이 있다고 가정하면 다음이 성립한다.

$$|S'| \,|\, |S|$$

여기서 $|S|$는 $S$에 속한 원소의 개수를 나타낸다.

**증명** : 증명은 1951년에 발표된 제이콥슨(Jacobson)의 논문에 있다.

---

**• 예제 11.37** 그룹 $(\mathbf{Z}_{12}, +)$에서 다음이 만족함을 증명하는 작업은 연습문제로 남겨둔다. 다음 등식이 만족하면,

$$S' = \{[0]_{12}, [3]_{12}, [6]_{12}, [9]_{12}\}$$

$(S', +)$는 $(\mathbf{Z}_{12}, +)$의 부분그룹이다. 위의 정리에 의하여 $|S'| = 4$, $|\mathbf{Z}_{12}| = 12$, $4 | 12$가 성립한다.

---

**▼ 따름정리 11.3**

$G' = (S', *)$이 $G = (S, *)$의 진부분그룹이라면, 다음 부등식이 성립한다.

$$|S'| \le |S| / 2$$

**증명** : 위 정리에 의해서 바로 성립한다.

---

$G = (S, *)$가 유한그룹이고, $a \in S$이라 하고, 다음과 같이 정의해보자.

$$\langle a \rangle = \{a^k \mid k\text{는 양의 정수}\}$$

여기서 $\langle a \rangle$는 명백히 *에 닫혀 있다. 따라서 정리 11.18 때문에 $(\langle a \rangle, *)$는 $G$의 부분그룹이다. 이 그룹을 **$a$에 의해서 생성된 부분그룹**(subgroup generated by $a$)이라고 한다. $a$에 의해서 생성된 부분그룹이 $G$라면, $a$를 $G$의 **생성기**(generator)라고 한다.

---

**• 예제 11.38** 그룹 $(\mathbf{Z}_6, +)$에서 다음을 얻을 수 있다.

$$\begin{aligned} <[2]_6> &= \{[2]_6, [2]_6 + [2]_6, [2]_6 + [2]_6 + [2]_6, [2]_6 + [2]_6 + [2]_6 + [2]_6, \cdots\} \\ &= \{[2]_6, [4]_6, [0]_6, [2]_6, \cdots\} \end{aligned}$$

---

부분그룹을 생성할 때 항등원을 일단 구한 이후에는 이미 생성된 원소가 반복되기만 하기 때문에 멈추어도 괜찮음을 바로 위 예에서 보여주었다. 다음은 이 결과를 정리한 것이다. 다음 정리를 기술하기 위해 정의 하나가 필요하다. 임의의 그룹에서 그룹 원소 $a$의 **차수**(order)는 "$ord(a)$"로 표시하며 $a^t = e$를 만족하는 가장 작은 양의 정수 $t$이다. 여기서 $e$는 항등원이다.

**▸ 정리 11.20**

$G = (S, *)$가 유한그룹이고, $a \in S$이라고 하자. $t = ord(a)$이면 $a$에 의해서 생성된 부분그룹

$\langle a \rangle$는 다음과 같이 서로 다른 7개의 원소로 구성되어 있다.

$$a^1,\ a^2,\ \cdots,\ a^t = e$$

증명 : 먼저 이 원소들이 서로 다름을 증명해보자. $1 \le k < j \le t$를 만족하는 $k$와 $j$에 대해서 다음 등식이 성립한다.

$$a^j = a^k$$

$j > k$이므로, $i \ge 1$에 대해서 다음 등식이 성립한다.

$$a^j = a^k a^i$$

바로 위의 두 등식과 정리 11.11에 의해서 $a^i = e$임을 유도해낸다. 그런데 $i < t$이므로, 이는 논리적으로 모순이다. 다음으로 이 부분그룹에 다른 원소는 존재하지 않음을 증명해보자. $k > t$이면, 다음을 만족하는 양의 정수 $q$와 $r$이 존재한다.

$$k = qt + r \qquad 0 \le r < t$$

그러면 다음 등식들을 얻는다.

$$a^k = a^{(qt+r)} = (a^t)^q\, a^r = e^q\, a^r = a^r$$

만약 $r = 0$이면 $a^r = e = a^t$가 성립하고, 그렇지 않으면 $1 \le r < t$가 성립한다. 증명이 완료되었다.

---

바로 위 정리에 의해서 $t = \mathrm{ord}(a)$일 때, 다음 등식을 얻는다.

$$\langle a \rangle = \{a^0,\ a^1,\ \cdots,\ a^{t-1}\}$$

여기서, $\langle a \rangle$의 원소의 개수는 $\mathrm{ord}(a)$임을 주목하자.

---

• **예제 11.39** 그룹 $(\mathbf{Z}_6,\ +)$에서 다음 등식이 성립한다.

$$< [3]_6 > = \{[3]_6,\ [3]_6 + [3]_6\} = \{[3]_6,\ [0]_6\}$$

$$< [2]_6 > = \{[2]_6,\ [2]_6 + [2]_6,\ [2]_6 + [2]_6 + [2]_6\} = \{[2]_6,\ [4]_6,\ [0]_6\}$$

여기서 명백히 다음 등식이 성립하고,

$$\langle [1]_6 \rangle = \mathbf{Z}_6$$

따라서 $[1]_6$은 $\mathbf{Z}_6$의 생성기이다.

---

• **예제 11.40** 이전에 공부한 그룹 $(\mathbf{Z}_9^*,\ \times)$를 살펴보자.

$$\mathbf{Z}_9^* = \{[1]_9,\ [2]_9,\ [4]_9,\ [5]_9,\ [7]_9,\ [8]_9\}$$

다음을 얻을 수 있다.

$$<[4]_9> = \{[4]_9,\ [4]_9 \times [4]_9,\ [4]_9 \times [4]_9 \times [4]_9\} = \{[4]_9,\ [7]_9, [1]_9\}$$

여기서 다음 등식이 성립하며

$$\langle [2]_9 \rangle = \mathbf{Z}_9^*$$

이 등식의 증명은 연습문제로 남겨둔다. 따라서 $[2]_9$은 $\mathbf{Z}_9^*$의 생성기이다.

---

• **예제 11.41** 그룹 $(\mathbf{Z}_7^*, \times)$를 살펴보자.

$$\mathbf{Z}_7^* = \{[1]_7,\ [2]_7,\ [3]_7,\ [4]_7,\ [5]_7,\ [6]_7\}$$

다음을 얻을 수 있다.

$$<[4]_7> = \{[4]_7,\ [4]_7 \times [4]_7,\ [4]_7 \times [4]_7 \times [4]_7\} = \{[4]_7,\ [2]_7,\ [1]_7\}$$

---

### ▼ 따름정리 11.4

$G=(S,\ *)$가 유한그룹이고, $a \in S$이라 가정하고, $t = ord(a)$이라고 하자. 그리고 다음 수열을 생각해보자.

$$a^0,\ a^1,\ \cdots$$

이 수열에서 두 원소 $a^i$와 $a^j$가 같음의 필요충분조건은 다음과 같다.

$$i \equiv j \bmod t$$

이는 이 수열이 $t$를 주기로 순환적이고, $t$는 수열에서 가장 작은 주기이다. 즉, $0 \le k < t$와 $i \ge 0$인 모든 $i$에 대해서 다음 등식이 성립하고, $t$는 이 성질을 가진 가장 작은 수이다.

$$a^{k+it} = a^k$$

**증명** : 바로 앞 정리를 이용하여 증명가능하며, 연습문제로 남겨둔다.

---

• **예제 11.42** 그룹 $(\mathbf{Z}_5^*, \times)$를 살펴보자. 다음 표는 $[4]_5$의 거듭제곱을 보여주고

| $i$ | 0 | 1 | 2 | 3 | 4 | 5 | 6 | 7 | 8 | ⋯ |
|---|---|---|---|---|---|---|---|---|---|---|
| $([4]5)^i$ | $[1]_5$ | $[4]_5$ | $[1]_5$ | $[4]_5$ | $[1]_5$ | $[4]_5$ | $[1]_5$ | $[4]_5$ | $[1]_5$ | ⋯ |

다음 표는 $[3]_5$의 거듭제곱을 보여준다.

| $i$ | 0 | 1 | 2 | 3 | 4 | 5 | 6 | 7 | 8 | ⋯ |
|---|---|---|---|---|---|---|---|---|---|---|
| $([3]5)^i$ | $[1]_5$ | $[3]_5$ | $[4]_5$ | $[2]_5$ | $[1]_5$ | $[3]_5$ | $[4]_5$ | $[2]_5$ | $[1]_5$ | ⋯ |

이 그룹에서 $ord([4]_5) = 2$와 $ord([3]_5) = 4$가 성립한다. 따름정리 11.4에서 암시해주는 바와 같이

이 차수에 관해서 거듭제곱의 순환적인 특징을 주목하자. 더욱이 $[3]_5$은 $\mathbf{Z}_5^*$의 생성기임도 주목하자.

### ▼ 따름정리 11.5

$G=(S,\ *)$를 항등원이 $e$인 유한그룹이라고 하자. 그러면 $a \in S$인 모든 $a$에 대해서 다음 등식이 성립한다.

$$a^{|S|} = e$$

여기서 $|S|$는 집합 $S$에 속한 원소의 개수를 나타낸다.

**증명** : 정리 11.20으로부터 $a$에 의해서 생성되는 부분그룹 $\langle a \rangle$에 속한 원소의 개수는 $ord(a)$임을 알 수 있다. 그러므로 정리 11.19로부터 어떤 정수 $k$에 대해서 $|S| = ord(a) \times k$이고, 따라서 다음 등식이 성립한다.

$$a^{|S|} = a^{ord(a) \times k} = e^k = e$$

증명이 완료되었다.

### ▸ 정리 11.21

**(오일러)** $n > 1$인 임의의 정수 $n$에 대해서 $[m]_n \in \mathbf{Z}_n^*$인 모든 $[m]_n$에 대해서 다음 등식이 성립한다.

$$([m]_n)^{\varphi(n)} = [1]_n$$

**증명** : 정리 11.17과 따름정리 11.5에 의해서 바로 성립한다.

• **예제 11.43** 그룹 $(\mathbf{Z}_{20}^*, \times)$를 살펴보자. 다음과 같이 계산할 수 있다.

$$\varphi(20) = 20 \prod_{p:p|20} \left(1 - \frac{1}{p}\right) = 20\left(1 - \frac{1}{5}\right)\left(1 - \frac{1}{2}\right) = 8$$

그리고 앞의 위 정리에 의해서 다음 등식이 성립한다.

$$([3]_{20})^8 = [6561]_{20} = [1]_{20}$$

### ▸ 정리 11.22

**(페르마)** $p$가 소수이면 $[m]_p \in \mathbf{Z}_p^*$인 모든 $[m]_p$에 대해서 다음 등식이 성립한다.

$$([m]_p)^{p-1} = [1]_p$$

**증명** : 바로 위의 정리와 $p$가 소수인 경우 $\phi(p)=p-1$이 성립한다는 사실로부터 증명이 가능하다.

• **예제 11.44** 군 $(\mathbf{Z}_7^*, \times)$를 고려해보면, 위의 정리가 암시해주듯이 다음 등식이 성립한다.

$$([2]_7)^{7-1}=[64]_7=[1]_7$$

## 11.4 모듈러 1차 방정식 풀기

이제 아래 모듈러 방정식을 푸는 방법을 공부해보자.

$$[m]_n\,x=[k]_n \tag{11.12}$$

여기서 $x$는 $n$을 법으로 한 동치류이고, $m$, $n>0$이다. 11.7절에서 RSA 암호시스템을 개발할 때 이 결과를 적용한다.

그룹 $(Z_n, +)$에 상대적인 $[m]_n$에 의해서 생성되는 부분그룹을 $\langle [m]_n \rangle$이라고 하자. $\langle [m]_n \rangle=\{[0]_n, [m]_n, [2m]_n, \cdots\}$이므로 "등식 11.12가 해를 가지고 있음"의 필요충분조건은 다음과 같다.

$$[k]_n \in \langle [m]_n \rangle$$

• **예제 11.45** 그룹 $(\mathbf{Z}_8, +)$에서 다음이 성립하므로

$$\langle [6]_8 \rangle=\{[0]_8, [6]_8, [4]_8, [2]_8\}$$

"등식 $[6]_8\,x=[k]_8$의 해가 존재함"의 필요충분조건은 $[k]_8$이 $[0]_8$ 또는 $[6]_8$ 또는 $[4]_8$ 또는 $[2]_8$이다. 예를 들어 $[6]_8x=[4]_8$의 해는 $x=[2]_8$과 $x=[6]_8$이다.

다음 정리는 집합 $\langle [m]_n \rangle$의 원소를 정확히 알려준다.

**▸ 정리 11.23**

그룹 $(\mathbf{Z}_n, +)$을 살펴보자. $[m]_n \in \mathbf{Z}_n$에 대해서 다음 등식을 얻는다.

$$\langle [m]_n \rangle=\langle [d]_n \rangle=\{[0]_n, [d]_n, [2d]_n, \cdots, [(n/d-1)d]_n\}$$

여기서 $d=\gcd(n, m)$이다. 이는 다음 등식이 성립함을 의미한다.

$$ord([m]_n)=|\langle [m]_n \rangle|=\frac{n}{d}$$

증명 : 먼저 $\langle [d]_n \rangle \subseteq \langle [m]_n \rangle$가 성립함을 보이자. 정리 11.2에 의해서 다음 등식이 성립하는 정수 $i$와 $j$가 존재한다.

$$d = im + jn$$

이 등식에 의해서 임의의 $k$에 대해서 다음이 성립한다.

$$kd \equiv kim \bmod n$$

이는 $[kd]_n = [kim]_n$이 성립함을 의미하고, 따라서 $[kd]_n \in \langle [m]_n \rangle$이 성립한다. 그러므로 $\langle [d]_n \rangle \subseteq \langle [m]_n \rangle$가 성립한다고 결론지을 수 있다.

다음으로 $\langle [m]_n \rangle \subseteq \langle [d]_n \rangle$가 성립함을 보이자. $d|m$이므로, $m = id$인 정수 $i$가 존재한다. 따라서 임의의 정수 $k$에 대해서 다음 등식이 성립한다.

$$[km]_n = [kid]_n$$

이는 $[km]_n \in \langle [d]_n \rangle$이 성립함을 의미하고, 따라서 $\langle [m]_n \rangle \subseteq \langle [d]_n \rangle$이 성립한다고 결론지을 수 있다.

최종 결과는 바로 보여준 결과들과 정리 11.20에 의해서 성립한다.

### ▼ 따름정리 11.6

"등식 $[m]_n x = [k]_n$의 해가 존재함"의 필요충분조건은 "$d = \gcd(n, m)$인 경우 $d \mid k$가 성립함"이다. 더구나 이 등식의 해가 존재하면 해의 개수는 $d$이다.

증명 : 이 절의 서두에서 언급했듯이 "등식의 해가 존재함"의 필요충분조건은 다음과 같다.

$$[k]_n \in \langle [m]_n \rangle$$

정리 11.23에 의해서 다음을 유도해낼 수 있고,

$$\langle [m]_n \rangle = \langle [d]_n \rangle = \{[0]_n, [d]_n, [2d]_n, \cdots, [(n/d-1)d]_n\}$$

이는 이 등식의 해가 존재함의 필요충분조건은 임의의 $k' \in [k]_n$에 대하여 $d \mid k'$가 성립하는 것임을 의미한다. $[k]_n$는 $n$을 법으로 한 동치류이고 $d|n$이므로, "$k' \in [k]_n$인 하나의 $k'$에 대하여 $d \mid k'$가 성립함"의 명백한 필요충분조건은 $[k]_n$의 모든 원소에 대해서도 성립하다는 것이다. 이 따름정리의 앞부분은 증명이 완료되었다.

두 번째 부분의 증명을 해보자. 정리 11.23에 의하여 $ord([m]_n) = n/d$이다. 따라서 따름정리 11.4에 의해서 다음 수열은 $n/d$ 주기를 가지고 있고, 그 중 최초 $n/d$개 원소들은 서로 다르다.

$$[0]_n, [m]_n, [2m]_n, \cdots$$

이는 $[k]_n \in \langle [m]_n \rangle$이면, 다음 집합에서 $[k]_n$이 정확히 $d$번 나타난다는 의미가 된다.

$$\{[0]_n, [m]_n, [2m_n, \cdots, [(n-1)m]_n\}$$

이들이 나타나는 이유는 $Z_n$의 다른 원소이기 때문이다. 증명이 완료되었다.

### ▼ 따름정리 11.7

다음 등식이

$$[m]_n x = [k]_n$$

모든 동치류 $[k]_n$에 대해서 해가 존재함의 필요충분조건은 $\gcd(n, m) = 1$ 이다. 만약 이게 사실이라면 각 $[k]_n$의 해는 유일하다.

증명 : 따름정리 11.6에 의해서 바로 성립한다.

### ▼ 따름정리 11.8

"동치류 $[m]_n$이 $n$을 법으로 한 곱셈역을 가짐"의 필요충분조건은 $\gcd(n, m) = 1$이다. 즉, "등식 $[m]_n x = [1]_n$의 해가 존재함"의 필요충분조건은 $\gcd(n, m) = 1$이다. 더구나, 그 해의 역이 존재하면 그 역은 유일하다.

증명 : 따름정리 11.6에 의해서 바로 성립한다. 유일함은 정리 11.16에 의해서 성립한다.

• 예제 11.46 그룹 $(\mathbf{Z}_8, +)$을 고려해보자. $\gcd(8, 6) = 2$이므로, 정리 11.23에 의하여 다음 등식이 성립한다.

$$\langle [6]_8 \rangle = \{[0]_8, [2]_8, [4]_8, [6]_8\}$$

이 결과는 예제 11.45와 일치한다. 따름정리 11.6에 의해서 등식 $[6]_8\ x = [k]_8$의 해는 $\langle [6]_8 \rangle$의 원소가 $[k]_8$인 경우 정확히 두 개 있다. 예제 11.45에서 $[k]_8\ \ x = [4]_8$인 경우 두개의 해는 $x = [2]_8$과 $x = [6]_8$임을 살펴본 바 있다.

• 예제 11.47 그룹 $(\mathbf{Z}_8, +)$을 다시 한 번 고려해보자. $\gcd(8, 5) = 1$이므로, 정리 11.23에 의하여 다음 등식이 성립한다.

$$\langle [5]_8 \rangle = \{[0]_8, [1]_8, [2]_8, [3]_8, [4]_8, [5]_8, [6]_8, [7]_8\}$$

따름정리 11.7에 의해서 등식 $[5]_8\ x = [k]_8$의 해는 $\langle [5]_8 \rangle$의 원소가 $[k]_8$인 경우 정확히 한 개 있다. 예를 들어, $[k]_8\ \ x = [3]_8$인 경우 해는 $x = [7]_8$이다.

• 예제 11.48 집합 $\mathbf{Z}_9$을 고려해보자. $\gcd(9, 6) = 3$이므로 따름정리 11.8에 의하여 $[6]_9$는 9를 법으로 한 곱셈역이 있음을 알 수 있다. 그 역은 $[2]_9$이다.

**▸ 정리 11.24**

$d=\gcd(n, m)$라 하고, 다음 등식이 성립하는 정수를 $i$와 $j$라고 하자.

$$d=in+jm \tag{11.13}$$

(정리 11.12)에서 본바와 같이 그러한 $i$와 $j$는 존재한다) 또한 $d \mid k$도 성립한다고 가정하자. 그러면 다음 식은

$$[m]_n x=[k]_n$$

다음과 같은 해를 가진다.

$$x=\left[\frac{jk}{d}\right]_n$$

**증명** : 등식 11.13에 의해서 다음 등식을 얻을 수 있다.

$$[jm]_n=[d]_n$$

$\frac{k}{d}$가 정수이므로 이 등식의 양변에 $\left[\frac{k}{d}\right]_n$을 곱할 수 있고 다음과 같이 된다.

$$\left[m\frac{jk}{d}\right]_n=\left[\frac{dk}{d}\right]_n$$

이는 다음 등식이 성립함을 의미한다.

$$[m]_n\left[j\frac{k}{d}\right]_n=[k]_n$$

증명이 완료되었다.

● **예제 11.49** 다음 식을 보자.

$$[6]_8 x=[4]_8$$

$\gcd(8, 6)=2$이고, $2=(1)8+(-1)6$이고, $2|4$이다. 따라서 바로 위 정리에 의해서 다음 등식은

$$[6]_8 x=[4]_8$$

다음과 같은 해를 얻는다.

$$x=\left[\frac{(-1)4}{2}\right]_8=[-2]_8=[6]_8$$

**▸ 정리 11.25**

다음 식을 풀 수 있다고 가정하고

$$[m]_n x=[k]_n$$

$x=[j]_n$이 하나의 해이며, $d=\gcd(n, m)$이라고 가정하자. 그러면 이 식 $d$개의 다른 해는 다음과 같다.

$$l=0,\ 1,\ \cdots,\ d-1\text{인 경우}\ \left[j+\frac{ln}{d}\right]_n \tag{11.14}$$

**증명** : 따름정리 11.6에 따르면 정확히 $d$개의 해가 존재한다. 그러면 다음 부등식은 당연히 성립한다.

$$l=0,\ 1,\ \cdots,\ d-1\text{인 경우}\ 0\le\frac{ln}{d}<n$$

따라서 식 (11.14)의 $d$를 법으로 하는 류들은 모두 다르다. 이제 각 류가 이 식의 해가 됨을 보이면 증명이 끝난다. $[j]_n$이 $[m]_n x=[k]_n$의 해이므로, 다음 등식이 성립한다.

$$[mj]_n=[k]_n$$

따라서 각 $l=0,\ 1,\ \cdots,\ d-1$에 대해서 다음이 성립한다.

$$\left[m\left(j+\frac{ln}{d}\right)\right]_n=\left[mj+\left(\frac{ml}{d}\right)n\right]_n=[mj]_n+[0]_n=[k]_n$$

이는 $\left[j+\dfrac{ln}{d}\right]_n$도 역시 해가 됨을 의미한다.

---

**• 예제 11.50** 예제 11.49에서 다음 식의 해 하나가 $[6]_8$이 됨을 보았다.

$$[6]_8 x=[4]_8$$

$\gcd(8,\ 6)=2$이므로 바로 위의 정리에 의해서 다른 해는 다음과 같이 됨을 알 수 있다.

$$\left[6+\frac{1(8)}{2}\right]_8=[10]_8=[2]_8$$

---

따름정리 11.6, 정리 11.24, 정리 11.25 덕분에 모듈러 1차방정식을 푸는 간단한 알고리즘을 작성할 수 있다. 즉, 따름정리 11.6을 먼저 적용하여 해가 존재하는지를 검사하고, 존재하는 경우 정리 11.24를 사용하여 해를 찾고, 정리 11.25를 사용하여 다른 해들을 찾는다. 알고리즘은 다음과 같다.

**▸ 알고리즘 11.3** **모듈러 1차방정식 풀기**

**문제** : 모듈러 1차방정식의 모든 해 찾기

**입력** : 양의 정수 $m$과 $n$, 그리고 정수 $k$

**출력** : 식 $[m]_n x=[k]_n$을 풀 수 있는 경우, 모든 해

```
void solve_linear (int n, int m, int k)
{
   index l;
   int i, j, d;

   Euclid (n, m, d, i, j);                          // 알고리즘 11.2 호출
   if (d|k)
      for (l = 0; l <= d-1; l++)
         cout << [jk/d + ln/d]_n;
}
```

알고리즘에서 입력의 크기는 입력을 코드화하는데 필요한 비트의 개수로서 다음과 같다.

$$s = \lfloor \lg n \rfloor + 1 \qquad t = \lfloor \lg m \rfloor + 1 \qquad u = \lfloor \lg k \rfloor + 1$$

시간복잡도에는 알고리즘 11.2(유클리드의 알고리즘 2)의 시간복잡도 $O(st)$와 for-$l$ 루프의 시간복잡도가 포함된다. $d$는 $m$이나 $n$만큼 클 수 있기 때문에 이 시간복잡도는 최악의 경우 입력크기로 환산하여 지수적이다. 그러나 최악의 경우 지수 개수의 값을 계산하고 보여줘야 하는 문제이므로 이점에 대해서 개선할 수 있는 여지는 없다.

## 11.5 모듈러 거듭제곱 계산

원소 $[m]_n \in \mathbf{Z}_n$와 음이 아닌 정수 $k$에 대해서 다음을 계산하는 문제를 **모듈러 거듭제곱**(modular powers)을 계산하는 문제라고 한다.

$$([m]_n)^k$$

모듈 거듭제곱 계산의 예는 이미 예제 11.43과 11.44에서 보았다. 몇 개 더 살펴보자.

**• 예제 11.51** $\mathbf{Z}_{20}$의 경우, 다음과 같이 계산된다.

$$([7]_{20})^{11} = [1\ 977\ 326\ 743]_{20} = [3]_{20}$$

예제 11.51에서는 7의 11승을 하여 거듭제곱을 구하였다. 이 방법은 입력크기(대략, 개수의 로그)로 환산하여 시간복잡도가 분명히 지수적이다. 다음은 더 효율적인 알고리즘을 설계해보자.

이 알고리즘은 $k$를 이진수로 표현한다. 그 표현에서 이진 숫자의 순서집합(ordered set)을 다음과 같이 표현하자.

$$\{b_j,\ b_{j-1},\ \cdots,\ b_1,\ b_0\}$$

예를 들어, 13의 이진 표현은 1101이므로, $k=13$인 경우 다음과 같이 표현한다.

$$\{b_3,\ b_2,\ b_1,\ b_0\} = \{1,\ 1,\ 0,\ 1\}$$

다음은 알고리즘이다. 이 알고리즘이 **제곱을 반복**하는 방법을 사용한다고들 하는데, 이유는 명백하다.

▸ 알고리즘 11.4 **모듈러 거듭제곱 계산**

문제 : 원소 $[m]_n \in \mathbf{Z}_n$와 음이 아닌 정수 k에 대해서 $([m]_n)^k$를 계산

입력 : 양의 정수 $n$과 음이 아닌 정수 $m$과 $k$

출력 : $([m]_n)^k$

```
void compute_power (int n, int m, int k, Zn member& a)
{
   index i;

   a = [1]n;
   {bj, bj-1, ···, b1, b0} = k의 이진 표현에서 숫자의 순서집합
   for (i = j; i >= 0; i--)
      a = a^2 ;
      if (bi == 1)
         a = a × [m]n ;
}
```

다음 알고리즘 11.4를 적용하는 예제를 살펴보자.

- **예제 11.52** 각 값이 다음과 같다고 하자.

$$n=257 \qquad m=5 \qquad k=45$$

45의 이진표현이 101101이므로, 다음과 같이 표현할 수 있다.

$$\{b_5,\ b_4,\ b_3,\ b_2,\ b_1,\ b_0\} = \{1,\ 0,\ 1,\ 1,\ 0,\ 1\}$$

이 입력이 주어지는 경우 알고리즘 11.4의 for-$i$ 루프의 각 반복이 끝난 바로 후 $a$의 상태는 표 11.2에서 보여준다. $[147]_{257}$인 $a$의 최종값은 $([5]_{257})^{45}$의 값이다.

표 11.2에서 $k_i$는 $k$의 이진 표현에서 상위 $j-i+1$개 비트에 의해서 결정된 값이다. 즉,

$$k_i = [b_j\, b_{j-1} \cdots b_i]_2$$

● **표 11.2** $n=257$, $m=5$, $k=45$일 때 알고리즘 11.4의 `for`$-i$ 루프의 각 반복이 끝난 바로 후의 $a$의 상태. 3번째 행을 보면 $k$의 이진 표현에서 상위 $j-i+1$개 비트에 의해서 값이 결정됨을 알 수 있다.

| $i$ | 5 | 4 | 3 | 2 | 1 | 0 |
|---|---|---|---|---|---|---|
| $b_i$ | 1 | 0 | 1 | 1 | 0 | 1 |
| $k_i$ | 1 | 2 | 5 | 11 | 22 | 45 |
| $a$ | $[5]_{257}$ | $[25]_{257}$ | $[41]_{257}$ | $[181]_{257}$ | $[122]_{257}$ | $[147]_{257}$ |

예를 보면 다음과 같다.

$$k_3 = [b_5 b_4 b_3]_2 = 101_2 = 5_{10}$$

$k_0 = k$임은 분명하다. 다음에는 이 변수들을 사용하여 이 알고리즘의 정확성을 증명한다.

### ▸ 정리 11.26

알고리즘 11.4의 `for`$-i$ 루프의 각 반복이 끝난 바로 후에 $a$의 값은 다음과 같다.

$$a = ([m]_n)^{k_i}$$

$k_0 = k$이므로, $a$의 최종값은 $([m]_n)^k$이다.

증명 : 귀납법으로 증명한다.

귀납기초 : 극소(minimal) 이진 표현을 한다고 가정한다. 그래서 최상위 비트 $b_j$는 항상 1이다. 따라서

$$k_j = 1$$

`for`$-i$ 루프에 진입하기 전에 $a = [1]_n$이다. $b_j$가 1이기 때문에 `if` 조건문은 첫째 반복에서 참이고, 이는 $a = a \times [m]_n$ 문장을 실행한다는 뜻이다. 따라서 첫째 반복 후 다음이 성립함을 알 수 있다.

$$a = ([1]_n)^2 \times [m]_n = ([m]_n)^1 = ([m]_n)^{k_j}$$

귀납가정 : 반복문에서 인덱스 값이 $i$가 되는 바로 직후, $a$값이 다음과 같다고 가정한다.

$$a = ([m]_n)^{k_i}$$

귀납단계 : 반복문에서 인덱스 값이 $i-1$이 되는 바로 직후, $a$값이 다음과 같음을 보이면 된다.

$$a = ([m]_n)^{k_{i-1}}$$

두 가지 경우가 존재한다. $b_{i-1} = 0$이면, 바로 다음 등식이 명백히 성립한다.

$$k_{i-1} = 2k_i$$

`if` 문에서 조건문이 거짓이기 때문에 $a = a^2$만이 $a$의 값을 변경한다. 귀납가정에 의해서 $a$의 이전 값이 $a = ([m]_n)^{k_i}$이므로, 이 반복 직후 $a$값은 다음과 같이 된다.

$$a = ([m]_n)^{2k_i} = ([m]_n)^{k_{i-1}}$$

$b_{i-1} = 1$이면, 바로 다음 등식이 명백히 성립한다.

$$k_{i-1} = 2k_i + 1$$

`if` 문에서 조건문이 참이기 때문에 $a = a \times [m]_n$도 실행된다. 따라서 이 경우 이 반복 직후 $a$ 값은 다음과 같이 된다.

$$a = ([m]_n)^{2k_i} \times [m]_n = ([m]_n)^{2k_i+1} = ([m]_n)^{k_{i-1}}$$

증명이 완료되었다.

입력을 코드화하는데 필요한 비트의 개수를 $s$라고 하면, 알고리즘 11.4의 시간복잡도는 $O(s^3)$이라는 사실은 쉽게 알 수 있다.

## 11.6 큰 소수 찾기

큰 소수를 찾는 일은 11.7절에서 다룰 RSA 공개키 암호시스템을 성공적으로 구축하기 위해서 필요하다. 큰 소수를 찾는 방법을 설명한 후, 주어진 수가 소수인지 검사하는 알고리즘을 알려주겠다.

### 11.6.1 큰 소수 구하기

큰 소수를 구하기 위해서 적당한 크기의 정수를 무작위로 뽑은 다음, 소수를 찾을 때까지 뽑은 정수가 소수인지 검사한다. 큰 소수를 이렇게 찾는 경우 주요 고려사항은 무작위로 뽑은 정수 중에서 소수를 찾을 확률이 얼마나 클지 여부이다.

이제 공부할 소수분포정리는 이 확률을 근사치로 알려준다.

**소수분포함수**(prime distribution function) $\pi(n)$은 $n$보다 작거나 같은 소수의 개수이다. 예를 들어, 12보다 작거나 같은 소수는 2, 3, 5, 7, 11, 이렇게 5개 있으므로 $\pi(12) = 5$이다. 정리 11.27에서 공부할 **소수분포정리**(prime distribution theorem)로 $\pi(n)$의 근사값을 구할 수 있다.

**▸ 정리 11.27**

다음 등식이 성립한다.

$$\lim_{n \to \infty} \frac{\pi(n)}{n / \ln n} = 1$$

**증명** : 증명은 하디(Hardy)와 라이트(Wright)의 1960년 논문에 있다.

바로 위의 정리에 의해서 큰 $n$에 대해서 $n$보다 작거나 같은 소수의 개수의 추정값으로 $n/\ln\ n$을 사용할 수 있다. 그러므로 균등분포에 따라서 1과 $n$사이의 정수를 무작위로 뽑으면 그 수가 소수일 확률은 대략 다음과 같다.

$$\frac{n/\ln\ n}{n} = \frac{1}{\ln\ n}$$

**• 예제 11.53** 균등분포에 따라서 1과 $n = 10^{16}$사이의 정수를 무작위로 뽑으면 그 수가 소수일 확률은 대략 다음과 같다.

$$\frac{1}{\ln 10^{16}} = 0.027143$$

그러한 수 200개를 무작위로 뽑는다고 가정해보자. 그들이 모두 소수가 아닐 확률은 대략 다음과 같다.

$$(1-0.027143)^{200} = 0.004$$

**• 예제 11.54** 균등분포에 따라서 1과 $n = 10^{100}$사이의 정수를 무작위로 뽑으면 그 수가 소수일 확률은 대략 다음과 같다.

$$\frac{1}{\ln 10^{100}} = 0.0043429$$

그러한 수 200개를 무작위로 뽑는다고 가정해보자. 그들이 모두 소수가 아닐 확률은 대략 다음과 같다.

$$(1-0.0043429)^{200} = 0.04$$

이 절의 시작 부분에서 언급했던 것처럼 큰 소수를 찾기 위해서 적당한 범위에서 수들을 무작위로 뽑아야 하고, 그 수들 중에서 소수 하나를 찾을 때까지 각 수가 소수인지 검사해야 한다. 바로 위의 예제들을 봐서는 소수를 찾는 일이 (범위 내에 있는 수의 개수에 비해서) 그리 오래 걸리지는 않을 것이 확실하다. 다음으로 주어진 수가 소수인지를 검사하는 방법을 알아보자.

### 11.6.2 주어진 수가 소수인지를 검사하기

9.2절의 서두에서 어떤 수가 소수인지 결정하는 간단한 알고리즘을 공부했다. 그러나 불행하게도 그 알고리즘은 최악 시간복잡도가 지수시간이다. 그래서 큰 수를 검사하는 데는 사용할 수 없다. 그 비효율적인 알고리즘은 합성수에 대해서는 그 수의 인수를 찾아주며, 따라서 그 알고리즘은 수를 인수분해하는데 (반복해서) 사용할 수 있다.

최근까지도 소수검사문제를 푸는 다차시간 알고리즘을 아무도 발견하지 못했고, 많은 학자들이 이 문제가 $NP$-완전일 것이라고 생각해왔다. 소수검사문제를 푸는데 전형적으로 사용되었던 효율적인 알고리즘은 래빈(Rabin)이 1980년에 발표한 **밀러-래빈의 무작위적 소수검사**(Miller-Rabin Randomized Prmality Test)라고 하는 몬테칼로 알고리즘이었다. 이 알고리즘은 소수에 대해서는 항상 소수라고 판정한다. 그러나 아주 드물게 합성수를 소수라고 판정하는 경우가 있다. 이 경우는 너무 드물게 발생하므로 이 알고리즘은 본질적으로 정확하다고 주장해도 큰 문제가 없는 걸로 여긴다. 밀러-래빈 알고리즘은 합성수로 판정한 경우 그 수의 인수를 찾지 않으므로 인수분해에 사용할 수는 없다.

마침내 2002년에 아그라왈(Agrawal)과 그의 동료들이 소수검사문제를 푸는 다차시간 알고리즘을 만들어 내는데 성공했다. 그 알고리즘을 살펴보자.

## 다차시간 알고리즘

먼저 정수론의 연구결과가 좀 더 필요하다.

**정의**

$f(x)$와 $g(x)$를 계수가 정수인 다항식이라고 하자. 각 계수들이 $n$을 법으로 한 합동이면, $f(x)$와 $g(x)$는 $n$을 법으로 한 합동이라고 하며, 다음과 같이 쓴다.

$$f(x) \equiv g(x) \mod n$$

• **예제 11.55**

$$6 \equiv 2 \mod 4$$
$$9 \equiv 1 \mod 4$$
$$1 \equiv -3 \mod 4$$

이므로

$$(6x^2+9x+1) \equiv (2x^2+x-3) \mod 4$$

• **예제 11.56**

$$8n \not\equiv 1 \mod 4$$

이므로

$$(6x^2+8x+1)n \not\equiv (2x^2+x-3) \mod 4$$

없는 항의 계수는 0으로 가정한다.

• **예제 11.57**

$$10 \equiv 0 \mod 5$$
$$7 \equiv 2 \mod 5$$
$$21 \equiv 6 \mod 5$$

이므로

$$(10x^3+7x^2+21) \equiv (2x^2+6) \mod 5$$

---

• 예제 11.58

$$1 \not\equiv 0 \mod 5$$

이므로

$$x^5 \not\equiv x \mod 5$$

---

이 마지막 예제는 재미있는 점이 있다. 정리 11.22에 따르면 모든 정수 $x$에 대해서 다음이 성립한다.

$$x^5 \equiv x \mod 5$$

그러나 다항식 $x^5$와 $x$는 5를 법으로 한 합동이 아니다.

다음은 어떤 수가 소수인지 결정하는 쉬운 방법을 유도해주는 정리를 살펴보자. 우선 보조정리부터 살펴보자.

### ▲ 보조정리 11.2

$n$이 소수이면, 모든 정수 $m$에 대해서

$$(x-m)^n \equiv (x^n-m) \mod n$$

증명 : 다음 등식이 성립한다.

$$(x-m)^n = \sum_{i=0}^{n}\binom{n}{i}x^i(-m)^{n-i}$$

따라서

$$\begin{aligned}(x-m)^n-(x^n-m) &= \sum_{i=0}^{n}\binom{n}{i}(-m)^{n-i}x^i-(x^n-m)\\ &= \sum_{i=1}^{n-1}\binom{n}{i}(-m)^{n-i}x^i+(-m)^n+m \qquad (11.15)\end{aligned}$$

그런데 $n$은 소수이므로, $1<i\le n-1$인 $i$에 대해서 다음은 분명히 성립한다.

$$\binom{n}{i} \equiv 0 \mod n$$

그러므로 각 $i$에 대해서 등식 (11.15)에서 $x^i$은 $n$을 법으로 하여 0과 합동이다. 따라서 다음이 성립함을 보이기만 하면 된다.

$$(-m)^n+m \equiv 0 \mod n$$

만약 $n=2$이면,

$$\begin{aligned}[(-m)^2+m] &\equiv m(m+1) \mod 2\\ &\equiv 0 \mod 2\end{aligned}$$

위의 두 번째 등식은 $m$ 또는 $m+1$ 중 하나는 짝수라는 사실에 의해서 성립한다. 만약 $n>2$이면, $n$은 홀수이고, 따라서

$$\begin{aligned}[(-m)^2+m] &\equiv (-m^n+m) \bmod n \\ &\equiv m(-m^{n-1}+1) \bmod 2\end{aligned}$$

이제 $m$이 $n$의 곱이라면, $m\equiv 0 \bmod n$이다. 그렇지 않으면 정리 11.22에 의해서 $(-m^{n-1}+1)\equiv 0 \bmod n$이다. 증명이 완료되었다.

### ▸ 정리 11.28

$m$과 $n$을 서로소(relative prime)라고 하자. 그러면 $n$이 소수가 되는 필요충분조건은 다음과 같다.

$$(x-m)^n \equiv (x^n-m) \bmod n \tag{11.16}$$

증명 : 보조정리 11.2에 의해서 $n$이 소수이면 위의 합동을 만족한다.
다른 방향의 증명을 하기 위해 $n$을 합성수라고 가정하자. $q$를 $n$의 인수라고 하고, $k$를 $n$에서 $q$의 차수(order)라고 하자. $q^k \nmid \binom{n}{q}$가 아님을 보이는 작업은 연습문제로 남겨둔다. $n$이 $m$에 서로소이기 때문에 명백히 $q^k$는 $(-m)^{n-q}$에 서로소이다. 그러므로 $\binom{n}{q}(-m)^{n-q}$는 인수로 $q^k$를 포함하고 있지 않고, 이는 $n$을 법으로 하여 0과 합동이 아니라는 뜻이다. 그러나 등식 11.15에서 계수 중 하나이다. 증명이 완료되었다.

• **예제 11.59** 9와 2는 서로소이다. 정리 11.28이 암시해주듯이,

$$\begin{aligned}1 &\equiv 1 \bmod 2 \\ -18 &\equiv 0 \bmod 2 \\ 81 &\equiv -9 \bmod 2\end{aligned}$$

이므로

$$(x-9)^2 = x^2-18x+81 \equiv (x^2-9) \bmod 2$$

• **예제 11.60** 9와 4는 서로소이고, 4는 소수가 아니다. 정리 11.28에 의해서

$$(x-9)^4 n \equiv (x^4-9) \bmod 4$$

증명은 연습문제로 남겨둔다.

정리 11.28을 가지고 어떤 수가 소수인지 결정하는 간단한 알고리즘을 만들 수 있다. 즉, 정수 $n$에 대해서 $n$에 서로소인 $m$을 선택하고, 합동 (11.16)이 성립하는지 결정한다. 그러나 합동 (11.16)의 좌변에 있는 $n+1$개의 계수를 평가해야 하기 때문에 이 알고리즘

은 시간복잡도가 지수시간이다. 시간복잡도를 향상시키기 위하여 재주를 부린다. 그러기 위해서 정의가 몇 개 더 필요하다.

정수의 경우와 마찬가지로 **mod 함수**(mod function)는 하나의 다항식을 다른 다항식으로 나눈 나머지를 내준다. 즉, 다음 식은 $f(x)$를 $g(x)$로 나눌 때 나머지가 되는 다항식이다.

$$f(x) \bmod g(x)$$

다음 예제가 이를 설명해 준다.

---

• **예제 11.61**

$$\frac{12x^3+23x^2+7x+9}{4x^2+x}=3x+5+\frac{2x+9}{4x^2+x}$$

이므로

$$(12x^3+23x^2+7x+9) \bmod (4x^2+x)=2x+9$$

---

$f(x)$, $g(x)$, $h(x)$를 계수가 정수인 다항식이라고 하자.

$$[f(x) \bmod h(x)] \equiv [g(x) \bmod h(x)] \bmod n$$

이면

$$f(x) \equiv g(x) \bmod [h(x),\ n]$$

로 쓴다.

---

• **예제 11.62**

$$(x-10)^3 \bmod (x^2-1)=301x-1030$$

$$(x^3-10) \bmod (x^2-1)=x-10$$

이고,

$$(301x-1030) \equiv (x-10) \bmod 3$$

이므로,

$$(x-10)^3 \equiv (x^3-10) \bmod (x^2-1,\ 3)$$

---

• **예제 11.63**

$$(x-14)^7 \bmod (x^3-1)=-11290188x^2+52610713x-104069042$$

$$(x^7-14) \bmod (x^3-1)=x-14$$

이고,

$$(-11290188x^2+52610713x-104069042) \equiv (x-14) \bmod 7$$

이므로,

$$(x-14)^7 \equiv (x^7-14) \bmod (x^3-1,\ 7)$$

---

• **예제 11.64**

$$(x-20)^7 \bmod (x^4-1) = 5600001x^3 - 67200140x^2 + 448008400x - 1280280000$$

$$(x^7-20) \bmod (x^4-1) = x^3-20$$

이고,

$$-1280280000 \not\equiv -20 \bmod 7$$

이므로,

$$(x-20)^7 \not\equiv (x^7-20) \bmod (x^4-1,\ 7)$$

위의 예제들이 다음 정리가 사실임을 보여준다.

### ▸ 정리 11.29

$n$과 $r$이 소수라고 하자. 그러면 모든 정수 $m$에 대해서

$$(x-m)^n \equiv (x^n-m) \bmod (x^r-1,\ n) \tag{11.17}$$

**증명** : 보조정리 11.2를 이용해서 증명하며, 연습문제로 남겨둔다.

$n$이 소수라는 사실의 필요충분조건은 합동 11.17이 만족한다는 것이라고 위의 정리가 밝혔다면 합동 (11.17)을 이용하여 바로 소수검사 알고리즘을 향상시킬 수 있을 것이다. 즉, $(x^n-m) \bmod (x^r-1)$의 계산은 아주 간단하고, 크누스(Knuth)는 1998년에 빠른 푸리에(Fourier)곱셈을 이용하여 시간복잡도가 $O[r(\lg n)^2]$인 $(x-m)^n \bmod (x^r-1)$을 계산하는 알고리즘을 만들었다. 따라서 정리 11.29가 필요충분하고 $r$이 작은 수라면, 합동 (11.16)의 결정을 훨씬 작은 계수가 포함된 합동의 결정으로 꽤 빨리 대치할 수 있었을 것이다. 다음 예제가 이를 보여준다.

• **예제 11.65** 11이 소수인지 알아보고 싶다고 하자. 정리 11.29가 필요충분하다고 가정하고, $m=4$와 $r=3$을 선택하자. 그러면 다음 두 등식이 성립한다.

$$(x-4)^{11} \bmod (x^3-1) = -12536127x^2 + 6212052x + 6146928$$

$$(x^{11}-4) \bmod (x^3-1) = x^2-4$$

이제 다음이 합동인지 검사하는 대신

$$(-12536127x^2 + 6212052x + 6146928) \equiv (x^2-4) \bmod 11$$

다음이 합동인지 검사한다.

$$\langle(x-4)^{11} \equiv (x^{11}-4) \bmod 11$$

결국 12개 합동을 검사하는 문제를 3개 검사하는 문제로 축소하였다.

위 절차의 문제점으로 정리 11.29는 비록 $n$에 서로소인 $m$을 선택하더라도 “필요충분”

하지 않다는 것이다. 즉, 일부 합성수는 $m$이 $n$에 서로소인 어떤 $m$과 $r$의 값에 대해서 합동 (11.17)을 만족할 것이다. 따라서 단순히 특정 값에 대해서 합동이 성립하는지 검사한다면, 검사를 통과하는 합성수가 있을 수 있다. 적절한 $r$을 선택하고, 여러 다른 $m$값에 대해서 검사하여 이 문제를 피해갈 수 있다. 이렇게 하면 소수로 판정받는 합성수는 없고, 알고리즘도 여전히 다차시간이다. 먼저 이 알고리즘을 살펴본 후, 그런 시간복잡도를 어떻게 얻었는지 알아보자. 일단 용어를 몇 개 더 정의한다.

그룹 원소 $a$의 차수, $ord(a)$, $a^t = e$가 성립하는 최소의 양정수임을 상기하자(여기서 $e$는 항등원이다). 그러면 그룹 $(\mathbf{Z}_r^*, \times_r)$에 대해서 $ord([n]_r)$은 $([n]_r)^t = [1]_r$이 성립하는 최소의 양정수이다. 즉, 다음 합동이 성립하는 최소의 양정수가 된다.

$$n^t \equiv 1 \bmod r$$

이를 $r$을 법으로 한 $n$의 차수(order of $n$ modulo $r$)라 하고, $ord_r(n)$으로 표시한다.

**▸ 알고리즘 11.5 다차시간 소수검사(Polynomial Determine Prime)**

문제 : 정수가 소수인지 결정

입력 : $n > 1$인 정수

출력 : $n$이 정수이면 참, 합성수이면 거짓

```
bool prime (int n)
{
    int q, r, m; bool switch;

    if (n == k^j for integers k, j > 1)
        return false;
    r = 2; switch = false;
    while (r < n &&! switch) {
        if (gcd(n, r) ≠1)
            return false;
        if (r is prime) {
            q = the largest prime factor of r−1;
            if (q >= 4√r lg n  && n^((r−1)/q)  ≢ 1 mod r)
                switch = true;
        }
        r = r +1;
    }
    if (switch) {
        m = 1;
        while (m <= 2√r lg n) {
            if ( (x− m)^n ≢ (x^n − m) mod (x^r −1, n) )
                return false;
```

```
            m = m+1;
        }
    }
    return true ;
}
```

## 알고리즘의 정확도

알고리즘이 맞는지 증명하자. 먼저 소수에 대해서는 항상 소수라고 답해 주는지 증명하자.

### ▸ 정리 11.30

소수가 알고리즘 11.5에 입력으로 주어지면, 그 알고리즘은 참을 내준다.

증명 : $n$이 소수이면 $r < n$인 모든 $r$에 대해서 다음 등식이 성립한다.

$$\gcd(n, r) = 1$$

이는 첫째 `while` 루프에서는 거짓을 내줄 수 없음을 의미한다. 정리 11.29에 의하면 $n$과 $r$은 소수이므로 둘째 `while` 루프에서도 거짓을 내줄 수 없다. 따라서 알고리즘은 마지막 명령과 함께 종료하며 명령은 참을 내준다고 결론지을 수 있다.

합성수에 대해서는 항상 합성수라고 답해 주는지 증명하기가 훨씬 더 어렵다. 그렇지만 해보자. 먼저 보조정리 11.2와 정리 11.29를 일반화한 다음 두개의 보조정리가 필요하다.

### ▴ 보조정리 11.3

$g(x)$는 정수계수를 가진 다항식이고 $n$은 소수라고 가정하다. 그러면 다음 합동이 성립한다.

$$[g(x)]^n \equiv g(x^n) \bmod n$$

증명 : 다항식은 다음이라고 하면

$$g(x) = a_0 + a_1 x + \cdots + a_d x^d$$

다음 등식이 성립한다.

$$g(x^n) = a_0 + a_1 x^n + \cdots + a_j x^{jn} + \cdots + a_d x^{dn} \tag{11.18}$$

더구나, $[g(n)]^n$에서 $x^i$의 계수는 다음과 같다.

$$b_i = \sum_{\substack{i_0 + \cdots + i_d = n \\ i_1 + 2i_2 + \cdots + di_d = i}} a_0^{i0} \cdots a_d^{i_d} \frac{n!}{i_0! \cdots i_d!} \tag{11.19}$$

**경우 1** : 임의의 $j$에 대해서 $i \neq jn$인 경우. 등식 (11.18)에서 볼 수 있듯이 $g(x^n)$에서 $x^i$의 계수는 $a_j$이다. 더구나 등식 (11.19)에서 볼 수 있듯이 $b_i$에 포함되어 있는 모든 항에서 모든 $j$에 대해서 $i_j \neq n$이다. 그러나 그러면 각 항은 $n$으로 나누어지고 이는 $n \mid b_i$가 되며, 따라서 $b_i \equiv 0 \bmod n$이 성립한다. 경우 1 증명이 완료되었다.

**경우 2** : $0 \leq j \leq d$를 만족하는 $j$에 대해서 $i = jn$인 경우. 등식 (11.18)에서 볼 수 있듯이 $g(x^n)$에서 $x^i$의 계수는 $a_j$이다. 더구나 $i_j = n$을 취하면 $ji_j = jn = i$가 된다. 그러므로 등식 (11.19)에서 볼 수 있듯이 $b_i$의 항 중 하나는 다음과 같다.

$$a_j^{i_j} = a_j^n$$

$b_i$의 다른 항들에 대해서는 명백히 모든 $k$에 대해서 $i_k \neq n$가 성립하는데, 이는 그 항이 $n$으로 나누어진다는 뜻이고, 따라서 그 항은 $n$을 법으로 하여 0과 합동이다. 정리 11.22에 의하면 다음 합동이 성립하므로

$$a_j^n \equiv a_j \bmod n$$

이 경우도 증명이 완료되었다. 따라서 전체 증명이 완료되었다.

### ▲ 보조정리 11.4

$g(x)$는 정수계수를 가진 다항식이고 $n$과 $r$은 소수라고 가정하다. 그러면 다음 합동이 성립한다.

$$[g(x)]^n \equiv g(x^n) \bmod (x^r - 1,\ n)$$

**증명** : 바로 위 보조정리를 이용하여 증명할 수 있으며, 연습문제로 남겨둔다.

다음 보조정리들도 필요하다.

### ▲ 보조정리 11.5

$r$과 $q$가 소수이고, $r-1$이 $q$로 나누어떨어지고, $q \geq 4\sqrt{r}\lg n$이면, $q \mid ord_r(n)$의 필요충분조건은 다음과 같다.

$$n^{\frac{r-1}{q}} \not\equiv 1 \bmod r$$

**증명** : $t = ord_r(n)$으로 놓으면, $r$이 소수라는 사실과 정리 11.17과 정리 11.19 때문에 $r - 1 = tk$인 정수 $k$가 존재한다. $r-1$이 $q$로 나누어떨어지고, $q$가 소수이므로, 따름정리 11.2에 의하면 $q \mid t$ 또는 $q \mid k$가 성립한다. 이제 필요충분조건을 증명해보자.

필요조건을 먼저 증명해보자. $n^{\frac{r-1}{q}} \not\equiv 1 \bmod r$이라 가정하고, 모순을 유도하기 위해 $q \nmid t$라

고 하자. $q \mid t$ 또는 $q \mid k$이므로, $q \mid k$이 성립한다. 따라서 $r-1=tk$이므로, $r-1=tjq$인 정수 $j$가 존재한다. 이는 $(r-1)/q=tj$가 성립함을 뜻한다. 그러나 $n^{\frac{r-1}{q}}=n^{tj}$를 얻을 수 있고, 따라서 다음 합동이 성립한다.

$$n^{\frac{r-1}{q}} \equiv 1 \bmod r$$

이는 모순이므로 $q \mid t$가 성립한다.

충분조건을 이제 증명해보자. $t$는 $q$로 나누어진다고 가정하자. $q \geq 4\sqrt{r}\lg n$이므로 다음 부등식이 성립한다.

$$\frac{r-1}{q} < q \leq t$$

그런데 $t=ord_r(n)$이므로 다음이 성립한다.

$$n^{\frac{r-1}{q}} \not\equiv 1 \bmod r$$

증명이 완료되었다.

### ▲ 보조정리 11.6

$n$이 합성수이고, $q$는 소수이고, $q \mid ord_r(n)$이면, 다음이 만족하는 $n$의 소인수(prime factor) $p$가 존재한다.

$$q \mid ord_r(p)$$

**증명** : $p_1, p_2, \cdots, p_k$를 $n$의 소인수라고 하자. 다음이 성립하는지 보여주는 작업은 연습문제로 남겨둔다.

$$ord_r(n) \mid \operatorname{lcm}(ord_r(p_1), ord_r(p_2), \cdots, ord_r(p_k))$$

역서 lcm은 **최소공배수**(least common multiple)이다. $q \mid ord_r(n)$이고 $q$는 소수이므로, 정리 11.7에 의하여 $q \mid ord_r(p_i)$이 성립하는 $p_i$가 존재한다. 증명이 완료되었다.

앞으로 살펴 볼 정리는 다음 보조정리에 깊게 의존한다. 이 보조정리를 증명하려면 대수학(algebra)이 필요한데 이는 이 교재의 범위를 벗어나게 된다. 추상대수학(abstract algebra)을 잘 아는 독자를 위해서 이 절 끝부분에서 이 보조정리를 증명한 결과를 보여주겠다.

### ▲ 보조정리 11.7

알고리즘 11.5에서 *switch*가 참이어서 두 번째 `while` 루프에서 빠져나왔다고 가정하자. $p$는 보조정리 11.6에서와 마찬가지이고, $l=\lfloor 2\sqrt{r}\lg n\rfloor$이라고 하자. 그러면 다음 다항식이 존재한다.

$$g(x)=(x-1)^{k_1}(x-2)^{k_2}\cdots(x-l)^{k_l}$$

이 다항식은 다음과 같은 성질을 가진다.

$$J_{g(x)}=\{m \mid g(x)^m \equiv g(x^m) \mod (x^r-1,\ p)\}$$

이면, 다음이 성립한다.

1. $J_{g(x)}$는 곱셈에 닫혀 있다.
2. $m,\ k\in J_{g(x)}$에 대해서

$$m\equiv k \mod r$$

이면,

$$m\equiv k \mod a$$

가 되는 $a>n^{2\sqrt{r}}/2$인 정수 $a$가 존재한다.

증명 : 이 절 끝부분을 보시오.

이제 주된 결과를 증명할 수 있다.

### ▸ 정리 11.31

알고리즘 11.5의 입력으로 임의의 합성수가 주어지면, 그 알고리즘은 거짓을 넘겨준다.

증명 : 그 수가 합성수이고, 그 안에 있는 return 문장 때문에 첫 번째 `while` 루프에서 빠져나오는 경우, 거짓을 넘겨주게 되므로 증명작업은 끝이다. $r=n-1$이어서 첫 번째 `while` 루프에서 빠져나오는 경우 $n$은 반드시 소수이다. 따라서 합성수가 입력되고 switch가 참이므로 첫 번째 `while` 루프에서 빠져나왔다고 가정한다. 그러면 보조정리 11.5에 의해서 $ord_r(n)$은 $q$로 나누어진다. 이 알고리즘이 참을 넘겨준다고 하고 모순을 유도해보자. 두 번째 `while` 루프 때문에 $1\le m\le l=\lfloor 2\sqrt{r}\lg n\rfloor$인 $m$에 대해서 다음 합동이 성립하고

$$(x-m)^n\equiv(x^n-m) \mod (x^r-1,\ n)$$

이는 다음 합동이 성립함을 의미한다.

$$(x-m)^n\equiv(x^n-m) \mod (x^r-1,\ p) \qquad (11.20)$$

여기서 $p$는 보조정리 11.6에서와 같다. 그러므로 보조정리 11.7에 있는 $g(x)$의 각 항 $(x-m)$은 개별적으로 합동 11.20을 만족한다. 이는 다음 합동이 성립함을 의미한다.

$$[g(x)]^n\equiv g(x^n) \mod (x^r-1,\ p)$$

따라서 $J_{g(x)}$는 보조정리 11.7에서와 같다고 하고, $n\in J_{g(x)}$이라고 하자. 더구나 보조정리 11.4 때문에 $p\in J_{g(x)}$가 되고, 사소하게 $1\in J_{g(x)}$가 된다.

이제 다음 집합을 보자.

$$E=\{0 \le i,\ j \le \lfloor \sqrt{r} \rfloor \text{을 만족하는 } n^i p^j\}$$

보조정리 11.7의 1번 부분에 의하여 $E \subseteq J_{g(x)}$가 성립한다. 더구나, 다음이 성립한다.

$$|E|=(1+\lfloor \sqrt{r} \rfloor)^2 > r$$

그러므로 피전홀 원칙(pigeonhole principle)에 의해서 $E$에는 $n^i p^j$와 $n^h p^k$의 두개의 원소가 존재하는데, 여기서 다음 합동이 성립하며 $i \ne h$ 또는 $j \ne k$이다.

$$n^i p^j \equiv n^h p^k \bmod r$$

따라서 보조정리 11.7의 2번 부분에 의하여 다음 합동이 성립한다.

$$n^i p^j \equiv n^h p^k \bmod a \qquad (11.21)$$

여기서 $a$는 그 보조정리에서와 같다. $p \mid n$이고, $n$은 합성수이고, $i,\ j \le |\sqrt{r}|$이므로, 다음이 성립한다.

$$n^i p^j \le n^{\sqrt{r}}\left(\frac{n}{2}\right)^{\sqrt{r}} = \frac{n^{2\sqrt{r}}}{2^{\sqrt{r}}}$$

비슷하게, $h,\ k \le |\sqrt{r}|$이므로 다음 부등식이 성립한다.

$$n^h p^k \le \frac{n^{2\sqrt{r}}}{2^{\sqrt{r}}}$$

그러나 $a > n^{2\sqrt{r}}/2$이므로 합동 11.21에 의해서 다음 등식이 성립한다.

$$n^i p^j \equiv n^h p^k$$

$p \mid n$이고, $i \ne h$ 또는 $j \ne k$이므로 바로 위 등식에 의하여 $s \ge 1$인 정수 $s$s에 대하여 다음이 성립한다.

$$n = p^s$$

그러나 이 알고리즘의 첫째 단계에서 $n$이 $s \ge 2$인 $p^s$의 형태를 이루는지 검사하였다. 그러므로 $s=1$이고, $n$은 소수이다. 이는 모순이고, 따라서 증명이 완료되었다.

## 알고리즘의 시간복잡도

이제 알고리즘 11.5의 시간복잡도에 대해서 공부해보자. 먼저 보조정리와 정리 몇 개를 알아보자.

**▲ 보조정리 11.8**

$q_m$을 $m$의 가장 큰 소인수라고 하자. 그러면 $n > N$에 대해서 다음 부등식이 성립하는

$$\left|\left\{p\text{는 소수이고 } p \le n\text{이며, } q_{p-1} > n^{2/3}\text{를 만족하는 } p\right\}\right| \ge c\frac{n}{\lg n}$$

양의 상수 $c$와 정수 $N$이 존재한다.

**증명** : 1996년에 발표된 베이커(Baker)와 하멘(Harman)의 논문에 증명이 있다.

### ▲ 보조정리 11.9

$\pi(m)$을 $m$보다 작거나 같은 소수의 개수하고 하자. 그러면 $m \ge 1$에 대해서 다음 부등식이 성립한다.

$$\frac{m}{6\lg m} \le \pi(m) \le \frac{8m}{\lg m}$$

**증명** : 1997년에 발표된 아포스톨(Apostol)의 논문에 증명이 있다.

### ▲ 보조정리 11.10

양정수 $m$과 $n$에 대해서 다음 곱은

$$(n-1)(n^2-1)\cdots(n^m-1)$$

최대로 $m^2\lg n$개의 소인수를 가진다.

**증명** : 각 항은 최대로 $m\lg n$개의 소인수를 가지고, 항의 개수는 $m$개이다.

### ▸ 정리 11.32

$n > N$인 모든 $n$에 대해서 다음 구간 안에 소수 $r$이 존재하도록 하는

$$(c_1(\lg n)^6,\ c_2(\lg n)^6)$$

양의 상수 $c_1$과 $c_2$와 정수 $N$이 존재한다. 그런데 여기서 $r-1$의 가장 큰 소인수 $q$는 다음 두 조건을 만족한다.

$$q \ge 4r^{1/2}\lg n,\quad n^{\frac{r-1}{q}} \not\equiv 1 \mod r$$

**증명** : 잠시 동안 $c_1$과 $c_2$는 임의의 양정수라고 하자. 보조정리 11.8에 의해서 $c_2(\lg n)^6 > N$에 대해서 다음 식이 만족하는 양의 상수 $c$와 정수 $N$이 존재한다.

$$\left|\left\{p\text{는 소수이고 } p \le c_2(\lg n)^6\text{이며, } q_{p-1} > \left[c_2(\lg n)^6\right]^{2/3}\text{을 만족하는 } p\right\}\right| \ge c\frac{c_2(\lg n)^6}{\lg\left(c_2(\lg n)^6\right)} \tag{11.22}$$

부등식 (11.22)로 다음 부등식이 성립함을 보이는 작업은 연습문제로 남겨둔다.

$$\left|\left\{ p\text{는 소수이고 } p \le c_2(\lg n)^6\text{이며, } q_{p-1} > \left[c_2(\lg n)^6\right]^{2/3}\text{를 만족하는 } p \right\}\right| \ge \frac{cc_2}{7}\frac{(\lg n)^6}{\lg(\lg n)}$$

보조정리 11.9에서 $m = c_1(\lg\ n)^6$이라고 한다면, 식을 조금 조작하여 $c_1(\lg\ n)^6$보다 작거나 같은 소수의 개수가 다음보다 크지는 않다는 사실을 얻는다.

$$\frac{8c_1}{6}\frac{(\lg\ n)^6}{\lg\ (\lg n)} \tag{11.23}$$

부등식 (11.22)와 (11.23)을 합하여 다음 부등식을 만족하는

$$\left[c_1(\lg\ n)^6,\ c_2(\lg\ n)^6\right] \tag{11.24}$$

다음 구간에서

$$q_{p-1} > \left[c_2(\lg\ n)^6\right]^{2/3} \tag{11.25}$$

소수의 개수 $p$가 다음 보다 크거나 같다는 사실을 구한다.

$$\left(\frac{cc_2}{7} - \frac{8c_1}{6}\right)\frac{(\lg\ n)^6}{\lg(\lg\ n)}$$

이러한 소수를 특별소수(special primes)라고 한다. $c_1$과 $c_2$가 임의의 양정수임을 상기하자. 그리고 이제 $c_1 \ge 4^6$를 선택하자. 그러면 모든 특별소수 $p$에 대해서 다음을 얻는다.

$$\begin{aligned} q_{p-1} > p^{2/3} &= p^{1/2}p^{1/6} \\ &\ge p^{1/2}\left[c_1(\lg\ n)^6\right]^{1/6} \\ &\ge p^{1/2}\left[4^6(\lg\ n)^6\right]^{1/6} \\ &\ge p^{1/2}4\ \lg\ n \end{aligned} \tag{11.26}$$

부등식 (11.24)와 (11.25)에 의하여 첫 번째 부등식이 성립하고, 부등식 (11.25)에 의하여 두 번째 부등식이 성립한다.

이제 $c_3 = \left(\frac{cc_2}{7} - \frac{8c_1}{6}\right) > c_2^{2/3}$인 $c_2$를 선택해보자. 그러면 $n > N$에 대해서 특별소수의 개수는 다음보다 크거나 같다.

$$c_3\frac{(\lg\ n)^6}{\lg(\lg\ n)} \tag{11.27}$$

이제 $x = c_2(\lg n)^6$이라고 하면, 다음이 성립한다.

$$x^{2/3}\lg n = \left[c_2(\lg\ n)^6\right]^{2/3}\ \lg\ n = c_2^{2/3}\ (\lg\ n)^5 < c_3\frac{(\lg\ n)^6}{\lg(\lg\ n)} \tag{11.28}$$

보조정리 11.10에 의하여 다음 곱은 최대로 $\lfloor x^{2/3} \rfloor \lg\ n$개의 소인수를 가진다.

$$\prod = (n-1)(n^2-1)\ \cdots\ (n^{\lfloor x^{1/3} \rfloor} - 1)$$

따라서 부등식 (11.27)과 (11.28)에 의해서 $\prod$를 나누는 특별소수 $r$이 최소한 1개 존재한다.

이제 $r$이 이 정리의 조건들을 만족시킨다는 사실을 보이자. 부등식 (11.24)와 (11.25)에 의해서 $r$은 처음 두 조건은 명백히 만족시킨다. 따라서 $q = q_{r-1}$이라 하면, 다음을 증명하기만 하면 된다.

$$n^{\frac{r-1}{q}} \not\equiv 1 \bmod r$$

그러기 위해서 다음 합동을 가정해보자.

$$n^{\frac{r-1}{q}} \equiv 1 \bmod r$$

그러면 $r \left| \left( n^{\frac{r-1}{q}} - 1 \right) \right.$이 성립한다. 따라서 $\prod$는 $r$로 나누어떨어지지 않으므로, 모순을 유도하기 위해서 다음이 성립함만 보이면 된다.

$$\frac{r-1}{q} \leq \lfloor x^{1/3} \rfloor = \lfloor c_2^{1/3} (\lg n)^2 \rfloor$$

부등식 (11.25)에 의해서 $q > \left[ c_2 (\lg n)^6 \right]^{2/3}$가 성립하므로, 다음 부등식이 성립함을 보이기만 하면 된다.

$$\begin{aligned} r-1 &\leq \lfloor c_2^{1/3} (\lg n)^2 \rfloor \ \lfloor c_2 (\lg n)^2 \rfloor^{2/3} \\ &\leq c_2 (\lg n)^6 \end{aligned}$$

그러나 부등식 (11.24)에 의해서 마지막 부등식은 성립한다. 이는 모순이므로 증명이 완료되었다.

알고리즘 11.5의 분석

### ▸ 최악 시간복잡도(다차시간 소수검사)

**기본동작** : 하나의 비트 조작

**입력크기** : $n$을 코드화하는데 드는 비트의 개수 $s$로, 다음과 같이 주어진다.

$$s = \lfloor \lg n \rfloor + 1$$

$n$을 $k^j$의 형태로 표현 가능한지 결정하기 위해서 검사하는 뿌리마디의 개수는 $O(s)$이다. 즉, $n^{1/2}$, $n^{1/3}$, $\cdots$, $n^{1/m}$을 검사할 필요가 있다. 여기서 $m = \lfloor \lg n \rfloor$ 이다. 2.6절에서 공부한 무작정 해보는 기술을 사용하면 각 뿌리마디를 검사하는 시간복잡도는 $O(s^2)$이다. 그러므로 총 시간복잡도는

$$O(ss^2) = O(s^3)$$

정리 11.32에 따르면 첫 번째 `while` 루프를 통과하는 패스의 반복 횟수는 $O(s^2)$이다. 각 패스마다 얼마만큼의 일을 하는지 살펴보자. $r < n$이므로 알고리즘 11.1을 사용하면

gcd($n$, $r$)을 계산하는 시간복잡도는 $O(s^2)$이다. 9.2절의 앞부분에서 보여 준 $r$이 소수인지를 결정하고 $r-1$의 가장 큰 소인수를 찾는 알고리즘을 사용한다고 가정하자. 그 알고리즘에서 while 루프을 통과하는 패스의 반복 횟수는 최대한 $r^{1/2}$이고, 2.6절에서 공부한 무작정 기술을 사용하면 각 패스에서 나머지를 계산하는 시간복잡도가 $O(s^2)$이다. 따라서 총 시간복잡도는 $O(r^{1/2}s^2)$이며, 이는 정리 11.32에 따라서 그 시간복잡도가 $O(s^3s^2) = O(s^5)$임을 의미한다. 2.6절의 기술을 다시 이용하면 $r$을 증가하고 첫 번째 while 루프에서 빠져나가는 조건을 검사하는 시간복잡도는 $O(s^2)$이다. 따라서 첫 번째 while 루프의 총 시간복잡도는

$$O(s^6s^5) = O(s^{11})$$

$r < c(\lg n)^6$이므로 바로 알아낸 것보다 좀 더 자세한 한계 값을 구할 수 있다. 그러나 곧 보겠지만 두 번째 while 루프가 전체 한계 값을 좌우하므로 상관없다.

두 번째 while 루프를 통과하는 패스의 반복 횟수는 $O(r^{1/2}s)$이다. 이는 정리 11.32에 따라서 그 패스의 반복 횟수가 $O(s^3s) = O(s^4)$임을 의미한다. 정리 11.29의 바로 뒤에 언급했듯이 이 루프에서 합동을 결정하는 시간복잡도는 빠른 푸리에 곱셈을 사용하면 $O(rs^2)$이고, 이는 다시 정리 11.32에 따라서 그 시간복잡도가 $O(s^8s^4) = O(s^{12})$임을 의미한다. 따라서 두 번째 while 루프의 총 시간복잡도는

$$O(s^8s^4) = O(s^{12})$$

따라서 다음과 같이 결론짓는다.

$$W(s) \in O(s^{12})$$

---

2002년에 아그라왈(Agrawal)과 그의 동료들은 알고리즘 11.5이 실제 상황에서 방금 구한 한계 값보다 훨씬 더 빠를 수 있다고 그들의 논문에서 언급하고 있다. 사실, 이 추론이 맞다 가정하고 이 알고리즘의 발견적인 시간복잡도가 $O(s^6)$임을 그들이 증명하였다.

## 보조정리 11.7의 증명하는데 사용된 결과

보조정리 11.7을 증명하는 보조정리들을 살펴보자. 이 절을 이해하기 위해서 추상대수학의 사전 지식이 필요하다. 먼저 용어를 설명한다. 환(ring) $R$에 대해서 그에 대응하는 다항식환(polynomial ring)은 $R[x]$로 표시한다. 예를 들어, $Z_n$에 대응하는 다항식환은 $Z_n[x]$로 표시한다. 환 $R$과 그 $R$에서의 아이디얼(ideal) $L$에 대해서 $\{r+l \mid l \in L\}$의 형채로 구성된 잉여환(factor ring)은 $R/L$로 표시된다. 또한, $r \in R$이고 $L$이 $r$의 배수들로 구성된 아이디얼이면 $R/L$을 $R/r$로 표시한다. 예를 들어, $Z_n$은 $Z/n$으로 표시할 수 있다. 예를 또 하나 보면, 다항식환 $R(x)$와 다항식 $f(x) \in R(x)$에 대해서 $f(x)$의 배

수로 구성된 아이디얼에 의해서 결정되는 잉여환은 $R(x)/f(x)$로 표시된다. 주어진 소수 p에 대해서 우리의 관심사는 환 $Z_p$(사실은 필드field), 다항식환 $Z_p[x]$, 잉여환 $Z_p[x]/h(x)$이다.

다음 제시하는 보조정리는 대부분 증명을 생략한다. 이 보조정리들은 일반적으로 많이 쓰이는 대수적 조작을 통하여 순서대로 증명할 수 있는데, 아그라왈의 2002년 논문에서 찾아볼 수 있다.

**▲ 보조정리 11.11**

$p$와 $r$을 $p \neq r$인 소수라고 하자.

1. $h(x)$가 $x^r - 1$의 인수이고 $m \equiv k \mod r$이면, 다음 합동이 성립한다.

$$x^m \equiv x^k \mod h(x)$$

2. $ord_r(p)$을 $r$을 법으로 하는 $p$의 차수라고 한다면, $(x^r - 1)/(x-1)$은 $Z_p$로 나누어지지 않으면서 $ord_r(p)$의 차수를 가진 다항식으로 인수분해 된다.

알고리즘 11.5에서 *switch*가 참이고, $p$는 보조정리 11.6과 같고, $l = \lfloor 2\sqrt{r} \lg n \rfloor$ 으로 놓았기 때문에 두 번째 `while` 루프를 빠져나왔다고 가정하자. 위의 보조정리 2번에 의하여 $x^r - 1$의 인수이고, $Z_p$로 나누어지지 않으면서 $ord_r(p)$의 차수를 가진 다항식 $h(x)$가 존재한다. 다음 보조정리들은 모두 *switch*가 참이고, $p$는 보조정리 11.6과 같고, $h(x)$는 방금 언급한 다항식이고, $l = \lfloor 2\sqrt{r} \lg n \rfloor$ 으로 놓았기 때문에 두 번째 `while` 루프를 빠져나왔다고 가정한다.

**▲ 보조정리 11.12**

$Z_p[x]/h(x)$에서 $G$를 1개의 다음 이항에 의해서 생성된 그룹이라고 하자.

$$(x-1),\ (x-2),\ \cdots,\ (x-l)$$

즉,

$$G = \left\{ 1 \leq m \leq l\text{인 } m\text{에 대하여 } k_m \geq 0\text{을 만족하는 } \prod_{1 \leq m \leq l} (x-m)^{km} \right\}$$

그러면 $G$는 순환적이며 다음 부등식이 성립한다.

$$|G| > \left[ \frac{ord_r(p)}{l} \right]^l$$

여기서 $|G|$는 $G$에서 원소의 개수이다.

**▲ 보조정리 11.13**

$G$는 위 보조정리에서의 그룹, $g(x)$는 $G$의 생성기, $a_g$는 $\mathbf{Z}_p[x]/h(x)$에서 $g(x)$의 차수라고 하자. 그러면 다음 부등식이 성립한다.

$$a_g > \frac{n^{2\sqrt{r}}}{2}$$

증명 : $l = \lfloor 2\sqrt{r}\ \lg n \rfloor$ 이고 $q \geq 4\sqrt{r}\ \lg n$이므로, $q \geq 2l$이다. 보조정리 11.6에 의하면 $q \mid ord_r(p)$가 성립한다고 하였으므로, 이는 $ord_r(p) \geq 2l$이 성립함을 의미한다. 위의 보조정리에 따르면 다음을 얻는다.

$$|G| > \left(\frac{ord_r(p)}{l}\right)^l \geq \left(\frac{2l}{l}\right)^l = 2^l = 2^{\lfloor 2\sqrt{r}\ \lg n \rfloor} \geq 2^{2\sqrt{r}\ \lg n - 1} = \frac{n^{n\sqrt{r}}}{2}$$

증명은 이제 $g(x)$가 $G$의 생성자라는 사실에 의해서 완료된다.

**▲ 보조정리 11.14**

$g(x)$가 위 보조정리에서와 같다고 놓자. 그러면 다음 집합은 곱셈에 닫혀 있다.

$$J_{g(x)} = \{\, g(x)^m \equiv g(x^m) \bmod (x^r - 1,\ p)\text{를 만족하는 } m\}$$

**▲ 보조정리 11.15**

$g(x)$, $a_g$, $J_{g(x)}$는 모두 위의 보조정리에서와 같다고 놓자. 그러면 모든 $m$, $k \in J_{g(x)}$에 대해서 다음 합동이 성립하면,

$$m \equiv k \mod r$$

다음 합동이 성립한다.

$$m \equiv k \mod a_g$$

$a = a_g$로 놓는 경우 위의 보조정리들을 가지고 보조정리 11.7을 증명하는 것은 쉽다.

## 11.7 RSA 공개키 암호체계

철수가 영희에게 인터넷으로 연애 비밀 메시지를 보내려 하는 일에 관하여 앞에서 이야기 한바 있다. 메시지를 영희만 알 수 있는 비밀코드로 바꾸어 보낼 수 있다면, 다른 친구가 그 메시지를 가로채더라도 걱정할 필요가 없을 것임도 언급한 바 있다. 공개키 암호체

계를 이용하면 철수가 바라는 대로 할 수 있게 해준다. 공개키 암호체계를 먼저 이해한 후, RSA 공개키 암호체계를 공부해보자.

### 11.7.1 공개키 암호 체계

**공개키 암호체계**(public-key cryptosystems)는 허용 가능한 메시지, 참여자의 집합(각 참여자는 모두 **공개키**(public key)와 **비밀키**(secret key)를 가지고 있음), 참여자 간에 메시지를 주고받을 수 있는 네트워크로 구성한다. 주어진 길이 이하의 문자열은 모두 메시지로 허용가능하다. 다음과 같이 놓는다면

$$M = \text{허용 가능한 메시지의 집합}$$

각 참여자 $x$의 공개키 $pkey_x$와 비밀키 $skey_x$는 $M$에서 $M$으로 가는 서로 역인 함수 $pub_x$와 $\mathrm{sec}_x$로 각각 정해진다. 즉, 각 $b \in M$에 대해서

$$b = pub_x(\mathrm{sec}_x(b))$$

$$b = \mathrm{sec}_x(pub_x(b))$$

참여자의 공개키는 참여자 모두에게 알려주지만, $x$의 비밀키는 $x$만이 알고 있다. 예를 들면 철수가 영희에게 비밀 메시지 $b$를 보내고 싶으면, 철수와 영희는 다음 작업을 한다.

1. 철수는 영희의 공개키 $pkey_{\text{영희}}$로 $c = pub_{\text{영희}}(b)$를 계산한다. 이 메시지 $c$는 암호문(ciphertext)이라고 하며, 읽을 수 없다.
2. 철수는 영희에게 암호문 $c$를 보낸다.
3. 영희는 자신의 비밀키 $skey_{\text{영희}}$로 $b = \mathrm{sec}_{\text{영희}}(c)$를 계산한다.

• **예제 11.66** 철수가 영희에게 "사랑해"라는 비밀 메시지를 보내고 싶어 한다고 가정하자. 그 절차는 다음과 같다.

1. 철수는 다음을 계산한다.

   $$pub_{\text{영희}}(\text{“사랑해”})$$

   그 결과가 "@!##%*(!"라고 하자.
2. 철수는 이 메시지를 영희에게 보낸다. 철수 이외 다른 친구들은 "@!##%*(!" 밖에 볼 수 없다.
3. 영희는 다음을 계산한다.

   $$\mathrm{sec}_{\text{영희}}(\text{“@!\#\#\%*(!”}) = \text{“사랑해”}$$

위의 1단계에서 $pub_{\text{영희}}$를 적용하는 절차를 **암호화**(encryption)라 하고, 3단계에서 $\mathrm{sec}_{\text{영희}}$를 적용하는 절차를 **복호화**(decryption)라고 한다. 이 절차가 그림 11.1에 그림으로 표현되어 있다. 영희만이 $\mathrm{sec}_{\text{영희}}$를 알기 때문에 영희만 암호문 $c$를 원래 메시지 $b$로 복호화할

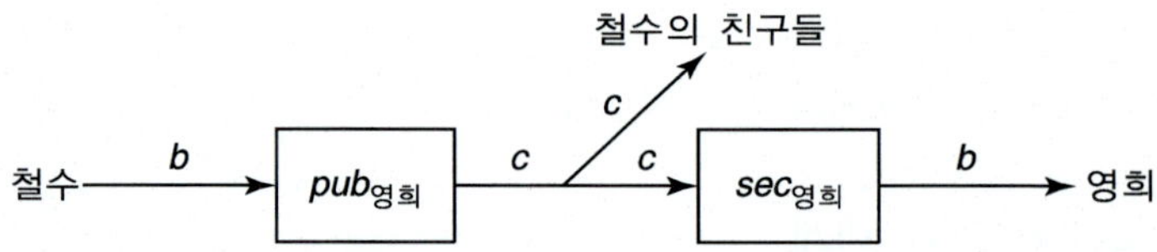


그림 11.1 철수는 보낼 메시지 $b$를 영희의 공개키로 암호화하고, 영희는 자신의 비밀키로 암호문을 복호화한다. 철수의 친구들은 암호문 $c$밖에 볼 수 없다.

수 있음을 주목하자. 따라서 철수의 다른 친구들은 암호문밖에 볼 수 없다.

이 방법은 $pkey_x$로부터 $skey_x$를 알아내기 불가능하거나 최소한 매우 어려운 경우에 한하여 문제없이 사용할 수 있다. 다음 절에서는 $pkey_x$로부터 $skey_x$를 알아내기가 매우 어려운 체계를 공부한다.

### 11.7.2 RSA 암호체계

RSA 암호체계는 큰 소수를 찾는 작업은 꽤 쉽게 할 수 있지만, 큰 수를 인수분해하는 효율적인 방법은 없다는 사실에 의존한다. RSA 암호체계를 먼저 알아본 후, 큰 소수를 쉽게 찾고 큰 수를 인수분해하기 매우 어렵다는 사실을 더 토의해보자.

#### 체계

**RSA 공개키 암호체계**(RSA public-key cryptosystems)에서 각 참여자는 다음 절차로 각자의 공개키와 비밀키를 생성한다.

1. 매우 큰 소수 $p$와 $q$ 두개를 선택한다. $p$와 $q$를 표현하는데 필요한 비트의 개수는 1024일 수 있다.
2. 다음을 계산한다.

$$n = pq$$
$$\varphi(n) = (p-1)(q-1)$$

   $\varphi(n)$ 공식은 정리 11.17에 따른다.
3. $\varphi(n)$에 서로소인 작은 소수 $g$를 선택한다.
4. 알고리즘 11.3을 사용하여 $[g]_{\varphi(n)}$의 곱셈역(multiplicative inverse)을 계산하다. 즉,

$$[g]_{\varphi(n)}[h]_{\varphi(n)} = [1]_{\varphi(n)}$$

   따름정리 11.8에 따르면 그 역은 존재하고 하나 밖에 없다.
5. $pkey = (n, g)$를 공개키로 하고, $skey = (n, h)$를 비밀키로 한다.

허용 가능한 메시지의 집합은 $\mathbf{Z}_n$이다. 공개키 $pkey = (n, g)$에 대응하는 함수는

$$pub(b) = b^g \tag{11.29}$$

여기서 $b \in \mathbf{Z}_n$이다. 비밀키 $skey = (n, h)$에 대응하는 함수는

$$\sec(b) = b^h \tag{11.30}$$

이 함수들의 값은 알고리즘 11.5로 계산할 수 있다.

이 체계가 정확하기 위해서는 공개키와 비밀키에 대응하는 함수들이 각각 서로의 역이어야 한다. 이제 이를 증명해보자.

### ▸ 정리 11.33

등식 (11.29)와 (11.30)의 함수들은 서로 역이다.

증명 : 등식 (11.29)와 (11.30)에 따르면 모든 $b \in \mathbf{Z}_n$에 대해서

$$pub(\sec(b)) = \sec(pub(b)) = b^{gh}$$

따라서 다음만 보여주면 된다.

$$b^{gh} = b$$

그러기 위해서 $m \in b$라고 하자($b \in \mathbf{Z}_n$임을 상기). 그러면 $m^{gh} \in b^{gh}$이다. 이제 다음을 증명하면 된다.

$$[m^{gh}]_p = [m]_p \tag{11.31}$$

$g$와 $h$는 $\varphi(n) = (p-1)(q-1)$을 법으로 하는 곱셈역이므로, 다음 등식이 성립한다.

$$[gh]_{(p-1)(q-1)} = [1]_{(p-1)(q-1)}$$

이는 다음 등식이 성립하는 정수 $k$가 존재함을 의미한다.

$$gh = 1 + k(p-1)(q-1)$$

2가지 경우가 존재한다.

**경우 1** : $[m]_p \neq [0]_p$인 경우, 다음과 같다.

$$\begin{aligned}
[m^{gh}]_p &= [m^{1+k(p-1)(q-1)}]_p \\
&= [m]_p\left([m]_p^{(p-1)}\right)^{k(q-1)} \\
&= [m]_p[1]_p^{k(q-1)} \\
&= [m]_p
\end{aligned}$$

세 째 등식은 정리 11.22에 의해서 성립한다.

**경우 2** : $[m]_p = [0]_p$이면, 다음이 성립한다.

$$[m^{gh}]_p = [m]_p^{gh} = [0]_p^{gh} = [0]_p = [m]_p$$

따라서 등식 11.31이 성립함을 증명하였다.

비슷한 원리로 다음도 성립한다.

$$[m^{gh}]_q \equiv [m]_q \tag{11.32}$$

등식 11.31과 11.32에 의해서 다음 두 합동이 성립한다.

$$m^{gh} \equiv m \bmod p$$

$$m^{gh} \equiv m \bmod q$$

그러므로 정리 11.13에 의해서 다음 합동이 성립하고,

$$m^{gh} \equiv m \bmod n$$

이는 다음 등식이 성립함을 의미한다.

$$b^{gh} = b$$

증명이 완료되었다.

## 토론

앞에서 언급했듯이 RSA 암호체계의 성공은 큰 소수를 찾는 작업은 꽤 쉽게 할 수 있지만, 큰 수를 인수분해하는 효율적인 방법은 없다는 사실에 의존한다. 즉, 다음과 같이 큰 소수를 쉽게 찾을 수 있다. 먼저, 적절한 크기의 정수를 무작위로 선택한다. 11.6절의 앞부분에서 설명했듯이 꽤 큰 소수를 찾는데 조차도 시간이 오래 걸리지 않는다. 선택한 각 정수에 대해서 다차시간에 실행되는 알고리즘 11.5를 사용하여 주어진 수가 소수인지 검사할 수 있다. 큰 소수를 두 개 찾을 때까지 이 절차를 반복한다. 11.6절에서 설명했듯이 알고리즘 11.5가 알려지기 전에도 밀러-래빈의 무작위적 소수검사 알고리즘을 주어진 수가 소수인지를 매우 낮은 오차율로 효율적으로 사용해왔었다. 사실, 밀러-래빈의 무작위적 소수검사 알고리즘은 그 시간복잡도가 $O(es^3)$이기 때문에 소수검사에 사용해도 문제가 별로 없다. 여기서 $s$는 입력을 코드화하는데 필요한 비트의 개수이고, $e$는 알고리즘에 오류가 발생할 확률이 $2^{-e}$보다 크지 않도록 선택한 정수이다. 따라서 $e$를 40으로 선택하면 오류가 발생할 확률은 $2^{-40} = 9.0949 \times 10^{-13}$보다 크지 않다.

반면, 수를 인수분해하는 다차시간 알고리즘은 아직 아무도 발견하지 못했다. $n$을 인수분해하지 않고 비밀키 $skey = (n,\ h)$에서 $h$ 값을 찾을 가능성은 존재한다. 그러나 효율적으로 그렇게 하는 방법을 알아낸 사람도 아무도 없다. 현재 1024비트 정도 이상 크기의 정수를 사용한다면 RSA 암호 체계로 보안을 성취할 수 있다.

## 연습문제

### 11.1절

1. 다음 각 정수의 약수를 구하시오.
   (a) 72
   (b) 31
   (c) 123

2. $h \mid m$이고 $m \mid n$이면, $h \mid n$임을 증명하시오.

3. 두 정수가 서로 나누어지면, 그 두 정수는 같음을 보이시오.

4. $p$와 $q$를 소수라고 하자. $p = q+2$이면, $p$와 $q$는 쌍둥이 소수(twin prime number)라고 한다. 쌍둥이 소수를 2개 찾으시오.

5. $\gcd(n, m) = \gcd(m, n)$임을 증명하시오.

6. $m$과 $n$이 모두 짝수일 때 $\gcd(m, n) = 2\gcd(m/2, n/2)$가 성립함을 증명하시오.

7. $n \geq m > 0$이면, $\gcd(m, n) = \gcd(m, n-m)$가 성립함을 증명하시오.

8. $p$가 소수이고 $0 < h < p$이면, $\gcd(p, h) = 1$이 성립함을 증명하시오.

9. 정리 11.5에서 논의한 대로 정수의 소인수분해가 유일함을 추론 11.2를 사용하여 보이시오.

10. 다음의 각 정수를 소수의 곱으로 내타내시오.
    (a) 123
    (b) 375
    (c) 927

11. 정리 11.6을 증명하시오.

12. 정리 11.7를 증명하시오.

13. 양의 정수 $m$과 $n$에 대하여 $\gcd(m, n) = lcm(m, n)$이 성립함의 필요충분조건은 $m = n$임을 증명하시오.

### 11.2절

14. 최상위수준에서 호출이 $\gcd(68, 40)$인 경우 알고리즘 11.1의 실행 흐름을 상술하시오.

15. 알고리즘 11.1을 반복형으로 재작성하시오. 메모리 사용량은 상수이어야만 한다(즉, 공간복잡도는 $\Theta(1)$이다).

16. 알고리즘 11.1을 사용하여 유리수를 가장 간단한 형태로 표현하는 알고리즘을 작성하시오. 유리수가 $m/n$과 같이 분수의 형태로 주어진다고 가정해도 좋다. 여기서 $m$과 $n$은 정수이다.

17. 최상위수준에서 호출이 $Euclid(64, 40, \gcd, i, j)$인 경우 알고리즘 11.2의 실행 흐름을 상술하시오.

18. 뺄셈을 사용하여 최대공약수를 계산하는 알고리즘을 작성하시오(연습문제 7번 참조). 그리고 작성한 알고리즘을 분석하라.

### 11.3절

19. 예제 11.21의 $(S, *)$가 그룹임을 보이시오.
20. 정리 11.12를 증명하시오.
21. 정리 11.13의 증명에서 연습문제로 남겨둔 부분이 있다. $h_1 = cn_2n_3 \cdots n_j$가 성립하는 정수 $c$가 존재함을 보이시오.
22. 정리 11.14를 증명하시오.
23. $s \in [m]_n$이고 $t \in [k]_n$이면, $s \times t \in [m \times k]_n$이 성립함을 보이시오.
24. $G = (S, *)$가 유한그룹이고 $s \in S$이면, $a^k = a^k a^m$이 성립하는 정수들 $k$, $m \geq 1$이 존재함을 보이시오.
25. $S = [0]_{12}, [3]_{12}, [6]_{12}, [9]_{12}$이면, $(S, +)$가 $(Z_{12}, +)$의 부분그룹임을 보이시오.
26. 정리 11.19를 사용하여 추론 11.3을 증명하시오.
27. 그룹 $(\mathbf{Z}_9^*, \times)$에서 $\langle [2]_9 \rangle = \mathbf{Z}_9^*$가 성립함을 보이시오.

### 11.4절

28. 다음 각 모듈러 방정식을 풀어보시오.
    (a) $[8]_{10}\ x = [4]_{10}$
    (b) $[4]_{17}\ x \equiv [5]_{17}$
29. 알고리즘 11.3을 구현하고, 여러 예제를 실행해보시오.
30. 방정식 $[1]_7\ x = [3]_7$과 $[12]_9\ x = [6]_9$의 해를 모두 구하시오.

### 11.5절

31. 3의 12승을 구하여 $([3]_{73})^{12}$을 계산하시오.
32. 7의 15승을 구하여 $([7]_{73})^{15}$을 계산하시오.
33. 알고리즘 11.4를 사용하여 $([3]_{73})^{12}$을 계산하시오.
34. 알고리즘 11.4를 사용하여 $([7]_{73})^{15}$을 계산하시오.
35. 알고리즘 11.4를 구현하고, 여러 예제를 실행해보시오.

### 11.6절

36. 100보다 작거나 같은 소수의 개수를 구하시오.
37. 균등분포에 따라서 1과 10,000 사이의 정수를 무작위로 뽑을 때, 뽑힌 수가 소수일 확률은 대략 얼마인가?

38. 균등분포에 따라서 1과 10,000 사이의 정수를 100개 무작위로 뽑는다고 가정하자. 뽑은 수가 모두 소수가 아닐 확률은 얼마인가?

39. $n$이 소수이고 $1 < k \leq n-1$이면, $B(n, k) \equiv 0 \mod n$임을 보이시오. 여기서 $B(n, k)$는 이항계수를 나타낸다.

40. $q$가 $n$의 인수이고 $k$가 $n$에서 $q$의 차수라면, $q^k \mid B(n, k)$임을 보이시오. 여기서 $B(n, k)$는 이항계수를 나타낸다.

41. $9x^3+2x$와 $x^2-4$은 $n$을 법으로 하여 합동인가?

42. $(x-9)^4$은 4를 법으로 하여 $(x^4-9)$와 합동이 아님을 보이시오.

43. $(x-5)^3$은 3을 법으로 하여 $(x^3-5)$와 합동임을 보이시오.

44. 정리 11.29를 증명하시오.

45. 알고리즘 11.5를 구현하고, 여러 예제를 실행해보시오.

46. 보조정리 11.3을 사용하여 보조정리 11.4를 증명하시오.

47. 다음은 보조정리 11.6의 증명에서 연습문제로 남겨둔 것이다. 다음이 성립함을 보이시오.

$$ord_r(n) \mid lem\ (ord_r(p_1),\ ord_r(p_2),\ \cdots,\ ord_r(p_k))$$

48. 부등식 11.22를 사용하여 바로 다음 부등식을 구하시오.

## 11.7절

49. 공개키와 비밀키의 다른 점은 무엇인가?

50. $p=7$, $q=11$, $g=13$을 사용하는 RSA 암호체계를 고려해보자.
    (a) $n$ 값을 계산하시오.
    (b) $\varphi$ 값을 계산하시오.
    (c) $h$ 값을 찾으시오.

51. $p=23$, $q=41$, $g=3$을 사용하는 RSA 암호체계를 고려해보자. 메시지 $[847]_{943}$을 암호화하시오.

52. 연습문제 51의 RSA 암호체계로 그 연습문제에서 암호화된 메시지를 복호화하시오.

53. RSA 암호체계에서 $\varphi(n)$를 찾아낼 수 있다면 암호체계를 뚫을 수 있음을 보이시오.

## 추가 문제

54. 소수가 무한대로 많이 존재함을 증명하시오.

55. gcd 연산자는 결합법칙이 성립함을 보이시오. 즉, 모든 정수 $m$, $n$, $h$에 대하여 $\gcd(m, \gcd(n, h)) = \gcd(\gcd(m, n), h)$임을 보이면 된다.

56. $m$이 홀수이고 $n$이 짝수이면 $\gcd(m, n) = \gcd(m, n/2)$임을 증명하시오.

57. $m$, $n$이 모두 홀수이면, $\gcd(m, n) = \gcd((m-n)/2, n)$임을 증명하시오.

58. $mx \equiv my \mod n$이면 $x \equiv y \mod n$이 성립하는 필요조건을 찾으시오.

59. $p$가 소수라 가정하고, $x^2 = [1]_p$의 해들을 찾으시오.

60. RSA 암호체계에서 $p$와 $q$q를 큰 소수, $n = pq$, $pub$를 공개키하고 하자. $pub(a)pub(b)$가 $n$을 법으로 하여 $pub(ab)$와 합동임을 보이시오.

# Chapter 12

# 병렬 알고리즘 개론

뒤뜰에 울타리를 치려하는데, 기둥마다 하나씩 총 10개의 깊은 구덩이를 파야 한다고 하자. 혼자서 10개의 구덩이를 차례로 파는 작업은 힘들고 재미없는 작업일 것이라고 깨닫고 대안을 찾아본다. 마크 트웨인(Mark Twain)의 작품에서 대표적인 주인공인 톰 소여(Tom Sawyer)가 울타리를 하얀 페인트로 칠하는 작업을 재미있는 것처럼 친구에게 속여서 자신을 돕도록 만든 이야기를 읽은 적이 있는가? 이와 비슷하지만 약간 수정한 영리한 계략을 쓰기로 결정한다. 건강에 신경을 많이 쓰는 이웃 친구들에게 뒤뜰에서 구덩이 파는 대회가 열린다고 안내장을 돌린다. 누구든지 가장 건장한 사람이 구덩이를 빨리 팔 수 있어야 우승하게 된다고 한다. 친구들이 상 자체의 값어치에 대해서는 별로 중요하게 생각하지 않는다는 사실을 알고, 맥주 6캔 정도의 하찮은 1등 상을 제공한다. 그래도 친구들은 자신들이 얼마나 건강한지 그저 증명하고 싶을 뿐이다. 대회당일, 10명의 건장한 이웃 친구들이 모여서 10개의 구덩이를 동시에 판다. 이를 병렬 구덩이 파기라고 이름 지을 수 있다. 자신은 별로 노동을 하지 않았고, 혼자서 차례로 판 경우보다 훨씬 빨리 구덩이 파기를 마쳤다.

친구들이 병렬로 작업하게 하여 더 빨리 구덩이 파는 작업을 마칠 수 있는 것처럼 컴퓨터도 여러 개의 프로세서를 가지고 명령을 병렬로 실행하면 작업을 더 빨리 마칠 수 있다(컴퓨터에서 **프로세서**(processor)는 명령과 데이터를 처리하는 하드웨어 부품이다). 지금까지 이 책에서는 직렬적인(sequential) 처리에 대해서만 논해왔다. 즉, 제시한 알고리즘은 모두 전통적인 직렬 컴퓨터에서 실행되도록 설계되었다. 이러한 컴퓨터는 10개의 구덩이를 혼자서 차례로 파는 것과 비슷하게 하나의 프로세서가 명령을 하나씩 직렬로 실행한다. 이러한 부류의 컴퓨터는 존 폰 노이만(John von Neumann)이 소개한 모델을 기초로 한다. 그림 12.1에서 보듯이 이 모델은 중앙처리장치(Central Processing Unit: CPU)라고 하는 하나의 프로세서와 메모리로 구성되어 있다. 이 모델은 일렬로 나열된 명령을 하나씩 받아서 일렬로 나열된 데이터를 차례로 처리한다. 이러한 컴퓨터를 **단일명령흐름, 단일데이터흐름**(Single Instruction stream, Single Data stream: SISD) 컴퓨터라고 하고, **직렬 컴퓨터**(serial computer)로 많이 알려져 있다.

컴퓨터에 프로세서가 많이 있어서 명령을 동시에 (병렬로) 실행한다면, 많은 문제를 더 빨리 풀 수 있을 것이다. 병렬 실행은 10명의 이웃 친구들이 10개의 구덩이를 동시에 파는 것과 같다. 예를 들어, 6.3절에서 공부한 신뢰 네트워크를 기억해보자. 그림 12.2에 신뢰 네트워크의 사례를 보여준다. 신뢰 네트워크의 각 마디는 환자의 상태를 나타낸다. 첫째 마디에서의 상태가 둘째 마디에서의 상태를 야기할 수 있으면 마디를 잇는 이음선을 연결한다. 예를 들어, 오른쪽 상단의 마디는 흡연자 상태이고, 그 마디에서 나오는 이음선에 따르면 흡연은 폐암을 초래할 수 있음을 뜻한다. 원인이 주어진다고 해서 항상 잠재적인 결과가 발생하지는 않는다. 따라서 각 원인이 주어진 상태에서 각 결과가 나타날 확률도 네트워크에 저장할 필요가 있다. 예를 들어, 흡연자가 될 확률(0.5)이 "흡연자" 마디에 저장된다. 흡연자가 폐암에 걸릴 확률(0.1)과 흡연자가 아닌 사람이 폐암에 걸릴 확률(0.01)이 "폐암" 마디에 저장된다. 폐결핵과 폐암에 걸린 사람이 X선 가슴촬영에 양성 반응을 보일 확률(0.99)과 원인들의 다른 3가지 조합을 가지고 가슴 X선 가슴촬영에 양성 반응을 보일 확률들은 "X선 가슴촬영 양성"에 저장된다. 신뢰 네트워크에서 기본 추론 문제는 마디의 상태를 알 때, 나머지 다른 모든 마디들이 그 상태를 가질 확률을 결정한다. 예를 들어, 환자가 흡연자로 알려져 있고, X선 가슴촬영에서 양성으로 판명된다면, 환자가 폐암, 폐결핵, 호흡곤란, 최근에 아프리카를 방문한 적이 있는지에 대한 확률을 알고 싶을 것이다. 펄(Pearl, 1986)은 이 문제를 푸는 추론 알고리즘을 개발하였다. 이 알고리즘에서 각 마디는 부모마디와 자식마디에 메시지를 보낸다. 예를 들어, 환자가 X선 가슴촬영에서 양성 반응을 보였다는 사실을 알면, "X선 가슴촬영 양성" 마디는 그의

그림 12.1 전통 직렬 컴퓨터

부모마디인 "폐결핵"과 "폐암"에 메시지를 보낸다. 이 마디들이 메시지를 받으면, 그 마디의 상태를 가질 확률을 계산하고, 그 마디는 다시 그의 부모마디와 다른 자식마디에 메시지를 보낸다. 이 마디들이 메시지를 받으면, 마디의 상태를 가질 새로운 확률을 계산하고, 그 마디는 다시 메시지를 보낸다. 이 메시지 전달 절차는 뿌리와 잎에서 끝난다. 환자가 흡연자이기도 하다는 사실을 알게 되는 순간, 그 마디에서 다시 메시지의 흐름을 시작한다. 전통적인 직렬 컴퓨터는 한 번에 오직 하나의 메시지나 하나의 확률 값만 계산할 수 있다. "폐결핵"에 보내는 메시지 값을 먼저 계산하고, 폐결핵이 걸릴 새로운 확률, 그리고 "폐암"으로 보내는 메시지 값, 그 확률, 등등의 순으로 계산할 수 있다.

만약 각 마디에 프로세서가 하나씩 할당되어 있고, 그 프로세서는 다른 마디에 있는 프로세서에 메시지를 보낼 수 있다면, 먼저 계산하여 메시지를 "폐결핵"과 "폐암"에 보낼 수 있을 것이다. 이 마디들이 각각 메시지를 받고, 각각 독립적으로 계산하고 메시지를 부모마디와 다른 자식마디에 보낼 수 있을 것이다. 더구나 환자가 흡연자라는 사실도 안다면, "흡연자" 마디는 동시에 계산하여 메시지를 자식마디에 보낼 수 있을 것이다. 이 모든 일이 동시에 일어난다면, 추론을 훨씬 빨리 끝낼 수 있을 것이다. 실세계에서 사용되는 신뢰 네트워크는 종종 수백 개의 마디로 이루어져 있고, 추론되는 확률이 즉시 필요하다. 이는 시간 절약이 아주 중요할 수 있다는 의미가 된다.

방금 설명한 것이 바로 **병렬 컴퓨터**(parallel computer)의 구조이다. 이러한 컴퓨터를 "병렬"이라고 하는 이유는 각 프로세서가 다음 프로세서와 동시에 (병렬로) 명령을 실행할 수 있기 때문이다. 프로세서의 비용이 지난 30년간 큰 폭으로 감소해왔다. 현재 마이크로프로세서 기성품의 속도는 가장 빠른 직렬 컴퓨터의 10배 정도 빠르다. 그러나 가격은 10배 정도 싸다. 따라서 이전 문단에서 설명한대로 마이크로프로세서를 연결하여 훨

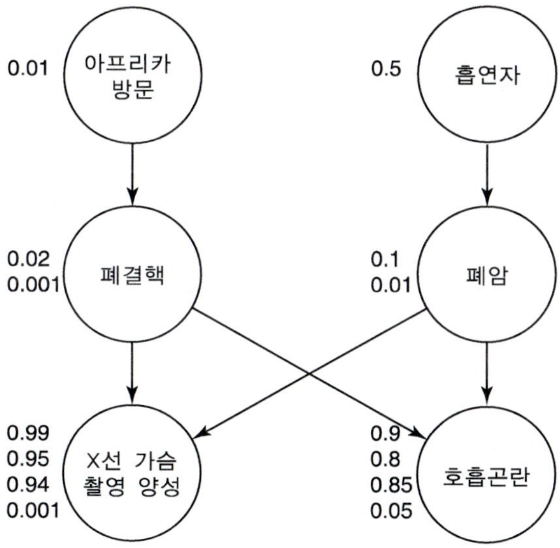


그림 12.2 신뢰 네트워크

씬 돈을 적게 들이고 가장 빠른 직렬 컴퓨터보다 빠른 계산 효과를 볼 수 있다. 병렬 계산을 하여 상당한 이익을 얻을 수 있는 분야가 많다. 인공지능에서의 응용 분야로 앞에서 언급한 신뢰 네트워크, 신경 네트워크에서의 추론, 자연어 이해, 대화 인식, 영상 인식이 있다. 데이터베이스 질문처리, 일기예보, 오염 감시, 단백질구조 분석 등에도 많이 응용된다.

병렬 컴퓨터를 설계하는 방법은 많이 있다. 12.1절에서는 병렬 설계에 필요한 고려사항과 가장 널리 알려진 병렬 구조에 대하여 공부한다. 12.2절에서는 PRAM(Parallel Random Access Machine)이라고 하는 특정 종류의 병렬 컴퓨터에 대한 알고리즘 작성 방법을 설명한다. PRAM은 그리 실용적이지 않지만, PRAM은 직렬 계산 모델에서 간단히 일반화할 수 있다. 더구나, PRAM 알고리즘은 실제 많은 컴퓨터에 쓰이는 알고리즘으로 변환할 수 있다. 따라서 PRAM 알고리즘은 병렬 알고리즘의 개념을 소개하기에 알맞다.

## 12.1 병렬 구조

병렬 컴퓨터(parallel computer)는 다음과 같은 세 가지 방법으로 구축할 수 있다.

1. 제어 메커니즘(control mechanism)
2. 주소-저장장소 구성(address-space organization)
3. 상호연결 네트워크(interconnection network)

### 12.1.1 제어 메커니즘

병렬 컴퓨터의 각 프로세서는 중앙제어장치의 제어 하에 작동할 수도 있고, 자체 제어장치의 제어 하에 독립적으로 작동할 수도 있다. 첫째 종류의 구조를 **단일명령흐름, 다중데이터흐름**(Single Instruction stream, Multiple Data stream: SIMD)이라고 한다. 그림 12.3(a)는 SIMD 구조를 나타낸다. 그림에 표시된 상호연결 네트워크는 프로세서가 서로 정보를 주고받는 하드웨어를 나타낸다. 상호연결 네트워크는 12.1.3에서 자세히 설명한다. SIMD 구조에서는 같은 명령이 중앙제어장치의 제어 하에 모든 처리장치에 의하여 동기적(synchronously)으로 실행된다. 모든 프로세서가 각 주기마다 하나의 명령을 반드시 실행해야 하는 것은 아니고, 프로세서 별로 연결이 끊어지는 주기가 있어도 괜찮다.

각 프로세서에 자체 제어장치가 있는 병렬 컴퓨터는 **다중명령흐름, 다중데이터흐름**(Multiple Instruction stream, Multiple Data stream: MIMD)이라고 한다. 그림 12.3(b)는 MIMD 구조를 나타낸다. MIMD 컴퓨터는 각 프로세서에 운영체제와 프로그램을 모두 저장한다.

SIMD 컴퓨터는 같은 명령을 여러 가지 다른 데이터로 실행하는 프로그램에 적당하다. 이러한 프로그램을 **데이터 병렬 프로그램**(data parallel program)이라고 한다. SIMD 컴

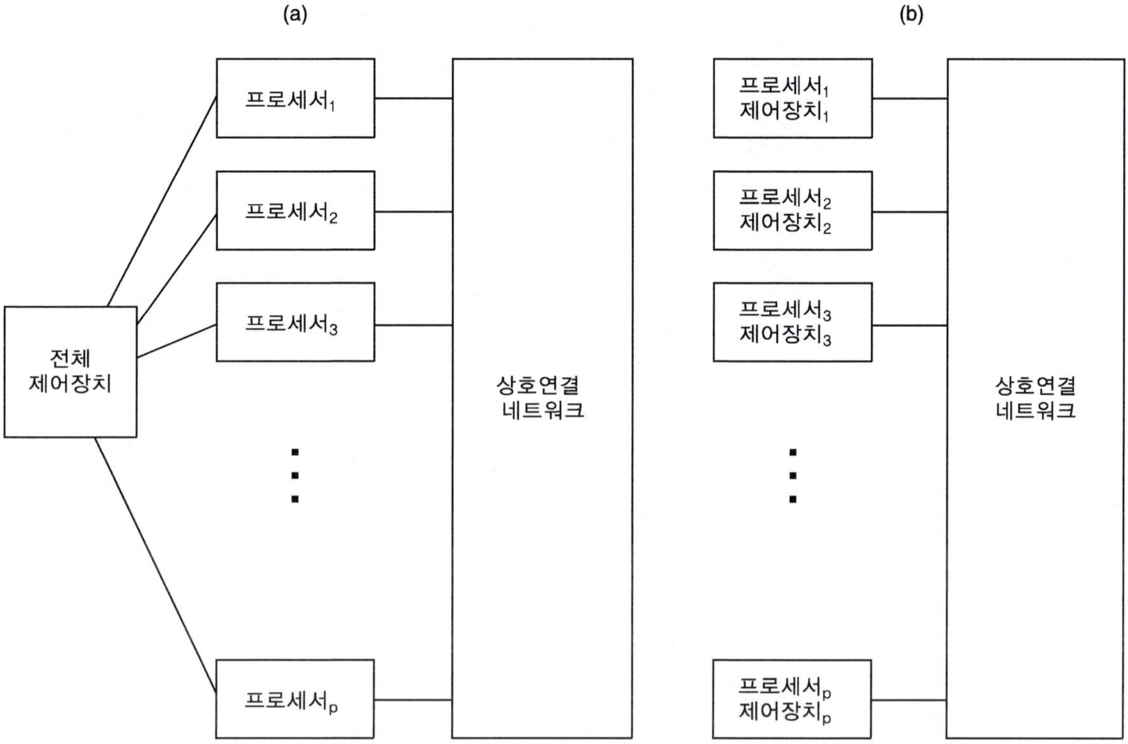


**그림 12.3** (a) 단일명령흐름, 다중데이터흐름(SIMD) 구조, (b) 다중명령흐름, 다중데이터흐름(MIMD) 구조

퓨터의 단점은 같은 주기 내에서 다른 명령을 실행할 수 없다는 것이다. 예를 들어, 다음과 같은 조건문을 실행한다고 가정하자.

```
if (x == y)
    명령 A를 실행;
else
    명령 B를 실행;
```

$x \neq y$임을 알아낸 프로세서는 $x = y$임을 알아낸 프로세서가 명령 A를 실행하는 동안 쉬고 있어야 한다(프로세서들은 다른 데이터를 동시에 처리하고 있음을 상기하자). 그리고 $x = y$임을 알아낸 프로세서는 다른 프로세서가 명령 B를 실행하는 동안 반드시 쉬어야 한다.

일반적으로, SIMD 컴퓨터는 동기성(synchronization)을 요구하는 병렬 알고리즘에 가장 적당하다. 대부분의 MIMD 컴퓨터는 동기성을 제공하는 하드웨어를 추가적으로 가지고 있어서 SIMD 컴퓨터를 흉내낼 수 있다.

### 12.1.2 주소-저장장소 구성

프로세서는 공통 주소 저장장소에서 데이터를 수정하거나, 메시지를 전달하여 서로 통신할 수 있다. 주소 저장장소는 사용하는 통신방법에 따라 다르게 구성된다.

### 공유된 주소 저장장소 구조

**공유된 주소 저장장소 구조**(shared-address apace-architecture)에서는 공유된 주소 저장장소에 읽기/쓰기(read/write) 접근을 모든 프로세서에 하드웨어로 허용한다. 프로세서는 공유된 주소 저장장소에 있는 데이터를 수정함으로써 서로 통신한다. 그림 12.4(a)는 각 프로세서가 메모리의 워드(word)에 접근하는데 걸리는 시간이 모두 같은 공유된 주소 저장장소 구조를 보여준다. 이러한 컴퓨터를 **균일한 메모리 접근**(Uniform Memory Access: UMA) 컴퓨터라고 한다. 그림 12.4(a)에서 보듯이 UMA 컴퓨터에서 각 프로세서는 독자 메모리를 가질 수 있다. 독자 메모리는 프로세서가 계산을 수행하는데 필요한 지역변수를 저장하는데만 사용한다. 알고리즘의 실제 입력은 독자 메모리 어디에도 없다. UMA 컴퓨터의 단점은 상호연결 네트워크가 모든 프로세서의 공유 메모리에 동시 접근을 제공해야 한다. 이로 인해서 성능이 급격히 저하될 수 있다. 대안은 각 프로세서에 공유 메모리의 일부분만 제공하는 것이다. 이 구조는 그림 12.4(b)에 나와 있다. 이 메모리는 그림 12.4(a)의 지역 메모리와 같이 독자적이지 않다. 즉, 각 프로세서는 다른 프로세서에 속한 메모리에 접근할 수 있지만 다른 프로세서에 속한 메모리보다 자신에 속한

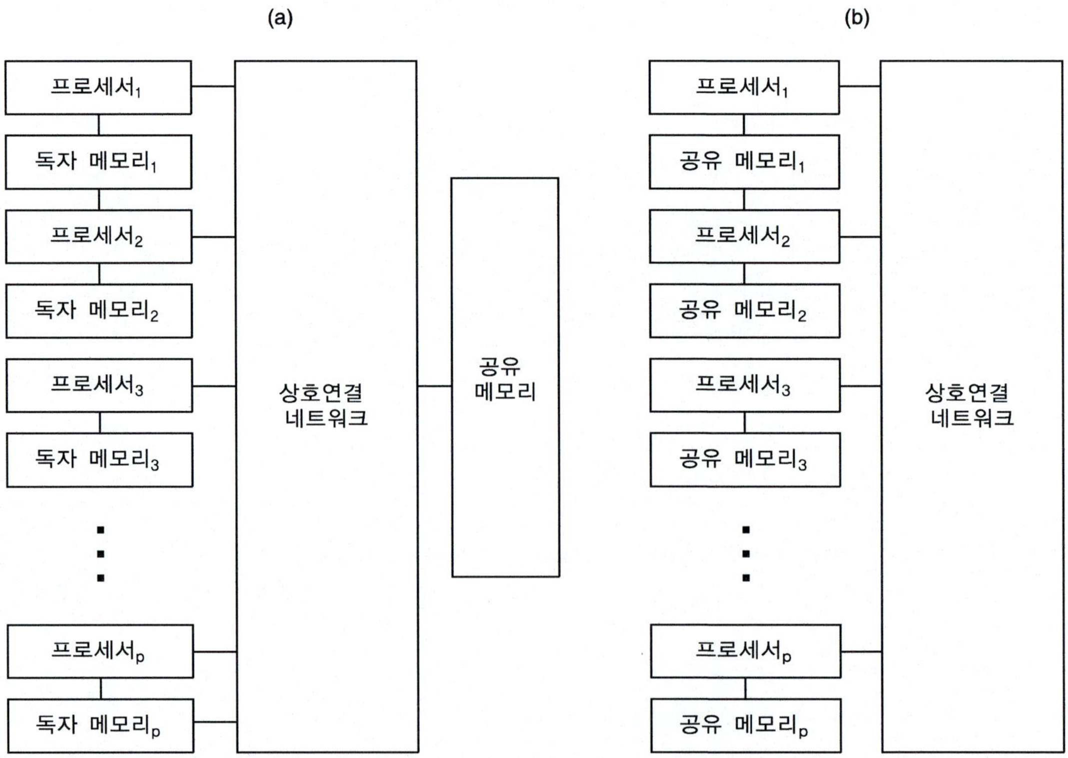


그림 12.4 (a) 균일한 메모리 접근(UMA) 컴퓨터, (b) 균일하지 않은 메모리 접근(NUMA) 컴퓨터

메모리에 더 빠르게 접근할 수 있다. 만약 프로세서가 대부분 자신에 속한 메모리만 접근한다면, 수행성능은 좋을 수밖에 없다. 이러한 컴퓨터를 **균일하지 않은 메모리 접근**(nonuniform memory access: NUMA) 컴퓨터라고 한다.

### 메시지 전달 구조

**메시지 전달 구조**(message-passing architecture)에서 각 프로세서는 자신만이 접근할 수 있는 독자 메모리를 가지고 있다. 데이터를 수정하는 대신 메시지를 전달하여 프로세서는 다른 프로세서와 통신을 한다. 그림 12.5는 메시지 전달 구조를 보여준다. 그림 12.5는 그림 12.4(b)와 거의 비슷해 보인다. 차이점은 상호연결 네트워크가 연결된 방법이다. NUMA 컴퓨터의 경우 상호연결 네트워크는 다른 프로세서에 속한 메모리에도 접근할 수 있도록 각 프로세서가 연결되어 있다. 반면, 메시지 전달 컴퓨터에서는 각 프로세서가 직접 다른 프로세서에 메시지를 보낼 수 있도록 연결되어 있다.

## 12.1.3 상호연결 네트워크

상호연결 네트워크는 크게 정적(static)과 동적(dynamic)의 두 가지로 나눌 수 있다. 정적 네트워크는 메시지 전달 구조를 구축하는데 주로 사용되고, 동적 네트워크는 공유된 주

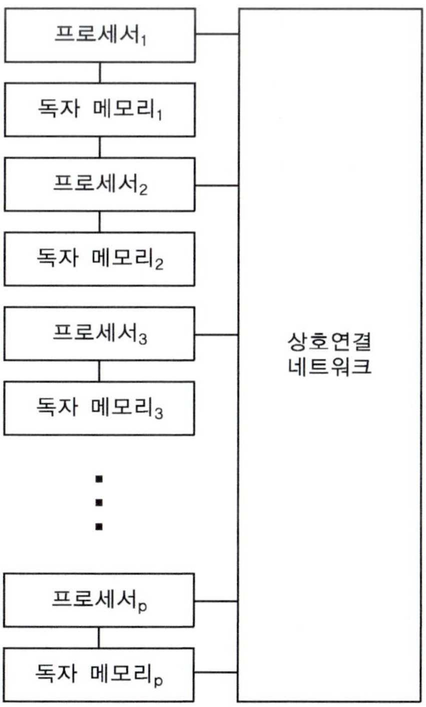


그림 12.5 메시지 전달 구조. 각 프로세서의 메모리는 그 프로세서만이 접근 가능하다. 프로세서는 상호연결 네트워크를 통하여 서로 메시지를 전달함으로써 통신한다.

소 저장장소 구조를 구축하는데 주로 사용된다. 하나씩 차례로 공부해보자.

## 정적 상호연결 네트워크

**정적 상호연결 네트워크**(static interconnection networks)는 프로세서 사이에 직접 연결하는 링크가 있는데, 때로는 **직접 네트워크**(direct networks)라고 한다. 정적 상호연결 네트워크에도 여러 가지 종류가 있다. 주로 많이 사용되는 몇 개를 살펴보자. 가장 효율적이지만, 가장 비용이 많이 드는 네트워크는 그림 12.6(a)에 있는 **완전연결 네트워크**(completely connected network)이다. 이 네트워크에서는 각 프로세서가 다른 모든 프로세서와 직접 연결되어 있다. 따라서 송신 프로세서는 다른 수신 프로세서에 직접 연결된 링크를 통하여 메시지를 보낼 수 있다. 링크의 개수는 프로세서의 개수에 대하여 제곱에 비례하므로, 이러한 유형의 네트워크는 매우 비싸다.

**별모양 네트워크**(star-connected network)에서 프로세서 하나가 중앙 프로세서 역할을 한다. 즉, 다른 프로세서는 모두 그 중앙 프로세서로 연결하는 링크가 있다. 그림 12.6(b)가 별모양 네트워크이다. 별모양 네트워크에서는 어떤 프로세서가 다른 프로세서에 메시지를 보내기 위해서는 먼저 메시지를 중앙 프로세서에 보내고, 그 메시지는 다시 수신 프로세서로 보내진다.

$d$차 **한정 네트워크**(bounded-degree network)에서는 각 프로세서가 최대로 $d$개의 다른 프로세서에 연결되어 있다. 그림 12.6(c)는 4차 한정 네트워크이다. 4차 한정 네트워크에서 메시지 전달할 때, 먼저 한 방향으로 따라 가다가 적당한 위치에서 방향을 바꾸어 도착 프로세서에 도달할 때까지 그 방향을 따라간다.

약간 더 복잡하지만, 더 많이 쓰이는 정적 네트워크는 하이퍼큐브(hypercube)이다. 0차원 하이퍼큐브는 하나의 프로세서로 구성되어 있다. 1차원 하이퍼큐브는 2개의 0차원 하이퍼큐브에 있는 프로세서를 연결하여 만든다. 2차원 하이퍼큐브는 1차원 하이퍼큐브의 각 프로세서를 다른 1차원 하이퍼큐브의 프로세서 하나에 각각 연결하여 만든다. 재귀적으로 정의하면, $(d+1)$**차원 하이퍼큐브**($(d+1)$-dimensional hypercube)는 $d$차원 하

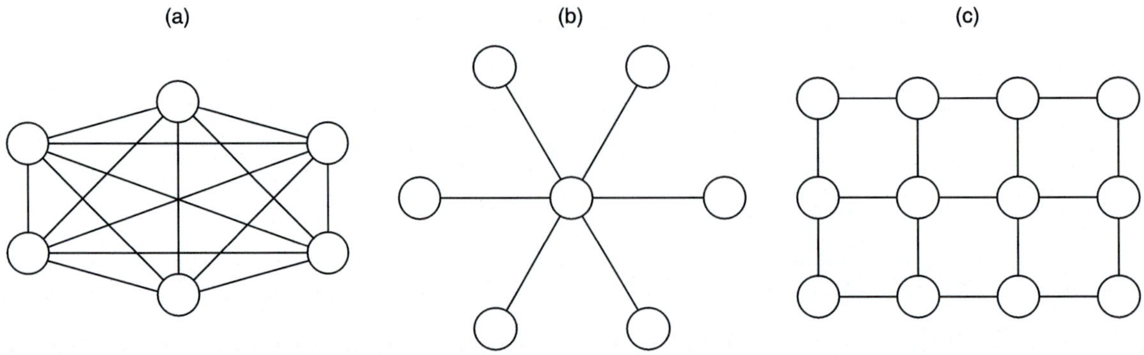


그림 12.6 (a) 완전연결 네트워크, (b) 별모양 네트워크, (c) 4차 한정 네트워크

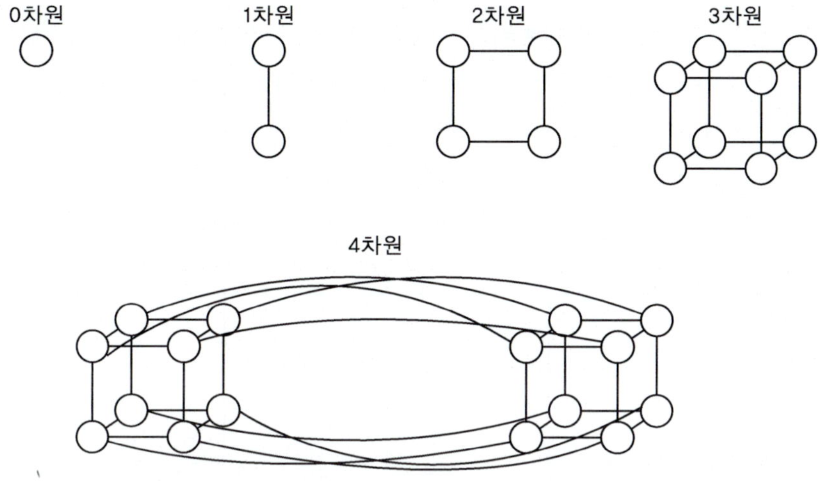


그림 12.7 하이퍼큐브 네트워크

이퍼큐브의 각 프로세서를 다른 $d$차원 하이퍼큐브의 프로세서 하나에 각각 연결하여 만든다. 첫째 하이퍼큐브의 각 프로세서는 둘째 하이퍼큐브에 대응하는 위치에 있는 프로세서에 연결된다.

메시지 전달 구조를 구현하는데 정적 네트워크가 보통 사용되는 이유는 바로 이러한 네트워크에서 프로세서가 직접 연결되어 있어서 메시지의 흐름을 가능하게 하기 때문이라는 사실은 명백하다.

### 동적 상호연결 네트워크

**동적 상호연결 네트워크**(dynamic interconnection network)에서 프로세서는 여러 개의 스위치를 통하여 메모리에 연결되어 있다. 가장 간단한 방법으로 **크로스바 스위치 네트워크**(crossbar switching network)가 있다. 이 네트워크는 그림 12.8에서 보여주듯이 $p$개 프로세서가 스위치의 격자(grid)를 사용하여 $m$개의 메모리뱅크(memory bank)에 연결되어 있다. 예를 들어, 프로세서$_3$이 현재 메모리뱅크$_2$에 접근할 수 있다면, 그림 12.8 동그라미 친 격자 부분에 스위치가 켜진다(스위치를 켜면 회로를 연결하고 전기를 흐르게 한다). 스위치를 킬 때 프로세서와 메모리뱅크가 동적으로 연결되므로 이 네트워크는 "동적"이라고 한다. 크로스바 스위치 네트워크는 차단이 불가(nonblocking)하다. 즉, 하나의 프로세서가 어떤 메모리 뱅크에 연결되어 있다고 해서 다른 프로세서와 다른 메모리뱅크의 연결을 차단하지 않는다. 이상적으로 크로스바 스위치 네트워크에는 메모리의 각 워드마다 하나의 뱅크가 있어야 한다. 그러나 이는 분명히 비현실적이다. 보통 뱅크의 개수는 최소한 프로세서의 개수만큼은 된다. 따라서 언제든지 프로세서가 최소한 하나의 메모리뱅크에 접근할 수 있다. 크로스바 스위치 네트워크에서 스위치의 개수는 $pm$이다. 따라서 $m$을 $p$보다 크거나 같게 요구한다면, 스위치의 개수는 $p^2$보다 크거나 같게 될

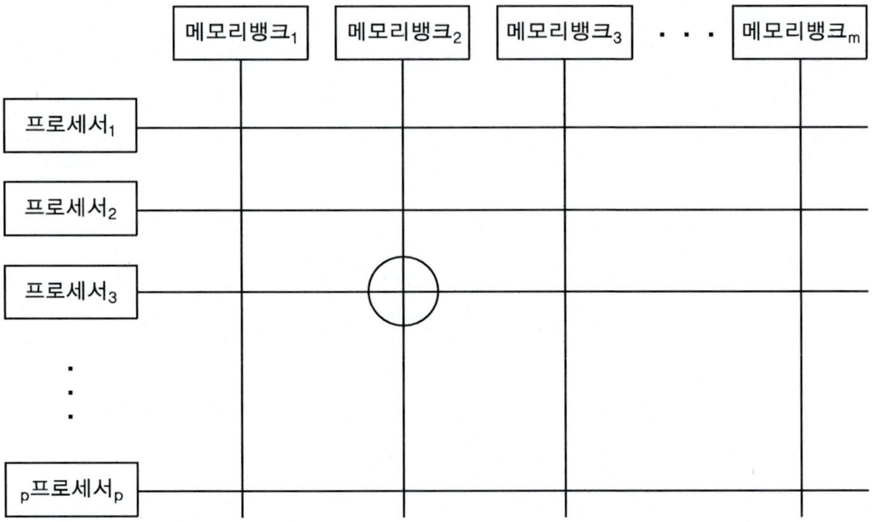


그림 12.8 크로스바 스위치 네트워크. 격자의 각 위치에 스위치가 있다. 셋째 프로세서를 현재 둘째 메모리뱅크를 연결하고 싶을 때, 프로세서$_3$과 메모리뱅크$_2$ 사이에 정보를 흐르게 하도록 동그라미 쳐진 부분의 스위치를 켠다.

것이다. 결론적으로, 크로스바 스위치 네트워크는 프로세서의 개수가 크면 상당히 비용이 많이 들 수 있다.

여기서 공부하지 않을 다른 동적 상호연결 네트워크로는 버스기반 네트워크(bus-based network)와 다단계 상호연결 네트워크(multistage interconnection network)가 있다.

공유된 주소 저장장소 구조를 구현하는데 왜 동적 상호연결 네트워크를 사용하는지 이제 이유가 분명하다. 즉, 이러한 네트워크에서 각 프로세서는 메모리의 각 워드에는 접근 허용하지만, 다른 프로세서에는 직접 메시지를 보낼 수 없다.

이 장에서 제시한 병렬 하드웨어의 소개는 Kurma, Grama, Gupta, Karypis의 책(1994)에 있는 내용을 기초로 하였다. 더 철저한 (특히 버스기반과 다단계 상호연결 네트워크에 대한) 소개를 원하는 독자는 그 책을 참조하기 바란다.

## 12.2 PRAM 모델

앞 절에서 공부했듯이 병렬 구조는 다양하게 구축이 가능하고, 실제 컴퓨터가 이 구조들을 바탕으로 만들어진다. 반면에, 직렬 컴퓨터는 모두 그림 12.1의 구조와 같은데, 이는 폰 노이만 모델이 모든 직렬 컴퓨터의 보편적인(universal) 모델이라는 의미이다. 이전 장에서 알고리즘을 설계하는데 폰 노이만 모델에 맞는 컴퓨터에서 실행되리라고 가정하였다. 따라서 알고리즘을 구현하는 프로그래밍 언어나 컴퓨터가 다르다고 알고리즘의 시간복잡도가 달라지지 않는다. 직렬 컴퓨터의 사용이 급격히 증가하게 된 것은 이 사실이 주요 요인이 되었다.

병렬 컴퓨터의 보편적인 모델을 찾는 일도 중요하다. 첫째, 많은 종류의 병렬 구조의 주요 특징을 충분히 포착하는 보편적인 모델을 찾아서 한다. 둘째, 찾은 모델을 기반으로 설계한 알고리즘은 실제 병렬 컴퓨터에서 효율적으로 실행되어야 한다. 이 두 조건을 만족하는 모델은 현재 없고, 찾을 수 있을 것 같지도 않다.

보편적인 모델은 아직 모르지만, PRAM(Parallel Random Access Machine) 컴퓨터는 병렬 컴퓨터의 이론 모델로 널리 사용하고 있다. PRAM 컴퓨터는 $p$개의 프로세서로 구성되어 있고, 프로세서는 모두 공유하는 큰 메모리에 균일하게 접근할 수 있다. 프로세서는 시스템 시계(clock)를 공유하지만, 각 주기마다 다른 명령을 실행할 수도 있다. 따라서 PRAM 컴퓨터는 동기적, MIMD, UMA 컴퓨터이다. 따라서 그림 12.3(b)와 그림 12.4(a)가 PRAM 컴퓨터의 구조를 나타낸다. 그리고 그림 12.8은 PRAM 컴퓨터로 구축 가능한 상호 연결 네트워크를 보여준다. 이미 언급했듯이 이러한 컴퓨터를 실제로 구축하기는 비용이 꽤 많이 들것이다. 그러나 PRAM 모델은 계산의 직렬 모델의 자연스런 확장이다. 따라서 알고리즘을 개발할 때 PRAM 모델은 개념적으로 쉽게 사용할 수 있다. 더구나, PRAM 모델에 쓸 목적으로 개발한 알고리즘은 더 현실적인 컴퓨터에 사용할 수 있는 알고리즘으로 변환할 수 있다. 예를 들어, PRAM 명령은 프로세서의 개수가 $p$일 때 한정 네트워크에서 $\Theta(\lg p)$개의 명령으로 시뮬레이션할 수 있다. 더욱이, 점근적으로 하이퍼큐브 알고리즘만큼 빠른 PRAM 알고리즘이 있는 문제가 많이 있다. 이러한 이유로 PRAM 모델은 병렬 알고리즘을 소개하는데 좋은 역할을 한다.

PRAM 같은 공유메모리 컴퓨터에서 하나 이상의 프로세서가 같은 메모리 장소를 동시에 읽고 쓰는 작업을 시도할 수 있다. 동시 메모리 접근을 어떻게 처리하느냐에 따라서 PRAM 모델의 종류를 4가지로 나눌 수 있다.

1. **독점읽기, 독점쓰기**(Exclusive-Read, Exclusive-Write: EREW).
   이 방법은 동시에 읽기나 쓰기가 허용되지 않는다. 즉, 주어진 시간에 하나의 프로세서만 하나의 메모리 장소에 접근이 가능하다. 동시성을 최소로 허용하므로 PRAM 컴퓨터 중 가장 약하다.
2. **독점읽기, 동시쓰기**(Exclusive-Read, Concurrent-Write: ERCW)
   이 방법은 동시에 쓰는 연산은 허용하지만, 동시에 읽는 연산은 허용하지 않는다.
3. **동시읽기, 독점쓰기**(Concurrent-Read, Exclusive-Write: CREW)
   이 방법은 동시에 읽는 연산은 허용하지만, 동시에 쓰는 연산은 허용하지 않는다.
4. **동시읽기, 동시쓰기**(Concurrent-Read, Concurrent-Write: CRCW)
   이 방법은 동시에 읽고 쓰는 연산을 모두 허용한다.

CREW PRAM 모델과 CRCW PRAM 모델에 대하여 알고리즘을 설계해보자. 먼저 CREW

모델을 살펴보고, CRCW 모델을 사용하여 어떻게 더 효율적인 알고리즘을 개발할 수 있는지 공부하자. 병렬 알고리즘을 어떻게 표현하는지 우선 살펴보자. 병렬 알고리즘을 구현할 수 있는 프로그래밍 언어가 있긴 하지만, 써오던 표준 의사코드를 일부 기능만 추가하여 사용하도록 하자.

알고리즘을 작성하고 번역한 후, 모든 프로세서가 알고리즘을 동시에 실행한다. 따라서 각 프로세서는 알고리즘을 실행하는 동안 자신의 인덱스를 알 필요가 있다. 각 프로세서는 $P_1$, $P_2$, $P_3$ 등의 인덱스를 가지고, 다음과 같은 명령으로 프로세서의 인덱스를 넘겨준다.

$$p = \text{index of this processor;}$$

알고리즘에서 선언한 변수는 공유메모리 변수일 수 있는데, 이는 모든 프로세서가 이 변수에 접근 가능하다는 뜻이다. 또는 선언한 변수는 개인 메모리 변수일 수도 있다(그림 12.4(a) 참조). 개인 메모리 변수의 경우, 각 프로세서는 변수의 독자 사본을 가지고 있다. 개인 메모리 변수를 선언할 때 local이라는 키워드를 사용하기로 한다.

여기서 다루는 알고리즘은 12.1.1에서 공부한 대로 모두 데이터-병렬 알고리즘이다. 즉, 프로세서는 데이터 집합에 있는 다른 데이터를 가지고 같은 명령 집합을 실행한다. 데이터 집합은 공유메모리에 저장한다. 명령이 공유메모리에 저장되어 있는 데이터 집합의 한 원소 값을 지역변수에 저장하면, 공유메모리에서 **읽는다**(read)라고 한다. 반면, 지역변수의 값을 공유메모리의 데이터 집합에 저장하면, 공유메모리에 **쓴다**(write)라고 한다. 공유메모리로부터 읽기와 공유메모리에 쓰기 명령만 가지고 이 데이터 집합의 원소를 조작할 수 있다. 예를 들어, 공유메모리 데이터 집합의 두 개의 원소 값을 직접 비교하지 않는다. 대신, 값을 지역메모리의 변수로 읽고, 그 변수의 값을 비교한다. 데이터 집합의 크기 $n$같은 변수들은 직접 비교를 허용한다. 데이터-병렬 알고리즘은 일련의 스텝으로 구성되어 있고, 모든 프로세서는 각 스텝을 동시에 시작하여 동시에 끝낸다. 더구나 각 스텝을 수행 중에 읽는 프로세서들은 모두 동시에 읽고, 쓰는 프로세서들은 모두 동시에 쓴다.

프로세서는 원하는 만큼 구할 수 있다고 가정한다. 이미 언급했듯이 실제로 이 가정은 비현실적이다.

다음 알고리즘은 이 관습에 따른 것이다. 공유메모리에 인덱스가 1부터 $n$까지인 정수 배열 $S$가 있고, 인덱스가 1부터 $n$까지인 $n$개의 프로세서가 알고리즘을 병렬로 실행하고 있다고 가정한다.

```
void example (int n,                          // S는 공유메모리의 데이터 집합이다.
              int S[])
{
   local index p;
   local int temp;
```

```
    p = index of this processor;
    read S[p] into temp;                    // 이 명령은 공유메모리에서 읽기이다.
    if (p < n)
        write temp into S[p + 1];           // 이 명령은 공유메모리로 쓰기이다.
    else
        write temp into S[1];
}
```

배열 $S$에 속한 값은 모두 $n$개의 다른 지역 변수 *temp*로 동시에 읽는다. 그리고 $n$개의 변수 *temp*에 들어있는 값들은 모두 $S$로 동시에 쓴다. $S$의 원소는 모두 그 앞에 있는 값이 주어진다(맨 앞에 있는 값은 맨 뒤의 값이 주어짐(wraparound)). 그림 12.9는 알고리즘의 연산 절차를 나타내었다. $S$는 공유메모리이므로 각 프로세서는 전체 배열 $S$에 항상 접근할 수 있다. 따라서 $p$번째 프로세서는 $(p+1)$번째 배열 슬롯에 쓸 수 있다. 이 간단한 알고리즘에는 스텝이 하나뿐이다. 스텝이 둘 이상이면, 루프를 다음과 같이 작성한다.

```
for (step = 1; step <= numstep; step++) {
    // 각 스텝별로 실행할 코드가 여기 온다. 각 프로세서는 스텝별로
    // 동시에 시작하고, 동시에 끝난다. 스텝별로 읽는 프로세서는
    // 모두 동시에 읽고, 스텝별로 쓰는 프로세서는 모두 동시에
    // 쓴다.
}
```

이 루프의 구현 방법은 여러 가지 있다. 하나는 증가와 검사를 하는 제어장치를 따로 두는 것이다. 다른 프로세서에게 언제 읽고, 언제 지역변수 명령을 실행하고, 언제 쓸 것인지 알려주는 명령을 만들어 낼 것이다. 루프의 내부에서 항상 값이 일정한 변수를 계산

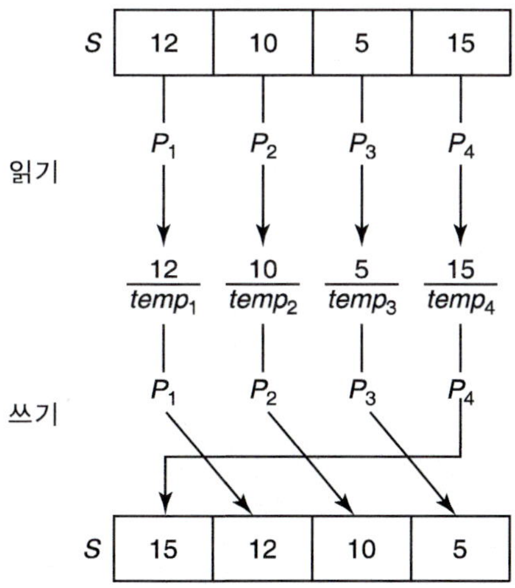


그림 12.9 프로시저 example의 적용 예

할 때가 가끔 있다. 예를 들어, 알고리즘 12.1과 12.3은 둘 다 다음 명령을 실행한다.

$$size = 2 * size;$$

여기서 *size* 값은 항상 일정하다. 이렇게 값이 일정한 변수는 프로세서별로 값을 따로 가지고 있을 필요가 없으므로, 공유메모리 변수로 저장한다. 그 명령은 따로 마련한 제어 장치로 실행하도록 구현할 수 있다. 구현방법에 대해서는 더 이상 설명하지 않겠다. 대신 알고리즘을 작성해보자.

### 12.2.1 CREW PRAM 모델에 대한 알고리즘 설계

다음의 예제 문제를 가지고 CREW PRAM 알고리즘을 설명한다.

#### 배열에서 가장 큰 키 찾기

정리 8.7에서 키만 비교하여 가장 큰 키를 찾으려면 최소한 $n-1$번 비교를 해야 한다고 증명하였다. 직렬 컴퓨터로 수행하도록 알고리즘을 설계하면 시간복잡도가 $\Theta(n)$이 됨을 의미한다. 병렬 알고리즘을 사용하면 실행시간을 향상시킬 수 있다. 병렬 알고리즘도 최소한 $n-1$번의 비교는 해야 한다. 그러나 병렬로 하면, 더 빨리 끝낼 수 있다. 이제 병렬 알고리즘을 개발해보자.

알고리즘 8.2(가장 큰 키 찾기)는 다음과 같이 하여 가장 큰 키를 가장 빨리 찾는다.

```
void find_largest (int n,
                   const keytype S[],
                   keytype& large)
{
index i;

    large = S[1];
    for (i = 2; i <= n; i++)
        if (S[i] > large)
            large = S[i];
}
```

이 알고리즘은 루프의 몸체를 실행한 결과를 다음에 몸체를 실행할 때 사용하므로 프로세서를 더 많이 사용해봐야 전혀 도움이 되지 않는다. 8.5.3절의 가장 큰 키를 찾는 토너먼트 방법을 연상해보자. 이 방법은 수를 두 그룹으로 나누어 각 그룹에서 가장 큰 값(승자)을 찾는다. 그리고 키가 하나만 남을 때까지 이 과정을 계속한다. 그림 8.10에서 이 과정을 설명하고 있다. 토너먼트 방법을 푸는 직렬 알고리즘은 알고리즘 8.2와 시간복잡도가 같다. 그러나 토너먼트 방법에서 프로세서를 더 사용하면 실행시간을 향상할 수 있다. 예를 들어, 토너먼트 방법을 사용하여 8개 키 중에서 가장 큰 키를 찾고 싶다고 하자. 2회전을 치르기 전에 1회전에서 차례로 승자 4개를 결정해야 한다. 추가로 프로세서 3개의 도움을 받으면, 1회전의 승자 4개를 동시에 결정할 수 있다. 이는 1회전의 승자를 4배 빨리 결정할 수 있다는 의미가 된다. 1회전이 끝나면, 프로세서 2개만 가지고 2회전 비교를 실행할 수 있다. 결승전에서는 프로세서가 하나만 필요하다.

그림 12.10은 병렬 알고리즘이 이 방법을 어떻게 실행하는지 보여준다. 배열 크기의 반만큼의 프로세서만 필요하다. 각 프로세서는 두 개의 배열 원소를 지역변수 *first*와 *second*로 읽어 들인다. 그리고 *first*와 *second* 중 큰 값 읽은 배열의 첫째 슬롯에 쓴다. 이런 식으로 세 번 반복하면, 가장 큰 키는 $S[1]$에 저장된다. 각 회전은 알고리즘의 한 스텝이 된다. 그림 12.10의 예제에서 $n = 8$이고, 스텝의 개수는 $\lg 8 = 3$가 된다. 알고리즘 12.1은 그림 12.10에서 보여준 동작을 실행하는 알고리즘이다. 이 알고리즘은 함수로 작성되었음을 주목하자. 병렬 알고리즘이 함수로 작성되었으므로, 최소한 하나의 프로세서는 값을 내주고, 내주는 값은 항상 일정해야 한다.

▸ 알고리즘 12.1 **가장 큰 키 병렬로 찾기**

**문제** : 크기가 $n$인 배열 $S$에서 가장 큰 키를 찾아라.

**입력** : 양의 정수 $n$, 인덱스가 1부터 $n$까지인 키의 배열 $S$

**출력** : $S$에서 가장 큰 키의 값

**주석** : $n$은 2의 거듭제곱이고, 알고리즘을 병렬로 실행하는 프로세서가 $n/2$개 있다고 가정한다. 프로세서는 인덱스가 1부터 $n/2$까지로 되어 있고, "index of this processor"라는 명령은 현재 사용 중인 프로세서의 인덱스를 내준다.

```
keytype parlargest (int n, keytype S[])
{
   index step, size;
   local index p;
   local keytype first, second;

   p = index of this processor;
   size = 1;                                        // size는 부분배열의 크기
   for (step = 1; step <= lg n ; step++)
     if (this processor needs to execute in this step){
        read S[2 * p-1] into first;
        read S[2 * p-1 + size] into second;
        write maximum(first, second) into S[2 * p-1];
        size = 2 * size;
     }
   return S[1];
}
```

알고리즘의 명확성을 가능하면 유지하기 위하여 "if (this processor needs to execute in this step)"과 같이 추상적인 의사코드를 사용하였다. 그림 12.10을 보면 임의의 정수 $k$(*size* 값은 각 스텝마다 배로 증가함을 주목)에 대해서 각 스텝에 사용되는 프로세서는

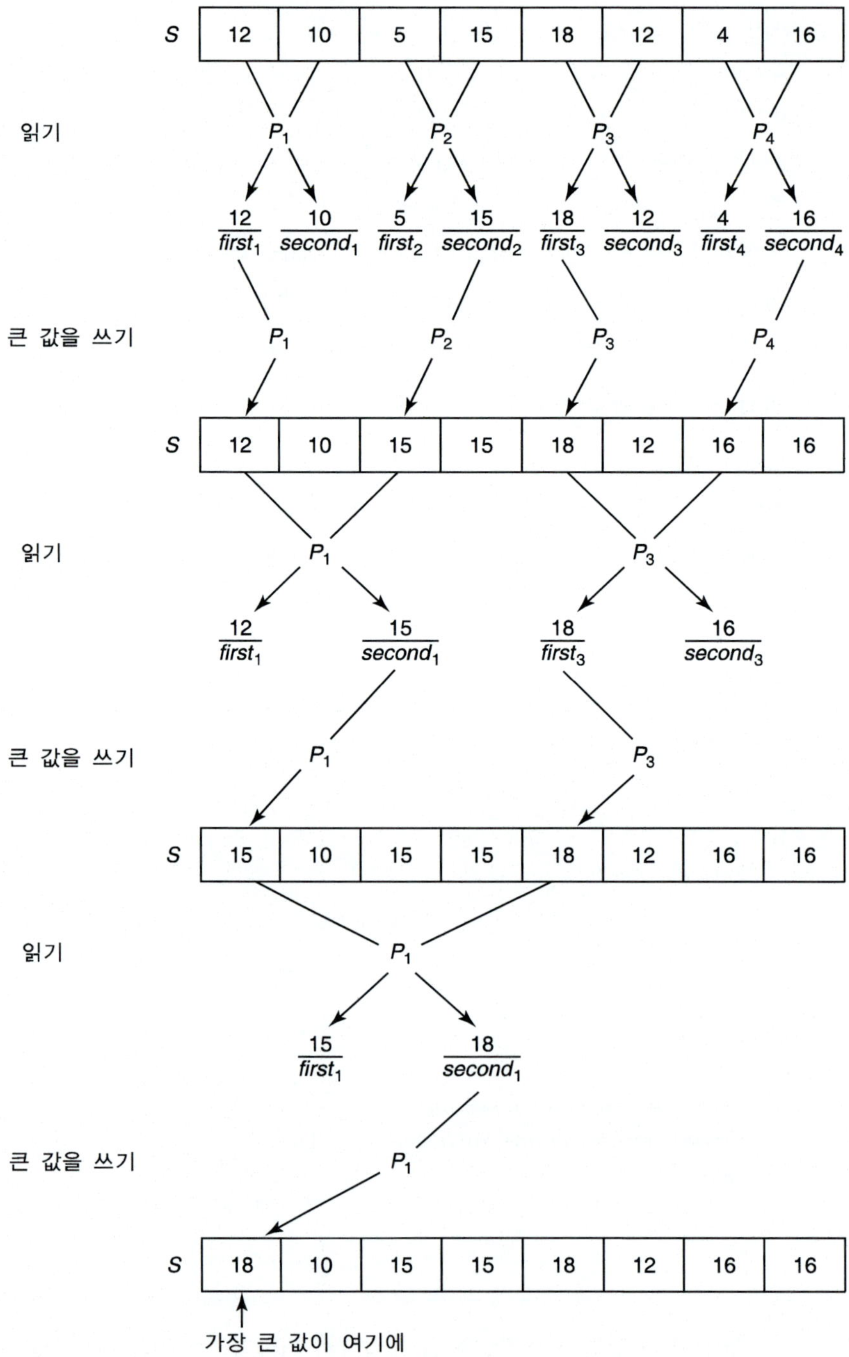


그림 11.10 병렬 프로세서를 사용하여 가장 큰 키를 찾는 문제를 토너먼트 방법으로 구현한다.

인덱스가 다음과 같다.

$$p = 1 + size * k$$

따라서 프로세서가 실제로 실행되어야 하는지에 대한 점검은 다음과 같이 한다.

```
if ((p-1) % size == 0)        // %는 p-1을 size로 나눈 나머지를 넘겨줌
```

대안으로 모든 프로세서가 각 스텝을 실행하도록 허용할 수도 있다. 이 경우 실행할 필요가 없는 프로세서는 단순히 쓸데없는 비교를 한다. 예를 들어, 2회전에서 프로세서 $P_2$는 $S[3]$값과 $S[5]$값을 비교하고, 큰 값을 $S[3]$에 써넣는다. 이 과정이 비록 필요하지는 않지만, $P_2$를 쉬게 하여 얻을 게 없으므로 $P_2$를 실행시켜도 된다. 중요한 사실은 실행해야 하는 프로세서는 실행시키고, 다른 프로세서는 실행 중인 프로세서가 사용하는 메모리 장소의 값을 바꾸지 말아야 한다는 것이다. 불필요한 프로세서가 명령을 실행하여 발생할 수 있는 문제는 가끔 배열 $S$의 범위를 벗어나는 배열 요소를 가리킨다는 것이다. 예를 들어, 앞의 알고리즘에서 $P_4$는 2회전에서 $S[9]$를 가리킨다. $S$에 추가 슬롯을 덧붙이면 처리할 수 있다. 이렇게 하여 공간을 낭비하는 대신, 프로세서를 수행할지 말지 점검하는 절차를 없애서 시간을 절약할 수 있다.

병렬 알고리즘을 분석할 때 알고리즘이 실행한 총 작업의 양을 분석하지 않는다. 대신 하나의 프로세서가 실행한 총 작업량을 분석한다. 왜냐하면, 그래야 컴퓨터가 입력을 얼마나 빨리 처리하는지 제대로 알 수 있기 때문이다. 알고리즘 12.1의 for-*step* 루프를 각 프로세서가 약 $\lg n$번 실행하므로, 시간복잡도는 다음과 같다.

$$T(n) \in \Theta(\lg n)$$

이 시간복잡도는 병렬 알고리즘이 직렬에 비하여 성능이 훨씬 좋음을 보여준다.

### 동적계획의 적용

동적계획에서 행이나 대각선으로 주어진 엔트리들은 대부분 동시 계산이 가능하므로 병렬 설계에 적합하다. 이항계수 구하기 알고리즘(알고리즘 3.2)을 병렬 알고리즘으로 재작성 해보자. 이항계수 구하기 알고리즘에서 파스칼 삼각형(그림 3.1 참조)의 행 엔트리를 병렬로 계산한다.

▸ 알고리즘 12.2 **병렬로 이항계수 구하기**

**문제** : 이항계수를 구하라

**입력** : 음이 아닌 정수 $n$과 $k$, 여기서 $k \le n$

**출력** : $bin2$(이항계수 $\binom{n}{k}$)

**주석** : $k+1$개의 프로세서를 가지고 병렬로 계산한다고 가정한다. 프로세서는 0부터 $k$까

지 인덱스되어 있고, "index of this processor" 명령은 프로세서의 인덱스를 내준다.

```
int parbin (int n, int k)
{                                          // step 대신 i를 사용하여 알고리즘 3.2와 일관되도록
   index i;                                // 스텝을 조절한다.
   int B[0 .. n][0 .. k];
   local index j;                          // p 대신 j를 이용하여 알고리즘 3.2와 일관되도록
   local int first, second;                // 되도록 프로세서의 인덱스를 구한다.
   j = index of this processor ;
   for (i =0; i <= n; i++)
      if (j <= minimum(i, k))
         if (j ==0 || j == i)
            write 1 into B[ i][ j];
         else{
            read B[i-1][j-1] into first ;
            read B[i-1][j] into second ;
            write first + second into B[ i][ j];
         }
   return B[n][k];
}
```

알고리즘 3.2의 다음 제어문은

```
for (j = 0; j <= minimum(i, k); j++)
```

이 알고리즘에서 다음 제어문으로 대치된다.

```
if (j <= minimum(i, k))
```

왜냐하면 for-$i$ 루프를 한 번 실행할 때마다 $k$개의 프로세서가 모두 한꺼번에 실행하기 때문이다. $j$가 0부터 $minimum(i, k)$ 범위의 값일 때 $B[i][j]$의 값을 직렬로 계산하는 대신, 병렬 알고리즘은 0부터 $minimum(i, k)$ 범위의 인덱스를 가진 프로세서가 동시에 값을 계산한다.

병렬 알고리즘에서 루프를 실행하는 횟수는 $n+1$이다. 직렬 알고리즘(알고리즘 3.2)에서 루프를 실행하는 횟수는 $\Theta(nk)$임을 기억하자.

연습문제 3.4를 돌이켜보면, 0부터 $k$까지의 인덱스를 가진 일차원 배열 $B$만 사용하여 알고리즘 3.2를 구현할 수 있다. 병렬 알고리즘의 경우 이렇게 수정하기는 매우 쉽다. 왜냐하면, for-$i$ 루프의 $i$번째 입구에서 파스칼 삼각형의 $(i-1)$번째 행 전체는 $B$에서 변수 $first$와 $second$의 $k$개의 지역 쌍으로 읽을 수 있다. 그리고 출구에서 $i$째 해 전체는 $B$로 쓸 수 있다. 의사코드는 다음과 같다.

```
for (i = 0; i <= n ; i++)
   if (j <= minimum(i, k))
      if (j ==0 || j == i)
         write 1 into B[ j];
```

```
        else {
          read B[j-1] into first;
          read B[j] into second;
          write first + second into B[j];
        }
    return B[k];
```

### 병렬 정렬

동적계획 합병정렬 3(알고리즘 7.3)을 기억해보자. 그 알고리즘은 키 하나로 시작하여 키 두 개가 정렬된 리스트로 합병하고, 다시 키 네 개가 정렬된 리스트로 합병하고, 이런 식으로 계속 합병한다. 즉, 그림 2.2와 같이 합병한다. 이 합병과정은 토너먼트 방법을 사용하여 최대값을 찾는 것과 매우 비슷하다. 즉, 각 스텝에서 합병을 병렬로 실시한다. 설명의 용이성을 위하여 $n$은 2의 거듭제곱이라고 가정한다. $n$이 2의 거듭제곱이 아닌 경우 배열의 크기는 2의 거듭제곱으로 취급할 수 있지만, $n$째 이후는 합병하지 않는다. 동적계획 합병정렬 3(알고리즘 7.3)은 합병을 병렬로 어떻게 수행하는지 보여준다.

▸ 알고리즘 12.3 **병렬 합병정렬**

**문제** : 감소하지 않는 순서로 $n$개 키를 정렬

**입력** : 양의 정수 $n$, 키의 배열 $S$(인덱스는 1부터 $n$)

**출력** : 감소하지 않는 순서로 정렬된 키들을 구성된 배열 $S$

**주석** : $n$은 2의 거듭제곱이고, $n/2$개의 프로세서가 알고리즘을 병렬로 실행한다. 프로세서는 1부터 $n/2$까지 인덱스를 가지고, "index of this processor"는 프로세서의 인덱스를 내준다.

```
void parmergesort (int n, keytype S[])
{
   index step, size;
   local index p, low, mid, high;
   p = index of this processor;
   size = 1;                                    // size는 합병하는 부분배열의 크기
   for (step = 1; step <= lg n; step++)
      if (this processor needs to execute in this step){
         low = 2 * p-1;
         mid = low + size-1;
         high = low + 2 * size-1;
         parmerge(low, mid, high, S);
         size = 2 * size;
      }
}

void parmerge (local index low, local index mid, local index high,
```

```
                keytype S[ ])
{
   local index i, j, k;
   local keytype first, second, U[low..high];

   i = low; j = mid + 1; k = low;
   while (i <= mid && j <= high){
      read S[ i ] into first;
      read S[ j ] into second;
      if (first < second){
         U[ k ] = first;
         i++;
      }
      else {
         U[ k ] = second;
         j++;
      }
      k++;
   }
   if (i > mid)
      read S[ j ] through S[high] into U[k] through U[high];
   else
      read S[ i ] through S[mid] into U[k] through U[high];
   write U[low] through U[high] into S[low] through S[high];
}
```

어떤 스텝에서 프로세서가 실행해야 하는지의 점검은 알고리즘 12.1의 점검방식과 같다. 즉, 다음과 같이 점검한다.

if $((p-1)\%$ *size* $== 0)$ // %는 $p-1$을 *size*로 나눌 때 나머지를 내준다.

프로세서 하나로 반복적 실행하는 합병정렬(알고리즘 7.3)에서 레코드 대입 횟수는 for 루프를 수행하면서 $U$와 $S$의 역할을 바꾸어서 줄일 수 있음을 상기하자. 여기에서도 같은 방법으로 향상시킬 수 있다. 이렇게 하면, $U$는 공유 메모리에서 인덱스가 1부터 $n$까지 배열이 되어야 할 것이다. 그저 간단히 *parmerge*를 표현하기 위해서 그렇게 했을 뿐이다.

이 알고리즘의 시간복잡도는 금방 알 수 없다. 따라서 정식으로 분석해보자.

알고리즘 12.3의 분석

**▸ 최악 시간복잡도 분석**

단위연산 : *parmerge*에서의 비교

입력크기 : 배열에서 키의 개수, $n$

이 알고리즘은 일반 직렬 합병정렬과 비교 횟수가 정확히 같다. 단지 비교를 병렬로 수행한다는 것만 다르다. `for`-*step* 루프의 첫째 패스에서는 키가 하나만 있는 $n/2$개 쌍의 배열을 동시에 합병한다. 따라서 어떤 프로세서도 최악의 경우 비교 횟수가 $2-1=1$이다(2.2절의 알고리즘 2.3의 분석을 참조하라). 둘째 패스에서는 키가 둘 있는 $n/4$개 쌍의 배열을 동시에 합병한다. 따라서 최악의 경우 비교 횟수는 $4-1=3$이다. 셋째 패스에서는 키가 4개 있는 $n/8$개 쌍의 배열을 동시에 합병한다. 따라서 최악의 경우 비교 횟수는 $8-1=7$이다. 일반적으로 $i$째 패스에서는 키가 $2^{i-1}$개 있는 $n/2^i$개 쌍의 배열을 동시에 합병하고, 최악의 경우 비교 횟수는 $2^i-1$이다. 최종적으로, 마지막 패스에서는 키가 $n/2$개 있는 2개의 배열을 합병하고, 따라서 이 패스에서 최악의 경우 비교 횟수는 $n-1$이다. 최악의 경우 각 프로세서가 실행하는 총 비교 횟수는 다음과 같이 계산한다.

$$
\begin{aligned}
W(n) &= 1+3+7+\cdots+2^i-1+\cdots+n-1 \\
&= \sum_{i=1}^{\lg n}(2^i-1) = 2n-2-\lg n \in \Theta(n)
\end{aligned}
$$

마지막 등식은 부록 A의 예제 A.3의 결과와 대수적인 조작을 적용하여 얻는다.

키의 비교에 의한 병렬정렬을 1차시간에 성공적으로 수행하였다. 이는 직렬정렬의 $\Theta(n \lg n)$에 비하여 성능이 현저하게 향상되었음을 의미한다. 병렬정렬을 $\Theta((\lg n)^2)$ 시간에 하도록 병렬합병 알고리즘을 개량할 수 있다. 개량 알고리즘은 연습문제로 해보도록 한다. 개량 알고리즘도 최적은 아니다. 왜냐하면, 병렬정렬을 $\Theta(\lg n)$ 시간에 수행할 수 있기 때문이다. 병렬정렬을 자세히 알아보려면 Kumar, Grama, Gupta, Karypis의 책(1994)과 Akl의 책(1985)을 보라.

### 12.2.2 CRCW PRAM 모델에 대한 알고리즘 설계

CRCW는 Concurrent-Read, Concurrent-Write(동시 읽기, 동시 쓰기)의 약자임을 상기하자. 동시 읽기와는 달리, 동시 쓰기에서는 두 프로세서가 같은 스텝에서 같은 메모리 장소에 쓰려고 할 때 충돌이 발생하므로 이에 대한 해결방안을 강구해야 한다. 충돌 해결에 가장 빈번히 쓰는 프로토콜은 다음과 같은 것들이 있다.

- **일반(common)** 모든 프로세서가 같은 값을 쓰는 경우에만 동시 쓰기를 허용한다.
- **임의(arbitrary)** 임의의 프로세서를 그 메모리 장소에 써도 되는 프로세서로 선정한다.
- **우선순위(priority)** 모든 프로세서에 우선순위를 미리 정해두고, 가장 높은 우선순위를 가진 프로세서가 우선으로 쓸 수 있게 한다.
- **합(sum)** 프로세서들이 쓰는 값의 합을 쓴다(이 프로토콜은 쓰는 값의 다른 연산자를 적용할 수도 있다).

**일반-쓰기 프로토콜**, **임의-쓰기 프로토콜**, **우선순위-쓰기 프로토콜**과 작동하며, CREW

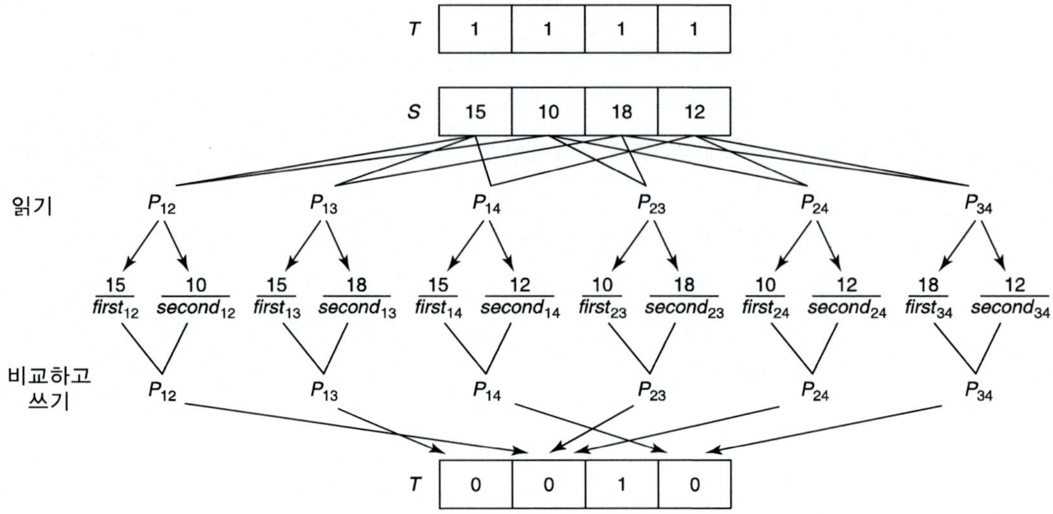


**그림 12.11** 알고리즘 12.4의 적용사례. $T[3]$만 1이 되었다. 왜냐하면, $S[3]$가 가장 큰 키이므로 비교에서 지지 않는 유일한 키이다.

모델의 알고리즘(알고리즘 12.1)보다 빠르게 실행되는 배열에서 가장 큰 키를 찾는 병렬 알고리즘을 작성해보자. 이 병렬 알고리즘은 다음과 같이 진행된다. $n$개의 키가 공유 메모리의 배열 $S$에 있다고 한다. 공유 메모리에 $n$개의 정수 배열 $T$를 또 하나 만들고, $T$의 원소는 모두 1로 초기화한다. 다음과 같은 인덱스된 $n(n-1)/2$개 프로세서가 있다고 가정한다.

$$P_{ij} \qquad \text{여기서} \quad 1 \le i < j \le n$$

모든 프로세서가 $S[i]$와 $S[j]$를 병렬로 비교한다. 이런 식으로 $S$에 속한 원소는 모두 $S$에 속한 다른 모든 원소와 비교한다. 각 프로세서는 $S[i]$가 비교에서 지면 $T[i]$에 0을 써넣고, $S[j]$가 지면 $T[j]$에 0을 써넣는다. 가장 큰 키만 비교에서 지지 않는다. 따라서 $T$의 원소 중에서 1이 되는 원소는 결국 하나뿐이며, $S[k]$에 가장 큰 키가 들어 있는 경우 $T[k]$가 1이 된다. 따라서 알고리즘은 $T[k]=1$이 되는 $S[k]$의 값을 내주기만 하면 된다. 그림 11.11에서 이 과정을 그림으로 보여준다. 이 알고리즘에서 하나 이상의 프로세서가 같은 메모리 장소에 쓰려 할 때 모두 같은 값을 쓴다는 사실을 주목하자. 이는 일반–써넣기, 임의–써넣기, 우선순위–써넣기 프로토콜과 이 알고리즘이 맞게 작동됨을 의미한다.

▸ 알고리즘 12.4 **병렬 CRCW로 가장 큰 키 찾기**

**문제** : 키가 $n$개인 배열 $S$에서 가장 큰 키 찾기

**입력** : 양의 정수 $n$, 키의 배열 $S$(인덱스 범위는 1부터 $n$)

**출력** : $S$에서 가장 큰 키의 값

**주석** : $n$은 2의 거듭제곱이고, $n(n-1)/2$개의 프로세서로 알고리즘을 병렬로 실행한다고 가정한다. 프로세서는 다음과 같은 인덱스를 가지고,

$$P_{ij} \quad \text{여기서} \quad 1 \le i < j \le n$$

"first index of this processor" 명령은 $i$값을 내주는 반면, "second index of this processor" 명령은 $j$를 내준다.

```
keytype parlargest2 (int n, const keytype S[])
{
   int T[1.. n];
   local index i, j;
   local keytype first, second;
   local int chkfrst, chkscnd;

   i = first index of this processor;
   j = second index of this processor;
   write 1 into T[i];// 1 ≤ i ≤ n−1이고 2 ≤ j ≤ n이므로,
   write 1 into T[j];                  // 이 write 명령은 T의 각 원소를 1로
   read S[i] into first;               // 초기화 한다.
   read S[j] into second;
   if (first < second)
      write 0 into T[i];               // T[k]가 0이 되면,
   else                                // S[k]는 최소한 한 번 비교에서 진다.
      write 0 into T[j];
   read T[i] into chkfrst;
   read T[j] into chkscnd;
   if (chkfrst == 1)                   // T[k]가 아직 0이면, S[k]가 가장 큰 키이다.
      return S[i];                     // 가장 큰 키가 S[n]인 경우,
   else if (chkscnd == 1)              // T[j]를 검사할 필요가 있다.
      return S[j];                     // i 값의 범위는 1부터 n−1까지임을 상기하자.
}
```

이 알고리즘은 루프가 없다. 이는 가장 큰 키를 상수시간에 찾는다는 의미이다. 10개 키에서 가장 큰 키를 찾는데 걸리는 시간과 같은 시간에 1,000,000키에서 가장 큰 키를 찾을 수 있다는 의미가 된다. 그러나 이 최적 시간복잡도는 2차시간 프로세서 복잡도를 희생시켜 얻어낸 것이다. 1,000,000개의 키 중에서 가장 큰 키를 찾는데 약 $1{,}000{,}000^2/2$개의 프로세서가 필요하다.

이 장은 병렬 알고리즘을 간단히만 소개하였다. 자세히 소개하려면 병렬 알고리즘만으로도 책 한권 분량이 필요하다. 병렬 알고리즘을 자세히 소개한 책으로 Kumar, Grama, Gupta, Karypis가 공동으로 쓴 책(1994)을 추천한다.

## 연습문제

### 12.1절

1. 한 사람이 $t_a$ 시간에 두 수를 더할 수 있다고 가정하면, 덧셈을 단위연산으로 하여 그 사람이 두 개의 $n \times n$ 행렬을 더하는데 얼마나 시간이 걸릴까? 왜 그런 답이 나왔는지 이유를 밝히시오.
2. 두 사람이 수를 더하고, 한 사람이 두 수를 더하는데 $t_a$ 시간이 걸린다면 덧셈을 단위연산으로 하여 그 두 사람이 두 개의 $n \times n$ 행렬을 더하는데 얼마나 시간이 걸릴까? 왜 그런 답이 나왔는지 이유를 밝히시오.
3. 두 개의 $n \times n$ 행렬을 더하는 문제를 고려해보자. 한 사람이 두 수를 더하는데 $t_a$ 시간이 걸린다면, 최종 답을 구하는데 소비한 총 시간을 최소화하기 위해서 몇 사람이 필요할까? 사람이 충분히 있다면 답을 찾는데 필요한 최소 시간은? 왜 그런 답이 나왔는지 이유를 밝히시오.
4. 한 사람이 $t_a$ 시간에 두 수를 더할 수 있다고 가정하고, 덧셈을 단위연산으로 하여 리스트의 $n$개 수를 모두 더하는데 얼마나 시간이 걸릴까? 왜 그런 답이 나왔는지 이유를 밝히시오.
5. 두 사람이 리스트의 $n$개 수를 더하고, 한 사람이 두 수를 더하는데 $t_a$ 시간이 걸린다면 덧셈을 단위연산으로 하고, 한 사람이 다른 사람에게 덧셈의 결과를 전달하는데 걸리는 시간 $t_p$를 포함하여 이 두 사람이 리스트의 $n$개 수를 모두 더하는데 얼마나 시간이 걸릴까? 왜 그런 답이 나왔는지 이유를 밝히시오.
6. 리스트의 $n$개 수를 더하는 문제를 고려해보자. 한 사람이 두 수를 더하는데 $t_a$ 시간이 걸리고, 한 사람이 다른 사람에게 덧셈의 결과를 전달하는데 전혀 시간이 걸리지 않는다고 가정하면 최종 답을 얻는데 소요되는 총 시간을 최소화하는데 필요한 사람은 몇 명인가? 사람이 충분히 있다면 답을 찾는데 필요한 최소 시간은? 왜 그런 답이 나왔는지 이유를 밝히시오.

### 12.2절

7. $\Theta(\lg n)$ 시간에 리스트의 $n$개 수를 모두 더하는 CREW PRAM 알고리즘을 작성하시오.
8. 프로세서 $n^2$개를 사용하여 두 개의 $n \times n$ 행렬을 곱하는 CRCW PRAM 알고리즘을 작성하시오. 작성한 알고리즘은 $\Theta(n^3)$ 시간 직렬 알고리즘보다는 수행 성능이 좋아야 한다.
9. 프로세서를 $n$개 사용하여 크기가 $n$인 리스트를 정렬하는 퀵정렬 PRAM 알고리즘을 작성하시오.
10. 키가 $n$개인 배열에서 가장 큰 키를 찾는 문제를 토너먼트 방법으로 구현하는 직렬 알고리즘을 작성하시오. 작성한 알고리즘이 표준 직렬 알고리즘보다 더 효율적이지 않음을 증명하시오.
11. 프로세서를 $n^3$개 사용하여 두 개의 $n \times n$ 행렬을 곱하는 PRAM 알고리즘을 작성하시오. 작성한 알고리즘은 $\Theta(\lg n)$ 시간에 실행되어야 한다.
12. 3.2절의 최단경로 문제를 푸는 PRAM 알고리즘을 작성하시오. 작성한 알고리즘의 성능을

플로이드의 알고리즘(알고리즘 3.3)과 비교하시오.

13. 3.4절의 연쇄행렬곱셈 문제를 푸는 PRAM 알고리즘을 작성하시오. 작성한 알고리즘의 성능을 최소곱셈 알고리즘(알고리즘 3.6)과 비교하시오.

14. 3.5절의 최적 이진검색트리 문제를 푸는 PRAM 알고리즘을 작성하시오. 작성한 알고리즘의 성능을 최적 이진검색트리 알고리즘(알고리즘 3.9)과 비교하시오.

### 추가적인 문제

15. $n$개 수로 구성된 리스트에서 수를 더하는 문제를 생각해보자. 한 사람이 $n$개의 수를 모두 더하는데 $t_a(n-1)$ 시간이 걸린다면, $m$ 사람이 $[t_a(n-1)]/m$보다 작은 시간에 합을 계산할 수 있는가? 왜 그런 답이 나왔는지 이유를 밝히시오.

16. 합병정렬 문제를 $\Theta((\lg n)^2)$ 시간에 실행하는 PRAM 알고리즘을 작성하시오. (귀띔: 프로세서를 $n$개 사용하고, 각 프로세서마다 키를 할당하여 이진검색으로 최종 리스트 키의 위치를 결정한다.

17. 3.6절의 외판원 문제를 푸는 PRAM 알고리즘을 작성하시오. 작성한 알고리즘의 성능을 외판원 알고리즘(알고리즘 3.11)과 비교하시오.

appendix A

# 수학

⊕나 ◈로 표시된 부분을 제외하고는 이 책의 본문을 이해하기 위해서 깊은 수학적인 기초지식이 필요하지는 않다. 특히 미·적분학에 대한 지식은 더욱이 필요 없다. 그러나 알고리즘 분석을 위해서 어느 정도의 수학이 필요한 것은 사실이다. 이 부록에서는 알고리즘 분석에 필요한 수학을 복습한다. 아마도 독자는 여기서 나오는 내용의 대부분 또는 모두를 이미 알고 있을 수도 있다.

## A.1 표기법

때로는 실수 $x$보다 크거나 같은 가장 작은 정수를 나타낼 필요가 있다. 그 정수를 $\lceil x \rceil$로 표시한다. 예를 들면

$$\lceil 3.3 \rceil = 4 \qquad \left\lceil \frac{9}{2} \right\rceil = 5 \qquad \lceil 6 \rceil = 6$$

$$\lceil -3.3 \rceil = -3 \qquad \lceil -3.7 \rceil = -3 \qquad \lceil -6 \rceil = -6$$

$\lceil x \rceil$는 $x$의 **올림수**(ceiling)라 한다. 모든 정수 $n$에 대해서 $\lceil n \rceil = n$이다. 또한 때로는 실수 $x$보다 작거나 같은 가장 큰 정수를 나타낼 필요도 있다. 그 정수를 $\lfloor x \rfloor$로 표시한다. 예를 들면

$$\lfloor 3.3 \rfloor = 3 \qquad \left\lfloor \frac{9}{2} \right\rfloor = 4 \qquad \lfloor 6 \rfloor = 6$$

$$\lfloor -3.3 \rfloor = -4 \qquad \lfloor -3.7 \rfloor = -4 \qquad \lfloor -6 \rfloor = -6$$

$\lfloor x \rfloor$는 $x$의 **내림수**(floor)라 한다. 모든 정수 $n$에 대해서 $\lfloor n \rfloor = n$이다.

결과의 근사치만 구할 수 있는 경우, "근사하게 같다"는 의미를 가진 $\approx$ 기호를 사용한

다. 원의 면적과 둘레를 계산하는데 쓰는 많이 본 숫자 PI를 예로 들어보자. PI 값은 유한개의 10진수로는 표현할 수 없다. 왜냐하면, 영원히 계속 소수점 이하 숫자를 만들어 낼 수 있기 때문이다($\frac{1}{3}=0.3333333\cdots$과 같이 어떤 패턴이 있는 것도 아니다). PI의 처음 6 숫자는 3.14159이므로, 다음과 같이 표현할 수 있다.

$$\pi \approx 3.14159$$

$\neq$ 기호는 "같지 않다"를 의미한다. 예를 들어, 변수 $x$와 $y$의 값이 같지 않음을 나타내고 싶으면, 다음과 같이 쓴다.

$$x \neq y$$

비슷한 항을 더하는 경우를 생각해보자. 항의 개수가 그리 많지 않다면 간단히 표현할 수 있다. 예를 들어, 양의 정수에서 처음 7개를 더하는 경우 다음과 같이 쓰면 된다.

$$1+2+3+4+5+6+7$$

또한 양의 정수에서 처음 7개의 제곱을 더하는 경우 다음과 같이 쓰면 된다.

$$1^2+2^2+3^2+4^2+5^2+6^2+7^2$$

이러한 표기법은 항의 개수가 그리 많지 않을 때 별 문제가 없다. 그러나 예를 들어 양의 정수에서 처음 100개를 더하는 경우 이 표기법을 쓰는 건 별로 바람직하지 않다. 한 가지 방법으로 다음과 같이 처음 몇 개의 항을 쓴 후 일반항을 쓰고, 그 다음 마지막 항을 쓰면 된다.

$$1+2+\cdots+i+\cdots+100$$

또한 양의 정수에서 처음 100개의 제곱을 더하는 경우 다음과 같이 쓰면 된다.

$$1^2+2^2+\cdots+i^2+\cdots+100^2$$

맨 앞에 나오는 몇 개의 항으로 일반항을 쉽게 유추해낼 수 있는 경우도 때로는 있는데, 그러한 경우에는 일반항을 굳이 쓸 필요는 없다. 예를 들어, 처음 100개 양의 정수의 합을 다음과 같이 쓸 수도 있다.

$$1+2+\cdots+100$$

항 몇 개를 보여주어서 도움이 되는 경우 그 항을 쓰면 된다. 그러나 시그마(sigma)로 발음하는 그리스 문자 $\Sigma$를 사용하여 더 간단히 표현할 수도 있다. 예를 들어, 양의 정수에서 처음 100개의 합은 $\Sigma$를 사용하여 다음과 같이 표현할 수 있다.

$$\sum_{i=1}^{100} i$$

이 표기법은 변수 $i$는 1부터 100까지 취해서 그 값을 더한다는 것을 의미한다. 비슷하게 양의 정수에서 처음 100개의 제곱의 합은 다음과 같이 표현한다.

$$\sum_{i=1}^{100} i^2$$

합의 마지막 정수가 임의의 수 $n$이어야 할 경우가 종종 있다. 방금 배운 표기법을 사용하면 처음 $n$개의 양의 정수의 합은 다음과 같이 표현할 수 있다.

$$1+2+\cdots+i+\cdots+n \quad \text{또는} \quad \sum_{i=1}^{100} i$$

비슷하게 처음 $n$개 양의 정수의 제곱의 합은 다음과 같이 표현할 수 있다.

$$1^2+2^2+\cdots+i^2+\cdots+n^2 \quad \text{또는} \quad \sum_{i=1}^{100} i^2$$

합의 합을 표현해야 할 경우도 있다. 예를 들어,

$$\sum_{i=1}^{4}\sum_{j=1}^{i} j = \sum_{j=1}^{1} j + \sum_{j=1}^{2} j + \sum_{j=1}^{3} j + \sum_{j=1}^{4} j$$
$$= (1)+(1+2)+(1+2+3)+(1+2+3+4) = 20$$

비슷한 형태로 합의 합의 합, 그리고 그 이상도 표현할 수 있다.

마지막으로 어떤 실수보다도 큰 수를 나타낼 필요가 종종 있다. 이를 **무한대**(infinity)라고 하며, $\infty$로 표시한다. 모든 실수 $x$에 대해서 다음 부등식이 성립한다.

$$x < \infty$$

## A.2 함수

간단히 보면, 단일 변수 **함수**(function) $f$는 변수 $x$를 유일한 값 $f(x)$와 연관 짓는 규칙 또는 법칙이다. 예를 들어, 주어진 실수 $x$와 그 실수의 제곱과 연관 짓는 함수 $f$는 다음과 같이 표현한다.

$$f(x) = x^2$$

함수는 순서쌍(ordered pair) 집합으로 나타낼 수 있다. 예를 들어, 함수 $f(x)=x^2$는 모든 순서쌍 $(x,\ x^2)$을 나타낸다. 함수의 **그래프**(graph)는 그 함수로 구하는 모든 순서쌍의 집합이다. 함수 $f(x)=x^2$의 그래프는 그림 A.1과 같다.

다음 함수는 $x \neq 0$일 때만 정의된다.

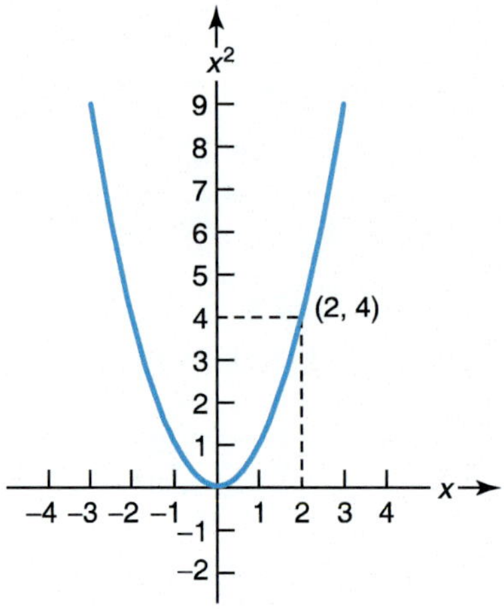


그림 A.1 함수 $f(x)=x^2$의 그래프, 순서쌍 (2,4)을 표시해놓았다.

$$f(x)=\frac{1}{x}$$

함수의 **변역**(domain)은 함수를 정의하는 값의 집합이다. 예를 들면, $f(x)=1/x$의 변역은 0을 제외한 모든 실수가 되는 반면, $f(x)=x^2$의 변역은 모든 실수가 된다.

다음 함수는 음수 아닌 값만 가진다.

$$f(x)=x^2$$

여기서 "음수 아닌 값"이란 0보다 크거나 같은 값을 의미하고, "양수 값"이란 0보다 엄밀히 큰 값을 의미한다. 함수의 **치역**(range)은 함수가 가지는 값의 집합이다. $f(x)=x^2$의 치역은 음이 아닌 실수가 되고, $f(x)=1/x$의 치역은 0을 제외한 모든 실수가 되고, $f(x)=(1/x)^2$의 치역은 모든 양의 실수가 된다. 함수는 **변역에서 치역으로 간다**라고 말한다. 예를 들면, 함수 $f(x)=x^2$은 실수에서 음이 아닌 실수로 간다.

## A.3 수학적 귀납법

어떤 합산은 일반형으로 표현할 수 있다. 예를 들어, 다음 등식을 보자.

$$1+2+\cdots+n=\frac{n(n+1)}{2}$$

이 등식이 성립하는지를 보기 위해서 몇 개의 $n$에 대해서 검산해보자.

$$1+2+3+4=10=\frac{4(4+1)}{2}$$

$$1+2+3+4+5=15=\frac{5(5+1)}{2}$$

그러나 양수인 정수의 개수는 무한하기 때문에 개별적으로 각 $n$에 대해서 일일이 검사해서는 모든 양의 정수 $n$에 대해서 이 등식이 성립하는지 결코 확신할 수 없다. 개별적으로 검사하게 되면 그 값에 대한 등식이 성립한다는 걸 보여줄 뿐이다. 모든 양의 정수 $n$에 대해서 등식이 성립함을 보여줄 수 있는 강력한 방법이 **수학적 귀납법**(mathematical induction)이다.

수학적 귀납법은 도미노 원칙(domino principle)과 같은 방법으로 작동한다. 그림 A.2가 이 원리를 보여 주는데, 만약 두 도미노 사이의 거리가 도미노의 높이보다 항상 작다면 첫째 도미노만 넘어뜨리면 모든 도미노를 넘어뜨릴 수 있다. 이게 가능한 이유는 다음과 같이 요약할 수 있다.

1. 첫째 도미노를 넘어뜨린다.
2. 두 도미노 사이의 거리가 도미노의 높이보다 작게 모든 도미노를 세우면, $n$째 도미노가 넘어지면, $(n+1)$째 도미노도 넘어진다고 보장할 수 있다.

첫째 도미노를 넘어뜨리면, 그것은 둘째 도미노를 넘어뜨리고, 둘째 도미노는 셋째 도미노를, 이런 식으로 계속 될 것이다. 이론적으로 임의의 아무리 많은 수의 도미노를 세우더라도 모두 넘어진다고 할 수 있다.

귀납법에 의한 증명도 도미노 원리와 같은 방법으로 이루어진다. 먼저 $n=1$일 때 우리가 증명하려고 하는 것이 사실임을 먼저 보인다. 다음, 임의의 양의 정수 $n$에 대해서 사실이라면 $n+1$일 때도 반드시 사실임을 보여야 한다. 일단 이게 사실임이 밝혀지면 $n=1$일 때 사실이므로 $n=2$일 때도 사실임에 틀림없고, $n=2$일 때 사실이므로 $n=3$일 때도 사실임에 틀림없고, 계속 이와 같은 방식으로 무한히 계속 이야기할 수 있다. 따라서 모든 양의 정수 $n$에 대해서 사실이라고 결론지을 수 있다. 양의 정수에 관한 어떤 문장이 사실임을 귀납법으로 증명할 때 다음 용어를 사용한다.

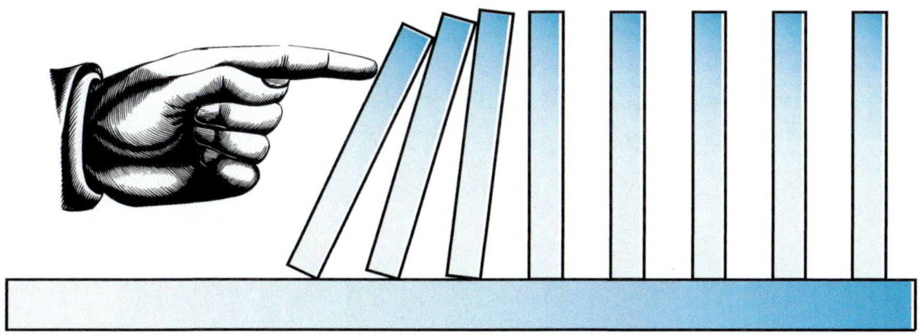

그림 A.2 첫째 도미노가 넘어지면, 나머지도 모두 넘어진다.

- **귀납기초(induction base)** : $n=1$(또는 다른 초기값)에 대해서 그 문장이 사실이라는 증명이다.
- **귀납가정(induction hypothesis)** : $n \geq 1$(또는 다른 초기값)인 임의의 $n$에 대해서 그 문장이 사실이라는 가정이다.
- **귀납단계(induction step)** : 만약 문장이 $n$에 대해서 사실이라면, $n+1$에 대해서도 반드시 사실이어야 한다는 증명이다.

귀납기초는 결국 첫째 도미노를 쓰러뜨리는 것에 해당하고, 귀납절차는 만약 $n$째 도미노가 넘어지면, $(n+1)$째 도미노도 넘어진다는 것에 해당한다.

---

• 예제 A.1 모든 양의 정수 $n$에 대해서 다음 등식이 성립함을 보인다.

$$1+2+\cdots+n=\frac{n(n+1)}{2}$$

귀납기초 : $n=1$에 대해서, $1=\frac{1(1+1)}{2}$

귀납가정 : 임의의 양의 정수 $n$에 대해서 다음 등식이 성립한다고 가정한다.

$$1+2+\cdots+n=\frac{n(n+1)}{2}$$

귀납단계 :

$$1+2+\cdots+(n+1)=\frac{(n+1)[(n+1)+1]}{2}$$

위의 등식이 성립함을 보이면 된다.

$$\begin{aligned}1+2+\cdots+(n+1) &= \mathbf{1+2+\cdots+n}+n+1\\ &= \frac{\mathbf{n(n+1)}}{\mathbf{2}}+n+1\\ &= \frac{n(n+1)+2(n+1)}{2}\\ &= \frac{(n+1)(n+2)}{2}\\ &= \frac{(n+1)[(n+1)+1]}{2}\end{aligned}$$

---

귀납법으로 증명할 때 귀납절차에서 귀납가정과 같은 항들은 진한 활자체로 구별해 놓는다. 귀납가정이 적용되고 있다는 걸 강조하기 위함이다. 귀납절차에서 무엇이 이루어지는지 살펴보자. 귀납가정이 다음과 같다고 가정하고,

$$1+2+\cdots+n=\frac{n(n+1)}{2}$$

대수적인 조작을 거쳐서 다음과 같은 결론에 도달한다.

$$1+2+\cdots+(n+1)=\frac{(n+1)[(n+1)+1]}{2}$$

그러므로 $n$에 대한 가정이 사실이면 $n+1$에 대해서도 반드시 사실이다. 귀납기초에서 $n=1$일 때 사실임을 보였기 때문에 도미노 원칙에 의해서 모든 양의 정수에 대해서도 사실이라고 결론지을 수 있다.

왜 예제 A.1의 등식이 사실이라고 애초에 생각하게 되었는지 궁금할지도 모른다. 이 점은 아주 중요하다. 몇몇 사례를 조사하고 현명한 추측을 통해서 사실일 가능성이 있는 문장을 얻어낼 수 있다. 예제 A.1에 있는 등식도 원래 이런 식으로 찾아내었다. 그러고는 귀납법을 사용하여 그 문장이 사실임을 입증할 수 있다. 물론 사실이 아니라면 귀납법 증명이 실패할 것이다. 귀납법이 사실일 문장을 만들어내는 방법은 아니라는 걸 알아야 한다. 귀납법은 사실일 가능성이 있는 문장이 있는 경우에 이를 증명할 때만 제 역할을 한다. 8.5.4절에서 사실인 문장을 찾아내도록 도와주는 직관적 귀납법(constructive induction)에 대해서 공부한다.

또 하나의 중요한 점은 초기값이 $n=1$일 필요가 없다는 사실이다. 즉, $n \geq 10$인 모든 $n$에 대해서만 문장이 사실일 수도 있다는 것이다. 이때 귀납기초는 $n=10$이다. 경우에 따라서 귀납출발점이 $n=0$이 되기도 한다. 분명히 모든 음이 아닌 정수에 대해서 증명하는 경우일 것이다.

귀납법을 이용한 증명 사례를 더 살펴보자.

---

**• 예제 A.2** 모든 양의 정수 $n$에 대해서 다음 등식이 성립함을 보인다.

$$1^2+2^2+\cdots+n^2=\frac{n(n+1)(2n+1)}{6}$$

**귀납기초** : $n=1$에 대해서 $1^2=1=\dfrac{1(n+1)[(2\times 1)+1]}{6}$

**귀납가정** : 임의의 양의 정수 $n$에 대해서 다음 등식이 성립한다고 가정한다.

$$1^2+2^2+\cdots+n^2=\frac{n(n+1)(2n+1)}{6}$$

**귀납단계** :

$$1^2+2^2+\cdots+(n+1)^2=\frac{(n+1)[(n+1)+1][2(n+1)+1]}{6}$$

위의 등식이 성립함을 보이면 된다.

$$\begin{aligned}1^2+2^2+\cdots+(n+1)^2 &= \mathbf{1^2+2^2+\cdots+n^2}+(n+1)^2\\ &= \mathbf{\frac{n(n+1)(2n+1)}{6}}+(n+1)^2\\ &= \frac{n(n+1)(2n+1)+6(n+1)^2}{6}\end{aligned}$$

$$= \frac{(n+1)(2n^2+n+6n+6)}{6}$$
$$= \frac{(n+1)(2n^2+7n+6)}{6}$$
$$= \frac{(n+1)(n+2)(2n+3)}{6}$$
$$= \frac{(n+1)[(n+1)+1][2(n+1)+1]}{6}$$

---

다음 예제에서 귀납기초는 $n=0$.

---

• **예제 A.3** 음이 아닌 모든 정수 $n$에 대해서 다음 등식이 성립함을 보인다.

$$2^0+2^1+2^2+\cdots+2^n=2^{n+1}-1$$

시그마로 등식을 다음과 같이 표기할 수 있다.

$$\sum_{i=0}^{n} 2^i = 2^{n+1}-1$$

**귀납기초** : $n=0$에 대해서, $2^0=1=2^{0+1}-1$

**귀납가정** : 임의의 음이 아닌 정수 $n$에 대해서 다음 등식이 성립한다고 가정한다.

$$2^0+2^1+2^2+\cdots+2^n=2^{n+1}-1$$

**귀납단계** :

$$2^0+2^1+2^2+\cdots+2^{n+1}=2^{(n+1)+1}-1$$

위의 등식이 성립함을 보이면 된다.

$$\begin{aligned} 2^0+2^1+2^2+\cdots+2^{n+1} &= \mathbf{2^0+2^1+2^2+\cdots+2^n}+2^{n+1} \\ &= \mathbf{2^{n+1}-1}+2^{n+1} \\ &= 2(2^{n+1})-1 \\ &= 2^{(n+1)+1}-1 \end{aligned}$$

---

예제 A.3은 다음 예제에서 얻는 결과의 특수한 경우이다.

---

• **예제 A.4** 모든 음이 아닌 정수 $n$과 1이 아닌 실수 $r$에 대해서 다음 등식이 성립함을 보인다.

$$\sum_{i=0}^{n} r^i = \frac{r^{n+1}-1}{r-1}$$

위의 항을 **기하 수열**(geometric progression)이라 한다.

**귀납기초** : $n=0$에 대해서, $r^0=1=\dfrac{r^{0+1}-1}{r-1}$

**귀납가정** : 음이 아닌 임의의 정수 $n$에 대해서 다음 등식이 성립한다고 가정한다.

$$\sum_{i=0}^{n} r^i = \frac{r^{n+1}-1}{r-1}$$

**귀납단계** :

$$\sum_{i=0}^{n+1} r^i = \frac{r^{(n+1)+1}-1}{r-1}$$

위의 등식이 성립함을 보이면 된다.

$$\begin{aligned}\sum_{i=0}^{n+1} r^i &= r^{n+1} + \sum_{i=0}^{n} r^i \\ &= r^{n+1} + \frac{r^{n+1}-1}{r-1} \\ &= \frac{r^{n+1}(r-1) + r^{n+1} - 1}{r-1} \\ &= \frac{r^{n+2}-1}{r-1} = \frac{r^{(n+1)+1}-1}{r-1}\end{aligned}$$

---

귀납법을 이용하여 얻을 수 있는 결과들은 때로는 다른 방법을 통해서 더 쉽게 입증할 수도 있다. 예를 들어, 위의 보기에서 다음 등식을 증명했다.

$$\sum_{i=0}^{n} r^i = \frac{r^{n+1}-1}{r-1}$$

귀납법을 이용하는 대신 오른쪽 등식의 분포를 왼쪽 식에 곱하여 다음과 같이 간략화 할 수 있다.

$$\begin{aligned}(r-1)\sum_{i=0}^{n} r^i &= r\sum_{i=0}^{n} r^i - \sum_{i=0}^{n} r^i \\ &= (r + r^2 + \cdots + r^{n+1}) - (1 + r + r^2 + \cdots + r^n) \\ &= r^{n+1} - 1\end{aligned}$$

이 등식의 양변을 $r-1$로 나누면 원하는 결과를 얻는다.

귀납법의 예제를 하나만 더 보자.

---

• **예제 A.5** 모든 양의 정수 $n$에 대해서 다음 등식이 성립함을 보인다.

$$\sum_{i=1}^{n} i2^i = (n-1)2^{n+1} + 2$$

**귀납기초** : $n=1$에 대해서 $1 \times 2^1 = 2 = (1-1)2^{1+1} + 2$

**귀납가정** : 임의의 양의 정수 $n$에 대해서 다음 등식이 성립한다고 가정한다.

$$\sum_{i=1}^{n} i2^i = (n-1)2^{n+1} + 2$$

귀납단계 :

$$\sum_{i=1}^{n+1} i2^i = [(n+1)-1]2^{(n+1)+1}+2$$

위의 등식이 성립함을 보이면 된다.

$$\begin{aligned}\sum_{i=1}^{n+1} i2^i &= \sum_{i=1}^{n} i2^i + (n+1)2^{n+1} \\ &= (n-1)2^{n+1}+2+(n+1)2^{n+1} \\ &= 2n2^{n+1}+2 \\ &= [(n+1)-1]2^{(n+1)+1}+2\end{aligned}$$

귀납가정을 설정하는 또 다른 방법은 초기값보다 크거나 같고 $n$보다는 작은 모든 $k$에 대하여 문장이 사실이라 가정하고, 귀납절차에서는 $n$에 대하여 사실임을 증명한다. 이 방법은 1.2.2절의 정리 1.1의 증명에 사용한다.

이 절에서 본 보기들은 모두 합에 대한 일반식을 구하는 것에 관한 것이지만, 귀납법을 응용할 수 있는 다른 사례는 얼마든지 있다. 이 책에서 많이 마주치게 될 것이다.

## A.4 정리와 보조정리

사전에 보면 **정리**(theorem)는 무엇인가를 증명해야 할 명제라고 정의한다. 수학에서도 같은 의미를 지닌다. 앞 절에서 본 사례들은 각각 정리라고 얘기할 수 있고, 귀납법으로 정리를 증명하였다. 예를 들어, 예제 A.1을 다음과 같이 기술할 수 있다.

**▸ 정리 A.1**

$n>0$인 모든 정수 $n$에 대해서 다음 등식이 성립한다.

$$1+2+\cdots+n=\frac{n(n+1)}{2}$$

증명 : 여기에 증명이 와야 한다. 이 경우 예제 A.1에서 사용한 귀납법 증명이 여기에 오면 된다.

정리를 기술하고 증명하는 이유는 다른 사례에 두루 쓰기 위한 일반적인 결과를 얻기 위한 것이다. 예를 들면, 정리 A.1을 이용하여 어떤 양의 정수 $n$에 대해서도 $n$까지의 합을 바로 계산할 수 있다.

학생들은 필요조건("if")이 있는 정리와 필요충분조건("if and only if")이 있는 정리의 차이점을 잘 이해하지 못하는 경우가 종종 있다. 다음의 두 정리가 차이점을 보여준다.

**▸ 정리 A.2**

모든 실수 $x$에 대해서 $x > 0$이면, $x^2 > 0$이다.

증명 : 두 양수의 곱은 양수라는 사실에 의해서 이 정리는 성립한다.

정리 A.2에 기술된 문장의 역(reverse implication)은 사실이 아니다. 즉, "$x^2 > 0$이면, $x > 0$이다"는 사실이 아니다. 예를 들면, 다음 부등식은 성립하고,

$$(-3)^2 = 9 > 0$$

−3은 0보다 크지 않다. 실제로 어떤 음수의 제곱은 0보다 크다. 그러므로 정리 A.2는 필요조건("if") 문의 보기이다. 역도 사실이라면 그 정리는 필요충분조건("if and only if") 문이 되고, 정(implication)과 역을 모두 증명할 필요가 있다. 다음 정리는 필요충분조건 문의 보기이다.

**▸ 정리 A.3**

"모든 실수 $x$에 대해서 $x > 0$"는 "$1/x > 0$"의 필요충분조건이다.

증명 : 정을 증명한다. $x > 0$이라고 하자. 그러면, 다음 부등식은 성립한다.

$$\frac{1}{x} > 0$$

왜냐하면 두 양수의 몫은 0보다 크기 때문이다. 역을 증명한다. $1/x > 0$이라고 하자. 그러면

$$x = \frac{1}{1/x} > 0$$

이 된다. 왜냐하면 똑같이 두 양수의 몫은 0보다 크기 때문이다.

사전에서는 **보조정리**(lemma)를 다른 명제를 증명하기 위해 사용되는 보조적인 명제로 정의한다. 정리와 마찬가지로 보조정리도 무언가를 증명하여 보여주는 명제이다. 그러나 보통 보조정리 안에 있는 명제들은 그 자체로서는 별로 가치가 없고, 오히려 정리의 증명이 하나 이상의 보조적인 명제의 사실 여부에 의존할 때 이러한 명제에 관한 보조정리를 기술하고 증명한다. 그리고는 그 보조명제를 이용하여 정리를 증명한다.

## A.5 대수

대수(logarithm)는 알고리즘 분석에서 가장 많이 사용되는 수학 도구 중 하나이다. 대수의 특성을 간단히 복습한다.

### A.5.1 대수의 정의와 특성

어떤 수 $x$의 상용대수(common logarithm)는 $\log x$로 표시하며, $x$가 10의 몇 승(power)이 되는지를 나타낸다.

---

**예제 A.6** 상용대수의 예를 몇 개만 살펴보면 다음과 같다.

| | | |
|---|---|---|
| $\log 10 = 1$ | 왜냐하면 | $10^1 = 10$ |
| $\log 10{,}000 = 4$ | 왜냐하면 | $10^4 = 10{,}000$ |
| $\log 0.001 = -3$ | 왜냐하면 | $10^{-3} = \left(\frac{1}{10}\right)^3 = 0.001$ |
| $\log 1 = 0$ | 왜냐하면 | $10^0 = 1$ |

0이 아닌 수의 0승은 1임을 기억하라.

---

일반적으로 어떤 수 $x$의 대수는 $x$가 또 다른 수 $a$의 몇 승이 되는지를 나타낸다. $a$는 1을 제외한 모든 양수가 될 수 있으며, 밑수(base)라고 한다. 반면에 $x$는 반드시 양수이어야 한다. 즉, 음수나 0의 대수란 건 없다. 기호로는 $\log_a x$로 쓴다.

---

**예제 A.7** $\log_a x$의 예를 몇 개만 살펴보면 다음과 같다.

| | | |
|---|---|---|
| $\log_2 8 = 3$ | 왜냐하면 | $2^3 = 8$ |
| $\log_3 81 = 4$ | 왜냐하면 | $3^4 = 81$ |
| $\log_2 \frac{1}{16} = -4$ | 왜냐하면 | $2^{-4} = \left(\frac{1}{2}\right)^4 = \frac{1}{16}$ |
| $\log_2 7 \approx 2.807$ | 왜냐하면 | $2^{2.807} \approx 7$ |

---

예제 A.7의 마지막 예는 밑수의 거듭제곱(power)이 딱 떨어지지 않는 경우이다. 밑수의 거듭제곱이 딱 떨어지는 경우뿐만 아니라 모든 양수에 대수가 존재한다. 밑수의 거듭제곱이 딱 떨어지지 않는 경우 대수의 의미에 대해서는 이 책의 범위에 벗어나므로 다루지 않는다. 단지 여기서는 대수가 증가함수라는 사실만 밝혀둔다. 즉,

$$x < y\text{이면, } \log_a x < \log_a y$$

따라서

$$2 = \log_2 4 < \log_2 7 < \log_2 8 = 3$$

위의 예제 A.7에서 본 대로 $\log_2 7$의 값은 약 2.807이니까 2와 3 사이에 들어간다.

알고리즘 분석에 많이 쓰이는 대수의 몇몇 중요한 특성을 나열해 보면 다음과 같다.

**대수의 주요 특성** (모든 경우에 $a > 1$, $b > 1$, $x > 0$, $y > 0$)

1. $\log_a 1 = 0$
2. $a^{\log_a x} = x$
3. $\log_a (xy) = \log_a x + \log_a y$
4. $\log_a \frac{x}{y} = \log_a x - \log_a y$
5. $\log_a x^y = y \log_a x$
6. $x^{\log_a y} = y^{\log_a x}$
7. $\log_a x = \frac{\log_b x}{\log_b a}$

**예제 A.8** 위의 특성이 적용되는 예를 몇 개만 살펴보면 다음과 같다.

$2^{\log_2 8} = 8$ (특성 2)

$\log_2(4\times 8) = \log_2 4 + \log_2 8 = 2+3=5$ (특성 3)

$\log_3 \frac{27}{9} = \log_3 27 - \log_3 9 = 3-2=1$ (특성 4)

$\log_2 4^3 = 3\log_2 4 = 3\times 2 = 6$ (특성 5)

$8^{\log_2 4} = 4^{\log_2 8} = 4^3 = 64$ (특성 6)

$\log_4 16 = \frac{\log_2 16}{\log_2 4} = \frac{4}{2} = 2$ (특성 7)

$\log_2 128 = \frac{\log 128}{\log 2} \approx \frac{2.10721}{0.30103} = 7$ (특성 7)

$\log_3 67 = \frac{\log 67}{\log 3} \approx \frac{1.82607}{0.47712} \approx 3.82728$ (특성 7)

과학용 계산기는 log 함수를 가지고 있기 때문에(여기서 log는 $\log_{10}$을 뜻한다) 예제 A.8의 마지막 2개의 예는 임의의 밑수를 가진 대수를 계산기를 통해서 어떻게 계산하는지를 설명한다(여기의 결과도 실제로 계산기를 가지고 계산하였다).

알고리즘 분석에서는 밑수가 2인 대수를 많이 쓰기 때문에 따로 간단한 기호를 사용한다. 즉, $\log_2 x$는 $\lg x$로 나타낸다. 지금부터는 이 기호를 사용한다.

### A.5.2 자연대수

$e$로 표시하며 약 2.718281828459의 값을 가지는 수를 기억할 것이다. $\pi$와 마찬가지로 $e$는 유한개의 소수로는 정확한 표현이 불가능하다. 사실 이 수는 소수점 아래에서 반복되는 부분마저도 없다. $\log_e x$를 $\ln x$로 표시하고 $x$의 **자연대수**(natural logarithms)라고 한다. 예를 들면,

$$\ln 10 \approx 2.3025851$$

이 답을 어디서 얻었는지 의아해 할지도 모른다. 단순히 ln 함수 기능을 가진 계산기를 사용했을 뿐이다. 미적분학(calculus)을 공부하지 않고 자연대수를 어떻게 계산하고 왜 "자연"이라 하는지 이해하기 힘들다. $e$만 봐서는 자연대수는 상당히 부자연스러워 보인다. 미적분학을 언급하는 것은 이 책의 현재 범위를 벗어나기는 하지만(⊕로 표시된 부분은 제외), 알고리즘 분석에 중요한 자연대수의 특성 하나는 탐구해볼 필요가 있다. 대학수학 지식으로 $\ln x$는 1과 $x$ 사이에 있는 $1/x$곡선 아래 부분의 면적임을 알 수 있다. $x = 5$일 때 이것은 그림 A.3의 위 그래프와 같다. 이 그림의 아래 그래프에서는 각 단위 너비별 사각형의 면적을 합해서 전체 면적의 근사값을 어떻게 구하는지를 보여준다. 이 그래프를 보면 $\ln 5$의 근사값은 다음과 같이 구할 수 있음을 알 수 있다.

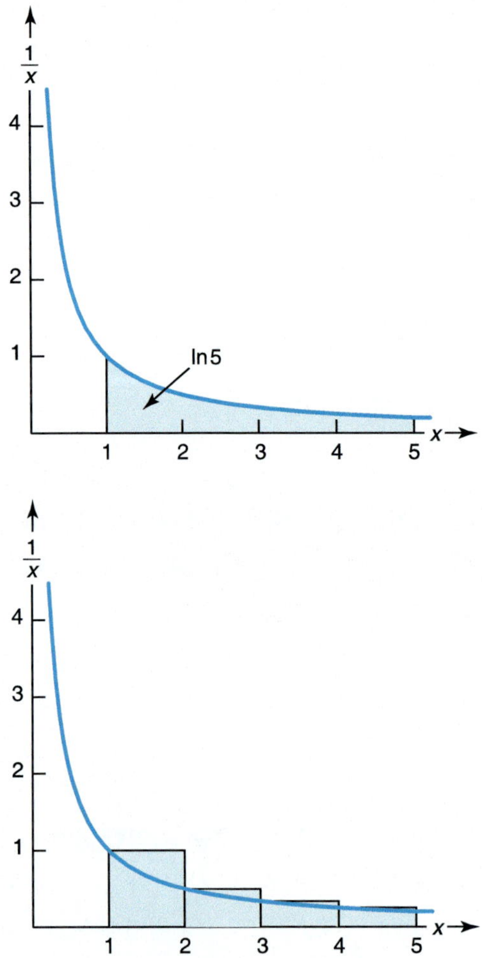


**그림 A.3** 위 그래프에서 음영 처리된 부분은 ln5이다. 아래 그래프에서 어둡게 칠해진 사각형의 면적을 합하면 ln5에 근사한다.

$$(1\times1)+\left(1\times\frac{1}{2}\right)+\left(1\times\frac{1}{3}\right)+\left(1\times\frac{1}{4}\right)\approx 2.0833$$

여기서 구한 면적은 실제 면적에 비해서 항상 크다는 것을 알아두자. 계산기를 사용하면 다음과 같은 답을 얻는다.

$$\ln 5 \approx 1.60944$$

여기서 구한 사각형들의 면적은 ln5의 정확한 근사값은 아니다. 그러나 마지막 사각형($x$값 4와 5 사이에 있는 것)을 보면, 그 면적은 $x=4$와 $x=5$ 사이 곡선 아래의 실제 면적과 큰 차이가 없다. 그러나 첫째 사각형의 경우는 그렇지 않다. 연속적으로 나열되어 있는 사각형은 각각 바로 왼쪽에 이웃해 있는 사각형보다 더 정확한 근사값을 가진다. 그러므로 그 수가 작지 않으면, 사각형들의 면적의 합은 자연대수의 값에 가까워진다. 이 결과는 다음 예제와 같이 사용된다.

---

**• 예제 A.9** 다음 식을 계산하고 싶다고 하자.

$$1+\frac{1}{2}+\cdots+\frac{1}{n}$$

이 합은 일반항(closed form)으로 나타낼 수 없다. 그러나 앞에서 이야기 한 대로 만약 $n$이 작지 않다면 다음과 같이 된다.

$$(1\times1)+\left(1\times\frac{1}{2}\right)+\ \cdots\ +\left(1\times\frac{1}{n-1}\right)\approx \ln n$$

$n$이 작지 않으면 $1/n$의 값은 그 합과 비교해서 무시할 수 있을 만큼 작다. 따라서 이 항을 추가해도 다음과 같은 결과를 얻을 수 있다.

$$1+\frac{1}{2}+\cdots+\frac{1}{n}\approx \ln n$$

이 결과는 알고리즘을 분석할 때 쓴다. 일반적으로 다음 부등식을 증명할 수 있다.

$$\frac{1}{2}+\cdots+\frac{1}{n}<\ln n<1+\frac{1}{2}+\cdots+\frac{1}{n-1}$$

---

## A.6 집합

약식으로 정의하면 집합(set)은 물체의 모음이다. 집합은 보통 $S$와 같이 대문자로 표시하고, 집합에 속한 모든 물체를 열거할 때에는 중괄호로 에워싼다. 예를 들면, 다음은 첫 자연수 4개를 모은 집합이다.

$$S=\{1,\ 2,\ 3,\ 4\}$$

물체를 나열하는 순서는 관계가 없다. 즉, 다음 두 집합은 같으며, 똑같이 첫 자연수 4개의 집합을 나타낸다.

$$\{1,\ 2,\ 3,\ 4\}\text{와 }\{3,\ 1,\ 4,\ 2\}$$

집합의 예를 또 하나 살펴보자.

$$S = \{\text{Wed, Sat, Tues, Sun, Thurs, Mon, Fri}\}$$

이것은 요일의 집합이다. 집합이 무한한 경우 그 집합에 속하는 물체의 성질로 그 집합을 표현하기도 한다. 예를 들어, 3의 배수인 양정수의 집합은 다음과 같이 표현할 수 있다.

$$S = \{\text{양정수 } i\text{에 대해서 } n = 3i\text{가 성립하는 } n\}$$

또는 다음과 같이 일부 항목과 일반항만 가지고 집합을 표현할 수도 있다.

$$S = \{3,\ 6,\ 9,\ \cdots,\ 3i,\ \cdots\}$$

집합 안에 있는 물체를 집합의 **원소**(element) 또는 **멤버**(member)라고 한다. 만약 $x$가 집합 $S$의 원소이면 $x \in S$로 쓰고, $x$가 집합 $S$의 원소가 아니면 $x \notin S$로 쓴다. 예를 들어,

$$S = \{1,\ 2,\ 3,\ 4\}\text{이면, } 2 \in S\text{이고 } 5 \notin S\text{이다.}$$

집합 $S$와 $T$가 가지고 있는 원소가 동일하면 두 집합은 같다고 하고, $S = T$로 쓴다. 만약 같지 않으면 $S \neq T$로 쓴다. 예를 들어,

$$S = \{1,\ 2,\ 3,\ 4\}\text{이고 } T = \{2,\ 1,\ 4,\ 3\}\text{이면, } S = T\text{이다.}$$

어떤 집합 $S$에 속하는 모든 원소가 다른 집합 $T$에도 속하면 $S$는 $T$의 **부분집합**(subset)이라 하고, $S \subseteq T$로 쓴다. 예를 들어,

$$S = \{1,\ 3,\ 5\}\text{이고 } T = \{1,\ 2,\ 3,\ 5,\ 6\}\text{이면, } S \subseteq T\text{이다.}$$

모든 집합은 자신의 부분집합이다. 즉, 어떤 집합 $S$에 대하여 $S \subseteq S$이다. $S$가 $T$의 부분집합이고 $T$와 같지 않으면, $S$는 $T$의 **진부분집합**(proper subset)이라 하고, $S \subset T$로 쓴다. 예를 들어,

$$S = \{1,\ 3,\ 5\}\text{이고 } T = \{1,\ 2,\ 3,\ 5,\ 6\}\text{이면, } S \subset T\text{이다.}$$

두 집합 $S$와 $T$가 있을 때, $S$와 $T$의 **교집합**(intersection)은 $S$와 $T$에 공통으로 있는 모든 원소의 집합으로 정의하고, $S \cap T$로 쓴다. 예를 들어,

$$S = \{1,\ 4,\ 5,\ 6\}\text{이고 } T = \{1,\ 3,\ 5\}\text{이면, } S \cap T = \{1,\ 5\}\text{이다.}$$

두 집합 $S$와 $T$가 있을 때, $S$와 $T$의 **합집합**(union)은 $S$에 있거나 $T$에 있는 모든 원소의 집합으로 정의하고, $S \cup T$로 쓴다. 예를 들어,

$$S = \{1,\ 4,\ 5,\ 6\}\text{이고 } T = \{1,\ 3,\ 5\}\text{이면, } S \cup T = \{1,\ 3,\ 4,\ 5,\ 6\}\text{이다.}$$

두 집합 $S$와 $T$가 있을 때, $S$와 $T$의 **차집합**(difference)은 $S$에 있으나 $T$에는 없는 모든 원소의 집합으로 정의하고, $S-T$로 쓴다. 예를 들어,

$$S = \{1,\ 4,\ 5,\ 6\}\text{이고, } T = \{1,\ 3,\ 5\}\text{이면,}$$
$$S - T = \{4,\ 6\}\text{이고, } T - S = \{3\}\text{이다.}$$

**공집합**(empty set)은 원소가 하나도 없는 집합으로 정의하고, $\varnothing$로 표시한다. 예를 들어,

$$S = \{1,\ 4,\ 6\}\text{이고 } T = \{2,\ 3,\ 5\}\text{이면, } S \cap T = \varnothing\text{이다.}$$

**전체집합**(universal set) $U$는 고려 대상인 원소 전체의 집합으로 정의한다. $S$를 고려 중인 집합 중 하나라고 하면 $S \subseteq U$이다. 예를 들어, 양의 정수로 된 집합을 고려한다면,

$$U = \{1,\ 2,\ 3,\ \cdots,\ i,\ \cdots\}$$

이다.

## A.7 순열과 조합

항아리 안에 A, B, C, D로 각각 표시된 공이 있다 하고, 2개의 공을 항아리에서 끄집어 내려고 한다. 맞는 공을 순서에 맞게 꺼내야 복권에 당첨된다. 당첨 가능성을 알아보기 위해서 몇 가지 다른 결과가 나올 가능성이 있는지 알아봐야 한다. 가능한 결과는 다음과 같다.

AB AC AD
BA BC BD
CA CB CD
DA DB DC

예를 들어, AB와 BA는 다른 결과로 취급하는데, 그 이유는 공을 뽑는 순서가 있기 때문이다. 위에 12가지 다른 결과를 나열하였다. 그러나 이것이 나올 수 있는 모든 결과인지 확신할 수 있는가? 여기서 4행과 3열로 결과를 정리하였음을 주목하자. 각 행마다 첫째 공을 다르게 선택하는데 그런 행이 4개 있다. 첫째 공을 선택한 후 각 행의 둘째 공은 남은 공 가운데 하나씩 선택하는데, 그런 선택이 3가지 있다. 따라서 나올 수 있는 결과의 총 수는 다음과 같이 계산한다.

$$(4)(3) = 12$$

이 결과는 일반화 할 수 있다. 예를 들어, 4개의 공 가운데 3개를 뽑는다고 가정한다면, 첫째 공은 4개 중 어느 하나가 될 것이고, 일단 그 공을 꺼낸 후에 둘째 공은 남은 3개

중 하나가 될 것이고, 일단 둘째 공을 꺼낸 후에 셋째 공은 남은 2개 중 하나가 될 것이다. 따라서 결과의 총수는 다음과 같이 계산한다.

$$(4)(3)(2) = 24$$

일반적으로 $n$개의 공이 있고, 그 가운데 $k$개를 꺼낸다면 가능한 결과의 수는 다음과 같다.

$$(n)(n-1)(n-k-1)$$

이를 $n$개의 물체에서 한 번에 $k$개를 취하는 **순열**(permutation)의 수라고 한다. 만약 $n=4$이고 $k=3$이라면, 이 식은 다음과 같은 결과를 준다.

$$(4)(3)\cdots(4-3+1) = (4)(3)(2) = 24$$

이 결과는 이미 앞에서 구하였다. 만약 $n=10$이고 $k=5$라면, 이 식은 다음과 같은 결과를 준다.

$$(10)(9)\cdots(10-5+1) = (10)(9)(8)(7)(6) = 30,240$$

만약 $k=n$이라면 모든 공을 꺼내는 경우가 된다. 이럴 때는 단순히 $n$개 물체의 순열의 수라고 한다. 이전 식에 의하면 이는 다음과 같다.

$$n(n-1)(n-n-1) = n!$$

양정수 $n$에 대하여 $n!$은 그 수에다가 그보다 작은 모든 양의 정수를 곱하는 것으로 정의되고, $0!$의 값은 1로 정의되며, $n!$은 음수에 대해서는 정의되지 않음을 상기하라.

단순히 맞는 공들을 선택함으로써 복권에 당첨될 수 있다고 생각해보자. 즉, 순서를 맞출 필요는 없다. 다시 4개의 공 가운데 두 개를 뽑았다고 가정해보자. 이 복권추첨의 결과는 각각 이미 뽑은 2개의 공과 관련이 있다. 예를 들면, 이미 뽑은 결과인 AB와 BA는 이 복권추첨의 규칙에 의하면 같다고 여길 수 있다. 따라서 우리는 이를 다음과 같이 한다.

A와 B

이미 뽑은 2개의 공은 이 복권추첨 한 가지의 결과로 여기기 때문에 이미 추첨한 결과의 가지 수를 2로 나누어 몇 가지 종류의 결과가 나오는 지를 구할 수 있다. 즉, 이 복권추첨의 결과의 가지 수는 다음과 같다.

$$\frac{(4)(3)}{2} = 6$$

여섯 가지의 서로 다른 결과는 다음과 같다.

A와 B, A와 C, A와 D, B와 C, B와 D, C와 D

이제 3개의 공을 뽑았고, 순서를 맞출 필요가 없다고 가정해보자. 이 복권추첨의 규칙에 따르면 다음은 모두 같은 결과로 여긴다.

ABC    ACB    BAC    BCA    CAB    CBA

이 결과는 단순히 3개의 물체의 순열일 뿐이다. 이러한 순열의 값은 $3! = 6$임을 상기하자. 이 복권추첨에서 몇 가지 서로 다른 결과가 존재하는지 결정하기 위해서 뽑는 순서를 따지는 복권추첨의 서로 다른 결과의 가지 수를 $3!$로 나눌 필요가 있다. 즉, 이 복권추첨의 결과의 가지 수는 다음과 같다.

$$\frac{(4)(3)(2)}{3!} = 4$$

이들은 다음과 같다.

A와 B와 C, A와 B와 D, A와 C와 D, B와 C와 D

일반적으로, $n$개의 공이 있고, $k$개의 공을 뽑고, 순서를 상관하지 않는다면, 서로 다른 결과의 가지 수는 다음과 같다.

$$\frac{(n)(n-1)\cdots(n-k+1)}{k!}$$

이를 $n$개의 물체에서 한 번에 $k$개를 뽑는 **조합**(combination)의 수라고 한다. 위의 식에서 분자는 다음과 같이 되기 때문에,

$$\begin{aligned}(n)(n-1)\cdots(n-k+1) &= (n)(n-1)\cdots(n-k+1)\times\frac{(n-k)!}{(n-k)!} \\ &= \frac{n!}{(n-k)!}\end{aligned}$$

$n$개의 물체에서 한 번에 $k$개를 뽑는 조합의 수를 구하는 공식은 보통 다음과 같이 쓴다.

$$\frac{n!}{k!(n-k)!}$$

이 공식을 사용하면 8개의 물체에서 한 번에 3개를 뽑는 조합의 수는 다음과 같이 계산할 수 있다.

$$\frac{8!}{3!(8-3)!} = 56$$

대수학 책에서 배운 **이항정리**(Binomial theorem)는 다음과 같다. 모든 음이 아닌 정수 $n$과 실수 $a$와 $b$에 대해서

$$(a+b)^n = \sum_{k=0}^{n} \frac{n!}{k!(n-k)!} a^k b^{n-k}$$

$n$개의 물체에서 한 번에 $k$개를 뽑는 조합의 수가 이 식에서는 $a^k b^{n-k}$의 계수이기 때문에 이 수를 **이항계수**(binomial coefficient)라 하고, $\binom{n}{k}$로 쓴다.

---

• **예제 A.10** $n$개의 항목을 가진 집합의 부분집합의 개수(공집합도 포함)가 $2^n$임을 보이자. $0 \le k \le n$일 때 크기가 $k$인 부분집합의 개수는 $n$개의 물체에서 한 번에 $k$개를 뽑는 조합의 수인 $\binom{n}{k}$가 된다. 즉, 부분집합의 총 개수는

$$\sum_{k=0}^{n}\binom{n}{k}=\sum_{k=0}^{n}\binom{n}{k}1^k 1^{n-k}=(1+1)^n=2^n$$

뒤에서 두 번째 등식은 이항정리에 의해서 성립한다.

---

## A.8 확률

항아리에서 공을 꺼낸다든지, 카드 한 벌에서 맨 위 카드를 뽑는다든지, 동전을 던지는 경우에 확률이론을 많이 사용한다. 공을 꺼내고, 카드를 뽑고, 동전을 던지는 행위를 실험(experiment)이라고 한다. 일반적으로 기술 가능한 별개의 결과들의 집합으로 이루어진 실험에 확률이론을 적용할 수 있다. 가능한 모든 결과의 집합을 **표본공간**(sample space) 또는 **모집단**(population)이라고 한다. 사회과학자들은 주로 "모집단"이라고 하는 반면에(사람에 관하여 연구하기 때문에), 수학자들은 "표본공간"이라고 한다. 여기서 우리는 이 두 용어를 섞어서 쓴다. 표본공간의 부분집합은 **사건**(event)이라고 한다. 단지 하나의 원소만 가지는 부분집합은 **원소사건**(elementary event)이라고 한다.

---

• **예제 A.11** 카드 한 벌에서 카드를 뽑는 실험에서 표본공간은 52장의 카드로 이루어진다. 다음 집합은 사건이고,

$$S=\{\text{하트의 킹, 클럽의 킹, 스페이드의 킹, 다이아몬드의 킹}\}$$

다음 집합은 원소사건이다.

$$E=\{\text{하트의 킹}\}$$

표본공간에는 52개의 원소사건이 있다.

---

사건(부분집합)의 의미는 "부분집합에 있는 원소들 중 하나가 실험의 결과"라는 것이다. 예제 A.11에서 사건 $S$의 의미는 "뽑은 카드는 네 개의 킹 중에 하나"라는 것이고, 원소사건 $E$의 의미는 "뽑은 카드는 하트의 킹"이라는 것이다.

주어진 사건이 실험결과를 포함하고 있을 확실성을 실수로 표현하며, 사건이 일어날 확률이라고 한다. 다음은 표본공간이 유한할 때 확률의 일반적인 정의이다.

**정의**

$n$개의 서로 다른 결과를 가진 다음과 같은 표본공간이 있다고 하자.

$$\text{표본공간} = \{e_1, e_2, \cdots, e_n\}$$

각 사건 $S$에 실수 $p(S)$를 지정하는 함수는 다음 조건을 만족하면 **확률함수**(probability function)라고 한다.

1. $1 \le i \le n$에 대해서 $0 \le p(e_i) \le 1$
2. $p(e_1)+p(e_1)+\cdots+p(e_n)=1$
3. 원소사건이 아닌 각 사건 $S$에 대해서 $p(S)$는 결과가 $S$에 속하는 원소사건들의 확률의 합이다. 예를 들어, $S=\{e_1, e_2, e_7\}$이면,

$$p(S)=p(e_1)+p(e_2)+p(e_7)$$

함수 $p$가 포함된 표본공간을 **확률공간**(probability space)이라고 한다.

확률을 집합의 함수로 정의하기 때문에 원소사건의 확률을 가리킬 때는 $p(e_i)$ 대신에 $p(\{e_i\})$로 써야 한다. 그러나 혼돈 방지를 위해서 그렇게 하지 않는다. 같은 맥락에서 원소가 아닌 사건의 확률을 가리킬 때도 중괄호를 사용하지 않는다. 예를 들면, 사건 $\{e_1, e_2, e_7\}$의 확률은 $p(e_1, e_2, e_7)$로 쓴다.

어떤 결과에 대해서 그 결과가 포함되어 있는 원소사건과 연관 지을 수 있고, 따라서 그 결과의 확률에 대해서 말할 수 있다. 이는 그 결과가 포함된 원소사건의 확률을 뜻한다.

확률을 지정하는 가장 간단한 방법은 **중립 원칙**(principle of indifference)을 사용하는 것이다. 이 원칙은 어떤 한 결과를 다른 결과보다 특별히 기대를 많이 한다거나 선호한다거나 하지 않으면 각 결과는 같은 정도의 확률을 가진다고 여기는 원칙이다. 이 원칙에 따르면 $n$개의 서로 다른 결과가 있을 때 각각의 확률은 $1/n$이 된다.

• **예제 A.12** 항아리에 A, B, C, D로 표시된 4개의 공이 들어 있고, 그 중에서 하나의 공을 꺼내는 실험을 한다고 가정하자. 표본공간은 {A, B, C, D}이고 중립 원칙을 따르면 다음과 같다.

$$p(\text{A})=p(\text{B})=p(\text{C})=p(\text{D})=\frac{1}{4}$$

사건 {A, B}는 공 A나, 공 B를 꺼냈음을 뜻한다. 그 확률은 다음과 같다.

$$p(\text{A, B})=p(\text{A})+p(\text{B})=\frac{1}{4}+\frac{1}{4}=\frac{1}{2}$$

• **예제 A.13** 한 벌의 카드에서 맨 위에 있는 카드를 뽑는 실험을 한다고 가정하자. 총 52장의 카드가 있으므로, 중립 원칙을 따르면 각 카드가 뽑힐 확률은 $\frac{1}{52}$이다. 예를 들면,

$$p(\text{하트의 킹}) = \frac{1}{52}$$

다음의 사건은 뽑은 카드가 킹임을 뜻한다.

$$S=\{\text{하트의 킹, 클럽의 킹, 스페이드의 킹, 다이아몬드의 킹}\}$$

그 확률은 다음과 같다.

$$\begin{aligned} p(S) &= p(\text{하트의 킹}) + p(\text{클럽의 킹}) + p(\text{스페이드의 킹}) + p(\text{다이아몬드의 킹}) \\ &= \frac{1}{52}+\frac{1}{52}+\frac{1}{52}+\frac{1}{52}=\frac{1}{13} \end{aligned}$$

---

앞 절에서 공부한 순열과 조합을 구하는 공식을 가지고 확률을 계산할 수 있는 경우도 있다. 다음 예제를 보자.

---

• **예제 A.14** 항아리에 A, B, C, D, E로 표시된 5개의 공이 들어 있고, 꺼내는 순서에는 상관없이 그 중에서 3개의 공을 꺼내는 실험을 한다고 가정하자. $p$(A와 B와 C)를 계산하면 된다. 여기서 "A와 B와 C"는 공 A, B, C를 임의의 순서로 꺼낸 결과를 뜻함을 상기하라. 중립 원칙을 사용하여 확률을 결정하기 위해서 서로 다른 결과의 가지 수를 계산할 필요가 있다. 즉, 5개의 물체에서 한 번에 3개를 뽑는 조합의 수가 필요하다. 앞절의 공식을 사용하면 그 수는 다음과 같다.

$$\frac{5!}{3!(5-3)!}=10$$

그러므로 중립 원칙에 의해서 다음의 결과를 얻으며,

$$p(\text{A와 B와 C})=\frac{1}{10}$$

다른 9가지 결과에 대한 확률도 마찬가지가 된다.

---

확률 이론을 깊이 공부할 기회가 없었던 학생들은 확률이 그저 비율에 관한 것이라는 인상을 가지고 있는 경우가 종종 있다. 아주 간단하게만 훑어보면서 조차 그러한 인상을 심어 준다는 것은 불공평할지도 모른다. 사실 확률의 가장 중요한 응용은 비율과는 전혀 상관이 없다. 이를 설명하기 위해서 두 가지의 간단한 예를 들어본다.

확률의 전형적인 교과서적 예는 동전 던지기이다. 동전은 대칭을 이루고 있기 때문에 보통 중립 원칙을 사용하여 확률을 지정한다. 따라서 다음과 같은 확률이 나온다.

$$p(\text{앞면})=p(\text{뒷면})=\frac{1}{2}$$

반면에 압정을 던질 수도 있다. 동전과 마찬가지로 압정도 두 가지 방향으로 착지한다. 납작한 끝(앞면)이 땅에 닿게 착지할 수도 있고, 납작한 면 가장자리와 뾰족한 끝점이 함께 착지할 수도 있다. 뾰족한 끝점만 닿게 착지할 수는 없다고 가정한다. 이 착지한 모양

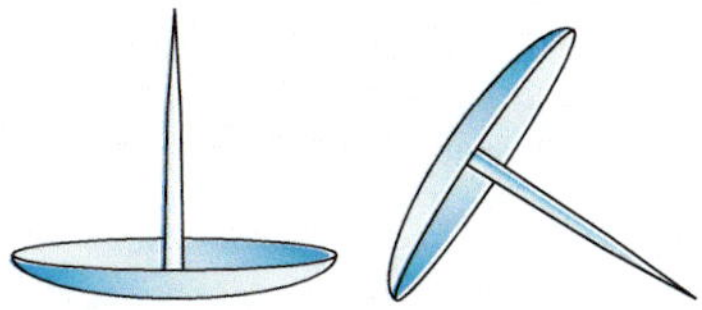

**그림 A.4** 압정이 착지하는 두 가지 방법. 압정은 대칭이 아니기 때문에 이 두 가지 결과가 확률을 같다는 보장은 없다.

은 그림 4.4와 같다. 동전의 용어를 그대로 사용하여 납작한 끝을 "앞면"이라 하고, 다른 경우를 "뒷면"이라 하자. 압정은 대칭이 아니기 때문에 중립 원칙을 사용하여 앞면과 뒷면에 같은 확률을 지정할 수 없다. 그러면 확률을 어떻게 지정할까? 동전의 경우 $p$(앞면) $= \frac{1}{2}$ 이라고 하면 동전을 1,000번 던졌을 때 앞면이 500번은 나온다고 묵시적으로 가정한다. 만일 실제로 앞면이 100번만 나온다면 가중치가 제대로 설정되어 있지 않았으며, 확률이 $= \frac{1}{2}$ 이 아니었다고 의심하게 될 것이다. 같은 실험의 반복 수행은 확률을 실제로 계산하는 하나의 방법이다. 즉, 같은 실험을 여러 번 반복하면 결과로 나온 확률은 꽤 믿을만할 것이다(어떤 철학자는 확률을 이러한 시도의 수가 무한으로 접근할 때 이 분수의 극한이라고 실제로 정의하였다). 예를 들어, 압정을 10,000번 던져서 납작한 면(앞면)이 3,761번 착지했다고 하자. 그러면 그 압정은 다음과 같이 확률을 지정할 수 있다.

$$p(\text{앞면}) \approx \frac{3,761}{10,000} = 0.3761$$

$$p(\text{뒷면}) \approx \frac{6,239}{10,000} = 0.6239$$

두 개의 사건의 확률이 같을 필요가 없다는 사실을 이제 알았다. 그러나 확률을 다 합하면 1이 된다. 이런 식으로 확률을 결정하는 방법을 확률에 대한 **상대빈도방식**(relative frequency approach)이라고 한다. 확률을 상대빈도 수를 가지고 계산할 때 ≈ 심벌을 사용한다. 왜냐하면 아무리 많이 실험을 반복 시도하더라도 상대빈도 수가 확률과 정확하게 일치하지 않기 때문이다. 예를 들어, 항아리에 A와 B로 표시된 2개의 공이 있다고 가정하고, 이 중에서 하나의 공을 꺼내는 실험을 10,000번 반복한다고 하자. 그러면 A로 표시된 공을 정확하게 5,000번 꺼낼 것이라고 확신할 수 없다. 4,967번 꺼낼지도 모른다. 중립 원칙을 사용하면 다음과 같은 결과를 얻지만,

$$p(A) = 0.5$$

상대빈도방식을 사용하면 다음과 같은 결과를 얻는다.

$$p(A) \approx 0.4967$$

상대빈도방식은 단지 두 가지의 다른 결과가 나오는 실험에만 국한되지 않는다. 예를

들어, 6면을 가진 주사위가 정육면체가 아니라면, 6개 원소사건의 확률은 모두 다를 수도 있다. 그러나 합은 그래도 1이 될 것이다. 다음 예제가 이 상황을 설명해 준다.

• **예제 A.15** 대칭이 아닌 6면 주사위가 있고, 1,000번 던져서 각 여섯 면이 나온 횟수가 다음과 같다고 가정하자.

| 면 | 횟수 |
|---|---|
| 1 | 200 |
| 2 | 150 |
| 3 | 100 |
| 4 | 250 |
| 5 | 120 |
| 6 | 180 |

그러면

$$p(1) \approx 0.2$$
$$p(2) \approx 0.15$$
$$p(3) \approx 0.1$$
$$p(4) \approx 0.25$$
$$p(5) \approx 0.12$$
$$p(6) \approx 0.18$$

확률공간 정의의 조건 3에 의해서 주사위를 던져서 2나 3이 나올 확률은 다음과 같다.

$$p(2,\ 3) = p(2) + p(3) \approx 0.15 + 0.1 = 0.25$$

확률의 개념을 결과에 대한 믿음(belief)의 정도라고는 조금도 여기지 않는 다른 접근방식도 있다. 예를 들어, 시카고 베어즈가 달라스 카우보이스와 미식축구 경기를 하려한다고 하자. 저자가 이 책을 쓰고 있는 지금 베어즈가 이기리라고 믿을 이유가 전혀 없다. 따라서 각 팀이 이길 확률을 똑같이 할당하지는 않을 것이다. 이 경기는 여러 번 반복할 수 없기 때문에 상대빈도 접근방법을 사용하여 확률을 얻을 수 없다. 그러나 이 경기에 내기를 한다고 하면 베어즈가 이길 확률을 알아보고 싶을 것이다. 그러기 위해서 확률에 대한 **주관적인 접근방식**(subjective approach)을 사용할 수 있다. 이 접근방식을 사용하여 확률을 알아보는 방법 한 가지는 다음과 같다. 베어즈가 이기는데 거는 복권 표가 \$1이라면 베어즈가 이길 경우 그 표가 얼마의 가치가 되어야 한다고 느끼는지를 결정해야 한다. 만약 그 가치가 \$5가 되어야 한다고 생각한다고 하자. 즉, 이 말은 베어즈가 이길 경우 그 표의 가치가 최소한 \$5가 되어야만 \$1을 내고 그 표를 구입하려고 할 것이다. 이 경우 베어즈가 이길 확률은 다음과 같이 구할 수 있다.

$$p(\text{베어즈가 이김}) = \frac{\$1}{\$5} = 0.2$$

즉, 이 확률은 공평한 내기라고 믿는 정도를 가지고 계산한 것이다. 이러한 접근방식을 "주관적"이라고 하는 이유는 이 표가 $4의 1가치밖에 되지 않는다고 생각할 사람도 있기 때문이다. 그 사람에게는 $p$(베어즈가 이김)$= 0.25$이 된다. 이 두 가지 경우 모두 논리적으로 잘 못된 것은 없다. 확률이라는 것이 단순히 개인의 믿음을 나타낼 때는 유일하게 정확한 확률은 없다. 확률은 개인의 믿음에 대한 함수이다. 즉, 주관적이란 말이다. 만약 누가 자신이 따는 액수가 내기를 거는 액수와 같아야 된다고 믿는다면(즉, 그 표의 가치가 반드시 $2이 되어야 한다고), 그 사람에게 확률은 다음과 같이 된다.

$$p(\text{베어즈가 이김}) = \frac{\$1}{\$2} = 0.5$$

이제 확률은 단순히 비율만이 아님을 알았다. 확률의 의미와 철학에 대해서 자세히 알아보기 위해서는 Fine(1973)을 읽어야 한다. 확률에 대해서 상대빈도방식은 Neapolitan (1992)의 책을 참고하기 바란다. "중립 원칙"이란 표현은 Keynes(1948)에 처음 등장하였다(이 책의 원본은 1921년에 출판되었다). Neapolitan(1990)은 중립 원칙을 사용함으로써 모순이 생긴다는 사실을 논한다.

### A.8.1 무작위성

"**무작위**(random)"라는 용어가 일상 대화에서 자유로이 쓰이고 있기는 하지만, 엄격하게 정의하기는 꽤 어렵다. 무작위성은 절차(process)를 포함한다. 직관적으로 무작위 절차란 다음을 의미한다. 첫째, 그 절차는 반드시 임의로 긴 일련의 결과를 생성할 수 있어야 한다. 예를 들어, 같은 동전을 반복해서 던지는 절차는 앞면 또는 뒷면이라는 임의로 긴 일련의 결과를 생성할 수 있다. 둘째, 결과는 반드시 예측 불가능해야 한다. 그러나 여기서 "예측 불가능하다(unpredictable)"라는 말의 의미는 다소 모호하다. 우리가 처음 시작했던 곳으로 다시 돌아간 것 같다. 그냥 "무작위"가 "예측 불가능하다"로 단순히 바뀌었을 뿐이다.

20세기 초에 리차드 폰 미세즈(Richard von Mises)가 무작위(randomness)의 개념을 더 상세하게 만들었다. 그는 "예측 불가능한" 절차는 작전을 아무리 잘 짜도 도박에서 성공할 수 없어야 한다고 말했다. 즉, "예측 불가능한" 절차의 결과를 가지고 내기를 한다면, 모든 결과에 전부 돈을 거는 대신에 결과의 일부분에만 돈을 걸어서 내기에 이길 기회가 많아질 수 없다. 예를 들어, 반복해서 동전 던지기에서 앞면에 돈을 걸기로 했다고 하자. 동전을 던질 때마다 돈을 걸지 않고, 한 번씩 건너서 돈을 건다고 이길 기회가 많아질 수 있다고 생각하는 사람은 아무도 없을 것이다. 더구나 이길 기회가 많은 다른 "특별한" 방법이 있다고 생각하는 사람도 없을 것이다. 어떤 특정 방법으로 돈을 걸어서도 이길 기회가 많아질 수 없다면, 반복해서 동전 던지기는 무작위 절차가 될 것이다. 또 다른 예로 암에 걸린 환자와 그렇지 않은 환자가 있는 집단에서 반복해서 개인을 표본으로 뽑고, 다음 표본을 뽑을 때 이전에 뽑은 표본은 다시 집단에 집어넣는다고 가정하자(이를 반환 후 표본 추출(sampling with replacement)이라고 한다). 암에 걸린 환자가 뽑히는데 걸기로 했다고 하자. 어떤 특정 개인에게 전혀 우선권을 주지 않고 표본 추출을 한다면 매번 내기에 참여하는 대신 어떤 특정한 경우에만 참여한다고 해서 내기에 이길 기회가 많아진다고 생각하는 사람은 없을 것이다. 어떤 특정 방법으로 내기를 하여 이길 기회가 많아질 수 없다면 이 표본 추출 절차는 무작위가 될 것이다. 그러나 네 번에 한 번씩 흡연자에서만 표본 추출을 하여 흡연자에게 우선권을 주고, 그 외에는 전체 집단에서 표본 추출을 한다면 그 절차는 더 이상 무작위가 아니다. 왜냐하면, 매번 내기에 참여하는 대신 네 번에 한 번씩만 참여함으로써 이길 기회가 많아지게 할 수 있기 때문이다.

직관적으로 "어떤 특정 개인에 우선권을 주지 않고 표본을 추출한다"는 말은 표본 추출을 행하는 방식에 어떤 패턴이 없다는 것을 뜻한다. 예를 들어, 항아리에서 반환 후 표본 추출을 할 때 표본 추출할 때마다 항아리를 잘 흔들어 공이 잘 섞이게 한다면 절대로 어떤 공에도 우선권을 줄 수가 없게 된다. 월드컵 축구 조 편성할 때 얼마나 철저히 공을 섞는지 보아서 알 것이다. 사람의 집단에서 표본 추출을 할 때는 우선권이 주어지지 않았다고 확신하기가 힘들다. 표본 추출 방법에 대해서는 이 부록의 범위에 벗어나므로 다루지 않는다.

성공적인 도박 전략을 허용하지 않는 폰 미세즈의 요구사항은 무작위의 의미를 이해하는데 도움을 준다. 예측 가능한 절차 또는 무작위가 아닌 절차는 성공적인 도박 전략을 짤 수 있도록 허용한다. 무작위가 아닌 절차의 예는 위에서 언급했듯이 네 번에 한 번씩 흡연자에게서만 표본을 추출하는 것이다. 또 다른 예로서 저자 중 한사람의 운동 계획을 살펴보자. 그는 화, 목, 일요일에 그의 운동센터에서 운동하고 싶어 한다. 그러나 그 중에 하루를 빠지면, 다른 날 중에 하루를 선택하여 보충한다. 그가 어떤 날에 운동을 하는지 내기를 한다면, 7개의 요일 중에서 선택하는 것보다 화, 목, 일요일 중에 하나를 선택하는 것이 훨씬 좋다. 이 절차는 무작위가 아니다.

비록 폰 미세즈가 무작위를 더 잘 이해하도록 해줄 수는 있었지만, 정확하고 수학적인 정의를 만들어 내지는 못했다. 결국은 안드레이 콜모고로프(Andrei Kolmogorov)가 축소 가능한 수열 개념을 가지고 정확하게 정의하였다. 간단히 설명하면 어떤 유한 수열이 그 수열에 있는 모든 항목을 암호화하는데 드는 것보다 비트 수를 적게 사용하여 암호화할 수 있다면, 그 유한 수열은 **축소 가능하다**(compressible)라고 정의한다. 예를 들어, 다음 "0 1"이 16번 반복되는 다음 수열은

$$1\ 0\ 1\ 0\ 1\ 0\ 1\ 0\ 1\ 0\ 1\ 0\ 1\ 0\ 1\ 0\ 1\ 0\ 1\ 0\ 1\ 0\ 1\ 0\ 1\ 0\ 1\ 0\ 1\ 0\ 1\ 0$$

다음과 같이 표현할 수 있다.

$$16\ 1\ 0$$

이 표현을 암호화하는 것이 수열의 모든 항목을 암호화하는 것보다 비트의 수가 적게 들기 때문에 이 수열은 축소 가능하다. 축소 불가능한 수열은 **무작위 수열**(random sequence)이라고 한다. 예를 들어, 다음은 무작위 수열이다.

$$1\ 0\ 0\ 1\ 1\ 0\ 1\ 0\ 0\ 0\ 1\ 0\ 1\ 1\ 0\ 1$$

왜냐하면, 더 효율적인 표현 방법이 없기 때문이다. 직관적으로 무작위 수열이란 규칙적이지 않거나 패턴이 없는 수열을 말한다.

콜모고로프 이론에 따르면 **무작위 절차**(random process)는 절차가 충분히 오래 계속되면 무작위 수열을 생성하는 절차이다. 예를 들어, 반복해서 동전을 던지고, 앞면이 나오면 1, 뒷면이 나오면 0을 각각 할당한다고 가정하자. 6번 던지고 난 후 다음과 같은 수열이 생겨날 수 있다.

$$1\ 0\ 1\ 0\ 1\ 0$$

그러나 콜모고로프 이론에 따르면 결국에 가서 전체 수열은 위와 같은 규칙성을 가지지 않을 것이다. 무작위 수열을 "확실히" 생성하는 무작위 절차를 정의할 수 있는가 하는 철학적인 어려움이 있다. 많은 확률학자들은 수열이 무작위가 될 확률이 높을 뿐 수열이 무작위가 되지 않을 가능성도 있다고 믿고 있다. 예를 들면, 동전을 반복해서 던질 때 그럴 가능성이 거의 없기는 하지만 동전이 영원히 계속 앞면만 나올 수도 있다고 믿고 있는 것이다. 앞에서 언급했듯이 무작위성은 어려운 개념이다. 오늘날까지도 무작위의 특성에 대해서 논란이 계속되고 있다.

무작위가 확률과는 어떤 관계가 있는지 토의해보자. 무작위 절차는 확률 표본공간을 결정하고(이 절의 초반부에 주어진 정의를 보시오), 절차가 결과를 생성할 때마다 이 표본공간에서 실험이 수행된다. 다음 예제들이 이를 잘 설명해준다.

---

**• 예제 A.16** 검은 공 하나와 흰 공 하나가 들어있는 항아리가 있다고 하고, 공을 꺼내고 집어넣는 일을 계속 반복한다고 하자. 이 무작위 과정으로 다음과 같은 확률 공간이 결정된다.

$$p(\text{black}) = p(\text{white}) = 0.5$$

공을 꺼낼 때마다 이 공간에서 실험을 수행한다.

---

**• 예제 A.17** 예제 A.15의 비대칭인 육면체 주사위를 반복해서 던지는 것은 다음과 같은 확률 공간이 형성되는 무작위 과정이다.

$$\begin{aligned} p(1) &\approx 0.2 \\ p(2) &\approx 0.15 \\ p(3) &\approx 0.1 \\ p(4) &\approx 0.25 \\ p(5) &\approx 0.12 \\ p(6) &\approx 0.18 \end{aligned}$$

주사위를 던질 때마다 이 공간에서 실험을 수행한다.

---

• **예제 A.18** 인구 $n$명의 모집단에서 일부는 암에 걸려있고, 특정 개인에게 절대 우선순위를 주지 않고 공평하게 반환 후 표본 추출 한다고 가정하자. 이러한 무작위 과정으로 모집단이 표본공간이 되도록 확률 공간을 결정하고("표본공간"과 "모집단"은 서로 바꾸어가며 사용할 수 있음을 상기하라), 각 사람이 표본추출 될 확률(원소사건)은 $1/n$이다. 암에 걸린 사람이 표본 추출될 확률은 다음과 같다.

$$\frac{\text{암에 걸린 사람의 수}}{n}$$

실험을 할 때마다 모집단에서 **무작위로**(at random) 사람을 뽑는다고 한다. 실험을 반복해서 나온 결과의 집합은 모집단의 **무작위 표본추출**(random sample)이라고 한다. 무작위 표본추출의 크기가 크다면, 표본이 모집단을 대표할 확률이 높다는 사실은 통계 기술을 사용하여 보여줄 수 있다. 예를 들어 무작위 표본추출의 크기가 크고, 표본추출한 인구의 $\frac{1}{3}$이 암에 걸려 있다면 모집단의 인구 중에서 암에 걸린 사람의 비율이 $\frac{1}{3}$에 가까울 확률이 아주 높다.

• **예제 A.19** 카드 한 벌이 있고, 카드를 순서대로 뒤집는다고 가정하자. 이 과정은 무작위가 아니고, 카드는 무작위로 뽑지 않는다. 이 비무작위 과정(nonrandom process)으로는 결과가 나올 때마다 다른 확률공간이 정해진다. 첫 시도에서 각 카드가 뽑힐 확률은 $\frac{1}{52}$가 되고, 두 번째 시도에서는 처음 뽑힌 카드가 나올 확률은 0이 되고, 나머지 각 카드가 뽑힐 확률은 $\frac{1}{51}$이 되고, 이런 식으로 계속 확률이 변하게 된다.
만약 맨 위에 있는 카드를 뽑고, 다시 집어넣고, 한 번 뒤섞는 과정을 반복한다고 가정하자. 이 과정은 무작위 과정이고, 카드는 무작위로 뽑는 것일까? 답은 "아니오"이다. 마술사이며 하바드 대학의 통계학자인 퍼시 다이아코니스(Persi Diaconis)는 카드를 7번은 뒤섞어야 철저히 섞여져서 그 과정이 무작위가 된다는 사실을 증명했다(Aldous와 Diaconis(1986) 참조).

폰 미세즈 무작위 개념이 오늘날에는 직관적으로 잘 받아들여지고 있지만, 그 이론을 개발할 당시(20세기 초)에는 그의 견해가 널리 인정받지는 못했다. 그의 가장 강경한 반대자는 철학자 마브(Marbe)였다. 마브는 자연은 기억을 부여받고 있다는 견해를 가지고 있었다. 그의 이론에 따르면, 공평한 동전(앞면이 나올 상대빈도가 0.5인 동전)을 가지고 반복적 동전 던지기에서 뒷면이 연속해서 15번 나오면, 다음 던질 때 자연이 이미 나온 뒷면을 보상해주기 때문에 앞면이 나올 확률이 높아진다. 만약 이 이론이 맞다면 뒷면이 여러 번 나온 후에만 앞면에 내기를 하면 이길 기회가 높아질 수 있다. 아이버슨(Iverson, 1971) 등이 미세즈와 콜모고로프의 견해를 입증하는 실험을 하였다. 그들의 실험에서 구체적으로 동전 던지기와 주사위 던지기는 무작위 수열을 만들어 냄이 입증되었다. 비록 꽤 많은 도박꾼들이 마브의 이론을 아직도 따르고 있지만 오늘날 마브의 이론을 인정하는 과학자는 거의 없다.

폰 미세즈 이론의 원문은 von Mises(1919)이며, 그의 책 von Mises(1957)에 더 쉽게 설

명되어 있다. 압축가능(compressible) 수열과 무작위 수열은 박사논문 Van Lambalgen (1987)에 자세히 나와 있다. Neapolitan(1992)과 Van Lambalgen(1987)에서는 무작위 과정이 무작위 수열을 확실히 만들어낸다고 정의하기 어렵다는 주장을 제기하고 있다.

## A.8.2 기대치

기대치(평균)를 예제를 통하여 이해해보자.

**• 예제 A.20** 키가 68, 72, 67, 74인치인 4명의 학생이 있다고 하자. 평균키는 다음과 같이 계산한다.

$$\text{평균키} = \frac{68+72+67+74}{4}\text{인치} = 70.25\text{인치}$$

다음과 같이 백분율로 키가 분포된 1,000명의 학생이 있다고 하자.

| 학생의 백분율 | 키(인치) |
|---|---|
| 20 | 66 |
| 25 | 68 |
| 30 | 71 |
| 10 | 72 |
| 15 | 74 |

평균키를 계산하기 위해서 각 학생의 키를 구하고, 위의 방법대로 계산할 수 있다. 그러나 다음과 같이 평균을 구하는 것이 훨씬 효율적이다.

$$\text{평균키} = 66(0.2) + 68(0.25) + 71(0.3) + 72(0.1) + 74(0.15)\text{인치} = 69.8\text{인치}$$

이 예제에서 백분율은 중립 원칙을 이용하여 구한 확률일 뿐이다. 즉, 학생 20%의 키가 66인치라는 사실은 200명의 키가 66인치라는 의미이고, 1000명의 학생 중에서 무작위로 한 학생을 뽑으면 다음과 같다.

$$p(\text{키} = 666\text{인치}) = \frac{200}{1000} = 0.2$$

일반적으로 기대치는 다음과 같이 정의한다.

**정의**

다음과 같은 표본공간을 가진 확률공간이 있고,

$$\{e_1, e_2, \cdots, e_n\}$$

각 결과 $e_i$는 그와 관련된 실수 $f(e_i)$가 있다고 가정하면, $f(e_i)$는 표본공간에서 **무작위 변수**(random variable)라 하고, $f(e_i)$의 **기대치(평균)**는 다음과 같이 계산하다.

$$f(e_1)p(e_1) + f(e_2)p(e_2) + \cdots + f(e_n)p(e_n)$$

무작위 변수를 "무작위"라고 하는 이유는 무작위 과정을 통하여 무작위 변수의 값을 구할 수 있기 때문이다. "기회변수(chance variable)" 또는 "추계 변수(stochastic variable)"란 용어를 사용하기도 한다. 여기서 "무작위 변수"라고 하는 이유는 가장 많이 쓰기 때문이다.

**예제 A.21** 예제 A.15에서와 같이 대칭이 아닌 6면 주사위가 있다고 가정하자. 즉, 각 면이 나올 확률은 다음과 같다.

$$p(1) \approx 0.2 \qquad p(4) \approx 0.25$$
$$p(2) \approx 0.15 \qquad p(5) \approx 0.12$$
$$p(3) \approx 0.1 \qquad p(6) \approx 0.18$$

표본공간은 나올 수 있는 6개의 다른 면으로 구성되어 있으며, 표본공간에서 무작위 변수는 그 면에 쓰인 수이며, 이 무작위 변수의 기대치는 다음과 같이 계산한다.

$$1p(1)+2p(2)+3p(3)+4p(4)+5p(5)+6p(6)$$
$$\approx 1(0.2)+2(0.15)+3(0.1)+4(0.25)+5(0.12)+6(0.18)=3.48$$

만약 주사위를 여러 번 던지면, 나오는 수의 평균은 대강 3.48 정도 된다고 기대할 수 있다. 표본공간에서 정의하는 무작위 변수가 하나만 있는 것은 아니다. 홀수가 나오면 0을 배정하고, 홀수가 나오면 1을 배정하는 함수가 이 표본공간에서 또 하나의 무작위 변수로 될 수도 있다. 이 무작위 변수의 기대치는 다음과 같이 계산한다.

$$0p(1)+1p(2)+0p(3)+1p(4)+0p(5)+1p(6)$$
$$\approx 0(0.2)+1(0.15)+0(0.1)+1(0.25)+0(0.12)+1(0.18)=0.58$$

**예제 A.22** 예제 A.20의 1,000명의 학생을 표본공간이라고 하자. A.20에서 계산한 대로 키가 이 표본공간의 무작위 변수라고 하자. 다른 하나는 몸무게가 될 수도 있다. 만약 몸무게가 다음과 같은 백분율로 분포되어 있다면,

| 학생의 백분율 | 무게(파운드) |
|---|---|
| 15 | 130 |
| 35 | 145 |
| 30 | 160 |
| 10 | 170 |
| 10 | 185 |

이 무작위 변수의 기대치는 다음과 같이 계산한다.

130(0.15) + 145(0.35) + 160(0.30) + 170(0.10) + 185(0.10)파운드=153.75파운드

## 연습문제

### A.1절

1. 다음 값을 구하시오.

(a) $\lfloor 2.8 \rfloor$  (b) $\lfloor -10.42 \rfloor$

(c) $\lceil 4.2 \rceil$  (d) $\lceil -34.92 \rceil$

(e) $\lfloor 5.2-4.7 \rfloor$  (f) $\lceil 2\pi \rceil$

2. 다음 등식이 성립함을 보이시오.

$$\lceil n \rceil = -\lfloor -n \rfloor$$

3. 모든 실수 $n$에 대해서 다음 등식이 성립함을 보이시오.

$$\lfloor 2x \rfloor = \lfloor x \rfloor + \left\lfloor x + \frac{1}{2} \right\rfloor$$

4. 모든 정수 $a>0$, $b>0$, $n$에 대하여 다음 등식이 성립함을 보이시오.

(a) $\left\lfloor \frac{n}{2} \right\rfloor + \left\lceil \frac{n}{2} \right\rceil = n$

(b) $\left\lfloor \frac{\lfloor n/a \rfloor}{b} \right\rfloor = \left\lfloor \frac{n}{ab} \right\rfloor$

5. 다음 각 식을 덧셈(시그마)을 사용하여 다시 쓰시오.

(a) $2+4+6+\cdots+2(99)+2(100)$

(b) $2+4+6+\cdots+2(n-1)+2n$

(c) $3+12+27+\cdots+1200$

6. 다음 합을 계산하시오.

(a) $\sum_{i=1}^{5}(2i+4)$

(b) $\sum_{i=1}^{10}(i^2-4i)$

(c) $\sum_{i=1}^{200}\left(\frac{i}{i+1}-\frac{i-1}{i}\right)$

(귀띔: 처음 두 개 또는 세 개 항을 약분하지 말고 작성하여 패턴을 보라.)

(d) $\sum_{i=0}^{5}(2^i n^{5-i})$, $n=4$인 경우

(e) $\sum_{i=1}^{4}\sum_{j=1}^{i}(j+5)$

### A.2절

7. 함수 $f(x)=\sqrt{x-4}$의 그래프를 그리시오. 이 함수의 변역과 치역은 무엇인가?

8. 함수 $f(x)=(x-2)/(x+5)$의 그래프를 그리시오. 이 함수의 변역과 치역은 무엇인가?

9. 함수 $f(x)=\lfloor x \rfloor$의 그래프를 그리시오. 이 함수의 변역과 치역은 무엇인가?

10. 함수 $f(x) = \lceil x \rceil$의 그래프를 그리시오. 이 함수의 변역과 치역은 무엇인가?

### A.3절

11. 모든 정수 $n > 0$에 대하여 다음 등식이 성립함을 수학적 귀납법으로 증명하시오.

$$\sum_{k=1}^{n} k(k!) = (n+1)! - 1$$

12. 모든 양의 정수 $n$에 대하여 $n^2 - n$이 짝수임을 수학적 귀납법으로 증명하시오.

13. 모든 정수 $n > 4$에 대하여 다음 등식이 성립함을 수학적 귀납법으로 증명하시오.

$$2^n > n^2$$

14. 모든 정수 $n > 0$에 대하여 다음 등식이 성립함을 수학적 귀납법으로 증명하시오.

$$\left(\sum_{i=1}^{n} i\right)^2 = \sum_{i=1}^{n} i^3$$

### A.4절

15. $a$와 $b$가 모두 홀수이면, $a+b$는 짝수임을 증명하시오. 역도 성립하는가?

16. "$a+b$가 홀수이다"는 "$a$와 $b$가 둘 다 홀수가 아니거나, 둘 다 짝수이다"의 필요충분조건(if and only if)임을 증명하시오.

### A.5절

17. 다음 값을 구하시오.

| | | |
|---|---|---|
| (a) $\log 1{,}000$ | (b) $\log 100{,}000$ | (c) $\log_4 64$ |
| (d) $\lg \frac{1}{16}$ | (e) $\log_5 125$ | (f) $\log 23$ |
| (g) $\lg(16 \times 8)$ | (h) $\log(1{,}000/100{,}000)$ | (i) $2^{\lg 125}$ |

18. 같은 좌표에 함수 $f(x) = 2^x$와 $g(x) = \lg x$의 그래프를 그리시오.

19. $x^2 + 6x + 12 > 8x + 20$이 성립하는 $x$값을 찾으시오.

20. $x > 50\lg x$이 성립하는 $x$값을 찾으시오.

21. 함수 $f(x) = 2^{3\lg x}$가 지수함수가 아님을 보이시오.

22. 모든 양의 정수 $n$에 대하여 다음 등식이 성립함을 보이시오.

$$\lfloor \lg n \rfloor + 1 = \lceil \lg(n+1) \rceil$$

23. 비교적 큰 $n$에 대해서 다음의 $n!$에 대한 스털링(Sterling)의 근사식을 사용하여 $\lg(n!)$에 대한 공식을 찾으시오.

$$n! \approx \sqrt{2\pi n}\left(\frac{n}{e}\right)^n$$

### A.6절

24. $U = \{2, 4, 5, 6, 8, 10, 12\}$, $S = \{2, 4, 5, 10\}$, $T = \{2, 6, 8, 10\}$이라 하고(여기서 $U$는 전체집합이다), 다음을 구하시오.

(a) $S \cup T$

(b) $S \cap T$

(c) $S-T$

(d) $T-S$

(e) $((S \cap T) \cup S)$

(f) $U-S$($S$의 보집합이라고 함)

25. 집합 $S$의 구성원소가 $n$개 있을 때, $S$의 부분집합의 개수는 $2^n$이 됨을 증명하시오.

26. $|S|$를 집합 $S$의 구성원소의 개수를 나타낸다고 하자. 다음 등식이 맞음을 증명하시오.

$$|S \cup T| = |S| + |T| - |S \cap T|$$

27. 다음이 모두 같음을 증명하시오.
(a) $S \subset T$ (b) $S \cap T = S$ (c) $S \cup T = T$

## A.7절

28. 10개의 물체에서 한 번에 6개를 취하는 순열(permutation)의 수를 구하시오.

29. 10개의 물체에서 한 번에 6개를 취하는 조합(combination)의 수를 구하시오. 다른 말로, $\binom{10}{6}$을 구하시오.

30. 10개 공이 들어있는 통에서 4개 공을 꺼내는 복권추첨이 있다고 가정하자. 뽑는 순서대로 공이 나열되어 있으면 당첨복권이다. 당첨될 수 있는 복권의 개수는 총 몇 장인가?

31. 10개 공이 들어있는 통에서 4개 공을 꺼내는 복권추첨이 있다고 가정하자. 뽑는 순서에 상관없이 맞는 공만 있으면 당첨복권이다. 당첨될 수 있는 복권의 개수는 총 몇 장인가?

32. A.7절에 있는 이항정리를 수학적 귀납법을 사용하여 증명하시오.

33. 다음 등식이 성립함을 증명하시오.

$$\binom{2n}{2} = 2\binom{n}{2} + n^2$$

34. 첫째 종류의 물체가 $k_1$개 있고, 둘째 종류의 물체가 $k_2$개 있고 $\cdots$, $m$째 종류의 물체가 $k_m$개 있다고 가정하자. 여기서 $k_1 + k_2 + \cdots + k_m = n$이다. 이 $n$개 물체의 서로 다른 순열의 수는 다음과 같이 됨을 증명하시오.

$$\frac{n!}{(k_1!)(k_2!)\cdots(k_m!)}$$

35. $f(n, m)$을 $n$개의 동일한 물체를 $m$개의 집합에 분배하는 방법의 가지수라고 하자. 예를 들어, $n=4$, $m=2$ 물체의 집합을 $\{A, A, A, A\}$라고 하면 가능한 분배방법은 다음과 같다.
(1) $\{A, A, A, A\}$, $\varnothing$
(2) $\{A, A, A\}$, $\{A\}$
(3) $\{A, A\}$, $\{A, A\}$
(4) $\{A\}$, $\{A, A, A\}$

(5) $\varnothing$, $\{A, A, A, A\}$

여기서 $f(4, 2) = 5$임을 알 수 있다. 일반적으로 다음과 같은 해를 갖게 됨을 증명하시오.

$$f(n, m) = \binom{n+m-1}{m-1}$$

귀띔 : 가능한 모든 분배의 집합은 첫째 슬롯에 $n$개의 $A$가 들어있는 집합, 첫째 슬롯에 $n-1$개의 $A$가 들어있는 집합, ..., 첫째 슬롯에 0개의 $A$가 들어있는 집합들로 구성된다. $m$에 대한 귀납법으로 증명하면 된다.

36. 다음 등식이 성립함을 증명하시오.

$$\binom{n}{k+1} = \frac{n-k}{k+1}\binom{n}{k}$$

### A.8절

37. 연습문제 30의 복권추첨을 다시 고려해보자.
    (a) 복권 한 장을 구입한 경우 당첨될 확률을 계산하시오.
    (b) 복권 일곱 장을 구입한 경우 당첨될 확률을 계산하시오.

38. 한 벌(52장)의 카드를 가지고 (5장) 포커게임을 한다고 가정하자.
    (a) 손에 4장의 A가 들어올 확률을 계산하시오.
    (b) 손에 같은 종류의 카드가 4개 들어올 확률을 계산하시오.

39. 공평한 6면 주사위(즉, 각 면이 나올 확률은 $\frac{1}{6}$) 던지기 놀이를 한다고 하자. 5와 6이 나오면 각각 \$5와 \$6을 잃게 되고, 다른 수가 나오면 그 수에 해당하는 만큼의 \$를 딴다고 하자.
    (a) 따거나 잃게 될 돈 액수의 기대치를 계산하시오.
    (b) 100회 던지는 경우, 가장 많이 잃을 액수, 가장 많이 딸 액수, 따거나 잃을 기대 액수를 각각 계산하시오.

40. $n$개의 서로 다른 원소의 리스트에서 하나의 구성원소를 검색한다고 가정하자. 순차검색 알고리즘(직선검색)을 사용할 때 필요한 비교의 평균 (기대) 횟수는 얼마인가?

41. $n$개 원소로 구성된 배열에서 삭제 연산을 하는데 구성원소를 옮기는 기대 횟수는 얼마인가?

appendix B

# 재현식의 해 구하기 : 재귀 알고리즘 분석용

재귀 알고리즘(recursive algorithm)의 분석은 반복 알고리즘(iterative algorithm)과 달리 그리 간단하지 않다. 그러나 보통 재귀 알고리즘의 시간복잡도를 재현식(recurrence equation)으로 나타내는 것은 그리 어렵지 않다. 그리고 시간복잡도를 구하기 위해서는 그 재현식의 해를 반드시 구해야 한다. 이 부록에서는 재현식의 해를 구하는 기술과 재귀 알고리즘의 분석에 그 해를 사용하는 기술에 대해서 살펴본다.

## B.1 귀납법으로 재현식의 해 구하기

수학적 귀납법은 부록 A에서 공부하였다. 여기서는 재귀 알고리즘을 분석하는데 수학적 귀납법을 어떻게 사용하는지 살펴본다. 먼저 $n!$을 계산하는 재귀 알고리즘을 보자.

▸ 알고리즘 B.1 Factorial

문제 : $n \geq 1$일 때 $n! = n(n-1)(n-2)\cdots(3)(2)(1)$을 구하시오.

입력 : 음이 아닌 정수 $n$

출력 : $n!$

```
int fact (int n)
{
   if (n == 0)
      return 1;
   else
      return n * fact(n-1);
}
```

이 알고리즘의 효율을 파악하기 위하여 각 $n$에 대하여 이 함수가 곱셈을 몇 번 수행하는지 알아보자. 주어진 $n$에 대한 곱셈의 총 수행 횟수는 $fact(n-1)$을 계산할 때 곱셈의 수행 횟수에다 $n$을 $fact(n-1)$로 곱할 때 수행하는 곱셈 1회를 더하면 된다. 주어진 $n$에 대하여 곱셈의 수행 횟수를 $t_n$으로 표시하면 이를 다음 방정식으로 나타낼 수 있다.

$$t_n = \underbrace{t_{n-1}}_{\substack{\text{재귀에서} \\ \text{곱셈 횟수}}} + \underbrace{1}_{\substack{\text{상위수준에서} \\ \text{곱셈 횟수}}}$$

이와 같은 방정식은 $n$에 대한 함수 값을 $n$보다 작은 값에 대한 함수 값의 형태로 나타내기 때문에 **재현식**(recurrence equation)이라고 한다. 사실 재현 그 자체로는 함수를 제대로 나타내 주는 것은 아니다. 또한 재현식에는 초기조건(initial condition)이라고 하는 재귀기초가 반드시 있어야 한다. 위의 알고리즘에서 $n=0$일 때 곱셈의 횟수는 0이므로, 초기조건은 다음과 같이 나타낼 수 있다.

$$t_0 = 0$$

이보다 큰 $n$값에 대한 $t_n$은 다음과 같이 계산할 수 있다.

$$t_1 = t_{1-1} + 1 = t_0 + 1 = 0 + 1 = 1$$
$$t_2 = t_{2-1} + 1 = t_1 + 1 = 1 + 1 = 2$$
$$t_3 = t_{3-1} + 1 = t_2 + 1 = 2 + 1 = 3$$

이와 같은 방법으로 계속하여 어떤 $t_n$의 값도 구할 수 있지만, 0에서 시작하지 않고 임의의 $n$에 대하여 바로 $t_n$을 계산할 수 있는 것은 아니다. 따라서 $t_n$을 명백히 식(expression)으로 나타낼 수 있어야 한다. 이러한 식을 재현식의 해(solution)라고 한다. 귀납법을 사용하여 해를 찾는 것은 불가능하며, 단순히 예상해(candidate solution)가 맞는지를 확인할 수 있을 뿐이다(8.5.4절에서 다룬 직관적 귀납법(constructive induction)을 사용하면 해를 찾을 수는 있다). 위에서 계산한 몇 개의 값을 조사해보면 해는 다음과 같음을 알 수 있다.

$$t_n = n$$

이제 이 예상해가 맞는지 귀납법을 사용하여 증명해보자.

**귀납기초** : $n=0$에 대하여 다음은 성립한다.

$$t_0 = 0$$

**귀납가정** : 임의의 양 정수 $n$에 대하여 다음이 성립한다고 가정한다.

$$t_n = n$$

**귀납절차** : 다음이 성립함을 보이면 된다.

$$t_{n+1} = n+1$$

재현식에서 $n$을 $n+1$로 대치시키면, 다음과 같이 된다.

$$t_{n+1} = t_{(n+1)-1} + 1 = \boldsymbol{t_n} + 1 = \boldsymbol{n} + 1$$

따라서 $t_n$의 예상해가 맞는지를 증명하였다. 여기서 진한 활자체로 된 항은 귀납가정과 같음을 주목하라. 귀납법 증명을 할 때 귀납가정이 적용되는 부분을 이 책에서는 이런 식으로 종종 표시한다.

재귀 알고리즘의 분석은 두 단계로 이루어진다. 첫째 단계에서는 재현식을 결정하고, 둘째로 그 방정식의 해를 구한다. 여기서 우리의 목표는 재현식의 해를 어떻게 구하는지 보여주는 것이다. 이 책에서 나오는 재귀 알고리즘의 재현식은 알고리즘을 논의할 때 결정한다. 따라서 앞으로 이 부록에서는 알고리즘에 대한 논의는 하지 않고, 그냥 재현식만을 주어진 대로 취한다. 귀납법을 이용하여 재현식의 해를 구하는 예를 몇 가지 더 살펴보자.

---

**• 예제 B.1** 다음 재현식을 보자.

$$t_n = t_{n/2} + 1 \quad (n > 1\text{이며, } n\text{이 2의 거듭제곱일 때})$$
$$t_1 = 1$$

처음 몇 항의 값은

$$\begin{aligned} t_2 &= t_{2/2} + 1 = t_1 + 1 = 1 + 1 = 2 \\ t_4 &= t_{4/2} + 1 = t_2 + 1 = 2 + 1 = 3 \\ t_8 &= t_{8/2} + 1 = t_4 + 1 = 3 + 1 = 4 \\ t_{16} &= t_{16/2} + 1 = t_8 + 1 = 4 + 1 = 5 \end{aligned}$$

따라서 일반항은 다음과 같다.

$$t_n = \lg n + 1$$

이제 귀납법을 사용하여 이 일반항이 맞는지를 증명한다.

**귀납기초** : $n=1$에 대하여 다음은 성립한다.

$$t_1 = 1 = \lg 1 + 1$$

**귀납가정** : $n > 0$이고 2의 거듭제곱인 임의의 정수 $n$에 대하여 다음이 성립한다고 가정한다.

$$t_n = \lg n + 1$$

**귀납절차** : 재현식이 2의 거듭제곱에 대해서만 국한되어 있기 때문에 $n$ 다음에 고려해야 할 수는 $2n$이 된다. 따라서 다음이 성립함을 보이면 된다.

$$t_{2n} = \lg(2n) + 1$$

재현식에 $2n$을 대치시키면, 다음과 같다.

$$\begin{aligned} t_{2n} &= t_{(2n)/2} + 1 = \boldsymbol{t_n + 1 = \lg n + 1} + 1 \\ &= \lg n + \lg 2 + 1 \\ &= \lg(2n) + 1 \end{aligned}$$

---

● **예제 B.2** 다음 재현식을 보자.

$$t_n = 7t_{n/2} \quad (n > 1\text{이며, } n\text{이 } 2\text{의 거듭제곱일 때})$$
$$t_1 = 1$$

처음 몇 항의 값은

$$\begin{aligned} t_2 &= 7t_{2/2} = 7t_1 = 7 \\ t_4 &= 7t_{4/2} = 7t_2 = 7^2 \\ t_8 &= 7t_{8/2} = 7t_4 = 7^3 \\ t_{16} &= 7t_{16/2} = 7t_8 = 7^4 \end{aligned}$$

따라서 일반항은 다음과 같다.

$$t_n = 7^{\lg n}$$

이제 귀납법을 사용하여 이 일반항이 맞는지를 증명한다.

**귀납기초** : $n = 1$에 대하여 다음은 성립한다.

$$t_1 = 1 = 7^0 = 7^{\lg 1}$$

**귀납가정** : $n > 0$이고 2의 거듭제곱인 임의의 정수 $n$에 대하여 다음이 성립한다고 가정한다.

$$t_n = 7^{\lg n}$$

**귀납절차** : 다음이 성립함을 보이면 된다.

$$t_{2n} = 7^{\lg(2n)}$$

재현식에 $2n$을 대치시키면, 다음과 같다.

$$t_{2n} = 7t_{(2n)/2} = \boldsymbol{7t_n} = 7 \times \boldsymbol{7^{\lg n}} = 7^{1 + \lg n} = 7^{\lg 2 + \lg n} = 7^{\lg(2n)}$$

따라서 귀납법 증명이 완성되었다. 마지막으로, 다음 성질에 의하여

$$7^{\lg n} = n^{\lg 7}$$

이 재현식의 해는 보통 다음과 같이 쓴다.

$$t_n = n^{\lg 7} \approx n^{2.81}$$

---

• 예제 B.3 다음 재현식을 보자.

$$t_n = 2t_{n/2} + n - 1 \quad (n > 1\text{이며, } n\text{이 2의 거듭제곱일 때})$$
$$t_1 = 0$$

처음 몇 항의 값은

$$t_2 = 2t_{2/2} + 2 - 1 = 2t_1 + 1 = 1$$
$$t_4 = 2t_{4/2} + 4 - 1 = 2t_2 + 3 = 5$$
$$t_8 = 2t_{8/2} + 8 - 1 = 2t_4 + 7 = 17$$
$$t_{16} = 2t_{16/2} + 16 - 1 = 2t_8 + 15 = 49$$

이 값들만 보아서 해가 무엇인지 분명하지 않다. 앞에서 밝힌 대로 귀납법은 예상해가 맞는지를 확인할 수 있을 뿐이다. 여기서 예상해를 구할 수 없으므로 이 재현식의 해를 구하기 위해서 귀납법을 사용할 수도 없다. 그러나 다음 절에서 공부할 기술을 사용하면 해를 구할 수 있다.

## B.2 특성식을 이용하여 재현식의 해 구하기

다양한 종류의 재현식의 해를 구하는 기술을 전개한다.

### B.2.1 동질 1차 재현식

정의

$k$와 $a_i$ 항이 상수일 때, 다음 형태의 재현식은 상수계수 동질 1차 재현식(homogeneous linear recurrence equation with constant coefficients)이라 한다.

$$a_0t_n + a_1t_{n-1} + \cdots + a_kt_{n-k} = 0$$

이러한 식을 "1차(linear)"라 하는 이유는 모든 항 $t_i$가 일차이기 때문이다. 즉, $t_{n-i}^2$ 또는 $t_{n-i}t_{n-j}$과 같은 항이 없다. 추가적으로 $c$가 1이 아닌 양 상수가 되는 $t_{c(n-i)}$항도 허용하지 않는다. 예를 들면, $t_{n/2}$, $t_{3(n-4)}$ 등과 같은 항은 허용하지 않는다. 이러한 재현식을 "동질(homogeneous)"이라 하는데, 그 이유는 항의 1차 조합(linear combination)이 0이 되기 때문이다.

• 예제 B.4 다음은 상수계수 동질 1차 재현식이다.

$$7t_n - 3t_{n-1} = 0$$
$$6t_n - 5t_{n-1} + 8t_{n-2} = 0$$
$$8t_n - 4t_{n-3} = 0$$

- **예제 B.5** 1.2.2절에서 공부하는 피보나찌 순열(Fibonacci sequence)은 다음과 같이 정의한다.

$$t_n = t_{n-1} + t_{n-2}$$
$$t_0 = 0$$
$$t_1 = 1$$

양변에서 $t_{n-1}$과 $t_{n-2}$를 빼면, 다음과 같다.

$$t_n - t_{n-1} - t_{n-2} = 0$$

이 방정식을 보면 피보나찌 순열이 동질 1차 재현식임을 알 수 있다.

다음은 동질 1차 재현식의 해를 어떻게 구하는지 알아보자.

- **예제 B.6** 다음과 같은 재현식이 있다고 가정하자.

$$t_n - 5t_{n-1} + 6t_{n-2} = 0 \qquad (n > 1\text{이면})$$
$$t_0 = 0$$
$$t_1 = 1$$

$t_n$을 다음과 같이 놓으면,

$$t_n = r^n$$

다음과 같은 등식을 얻을 수 있다.

$$t_n - 5t_{n-1} + 6t_{n-2} = r^n - 5r^{n-1} + 6r^{n-2}$$

그러므로 $r$이 다음 방정식의 근이면,

$$r^n - 5r^{n-1} + 6r^{n-2} = 0$$

$t_n = r^n$은 재현식의 해가 된다.
여기서, 다음 등식이 성립하므로

$$r^n - 5r^{n-1} + 6r^{n-2} = r^{n-2}(r^2 - 5r + 6)$$

근은 $r = 0$이 됨을 알 수 있고, 또 다른 근은 다음 방정식으로 근을 구한다.

$$r^2 - 5r + 6 = 0 \qquad \text{(B.1)}$$

이 근을 구하기 위해서 인수분해하면, 다음과 같다.

$$r^2 - 5r + 6 = (r-3)(r-2) = 0$$

여기서 근은 $r = 3$과 $r = 2$가 된다. 따라서 재현식의 모든 해는 다음과 같다.

$$t_n = 0,\ t_n = 3^n \text{과 } t_n = 2^n$$

이를 $3^n$에 대하여 해가 맞는지 입증하기 위해서 재현식의 좌변을 $3^n$으로 다음과 같이 치환해 보자.

$$\begin{array}{ccc} 3^n & 3^{n-1} & 3^{n-2} \\ \downarrow & \downarrow & \downarrow \\ t_n & -5t_{n-1} & +6t_{n-2} \end{array}$$

이렇게 치환하면 좌변은 다음과 같다.

$$\begin{aligned} 3^n-5(3^{n-1})+6(3^{n-2}) &= 3^n-5(3^{n-1})+2(3^{n-1}) \\ &= 3^n-3(3^{n-1})=3^n-3^n=0 \end{aligned}$$

이는 $3^n$이 이 재현식의 해가 된다는 뜻이다.

이 재현식의 해를 3개 찾았다. 그러나 해는 더 존재한다. $3^n$과 $2^n$이 해이므로, $c_1$과 $c_2$가 임의의 상수이면 다음 식도 해이다.

$$t_n=c_13^n+c_22^n$$

이 결과는 뒤의 연습문제에서 얻은 결과이다. 비록 여기서 보여주지는 않지만, 이외에 더 이상의 해는 없음을 증명할 수 있다. 따라서 위의 식은 재현식의 일반해이다($c_1=c_2=0$일 때 보통해인 $t_n=0$은 일반해에 포함되어 있다). 여기서 해는 무한개가 있지만 어떤 해가 우리가 원하는 해일까? 이 질문에 대한 답은 초기조건으로 결정한다. 다음과 같은 초기조건이 있었음을 돌이켜보자.

$$t_0=0\text{과 } t_1=1$$

이 조건을 가지고 다음과 같이 $c_1$과 $c_2$의 유일한 값을 구할 수 있다. 일반해에 각 값을 적용시키면, 다음과 같이 변수가 두 개인 연립방정식을 얻는다.

$$\begin{aligned} t_0 &= c_13^0+c_22^0=0 \\ t_1 &= c_13^1+c_22^1=1 \end{aligned}$$

이 연립방정식은 다음과 같이 간략화할 수 있다.

$$\begin{aligned} c_1+c_2 &= 0 \\ 3c_1+2c_2 &= 1 \end{aligned}$$

이 연립방정식의 해는 $c_1=1$과 $c_2=-1$이다. 따라서 재현식의 해는 다음과 같다.

$$t_n=1(3^n)-1(2^n)=3^n-2^n$$

---

바로 앞의 예제에서 초기조건이 다르다면, 다른 해가 나왔을 것이다. 실제로 재현식은 함수를 여러 개 모아놓은 것으로 볼 수 있다. 즉, 각 함수에 다른 초기조건이 대입한 것이다. 예제 B.6의 재현식에 다음 초기조건을 사용하면 어떤 함수가 나오는지 살펴보자.

$$t_0=1\text{과 } t_1=2$$

예제 B.6의 일반해에 이 초기조건을 적용하면 다음과 같은 연립방정식을 얻는다.

$$\begin{aligned} t_0 &= c_13^0+c_22^0=1 \\ t_1 &= c_13^1+c_22^1=2 \end{aligned}$$

이 연립방정식은 다음과 같이 간략화할 수 있다.

$$c_1 + c_2 = 1$$
$$3c_1 + 2c_2 = 2$$

이 연립방정식의 해는 $c_1 = 0$과 $c_2 = 1$이다. 따라서 이 새로운 초기조건 하에서 재현식의 해는 다음과 같다.

$$t_n = 0(3^n) + 1(2^n) = 2^n$$

예제 B.6의 방정식 B.1은 그 재현식에 대한 특성식이라 한다. 일반적으로 이 식은 다음과 같이 정의한다.

> **정의**
>
> $$a_0 t_n + a_1 t_{n-1} + \cdots + a_k t_{n-k} = 0$$
>
> 위 동질 1차 재현식에 대한 **특성식**(characteristic equation)은 다음과 같이 정의한다.
>
> $$a_0 r^k + a_1 r^{k-1} + \cdots + a_k r^0 = 0$$

$r^0$의 값은 단순히 1이다. 여기서 $r^0$라고 쓰는 이유는 특성식과 재현식과의 사이의 관계를 보여주기 위함이다.

---

**• 예제 B.7** 재현식에 대한 특성식은 다음과 같이 나타난다.

$$5t_n - 7t_{n-1} + 6t_{n-2} = 0$$

$$5r^2 - 7r + 6 = 0$$

화살표를 사용하여 특성식의 차수가 $k$임을 보여준다(이 경우는 2).

---

예제 B.6에서 해를 구하기 위해 사용한 단계는 정리로 일반화할 수 있다. 상수계수 동질 1차 재현식을 풀기 위해서는 정리만 참고하면 된다. 그 정리는 다음과 같고, 증명은 이 부록의 끝부분에 있다.

**▸ 정리 B.1**

다음과 같은 상수계수 동질 1차 재현식에 대해서

$$a_0 t_n + a_1 t_{n-1} + \cdots + a_k t_{n-k} = 0$$

특성식은 다음과 같고,

$$a_0 r^k + a_1 r^{k-1} + \cdots + a_k r^0 = 0$$

이 특성식이 $k$개의 "서로 다른" 해 $r_1, r_2, \cdots, r_k$를 가진다면, 이 재현식의 유일한 해는

$$t_n = c_1 r_1^n + c_2 r_2^n + \cdots + c_k r_k^n$$

여기서 $c_i$항은 임의의 상수이다.

---

$k$개의 상수 $c_i$의 값들은 초기조건으로 구한다. $k$개의 상수들을 모두 구하려면 $k$개의 초기조건이 필요하다. 다음 예제에서 상수의 값을 구하는 방법을 살펴보자.

---

**• 예제 B.8** 다음 재현식의 해를 구해보자.

$$\begin{aligned} t_n - 3t_{n-1} - 4t_{n-2} &= 0 \qquad (n > 1\text{이면}) \\ t_0 &= 0 \\ t_1 &= 1 \end{aligned}$$

1. 특성식을 찾는다.

$$t_n - 3t_{n-1} - 4t_{n-2} = 0$$
$$r^2 - 3r - 4 = 0$$

2. 특성식의 해를 구한다.

$$r^2 - 3r - 4 = (r-4)(r+1) = 0$$

이 방정식의 근은 $r = 4$와 $r = -1$이다.

3. 정리 B.1을 적용하여 재현식의 일반해를 구한다.

$$t_n = c_1 4^n + c_2 (-1)^n$$

4. 일반해에 초기조건을 적용하여 상수 값들을 구한다.

$$t_0 = 0 = c_1 4^0 + c_2 (-1)^0$$
$$t_1 = 1 = c_1 4^1 + c_2 (-1)^1$$

간략화 하면,

$$c_1 + c_2 = 0$$
$$4c_1 - c_2 = 1$$

이 연립방정식의 해는 $c_1 = 1/5$과 $c_2 = -1/5$이다.

5. 일반해에 이 상수 값을 치환하여 다음과 같이 특정해를 구한다.

$$t_n = \frac{1}{5}4^n - \frac{1}{5}(-1)^n$$

---

• **예제 B.9** 피보나치 순열을 생성하는 다음 재현식의 해를 구해보자.

$$\begin{aligned} t_n - t_{n-1} - t_{n-2} = 0 &= 0 \qquad (n > 1\text{이면}) \\ t_0 &= 0 \\ t_1 &= 1 \end{aligned}$$

1. 특성식을 찾는다.

$$t_n - t_{n-1} - t_{n-2} = 0$$
$$r^2 - r - 1 = 0$$

2. 특성식의 해를 구한다.
이 2차방정식의 해를 구해보면, 근은

$$r = \frac{1+\sqrt{5}}{2} \text{ 와 } r = \frac{1-\sqrt{5}}{2}$$

3. 정리 B.1을 적용하여 재현식의 일반해를 구한다.

$$t_n = c_1\left(\frac{1+\sqrt{5}}{2}\right)^n + c_2\left(\frac{1-\sqrt{5}}{2}\right)^n$$

4. 일반해에 초기조건을 적용하여 상수 값들을 구한다.

$$t_0 = c_1\left(\frac{1+\sqrt{5}}{2}\right)^0 + c_2\left(\frac{1-\sqrt{5}}{2}\right)^0 = 0$$
$$t_1 = c_1\left(\frac{1+\sqrt{5}}{2}\right)^1 + c_2\left(\frac{1-\sqrt{5}}{2}\right)^1 = 1$$

간략화 하면,

$$\begin{aligned} c_1 + \qquad\qquad & c_2 = 0 \\ \left(\frac{1+\sqrt{5}}{2}\right) c_1 + \left(\frac{1-\sqrt{5}}{2}\right) & c_2 = 1 \end{aligned}$$

이 연립방정식의 해는 $c_1 = 1/\sqrt{5}$ 과 $c_2 = -1/\sqrt{5}$ 이다.

5. 일반해에 이 상수 값을 치환하여 다음과 같이 특정해를 구한다.

$$t_n = \frac{[(1+\sqrt{5})/2]^n - [(1-\sqrt{5})/2]^n}{\sqrt{5}}$$

비록 예제 B.9에서 $n$번째 피보나치 항을 구하는 공식을 명백히 얻었지만 실용적인 가치는 전혀 없다. 왜냐하면 $n$이 증가함에 따라서 $\sqrt{5}$를 나타내는데 필요한 정밀도도 증가하기 때문이다.

정리 B.1에서 특성식의 모든 $k$개의 근이 서로 달라야 한다고 했다. 따라서 이 정리에 따르면 다음과 같은 특성식은 허용하지 않는다.

$$\overset{\text{중복}}{\downarrow}$$

$$(r-1)(r-2)^3 = 0$$

항 $r-2$가 세제곱이 되었기 때문에, 여기서 2는 방정식의 **3번 중복된 근**(root of multiplicity 3)이라 부른다. 다음 정리는 중복된 근을 가질 수 있도록 허용한다. 이 정리의 증명은 이 부록의 끝부분에 있다.

### ▸ 정리 B.2

$r$을 상수계수 동질 1차 재현식의 특성식의 $m$번 중복된 근이라고 하자. 그러면, 다음은 모두 이 재현식의 해가 된다.

$$t_n = r^n, \quad t_n = nr^n, \quad t_n = n^2 r^n, \quad t_n = n^3 r^n, \quad \cdots, \quad t_n = n^{m-1} r^n$$

그러므로 이 해들의 항은 각각 재현식의 일반해(정리 B.1에서 주어진 대로)에 포함된다.

이 정리의 적용 예제는 다음과 같다.

**• 예제 B.10** 다음 재현식의 해를 구해보자.

$$\begin{array}{|ll|} t_n - 7t_{n-1} + 15t_{n-2} - 9t_{n-3} = 0 & (n > 2\text{이면}) \\ \qquad\qquad t_0 = 0 & \\ \qquad\qquad t_1 = 1 & t_2 = 2 \end{array}$$

1. 특성식을 찾는다.

$$t_n - 7t_{n-1} + 15t_{n-2} - 9t_{n-3} = 0$$
$$r^3 - 7r^2 + 15r - 9 = 0$$

2. 특성식의 해를 구한다.

$$r^3 - 7r^2 + 15r - 9 = (r-1)\overset{\text{중복}\downarrow}{(r-3)^2} = 0$$

이 방정식의 근은 $r=1$과 $r=3$이고, $r=3$은 2번 중복된 근이다.

3. 정리 B.2를 적용하여 재현식의 일반해를 구한다.

$$t_n = c_1 1^n + c_2 3^n + c_3 n 3^n$$

여기서 $3^n$과 $n3^n$항이 포함되어 있는 이유는 3이 2번 중복된 근이기 때문이다.

4. 일반해에 초기조건을 적용하여 상수 값들을 구한다.

$$t_0 = 0 = c_1 1^0 + c_2 3^0 + c_3(0)(3^0)$$

$$t_1 = 1 = c_1 1^1 + c_2 3^1 + c_3(1)(3^1)$$
$$t_2 = 2 = c_1 1^2 + c_2 3^2 + c_3(2)(3^2)$$

간략화 하면,

$$\begin{aligned} c_1 + c_2 \quad\quad &= 0 \\ c_1 + 3c_2 + 3c_3 &= 1 \\ c_1 + 9c_2 + 18c_3 &= 2 \end{aligned}$$

이 연립방정식의 해는 $c_1 = -1$, $c_2 = 1$과 $c_3 = -\frac{1}{3}$이다.

5. 일반해에 이 상수값을 치환하여 다음과 같이 특정해를 구한다.

$$\begin{aligned} t_n &= (-1)(1^n) + (1)(3^n) + \left(-\frac{1}{3}\right)(n3^n) \\ &= -1 + 3^n - n3^{n-1} \end{aligned}$$

---

• **예제 B.11** 다음 재현식의 해를 구해보자.

$$\begin{aligned} t_n - 5t_{n-1} + 7t_{n-2} - 3t_{n-3} &= 0 \qquad (n > 2\text{이면}) \\ t_0 &= 1 \\ t_1 &= 2 \qquad t_2 = 3 \end{aligned}$$

1. 특성식을 찾는다.

$$t_n - 5t_{n-1} + 7t_{n-2} - 3t_{n-3} = 0$$
$$r^3 - 5r^2 + 7r - 3 = 0$$

2. 특성식의 해를 구한다.

중복
↓
$$r^3 - 5r^2 + 7r - 3 = (r-3)(r-1)^2 = 0$$

이 방정식의 근은 $r=3$와 $r=1$이고, $r=1$은 2번 중복된 근이다.

3. 정리 B.2를 적용하여 재현식의 일반해를 구한다.

$$t_n = c_1 3^n + c_2 1^n + c_3 n 1^n$$

4. 일반해에 초기조건을 적용하여 상수 값들을 구한다.

$$t_0 = 1 = c_1 3^0 + c_2 1^0 + c_3(0)(1^0)$$
$$t_1 = 2 = c_1 3^1 + c_2 1^1 + c_3(1)(1^1)$$
$$t_2 = 3 = c_1 3^2 + c_2 1^2 + c_3(2)(1^2)$$

간략화 하면,

$$\begin{aligned} c_1 + c_2 \quad\quad &= 1 \\ 3c_1 + c_2 + c_3 &= 2 \\ 9c_1 + c_2 + 2c_3 &= 3 \end{aligned}$$

이 연립방정식의 해는 $c_1 = 0$, $c_2 = 1$과 $c_3 = 1$이다.

5. 일반해에 이 상수값을 치환하여 다음과 같이 특정해를 구한다.

$$\begin{aligned} t_n &= 0(3^n) + 1(1^n) + 1(n1^n) \\ &= 1 + n \end{aligned}$$

### B.2.2 비동질 1차 재현식

**정의**

$k$와 $a_i$항이 상수이고 $f(n)$이 영함수(zero function)가 아닌 함수일 때, 다음 형태의 재현식은 **상수계수 비동질 1차 재현식**(homogeneous linear recurrence equation with constant co-efficients)이라 한다.

$$a_0 t_n + a_1 t_{n-1} + \cdots + a_k t_{n-k} = f(n)$$

여기서 영함수란 $f(n) = 0$임을 의미한다. 영함수를 사용한다면 동질 1차 재현식이 될 것이다. 비동질 1차 재현식을 풀 수 있는 일반적인 방법은 알려진 게 없다. 흔한 특수경우인 다음 방정식을 푸는 방법을 전개해보자.

$$a_0 t_n + a_1 t_{n-1} + \cdots + a_k t_{n-k} = b^n p(n) \quad \text{(B.2)}$$

여기서 $b$는 상수이고, $p(n)$은 $n$에 관한 다항식이다.

• **예제 B.12** 다음 재현식은 $k=1$, $b=4$, 그리고 $p(n)=1$일 때 재현식 B.2의 예이다.

$$t_n - 3t_{n-1} = 4^n$$

• **예제 B.13** 다음 재현식은 $k=1$, $b=4$, 그리고 $p(n)=8n+7$일 때 재현식 B.2의 예이다.

$$t_n - 3t_{n-1} = 4^n(8n+7)$$

재현식 B.2와 같은 특수한 경우는 다음 예제와 같이 동질 1차 재현식으로 변환하여 풀 수 있다.

• **예제 B.14** 다음 재현식의 해를 구해보자.

$$t_n - 3t_{n-1} = 4^n \quad (n > 1\text{이면})$$
$$t_0 = 0$$
$$t_1 = 4$$

이 재현식은 우변에 $4^n$이 있으므로 동질이 아니다. 그런데 다음과 같이 그 우변을 제거할 수 있다.

1. 원 재현방의 $n$을 $n-1$로 대체하여 우변을 $4^{n-1}$로 만든다.

$$t_{n-1} - 3t_{n-2} = 4^{n-1}$$

2. 원 재현식의 양변을 4로 나누어서, 또 다른 방법으로 우변을 $4^{n-1}$로 만든다.

$$\frac{t_n}{4} - \frac{3t_{n-1}}{4} = 4^{n-1}$$

3. 원 재현식은 반드시 위의 두 식과 같은 해를 가져야 한다. 그러므로 이 두 방정식의 차(difference)도 반드시 같은 해를 가져야 한다. 즉, 1단계에서 얻은 방정식을 2단계에서 얻은 방정식으로 빼면 $4^{n-1}$ 항을 없앨 수 있다. 그 결과는 다음과 같다.

$$\frac{t_n}{4} - \frac{7t_{n-1}}{4} + 3t_{n-2} = 0$$

양변을 4로 곱하면,

$$t_n - 7t_{n-1} + 12t_{n-2} = 0$$

이 방정식은 동질 1차 재현식이다. 즉, 정리 B.1을 적용해서 풀 수 있다는 뜻이다. 여기서 다음의 특성식을 풀어서

$$r^2 - 7r + 12 = (r-3)(r-4) = 0$$

다음과 같은 일반해를 구한다.

$$t_n = c_1 3^n + c_2 4^n$$

그리고 초기조건 $t_0 = 0$과 $t_1 = 4$를 사용하여 다음과 같은 특정해를 구한다.

$$t_n = 4^{n+1} - 4(3^n)$$

---

예제 B.14에서 일반해는 다음과 같은 항으로 구성된다.

$$c_1 3^n \text{과 } c_2 4^n$$

첫째 항은 재현식이 동질이었다면 얻게 될 특성식에서 온 것이고, 두 번째 항은 재현식이 비동질적인 부분, 이름하여 $b$에서 온 것이다. 위 예제에서 다항식 $p(n)$은 1이다. 이렇지 않을 경우에는 재현식을 동질적으로 변환하는 작업은 더 복잡해진다. 그러나 결과로 나

온 동질 1차 재현식에 대한 특성식의 $b$에 중복을 줄뿐이다. 다음 정리는 이 결과를 나타낸다. 이 정리의 증명은 생략할텐데, 증명절차는 예제 B.14와 유사하다.

**▸ 정리 B.3**

다음의 형태를 가진 비동질 1차 재현식은

$$a_0t_n + a_1t_{n-1} + \cdots + a_kt_{n-k} = b^np(n)$$

다음과 같은 특성식을 가진 동질 1차 재현식으로 변환할 수 있다.

$$(a_0r^k + a_1r^{k-1} + \cdots + a_k)(r-b)^{d+1} = 0$$

여기서 $d$는 $p(n)$의 차수(degree)이다. 이 특성식은 두 부분으로 구성되어 있음을 주목해보자.

1. 상응하는 동질 재현식에 대한 특성식
2. 재현식의 비동질적인 부분에서 얻어낸 항

우변에 $b^np(n)$과 같은 항이 두 개 이상 있다면, 여기의 각 항이 특성식에 항 하나씩 만드는데 기여하게 된다.

이 정리를 적용하기 전에 다항식 $p(n)$의 차수는 $n$의 가장 높은 승수가 된다. 예를 들면,

| 다항식 | 차수 |
|---|---|
| $p(n) = 3n^2 + 4n - 2$ | 2 |
| $p(n) = 5n + 7$ | 1 |
| $p(n) = 8$ | 0 |

이제 정리 B.3을 적용해보자.

**• 예제 B.15** 다음 재현식의 해를 구해보자.

$$\begin{aligned} t_n - 3t_{n-1} &= 4^n(2n+1) \qquad (n > 1\text{이면}) \\ t_0 &= 0 \\ t_1 &= 12 \end{aligned}$$

1. 상응하는 동질 재현식에 대하여 특성식을 구한다.

$$t_n - 3t_{n-1} = 0$$
$$r^1 - 3 = 0$$

2. 재현식의 비동질적인 부분에서 항을 얻는다.

$$\begin{array}{c} \quad d \\ \quad \downarrow \\ 4^n(2n^1+1) \\ \uparrow \quad \\ b \quad \end{array}$$

비동질적인 부분에서 항은 다음과 같다.

$$(r-b)^{d+1} = (r-4)^{1+1}$$

3. 정리 B.3을 적용하여 위의 두 단계에서 얻어진 항의 곱으로부터 비동질 방정식에 대한 특성식 구한다. 그 특성식은 다음과 같다.

$$(r-3)(r-4)^2$$

특성식을 구한 다음에는 동질 1차 식의 경우와 동일하게 진행한다.

4. 특성식을 푼다.

$$(r-3)(r-4)^2 = 0$$

근은 $r=3$와 $r=4$이고, $r=4$은 2번 중복된 근이다.

5. 정리 B.2를 적용하여 재현식의 일반해를 구한다.

$$t_n = c_1 3^n + c_2 4^n + c_3 n 4^n$$

여기서 모르는 변수가 3개인데 반해서, 초기조건은 둘 밖에 없다. 이 경우는 다음으로 가장 큰 $n$ 값의 재현식 값을 계산하여 또 하나의 다른 초기조건을 반드시 찾아야 한다. 여기에서 그 값은 2이다. 다음 식과 $t_1=12$를 가지고

$$t_2 - 3t_1 = 4^2(2\times 2+1)$$

다음과 같이 $t_2$를 구한다.

$$t_2 = 3\times 12 + 80 = 116$$

(6) 상수의 값을 결정하는 것과 (7) 일반해에 상수값을 치환하여 다음을 얻는 과정은 연습문제로 미룬다.

$$t_n = 20(3^n) - 20(4^n) + 8n4^n$$

---

• **예제 B.16** 다음 재현식의 해를 구해보자.

| $t_n - t_{n-1} = n-1,\ n>0$에 대해서<br>$t_0 = 0$ |
|---|

1. 상응하는 동질 재현식에 대하여 특성식을 구한다.

$$\begin{array}{r} t_n - t_{n-1} = 0 \\ r^1 - 1 = 0 \end{array}$$

2. 재현식의 비동질적인 부분에서 항을 얻는다.

$$n-1=1^n(n^1-1)$$

(위 식에서 $1^n$의 지수 위치 $n^1$의 $1$을 가리켜 $d$, $1^n$의 $1$을 가리켜 $b$)

그 항은 다음과 같다.

$$(r-1)^{1+1}$$

3. 정리 B.3을 적용하여 위의 두 단계에서 얻어진 항의 곱으로부터 비동질 방정식에 대한 특성식 구한다. 그 특성식은 다음과 같다.

$$(r-1)(r-1)^2$$

4. 특성식을 푼다.

$$(r-1)^3=0$$

근은 $r=1$이고, 이 근은 3번 중복된 근이다.

5. 정리 B.2를 적용하여 재현식의 일반해를 구한다.

$$\begin{aligned} t_n &= c_1 1^n + c_2 n 1^n + c_3 n^2 1^n \\ &= c_1 + c_2 n + c_3 n^2 \end{aligned}$$

여기서 다음과 같은 초기조건이 2개 더 필요하다.

$$\begin{aligned} t_1 &= t_0 + 1 - 1 = 0 + 0 = 0 \\ t_2 &= t_1 + 2 - 1 = 0 + 1 = 1 \end{aligned}$$

(6) 상수의 값을 결정하는 것과 (7) 일반해에 상수값을 치환하여 다음을 얻는 과정은 연습문제로 미룬다.

$$t_n = \frac{n(n-1)}{2}$$

---

**• 예제 B.17** 다음 재현식의 해를 구해보자.

$$\boxed{\begin{aligned} & t_n - 2t_{n-1} = n + 2^n, \quad n > 1\text{이면} \\ & t_1 = 0 \end{aligned}}$$

1. 상응하는 동질 재현식에 대하여 특성식을 구한다.

$$\begin{aligned} t_n - 2t_{n-1} &= 0 \\ r^1 - 2 &= 0 \end{aligned}$$

2. 우변에 항이 두 개 있는 경우이다. 정리 B.3에서 밝혔듯이 각 항은 다음과 같이 특성식 하나씩 만드는데 기여한다.

$$\overset{\displaystyle d}{\downarrow} \qquad\qquad\qquad \overset{\displaystyle d}{\downarrow}$$

$$n = (\underset{\uparrow \atop b}{1^n})n^1 \qquad 2^n = (\underset{\uparrow \atop b}{2^n})n^0$$

그 두 항은 다음과 같다.

$$(r-1)^{1+1}\text{과 } (r-2)^{0+1}$$

3. 정리 B.3을 적용하여 모든 항으로부터 특성식을 구한다. 그 특성방정식은 다음과 같다.

$$(r-2)(r-1)^2(r-2) = (r-2)^2(r-1)^2$$

이 문제의 나머지는 연습문제에서 완성하도록 남겨둔다.

### B.2.3 변수의 변경(치역 변환)

정리 B.3을 적용하여 풀 수 있는 형태가 아닌 재현식은 변수를 그 정리로 풀 수 있는 형태로 변환하여 풀 수 있다. 이 기술을 적용하여 푸는 예제들을 살펴보자. 변환 전 재현식은 $T(n)$으로 표시하고, 변환 후 재현식은 $t_k$로 표시한다. $T(n)$은 $t_n$과 의미가 같다. 즉, 각 $n$ 값마다 $T(n)$ 값은 유일하게 존재한다.

• **예제 B.18** 다음 재현식의 해를 구해보자.

$$T(n) = T\left(\frac{n}{2}\right) + 1 \quad (n > 1\text{이고, } n\text{은 2의 거듭제곱이면})$$
$$T(1) = 1$$

B.1절에서 이미 귀납법을 사용하여 이 재현식의 해를 구했다. 하지만 **변수 변경** 기법을 설명하기 위해서 해를 다시 구해보자. 이 재현식은 $n/2$항 때문에 정리 B.3을 적용할 수 없다. 그 정리를 적용할 수 있도록 재현식을 다음과 같이 변환할 수 있다. 먼저 다음과 같이 놓고,

$$n = 2^k \qquad \text{다시 말하면} \qquad k = \lg n$$

둘째로, $n$을 $2^k$로 치환하면 재현식은 다음과 같다.

$$T(2^k) = T\left(\frac{2^k}{2}\right) + 1 = T(2^{k-1}) + 1 \tag{B.3}$$

그리고 다음과 같이 놓으면,

$$t_k = T(2^k)$$

재현식 B.3은 다음과 같다.

$$t_k = t_{k-1} + 1$$

변환 후 재현식은 정리 B.3을 적용할 수 있는 형태로 되어 있다. 그러므로 정리를 적용하면 다음과 같은 일반해를 구할 수 있다.

$$t_k = c_1 + c_2 k$$

변환 전 재현식의 일반해는 이제 다음과 같이 두 단계로 구할 수 있다.

1. 변환 후 재현식의 일반해에서 $t_k$를 $T(2^k)$로 치환한다.

$$T(2^k) = c_1 + c_2 k$$

2. 위의 단계에서 얻은 식에서 $2^k$는 $n$으로, $k$는 $\lg n$으로 치환한다.

$$T(n) = c_1 + c_2 \lg n$$

일단 변환 전 재현식의 일반해를 구하면, 여느 때처럼 진행한다. 즉, 초기조건 $T(1) = 1$을 사용하여, 두 번째 초기조건을 구하고, 그리고 상수들의 값을 계산하여 다음 해를 구한다.

$$T(n) = 1 + \lg n$$

---

**• 예제 B.19** 다음 재현식의 해를 구해보자.

$$T(n) = 2T\left(\frac{n}{2}\right) + n - 1 \quad (n > 1\text{이고, } n\text{은 2의 거듭제곱이면})$$
$$T(1) = 0$$

예제 B.3에서 귀납법을 사용하여 이 재현식의 해를 구할 수 없었음을 상기하라. 여기서 변수 변경 기법으로 해를 구한다. 먼저 $n$을 $2^k$로 치환하면

$$T(2^k) = 2T\left(\frac{2^k}{2}\right) + 2^k - 1 = 2T(2^{k-1}) + 2^k - 1$$

그리고 다음과 같이 놓으면,

$$t_k = T(2^k)$$

이 재현식은 다음과 같이 된다.

$$t_k = 2t_{k-1} + 2^k - 1$$

정리 B.3을 이 변환 후 재현식에 적용하면 다음을 얻는다.

$$t_k = c_1 + c_2 2^k + c_3 k 2^k$$

변환 전 재현식의 일반해를 주는 다음 두 단계를 거친다.

1. 변환 후 재현식의 일반해에서 $t_k$를 $T(2^k)$로 치환한다.

$$T(2^k) = c_1 + c_2 2^k + c_3 k 2^k$$

2. 위의 단계에서 얻은 식에서 $2^k$는 $n$으로, $k$는 $\lg n$으로 치환한다.

$$T(n) = c_1 + c_2 n + c_3 n \lg n$$

이제 여느 때처럼 진행한다. 즉, 초기조건 $T(1) = 0$을 사용하여 초기조건을 두 개 더 구하고, 그리고 상수들의 값을 계산한다. 해는 다음과 같다.

$$T(n) = n \lg n - (n-1)$$

• **예제 B.20** 다음 재현식의 해를 구해보자.

$$T(n) = 7T\left(\frac{n}{2}\right) + 18\left(\frac{n}{2}\right)^2 \quad (n > 1\text{이고 } n\text{은 2의 거듭제곱이면})$$
$$T(1) = 0$$

먼저 $n$을 $2^k$로 치환하면

$$T(2^k) = 7T(2^{k-1}) + 18(2^{k-1})^2 \tag{B.4}$$

그리고 다음과 같이 놓으면,

$$t_k = T(2^k)$$

재현식 B.4는 다음과 같이 된다.

$$t_k = 7t_{k-1} + 18(2^{k-1})^2$$

이 재현식은 정리 B.3을 적용하는데 필요한 형태와 정확히 일치하지 않는다. 그러나 다음과 같이 변환할 수 있다.

$$\begin{aligned} t_k &= 7t_{k-1} + 18(2^{k-1})^2 \\ &= 7t_{k-1} + 18(4^{k-1}) \\ &= 7t_{k-1} + 4^k\left(\frac{18}{4}\right) \end{aligned}$$

이제 정리 B.3을 적용하면 다음을 얻게 된다.

$$t_k = c_1 7t_k + c_2 4^k$$

변환 전 재현식의 일반해를 구하는 다음 두 단계를 거친다.

1. $t_k$의 일반해에서 $t_k$를 $T(2^k)$로 치환한다.

$$T(2^k) = c_1 7^k + c_2 4^k$$

2. 위의 단계에서 얻은 식에서 $2^k$는 $n$으로, $k$는 $\lg n$으로 치환한다.

$$\begin{aligned} T(n) &= c_1 7^{\lg n} + c_2 4^{\lg n} \\ &= c_1 n^{\lg 7} + c_2 n^2 \end{aligned}$$

초기조건 $T(1) = 0$을 사용하여 둘째 초기조건을 구하고, 그리고 상수들의 값을 계산한다. 해는 다음과 같다.

$$T(n) = 6n^{\lg 7} - 6n^2 \approx 6n^{2.81} - 6n^2$$

## B.3 치환에 의한 재현식의 해 구하기

때로는 치환(substitution)이라는 기술을 사용하여 재현식의 해를 구할 수도 있다. 앞의 두 절에서 배운 방법으로 해를 구할 수 없는 경우 이 방법을 시도할 수 있다. 다음 예제들은 치환에 의한 방법을 설명한다.

**예제 B.21** 다음 재현식의 해를 구해보자.

$$t_n = t_{n-1} + n \quad (n > 1\text{이면})$$
$$t_1 = 1$$

어떤 면에서 보면 치환은 귀납의 반대되는 개념이다. 즉, $n$에서 시작하여 거꾸로 진행한다.

$$\begin{aligned} t_n &= t_{n-1} + n \\ t_{n-1} &= t_{n-2} + n - 1 \\ t_{n-2} &= t_{n-3} + n - 2 \\ &\vdots \\ t_2 &= t_1 + 2 \\ t_1 &= 1 \end{aligned}$$

그리고 각 식을 이전의 식으로 치환하면 다음과 같이 된다.

$$\begin{aligned} t_n &= t_{n-1} + n \\ &= t_{n-2} + n - 1 + n \\ &= t_{n-3} + n - 2 + n - 1 + n \\ &\vdots \\ &= t_1 + 2 + \cdots + n - 2 + n - 1 + n \\ &= 1 + 2 + \cdots + n - 2 + n - 1 + n \\ &= \sum_{i=1}^{n} i = \frac{n(n+1)}{2} \end{aligned}$$

마지막 등식은 부록 A의 예제 A.1의 결과와 같다.

예제 B.21의 재현식은 특성식을 사용하여 해를 구할 수도 있다. 그러나 다음 예제에서 다룰 재현식은 특성식을 사용하여 해를 구할 수 없다.

**예제 B.22** 다음 재현식의 해를 구해보자.

$$t_n = t_{n-1} + \frac{2}{n} \qquad (n > 1\text{이면})$$
$$t_1 = 0$$

$n$에서부터 거꾸로 진행하면,

$$
\begin{aligned}
t_n &= t_{n-1} + \frac{2}{n} \\
t_{n-1} &= t_{n-2} + \frac{2}{n-1} \\
t_{n-2} &= t_{n-3} + \frac{2}{n-2} \\
&\vdots \\
t_2 &= t_1 + \frac{2}{2} \\
t_1 &= 0
\end{aligned}
$$

그리고 각 식을 이전의 식으로 치환하면 다음과 같이 된다.

$$
\begin{aligned}
t_n &= t_{n-1} + \frac{2}{n} \\
&= t_{n-2} + \frac{2}{n-1} + \frac{2}{n} \\
&= t_{n-3} + \frac{2}{n-2} + \frac{2}{n-1} + \frac{2}{n} \\
&\vdots \\
&= t_1 + \frac{2}{2} + \cdots + \frac{2}{n-2} + \frac{2}{n-1} + \frac{2}{n} \\
&= 0 + \frac{2}{2} + \cdots + \frac{2}{n-2} + \frac{2}{n-1} + \frac{2}{n} \\
&= 2\sum_{i=2}^{n} \frac{1}{i} \approx 2 \ln n
\end{aligned}
$$

여기서 마지막 근사 등식은 $n$이 작지 않은 경우에 성립한다. 근사 등식을 얻는 방법은 부록 A의 예제 A.9에 있다.

## B.4 $n$을 $b$(양의 상수)의 거듭제곱으로 하여 얻은 결과를 모든 $n$으로 확장하기

이 장에서 공부하는 내용은 1장에서 다룬 내용을 잘 알고 있다고 가정하고 설명한다.

$b$가 양의 상수이면 재귀 알고리즘의 경우 $n$이 밑수 $b$의 거듭제곱으로 되는 경우만 정확한 시간복잡도를 바로 구할 수 있다. 밑수는 보통 2가 된다. 특히 분할정복 알고리즘의 경우는 더욱 그렇다(2장 참조). 직관적으로 $n$을 $b$의 거듭제곱로 하여 성립한 결과는 모든 $n$에 대해서도 근사적으로 성립해야 할 것이다. 예를 들어, 어떤 알고리즘에 대해서 $n$이 2의 거듭제곱일 때 다음이 성립한다면,

$$T(n) = 2n \lg n$$

모든 $n$에 대해서 다음과 같이 결론지을 수 있어야 할 것이다.

$$T(n) \in \Theta(n \lg n)$$

보통 그렇게 결론지을 수 있는 것으로 판명되었다. 이제 그런 경우가 되는 상황을 공부해 보자. 먼저 정의가 몇 개 필요하다. 이 정의는 변역과 치역이 모두 실수인 함수에 적용되지만 복잡도 함수(즉, 음이 아닌 정수에서 음이 아닌 실수로 가는 함수)에 대해서 기술한다. 그 이유는 여기에서는 그런 함수만 취급하기 때문이다.

**정의**

$n$이 커짐에 따라서 복잡도 함수 $f(n)$이 항상 커지게 되면, $f(n)$은 엄격히 증가한다(strictly increasing)고 한다. 즉, $n_1 > n_2$이면, 다음 부등식이 성립한다.

$$f(n_1) > f(n_2)$$

그림 B.1(a)의 함수는 엄격히 증가한다(좀 더 자세히 말하면 그림 B.1의 함수의 변역은

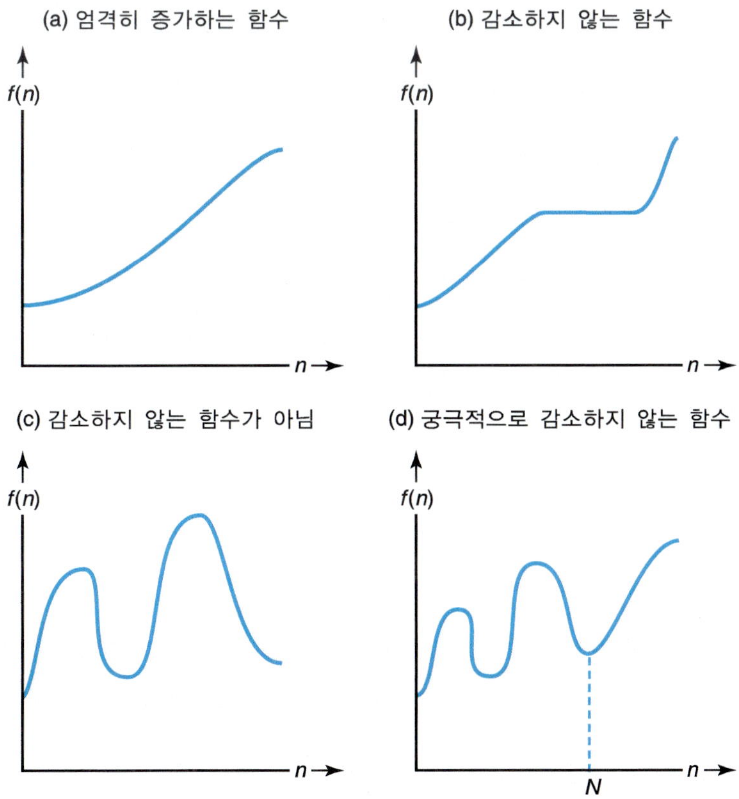


그림 B.1 4종류의 함수

모두 음이 아닌 실수이다). 알고리즘 분석에서 다루는 많은 함수들이 음수가 아닌 $n$ 값에 대해서 엄격히 증가한다. 예를 들어, $\lg n$, $n$, $n \lg n$, $n^2$, $2^n$은 모두 $n$이 음이 아닌 이상 엄격히 증가한다.

> **정의**
>
> $n$이 커짐에 따라서 복잡도 함수 $f(n)$이 절대로 작아지지 않으면, $f(n)$은 감소하지 않는다(nondecreasing)고 한다. 즉, $n_1 > n_2$이면, 다음 부등식이 성립한다.
>
> $$f(n_1) \geq f(n_2)$$

엄격히 증가하는 함수는 모두 감소하지 않지만 평평함을 유지하는(level out) 함수는 엄격하게 증가함없이 감소하지 않는다. 그림 B.1(b)의 함수가 그런 함수의 예이다. 그림 B.1(c)의 함수는 감소하지 않는 함수가 아니다.

대부분의 알고리즘은 입력을 처리하는데 걸리는 시간이 입력크기가 커지더라도 통상 감소하지 않기 때문에 알고리즘의 시간(또는 공간) 복잡도 함수는 보통 감소하지 않는다. 그림 B.1을 보면 함수가 감소하지 않는 한 $n$을 $b$의 거듭제곱으로 하여 얻은 분석 결과를 모든 $n$으로 확장할 수 있어야 할 것 같다. 예를 들어, $n$이 2의 거듭제곱인 경우 $f(n)$의 값을 구했다고 가정하자. 그림 B.1(c)의 함수의 경우 $2^3 = 8$과 $2^4 = 16$사이에서 어떤 일이 벌어질 수 있다. 따라서 8과 16에 있는 값을 가지고 8과 16 사이의 함수 작용에 대해서 결론지을 수 있는 게 하나도 없다. 그러나 감소하지 않는 함수 $f(n)$의 경우 $n$이 $8 \leq n \leq 16$의 범위에 있으면, 다음과 같이 된다.

$$f(8) \leq f(n) \leq f(16)$$

그래서 2의 거듭제곱인 $n$에 대한 $f(n)$의 값에서 $f(n)$의 차수를 구할 수 있어야 할 것 같다. 직관적으로 맞아 보이는 이 사실이 많은 부류의 함수에 대해서 실제로 증명될 수 있다. 이 사실을 말해주는 정리를 공부하기 전에 차수는 큰 값하고만 관계됨을 상기하자. 함수의 초기값은 중요하지 않기 때문에 정리에서는 함수가 궁극적으로 감소하지 않기를 요구한다. 다음 정의를 보자.

> **정의**
>
> $n$이 커짐에 따라서 복잡도 함수 $f(n)$이 어떤 지점을 지난 후 모든 $n$에 대해서 절대로 작아지지 않으면, $f(n)$은 **궁극적으로 감소하지 않는다**(eventually nondecreasing)고 한다. 즉, $n_1 > n_2 > N$이면, 다음 부등식이 성립하는 $N$이 존재한다.
>
> $$f(n_1) \geq f(n_2)$$

감소하지 않는 함수는 모두 궁극적으로 감소하지 않는다. 그림 3.1(d)의 함수는 감소하지 않는 함수가 아니면서 궁극적으로 감소하지 않는 함수의 예이다. $n$이 $b$의 거듭제곱일 때 구한 결과를 확장하는데 대한 정리를 예제 전에 다음 정의가 필요하다.

**정의**

복잡도 함수 $f(n)$이 궁극적으로 감소하지 않고, 다음이 성립하면,

$$f(2n) \in \Theta(f(n))$$

$f(n)$은 유연하다(smooth)고 한다.

**• 예제 B.23** $k \geq 0$일 때 함수 $\lg n$, $n$, $n \lg n$, $n^k$은 모두 유연하다. $\lg n$에 대하여 이가 성립함을 보이자. 다른 함수의 유연성은 연습문제로 해보도록 한다. 이미 언급한 바와 같이 $\lg n$은 궁극적으로 감소하지 않는다. 다음이 성립하므로 둘째 조건도 만족한다.

$$\lg(2n) = \lg 2 + \lg n \in \Theta(\lg n)$$

**• 예제 B.24** 함수 $2^n$은 유연하지 않다. 왜냐하면, 1장의 1.4.2절에서 본 차수의 성질에 의하면 다음이 성립한다.

$$2^n \in o(4^n)$$

따라서

$$2^{2n} = 4^n \text{은 } \Theta(2^n)$$

에 속하지 않는다.

$n$이 $b$의 거듭제곱인 경우 얻어진 결과를 일반화 할 수 있게 해주는 정리를 이제 기술한다. 증명은 이 부록의 끝부분에 나온다.

### ▸ 정리 B.4

$b \geq 2$인 $b$를 정수라 하고, $f(n)$을 유연한 복잡도 함수라고 하며, $T(n)$은 궁극적으로 감소하지 않는 복잡도 함수라고 하자. 만약 $n$이 $b$의 거듭제곱인 경우 다음이 성립하면,

$$T(n) \in \Theta(f(n))$$

다음이 성립한다.

$$T(n) \in \Theta(f(n))$$

더구나, 위에서 $\Theta$를 "큰 $O$"나, $\Omega$나, "작은 $o$"로 대치해도 마찬가지로 성립한다.

"$n$이 $b$의 거듭제곱일 때 $T(n) \in \Theta(f(n))$이다"라는 말은 $\Theta$에 대해서 평소에 성립하는 조건이 $n$을 $b$의 거듭제곱으로 제한되더라도 성립한다는 뜻이다. 정리 B.4에서 $f(n)$이 유연하다는 추가적인 요구사항을 주목하라.

이제 정리 B.4를 적용해보자.

**예제 B.25** 다음 재현식을 보자.

$$T(n) = T\left(\left\lfloor \frac{n}{2} \right\rfloor\right) + 1 \qquad (n > 1\text{이면})$$
$$T(1) = 1$$

$n$이 2의 거듭제곱일 때 예제 B.18의 재현식과 같다. 그러므로 그 예제에 의해서,

$$T(n) = \lg n + 1 \in \Theta(\lg n) \qquad (n\text{이 2의 거듭제곱이면})$$

$\lg n$은 유연하므로 정리 B.4를 적용하기 위해서 $T(n)$이 궁극적으로 감소하지 않는다는 것을 보이기만 하면 다음과 같이 결론지을 수 있다.

$$T(n) \in \Theta(\lg n)$$

$\lg n+1$이 궁극적으로 감소하지 않는다는 사실로부터 $T(n)$이 궁극적으로 감소하지 않는다고 결론짓고 싶을 지도 모른다. 그러나 $n$이 2의 거듭제곱일 때만 $T(n) = \lg n + 1$이라고 알기 때문에 그렇게 할 수 없다. 그 사실만 가지고 $T(n)$은 2의 거듭제곱 값들 사이에서 어떤 결과를 나올지 장담할 수 없다.

$n \geq 2$인 $n$에 대해서 $T(n)$이 궁극적으로 감소하지 않는다는 사실은 "$1 \leq k < n$이면, 다음 부등식이 성립한다"는 사실을 귀납법을 사용하여 증명하면 된다.

$$T(k) \leq T(n)$$

**귀납기초** : $n = 2$이면,

$$T(1) = 1$$
$$T(2) = T\left(\left\lfloor \frac{2}{2} \right\rfloor\right) + 1 = T(1) + 1 = 1 + 1 = 2$$

따라서

$$T(1) \leq T(2)$$

**귀납가정** : 귀납가정을 만드는 한 가지 방법은 $m \leq n$인 모든 $m$에 대해서 사실이라고 가정하는 것이다. 그리고 평소와 마찬가지로 $n+1$일 때 사실임을 보인다. 여기서도 이런 식으로 해야 한다. $n$을 2보다 크거나 같은 임의의 정수라고 하자. $m \leq n$인 모든 $m$에 대해서 $k < m$이면 다음이 성립한다.

$$T(k) \leq T(m)$$

**귀납단계** : 귀납가정에서 $k < n$일 때 다음과 같이 된다고 가정했기 때문에

$$T(k) \leq T(n)$$

다음이 사실임을 보이기만 하면 된다.

$$T(n) \leq T(n+1)$$

결국 $n \geq 1$일 때, 다음과 같이 됨을 이해하는 것은 별로 어렵지 않다.

$$\left\lfloor \frac{n}{2} \right\rfloor \leq \left\lfloor \frac{n+1}{2} \right\rfloor \leq n$$

따라서 귀납가정에 의해서

$$T\left(\left\lfloor \frac{n}{2} \right\rfloor\right) \le T\left(\left\lfloor \frac{n+1}{2} \right\rfloor\right)$$

재현식을 사용하면, 다음 등식을 얻는다.

$$T(n) = T\left(\left\lfloor \frac{n}{2} \right\rfloor\right)+1 \le T\left(\left\lfloor \frac{n+1}{2} \right\rfloor\right)+1 = T(n+1)$$

증명이 완료되었다.

마지막으로 많이 쓰는 재현식의 차수를 결정하는 일반적인 방법을 개발해보자.

### ▸ 정리 B.5

복잡도 함수 $T(n)$은 궁극적으로 감소하지 않고 다음을 만족한다고 가정하자.

$$T(n) = aT\left(\frac{n}{b}\right)+cn^k \quad (n>1\text{이고, } n\text{이 } b\text{의 거듭제곱이면})$$
$$T(1) = d$$

여기서 $b \ge 2$이고 $k \ge 0$인 $b$와 $k$는 정수이고, $a > 0$이고, $c > 0$이고, $d \ge 0$이다. 그러면,

$$T(n) \in \begin{cases} \Theta(n^k) & (a < b^k\text{이면}) \\ \Theta(n^k \lg n) & (a = b^k\text{이면}) \\ \Theta(n^{\log_b a}) & (a > b^k\text{이면}) \end{cases} \tag{B.5}$$

더구나 재현식에서 다음 식을

$$T(n) = aT\left(\frac{n}{b}\right)+cn^k$$

다음 식으로 대치한다면,

$$T(n) \le aT\left(\frac{n}{b}\right)+cn^k \text{ 또는 } T(n) \ge aT\left(\frac{n}{b}\right)+cn^k$$

B.5의 결과가 $\Theta$ 대신에 "큰 $O$"나 $\Omega$로 각각 성립한다.

특성식을 사용하여 일반 재현식을 풀고, 정리 B.4를 적용하여 이 정리를 증명할 수 있다. 다음에 정리 B.5의 적용 예제를 보자.

• **예제 B.26** $T(n)$이 궁극적으로 감소하지 않고 다음을 만족한다고 가정하자.

$$\begin{array}{l} \quad\quad\quad a \quad\; b \quad k \\ \quad\quad\quad \downarrow \quad\; \downarrow \quad \downarrow \\ T(n) = 8T(n/4)+5n^2 \quad (n>1\text{이고, } n\text{이 } 2\text{의 거듭제곱이면}) \\ T(1) = 3 \end{array}$$

정리 B.5에 의해서 $8 < 4^2$이므로,

$$T(n) \in \Theta(n^2)$$

• **예제 B.27** $T(n)$이 궁극적으로 감소하지 않고 다음을 만족한다고 가정하자.

$$\begin{aligned} &\quad\ \ a \quad\ \ b \ \ k \\ &\quad\ \downarrow \quad \downarrow \ \downarrow \\ &T(n) = 9T(n/3) + 5n^1 \quad (n > 1\text{이고, } n\text{이 3의 거듭제곱이면}) \\ &T(1) = 7 \end{aligned}$$

정리 B.5에 의해서 $9 > 3^1$이므로,

$$T(n) \in \Theta(n^{\log_3 9}) = \Theta(n^2)$$

정리 B.5는 중요한 정리를 가능하면 간단하게 설명하기 위해서 도입한 정리이다. 그 정리는 사실 다음에 나오는 정리에서 상수 $s$를 1과 같게 한 특별한 경우이다.

### ▸ 정리 B.6

복잡도 함수 $T(n)$은 궁극적으로 감소하지 않고 다음을 만족한다고 가정하자.

$$\begin{aligned} &T(n) = aT\left(\frac{n}{b}\right) + cn^k \quad (n > 2\text{이고, } n\text{이 } b\text{의 거듭제곱이면}) \\ &T(s) = d \end{aligned}$$

여기서 $s$는 $b$의 거듭제곱이고, $b \geq 2$이고 $k \geq 0$인 $b$와 $k$는 정수이고, $a > 0$이고, $c > 0$이고, $d \geq 0$이다. 이런 경우에도 정리 B.5의 결과는 성립한다.

• **예제 B.28** $T(n)$이 궁극적으로 감소하지 않고 다음을 만족한다고 가정하자.

$$\begin{aligned} &\quad\ \ a \quad\ \ b \ \ k \\ &\quad\ \downarrow \quad \downarrow \ \downarrow \\ &T(n) = 8T(n/2) + 5n^3 \quad (n > 64\text{이고, } n\text{이 2의 거듭제곱이면}) \\ &T(64) = 200 \end{aligned}$$

정리 B.6에 의해서 $8 = 2^3$이므로,

$$T(n) \in \Theta(n^3 \lg n)$$

재현식을 푸는 기술에 대한 공부는 여기서 마친다. 생성함수(generating function)를 사용하여 재현식을 푸는 기술도 있다. 이 기술은 Sahni(1988)를 보면 설명되어 있다. Bentley, Haken, Sax(1980)은 분할정복 알고리즘(2장 참조)의 분석에서 발생하는 재현식을 푸는 일반적인 방법이 나와 있다.

## B.5 정리의 증명

다음 보조정리는 정리 B.1을 증명하는데 필요하다.

**▲ 보조정리 B.1**

다음과 같은 동질 1차 재현식이 있다고 가정하자.

$$a_0 t_n + a_1 t_{n-1} + \cdots + a_k t_{n-k} = 0$$

만약 $r_1$이 다음 특성식의 뿌리라면,

$$a_0 r^k + a_1 r^{k-1} + \cdots + a_k = 0$$

다음이 그 재현식의 해이다.

$$t_n = r_1^n$$

증명 : $i = n-k, \ldots, n$에 대해서 만약 재현식의 $r_1^i$를 $t_i$로 대치하면, 다음과 같이 된다.

$$\begin{aligned} a_0 r_1^n + a_1 r_1^{n-1} + \cdots + a_k r_1^{n-k} &= r_1^{n-k}(a_0 r_1^k + a_1 r_1^{k-1} + \cdots + a_k) \\ &= r_1^{n-k}(0) \\ &= 0 \end{aligned}$$

↑ 왜냐하면 $r_1$이 특성식의 뿌리이기 때문이다.

따라서 $r_1^n$은 재현식의 해이다.

정리 B.1의 증명 1차 동질 재현식에 대해서 해에 상수를 곱하거나, 어느 두 해를 더하거나, 모두 마찬가지로 재현식의 해가 된다는 사실을 이해하기는 별로 어렵지 않다. 따라서 보조정리 B.1을 적용하여 다음과 같이 결론지을 수 있다.

만약 다음이 특성식 $k$개의 서로 다른 뿌리들이라면,

$$r_1, r_2, \ldots, r_k$$

$c_i$항이 임의의 상수일 때, 다음은 재현식의 해이다. 비록 여기에서는 증명하지 않지만 이것들이 유일한 해답들이라고 증명할 수 있다.

정리 B.2의 증명 중복 근 $m$이 2인 경우를 증명한다. 큰 $m$의 경우 일반화는 간단하다. $r_1$을 중복 2의 뿌리라고 하자. 다음과 같이 놓자.

$$p(r) = a_0 r^k + a_1 r^{k-1} + \cdots + a_k \text{ \{특성식\}}$$
$$q(r) = r^{n-k} p(r) = a_0 r^n + a_1 r^{n-1} + \cdots + a_k r^{n-k}$$
$$u(r) = rq'(r) = a_0 n r^n + a_1 (n-1) r^{n-1} + \cdots + a_k (n-k) r^{n-k}$$

여기서 $q'(r)$은 1차 미분을 의미한다. 만약 재현식에서 $ir_1^i$를 $t_i$로 바꾼다면, $u(r_1)$을 얻는다. 따라서 $u(r_1) = 0$이라고 증명할 수 있으면, $t_n = nr_1^n$을 재현식의 해라고 결론지을 수 있다. 따라서 이제 $u(r_1) = 0$임을 증명하자.

$$\begin{aligned} u(r) &= rq'(r) \\ &= r[(r^{n-k})p(r)]' \\ &= r[r^{n-k}p'(r) + p(r)(n-k)r^{n-k-1}] \end{aligned}$$

따라서 $u(r_1) = 0$임을 보이기 위해서 $p(r_1)$과 $p'(r_1)$ 모두 0과 같음을 보이기만 하면 된다. 다음과 같은 절차로 이를 보인다. $r_1$은 특성식 $p(r)$의 중복 2의 해이므로, 다음을 만족하는 $v(r)$이 존재한다.

$$p(r) = (r - r_1)^2 v(r)$$

따라서

$$p'(r) = (r - r_1)^2 v'(r) + 2v(r)(r - r_1)$$

그리고 $p(r_1)$과 $p'(r_1)$이 모두 0이다. 증명이 완료되었다.

**정리 B.4의 증명** "큰 $O$"에 대한 증명을 해본다. $\Omega$와 $\Theta$에 대한 증명도 비슷하게 할 수 있다. $n$이 $b$의 거듭제곱이 되는 모든 $n$에 대해서 $T(n) \in O(f(n))$이므로 $n > N_1$이고 $b$의 거듭제곱이 되는 모든 $n$에 대해서 다음 부등식이 성립하는 양수 $c_1$과 음이 아닌 정수 $N_1$이 존재한다.

$$T(n) \le c_1 \times f(n) \tag{B.6}$$

모든 양의 정수 $n$에 대해서 다음 부등식이 성립하는 유일한 $k$가 존재한다.

$$b^k \le n < b^{k+1} \tag{B.7}$$

유연한 함수의 경우 $b \ge 2$이면 다음과 같이 됨을 증명할 수 있다

$$f(bn) \in \Theta(f(n))$$

즉, 만약 이 조건이 2에 대해서 성립한다면, $b > 2$인 어떤 $b$에 대해서도 성립한다. 따라서, $n > N_2$인 모든 $n$에 대해서 다음 부등식이 성립하는 양의 상수 $c_2$과 음이 아닌 정수 $N_2$가 존재한다.

$$f(bn) \le c_2 f(n)$$

따라서 $b^k \ge N_2$ 이면, 다음과 같이 된다.

$$f(b^{k+1}) = f(b \times b^k) \le c_2 f(b^k) \tag{B.8}$$

$T(n)$과 $f(n)$은 둘 다 궁극적으로 감소하지 않기 때문에 $m > n > N_3$ 인 경우, 다음 부등식이 성립하는 $N_3$ 이 존재한다.

$$T(n) \le T(m) \quad \text{그리고} \quad f(n) \le f(m) \tag{B.9}$$

$r$이 너무 커서 다음과 같은 부등식이 성립한다고 하자.

$$b^r > \max(N_1, N_2, N_3)$$

만약 $n > b^r$ 이고 $k$가 부등식 B.7에서 $n$에 상응하는 값이면, 다음 부등식이 성립한다.

$$b^k \ge b^r$$

따라서 부등식 B.6, B.7, B.8, B.9에 의하여 $n > b^r$ 인 경우, 다음 부등식이 성립한다.

$$T(n) \le T(b^{k+1}) \le c_1 f(b^{k+1}) \le c_1 c_2 f(b^k) \le c_1 c_2 f(n)$$

이는 곧 다음이 성립함을 의미한다.

$$T(n) \in O(f(n))$$

## 연습문제

### B.1절

1. 다음 각각의 재현식에 대한 해답후보가 맞는지 귀납법으로 검증하시오.
   (a) $t_n = 4t_{n-1}$     ($n > 1$이면)
   $t_1 = 3$
   해답후보는 $t_n = 3(4^{n-1})$
   (b) $t_n = t_{n-1} + 5$     ($n > 1$이면)
   $t_1 = 2$
   해답후보는 $t_n = 5n - 3$
   (c) $t_n = t_{n-1} + n$     ($n > 1$이면)
   $t_1 = 1$
   해답후보는 $t_n = \frac{n(n+1)}{2}$

(d) $t_n = t_{n-1} + n^2$ $(n > 1$이면$)$

$t_1 = 1$

해답후보는 $t_n = \frac{n(n+1)(2n+1)}{6}$

(e) $t_n = t_{n-1} + \frac{1}{n(n+1)}$ $(n > 1$이면$)$

$t_1 = \frac{1}{2}$

해답후보는 $t_n = \frac{n}{(n+1)}$

(f) $t_n = 3t_{n-1} + 2^n$ $(n > 1$이면$)$

$t_1 = 1$

해답후보는 $t_n = 5(3^{n-1}) - 2^{n+1}$

(g) $t_n = 3t_{n/2} + n$ ($n > 1$이고, $n$이 1의 거듭제곱이면)

$t_1 = \frac{1}{2}$

해답후보는 $t_n = \frac{5}{2}n^{\lg 3} - 2n$

(h) $t_n = nt_{n-1}$ $(n > 0$이면$)$

$t_0 = 1$

해답후보는 $t_n = n!$

2. 수열 2, 6, 18, 54, ...의 $n$번째 항에 해당하는 재현식을 쓰고, 해답후보 $s_n = 2(3^{n-1})$이 맞는지 귀납법을 사용하여 검증하시오.

3. 하노이탑 문제(2장의 연습문제 17)에서 필요한 이동의 횟수(디스크 $n$개에 $m_n$번)는 다음 재현식으로 표현된다.

$$m_n = 2m_{n-1} + 1 \qquad (n > 1\text{이면})$$
$$m_n = 1$$

이 재현식의 해가 $m_n = 2^n - 1$임을 귀납법을 사용하여 증명하시오.

4. 다음 알고리즘은 배열 $S$에서 가장 큰 요소의 위치를 넘겨준다. 가장 큰 요소를 찾는데 필요한 비교의 횟수 $t_n$을 구하는 재현식을 작성하시오. 이 식의 해답이 $t_n = n-1$이 됨을 귀납법을 사용하여 증명하시오.

```
index max_position (index low, index high)
{
    index position ;

    if (low == high)
        return low ;
    else {
```

```
        position = max_position (low + 1, high);
        if (S[low] > S[position])
            position = low;
        return position;
    }
}
```

최상위 수준 호출은 다음과 같다.

$max\_position\ (1,\ n)$

5. 고대 그리스 사람들은 다음 삼각형 수 같은 기하 모양으로 얻어낸 수열에 관심이 있었다.

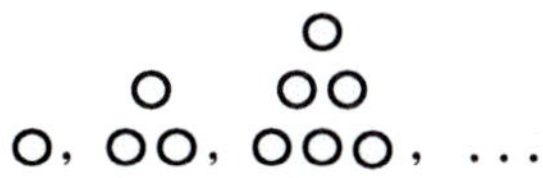

$\rightarrow (1,\ 3,\ 6,\ \cdots)$

이 수열의 $n$번째 항을 구하는 재현식을 작성하고, 해답을 추측하고, 그 해답이 맞는지 귀납법을 사용하여 검증하시오.

6. 어떤 두 선도 서로 교차하되, 같은 점을 세 선 이상이 공유하지 못하도록 평면을 $n$개의 선으로 나누면 몇 개의 지역이 생기나? $n$개의 선으로 나눌 때 지역의 개수를 구하는 재현식을 작성하고, 해답을 추측하고, 그 해답이 맞는지 귀납법을 사용하여 검증하시오.

7. $B(n, k) = \binom{n+k}{n}$이 다음 재현식의 해가 됨을 귀납법을 사용하여 증명하시오.

$$B(n,\ k) = B(n-1,\ k) + B(n,\ k-1) \qquad (0 < k < n \text{이면})$$
$$B(n,\ 0) = 1$$
$$B(n,\ n) = 1$$

8. 다음 재현식의 값을 계산하는 알고리즘을 작성, 구현하고, 다른 문제 사례를 가지고 수행하여 보시오. 그 결과를 가지고 이 재현식의 해를 추측해보고, 답이 맞는지 귀납법을 사용하여 검증하시오.

$$t_n = t_{n-1} + 2n - 1 \qquad (n > 1 \text{이면})$$
$$t_1 = 1$$

## B.2절

9. B.1절의 문제에서 재현식이 다음의 어떤 부류에 속하는지 밝히시오.
   (a) 1차 식(linear equations)
   (b) 동질 식(homogeneous equations)
   (c) 상수 계수 식(equations with constant coefficients)

10. 상수계수 1차인 B.1의 재현식 모두에 대해서 특성식을 찾으시오.

11. $f(n)$과 $g(n)$이 둘 다 상수계수 1차 동질 재현식에 대한 해라면, $c$와 $d$가 상수일 때 $c \times f(n) + d \times g(n)$도 그러함을 증명하시오.

12. 특성식을 사용하여 다음 재현식릐 해를 구하시오.
   (a) $t_n = 4t_{n-1} - 3t_{n-2} \qquad (n > 1 \text{이면})$

$t_0 = 0$
$t_1 = 1$

(b) $t_n = 3t_{n-1} - 2t_{n-2} + n^2$ $(n > 1$이면$)$
$t_0 = 0$
$t_1 = 1$

(c) $t_n = 5t_{n-1} - 6t_{n-2} + 5^n$ $(n > 1$이면$)$
$t_0 = 0$
$t_1 = 1$

(d) $t_n = 5t_{n-1} - 6t_{n-2} + n^2 - 5n + 7^n$ $(n > 1$이면$)$
$t_0 = 0$
$t_1 = 1$

13. 예제 B.15에 주어진 재현식의 해를 완성하시오.

14. 예제 B.16에 주어진 재현식의 해를 완성하시오.

15. 특성식을 사용하여 다음 재현식의 해를 구하시오.

(a) $t_n = 6t_{n-1} - 9t_{n-2}$ $(n > 1$이면$)$
$t_0 = 0$
$t_1 = 1$

(b) $t_n = 5t_{n-1} - 8t_{n-2} + 4t_{n-3}$ $(n > 2$이면$)$
$t_0 = 0$
$t_1 = 1$
$t_2 = 1$

(c) $t_n = 2t_{n-1} - t_{n-2} + n^2 + 5^n$ $(n > 1$이면$)$
$t_0 = 0$
$t_1 = 1$

(d) $t_n = 6t_{n-1} - 9t_{n-2} + (n^2 - 5n)7^n$ $(n > 1$이면$)$
$t_0 = 0$
$t_1 = 1$

16. 예제 B.17에 주어진 재현식의 해를 완성하시오.

17. 다음 재현식을

$$t_n = (n-1)t_{n-1} + (n-1)t_{n-2} \qquad (n > 2\text{이면})$$
$$t_1 = 0$$
$$t_2 = 1$$

다음과 같이 쓸 수 있음을 보이시오.

$$t_n = nt_{n-1} + (-1)^n \qquad (n > 1\text{이면})$$
$$t_1 = 0$$

18. 연습문제 17의 재현식의 해를 구하시오. 해는 $n$개 물체의 교란(dearrangement) 횟수를 내준다(교란이 완성되면 아무 것도 제자리에 없다).

19. 특성식을 사용하여 다음 재현식의 해를 구하시오.
   (a) $T(n) = 2T\left(\frac{n}{3}\right) + \log_3 n \qquad (n > 1\text{이고, } n\text{은 3의 거듭제곱이면})$
   $T(1) = 0$
   (b) $T(n) = 10T\left(\frac{n}{5}\right) + n^2 \qquad (n > 1\text{이고, } n\text{은 5의 거듭제곱이면})$
   $T(1) = 0$
   (c) $nT(n) = (n-1)T(n-1) + 3 \qquad (n > 1\text{이면})$
   $T(1) = 1$
   (d) $nT(n) = 3(n-1)T(n-1) - 2(n-2)T(n-2) + 4^n \qquad (n > 1\text{이면})$
   $T(0) = 0$
   $T(1) = 0$
   (e) $nT^2(n) = 5(n-1)T^2(n-1) + n^2 \qquad (n > 0\text{이면})$
   $T(0) = 6$

## B.3절

20. 치환 방법을 사용하여 연습문제 1의 재현식의 해를 구하시오.

## B.4절

21. 다음을 증명하시오.
   (a) $f(n) = n^3$은 엄격히 증가하는 함수이다.
   (b) $g(n) = 2n^3 - 6n^2$은 궁극적으로 감소하지 않는 함수이다.

22. 모든 $n$ 값에 대해서 감소하지도 않고 증가하지도 않는 함수에 대해서는 어떻게 설명할 수 있을까?

23. 다음 함수가 유연함을 증명하시오.
   (a) $f(n) = n \lg n$
   (b) $g(n) = n^k \qquad (k \geq 0\text{인 모든 } k\text{이면})$

24. 정리 B.5를 사용하여 다음 재현식의 차수를 구하시오.
   (a) $T(n) = 2T\left(\frac{n}{5}\right) + 6n^3 \qquad (n > 1\text{이고, } n\text{은 5의 거듭제곱이면})$
   $T(1) = 6$
   (b) $T(n) = 40T\left(\frac{n}{3}\right) + 2n^3 \qquad (n > 1\text{이고, } n\text{은 3의 거듭제곱이면})$
   $T(1) = 5$

(c) $nT(n) = 16T\left(\frac{n}{2}\right) + 7n^4$ ($n > 1$이고, $n$은 3의 거듭제곱이면)

$T(1) = 1$

25. 정리 B.6을 사용하여 다음 재현식의 차수를 구하시오.

(a) $T(n) = 14T\left(\frac{n}{5}\right) + 6n$ ($n > 25$이고, $n$은 5의 거듭제곱이면)

$T(25) = 60$

(b) $T(n) = 4T\left(\frac{n}{4}\right) + 2n^2$ ($n > 16$이고, $n$은 4의 거듭제곱이면)

$T(16) = 50$

26. 다음 재현식은

$$T(n) = aT\left(\frac{n}{c}\right) + g(n) \qquad (n > 1\text{이고, } n\text{은 } c\text{의 거듭제곱이면})$$

$$T(1) = d$$

$g(n) \in \Theta(n)$이면 $a > c$인 경우 다음과 같은 해를 가진다.

$$T(n) \in \Theta(n^{\log_c a})$$

다음과 같이 가정한다해도 위의 재현식이 같은 해를 가짐을 증명하시오.

$$t > \log_c a\text{인 경우, } g(n) \in O(n^t)$$

appendix C

# 서로소 집합의 데이터 구조

크루스칼 알고리즘(4.1.2절의 알고리즘 4.2)에서는 서로소 부분집합들(각 부분집합은 그래프의 각 마디를 하나씩만 포함하고 있다)을 만들고, 모든 마디들이 같은 집합에 속할 때까지 되풀이하여 부분집합들을 합병한다. 이 알고리즘을 구현하려면, 서로소 집합에 대한 데이터구조가 필요하다. 서로소 집합을 유용하게 쓸 다른 응용 분야도 많이 있다. 예를 들어, 4.3절의 알고리즘 4.4(마감시간 있는 스케줄 짜기)의 시간복잡도를 향상시키기 위해서 사용할 수도 있다.

추상 데이터구조(abstract data type)는 데이터 객체들과 그 객체에 허용하는 연산들로 구성한다. 서로소 집합의 추상 데이터구조를 구현하기 전에 필요한 객체와 연산을 명시해야 한다. 구성요소의 전체영역(universe) $U$로 시작한다. 예를 들어, 전체영역을 다음과 같이 놓을 수 있다.

$$U = \{A, B, C, D, E\}$$

그리고는 $U$의 멤버로부터 집합을 만드는 프로시저 *makeset*이 필요하다. 그림 C.1(a)에서 서로소 집합은 다음 호출로 만들어야 한다.

```
for (each x ∈ U)
    makeset(x);
```

$p$와 $q$가 set_pointer 타입이고, 다음과 같이 호출하면, $p$는 B를 포함하는 집합을 가리키는 포인터가 되고, $q$는 C를 포함하는 집합을 가리키는 포인터가 되도록 타입 set_ pointer와 함수 *find*를 정의해야 한다.

```
p = find ('B');
q = find ('C');
```

이것은 그림 C.1(a)에서 설명한다. 두 개의 집합을 하나로 합병하는 프로시저 *merge*도 필요하다. 예를 들어, 다음을 수행하면,

(a) 5개의 서로소 집합이 있다. $p = find(B)$와 $q = find(C)$을 실행하였다.

$$\begin{array}{ccccc} \{A\} & \{B\} & \{C\} & \{D\} & \{E\} \\ & \uparrow & \uparrow & & \\ & p & q & & \end{array}$$

(b) $\{B\}$와 $\{C\}$를 합병한 후에는 4개의 서로소 집합이 있다.

$$\{A\} \quad \{B, C\} \quad \{D\} \quad \{E\}$$

(c) $p = find(B)$를 실행하였다.

$$\begin{array}{cccc} \{A\} & \{B, C\} & \{D\} & \{E\} \\ & \uparrow & & \\ & p & & \end{array}$$

그림 C.1 서로소 집합 데이터구조의 예

```
p = find ('B');
q = find ('C');
merge (p, q);
```

그림 C.1(a)에 있는 집합들은 그림 C.1(b)에 있는 집합들과 같이 되어야 한다. 그림 C.1(b)에 있는 서로소 집합을 가지고, 다음과 같이 호출하면,

```
p = find ('B');
```

그림 C.1(c)에 보여주는 결과가 나와야 한다. 마지막으로 두 집합이 같은지를 검사하는 루틴 equal이 필요하다. 예를 들어, 그림 C.1(b)에 있는 집합을 가지고 다음과 같은 호출을 하면,

```
p = find ('B');
q = find ('C');
r = find ('A');
```

$equal(p, q)$는 true를 넘겨주어야 하고, $equal(p, r)$은 false를 넘겨주어야 한다.

객체를 전체집합의 원소들과 그 원소들의 서로소 집합으로 구성하고, 연산이 *make-set*, *find*, *merge*, *equal*인 추상 데이터타입을 명시하였다.

서로소 집합을 표현하는 한 가지 방법은 역 포인터(inverted pointer)를 가진 트리를 사용하는 것이다. 이 트리에서는 뿌리마디가 아닌 마디의 포인터는 그의 부모마디를 가리키는 반면, 각 뿌리마디의 포인터는 자신을 가리킨다. 그림 C.2(a)에서는 그림 C.1(a)의 서로소 집합에 상응하는 트리를 보여주고, C.2(b)에서는 그림 C.1(b)의 서로소 집합에 상응하는 트리를 보여준다. 이 트리들을 가능한 간단하게 구현하기 위해서 전체집합을 인덱스(정수)만 구성한다고 가정한다. 전체집합으로 확장하려면, 그 전체집합의 원소에 인덱스를 붙이기만 하면 된다. 배열 $U$를 사용하여 트리를 구현할 수 있다. 여기서, $U$의 각 인덱스는 전체집합의 하나의 인덱스를 나타낸다. 만약 인덱스 $i$가 뿌리마디가 아니라면, $U[i]$의 값은 그 마디의 부모마디의 인덱스이다. 만약 인덱스 $i$가 뿌리마디라면,

(a) 역 트리로 표현된 5개의 서로소 집합

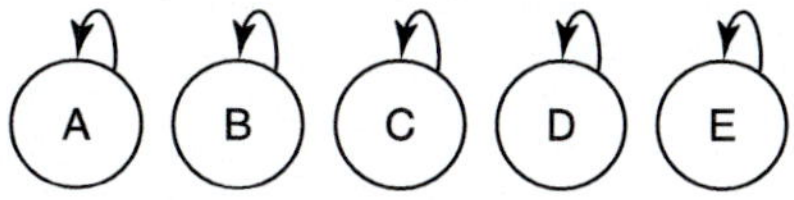


(b) [B]와 [C]를 합병한 후 역 트리

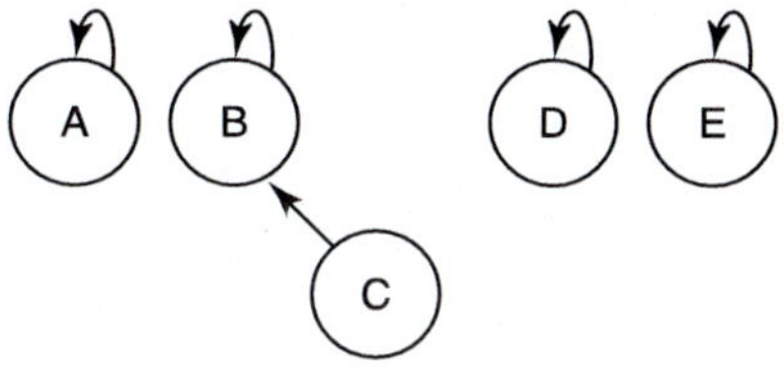


**그림 C.2** 서로소 집합 데이터구조의 역 트리 표현

$U[i]$의 값은 $i$이다. 예를 들어, 전체집합에 10개의 인덱스가 있다면, 인덱스가 1부터 10까지로 된 인덱스의 배열 $U$에 저장한다. 서로소 집합에 모든 인덱스를 초기에 위치시키기 위해서 모든 $i$에 대해서 다음과 같이 놓는다.

$$U[\,i\,] = i;$$

10개의 서로소 집합의 트리 표현과 그에 상응하는 배열 표현을 그림 C.3(a)에서 보여준다. 합병의 예는 그림 C.3(b)에서 보여준다. 집합 {4}와 {10}이 합병되면, 10이 포함된 마디를 4가 포함된 마디의 자식마디로 만든다. 이 동작은 $U[10] = 4$로 놓으면 이루어진다. 일반적으로 두 개의 집합을 합병할 때, 어떤 트리가 뿌리마디에 더 큰 인덱스를 가지고 있는지 먼저 결정한다. 그리고는 그 뿌리마디를 다른 트리의 뿌리마디의 자식마디로 만든다. 그림 C.3(c)에서 여러 번 합병이 이루어진 후의 트리와 그에 상응하는 배열을 보여준다. 이 시점에서는 3개의 서로소 집합만 있다. 이 루틴들은 아래와 같이 구현한다. 편의상 다음 데이터구조와 크루스칼 알고리즘(4.1.2절)을 설명할 때 전체집합 U를 루틴의 파라미터로 열거하지 않는다.

**▶ 서로소 집합 데이터구조 I**

```
const int n = 전체집합이 가지고 있는 요소의 개수;

typedef int index;
typedef index set_pointer;
typedef index universe[1 .. n];                // 전체집합은 1부터 n까지로 인덱스된다.

universe U;

void makeset (index i)
{
```

```
    U[i] = i;
}

set_pointer find (index i)
{
    index j;

    j = i;
    while (U[j] != j)
        j = U[j];
    return j;
}

void merge (set_pointer p, set_pointer q)
{
    if (p < q)                     // p는 합병된 집합을 가리는 포인터
        U[q] = p;                  // q는 더 이상 집합을 가리키는 포인터가 아님
    else
        U[p] = q;                  // q는 합병된 집합을 가리는 포인터
                                   // p는 더 이상 집합을 가리키는 포인터가 아님
}

bool equal (set_pointer p, set_pointer q)
{
    if (p == q)
        return true;
    else
        return false;
}

void initial (int n)
{
    index i;

    for (i = 1; i <= n; i++)
        makeset(i);
}
```

*find(i)* 호출에 의해서 넘겨진 값은 $i$를 가지고 있는 트리의 뿌리마디에 저장된 인덱스이다. $n$개의 서로소 집합을 초기화하는 루틴 *initial*을 포함하였다. 왜냐하면, 서로소 집합을 사용하는 알고리즘에 종종 그런 루틴이 필요하기 때문이다.

서로소 집합을 사용하는 많은 알고리즘에서 $n$개의 서로소 집합을 초기화하고, 루프를 $m$번 돌린다($n$과 $m$의 값은 같을 필요가 없다). 루프의 내부에서 *equal*, *find*, *merge* 루틴을 호출하는 횟수는 상수이다. 알고리즘을 분석할 때 초기화와 루프의 시간복잡도를

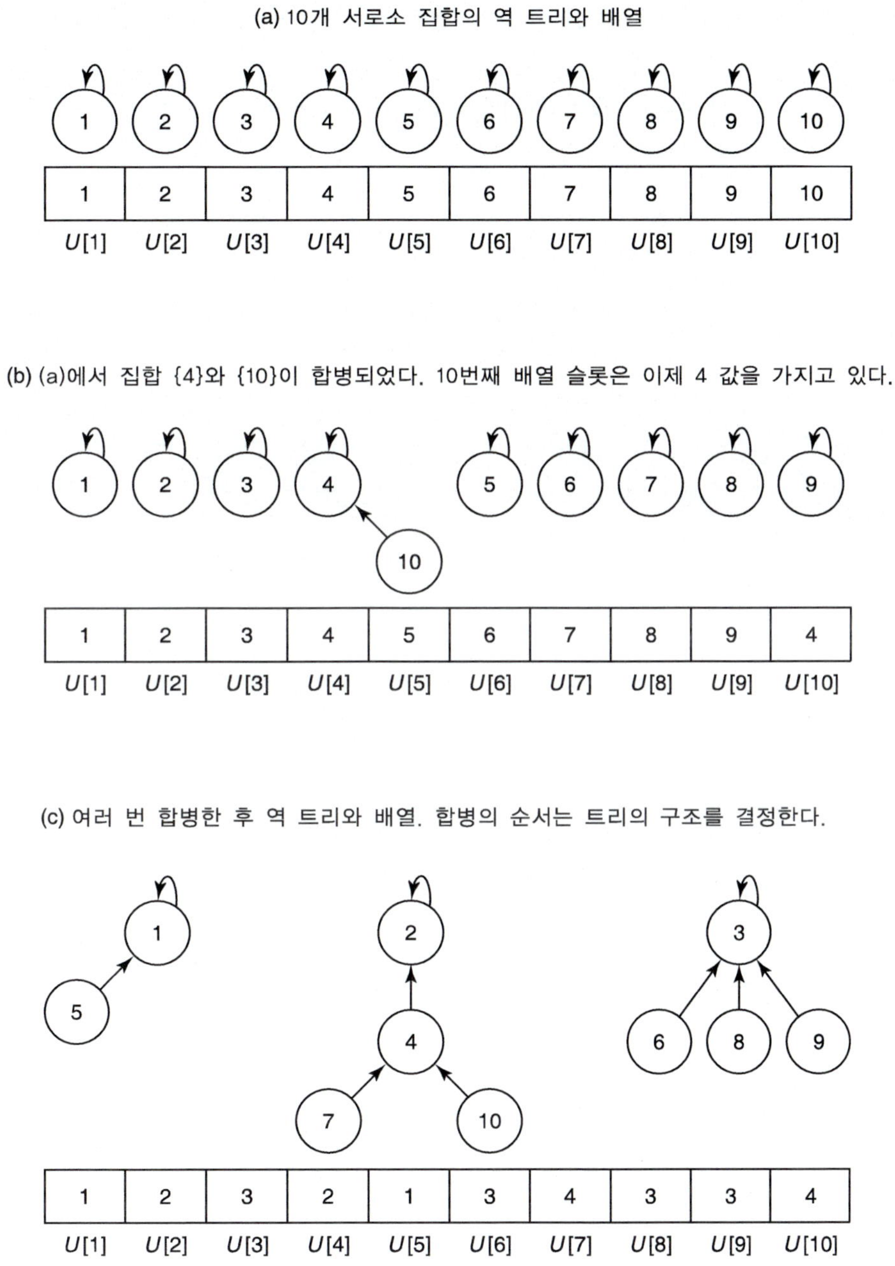


**그림 C.3** 서로소 집합 데이터구조의 역 트리 표현에 대한 배열

$n$과 $m$의 형식으로 표시할 필요가 있다. *initial* 루틴의 시간복잡도는 명백히 다음과 같다.

$$\Theta(n)$$

상수를 곱해도 차수는 영향을 받지 않으므로, *equal*, *find*, *merge* 루틴은 각각 루프를 $m$번 거치는 동안 한 번씩만 호출된다고 가정할 수 있다. *equal*과 *merge*는 상수시간에 실행되는 것이 확실하다. *find* 함수만이 루프를 가지고 있다. 따라서 모든 호출의 시간복잡도 차수는 *find* 함수에 의해서 지배된다. 최악의 경우 *find*에서 이루어지는 비교의 횟수를 세어보자. 예를 들어, $m = 5$라고 가정하자. 다음과 같은 순서로 합병하면 최악의 경우가 발생하고,

*merge*({5}, {6});
*merge*({4}, {5, 6});
*merge*({3}, {4, 5, 6});
*merge*({2}, {3, 4, 5, 6});
*merge*({1}, {2, 3, 4, 5, 6});

각 합병 이후 *find*를 호출하여 인덱스 6을 찾는다(설명을 위해서 실제 집합이 *merge*의 입력으로 표시되었다). 최종 트리와 배열은 그림 C.4에 나와 있다. 최악의 경우 *find*에서 수행한 비교의 총 횟수는 다음과 같다.

$$2+3+4+5+6$$

이 결과를 임의의 $m$에 대해서 일반화하면, 최악의 경우 비교 횟수는 다음과 같다.

$$2+3+\cdots+(m+1) \in \Theta(m^2)$$

함수 *equal*은 함수 *find*에서의 비교를 몇 번 수행하는지에 전혀 영향을 미치지 않으므로

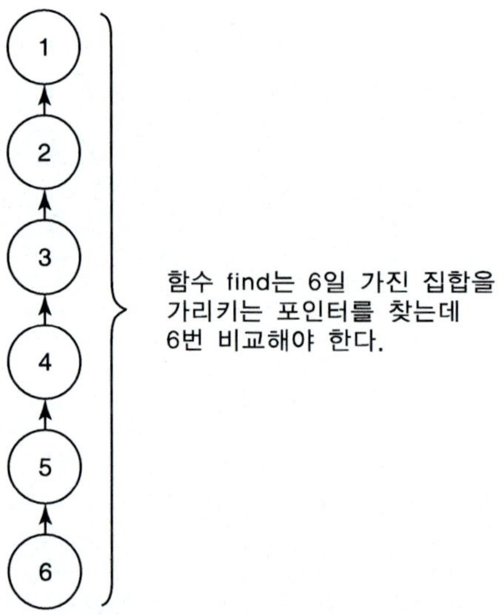


| 1 | 1 | 2 | 3 | 4 | 5 |
|---|---|---|---|---|---|
| $U[1]$ | $U[2]$ | $U[3]$ | $U[4]$ | $U[5]$ | $U[6]$ |

그림 C.4 $m = 5$일 때 서로소 데이터구조 I의 최악의 경우의 예

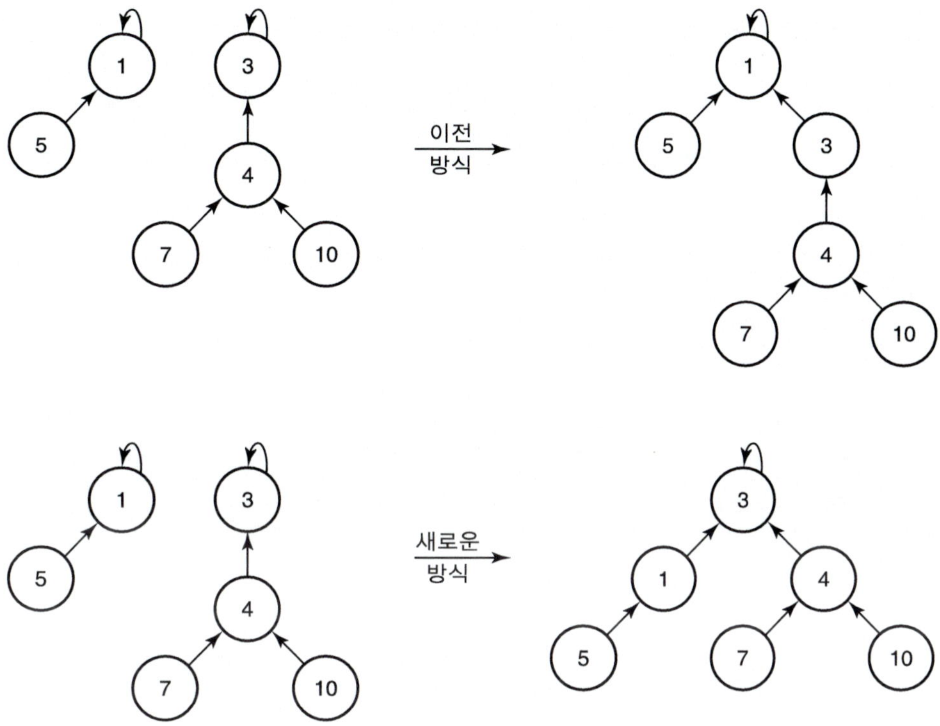


그림 C.5 새로운 합병 방식에서는 깊이가 작은 트리의 뿌리마디를 다른 트리의 뿌리마디의 자식마디로 만든다.

고려하지 않았다.

합병을 한 결과로 나온 트리의 깊이가 그 트리 마디의 개수보다 하나 작으면, 최악의 경우가 된다. 이러한 경우가 발생하지 않도록 *merge* 프로시저를 수정하면, 효율을 증대시킬 수 있다. 각 트리의 깊이를 추적하고, 합병할 때 깊이가 작은 트리를 항상 자식마디로 만들어서 그러한 최악의 경우가 발생하지 않도록 할 수 있다. 그림 C.5에서 이전에 합병하는 방법과 새로운 방법을 비교한다. 새로운 방법으로 깊이가 작은 트리가 나오게 된다는 사실을 주목해라. 이 방법을 구현하기 위해서 각 뿌리마디에 트리의 깊이를 저장할 필요가 있다. 이를 수행하는 구현은 다음과 같다.

**▶ 서로소 집합 데이터구조 II**

```
const int n = 전체집합이 가지고 있는 요소의 개수;

typedef int index;
typedef index set_pointer;

struct nodetype
{
```

```
    index parent ;
    int depth ;
}

typedef nodetype universe[1..n] ;           // 전체집합은 1부터 n까지로 인덱스된다.
universe U;
void makeset (index i)
{
    U[i].parent = i;
    U[i].depth = 0;
}

set_pointer find (index i)
{
    index j;

    j = i;
    while (U[j].parent != j)
      j = U[j].parent;
    return j;
}

void merge (set_pointer p, set_pointer q)
{
    if (U[p].depth == U[q].depth) {
        U[p].depth = U[p].depth + 1;        // 트리의 깊이는 증가해야 한다.
        U[q].parent = p;
    }
    else if (U[p].depth < U[q].depth)       // 깊이가 작은 트리를 자식마디로 만든다.
        U[p].parent = q;
    else
        U[q].parent = p;
}

bool equal (set_pointer p, set_pointer q)
{
    if (p == q)
        return true;
    else
        return false;
}

void initial (int n)
{
    index i;

    for (i = 1; i <= n; i++)
```

```
        makeset(i);
}
```

*equal*, *find*, *merge* 루틴을 호출하는 횟수가 상수인 루프를 $m$ 번 반복하는 동안 최악의 경우 비교 횟수가 다음과 같이 됨을 증명할 수 있다.

적용 분야에 따라서 집합의 가장 작은 멤버를 빨리 찾을 필요가 있는 경우도 있다. 첫째 구현을 사용하면 쉽게 할 수 있는데, 그 이유는 가장 작은 멤버는 항상 뿌리마디에 있기 때문이다. 그러나 둘째 구현에서는 꼭 그렇지 않다. 변수 *smallest*를 각 트리의 뿌리마디에 저장해 놓고 가장 작은 멤버를 빨리 넘겨주도록 구현을 쉽게 수정할 수 있다. 이 변수는 트리에서 가장 작은 인덱스를 가지고 있다. 구현은 다음과 같다.

**▶ 서로소 집합 데이터구조 III**

```
const int n = 전체집합이 가지고 있는 요소의 개수;

typedef int index;
typedef index set_pointer;

struct nodetype
{
   index parent;
   int depth;
   int smallest;
};

typedef nodetype universe[1.. n];            // 전체집합은 1부터 n까지로 인덱스된다.

universe U;

void makeset (index i)
{
    U[i].parent = i;
    U[i].depth = 0;
    U[i].smallest = I;                       // 인덱스 i만 smallest이다.
}

void merge (set_pointer, set_pointer q)
{
   if (U[p].depth == U[q].depth) {
       U[p].depth = U[q].depth + 1;          // 트리의 깊이는 증가해야 한다.
       U[q].parent = p;
       if (U[q].smallest < U[p].smallest)    // q의 트리가 가장 작은 인덱스를 가진다.
           U[p].smallest = U[q].smallest;
   }
```

```
    else if (U[p].depth < U[q].depth) {         // 깊이가 작은 트리를 자식마디로 만든다.
        U[p].parnet = q;
        if (U[p].smallest < U[q].smallest)      // p의 트리가 가장 작은 인덱스를 가진다.
            U[q].smallest = U[p].smallest;
    }
    else {
        U[q].parent = p;
        if (U[q].smallest < U[p].smallest)      // q의 트리가 가장 작은 인덱스를 가진다.
            U[p].smallest = U[q].smallest;
    }
}

int small (set_pointer p)
{
    return U[p].smallest;
}
```

서로소 집합 데이터구조 II와 다른 루틴만 포함시켰다. 함수 *small*은 집합에서 가장 작은 멤버를 넘겨준다. 함수 *small*은 상수 실행시간을 가지므로, *equal*, *find*, *merge*, *small* 루틴을 호출하는 횟수가 상수인 루프를 $m$번 반복하는 동안 최악의 경우 비교 횟수는 서로소 집합 데이터구조 II와 같다. 즉, 다음과 같다.

$$\Theta(m \lg m)$$

경로압축(path compression)이라고 하는 기술을 사용하면 루프를 $m$번 번복하는 동안 최악의 경우 비교 횟수가 $m$에 거의 1차가 되도록 구현할 수 있다. Brassard와 Bratley (1988)에 이 구현이 설명되어 있다.

# References


Adel'son-Vel'skii, G. M., and E. M. Landis. 1962. An algorithm for the organization of information. *Doklady Akademii Nauk SSSR* 146:263–266.

Agrawal, A., N. Kayal, and N. Saxena. 2002. Not yet published. Available at http://www.cse.iitk.ac.in/news/primality.html.

Akl, S. 1985. *Parallel sorting.* Orlando, Fl.: Academic Press.

Aldous, D., and P. Diaconis. 1986. Shuffling cards and stopping times. *The American Mathematical Monthly* 93:333–347.

Apostol, T. M. 1997. *Introduction to analytic number theory.* New York: Springer-Verlag.

Baker, R. C., and G. Harman. 1996. The Brun-Titchmarsh Theorem on average. Proceedings of a conference in honor of Heini Halberstam 1:39-103.

Bayer, R., and C. McCreight. 1972. Organization and maintenance of large ordered indexes. *Acta Informatica* 1, no. 3:173–189.

Bedell, J., I. Korf and M. Yandell. 2003. *BLAST,* O'Reilly & Associates, Inc.

Bentley, J. L., D. Haken, and J. B. Saxe. 1980. A general method for solving divide-and-conquer recurrences. *SIGACT News* 12, no. 3:36–44.

Blum, M., R. W. Floyd, V. Pratt, R. L. Rivest, and R. E. Tarjan. 1973. Time bounds for selection. *Journal of Computer and System Sciences* 7, no. 4:448–461.

Borodin, A. B., and J. I. Munro. 1975. *The computational complexity of algebraic and numeric problems.* New York: American Elsevier.

Brassard, G. 1985. Crusade for better notation. SIGACT News 17, no. 1:60–64.

Brassard, G., and P. Bratley. 1988. *Algorithmics: Theory and practice.* Englewood Cliffs, N.J.: Prentice Hall.

Brassard, G., S. Monet, and D. Zuffellato. 1986. L'arithmétique des très grands entiers. *TSI: Technique et Science Informatiques* 5, no. 2:89–102.

Chacian, L. G. 1979. A polynomial algorithm for linear programming. *Doklady Adad. Nauk U.S.S.R. 224,* no. 5: 1093–1096.

Clemen, R. T. 1991. *Making hard decisions.* Boston: PWS-Kent.

Cook, S. A. 1971. The complexity of theorem proving procedures. *Proceedings of 3rd annu-*

*al ACM symposium on the theory of computing*, 151–158. New York: ACM.

Cooper, G. F. 1984. "NESTOR": A computer-based medical diagnostic that integrates causal and probabilistic knowledge. *Technical Report HPP-84-48*, Stanford, Cal.: Stanford University.

Coppersmith, D., and S. Winograd. 1987. Matrix multiplication via arithmetic progressions. *Proceedings of 19th annual ACM symposium on the theory of computing*, 1–6. New York: ACM.

Dijkstra, E. W. 1959, A note on two problems in connexion with graphs. *Numerische Mathematik* 1:269–271.

——. 1976. *A discipline of programming*. Englewood Cliffs, N.J.: Prentice-Hall.

Fine, T. L. 1973. *Theories of probability*. New York: Academic Press.

Fischer, M. J., and M. O. Rabin. 1974. "Super-exponential complexity of Presburger Arithmetic." In *Complexity of computation*, R. M. Karp, ed., 27–41. Providence, R.I.: American Mathematical Society.

Floyd, R. W. 1962. Algorithm 97: Shortest path. *Communications of the ACM* 5, no. 6:345.

Fredman, M. L., and R. E. Tarjan. 1987. Fibonacci heaps and their uses in improved networkoptimization problems. *Journal of the ACM* 34, no. 3:596–615.

Fussenegger, F., and H. Gabow. 1976. Using comparison trees to derive lower bounds for selection problems. *Proceedings of 17th annual IEEE symposium on the foundations of computer science*, 178–182. Long Beach, Cal.: IEEE Computer Society.

Gardner-Stephen, P. and G. Knowles. 2004. "DASH: Localizing Dynamic Programming for Order of Magnitude Faster, Accurate Sequence Alignment." In *Proceedings of the 2004 IEEE Computational Systems Bioinformatics Conference*.

Garey, M. R., and D. S. Johnson. 1979. *Computers and intractability*. New York: W. H. Freeman.

Gilbert, E. N., and E. F. Moore. 1959. Variable length encodings. *Bell System Technical Journal* 38, no. 4:933–968.

Godbole, S. 1973. On efficient computation of matrix chain products. *IEEE Transactions on Computers* C-22, no. 9:864–866.

Graham, R. L., D. E. Knuth, and O. Patashnik. 1989. *Concrete mathematics*. Reading, Mass.: Addision-Wesley.

Graham, R. L., and P. Hell. 1985. On the history of the minimum spanning tree problem. *Annals of the History of Computing* 7, no. 1:43–57.

Gries, D. 1981. *The science of programming*. New York: Springer-Verlag.

Grzegorczyk, A. 1953. Some classes of recursive functions. *Rosprawy Matematyzne* 4. Mathematical Institute of the Polish Academy of Sciences.

Hardy, G. H., and E. M. Wright. 1960. *The theory of numbers*. New York: Oxford University Press.

Hartmanis, J., and R. E. Stearns. 1965. On the computational complexity of algorithms. *Transactions of the American Mathematical Society* 117:285–306.

Hoare, C. A. R. 1962. Quicksort. *Computer Journal* 5, no. 1:10–15.

Hopcroft, J. E., and J. D. Ullman. 1979. *Introduction to automata theory, languages, and computation.* Reading, Mass.: Addison-Wesley.

Horowitz, E., and S. Sahni. 1974. Computing partitions with applications to the knapsack problem. *Journal of the ACM* 21:277–292.

———. 1978. *Fundamentals of computer algorithms.* Woodland Hills, Cal.: Computer Science Press.

Hu, T. C., and M. R. Shing. 1982. Computations of matrix chain products, Part 1. SIAM *Journal on Computing* 11, no. 2:362–373.

———. 1984. Computations of matrix chain products, Part 2. *SIAM Journal on Computing* 13, no. 2:228–251.

Huang, B. C., and M. A. Langston. 1988. Practical in-place merging. *Communications of the ACM* 31:348–352.

Hyafil, L. 1976. Bounds for selection. *SIAM Journal on Computing* 5, no. 1:109–114.

Iverson, G. R., W. H. Longcor, F. Mosteller, J. P. Gilbert, and C. Youtz. 1971. Bias and runs in dice throwing and recording: A few million throws. *Psychometrika* 36:1–19.

Jacobson, N. 1951. *Lectures in abstract algebra.* New York: D. Van Nostrand Company.

Jarník, V. 1930. 0 jistém problému minimálnim. Praca Moravské Prirodovedecké Spolecnosti 6:57–63.

Johnson, D. B. 1977. Efficient algorithms for shortest paths in sparse networks. *Journal of the ACM* 24, no. 1:1–13.

Keynes, J. M. 1948. *A treatise on probability.* London: Macmillan. (Originally published in 1921.)

Kingston, J. H. 1990. *Algorithms and data structures: Design, correctness, and analysis.* Reading, Mass.: Addison-Wesley.

Knuth, D. E. 1998. *The art of computer programming, vol. II: Seminumerical algorithms.* Reading, Mass.: Addison-Wesley.

———. 1973. *The art of programming, Volume III: Sorting and searching.* Reading, Mass.: Addison-Wesley.

———. 1976. Big omicron and big omega and big theta. *SIGACT News* 8, no. 2:18–24.

Kruse, R. L. 1994. *Data structures and program design.* Englewood Cliffs, N.J.: Prentice Hall.

Kruskal, J. B., Jr. 1956. On the shortest spanning subtree of a graph and the traveling salesman problem. *Proceedings of the American Mathematical Society* 7, no. 1:48–50.

Kumar, V., A. Grama, A. Gupta, and G. Karypis. 1994. *Introduction to parallel computing.* Redwood City, Cal.: Benjamin Cummings.

Ladner, R. E. 1975. On the structure of polynomial time reducibility. *Journal of the ACM* 22:155–171.

van Lambalgen, M. 1987. Random sequences. Ph.D. diss., University of Amsterdam.

Lawler, E. L. 1976. *Combinatorial optimization: Networks and matroids.* New York: Holt, Rinehart and Winston.

Levin, L. A. 1973. Universal sorting problems. *Problemy Peredaci, Informacii* 9:115–116 (in Russian). English translation in *Problems of Information Transmission* 9:265–266.

von Mises, R. 1919. Grundlagen der Wahrscheinlichkeitsrechnung. *Mathematische Zeit-*

*schrft* 5:52–99.

——. 1957. *Probability, statistics, and truth.* London: George, Allen & Unwin. (Originally published in Vienna in 1928.)

Neapolitan, R. E. 1990. *Probabilistic reasoning in expert systems.* New York: Wiley.

——. 1992. A limiting frequency approach to probability based on the weak law of large numbers. *Philosophy of Science* 59, no. 3:389–407.

——. 2003. *Learning Bayesian Networks.* Prentice Hall.

——. 2009. *Probabilistic Method for Bioinformatics.* Burlington, Mass.: Morgan Kaufmann.

Li, W. 1997. *Molecular Evolution*, Sinauer Associates.

Papadimitriou, C. H. 1994. *Computational complexity.* Reading, Mass.: Addison-Wesley.

Pearl, J. 1986. Fusion, propagation, and structuring in belief networks. *Artificial Intelligence* 29, no. 3:241–288.

——. 1988. *Probabilistic reasoning in intelligent systems.* San Mateo, Cal.: Morgan Kaufmann.

Pratt, V. 1975. Every prime number has a succinct certificate. *SIAM Journal on Computing* 4, no. 3:214–220.

Prim, R. C. 1957. Shortest connection networks and some generalizations. *Bell System Technical Journal* 36:1389–1401.

Rabin, MO. 1980. Probabilistic algorithms for primality testing. *Journal of Number Theory* 12: 128-138.

Sahni, S. 1988. *Concepts in discrete mathematics.* North Oaks, Minn.: The Camelot Publishing Company.

Schonhage, A., M. Paterson, and N. Pippenger. 1976. Finding the median. *Journal of Computer and System Sciences* 13, no. 2:184–199.

Strassen, V. 1969. Gaussian elimination is not optimal. *Numerische Mathematik* 13:354–356.

Tarjan, R. E. 1983. *Data structures and network algorithms, Philadelphia*: SIAM.

Turing, A. 1936. On computable numbers, with an application to the Entscheidungsproblem. *Proceeding of the London Mathematical Society* 2, no. 42:230–265.

——. 1937. On computable numbers, with an application to the Entscheidungsproblem. *Proceedings of the London Mathematical Society* 2, no. 43:544–546.

Waterman, M.S. 1984. "General Methods of Sequence Comparisons." *Mathematical Biology*, 46.

Yao, A. C. 1975. An O(|E|log log|V|) algorithm for finding minimum spanning trees. *Information Processing Letters* 4, no. 1:21–23.

Yao, F. 1982. Speed-up in dynamic programming. *SIAM Journal on Algebraic and Discrete Methods* 3, no. 4:532–540.

# 찾아보기

O



P



Q



R



S



T

## 역자약력

**도경구(doh@hanyang.ac.kr)**

1980년 한양대학교 산업공학 학사
1987년 미국 아이오와주립대학 컴퓨터과학 석사
1992년 미국 캔사스주립대학 컴퓨터과학 박사
1993~5년 일본 会津대학 교수
1995~현재 한양대학교 ERICA 소프트웨어융합대학 소프트웨어학부 교수

정가 32,000원

**알고리즘 기초 5/E**

2017년 2월 18일 초판 인쇄
2017년 2월 24일 초판 발행
저　자 : Richard E. Neapolitan
역　자 : 도경구
발행자 : 우명찬 · 송　준
발행처 : 홍릉과학출판사
주　소 : 서울시 강북구 인수동 455-60
01093
등　록 : 1976년 10월 21일 제5-66호
전　화 : (02) 999-2274~5, 903-7037
팩　스 : (02) 905-6729
e-mail: hongpub@hongpub.co.kr
http://www.hongpub.co.kr
ISBN: 979-11-5600-503-2

역자와의 협의하에 인지생략